Une histoire du cinéma français

Une histoire du cinéma français

sous la direction de

Claude Beylie

Préface de Raymond Chirat

LAROUSSE

Responsable éditoriale
Dominique Wahiche

Édition
Nathalie Jovanovic-Floricourt

Avec le concours de
Didier Pemerle

Conception et réalisation graphique
Dominique Chapon
Emma Drieu

Recherche iconographique
Marie-Annick Réveillon

Fabrication
Nicolas Perrier

L'éditrice remercie
Delphine Coutelet
pour son aide.

Photogravure : PFC, Dole
Achevé d'imprimer en octobre 2000
sur les presses de l'imprimerie Grafica Editoriale à Bologne

ISBN 2-03-505-008-1

Dépôt légal : octobre 2000

Distributeur exclusif au Canada
Messageries ADP, 1751 Richardson, Montréal

Sommaire

Remerciements

Nous remercions, pour l'aide qu'ils ont apportée à la réalisation ou à l'illustration de ce volume, les personnes et organismes suivants : MM. André Bernard, Michel Julian, Jean-Pierre Magnan, François Marty, Jacques Pinturault, Jacques Richard, Jean-Claude Romer, Vincent Spillman, le service des Archives du Film du CNC, les Cinémathèques de Lausanne et de Toulouse.

Abréviations utilisées dans l'ouvrage

Ac : acteur
Cost : costumier
Cr : critique
Déc : décorateur
Dial : dialoguiste
Dis : distributeur
Hist : historien
Inv : inventeur
Mont : monteur
Mus : musicien
Op : chef opérateur
Pr : producteur
R : réalisateur
Sc : scénariste
Th : théoricien

Préface

Cent cinq années de cinéma français ! Pour tous ceux qui souhaitent parcourir les allées de cet itinéraire, aller à la découverte ou raviver les émotions, rafraîchir la mémoire et aboutir à l'an 2000, aux promesses de ce millésime, lecteurs, chercheurs, étudiants, spectateurs, hommes de bonne volonté, réjouissez-vous, les guides sont là. Clés en main, prêts à ouvrir des portes découvrant des jardins aux fleurs inconnues, à révéler sous un jour neuf un paysage qu'on supposait banal, à vagabonder au hasard des écoles et des théories. Des pionniers du Cinématographe aux apôtres du numérique, l'eau a coulé sous les ponts du Rhône : les curieux de la chronique du siècle passé s'y plongeront avec délice sans crainte de se noyer.

Dans ses moments de rêverie, Victor Hugo traçait à la plume les contours d'un monument, sombre cathédrale défiant le temps. Ainsi le cinéma peut apparaître comme une église, tributaire romantique de l'ombre et de la lumière. Les proportions sont nobles, on devine pourtant des recoins ; les styles se superposent et s'élancent de la crypte des premiers temps jusqu'à la flèche qui défie les nuages. L'ambiance mêle le parfum tenace des bouquets oubliés, la lourdeur de l'encens, la discrète chaleur des offrandes qui brûlent devant les chapelles et ne s'éteindront jamais. Les fidèles admirent les statues. Les pilotes savent les scruter et les interroger. Loin de tout pédantisme, sur un ton d'amitié, se dévoileront, sinon des secrets, du moins des rectifications de perspectives, de surprenants croisements, des filiations inattendues, le flamboiement de l'avenir. Suivez, lecteurs, faites confiance au maître d'œuvre et à ses acolytes, aux gardiens du temple. Parcourez en toute quiétude travées et transepts et abandonnez-vous les yeux grands ouverts.

Cinéma ! Bonheur d'un instant qui vous marque pour la vie, en la jalonnant de photos-souvenirs. Je laisserai pourtant à de plus jeunes le souci de planter de nouveaux repères. La pellicule foisonne aujourd'hui, luxuriante mais, à partir d'un certain âge, le souffle se fait court. On peine à suivre les enjambées prodigieuses de la technique et l'on revient à ses premières amours, fussent-elles douloureuses. L'écrivain et le cinéaste l'ont dit : « Mauvais souvenirs, soyez pourtant les bienvenus car vous êtes ma jeunesse lointaine. »

Reflets d'une époque odieuse qui me troublent encore. Quatre ans d'humiliation, d'amertume et de dangers. La rue était sournoise, le ciel menaçant et la ville de Lyon, impénétrable, se murait dans le silence. Qui partait le matin, risquait de ne pas rentrer le soir. L'incertaine jeunesse tâtonnait en terrain miné, réclamait sa part de rêve et la goûtait dans les salles de cinéma où l'on s'entassait frileux mais tout à coup réchauffés par la lumière de l'écran. Deux heures d'accalmie et de dépaysement ; rendus à la vie triste, on reconnaissait que le merveilleux scintillement n'était que poudre aux yeux et que l'angoisse et la peur restaient tapies à chaque carrefour.

En ce temps-là le décalage était grand entre la sortie des films à Paris et leur apparition en province. On avait le temps, sur la foi des titres, de libérer ses chimères en inventant ses propres adaptations et de s'agglutiner aux patientes queues devant les guichets. Le miroir aux alouettes éblouissait de toutes ses facettes. Après tout, dans les salles la pénurie n'existait pas, ni les cartes de rationnement. Il fallait toutefois subir la pénitence des actualités hebdomadaires, aux mots d'ordre strictement définis, avec, en surimpression, la croix gammée. Elles étaient projetées dans une lumière jaunâtre, propre à repérer les récalcitrants. De temps en temps, des incidents éclataient et tournaient à l'aigre entre spectateurs d'opinions opposées. La pleine clarté de l'entracte rétablissait le calme, puis le spectateur s'abandonnait à l'exaltation du passé, aux légendes intemporelles, aux vaudevilles modestement poivrés. Le rêve tournoyait dans les bals à crinolines, froissait les pages des vieux albums, s'ennuyait aux homélies paysannes. Il s'extériorisait parfois en applaudissements intempestifs et délicieux. Il en fut ainsi de la conclusion de *Pontcarral, colonel d'Empire*, filmé par Delannoy. Le départ en fanfare de Pierre Blanchar pour la terre algérienne galvanisait les spectateurs. Le débarquement en Afrique du Nord venait d'avoir lieu. Les espoirs semblaient se concrétiser, et l'on pouvait lire inscrit à la craie sur les murs des maisons, ce slogan cinématographique : « Pontcarral, c'est Giraud », du nom du très populaire général qui avait alors les faveurs de l'état-major allié.

Cinémas des rêves bousculés, lorsqu'on apprenait en prêtant l'oreille qu'une bombe avait été découverte dans la plus belle salle de Lyon, obligée de passer sur ordre des autorités occupantes un film de propagande ; lorsqu'on découvrait le matraquage publicitaire pour la sortie du *Juif Süss*, lorsque la Milice filtrait le public et détaillait les cartes d'identité et même lorsque le bal médiéval des *Visiteurs du soir*, à sa première sortie, se figea, épouvantant les ouvreuses qui couraient en tous sens dans la crainte d'un attentat.

Cinémas des rêves anéantis : le 26 mai 1944, deux salles furent pulvérisées par le plus fort bombardement de Lyon. L'une ressuscita, mais les modestes Variétés, salle de quartier comme il en était tant, disparurent dans les décombres.

Cinémas d'autres rêves (américains bien sûr !). À la Libération, en dépit des tireurs des toits, des ponts sautés qui isolaient la presqu'île, des mouvements de foule, on se précipita pour applaudir *Pacific Express* de Cecil B. De Mille (et on applaudissait effectivement tout le générique). Quatre ans de production française paraissaient tout à coup défraîchis. Il fallut attendre le triomphe des *Enfants du paradis* pour retrouver l'enthousiasme et les battements de cœur de naguère. D'autres titres et non des moindres furent reçus avec une sorte de lassitude condescendante dont ils pâtirent longtemps. Le souffle des immenses plaines avait balayé le charme subtil des *Dames du bois de Boulogne*, de *Falbalas*, de *Sortilèges* et de *Félicie Nanteuil*.

Sur les pas de ceux qui ont toujours cru aux vertus du cinéma français, je me contenterai de suspendre aux murs du temple quelques ex-voto, images qui m'émerveillèrent autrefois et m'émeuvent aujourd'hui.

Exaltation de certains paysages d'abord. Sur une avenue immaculée qu'on dirait peinte par un pinceau japonais, les noires silhouettes des ouvriers de l'usine Lumière se battent à coups de boules de neige : la magie du cinéma palpite et illumine ces temps héroïques. Les années s'écoulent et les automobiles de 1913 parcourent les beaux quartiers saisis par Feuillade. Elles stoppent dans une rue déserte d'Auteuil ou de Passy. L'effroi suinte d'une portière qui s'ouvre et libère avec *Fantômas* et ses accessoires, cape et huit-reflets, les maléfices d'une époque prête à chavirer. En avançant dans le temps, l'atmosphère poisseuse de la province nous suffoque. Rues vieillottes, brusquement bouleversées par l'infirmière soupçonnée d'être *le Corbeau* et qu'on talonne avec fureur. De la même façon avait été poursuivi et embroché par une canne-épée le clochard au mauvais destin de *L'assassin habite au 21*. Poursuites haletantes. Ombres qui se contorsionnent : l'expressionnisme rôde encore. Pour en dissiper les sortilèges, suivons Sacha Guitry dans la lumière de Provence. Cet ardent néophyte en matière de technique explique à sa compagne, tout en roulant, ce qu'est un travelling avant et disparaît en nous souhaitant *Bonne chance*. On peut alors s'attarder sous les peupliers d'un paisible canal. Étincelante sur l'eau diaprée, *l'Atalante* croise *l'Hirondelle et la Mésange* et poursuit *la Belle Nivernaise*. Du côté de Montargis, elle remarque *la Passante* qui s'embarque, mystérieuse, pour arriver à *Paris la Belle*. Non loin du pont des Arts, monsieur Lestingois, libraire au grand cœur, vient de sauver des eaux un clochard, monstre aquatique d'un nouveau genre.

C'est la grande ville avec ses faubourgs, ses maisons abruptes, la fumée des cheminées. La petite musique de René Clair dégringole des *Toits de Paris*. Michel Simon, peintre méconnu, assassine au cinquième étage *la Chienne* aux yeux de femme, tandis qu'une suave rengaine s'élève du trottoir. Plus loin, dans la grande banlieue, le chœur des ouvriers, anxieux de voir le jour se lever, exhorte Gabin, prisonnier de sa chambre vertigineuse, à venir les rejoindre. Aux premiers rayons du soleil, la fête foraine va se mettre en place près du terrain vague de *Panique*. Toujours plus loin, au bord de l'océan gris, la vague rejette l'étoile de mer sur le sable de *Remorques* et le vent disperse les accents de Prévert.

Cependant, entouré de ses boîtes à malice, Méliès passe muscade et pointe sa baguette enchantée. Il impose aux précurseurs du *Voyage dans la Lune* son dérèglement du système solaire. Les astres épient les voyageurs trépidants, les comètes s'effarouchent, les étoiles clignent de l'œil. Le surréalisme aimable de René Clair déclenche les tours de clé du cortège funèbre d'*Entr'acte* en pleine accélération. À l'euphorie des jeunes célibataires de Sacha Guitry qui s'ajustent pour le mariage en improvisant une sorte de ballet, se superpose l'ascension irrésistible de *Zéro de conduite* lorsque, poussés par les rafales de Maurice Jaubert, les pensionnaires foulent au pied les conventions sur le toit de l'établissement scolaire.

Troublantes musiques, âpres chansons, refrains guillerets qui hantent nos oreilles : Margo Lion, fiancée du Pirate, martelant sa complainte dans *l'Opéra de quat' sous*, la tendre Florelle, amoureuse du clair de lune dans *le Crime de monsieur Lange* et Suzy Delair qui sait si bien trousser à la fois son tralala et le prologue de *Quai des Orfèvres*. Couplets sans façon du *Million* et d'*A nous la liberté*. Gabin chante sa joie au bord de l'eau sous le soleil du Front populaire et ceux qui prennent la route, ivres de congés payé, continuent cependant de sourire devant les barrières des passages à niveau. Darrieux ? la charade de *Battement de cœur* et le *Premier Rendez-vous*. Arletty ? comme de bien entendu. Fernandel ? Ignace. Pourquoi pas ? Terminons sur *Douce*, chef-d'œuvre de Claude Autant-Lara. Un film musical tissé par René Cloérec s'insinue dans l'intrigue et brode sur l'âpreté du propos. Ainsi les chansons s'éparpillent dans le tourbillon de la vie, mais l'écho de leurs refrains continuera de voltiger.

Et puis les bals. Toutes les fêtes à Henriette de Clair, de Carné, de Gance et de Duvivier, avec lampions, accordéon, canettes de bière et poussière légère. Bals de quartier dont les bouffées provoquent les larmes d'Annabella derrière sa fenêtre. Pétards qui couvrent le claquement du revolver d'*Hôtel du Nord*. Allégresse bon enfant d'un soir heureux qui deviendra paradis perdu. Bals à guirlandes, drapeaux, lanternes vénitiennes et farandoles qui n'ont rien de commun avec la bourrée montagnarde, lourde du claquement méchant des sabots dans *Sortilèges*, ni avec la danse de mort que Manda et *Casque d'Or* tourneront éternellement sous les ombrages de la guinguette désertée.

Toutes les danses – tangos, one-step, rumbas, biguines – que des couples résignés exécutent dans des boîtes de nuit ripolinées, sous des plafonds piqués d'étoiles et qui contrastent avec le touchant bal costumé où monsieur Hulot sait seul s'amuser. Et les miroirs des salons en ont-ils reflétés de ces fous de la danse ! Envols de crinolines sous les lustres étincelants, quadrilles des lanciers ou polonaises solennelles, danses sur le volcan ou mélodie ravissante fredonnée par Danielle Darrieux dans la nuit montmartroise de *Caprices*. Après les accents du limonaire de *la Ronde*, après les flonflons du Palais de la danse où s'écaille le vernis du Masque, après le piano mécanique dont les accords rythment le retour à l'ordre des pensionnaires en mal de pureté, Ophuls orchestre la suite de valses qui vont blesser au cœur la frémissante *Madame de...* Instants fragiles comme le cristal, mélancolie des nantis qui s'empressent de la dissiper en plongeant dans l'effervescence du cancan déchaîné par Renoir : liesse surchauffée, violences qui s'exaspèrent, apothéose de pantalons neigeux, de jupes en corolles auréolant les jambes aux longs bas noirs.

Sans oublier, insidieuse et cocasse, maléfique dans ses présages, la danse macabre au bord de l'abîme qui veut égayer *la Règle du Jeu* et sa société en perdition. Derrière la caricature se fixent en filigrane la misère et les atrocités des *Croix de bois* et les espoirs anéantis de *la Grande Illusion* dont n'étaient dupes ni les aristocrates par-dessus les frontières, ni ceux qui s'évadèrent, fraternisèrent et se quittèrent pour ne plus se revoir. Une trouble nostalgie baigne ce cinéma d'autrefois : le chagrin et la désespérance cernent, après les jeux d'escarpolette, l'héroïne de *Partie de campagne* aux larmes toujours contenues. Émotions sans cesse ressassées d'époques mortes qu'on s'obstine à croire belles : *l'Entente cordiale*, *la Dame de chez Maxim's*, Chiffon, Miquette et Amélie. Que sais-je encore ? L'exaltation coloniale, par exemple. « Ciel, les colonies ! » s'exclamait l'effronté Radiguet. Enfant, il avait peut-être vu ces images accablantes rapportées d'Annam par les opérateurs Lumière : enfants indigènes qui s'aplatissent dans la poussière pour agripper la petite monnaie que de belles dames en dentelles leur jettent en s'amusant beaucoup.

J'accrocherai enfin quelques portraits :

Raimu versant dans la farine les larmes du boulanger, découpant la silhouette de monsieur Victor sur les murs sinistres d'une ruelle de Toulon, Raimu, surtout, s'éloignant sous le couvre-chef de *l'Homme au chapeau rond* et quittant pour toujours l'écran.

Jouvet, l'amertume dans les yeux, le sarcasme dans la voix, prêt à déguster froide la vengeance du *Revenant* ou policier voûté de *Quai des Orfèvres* qui toise les spécimens d'une médiocre humanité, les scrute, les juge et les quitte, besogne faite, ou encore fringant et insolent professeur, entrebâillant l'*Entrée des artistes* à ses élèves du Conservatoire.

Pierre Brasseur et Arletty dont les destins s'emmêlent et se contrarient dans la poussière et le vacarme du *Boulevard du Crime*.

Les yeux douloureux de Jean Marais perçant le masque de la Bête, et combien d'autres, mais je me suis arrêté à une certaine période de notre cinéma, chère à Claude Beylie et à Philippe d'Hugues, à René Prédal aussi, et il faut me limiter. D'ailleurs, à côté de ces acteurs considérables, je veux afficher le visage anonyme d'une enfant. Une petite Indochinoise, saisie un matin de 1900, à la sortie du village de Nampo. Elle poursuit une chaise à porteurs d'où on la filme, sans souci, joyeuse, toute en sourires devant la caméra Lumière. Elle a traversé avec sa fraîcheur cent ans de cinéma et continue d'adresser son salut aux spectateurs que nous resterons toujours.

Ultimes soupirs. Derniers élans vers les films de ma jeunesse, donc de mon cœur. L'attendrissement n'est plus de mise. Tout au long du siècle écoulé, le chiffre magique 2000 a brillé. Cette escarboucle a coloré de son éclat les espoirs les plus fous. Les temps sont maintenant révolus et nous avons enregistré des promesses, supputé des prouesses déjà tangibles. Techniques qui exaltent et imposent de nouveaux éblouissements d'images, qui malaxent et amplifient le décor sonore. L'essor actuel du cinéma laisse présager le futur qui va emporter, à toute vitesse, les générations à venir. À leur tour, elles s'abandonneront avec effroi et ravissement au délicieux vertige que provoque la puissance magnifique, et terrifiante, de ce que l'on appelle encore le « septième art ».

Raymond Chirat

Avant-propos

La littérature cinématographique a connu, ces dernières années, un développement foudroyant. Dictionnaires, encyclopédies, almanachs, ouvrages d'initiation, gloses érudites, monographies, études ponctuelles concernant un genre, une école, un style déterminés, approches historiques, économiques ou artistiques, sans parler des mémoires de réalisateurs ou d'acteurs, se sont multipliés.

Les cinématographies étrangères, l'américaine en particulier, ont la faveur des exégètes, conformément sans doute aux lois du marché mais paradoxalement, le cinéma français fait figure de *terra incognita.* Il est vrai qu'on ne manque pas de publications spécialisées dans l'analyse de tel ou tel secteur de la production nationale : la bibliographie qu'on trouvera en annexe du présent livre en dit long à cet égard. Mais peu ou pas de points de vue synthétiques (hormis des manuels de faible envergure) résumant en un volume ce que fut l'évolution du cinéma français, des années pionnières à l'époque actuelle. La dernière tentative de ce genre fut l'œuvre de Georges Sadoul : elle se trouve aujourd'hui largement dépassée.

Une histoire du cinéma français, donc. L'article indéfini a son importance : il sous-entend qu'on raconte ici une histoire, laquelle pourrait presque commencer par « Il était une fois... ». Nous avons, dans cet ouvrage, tenté d'effectuer une synthèse de tous les aspects du cinéma en France, sous les divers angles de l'art, de l'industrie, de la mythologie ou du « fait de société ». Certes, les grands courants sont abordés et les grandes périodes traitées (le pré-cinéma, l'art muet, l'avènement du parlant, le réalisme poétique et ses prolongements, la tradition de la qualité, la Nouvelle Vague), mais dans une optique globalisante, syncrétique, sans exclusive. Le cinéma populaire y trouve sa place au même titre que celui de l'art et essai. L'ouvrage ne glisse pas pour autant dans la frivolité anecdotique : il s'agit de témoigner quasiment au jour le jour de la grande aventure qui a dominé le XXe siècle. Une sorte d'état des lieux, qui ne devrait rien laisser dans l'ombre : œuvres majeures, bien sûr, mais aussi produits de consommation courante, qui ont façonné notre cinéma. Fiction, documentaires, courts métrages, films d'animation, avec des détours par la francophonie, l'économie et l'archivage. En prime, un dictionnaire de quelque deux cent soixante personnalités de l'écran (sans compter les acteurs, lesquels bénéficient d'un statut à part, qu'on ne leur accorde pas généralement dans ce genre de volume) et un florilège de films clefs. À la manière des *Histoires de France* du metteur en scène de théâtre Georges Lavaudant, ce livre enfin se voudrait un « sismographe des croyances, des espérances et des fièvres d'une époque ». Un « roman du cinéma français », en une quinzaine de chapitres.

Cette histoire est de rédaction collective. Le temps n'est plus où un tel tour d'horizon pouvait s'effectuer en solitaire (Sadoul, Mitry, Leprohon, Colpi) ou en duo (Bardèche et Brasillach, Jeanne et Ford, Deslandes et Richard) : l'énorme corpus auquel on doit désormais faire face, la quantité considérable de films à voir ou à revoir, un ensemble en constante mutation imposaient un travail d'équipe. On a donc laissé chaque auteur labourer à sa guise le champ dont il est spécialiste. D'où certains chevauchements, changements de ton et surcharges inévitables, mais qui permettent aussi de fructueux recoupements. C'était la règle du jeu, que chacun a prise à son compte. Le résultat (bien que planifié par le coordinateur) pourra apparaître disparate au lecteur. Ces voix plurielles confèrent cependant un relief, un volume, une *présence* à cette histoire, qui n'aurait pas existé sans cette diversité.

L'ambition d'un tel ouvrage peut se résumer au bout du compte dans ce bel envoi formulé naguère par Jacques Audiberti : « Nous allons nous efforcer de concevoir le cinéma comme un rythme d'images au-delà du parlant, en deçà du parlant. Nous verrons se dérouler des strophes de visions haletantes à la conquête de la grandeur même qu'elles construisent. Nous inviterons les puissances primordiales, l'ombre, la lumière, la mobilité, la fantasmagorie. » Tout ce qui fait, en somme, le génie du cinéma français.

Claude Beylie

Les années « Lumière »

(1880-1900)

Au cours du XIXe siècle, la science connut un formidable essor. Elle participa au grand élan de la découverte du monde environnant dont elle s'efforça, avec ses outils propres, de déchiffrer les signes. Son prestige était immense. Elle faisait l'objet d'un véritable culte, tant elle semblait appelée à élucider tous les mystères de la nature. Des liens solides la réunissaient à l'art : scientifiques et artistes communiaient dans la même admiration respectueuse et déployaient des efforts considérables pour percer ses secrets. « Tout ce qui est dans la nature est dans l'art », clamait Victor Hugo, tandis qu'Auguste Rodin affirmait qu'« il n'y a pas un être vivant qui, copié sans changement, ne puisse être la source d'un chef-d'œuvre ».

Le mouvement, composante essentielle de la nature et de la vie, ne put échapper à ces investigations ni à ces efforts d'appropriation par les peintres, les sculpteurs, les savants et les techniciens. Si les plasticiens d'autrefois haïssaient « le mouvement qui déplace les lignes », les modernes s'efforcèrent de le cerner au plus juste avec leurs yeux et s'interrogèrent sur les moyens de le figurer sans la dimension, pourtant essentielle, du temps. Les savants, quant à eux, cherchèrent à comprendre le détail de la mécanique animale et à la quantifier dans le temps et l'espace où elle se déploie. On sait le caractère indispensable de ces recherches pour l'ergonomie et la construction des machines.

Les jouets optiques, qui réalisaient artificiellement la synthèse du mouvement à partir d'une série d'images élémentaires, étaient conçus par des scientifiques à des fins éducatrices, pour sensibiliser les enfants (et les adultes) aux lois de la physique selon les principes de la « science amusante ». En ce qui concerne l'analyse du mouvement, certains mystères suscitaient des questions qui animaient les esprits. Un phénomène aussi simple, en apparence, que la locomotion du cheval entraîna ainsi de nombreuses polémiques. En faisant appel à la photographie pour l'analyse de ce mouvement complexe, l'expérience d'Eadweard Muybridge mit un terme définitif à la question dès 1878. En associant pour la première fois la photographie à l'étude du mouvement, le célèbre photographe intervenait dans le débat scientifique et créait avant la lettre la chronophotographie (littéralement : l'écriture du temps à l'aide de la lumière), première pierre de la cinématographie (l'écriture du mouvement).

En 1873, l'ouvrage du physiologiste français Étienne Jules Marey, *la Machine animale*, suscita un mouvement de surprise dans le monde entier. L'auteur y présentait, entre autres recherches, les résultats de son étude concernant la course du cheval obtenus à l'aide de la « méthode graphique » (les variations de volume d'une capsule en caoutchouc placée sous chacun des sabots du cheval étaient transmises par un tube souple à un stylet inscripteur). Le graphique obtenu montrait qu'un cheval au galop retombe d'abord sur une seule patte après avoir quitté le sol de ses quatre fers. L'enregistrement contredisait la perception des spécialistes, peintres et amateurs de sport hippique.

Le richissime gouverneur de Californie Leland Standford, par ailleurs grand amateur de chevaux, fut frappé lui aussi par ces résultats. Il demanda à un photographe réputé, Eadweard Muybridge, de vérifier (ou de contredire) ces résultats à l'aide de la photographie. Très vite il apparut nécessaire de décomposer les mouvements du cheval en une série d'instantanés successifs.

À cette fin, E. Muybridge, avec le concours financier de son puissant protecteur, fit construire à Palo Alto (Californie) un dispositif gigantesque : 12 cabines en 1878 (24 l'année suivante) disposées côte à côte le long d'une piste ; chacune d'elles abritait un appareil photographique et un opérateur ; des fils reliés aux obturateurs étaient tendus en travers de la piste et les chevaux déclenchaient ainsi chaque prise de vues en passant devant l'appareil

Georges Demenÿ prononçant « Vive la France » pour son Phonoscope.

(quand ils ne le renversaient pas). En 1878, Muybridge obtint ainsi des images successives tout à fait lisibles (malgré la faible sensibilité des préparations photographiques de l'époque). Les résultats de la méthode graphique de Marey étaient confirmés par la photographie. Pour la première fois, un mouvement rapide était décomposé en une série de vues successives : l'analyse photographique du mouvement était née.

Le temps et la lumière : chronophotographie et Théâtre optique (1880-1895)

Au début de cette période, presque tous les éléments étaient présents qui, réunis et assemblés, pouvaient permettre la naissance du cinéma. La recherche qui se développait jusqu'à présent sur des axes distincts traités séparément – l'analyse du mouvement, sa synthèse, la photographie, la projection – commençait timidement à les rapprocher.

L'année 1880 fut particulièrement riche en événements novateurs. Sur le plan de la photographie, elle marqua le début d'une ère nouvelle, celle du « gélatino-bromure », qui révolutionna la pratique photographique et marqua les débuts d'une industrie nouvelle à travers le monde. Les « plaques sèches » au gélatino-bromure mettaient fin aux servitudes de la technique dite du « collodion humide » dont la mise en œuvre était délicate (le matériau sensible devait être préparé juste avant la prise de vues, étendu sur la plaque de verre dans le noir et développé aussitôt après l'impression à la lumière) et la pratique en extérieurs terriblement laborieuse (hors des routes carrossables où il utilisait les services d'une voiture à cheval bâchée, le photographe devait se déplacer avec un harnachement imposant comprenant son laboratoire et une tente étanche à la lumière). L'usage du collodion humide explique le ruineux dispositif de l'expérience de Muybridge : dans chacune des douze puis des vingt-quatre cabines, un opérateur obéissant à une série de coups de sifflet devait préparer la plaque, la placer au dos de l'appareil puis la développer. L'autre inconvénient du collodion humide était qu'il n'était pas envisageable de couler la solution aqueuse sur un support souple ou sur un support rigide amené à se mouvoir. L'émulsion sèche, dont l'usage se généralisa à partir de 1880, représentait donc un progrès considérable : elle était préparée industriellement à l'avance, pouvait être développée longtemps après la prise de vues et se prêtait à l'émulsionnage des supports les plus variés. De plus, sa sensibilité accrue facilitait l'instantané, et donc la prise de vues rapprochées en série.

Un autre progrès fut celui qui rapprocha de la projection les instruments assurant la synthèse du mouvement, en l'occurrence ce qu'on appelait les « jouets optiques ». Certes, l'idée n'était pas entièrement nouvelle et, dès 1853, l'Autrichien Franz von Uchatius était parvenu à projeter des images animées sur un écran, mais elles étaient petites et peu lumineuses. Le Zoopraxiscope (également dénommé Zoogyroscope), présenté en 1880 par Muybridge, était lui aussi une sorte de Phénakistiscope à projection. Cependant, l'entraînement intermittent du disque permettait, cette fois, la projection d'une grande image animée observable par un large public et constituée de 14 images élémentaires répétées à satiété. Muybridge l'utilisait dans ses tournées de conférences pour confirmer par la synthèse l'exactitude de ses analyses. Pourtant,

Les jouets optiques

Dès 1833, un modeste jouet de salon mis au point par le physicien belge Joseph Plateau, le Phénakistiscope, permit pour la première fois de réaliser la synthèse artificielle du mouvement. En faisant tourner rapidement autour de son axe un disque fenêtré noirci au recto et en observant à travers les fentes une série de dessins disposés en couronne au verso et réfléchis dans un miroir, on obtenait l'illusion du mouvement. L'œil percevait tour à tour chaque image, fixée par l'étroitesse des fentes, et ne retenait pas les zones sombres qui jouaient un rôle d'obturation. La succession rapide des perceptions transformait les images élémentaires en une image unique qui s'animait. À l'époque, on attribuait cet enchaînement à un phénomène physiologique de rémanence (persistance rétinienne), aujourd'hui les savants évoquent plutôt un comblement d'ordre psychologique (effet « phi »).

On vit surgir d'autres appareils construits sur le même principe (le Stroboscope de l'Autrichien Simon von Stampfer, 1833 ; le Zootrope du Britannique William George Horner, 1834). Sur un principe sensiblement différent, le Praxinoscope du Français Émile Reynaud (1877) faisait l'économie de l'obturation en utilisant un prisme à douze pans au centre duquel se formaient et s'enchaînaient les images virtuelles successives. Plus tard, le même Reynaud, nous le verrons plus loin, perfectionna ce procédé dit de la « compensation optique » en créant une gamme d'appareils très ingénieux.

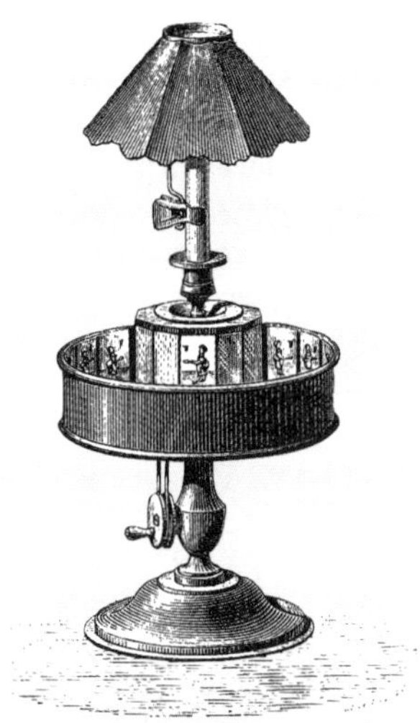

Praxinoscope de Reynaud.

pour des raisons pratiques, il ne reprenait pas ses photographies originales dont les formes étaient très soigneusement décalquées et peintes à la main sur le disque. La même année 1880, Émile Reynaud commercialisait son Praxinoscope à projection qui restait un jouet de salon aux performances lumineuses limitées et comportait douze images projetées « en boucle ». Mais ce modeste appareil annonçait dans son principe la machine très élaborée que fut huit ans plus tard le Théâtre optique.

L'année 1880 fut également marquée en France par un événement d'une autre nature, mais dont les conséquences furent importantes dans le domaine de l'analyse photographique du mouvement : la rencontre du physiologiste Étienne Jules Marey (âgé de cinquante ans), professeur au Collège de France, expert dans l'étude du mouvement animal bénéficiant déjà d'une réputation internationale, et d'un spécialiste de la gymnastique féru d'une éducation physique raisonnée, Georges Demenÿ (trente ans). À partir de 1882 et pendant les dix années à venir, Demenÿ participa très étroitement aux travaux de son illustre patron et en initia quelques autres dans le cadre de la Station physiologique mise à la disposition du maître par la Ville de Paris à l'emplacement actuel du parc des Princes.

On a vu comment, à la faveur du débat instauré autour de la course du cheval, l'ouvrage de Marey, *la Locomotion animale* (1873), avait entraîné l'expérience de Muybridge et permis d'obtenir en 1878 les premières séries photographiquement acceptables décomposant les attitudes successives du cheval au galop. En 1881 Muybridge voyagea en Europe et fut cordialement reçu à Paris par Marey. Devant un large public d'invités enthousiastes mêlant savants et artistes (dont le célèbre peintre Ernest Meissonier), le photographe présenta le résultat de ses travaux en utilisant notamment son Zoopraxiscope.

L'expérience de Muybridge fut triplement concluante : d'une part, elle confirma les résultats de l'analyse graphique de Marey ; d'autre part, elle convainquit celui-ci d'utiliser la photographie pour l'étude de la locomotion animale ; enfin elle scella les échanges entre chercheurs français et américains. L'axe franco-américain constitua la ligne de force des recherches pré-cinématographiques. D'abord cordiales, les relations furent de plus en plus tourmentées puis carrément conflictuelles à partir de 1894.

Cependant Marey vit clairement les faiblesses du dispositif de Muybridge : sa lourdeur, son coût élevé, la disposition en batterie entraînant un fâcheux effet de parallaxe, le système de déclenchement imprécis et inadapté à certaines analyses (le vol des oiseaux, par exemple). Dans le Fusil photographique qu'il mit au point en 1882, Marey remplaça les multiples appareils du photographe américain par un appareil unique équipé d'un seul objectif derrière lequel la surface sensible, un disque circulaire admettant sur sa couronne douze petites images, se déplaçait par

Vérité de la science et vérité de l'art

À la fin du XIXe siècle, la passion de la vérité n'était pas seulement le fait des savants. Un peintre comme Meissonier était connu pour son souci maniaque de l'exactitude, notamment pour tout ce qui concernait la gent chevaline. Il avait été jusqu'à aménager une piste spéciale où, monté dans un sulky, il suivait avec attention les mouvements d'un cheval galopant à ses côtés. « La vérité, rien que la vérité », clamaient uniment les plasticiens. « Le seul principe en art est de copier ce que l'on voit », répétait Rodin.

On comprend donc la surprise et le désarroi des artistes devant les révélations de Marey et plus encore les photographies de Muybridge. La science et l'objectif de l'appareil photographique délivraient une vérité surprenante qui contredisait leur vérité à eux, fondée sur une observation attentive.

En bons positivistes respectueux du dogme scientifique, certains plièrent comme Meissonier lui-même qui alla, dit-on, jusqu'à reprendre partiellement un de ses tableaux, *la Bataille de Friedland*. D'autres conservèrent des habitudes de représentation qu'ils estimaient plus conformes à leur vision et à leur expression. « L'art d'imiter est donc bien éloigné du vrai », affirmait déjà Platon dans sa *République*...

En fait, cette contradiction entre les apparences et l'exactitude scientifique mérite d'être examinée de plus près. L'analyse chronophotographique effectuait de façon régulière – et donc arbitraire – un certain nombre de coupes dans le mouvement. Celui-ci n'était pas représenté mais « pétrifié » comme le remarque Maurice Merleau-Ponty (*l'Œil et l'esprit*, 1960), à la suite de Rodin : « On voit un corps rigide comme une armure qui fait jouer ses articulations, il est ici et il est là, magiquement, mais il ne *va* pas d'ici à là. » Il est bien étrange que la reconstitution du mouvement ait eu à passer par cette phase analytique, par le découpage en tranches des apparences de la réalité dont l'aspect fossilisé et l'irréalisme constituaient la beauté. Un instantané vrai n'est pas forcément une pose juste ou une pose expressive ; la vérité synthétique du peintre n'est pas toujours la vérité analytique du savant.

Fusil photographique de Marey.

saccades entre les enregistrements successifs. Ce dispositif s'inspirait du Revolver photographique conçu par l'astronome Pierre Jules César Janssen pour l'observation des astres, qu'il utilisa en 1874 notamment pour enregistrer le passage de Vénus décomposé en 48 vues prises à très basse fréquence (environ 40 images par minute), compte tenu de la faible sensibilité de la plaque daguerréotypique utilisée. L'arme bien pacifique de Marey utilisait, quant à elle, un disque de verre sensibilisé au gélatino-bromure qui permettait de décomposer le vol des oiseaux à raison de 12 images par seconde et rendait possibles des temps d'exposition extrêmement courts.

L'appareil présentait d'indéniables avantages : plus lourd qu'un fusil, il restait néanmoins facilement transportable ; muni d'un seul objectif, il bénéficiait ainsi d'un point de vue unique. Mais Marey déplorait ses inconvénients : les images enregistrées étaient petites, photographiquement médiocres, insuffisamment nettes et modelées ; surtout, leur nombre était trop limité au gré du savant.

La même année 1882, il mit au point la technique de la photo-chronographie (alliance de la photographie et de sa méthode chronographique) sur plaque fixe. À partir de 1886, Marey commença à employer

Des recherches parallèles mais sans grand impact

À côté des figures majeures évoquées dans ce chapitre, beaucoup d'autres chercheurs ont apporté leur contribution, quoique plus marginale ou trop tardive, souvent faute de disposer de moyens suffisants pour mener à bien de coûteux travaux. En France, on distingue Albert Londe, Louis Aimé Augustin Le Prince, Léon Bouly, Raoul Grimoin-Sanson, Henry Joly et Georges Demenÿ (déjà rencontré à l'ombre de Marey). À l'exception du projecteur conçu par Le Prince, que nous ne connaissons pas et qui se révèle plus mystérieux, finalement, que la prétendue « disparition » en 1890 de l'inventeur (qui passa les dernières années de sa vie aux États-Unis et fut enterré en 1898 à Chicago, où sa tombe demeure), tous les travaux de ces chercheurs empruntèrent des voies sans issue (les appareils à objectifs multiples) ou démarquèrent plus ou moins les travaux de Marey. Le cas de Demenÿ est particulièrement flagrant : jusqu'en 1895, il s'évertua à commercialiser son Phonoscope, qui n'était qu'une nouvelle mouture du Phénakistiscope à projection ; c'est seulement deux mois après la présentation de l'appareil Lumière (22 mars 1895) qu'il prit un additif de brevet pour introduire dans son Chronophotographe la bande perforée et la réversibilité prise de vue-projection.

Hors de France, mis à part Muybridge et Edison, la concurrence ne fut pas abondante avant la date butoir du 22 mars 1895. En Allemagne, le Tachyscope d'Ottomar Anschütz (1887) ne permettait pas la projection. En Grande-Bretagne, l'appareil de projection à double lanterne de William Friese-Greene (1889) n'avait qu'une fréquence très faible (2 à 3 images par seconde reliées par fondu enchaîné), tout à fait insuffisante pour un rendu correct du mouvement. Aux États-Unis, la véracité des projections du Cinematograph de Jean Acme Le Roy (séance privée du 5 février 1894, séance payante du 22 février 1895) s'appuie sur des témoignages douteux et est aujourd'hui très contestée.

La séance Lumière du 22 mars 1895 semble bien marquer la première projection sur grand écran d'une photographie animée de longue durée. On ne compte plus les initiatives au cours des dix-huit mois qui suivirent. Ainsi, aux États-Unis, on découvrit le Pantoptikon d'Eugène Lauste et Woodville Latham (devenu l'Eidoloscope), le Phantascope de Charles Francis Jenkins et Thomas Armat, futur Vitascope attribué à Edison ; en Allemagne le Bioscope de Max Skladanowski, le Kinematograph d'Oskar Messter ; en Grande-Bretagne le projecteur de Birt Acres, le Theatrograph (ou Animatograph) de Robert William Paul ; au Danemark le Kinoptikon de Vilhelm Lauritz Pacht. La liste est loin d'être exhaustive.

parallèlement le terme « chrono-photographie » (avec un trait d'union) ; « chronophotographie » (sans trait d'union), maintenant universellement retenu, fut officiellement adopté en 1889.

Le dispositif technique était des plus simples : une chambre photographique traditionnelle avec un obturateur rotatif comportant une étroite fenêtre. Le sujet vêtu de clair se déplaçait devant le fond noir de l'édifice spécialement construit à la Station physiologique. À chaque tour de l'obturateur, la plaque était impressionnée par une nouvelle image. Selon le nombre de passages de la fenêtre pendant la durée de l'exposition, il obtenait un nombre variable d'inscriptions du même sujet. L'étonnante beauté de ces chronophotographies décomposant le mouvement en une suite d'images étrangement arrêtées frappe encore l'observateur d'aujourd'hui ; elle influença plusieurs artistes du XXe siècle (les futuristes, Fernand Léger, Marcel Duchamp notamment).

À force de multiplier les expositions afin d'analyser plus finement un mouvement, Marey obtenait une masse confuse d'images imbriquées les unes dans les autres et, de ce fait, difficiles à analyser. Pour remédier à ce défaut, il lui arriva de revêtir son sujet intégralement de noir en marquant les articulations de boutons blancs et en plaçant des bandes métalliques le long des bras et des jambes. Le sujet en marche venait alors s'inscrire sur la plaque sous la forme d'un étonnant graphique fantomatique où le corps humain semblait se dissoudre dans un réseau abstrait.

En 1888, Marey présenta un nouvel appareil qui constitua une étape décisive de la pré-cinématographie : le Chronophotographe sur bande mobile assurait l'enregistrement d'un chapelet d'images photographiques successives. Il reprenait ici le principe d'un appareil à plaque mobile qu'il avait expérimenté en 1883, mais il remplaçait le verre par un papier sensibilisé (puis, dès 1890, par une pellicule de nitrocellulose) qui permettait, compte tenu de sa longueur, de multiplier les images. Vingt fois par seconde, à chaque exposition, une mâchoire commandée par un électro-aimant (remplacée en 1890 par un dispositif « fixateur » moins agressif) bloquait la course de la bande. Le déroulement intermittent fixait l'image sur une surface sensible à l'arrêt. Avec ce dernier appareil, Marey avait inventé la caméra de prise de vues, à ceci près, toutefois : la bande sensible ne comportait pas de perforations et les photographies successives s'y inscrivaient de façon irrégulière. Le défaut d'équidistance était sans importance pour Marey, dont l'obsession n'était pas d'animer les images, mais, tout au contraire, de figer le mouvement pour mieux l'observer ; toute synthèse était cependant impossible, à moins de découpages manuels, de recalages et de collages fastidieux.

Saut en longueur au moyen d'une perche, É. J. Marey, 1890.

La synthèse du mouvement

L'autre grande avancée de la pré-cinématographie en France concerna la synthèse du mouvement. Émile Reynaud porta son Praxinoscope à un très haut degré de perfectionnement avec le Théâtre optique, breveté en 1888 et définitivement mis au point en 1892. Le Praxinoscope et ses dérivés étaient des jouets légers et portables, le Théâtre optique fut par contre une machine encombrante, d'un réglage complexe, mais en mesure de présenter un spectacle d'images animées devant un auditoire important. Le principe restait le même : la fusion de l'image au centre optique d'un prisme à faces multiples. Au lieu des douze images sans cesse répétées du Praxinoscope, le Théâtre optique utilisait une bande d'une longueur indéfinie qui permettait de présenter un véritable spectacle. Par sa longueur, par ses images successives juxtaposées et bien repérées grâce aux perforations, la bande de Reynaud représentait une vraie préfiguration du film perforé, à deux réserves près : elle n'utilisait pas la photographie ; sa confection artisanale nécessitait un travail de bénédictin.

Ce fut le merveilleux petit théâtre du musée Grévin qui accueillit le Théâtre optique et ses Pantomimes lumineuses dès le 28 octobre 1892. Les deux seules bandes conservées, *Pauvre Pierrot* et *Autour d'une cabine*, témoignent de l'étonnant génie d'Émile Reynaud, inventeur du dessin animé. Mais sur le plan technique, la direction qu'il ouvrait appartenait déjà au passé. Le Théâtre optique, avec sa machinerie trop complexe et sa mise en œuvre trop laborieuse, fut emporté par la vogue triomphante des projections de photographies animées. Il disparut du programme du musée Grévin en 1900.

Une autre rencontre décisive de la pré-cinématographie fut celle de Thomas Alva Edison et de Marey à l'Exposition universelle de Paris en 1889. Le célèbre inventeur du Phonographe avait reçu la visite de Muybridge l'année précédente et cherchait, depuis, à associer l'image animée à son Phonographe. Cependant, ses travaux concernant un Phonographe optique le laissaient insatisfait. Le Chronophotographe à bande mobile que lui présenta le savant français l'impressionna très vivement. La double révélation des travaux de Marey et du support photographique à base de nitrocellulose lancé concurremment, dans la même année 1889, par Eastman-Kodak et Goodwin Company orienta Edison et son collaborateur William Kennedy Laurie Dickson dans une nouvelle direction de travail qui allait les conduire à l'invention du film perforé et du Kinetoscope. La rencontre de Marey et d'Edison représenta une sorte de passage du relais. Désormais, et pour quatre années, la balle était du côté américain.

Le Kinetoscope d'Edison

En 1889, de retour à son laboratoire de West Orange après sa rencontre parisienne avec Marey, Thomas Alva Edison donna la définition du film au sens moderne du terme : long ruban transparent, perforé et recouvert d'une émulsion photographique. Si le matériau lui fut fourni par la toute récente pellicule Kodak, l'idée lui en avait été inspirée par la bande sensible du Chronophotographe de Marey et par le ruban perforé du télégraphe automatique qu'il avait lui-même contribué à perfectionner.

Au cours des années 1891 et 1892, il mit au point avec son collaborateur, William K. L. Dickson, un appareil de prise de vues, le Kinetograph, qui utilisait un mode d'entraînement saccadé. L'analyse photographique d'un mouvement de quelque durée avec un espacement régulier des images était désormais réalisée. Edison détenait ainsi, du point de vue théorique, la solution de la synthèse de ces photographies sur un écran. Mais le « sorcier de West Orange » souhaitait exploiter les images animées comme il avait exploité les sons du Phonographe, sous la forme d'une machine à sous. Le Kinetoscope, qu'il commercialisa en 1894, était une caisse en bois sur laquelle se penchait un spectateur unique. Celui-ci observait directement l'image à travers un oculaire grossissant. Le film se déroulait de façon continue. Ce choix imposait un temps d'obturation très bref. La faible lumière ainsi délivrée rendait la projection sur écran impossible.

Le temps des Lumière : la courte gloire du Cinématographe (1895-1898)

Il manquait donc la projection à Edison, la perforation à Marey, la photographie à Reynaud : à l'automne 1894, aucun appareil n'était en mesure d'assurer à la fois l'analyse photographique et la reproduction sur un écran d'une scène de quelque durée. Ce fut cependant le Kinetoscope qui déclencha les travaux de Louis Lumière et ceux de très nombreux autres compétiteurs. La mise sur le marché mondial de la machine à sous d'Edison donna le départ d'une course à l'invention (à la contrefaçon aussi) à laquelle le tintement des pièces tombant dans la caisse n'était évidemment pas étranger. En octobre 1894, le Kinetoscope fut commercialisé en France ; cette date marque aussi le début des recherches entreprises à l'usine lyonnaise. Les souvenirs d'Auguste Lumière, frère de Louis, sont clairs sur ce point : « Ce n'est pas sans émotion que je me reporte, par la pensée, à cette époque lointaine où, le Kinetoscope d'Edison venant d'être livré à la curio-

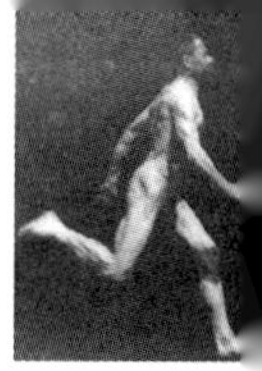

sité publique, nous avions remarqué, mon frère et moi, combien il serait intéressant de pouvoir projeter sur un écran et montrer à toute une assemblée des scènes animées reproduisant avec fidélité les objets et les personnages en mouvement. »

Le témoignage de Charles Moisson, chef mécanicien à l'usine Lumière de Monplaisir, ne laisse aucun doute quant aux motivations de ses patrons : « Le père Lumière [Antoine] est arrivé dans mon bureau, où j'étais avec Louis, a sorti de sa poche un morceau de bande du Kinetoscope qu'il avait eu des concessionnaires d'Edison, et dit textuellement à Louis : "Voici ce que tu devrais faire, parce qu'Edison vend cela des prix fous et lesdits concessionnaires cherchent à faire des bandes ici en France pour les avoir meilleur marché." Ce bout de bande, que j'ai encore devant les yeux, et qui avait à peu près 30 centimètres de long, était exactement le même modèle de films que celui actuel. »

Les recherches, commencées par Auguste Lumière, furent reprises ensuite par son frère. Ses tentatives restèrent d'abord infructueuses : il se heurtait au problème de l'avancement de la bande sensible perforée. « J'étais un peu souffrant et j'avais dû garder le lit », raconte Louis Lumière. « Une nuit où je ne dormais pas, la solution se présenta clairement à

Edison contre Lumière

Les Français parlent d'« histoire du cinéma », les Américains d'« histoire du film ». Cet écart linguistique et conceptuel entraîne d'inévitables divergences quand on remonte aux origines. Ainsi, en toute légitimité, les Américains attribuent à Thomas A. Edison l'invention du film et accréditent le 9 mai 1893, date de la présentation au public du Kinetoscope, appareil de consultation individuelle permettant l'observation derrière un œilleton d'une image photographique animée de quelque durée. Tout aussi légitimement, les Français et la plupart des pays latins attribuent à Louis Lumière l'invention du cinéma, concept plus large, intégrant les notions de projection et de grand écran. Ils retiennent la date du 22 mars 1895, qui fut celle de la première projection publique d'une « photographie animée » d'une certaine durée sur un écran visible par une assemblée.

Le débat sur l'invention met également face à face deux conceptions très différentes de l'utilisation des images animées. Pour Edison, le Kinetograph devait être à l'image ce que le Phonographe était au son. La fonction de cet appareil, reproducteur et non créateur d'une valeur, était d'assurer la duplication et la commercialisation d'œuvres ou de curiosités dont l'intérêt était préexistant (ainsi de la reproduction d'art ou du disque aujourd'hui). On notera que le volume et le poids du Kinetograph, qui fonctionnait avec un moteur électrique et se déplaçait sur un char à bœufs, compliquaient sérieusement les tournages en extérieurs. C'était un appareil « professionnel » avec tout ce que ce qualificatif peut comporter d'implications péjoratives quant à la difficulté de manipulation.

Le Cinématographe, au contraire, était un appareil léger et d'utilisation aisée qui trouvait dans les extérieurs son terrain de prédilection. Lorsqu'il conçut le Cinématographe, le propos de Louis Lumière fut d'abord de le mettre à la portée d'un amateur éclairé. Le Cinématographe, à la façon d'un simple appareil photographique, devait servir à enregistrer des scènes familières avec l'ingrédient supplémentaire du mouvement. Très vraisemblablement, l'idée d'une utilisation spectaculaire ne lui est venue que plus tard, après le succès des premières démonstrations publiques et sous la pression de son père. Mais Louis Lumière était personnellement tout le contraire d'un homme de spectacle et sa virginité en ce domaine fut la chance de la cinématographie naissante. Il tourna son appareil vers des sujets modestes et il les aborda avec la naïveté d'un peintre du dimanche jointe à l'habileté d'un photographe de grand talent rompu aux jeux des rayons lumineux sur les sels d'argent. Edison, visant à démultiplier l'exceptionnel, l'extraordinaire, le spectaculaire, n'aboutit qu'à créer des ectoplasmes lointains, animés certes, mais plats, sans consistance, sans vie. Lumière, ne prétendant à rien d'autre qu'à reproduire la réalité qui l'entourait, provoqua la métamorphose des apparences par l'humilité même de son propos : l'ordinaire, le banal, le quotidien, revus à travers l'œil candide de l'appareil et le regard direct du cinéaste devenaient littéralement extraordinaires, objets de connaissance et sujets de spectacle.

Le Cinématographe Lumière en position de prise de vues.

mon esprit. Elle consistait à adapter aux conditions de la prise de vues le mécanisme connu sous le nom de "pied-de-biche" dans le dispositif d'entraînement des machines à coudre, dispositif que je réalisai d'abord à l'aide d'un excentrique circulaire que je remplaçai bientôt par le même organe, mais triangulaire, connu dans des utilisations diverses sous le nom d'"excentrique de Hornblower". »

Les témoignages de Charles Moisson et d'Auguste Lumière concordent sur la description de l'événement que ce dernier situe vers la fin de l'année 1894. « Ce fut une révélation, commente Auguste. Mon frère, en une nuit, avait inventé le Cinématographe. » La scène est belle, mais trop facilement exploitable en vision de musée Grévin destinée à l'édification des foules. La réalité est plus prosaïque. La découverte du mécanisme d'entraînement résolvant le problème de l'image photographique animée n'était pas la tâche la plus difficile. Préalablement il fallait poser clairement toutes les données du problème (aucun chercheur n'y était parvenu jusqu'à présent), puis traduire ensuite la solution théorique en un appareil capable de fonctionner. Ils foisonnent, les inventeurs qui n'ont pas su, ou pas pu, franchir ce dernier stade, surtout en matière d'images animées, où l'on trouve plus de brevets que d'appareils réellement utilisables ! Ces tâches préalables et subséquentes demandaient une imagination attentive et un travail suivi en regard desquels l'illumination d'une nuit est finalement puérile. Le « génie » de Louis Lumière est le fruit de son acuité d'analyse, de sa puissance de travail, et non la révélation spontanée d'un esprit enfiévré.

Dès le début de l'année 1895, Charles Moisson fut chargé de construire le prototype de l'appareil d'après les croquis et les instructions de Louis Lumière. D'emblée, sa forme fut celle que nous lui connaissons aujourd'hui mais sa mise au point fut difficile. De tous les appareils, ou ébauches d'appareils, construits auparavant et dans les années qui suivirent, c'était le moins encombrant et le plus perfectionné. Il permettait d'effectuer aussi bien la prise de vues et le tirage que la projection. Parallèlement, Louis Lumière dut résoudre de multiples problèmes : la fréquence de la prise de vues — il retint celle de seize images par seconde, chaque tour de manivelle entraînant huit images —, la fabrication du support de la bande sensible, le nitrate de cellulose étant encore un matériau rare en France...

L'année 1895 fut alors marquée par un certain nombre d'événements qui apparaissent maintenant comme autant de dates historiques. Le 13 février, les frères Lumière, qui avaient pris très jeunes l'engagement de signer en commun leurs travaux respectifs, déposèrent à Lyon une demande de brevet de quinze ans pour un « appareil servant à l'obtention et à la vision des épreuves chronophotographiques », demande qui fut suivie de plusieurs certificats d'addition. On remarque que le mot « Cinématographe » n'y figurait point encore. La première projection d'une « photographie animée », d'une durée et à une fréquence suffisantes, sur un écran visible par une assemblée eut lieu à Paris, 4 place Saint-Germain-des-Prés, le 22 mars, dans les locaux de la Société d'encouragement pour l'industrie nationale. Faisant suite à une conférence sur l'industrie photographique donnée par Louis Lumière, le film *Sortie d'usine* fut projeté de façon impromptue devant un public d'invités — industriels, journalistes et professionnels de la photographie — dont l'enthousiasme surprit l'inventeur lui-même. Le 28 décembre marqua le début de l'exploitation commerciale du Cinématographe, enfin nommé, dans le cadre du Salon indien, une petite salle du Grand Café (actuellement l'hôtel Scribe), 14 boulevard des Capucines à Paris. Cette première projection devant un public payant (et quelques invités) ouvre officiellement la grande aventure du cinéma.

Neuf mois séparent la première présentation privée de l'appareil et sa première présentation commerciale. Neuf mois au cours desquels les « trois

Louis Lumière vu par Henri Langlois

« La caméra ne pouvait naître que d'un démiurge capable d'être à la fois un inventeur et un créateur, un scientifique et un artiste, un industriel et un metteur en scène [...]. C'est dans la mesure où Louis Lumière est à la fois Mozart, Paganini, Stradivarius, qu'il est le père du cinéma.

» [...] Car il est devenu aujourd'hui évident que si Louis Lumière a réussi à faire oublier dans le monde entier Edison et Dickson, à ravir la découverte du cinéma à ses émules, à effacer pendant des années le souvenir de ses concurrents, à s'approprier jusqu'à la découverte de la cinématographie en France même, qui vit naître Marey et Reynaud, ceci ne peut être dû à l'intrigue mais à quelque chose d'essentiel et de profond, quelque chose de plus important que la mécanique, quelles que soient la géniale simplicité et la malléabilité de la caméra Lumière, quelque chose qui tient à l'Image.

» Si le cinéma mondial lui doit son impulsion et sa naissance, il les doit au dynamisme de ces premiers films tournés par Louis Lumière, qui contiennent en eux tout l'avenir, tout le passé, tout le présent du cinéma et dont la perfection échappe à l'espace et au temps. [...] Ils auront dans cent ans, dans mille ans, le potentiel de ce qui sera alors aux yeux de nos descendants la dernière image de la modernité. »

Henri Langlois, *in: le Monde*, 24 déc. 1970.

Lumière », Antoine, le père, et ses deux fils, Auguste et Louis, multiplièrent les démonstrations devant des publics sélectionnés à Paris, à Lyon, à Bruxelles et apportèrent tous leurs soins à l'entrée sur le marché de leur invention.

Louis tourna quelques films au cours du printemps et de l'été 1895 (*Place des Cordeliers, Repas de bébé, Baignade en mer*, etc.). Il peaufina son appareil et, dès l'automne, surveilla attentivement la fabrication des modèles de série confiée à un constructeur d'appareils photographiques, Jules Carpentier. Les problèmes optiques, mécaniques et chimiques étant en voie de règlement, il convenait à présent de déterminer l'usage et les modalités de mise en œuvre de l'invention.

Or que faire du Cinématographe ? Un instrument scientifique destiné au laboratoire, un auxiliaire de l'enseignement, un appareil pour les photographes amateurs, le moyen d'une attraction spectaculaire ? La réponse n'était pas évidente en 1895 et il semble que bien des débats aient agité la famille Lumière au cours du printemps et de l'été. Qui pouvait imaginer raisonnablement la place considérable que le cinéma allait occuper dans l'art et l'industrie du spectacle ?

Depuis sa création à Lyon, en 1881, la Société Lumière était spécialisée dans la fabrication et la vente de plaques et papiers photographiques destinés aux amateurs et aux professionnels. La logique industrielle mise en place par les Lumière aurait donc voulu qu'ils inscrivissent le Cinématographe à leur catalogue en même temps que la pellicule vierge nécessaire. Telle ne fut pas la décision prise en octobre 1895 : l'appareil ne serait pas mis en vente ; la Société Lumière en assurerait elle-même l'exploitation ou déléguerait son pouvoir à des concessionnaires en se servant de son vaste réseau commercial en France et à l'étranger. À l'incitation probable du bouillant Antoine, les Lumière s'introduisirent dans un métier nouveau pour leur entreprise, celui du spectacle. Ils espéraient dégager ainsi des bénéfices supérieurs à ceux que leur procureraient la seule vente du matériel.

Tout au long de l'année 1896, les Lumière mirent en œuvre leur plan de lancement. Antoine supervisa l'exploitation parisienne qui attirait un public assez aisé et s'appuyait sur trois lieux principaux : le Salon indien du Grand Café, la salle de spectacle des grands magasins Dufayel et la salle du 6 boulevard Saint-Denis, ouverte à la fin de l'année, première salle permanente à Paris uniquement destinée au cinéma.

Louis tourna quelques-uns de ses meilleurs films à Lyon-Monplaisir ou dans la propriété familiale du clos des Plages, à La Ciotat. Il saisit sur le vif, dans des « vues » d'une cinquantaine de secondes, les bonheurs tranquilles d'une famille bourgeoise de la Belle Époque (*Partie d'écarté, Querelle enfantine, Concert*). Il bénéficiait d'un net avantage sur ses concurrents : c'était un photographe de grande classe qui savait choisir ses motifs, les composer dans le temps et dans l'espace et valoriser le mouvement. Son intelligence dans le maniement de l'appareil qu'il venait de créer fut éclatante dans la version la plus connue de l'*Arrivée d'un train à La Ciotat* (tournée en 1897) où il tira un très riche profit de ce qu'on appellera plus tard la « profondeur de champ ». Mais il ne pouvait à lui seul subvenir à la demande de programmes.

Dès janvier 1896, à l'usine de Lyon-Monplaisir, Louis Lumière entreprit de former des opérateurs à toutes les disciplines du cinématographe : prise de vues, projection, développement et tirage, toutes opérations réalisables dans les contrées les plus éloignées et dans les conditions les plus rudimentaires. Francis Doublier, Félix Mesguich, Alexandre Promio, Gabriel Veyre, Marius et Pierre Chapuis, etc. passèrent par cet apprentissage avant d'être envoyés à travers le monde avec une double mission : être les bons apôtres du Cinématographe dans les principales capitales étrangères où ils présentaient la nouvelle invention ; envoyer à Lyon des « vues » nouvelles tournées sur place de façon à enrichir les programmes.

Le Cinématographe devint un « œil ouvert sur le monde ». Le *Catalogue des vues pour le Cinématographe* édité par la société lyonnaise à partir de 1897 est riche d'un grand nombre d'images tournées aux quatre coins du monde — images touristiques (*Panoramas des rives du Nil* [A. Luigini ?], 1896), reportages (*Vues de New York, de Boston, de Chicago, de Washington*, Félix Mesguich, 1896), actualités (*Couronnement du czar*, Francis Doublier et Félix Mesguich, 1896) — qui permettent maintenant de faire revivre des sites et des civilisations disparus. Enregistrées parfois dans des conditions difficiles qui firent des opérateurs Lumière les héros d'une odyssée moderne, ces vues ne sont pas toutes d'une égale qualité. Sur le plan de la prise de vues, les élèves se situèrent rarement au niveau du maître. L'académisme guettait au coin de chaque vue. Mais les opérateurs Lumière firent aussi preuve d'initiative, tel Alexandre Promio qui, en plaçant sa caméra sur une gondole, inventa le travelling descriptif baptisé à Lyon « panorama » (*Vues de Venise*, 1896). L'idée fit son chemin, si l'on peut dire : bien des vues à venir utilisèrent le service de bateaux, de trains, d'automobiles, de tramways.

Arrivée d'un train à La Ciotat, Louis Lumière, 1895.

Le répertoire Lumière se développa aussi par le biais de la fiction. Le public se montrait friand des « vues comiques » tournées en extérieur, comme le célèbre *Arroseur arrosé.* Mais le décor naturel, tout à fait adapté aux petites saynètes improvisées par les frères Lumière, se prêtait mal à des genres comme les « vues historiques » ou les « scènes reconstituées ». Pour ces dernières, la société lyonnaise fit appel à partir de 1897 au chef de figuration de l'Hippodrome, Georges Hatot. Devant des décors de toile peinte, à distance respectable, des personnages déguisés s'agitaient dans le temps imposé, cinquante secondes tout au plus. On assistait au spectacle foudroyant de *Néron essayant des poisons sur des esclaves* ou de la *Mort de Jeanne d'Arc.* Le même décor pseudo-Renaissance servait tout à la fois pour *l'Assassinat du duc de Guise* et la *Mort de Robespierre.* On peut se réjouir de l'aspect « kitsch » de ce genre de spectacle, mais on doit convenir que cet appel au cadre « théâtral », avec des acteurs gesticulants, platement alignés devant une toile peinte, dans l'esprit le plus officiellement pompier, représentait une nette régression par rapport au dynamisme et à l'invention plastique des vues tournées par Louis Lumière.

Le choix commercial des Lumière fut-il le bon ? Au cours de l'année 1896, la société lyonnaise amassa de confortables profits des présentations de son appareil dans un peu plus de vingt capitales du monde, dans toutes les grandes villes françaises et dans les salles parisiennes. Mais en même temps, le Cinématographe Lumière rencontrait déjà une rude concurrence : celle, venue de l'étranger, du Vitascope Edison ou du Bioscope de Robert W. Paul ; celle, et non la moindre, provoquée par la stratégie même des industriels lyonnais refusant de mettre en vente leur appareil et suscitant par là même le dynamisme accru des chercheurs. Dans la seule année 1896, on enregistra 124 demandes de brevets concernant l'image photographique animée contre 10 l'année précédente ! Dans ces conditions, l'exploitation exclusive n'avait plus de sens et les Lumière décidèrent finalement de mettre en vente appareils et « vues » en mai 1897.

À la fin de 1898, la production Lumière réunissait un millier de titres. Mais *la Vie et la Passion de Jésus-Christ* (13 tableaux, 1898), mise en scène en plein air devant de médiocres toiles peintes par Georges Hatot, représenta le dernier effort de la société lyonnaise. Cette dernière tourna encore quelques reportages, quelques vues exotiques, comiques et fantasmago-

riques, participa de façon spectaculaire à l'Exposition de 1900, avant de déclarer forfait en 1905 en abandonnant toute activité cinématographique. Le temps des Lumière, celui du moins de leur influence directe sur l'économie cinématographique, fut donc extrêmement bref.

La lumière du temps : la naissance du cinéma-spectacle (1896-1900)

Dès 1895, trois hommes exceptionnels apparurent qui marquèrent le cinéma français et le cinéma international jusqu'à la Première Guerre mondiale : Georges Méliès, un artiste majeur, et deux vrais capitaines d'industrie, Charles Pathé et Léon Gaumont.

Il revient à Georges Méliès d'avoir orienté le cinéma dans sa « voie théâtrale-spectaculaire » selon sa propre expression. Prestidigitateur de talent, directeur du théâtre Robert-Houdin, ce haut lieu réputé de la féerie et de l'illusionnisme, Méliès fut immédiatement conquis par le Cinématographe. Devant le refus d'Antoine Lumière de lui vendre un appareil, il acheta au Britannique William Paul un projecteur Bioscope qu'il renomma Kinetograph et transforma en caméra avec l'aide de son ami Lucien Reulos et du mécanicien Lucien Korsten. Dès le mois de juin 1896, il enregistra *Une partie de cartes*, démarquage de la vue Lumière *Partie d'écarté* tournée quelques mois plus tôt la même année. Mais ce film comme les images « documentaires » qu'il tourna ensuite (notamment sur la côte normande au cours de l'été 1896) ne furent que des exercices destinés à lui « faire la main ». Le rêve de Méliès était d'accorder ses films aux programmes du théâtre Robert-Houdin, composés de numéros fantastiques et de trucs illusionnistes. Le premier film conçu dans cette optique fut l'*Escamotage d'une dame chez Robert-Houdin*, qu'il tourna devant une toile peinte, sur une scène dressée en plein air dans le jardin de sa propriété de Montreuil-sous-Bois : la dame ne disparaît pas dans une trappe mais par l'effet d'une interruption de la prise de vue.

Les incertitudes climatiques propres à la région parisienne compliquaient évidemment ce mode opératoire : en cas de pluie, il ne suffisait pas de protéger la caméra, il fallait aussi mettre le décor à l'abri. C'est vraisemblablement de ces contingences que naquit, au printemps 1897, le premier studio édifié spécialement pour le cinéma (mettons à part le Black Maria des Américains Edison et Dickson dont la construction, au début de 1893, appartient à la pré-cinématographie). L'« atelier de pose », comme Méliès le baptisa de façon significative, s'inspirait à la fois de l'atelier du photographe — une cage de verre exclusivement éclairée par la lumière naturelle — et de la scène théâtrale — le bâtiment de 7 mètres sur 17, dont le plafond était à 6 mètres du sol, reprenait les proportions du théâtre Robert-Houdin.

Entre 1898 et 1900, Georges Méliès était au début de son art. *Illusions fantasmagoriques* et *le Rêve de l'astronome*, tous deux de 1898, manifestaient déjà son goût pour la fantaisie et la « féerie à transformations ». Ses faux reportages (*Visite du sous-marin Maine*, 1898) et ses « actualités reconstituées » (*l'Affaire Dreyfus*, 11 tableaux, 1899) emportèrent également un grand succès public. Dans le domaine du truquage, le grand Méliès triomphait déjà : il portait à la perfection l'art de la surimpression, du cache, de la réserve sur fond noir et de l'« arrêt avec substitution » (*l'Homme orchestre*, 1900).

Si Georges Méliès donna au cinéma sa dimension artistique, Charles Pathé lui apporta une véritable envergure industrielle. D'origine populaire, garçon boucher puis commis chez un avoué, Charles Pathé fit fortune en présentant le Phonographe Edison dans les foires où il se familiarisa avec le milieu des gens du voyage. Il ouvrit un magasin et commercialisa le Kinetoscope et les bandes Edison qu'il pirata allègrement en les contretypant. Au cours de l'été 1895, alors que le Cinématographe Lumière commençait à faire parler de lui, il demanda à Henri Joly, photographe et inventeur, de lui construire un appareil du même type destiné à être mis en vente. En 1896, il créa la société Pathé frères. Un an plus tard, grâce à la commandite de l'industriel Grivolas qui lui ouvrit les portes du Crédit lyonnais, Pathé frères devint une société anonyme, la Compagnie générale des cinématographes, phonographes et pellicules.

Charles Pathé fut amené à la production de films presque à son corps défendant, parce qu'il convenait de donner du grain à moudre à son moulin. Les premiers films Pathé furent tournés en extérieur sur le modèle des vues Lumière (*Arrivée d'un train*, *Déjeuner de famille*, *Sortie de fabrique*, etc., tous de 1896). Pour les scènes dramatiques, Pathé fit construire en plein air à Vincennes un plancher de 6 mètres sur 8. Une toile peinte plantait le décor, un hangar proche assurait un repli rapide en cas de pluie et la caméra installée face à la scène, à distance suffisante, cadrait le décor en totalité. Le dispositif fut en tous points comparable à celui adopté par Georges Hatot pour les vues historiques de la société Lumière ou par Georges Méliès dans son studio de Montreuil.

Ce chef d'entreprise déploya un indéniable génie dans l'organisation de la cinématographie naissante, à laquelle il prêta son sens très efficace des

L'incendie du Bazar de la Charité

Les tout premiers pas du cinéma furent endeuillés par un événement qui marqua les esprits. En mai 1897 s'ouvrit à Paris la grande kermesse annuelle des dames de la haute société : le célèbre Bazar de la Charité. Sur un terrain vague jouxtant la rue Jean-Goujon, dans une grande baraque en bois de sapin, une rue médiévale bordée d'échoppes fut reconstituée ; un immense vélum blanc destiné à cacher le plafond était tendu au-dessus de ce décor. Pour corser la fête et occuper les enfants, la société Normandin (familière des projections dans les salons) installa un Cinématographe dans un appentis.

Le 4 mai, la fête battait son plein et environ 1 200 personnes se pressaient autour des stands. Un peu après 16 heures, alors que le projectionniste du Cinématographe rechargeait le réservoir d'éther de la lampe oxyéthérique utilisée comme source lumineuse de son appareil (l'électricité était encore une denrée rare), son assistant gratta une allumette par négligence et provoqua une explosion. Le vélum s'enflamma et l'incendie se propagea avec la rapidité de l'éclair à tout le bâtiment. Le Bazar devint un immense brasier. Les portes étroites ne permettant pas une évacuation rapide, une terrible panique s'ensuivit. On assista au spectacle affreux de la peur et de la folie. Poutres et tissus enflammés tombèrent de tous côtés. La chaleur était telle qu'elle mettait spontanément le feu à la chevelure et aux amples toilettes des dames et — détail atroce — faisait même éclater les crânes...

Il y eut 128 morts. Le retentissement de cette tragédie fut d'autant plus important que l'énumération des noms des 116 victimes identifiées (dont 110 femmes) constituait un véritable Bottin mondain, avec en tête rien de moins que la duchesse d'Alençon. Il fallut un coupable : on désigna le Cinématographe. Du haut de la chaire de Notre-Dame, lors de l'oraison funèbre en présence du président de la République Félix Faure, le père Ollivier, célèbre pour ses opinions antirépublicaines, dénonça « une de ces conquêtes de la science, si vaine quand elle n'est pas associée à la science de Dieu ». En fait, l'origine du sinistre tenait à une maladresse de manipulation et non au matériel cinématographique et la dimension de cette tragédie vint de l'infernale souricière que constituait l'aménagement des locaux.

La catastrophe du Bazar de la Charité fit la une de la presse mondiale, mais ses conséquences sur le devenir du cinéma sont difficiles à évaluer (hormis un renforcement des mesures de sécurité). Il semble que l'exploitation foraine, qui constituait d'ores et déjà un axe majeur de la diffusion des films, n'en fut guère affectée tandis que l'exploitation en salle, et particulièrement à Paris, marqua le pas. Cependant, si le cinéma connut une première crise à partir de 1897, il est un peu facile de l'attribuer à un seul événement, aussi tragique soit-il. Il est plus juste d'évoquer la lassitude du public confronté à la pauvreté de la production qui reproduisait à satiété, et presque toujours le talent en moins, le modèle des films de la société Lumière.

Panique lors de l'incendie du Bazar de la Charité.

affaires. La grande qualité d'un homme d'affaires est de s'entourer de collaborateurs efficaces. Ferdinand Zecca, l'homme à tout faire de Charles Pathé, n'était pas un grand intellectuel ni un artiste de haut vol, mais de sa proximité avec les planches (son père était concierge au théâtre de l'Ambigu, son frère aîné régisseur), il conservait un sens indéniable du spectacle et de la mise en scène, ainsi qu'une efficacité dans le domaine du travail d'équipe et du choix de ses collaborateurs. D'abord « diseur » de café-concert, il fut engagé par Charles Pathé pour enregistrer des rouleaux de phonographe (à l'époque, les rouleaux devaient être gravés un par un) puis, en 1900, comme assistant du directeur de l'atelier de Vincennes, et enfin, très vite, comme directeur. « Son activité débordante, raconte Charles Pathé, avait les plus heureux effets sur un personnel auquel on demandait un effort de jour en jour plus prononcé. Avec M. Méliès, il fut le promoteur des premiers spectacles cinématographiques. »

Léon Gaumont était marqué par ses origines modestes (son père était cocher, sa mère femme de chambre). En 1895, devenu propriétaire du Comptoir général de photographie dont il était l'employé, il commercialisa le Phonoscope (rebaptisé Bioscope pour la circonstance) de Georges Demenÿ, ancien préparateur d'É. J. Marey, physiologiste et grand précurseur du cinéma. Cet appareil, qui relevait encore de la pré-cinématographie, n'obtint aucun succès. Cependant, en 1896, Demenÿ construisit pour Gaumont un « appareil chronophotographique réversible à images continues » mettant en œuvre une « came battante » dont il était l'inventeur et qui utilisait un film perforé large de 58 mm.

Avec cet appareil, Edmond Fleury et Jacques Ducom tournèrent *Ballet de feu*, une bande de une minute environ, soigneusement coloriée à la main image par image, qui constituait le final d'une féerie à grand spectacle, *la Biche au bois*, présentée au théâtre du Châtelet en novembre 1896. Notons au passage que ce film précédait de plusieurs mois les superbes féeries de Méliès.

Gaumont était avant tout un fabricant et un vendeur de matériel photographique. Comme Pathé, la production de films ne l'intéressait guère au départ. Mais il dut, lui aussi, faire face à la demande et, pour les scènes de fiction, il installa dans un jardin de Belleville un plateau rudimentaire en plein air. Les toiles peintes qui servaient de décor étaient plaquées contre un mur et protégées de la pluie par l'avancée d'une sorte de véranda en verre dépoli. La plupart des sujets étaient encore de brefs reportages tournés à l'extérieur, dans les ruelles alentour.

Quand, en 1898 ou 1899, la demande de films de fiction devint impérative, Gaumont ne s'adressa pas à des hommes de scène comme le firent Lumière ou Pathé, mais confia cette tache à sa secrétaire, Alice Guy, en lui précisant bien que le travail courant du bureau devait néanmoins être fait et le courrier prêt à temps. Cette décision n'avait rien à voir avec l'éventuel talent de « Mademoiselle Alice » en matière de mise en scène. Elle manifestait seulement le peu d'importance qu'il attachait à la production, dans un premier temps du moins. Il parait ainsi au plus pressé en jouant la carte économique du recrutement interne.

Soixante-dix ans plus tard, on a célébré Alice Guy comme la première femme cinéaste, ce qui est incontestable (à la réserve près de l'anachronisme du mot « cinéaste »). Fait plus étrange, sous l'impulsion des mouvements féministes, on a voulu la présenter comme une cinéaste très importante alors que la quasi-totalité de son œuvre français était invisible et considéré à l'époque comme perdu. Depuis, plusieurs films ont été retrouvés, telle la mythique *Fée aux choux* dont la date de tournage (vraisemblablement 1900) a été longtemps discutée. Or l'examen des premiers films d'Alice Guy remet en question bien des légendes et nous incite à placer celle-ci loin derrière Méliès et Zecca. Il reste à mieux connaître quelle fut sa part exacte au titre de responsable de la production chez Gaumont jusqu'en 1907, année où Louis Feuillade prit ses fonctions de directeur artistique.

Si nous avons insisté sur la description des lieux de tournage des films de Méliès, Pathé et Gaumont, c'est qu'ils témoignent de façon éloquente de la conception dominante de la « mise en film » des scènes féeriques et dramatiques en vigueur dans la France de l'époque. L'« atelier de pose » de Méliès comportait un « côté scène » remarquablement équipé pour les trucages, avec cintres, coulisses, trappes, dessous et fosses, et un « côté caméra », un petit appentis qui constituait une cabine de prise de vues.

La mise en place et la direction des interprètes, c'est-à-dire la mise en scène, s'effectuait par rapport à l'intégralité du décor. La caméra adoptait le point de vue du spectateur censé occuper le premier rang des fauteuils d'orchestre, derrière le trou du souffleur. Les acteurs étaient vus « en pied », avec « de l'air » au-dessus de la tête. Le public de l'époque acceptait mal qu'un personnage ne soit pas représenté en entier sur l'écran : dans les scènes dramatiques, les interprètes cadrés en plan rapproché étaient traités d'« hommes-troncs » ou de « culs-de-jatte ». Curieusement donc, les spectateurs refusaient dans la représentation d'un monde fictif ce qu'ils acceptaient dans les vues documentaires tournées en extérieurs réels. Le dispositif d'enregistrement adopté par Méliès systématisait ainsi la forme cinématographique du tableau.

Alors que la vue Lumière (celle du moins qui ne ressortissait pas de la fiction) enregistrait le spectacle de la vie en découpant un fragment de réalité dans l'esprit même de la pratique photographique (une vue cinématographique n'était rien d'autre qu'une diapositive en mouvement), le tableau de Méliès et des autres « metteurs en films » de l'époque relevait directement des arts de la scène. En effet, la notion de « tableau » se référait au langage des spectacles de variétés, des revues ou des opérettes qui procédaient par tableaux successifs, plus qu'à l'art pictural. L'expression cinématographique naissante se constitua autour de la scène (le mot est pris ici dans son acception d'unité de récit dramatique) traitée sous la forme d'un tableau (une prise de vue d'un seul jet devant un décor de studio). Le « tableau-scène » fut le principe d'écriture de la plupart des films français jusqu'à la Première Guerre mondiale.

Un certain nombre d'aménagements ou de procédés enrichirent par ailleurs l'écriture des films. Le perfectionnement des projecteurs (introduction de la boucle permettant le double entraînement, continu et alternatif, de la pellicule) et le collage bout à bout des vues et des tableaux rendirent possible l'allongement des bandes. La pratique du coloriage des films intervint très tôt (dès 1896). Chaque image noir et blanc (18 x 24 mm dans les formats Edison et Lumière, à raison d'un millier d'images par minute de film) était coloriée au pinceau par des brigades d'ouvrières qui s'abîmaient les yeux à ce travail très délicat (l'atelier de Mlle Thuillier, qui travaillait pour Méliès, fut particulièrement réputé).

Le film était vendu au mètre (en moyenne 2 francs le mètre) avec une majoration substantielle pour les bandes coloriées. La durée moyenne d'une séance tournait autour d'une demi-heure en 1898. À l'exception des salles ouvertes par les Lumière dès 1896 à Lyon (1 rue de la République) et à Paris (6 boulevard Saint-Denis), il n'existait aucun lieu spécialisé dans l'exploitation du cinéma. Les projections s'effectuaient de façon plus ou moins précaire sous la forme d'attractions dans les théâtres, les salles de concert, les grands magasins, les salles des fêtes des villages, les arrière-boutiques des cafés et les salons. Au printemps 1897, la catastrophe du Bazar de la Charité ne favorisa pas les implantations fixes.

Faute de salles permanentes, le Cinématographe suivit la route précaire des « tourneurs » et des gens du voyage. Dès 1896, des petites entreprises itinérantes projetèrent les « merveilleuses images animées » dans des lieux improvisés : cafés et salles des fêtes. Peu à peu, les forains s'y intéressèrent et le comptèrent parmi leurs attractions. En 1897, Abraham Dulaar présenta le Cinématographe aux côtés de sa célèbre « femme volante », l'« Aérogyne ». La même année, son frère Jérôme Dulaar exploita le Cinéographe dans des salles louées avant de concevoir, en 1898, une immense salle démontable, le Théâtre mondain. Le grand cinéma Kétorza ouvrit ses portes peu après. En 1900, Pierre Iunk introduisit à son tour les projections cinématographiques dans son théâtre-concert des Fantoches parisiens.

L'économie de cette première exploitation cinématographique reposait sur des principes très simples : les forains les plus aisés achetaient en toute propriété les films aux sociétés productrices (Star Film, Pathé, Gaumont notamment), et exploitaient à fond des programmes très voisins au fil du voyage, la variété des implantations évitant le renouvellement trop fréquent du programme. Les petits forains, de plus en plus nombreux, rachetaient les copies usagées, les ravaudaient, et continuaient le travail de diffusion dans des baraques au confort fruste derrière des enseignes prometteuses.

Un « bonisseur » (bonimenteur) faisait la parade à l'extérieur et commentait les films à l'intérieur. Toutes sortes d'effets sonores plus ou moins improvisés accompagnaient les images tandis qu'un limonaire débitait sa musique. C'est dans ces conditions pour le moins rudimentaires mais très chaleureuses que le cinéma partit à la conquête de son premier public, le public populaire.

La prestigieuse Exposition universelle de 1900 se voulait la vitrine de l'industrie et de la technique à l'échelle du monde. Le cinéma fut au rendez-vous et mit l'accent sur ses technologies de pointe. L'attraction la plus attendue ne put malheureusement être présentée. Il s'agissait du Cinéorama, dispositif spectaculaire imaginé par Raoul Grimoin-Sanson, qui devait permettre d'enregistrer et de reproduire grâce à dix appareils 70 millimètres synchronisés et disposés en étoile un panorama horizontal continu de 360° sur un vaste écran circulaire. Une salle spéciale, modelée sur la forme d'une nacelle de ballon, fut construite au pied de la tour Eiffel mais, sans doute en raison de déficiences techniques, elle n'ouvrit pas ses portes au public.

Une autre attraction très guettée fut le Cinématographe géant de la société Lumière. Louis Lumière

comptait utiliser un film large (75 mm) mais l'appareil ne fut pas prêt à temps. Néanmoins, les projections eurent lieu dans l'immense Galerie des machines à partir du format 35 millimètres sur un immense écran de 16 mètres sur 21. Elles obtinrent un vif succès : un million et demi de spectateurs virent ces grandes images en mouvement.

Deux autres attractions moins spectaculaires cherchèrent à attirer l'attention des visiteurs de l'Exposition. Elles visaient à réaliser le vieux rêve des inventeurs en associant le son à l'image, le Phonographe et le Cinématographe : le Phonorama de Berthon, Dussaud et Jaubert et le Phono-Cinéma-Théâtre de Paul Decauville. Ce dernier donna à entendre et à voir les célébrités de la scène : Sarah Bernhardt, Réjane, Coquelin aîné, etc. Mais les projections parlantes rencontrèrent un succès public médiocre : le son délivré par le Phonographe était faible et nasillard, la synchronisation avec l'image approximative. La solution honorable ne pouvait venir que de l'apparition de nouvelles techniques et, notamment, de l'amplification électrique.

L'Exposition universelle prouva par la négative que l'avenir du cinéma ne reposait plus sur le seul progrès des techniques. Le film quittait définitivement la chrysalide de la chronophotographie pour devenir papillon dans le monde très différent du cinéma-spectacle. Désormais, le grand envol de la nouvelle invention tenait avant tout dans le développement de ses moyens industriels, artistiques et expressifs.

OMNIA
CINEMA PATHE
OMNIA
CINEMA PATHE
CINÉMA
PATHÉ Fres
CINEMATOGRAPHE
PATHE FRERES
L'ARMOIRE NORMANDE
THEATRE
CINEMATOGRAPHE
PATHÉ
THEATRE
CINEMATOGRAPHE
PATHÉ
PROGRAMME

Les années pionnières
(1900-1918)

Il est communément admis de voir en Louis Lumière et en Georges Méliès les pères fondateurs des deux grandes traditions de l'art cinématographique, celle qui vise à l'expression du réel et celle qui, à l'inverse, laisse la voie libre aux manifestations de l'imaginaire. Cette dichotomie demeure fondamentalement juste, même si, dans l'histoire du cinéma, d'innombrables passerelles relient les deux voies. L'art d'un Joris Ivens procède incontestablement des conceptions de Louis Lumière, celui d'un Hans Jürgen Syberberg découle indubitablement de celles de Méliès, dont, d'ailleurs, il s'est réclamé ouvertement : « L'art cinématographique, écrivait Méliès en 1907, offre une telle variété de recherches, exige une si grande quantité de travaux de tous genres, et réclame une attention si soutenue que je n'hésite pas, de bonne foi, à le proclamer le plus attrayant et le plus intéressant des arts, car il les utilise à peu près tous. Art dramatique, dessin, peinture, sculpture, architecture, mécanique, travaux manuels de toute sorte, tout est employé à doses égales dans cette extraordinaire profession ; et la surprise de ceux qui, par hasard, ont pu assister à une partie de nos travaux me cause toujours un amusement et un plaisir extrêmes. »

Georges Méliès, l'enchanteur d'un art nouveau

Artiste et bricoleur, libre-penseur aux convictions solidement républicaines et au tempérament volontiers persifleur, mais aussi esprit indépendant au point de refuser les capitaux offerts par l'homme d'affaires (et prestidigitateur amateur) Claude Grivolas pour développer ses activités, Méliès fut toutefois rapidement dépassé par des hommes qui, tels Léon Gaumont et Charles Pathé, firent du nouvel art une industrie. Dans son petit atelier de Montreuil qui, en dépit de ses modestes dimensions et de ses installations primitives, présentait déjà toutes les caractéristiques d'un studio de cinéma, il n'allait pas cesser pour autant de tourner ces féeries d'une poésie décorative et d'une drôlerie irrésistibles, souvent délicatement coloriées à la main, que sont *le Voyage dans la Lune* (1902), *le Mélomane* (1903), *le Royaume des fées* (1903) ou *Voyage à travers l'impossible* (1904), ce dernier atteignant une durée de vingt minutes. Méliès en fut volontiers l'interprète — il est un impayable professeur Mabouloff dans *Voyage à travers l'impossible* —, aux côtés de la belle Jehanne d'Alcy, ancienne vedette des spectacles du théâtre Robert-Houdin et future seconde Mme Méliès, puis de l'appétissante Bleuette Bernon. Son œuvre se poursuivit ainsi jusqu'en 1909, année durant laquelle il réalisa l'un de ses plus jolis films, *le Locataire diabolique*. La vérité est qu'il n'avait su ni peut-être vraiment voulu évoluer, à une époque où le cinéma, dans son esthétique comme dans son organisation industrielle et commerciale, avançait à pas de géant. Malgré une tentative d'implantation de la Star Film aux États-Unis, qui avait plutôt bien débuté sous l'égide de son frère Gaston Méliès, mais qui s'acheva en catastrophe, Georges Méliès était resté un homme du cinéma forain, incapable de s'adapter à la conjoncture. Son rapprochement peu heureux avec Pathé, en 1911, tourna court en dépit de quelques dernières réussites comme *À la conquête du Pôle* (1912).

En 1913, l'aventure de la Star Film était terminée. L'enchanteur du nouvel art revint alors au théâtre, dans des conditions de plus en plus problématiques et hasardeuses, et c'est un Méliès totalement oublié que l'on retrouva en 1929, dans un kiosque de la gare Montparnasse. Avec la fidèle Jehanne d'Alcy, il y vendait des confiseries pour survivre. Redécouvert, fêté et même décoré, il passa des dernières années paisibles à la maison de retraite de la Mutuelle du cinéma, au château d'Orly. Il est mort le 21 janvier 1938, un jour après cet autre génie de l'image animée que fut Émile Cohl (voir chapitre IX).

Cinéma Pathé frères.

Mademoiselle Alice, première femme réalisatrice

Auprès de Léon Gaumont, Alice Guy prit une place de plus en plus importante, cumulant les fonctions de réalisatrice et de directrice de la production, cette activité devenant à partir de 1903 l'un des chantiers prioritaires de la maison, chantier symbolisé par la mise en service en 1905, sur le terrain de la rue des Alouettes, d'un « théâtre de prises de vues » qui deviendra la babylonienne cité Elgé — Elgé étant bien sûr l'acronyme de Léon Gaumont. La cité Elgé demeura jusqu'en 1914 le studio le plus important du monde, son appareillage électrique conférant « aux bandes Gaumont une qualité d'image inégalée » (Noëlle Giret). Abordant sans complexe tous les genres, du documentaire d'actualité à la féerie en passant par le mélodrame historique et la comédie burlesque, et faisant équipe avec l'opérateur Anatole Thiberville, Alice Guy attacha son nom à des productions relativement importantes comme *l'Assassinat du courrier de Lyon* (1904) ou *la Vie du Christ* (1906). Ce dernier film, auquel collabora Victorin Jasset pour les décors et peut-être la mise en scène, frappe par son souci de vraisemblance visuelle et par ses qualités mélodramatiques, principalement dues à l'importance accordée par la réalisatrice aux personnages féminins, sans qu'il faille y voir, au demeurant, une quelconque intention féministe. Alice Guy resta la cheville ouvrière des productions Gaumont jusqu'en 1907, date à laquelle elle partit pour les États-Unis pour y assurer, avec son mari Herbert Blaché-Bolton, tout juste épousé, le lancement du Chronophone.

Alice Guy vers 1907.

Le Chronophone, le premier cinéma parlant

Léon Gaumont n'a pas été le seul, ni le premier, à tenter de réaliser la synchronisation de l'image et du son. Mais il fut incontestablement le premier à trouver une solution satisfaisante et relativement durable, avec la collaboration de son ingénieur Léopold René Decaux. Après divers tâtonnements, Léon Gaumont put donc présenter en 1902 son Chronophone, qui couplait phonographe (à rouleaux, puis à disques à partir de 1904) et projecteur, le mécanisme du premier entraînant par un dispositif électrique celui du second. Pour obtenir une synchronisation parfaite, le son était enregistré en premier, après quoi la prise de vues était effectuée selon un principe que l'on redécouvrira beaucoup plus tard, celui du playback, les acteurs ou les chanteurs recommençant leur prestation devant la caméra en se calant sur leur enregistrement sonore. La mise au point du Chronophone suscita à partir de 1903 la production de plusieurs centaines de petites « phonoscènes », pour la plupart tournées par Alice Guy jusqu'à son départ pour les Amériques. « Assouvissant ainsi sa passion pour la musique », comme l'a écrit Francis Lacassin, « Mademoiselle Alice » tourna avec les vedettes du temps des airs d'opéra ou d'opérette, du délicieux *Mignon* d'Ambroise Thomas aux immortelles *Cloches de Corneville* de Robert Planquette, ainsi que d'innombrables succès de la chanson, du « Trou de mon quai » de Dranem à « Viens Poupoule » de Mayol. Le Chronophone ne pouvant toutefois être utilisé que pour une audience limitée, l'ingénieur Georges Laudet mit au point dès 1907, avec l'Elgéphone, un système d'amplification permettant la projection des phonoscènes dans les grandes salles, notamment dans le monumental Gaumont-Palace. Le cinéma parlant n'avait pas attendu *le Chanteur de jazz* (1927) pour exister !

L'école Pathé

Chez Pathé frères, Ferdinand Zecca fut rapidement promu dans un rôle équivalent à celui d'Alice Guy chez Gaumont. Il cumula comme sa consœur les fonctions de réalisateur et de directeur de la

production, constituant autour de lui une véritable petite armée de réalisateurs (et d'acteurs), chacun plus ou moins spécialisé dans un genre particulier. Les films furent bientôt tournés dans le studio que Charles Pathé avait fait construire en 1902 rue du Bois, à Vincennes, et auxquels succédèrent deux autres en 1904, à Vincennes encore et à Montreuil.

De 1901 à 1906, date à laquelle il renonça à la réalisation pour se consacrer à la seule production, Zecca tourna environ 250 films, avec une inventivité souvent inspirée. Aucun genre ne lui fut étranger, depuis des actualités reconstituées, imitées de Méliès, telles que *la Catastrophe de la Martinique* (1902) ou *l'Affaire Dreyfus* (*idem*), jusqu'à des féeries, également dans le goût de Méliès, comme *les Sept Châteaux du Diable* (1901), superproduction de quarante tableaux mettant en œuvre quinze décors, trois cents costumes spécialement confectionnés pour le film et deux intermèdes dansés par le corps de ballet du théâtre de la Gaîté. Cette féerie eut un succès tel que près de 1 500 copies en furent tirées ! C'est toutefois dans le domaine du drame naturaliste que Zecca s'impose dans l'histoire du cinéma comme un grand précurseur. Dès 1901, il réalisa, d'après un spectacle de figures de cire du musée Grévin, *Histoire d'un crime*, dans lequel un ouvrier charpentier, ruiné par le jeu, assassine un banquier pour le voler, est arrêté, condamné à mort et guillotiné, l'exécution constituant évidemment l'apothéose du drame. Audacieux par son sujet et par le réalisme de sa mise en scène, au point que le préfet de Paris prononça la suppression du dernier tableau, le film est également remarquable par l'originalité de sa construction narrative, déjà fondée sur le principe du flash-back, réalisé grâce à une astucieuse insertion du décor passé dans le décor présent. Zecca resta fidèle au fait divers sociologique, notamment avec *Victimes de l'alcoolisme* (1902), *la Grève* (1904) et, surtout, *Au pays noir* (1905). Tourné dans le nouveau studio de Montreuil, ce drame de la mine extrêmement soigné et au réalisme assez stupéfiant illustre une importante avancée de l'écriture cinématographique par l'utilisation du panoramique à des fins descriptives : ainsi, un panoramique de 180° permettait à Zecca de montrer en un seul plan le trajet quotidien des mineurs depuis leur logis jusqu'à l'entrée de la mine. Les mêmes qualités, renforcées d'ailleurs par un emploi non plus seulement descriptif, mais encore narratif, du panoramique, se retrouvent la même année dans *Au bagne*, dont le réalisateur pourrait être également Zecca, mais ce point n'est pas assuré. La chose n'a du reste qu'une importance relative, le style des films de Zecca n'étant pas substantiellement différent de celui de l'ensemble des productions qu'il a supervisées, celles de Lucien Nonguet par exemple.

Autour de Zecca, l'école Pathé réunit donc des réalisateurs tels que Lucien Nonguet, Gaston Velle ou Georges Hatot. Ce dernier se spécialisa plutôt dans les scènes grivoises, Gaston Velle dans les féeries et les films à trucs, et Lucien Nonguet dans les drames sociaux, les actualités reconstituées ou les productions à costumes. La carrière de Nonguet apparaît comme l'une des plus intéressantes et des plus riches de cette toute première période du cinéma français. Cet homme de théâtre est, en effet, l'auteur d'actualités reconstituées remarquables comme *les Troubles de Saint-Pétersbourg*, *la Révolution en Russie* et *les Événements d'Odessa*, réalisées bien sûr en 1905, le troisième titre se rapportant à la mutinerie d'un certain cuirassé *Potemkine*. On lui doit aussi de très brillants films à costumes, merveilleusement teintés et coloriés, dont les plus célèbres demeurent *l'Épopée napoléonienne* (1903), première grande production historique de Pathé en deux parties et quinze tableaux, interprétée par Maximilien Charlier, un acteur qui joua avec Antoine et avec Sarah Bernhardt (et qui, jusqu'à plus ample informé, reste considéré comme le premier Napoléon de l'écran), *les Aventures de Don Quichotte de la Manche* (1903), réalisé en collaboration avec Zecca et d'une durée, relativement considérable pour l'époque, de vingt minutes, et *la Vie et la Passion de Notre Seigneur Jésus-Christ*, commencé en 1902, augmenté régulièrement de nouveaux tableaux jusqu'en 1907, et bénéficiant, comme *Don Quichotte*, de séduisants décors en trompe-l'œil de V. Lorent Heilbronn, dans le goût pittoresque et sulpicien de la peinture d'histoire de la fin du XIXe siècle, ainsi que d'habiles trucages cache-contre-cache. Précisons que ces trucages étaient l'œuvre de Segundo de Chomón, un pionnier du cinéma espagnol dont Pathé avait distribué en 1906 un film d'animation de marionnettes, *le Théâtre du petit Bob*, et qui travailla en France jusqu'en 1909 avant d'aller en Italie où il aurait fait bénéficier Giovanni Pastrone de son génie technique pour les travellings de *Cabiria* (1914). Si la mise en scène se réduisait alors généralement à des tableaux filmés en plan moyen fixe et si, dans les tout premiers, les personnages se déplaçaient le plus souvent latéralement, il faut cependant noter que les cinéastes savaient déjà utiliser la profondeur de champ à des fins plastiques et dramatiques, notamment dans l'admirable tableau de la montée au Golgotha de *la Vie et la Passion de Notre Seigneur Jésus-Christ*, qui annonce certains plans de Mauritz Stiller, Sergueï M. Eisenstein ou Cecil B. De Mille, ce qui n'est pas rien.

Films Pathé italiens, russes, néerlandais et belges

Parmi les nombreuses filiales étrangères de l'empire Pathé, trois méritent une attention particulière, outre la filiale américaine. Créée en 1909, la société Film d'Arte Italiana (FAI) fut l'équivalent italien du Film d'art ou de la SCALG. Consacrée à des œuvres de prestige, tirées du répertoire dramatique national et européen ou de l'histoire italienne, employant des acteurs de renom et comptant parmi ses actionnaires quelques grands noms du gotha italien, la FAI produisit à Rome, avec des metteurs en scène et des techniciens italiens, des films comme *Otello* (1909), *Salome* (1910) ou *Francesca da Rimini* (1910), où débutait la future diva Francesca Bertini. Mais, si l'on en croit l'historien Aldo Bernardini dans *Pathé, premier empire du cinéma*, la FAI en serait « restée liée à des formules dépassées, [...] alors qu'au même moment le cinéma italien accomplit de grands progrès linguistiques et techniques grâce à ses cinéastes les plus audacieux (Guazzoni, Caserini, Pastrone, De Liguoro) et ce, même dans ce genre dont la FAI s'est fait en quelque sorte une spécialité : le film "historique" en costumes ».

Le marché russe avait attiré l'attention de Charles Pathé dès 1902. Il y établit un véritable trust vertical, de la production à l'exploitation, en passant par la vente d'appareils cinématographiques et phonographiques. Le seul catalogue français ne pouvant suffire à satisfaire aux besoins du public, malgré la popularité dont jouissaient un Max Linder ou un Rigadin, les représentants de Charles Pathé à Moscou, Maurice Hache et Guillaume Kemmler, produisirent des films à sujets spécifiquement russes, avec des acteurs russes et des techniciens russes et français, par exemple *les Cosaques du Don* (1908), qui eut un succès considérable, *Vii* (1909), d'après Gogol, *Anna Karénine* (1910), d'après Tolstoï, ou *les Tziganes* (1910), d'après Pouchkine. L'emprise de Pathé sur la jeune cinématographie russe ne fut toutefois pas totalement monopolistique, et des alliances naquirent occasionnellement avec des concurrents, la plus intéressante, selon l'historienne Neïa Zorkaïa, ayant abouti à une grande coproduction historique entre Pathé et Alexandre Khanjonkov, *l'Année 1812*, sortie le 30 juillet 1912 à Moscou.

L'histoire de la cinématographie belge est également largement liée à l'expansion internationale de Pathé. En 1912, Alfred Machin avait été mis à la tête de la société Belge-Cinéma Film, administrée par Edmond Benoît-Lévy pour le compte de Pathé. Machin n'était pas un néophyte. Ce cinéaste français à la carrière singulière, entré chez Pathé en 1905, avait tourné de nombreux documentaires en Afrique, dirigé des séquences avec des fauves pour différentes séries comiques de la maison, et créé en 1911, à Amsterdam, la Hollandische-Film, filiale de Pathé pour laquelle il réalisa, entre autres, un film demeuré célèbre par sa virulence anticapitaliste, *l'Or qui brûle* (*Het vervlockte Geld*, 1912). Sa période belge ne fut pas moins intéressante, marquée par *Maudite soit la guerre !*, un grand film pacifiste tourné en 1913 avec la collaboration de l'armée belge et qui, d'après un document de présentation de l'époque, stigmatisait « l'horreur des champs de carnage, les cadavres écrasés, grimaçants, béants, aux uniformes teints de boue et de sang, mornes dépouilles qui, quelques heures auparavant, étaient des jeunes gens pleins de vie, de santé... » Pendant la guerre, Afred Machin fut l'une des chevilles ouvrières de la Section photographique et cinématographique de l'armée (SPCA), après quoi il se consacra à la réalisation de films animaliers.

Charles Pathé, à droite, avec Ferdinand Zecca.

Ph. Florentin / Coll. Archives Larbor

Le Praxinoscope inventé par Émile Reynaud en 1877.

Conservatoire national des Arts et Métiers - Ph. Coll. Archives Larbor

Le Phénakistiscope mis au point par Joseph Plateau.

Ph. Coll. Archives Larbor.

Autour d'une cabine d'Émile Reynaud, 1895.

Ph. Coll. Archives Larbor.

La Parisienne, le petit chien et le « copurchic » dans *Autour d'une cabine*, bande dessinée pour le Théâtre optique.

Ph. © Cats / kipa © ADAGP 2000

Voyage à travers l'impossible de Georges Méliès, 1904.

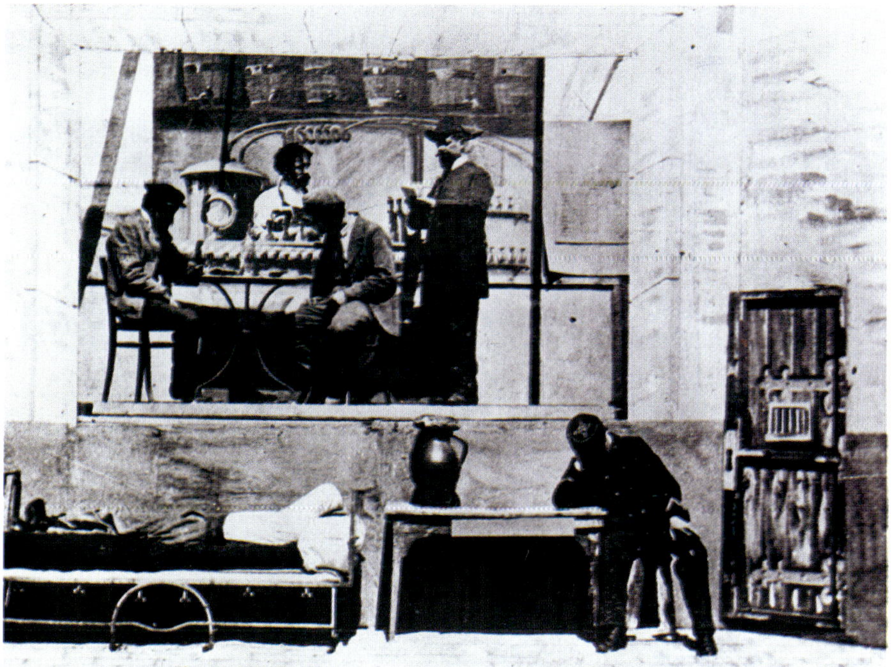

Ph. Coll. Archives Larbor.

Histoire d'un crime de Ferdinand Zecca, 1901.

Ph. Coll. Archives Larbor.

L'Assassinat du duc de Guise de Le Bargy et Calmettes, 1908.

Ph. Coll. Archives Larbor.

Prince-Rigadin enregistrant sa voix sur disque Pathé, vers 1911.

Vue du cinéma Gaumont-Palace en 1911.

Ph. © collection GAUMONT

Germinal d'Albert Capellani, 1913.

Ph. Coll. Archives Larbor.

Ph. Coll. Archives Larbor.

Zigomar de Victorin Jasset, 1911.

Couverture de *Zigomar*, roman de Léon Zazie (1913).

Ph. DR

Ph. Coll. Christophe L.

Arizona Bill de Jean Durand, 1911, avec Joe Hamman.

Éventail publicitaire pour la 4e série de « *Protéa* » de Victorin Jasset, 1917, recto et verso.

Ph. Coll. particulière / DR

Ph. Coll. Cinémathèque de Toulouse.

La Sultane de l'amour de René Le Somptier, 1919.

Les années 1880-1918

Au sujet de ces tableaux filmés en plan fixe, on a évidemment invoqué la tradition théâtrale, dans laquelle se seraient inscrits les balbutiements du cinéma. Encore conviendrait-il de préciser. En effet, la tradition à laquelle se rattachent les premiers films, et les premiers films à costumes français en particulier, est très exactement celle du « tableau vivant » (ou « tableau mouvant »), telle qu'elle s'est établie dans la seconde moitié du XVIIIe siècle et qui consistait en des sortes de pantomimes historiques, mythologiques ou morales, souvent directement (et ouvertement) calquées sur des peintures célèbres. C'est ainsi que *le Serment des Horaces* de David inspira un tableau vivant au chorégraphe Noverre, et *l'Accordée de village* de Greuze un autre à Filippo Taglioni, le père de l'illustre danseuse Marie Taglioni. Depuis celui par lequel s'achevait la reprise du *Brutus* de Voltaire, sous la Révolution, jusqu'à ceux, contemporains des premiers films à costumes français, dont les vedettes étaient Cléo de Mérode ou Colette, la mode du tableau vivant se perpétua jusqu'au début du XXe siècle.

L'évolution du langage cinématographique est aussi très sensible dans un autre film de Pathé frères, peut-être réalisé par Gaston Velle, *Un drame dans les airs* (1904). C'est l'histoire du voyage en ballon de deux hommes qui, pris dans la tourmente, tombent en mer après l'explosion de leur engin et sont recueillis *in extremis* par un sauveteur. Si l'argument n'a rien de bien original, encore qu'il s'agisse là d'un parfait prototype du film-catastrophe, la réalisation ne manque pas de surprendre par son ingéniosité : elle fait alterner, en effet, plans d'actualités — ce que les aéronautes sont censés découvrir depuis les cieux, et notamment des vues des plus belles unités de la flotte française de haute mer — et séquences tournées en studio, offrant, par un effet de montage simple mais efficace, un exemple de pur récit cinématographique ; dans le cas d'*Un drame dans les airs*, le cadre théâtral, d'où le cinéma naissant avait encore peine à s'échapper, est cette fois bel et bien brisé.

L'apparition des salles de cinéma

La diffusion des films, en revanche, s'est immédiatement intégrée aux deux grandes traditions du théâtre occidental, celle du théâtre à l'italienne et celle du théâtre ambulant. Il est à cet égard symptomatique qu'à Paris et en province, innombrables ont été, des origines à nos jours, les salles de théâtre transformées en cinémas, et *vice versa.* Longtemps aussi, la scène et l'écran firent bon ménage, des attractions venant, entre deux films, compléter le programme : quel cinéphile parisien ne se souvient avec

Affiche-programme du Grand Café, précurseur des salles de cinéma.

nostalgie des inénarrables strip-teases que le Midi-Minuit, à l'entracte, offrait en guise d'apéritif aux spectateurs des films sexy, à la fin des années 1950, ou, un peu plus tard encore, des numéros de prestidigitation du Zola ? Toujours est-il que, dès 1897, les frères Lumière ouvraient à Paris la première salle conçue spécifiquement pour les projections cinématographiques, à la porte Saint-Denis. Le développement de ce mode de diffusion fut toutefois relativement lent, et il fallut attendre quelques années avant de voir se constituer, à travers la France, de véritables réseaux de salles, indépendants comme celui de Jean Richebé, commencé en 1904 à Marseille avec le Populaire-Cinéma, ou créés pour les besoins des grandes sociétés de production. Ce n'est qu'en 1906 que Charles Pathé prit pleinement conscience de leur nécessité pour maîtriser la chaîne qui unit le producteur au spectateur et inaugura à Paris, le 15 décembre, en association avec Edmond Benoît-Lévy, le luxueux Omnia-Pathé, une salle de 300 places installée sur les grands Boulevards. Plus prudent, Gaumont patienta deux ans encore avant de suivre la même voie avec le Cinéma-Palace, toujours à Paris. Dans toute la France, les salles de cinéma devinrent ainsi progressivement, au cœur du paysage urbain, des monuments institutionnels, au même titre que la mairie, l'école ou l'église, avec un décor architectural parfois élégant et raffiné, souvent tapageur et tarabiscoté, le plus extraordinaire de tous ayant été le fabuleux Gaumont-Palace ouvert le 11 octobre 1911 à Paris, place de Clichy. Équipée d'un somptueux orgue Cavaillé-Coll, cette salle de 3 400 places, la plus grande du monde, était en fait le fruit de la reconversion de l'ancien Hippodrome construit pour l'Exposition universelle de 1900 (et transformé entre-temps en patinoire). Réaménagé en 1930 par l'architecte Henri Belloc, le Gaumont-Palace fut scandaleusement immolé, en 1972, sur l'autel de la spéculation immobilière.

Outre le déclin des théâtres de foire en faveur de salles permanentes dont les plus prestigieuses s'ornaient orgueilleusement de la marguerite de Gaumont ou du coq de Pathé, l'évolution structurelle de l'exploitation cinématographique française, liée directement à l'expansion de ces deux géants, vit enfin la location des films se substituer à leur vente aux exploitants. C'est en 1907 que Charles Pathé, décidément toujours en avance sur tout le monde, mit en place ce système à la fois plus sûr et plus lucratif. Avec son temps de retard habituel, Léon Gaumont lui emboîta le pas en 1910. Entre-temps, l'un et l'autre avaient eu la sagesse de bien séparer, au sein de leur société, la production et la distribution.

Le triomphe du cinéma comique

Le cinéma ayant pratiquement commencé avec le gag de *l'Arroseur arrosé* de Louis Lumière, il ne pouvait manquer d'approfondir cette veine comique qui, en France comme aux États-Unis, fit tant pour sa popularité, d'autant qu'il existait alors une riche tradition du cirque, du music-hall et du café-concert qui ne demandait qu'à se prolonger à l'écran. Chez Pathé notamment, on ne se fit pas faute de l'exploiter, sous la houlette de l'indispensable Zecca. L'une des premières vedettes comiques françaises de l'écran est sans doute ainsi Dranem, dont la présence chez Pathé fut cependant éphémère. De son vrai nom Armand Ménard, Dranem était déjà l'une des gloires du music-hall français lorsqu'il tourna *Ma tante* (1903), *le Mitron* (1904), *la Bonne Purge* (1904) ou *Rêve de Dranem* (1904). Excellent comédien et impayable interprète de chansons d'une imbécillité très étudiée, il connut jusqu'à sa mort en 1935, à l'âge de soixante-six ans, un succès ininterrompu à la scène, élargissant son répertoire de la revue à l'opérette et à l'opéra-comique et même, au moins en une circonstance, au théâtre classique quand, en 1912, Antoine l'invita à jouer *le Médecin malgré lui* à l'Odéon. La brièveté de sa carrière muette ne l'empêcha pas toutefois, contrairement à beaucoup d'autres, de réapparaître plus tard à l'écran, quand le cinéma se mit à parler (et à chanter) : on le revit principalement dans des opérettes telles que l'adorable *Ciboulette* de Reynaldo Hahn, filmée par Claude Autant-Lara (1933), ou l'inusable *Mascotte* d'Edmond Audran, par Léon Mathot (1935).

Toujours chez Pathé, André Deed (de son vrai nom André Chapais), était un acrobate réputé dont Méliès avait utilisé le talent dans *la Dislocation extraordinaire* (1901). D'abord sous la direction de Georges Hatot, puis d'Albert Capellani, lequel s'affirma bientôt comme l'un des réalisateurs importants de cette première période du cinéma français, Deed créa en 1906 le personnage de Boireau, prototype du héros récurrent de ces séries burlesques françaises dont les Américains s'inspirèrent avec la réussite que l'on sait. Recruté ensuite à prix d'or par l'Itala Film, il quitta Pathé fin 1908 pour Turin où il sera Cretinetti (que les Français verraient également, mais sous le nom de Gribouille) jusqu'en 1912, puis redeviendra Boireau chez Pathé avant que l'Itala Film ne le rappelle au début de la Première Guerre mondiale. Dans la deuxième série des « *Boireau* », beaucoup plus élaborée que la première et souvent réalisée par Deed lui-même, la mise en scène utilise habilement les ressources d'un langage cinématographique qui a fait en quelques années des progrès foudroyants pour aller très loin dans le comique absurde et ravageur comme dans *Boireau roi de la boxe* (1912) ou dans la destruction subversive et loufoque des conventions sociales comme dans *Boireau domestique* (1912) ou *Boireau cuirassier* (1912). Le burlesque dévastateur fut d'ailleurs sans conteste l'une des marques de fabrique de Pathé ainsi qu'en témoignent ces extravagants films-poursuites que sont par exemple *la Course à la perruque* (1906) et *la Course des sergents de ville* (1907), tous les deux réalisés par Hatot sur un scénario d'André Heuzé, ou encore *le Cheval emballé* (1908), réalisé cette fois par Louis Gasnier, mais toujours sur un scénario du prolifique et astucieux Heuzé.

Mais Pathé allait bientôt ajouter à son écurie de comiques deux comédiens exceptionnels dont la notoriété dépassa, tant en France qu'à l'étranger, celle de tous les autres : Max Linder et Rigadin.

Max Linder, le dernier boulevardier

Issu d'une famille de viticulteurs bordelais, Gabriel Maximilien Leuvielle avait débuté sur les planches à Bordeaux où, respectueux du désir de son père de ne pas voir son nom déshonoré par un « saltimbanque », il avait adopté le pseudonyme de Max Linder. Monté à Paris en 1904, il échoua par trois fois au concours d'entrée au Conservatoire tout en entamant une petite carrière d'acteur de Boulevard qui lui valut d'être engagé dès 1905 par Zecca. On le vit donc d'abord dans des petites bandes sans doute réalisées par Louis Gasnier, telles que *la Première Sortie d'un collégien* (1905) ou *les Débuts d'un patineur* (1906), ce dernier film ayant eu la réputation probablement usurpée d'avoir inspiré *Charlot patine*, tourné en 1916 par Charles Chaplin. Car si Max Linder a incontestablement influencé Chaplin, c'est par ses films ultérieurs. Il lui faudra en effet attendre quelques années avant d'imposer son personnage de dandy boulevardier, blagueur, amateur de jolies femmes au point de commettre les pires folies pour une cheville dérobée à la pudeur de sa propriétaire, mais aussi sentimental, sportif, bretteur et très sourcilleux sur les questions d'honneur. Le départ de Deed en Italie et, surtout, celui de René Gréhan, créateur de l'aristocratique Gontran, pour la firme rivale Éclair, laissèrent un vide qu'il sut combler immédiatement avec son huit-reflets, ses gants beurre frais, sa canne à pommeau d'argent et sa moustache finement taillée. À partir de 1909, Linder va alors connaître une popularité phénoménale, au point d'être qualifié, dans les publicités de la maison Pathé, de « roi du cinématographe », un titre que personne, il est vrai, n'aurait pu lui disputer et que l'exigeant Louis Delluc lui confirma en proclamant: « Max Linder est le grand homme du cinéma français. » Jusqu'au déclenchement de la Première Guerre mondiale, il tourna près de 150 films dont la plupart ont malheureusement été perdus: « J'étais à la fois l'auteur, l'interprète, le metteur en scène et l'accessoiriste. Dans le métro, en me tendant aux studios, je dévidais la bobine des idées. Il ne fallait que saisir le bout du fil. Quand j'avais le bout du fil, j'avais le film tout entier. Aux studios, je racontais mon scénario, je le vivais. Je l'expliquais. On répétait une fois et l'on tournait. Ce n'était pas plus difficile que ça. »

Des films tels que *Max victime du quinquina* (1911), *Max en convalescence* (1911), tourné dans son Bordelais natal, *Max et sa belle-mère* (1911), pour lequel il emmena comédiens et techniciens sur les pentes enneigées de Chamonix, *Amour tenace* (1912), *Max et Jane veulent faire du théâtre* (1912), avec sa partenaire habituelle Jane Renouardt, *Max pratique tous les sports* (1913) ou *le Duel de Max* (1913) sont en fait de vraies petites comédies cinématographiques qui, en dépit de leur caractère foncièrement burlesque, étonnent encore par leur justesse psychologique et sociale, et par leur inventivité scénaristique. Faisant flèche de tout bois, utilisant avec à-propos les décors les plus variés au gré de ses voyages et de son inspiration, laissant parler son goût pour l'escrime et les jeux athlétiques les plus risqués — jusqu'à affronter un véritable *novillo* dans les arènes de Barcelone pour *Max toréador* (1913) —, Max Linder eut en outre l'insigne mérite d'immortaliser un type national ensemble héroïque et farceur, probablement disparu dans les abattoirs de la Grande Guerre. À la veille de l'assassinat de l'archiduc François-Ferdinand à Sarajevo, il avait fait fortune, son cachet annuel passant de 150 000 francs en 1911 à 1 million l'année suivante !

Gravement atteint d'une pneumonie mal soignée pendant la première bataille de la Marne, où il servait comme chauffeur, Max Linder se remettait difficilement dans un hôpital quand, en 1916, il fut engagé par la Essanay, que Chaplin venait de quitter pour la Mutual, et il partit à la conquête d'une Amérique qui lui était d'ailleurs acquise d'avance. L'expérience ne fut toutefois pas concluante, Max Linder étant loin d'avoir recouvré l'intégralité de ses moyens physiques, et fit long feu : après avoir tourné

Max Linder.

pour la Essanay, en 1917, trois films seulement — *Max en Amérique*, *Max veut divorcer* et *Max et son taxi* — sur les douze prévus, il revint en Europe pour entrer au sanatorium, en Suisse. La carrière de Max Linder n'était pas brisée pour autant, et l'armistice du 11 novembre 1918 fut pour lui l'aube d'un retour glorieux. Il lui restait encore beaucoup à dire, et il le dira.

De Prince à Rigadin

Nul doute que la figure légendaire de Max Linder n'ait fait de l'ombre, au regard de la postérité, à celle de Charles Petitdemange qui, en France et en Europe, connut pourtant une formidable notoriété à la scène sous le sobriquet de Prince, puis à l'écran sous celui de Rigadin, rebaptisé Moritz en Allemagne, Tartufini en Italie, Whiffles en Grande-Bretagne, Bigodinho au Portugal. Alors que Max Linder n'avait guère eu le temps d'être marqué par les planches, Prince-Rigadin demeure à jamais un homme de théâtre, formé au Conservatoire, passé par les répertoires classique et moderne à l'Odéon, sous le magistère d'Antoine, puis consacré vedette du Boulevard au théâtre des Variétés, aux côtés du grand Albert Brasseur et de Max Dearly. En 1908, Prince, qui n'est pas encore devenu Rigadin, inaugure sa carrière cinématographique avec deux comédies produites par la SCALG, une filiale de Pathé, dont il sera encore question : *l'Armoire normande* et *Un monsieur qui suit les dames*, que suivirent immédiatement quelques autres courtes bandes comiques et même, en 1909, deux ou trois drames dont *l'Enlèvement de Mlle Biffin* et *Fleur de pavé*, où il a Mistinguett pour partenaire. Cependant l'« ineffable Prince des Variétés », comme le désigne la publicité de Pathé, est encore, alors, à la recherche de son identité cinématographique. Les responsables de la SCALG, Pierre Decourcelle et Eugène Gugenheim, en sont tellement conscients que, en 1910, ils lui annoncent : « Vous n'allez pas garder le nom de Prince. Il faut qu'on vous donne quelque chose de rigolo. On vous appellera Rigadin, c'est une savate, un genre de chaussure. » Et c'est ainsi qu'est née la prolifique série des « *Rigadin* », qui ne cessa de s'améliorer du point de vue de l'art cinématographique et de se détacher des habitudes du théâtre pour affiner ce merveilleux « type humain populaire, dessiné d'un crayon espiègle, don juan empêtré, tyrannisé par ses conquêtes, en qui le Français moyen aime à reconnaître son voisin », comme l'a si heureusement défini Jacques Richard.

Environ trois cents « *Rigadin* » seront tournés dans le studio spécialement aménagé à son intention, à Vincennes, entre 1910 et 1914. Tous ne sont pas sans doute des chefs-d'œuvre, mais beaucoup attestent le souci de Charles Petitdemange d'innover, son intérêt pour la technique cinématographique et sa volonté d'alterner studio et extérieurs : *Sur le balcon de Rigadin* (1913) sera ainsi tourné sur le balcon même de son appartement parisien, sur les grands Boulevards, avec Gabrielle Lange, Yvonne Harnold et surtout la ravissante Gabrielle Marchoux, alias Gabrielle Debrives, alias Totoche et, à la ville, Mme Charles Petitdemange. C'est que si Prince-Rigadin n'était peut-être pas un auteur aussi complet que Max Linder, il n'en travaillait pas moins étroitement avec ses scénaristes (dont le futur réalisateur André Hugon), les poussant à d'étonnantes audaces comiques comme dans *Rigadin défenseur de la vertu* (1912), et, bien sûr, avec son metteur en scène attitré, Georges Monca. Il convient de préciser que ce dernier fut beaucoup plus qu'un simple faire-valoir, et il le prouva par ailleurs en signant d'ambitieux mélodrames, tel son remarquable *Sans famille* (1913), qui pourrait bien demeurer l'adaptation la plus intelligente et la plus émouvante du roman d'Hector Malot. Mais la carrière de Prince à l'écran fut considérablement ralentie par la guerre et, de l'armistice à sa mort en 1933, ses apparitions se firent de plus en plus rares et de moins en moins significatives. Le cinéma parlant était arrivé beaucoup trop tard pour cet acteur dont la diction au théâtre était, selon les témoins du temps, d'une perfection enchanteresse.

Le premier des burlesques

Toutefois, selon le grand historien et théoricien du cinéma Jean Mitry, le « premier des burlesques », celui sans qui l'école américaine de Mack Sennett n'eût peut-être jamais vu le jour, fut en réalité Romeo Bosetti. C'était un étonnant personnage, très caractéristique d'une époque où le cinéma faisait flèche de tout bois et puisait les talents aussi bien sur la scène du Boulevard que dans la sciure des cirques. D'origine italienne, Romeo Bosetti venait, lui, du cirque et du music-hall, où il fut acrobate, cascadeur, funambule ou casseur d'assiettes, parcourant notamment l'Amérique sous le chapiteau de Barnum. C'est à la fin de l'année 1905 qu'il semble avoir été engagé chez Pathé, où il joua notamment avec Deed dans *la Course à la perruque*, sous la direction de Hatot, avant de rejoindre dès l'année suivante l'écurie comique de Gaumont comme « acteur-cascadeur ». Il y resta jusqu'en juin 1910, date à laquelle il revint chez Pathé avant d'aller à la Lux Film, puis à l'Éclair. Chez Gaumont, Bosetti s'imposa rapidement par son inépuisable inventivité comique, interprétant d'abord, en 1906 et 1907, de petites

bandes burlesques comme *Un accident d'automobile* ou *Un homme aimanté*, dont Jean Mitry a donné des résumés qui éclairent parfaitement son génie surréaliste et destructeur. Dans le premier, « un médecin en auto passe sur un ivrogne étendu sur la chaussée et lui coupe les deux jambes. La victime les ramasse, les tend au docteur descendu de voiture qui les lui recolle aussitôt et l'homme, guéri, part en courant ». Dans le second, « la cotte de mailles que porte un quidam pour se protéger des attaques nocturnes se trouve soudain aimantée. Aussitôt l'homme attire à lui les enseignes, les plaques d'égout, et traîne bientôt derrière lui toute la ferraille du voisinage ».

Successeur de Louis Feuillade au poste de régisseur général, personnage clé dans la chaîne de la production, dont Francis Lacassin rappelle qu'il « recrutait et gérait la figuration, recevait les acteurs, vérifiait les aptitudes, recherchait parfois certains types d'interprètes exigés par le directeur artistique » (le poste auquel Feuillade, lui, avait été promu), Bosetti n'en poursuivit pas moins une carrière personnelle : comme acteur comique bien sûr, puis, surtout, comme metteur en scène. C'est ainsi qu'en 1907-1908 il réalisa et interpréta la série relativement courte des « *Roméo* », que suivit immédiatement une autre série, beaucoup plus féconde cette fois, celle des « *Calino* », qu'il poursuivra brièvement chez Pathé en 1910 et que reprendra Jean Durand chez Gaumont en 1911. Pour les « *Calino* », en effet, Bosetti a cessé de jouer lui-même le rôle-titre pour le confier à un acteur venu comme lui du cirque et du music-hall, l'ancien clown et acrobate Clément Migé. Dans *Calino pompier* (1910), par exemple, l'esprit satirique et paradoxal de Bosetti est savoureusement illustré par le fait que le héros est décoré pour avoir éteint un incendie à la tête d'une brigade particulièrement incompétente et non sans avoir, pour venir à bout du sinistre, consciencieusement détruit la maison qu'il était censé sauver du désastre ! Comme devait le souligner Victorin Jasset, « la maison Gaumont créa la première un genre comique d'une originalité toute parisienne et qui est resté sa spécialité. Ce n'était ni la poursuite ni la comédie, mais une chose spirituelle pleine de mouvement et d'entrain, avec des idées neuves et des procédés neufs ».

La carrière de Romeo Bosetti ne franchira malheureusement pas le cap de la Première Guerre mondiale, au cours de laquelle il sera blessé. Entretemps, il aura réalisé (ou été l'un des réalisateurs) d'autres séries comiques telles que « *Little Moritz* » (avec Moritz Schwartz), « *Rosalie* » (avec Sarah Duhamel) ou encore une suite de « *Roméo* » (avec lui-même) pour la Comica, filiale niçoise de Pathé, « *Patouillard* » (avec Bertho) pour la Lux Film, « *Casimir* » (avec Lucien Bataille) ou « *Pétronille* » (avec Sarah Duhamel) pour Éclair.

Le point culminant du « *slapstick* » français

Le comble de la loufoquerie burlesque et de l'absurde fut cependant atteint, chez Gaumont, par Jean Durand. Ancien caricaturiste et pur Montmartrois, il débuta chez Pathé en 1908 avant d'être engagé par la Lux Film où il réalisa notamment, en 1909, un *Cyrano de Bergerac* avec Roger Karl et Robert Péguy (le futur réalisateur de films très populaires en leur temps, mais peut-être injustement oubliés, comme *Jacques et Jacotte*, en 1936) et un *Frédéric le Grand* avec René Hervil. Mais c'est évidemment chez Gaumont, où il entra en décembre 1910, que Jean Durand devait donner toute sa mesure. Il y réalisa, outre la suite des « *Calino* » déjà mentionnée, la série des « *Zigoto* », avec Lucien Bataille, et surtout, de 1912 à 1914, celle des « *Onésime* », créée autour du clown Ernest Bourbon avec la complicité effervescente d'une étonnante petite bande d'acteurs-acrobates, les Pouittes, tous venus du music-hall et parmi lesquels on détache Gaston Modot, que l'on reverra plus tard dans *l'Âge d'or* de Luis Buñuel (1930), *la Règle du jeu* de Jean Renoir (1939) ou *Casque d'Or* de Jacques Becker (1952), et l'intrépide Berthe Dagmar, dompteuse et épouse de Jean Durand. Dans ses souvenirs intitulés *la Foi et les montagnes ou le Septième Art au passé*, le cinéaste Henri Fescourt, qui débuta chez Gaumont en 1912, raconte comment, dans *Onésime horloger*, Bourbon manipulait le temps pour hériter plus vite d'un oncle fortuné, mais, en conséquence, voyait sa progéniture grandir à une rapidité effrayante, et comment dans *Onésime chasseur*, film apparemment perdu, « il épaulait, visait une branche élevée, tirait et une carpe énorme et frétillante tombait du ciel, carpe que le chien rapportait, et qu'Onésime enfermait dans sa carnassière, flegmatiquement ». C'est donc à bon droit que l'historien américain Richard Abel a pu écrire que les « *Onésime* » constituaient « le point culminant du *slapstick* français d'avant-guerre ». Le terme « *slapstick* », si fréquemment employé pour qualifier les productions burlesques américaines, françaises ou même, plus tard, soviétiques, est un mot anglais signifiant littéralement « bâton » (*stick*) « à frapper » (*slap*) et désignant, traditionnellement, la batte d'Arlequin, puis les arlequinades, et enfin les comédies à base de gags plus ou moins frappeurs (*slapstick comedies*).

Le génie de Louis Feuillade

La Gaumont allait se faire également une spécialité, sans en avoir bien sûr l'exclusivité, des séries comiques avec des personnages enfantins. La première d'entre elle, la série des « *Bébé* », est aussi demeurée l'une des plus célèbres. Malicieuse et même volontiers impertinente, cette série réalisée par Louis Feuillade fut inaugurée le 19 décembre 1910 avec *la Trouvaille de Bébé* et se poursuivit jusqu'en 1913. Le rôle-titre y était tenu par un gamin de cinq ans, Clément Mary, fils d'un acteur sans gloire au pseudonyme d'Abélard, et qui avait déjà joué dans quelques films plutôt mélodramatiques de Feuillade ou d'Étienne Arnaud, un autre pilier de la maison Gaumont. Si Mary, en grandissant, disparut des écrans, ce fut pour réapparaître avec la parlant sous le nom de guerre de René Dary et devenir une vedette du cinéma français des années 1930 et 1940, sa carrière culminant dans le très beau *120, rue de la Gare*, de Jacques Daniel-Norman (1945), d'après le roman de Léo Malet, puis déclinant peu à peu malgré quelques superbes rôles, comme celui, véritablement bouleversant, de Riton dans *Touchez pas au grisbi*, de Jacques Becker (1953). Quant à Feuillade, dont la vie et l'œuvre ont été méticuleusement reconstituées par Francis Lacassin, il était déjà l'un des personnages les plus considérables du cinéma français et n'allait pas tarder à se révéler comme un très grand cinéaste et, dans ses meilleurs jours, l'égal (et le précurseur) d'un Fritz Lang.

Louis Feuillade.

Louis Feuillade n'était pas tout à fait un inconnu lorsque, grâce à son ami André Heuzé, écrivain, scénariste et cinéaste prolifique passé de Pathé à Gaumont, il fut engagé à la fin de l'année 1905 par Alice Guy pour fournir en scénarios la maison à la marguerite. Fils d'un marchand de vin de Lunel, c'était un jeune homme raisonnablement ambitieux, à la plume facile, au tempérament de polémiste nonobstant des goûts personnels plutôt casaniers, et pétri de convictions dont il ne se détacha jamais. Bon catholique, patriote, peut-être même quelque peu antisémite, le jeune Feuillade ne se serait guère distingué des gros bataillons électoraux de la droite conservatrice française s'il n'avait cultivé quelques passions beaucoup moins conformistes. Monarchiste comme beaucoup d'autres à cette époque, il était en revanche résolument légitimiste et même, ce qui aggravait considérablement son cas, naundorffiste, c'est-à-dire tenant des descendants de Karl Wilhelm Naundorff, l'homme qui prétendait être, non sans quelque apparence de vérité d'ailleurs, le petit Louis XVII rescapé de la prison du Temple… Il faut préciser que Feuillade avait des liens particuliers avec le prétendant légitime à la couronne de France, Jean III de Bourbon-Naundorff, qui, alors qu'il faisait commerce de vin de messe pour le compte d'un négociant de Lunel, épousa une cousine du futur cinéaste. Son autre grande passion fut la tauromachie, qui lui inspira de nombreuses chroniques dans un grand hebdomadaire taurin, *le Torero*, quelques poèmes et, sous le pseudonyme très occitan de Pescalune, un feuilleton demeuré inachevé, mais dont la lecture reste délectable, *Mémoires d'un toréador français*. Journaliste, Feuillade fonda d'autre part un éphémère hebdomadaire satirique, *la Tomate*, collabora à quelques autres journaux conservateurs et publia dans la *Revue mondiale* une longue étude historique en dix-huit livraisons, « la Genèse d'un crime historique », consacrée à l'énigme du Temple et d'inspiration, bien sûr, naundorffiste. Son irrésistible attirance pour l'histoire mystérieuse et même son *afición* ne seront pas absentes de ses films.

Toujours est-il que Feuillade, peu après son arrivée chez Gaumont (où il retrouva un autre ami méridional, *aficiniado a los toros* comme lui, Étienne Arnaud), devint également metteur en scène, abordant à peu près tous les genres, et succédant en janvier 1907 à Alice Guy comme directeur artistique, avec le titre exact de « chef des services du théâtre et

de la prise de vues ». Dès lors, après cette période de rodage, son œuvre ne cessa de prendre de l'ampleur, sans que Feuillade ne boude pour autant les séries comiques. En effet, après les « *Bébé* », il lança une autre série enfantine, « *Bout de Zan* » (1913-1916), avec le petit René Poyen, un vrai gamin de Paris à figure de Gavroche, venu de la rue de Belleville, « une sorte de petit philosophe aux idées saines et aux vêtements en loques » en qui Francis Lacassin n'hésite pas à voir une préfiguration de Charlot : il est vrai que ne manquaient à ce sympathique garnement ni les pantalons informes, ni les godasses trop grandes et généreusement aérées, ni les melons usagés, ni même la badine ! La série arrêtée, Feuillade n'oublia pas Poyen, et on le retrouva bientôt en Môme Réglisse dans « *Judex* ».

La contribution française au western

Gaumont et Pathé dominèrent ainsi sans conteste la production cinématographique française, malgré la présence non négligeable de sociétés moins importantes comme la Lux Film, fondée en 1907, et l'Éclipse, une filiale de la société britannique Urban Trading établie en août 1906 et appelée à un développement significatif après que, associée à la petite société de production Radios, elle eut absorbé la maison mère en 1908. L'Éclipse produisit elle aussi des séries comiques, notamment, dans les années 1910-1914, « *Polycarpe* » et « *Arthème Dupin* », toutes les deux réalisées et interprétées par Ernest Servaes. C'est aussi à l'Éclipse, où il était arrivé en 1911, que Joe Hamman devait tourner (comme acteur et réalisateur, avec Gaston Roudès) sa fameuse série western « *Arizona Bill* » (1911-1913) qui remporta un succès considérable non seulement en France, mais encore aux États-Unis même. Il faut dire que Joe Hamman savait de quoi il parlait. D'origine hollandaise, il avait connu le Wild West américain au début du siècle, fait le cow-boy dans le Montana et fréquenté les Indiens, d'où l'extraordinaire vraisemblance de ses westerns tournés, à partir de *Cow-boy* (1907), successivement pour la Lux Film (avec la collaboration de Jean Durand), la firme britannique Safety Bioscope Co., Gaumont et l'Éclipse. Réalisés en Camargue ou dans les carrières de la région parisienne, les films de Joe Hamman valaient bien les « *Broncho Billy* » et même les « *Tom Mix* » *sui generis* auxquels ils firent d'ailleurs une sérieuse concurrence. Cette contribution importante et quelque peu méconnue du cinéma français à la préhistoire du western n'est d'ailleurs pas fortuite : si le talent de Hamman a pu si aisément s'imposer en France, c'est que la culture westernienne y était déjà solidement implantée, les trépidants romans de Gustave Aimard, nourris d'une riche expérience personnelle, des *Trappeurs de l'Arkansas* (1858) au *Bandits de l'Arizona* (1882), disputant à ceux du capitaine Mayne-Reid les faveurs d'une jeunesse avide d'évasion. Abandonnant la réalisation, Hamman poursuivra une carrière d'acteur après la guerre, carrière qui s'acheva avec le rôle du général Kellermann dans le *Napoléon* de Sacha Guitry (1955).

Le cinéma français à la conquête de l'Amérique

Dès le début du siècle, les principaux producteurs, Pathé en tête, cherchèrent (et réussirent) à diffuser leurs films dans le monde entier, puis même à établir dans plusieurs pays des filiales de production destinées à alimenter le marché local et, le cas échéant, le marché français en retour. L'exemple le plus caractéristique en reste celui des *serials* réalisés par Louis Gasnier aux États-Unis pour Pathé, *The Perils of Pauline* et *The Exploits of Elaine*, remontés et rebaptisés en France *les Mystères de New York* (1915). En 1904, Charles Pathé avait établi un magasin de vente dans la banlieue de New York, puis avait développé le secteur de la distribution, et enfin de la production à partir de 1910, en commençant par un western intitulé *The Girl from Arizona*. Le marché américain, celui des *nickelodeons* en l'occurrence, fut également convoité par Georges Méliès qui envoya son frère Gaston Méliès sur place pour organiser la distribution de ses films, Gaston Méliès passant en 1909 de la distribution à la production à la suite de contraintes draconiennes imposées à l'importation par la Motion Picture Patents Company, créée par Edison en 1908. À Brooklyn puis sur la côte ouest, Gaston Méliès produisit notamment des westerns où débuta Francis Ford, le frère de John. De son côté, Charles Jourjon avait créé à la même époque une filiale américaine de l'Éclair et installé des studios à Fort Lee, dans le New Jersey, où s'illustrèrent Étienne Arnaud, Émile Cohl ou Maurice Tourneur, puis à Tucson, dans l'Arizona, pour y tourner des westerns. On se souvient enfin que Léon Gaumont, très intéressé lui aussi par le potentiel commercial que représentaient les États-Unis, avait envoyé Herbert Blaché et Alice Guy outre-Atlantique pour y assurer la diffusion de son Chronophone et y tourner des « phonoscènes » en langue anglaise, sans toutefois rencontrer le succès espéré. La Première Guerre mondiale sonna le glas de la conquête de l'Ouest par le cinéma français.

Éclair et ses séries à succès

Mais un concurrent encore plus sérieux, pour Pathé et Gaumont, était né le 22 avril 1907, date à laquelle fut constituée la société Éclair, à l'initiative d'un avocat d'affaires, Charles Jourjon, et d'un autre juriste, Marcel Vandal. À cet effet, les deux hommes s'étaient rapprochés de l'un des pionniers du cinéma français, Ambroise-François Parnaland. Ce dernier, un expert-comptable passionné de mécanique, s'était intéressé aux images animées en 1895, construisant sa première caméra dès l'année suivante, le Photothéagraphe, puis commercialisant des modèles plus perfectionnés comme le Cinépar et le Papyroscope, ainsi que des projecteurs. Il se lança dans la production en 1897, réalisant lui-même, jusqu'à la création d'Éclair, plusieurs centaines de films destinés à l'exploitation foraine ou privée, notamment des « vues très piquantes » ou des films « à trucs » inspirés de Méliès. Parnaland filma également, avec Clément Maurice, des opérations chirurgicales réservées au milieu médical et hospitalier, mais qu'il commettra l'erreur de commercialiser, ce qui lui vaudra une condamnation retentissante en 1905. Les films de Parnaland constitueront donc le fonds d'origine d'Éclair, dont Jourjon et Vandal seront bientôt les seuls maîtres après son éviction au bout de quelques mois, puis son départ, au terme de péripéties financières et juridiques parfaitement restituées par Laurent Mannoni dans les travaux qu'il a consacrés à Éclair.

Jourjon et Vandal se donnèrent les moyens de leurs ambitions en installant des studios dans les jardins du château de Lacépède, à Épinay-sur-Seine, et en engageant Georges Hatot et Victorin-Hippolyte Jasset, en 1907 ou 1908, pour y tourner des films. Sans doute ancien élève de Jules Dalou, le robuste et si injustement oublié imagier de la classe ouvrière, auteur de l'exubérant et callipyge *Triomphe de la République* de la place de la Nation, à Paris, et comme son maître fervent adorateur des prestiges l'anatomie féminine, Jasset était devenu un homme de théâtre et s'était illustré en 1900 en montant un gigantesque *Vercingétorix* pour l'ouverture de l'Hippodrome de la place de Clichy, spectacle à l'occasion duquel il fit précisément la connaissance de Georges Hatot. On le retrouve en 1905 chez Gaumont, peut-être aussi chez Pathé, puis, donc, chez Éclair auquel il apporta, comme réalisateur et comme directeur artistique, un succès foudroyant. En 1908, Jasset eut en effet l'idée géniale de porter à l'écran les aventures du détective américain Nick Carter, dues à John Russel Coryell puis à Frederick Van Rensselair Dey, et publiées en France, sous forme de petits fascicules, par l'éditeur allemand Eichler. Avec la collaboration de Hatot, il réalisa six premiers « *Nick Carter* » plus que librement inspirés, du reste, de leur modèle littéraire, et qui révélaient déjà son goût de l'action frénétique, son indifférence souveraine à la psychologie, une aisance inhabituelle dans le découpage narratif et un sens visuel exceptionnel qui le fera bientôt qualifier de « Rembrandt du cinématographe ». Le mélodrame criminel et policier avait déjà sa place dans la production française, mais jamais ce filon n'avait été exploité de façon systématique, en série, et en s'appuyant sur un succès d'édition préalable. La recette ne tarderait pas à être reprise par les maisons concurrentes. Ce n'était toutefois pas là un véritable *serial*, chaque épisode de « *Nick Carter, le roi des détectives* » présentant une histoire indépendante. Mais les spectateurs aimaient à retrouver leur héros préféré, remarquablement francisé par l'acteur marseillais Pierre Bressol, au point qu'en 1909, les dirigeants d'Éclair demandèrent à Jasset de tourner deux autres séries de trois épisodes chacune, les « *Nouvelles Aventures de Nick Carter* » et « *les Merveilleux Exploits de Nick Carter* ». Enfin, un « *Nick Carter* » isolé, *Nick Carter et le mystère du lit blanc*, sera encore tourné en 1911, mais cette fois avec Charles Krauss. (Nick Carter réapparaîtra à l'écran sous les traits de Walter Pidgeon, en 1939, dans un film de Jacques Tourneur, *Nick Carter Master Detective*, le fils du détective prenant la relève en 1964 dans *Nick Carter va tout casser* d'Henri Decoin, avec le sémillant Eddie Constantine.)

Victorin Jasset, le maître du crime

Après avoir réalisé, toujours avec Hatot, deux séries d'aventures inspirées d'autres héros des fascicules Eichler, Riffle Bill et Morgan le pirate, Jasset quitta Éclair et confectionna pour la compagnie Raleigh et Robert les six épisodes d'une nouvelle série de son propre cru, « *Docteur Phantom* », où un génie de la médecine qui avait déployé ses talents « aussi bien dans les luxueux boudoirs que dans de pauvres ménages ouvriers », ainsi que le proclamait la publicité, utilisait ses pouvoirs scientifiques pour faire triompher le vrai du faux et le bien du mal, résolvait « les plus obscurs problèmes du vice » et, « recherchant lui-même les motifs de certains crimes ou même simplement de tentatives criminelles, [il] évitait souvent au coupable la peine infamante de la prison et lui sauvait l'honneur en le ramenant sur le chemin du devoir ». Il est aisé de comprendre quelles possibilités dramatiques pouvait offrir un tel point de départ, Jacques Deslandes voyant dans le personnage créé par Jasset, « avec ses longs cheveux et

son regard inquiétant », « sa volonté et son pouvoir de magnétiseur », une figure annonciatrice (et positive) du docteur Caligari.

Le retour de Jasset (qui s'était séparé d'Hatot) à Éclair allait faire la fortune de la maison, grâce à une nouvelle série criminelle dont le succès allait pulvériser celui des « *Nick Carter* ». Éclair avait acquis les droits d'un extravagant feuilleton de Léon Zazie paru dans *le Matin* à partir du 7 décembre 1909, *Zigomar, le maître invisible*, qui se poursuivra jusqu'en 1912 avec *Zigomar et la femme rousse* et *Zigomar peau d'anguille*, et dont le héros était une sorte de génie du crime dont le patronyme, sans doute forgé par l'auteur à partir de « zigue » et de « zigouiller », passa dans l'usage courant. Jasset ne sera guère respectueux des textes de Zazie, à qui il aurait même avoué ne les avoir jamais lus. Mais il fera de Zigomar le ténébreux héros d'extraordinaires aventures, où le cinéaste déploie une imagination débordante, tant du point de vue narratif que du point de vue spécifiquement cinématographique, soignant les décors à l'extrême et pliant ses acteurs et actrices (dont la belle, athlétique et ténébreuse Josette Andriot) à une discipline de fer. Il avait en outre trouvé en Alexandre Arquillière, acteur et auteur dramatique formé à l'école d'Antoine et de Firmin Gémier, l'interprète idéal de son personnage. Il y aura en réalité trois séries de « *Zigomar* » : « *Zigomar* » (trois épisodes) en 1911, « *Zigomar contre Nick Carter* » (quatre épisodes, avec Charles Krauss dans le rôle du détective américain) en 1912 et « *Zigomar peau d'anguille* » (trois épisodes) en 1913. Léon Zazie s'estima trahi par l'immixtion de Nick Carter et intenta un procès à Éclair qu'il gagna finalement... le 7 mars 1919. Entre-temps, celui dont Jacques Deslandes a dit qu'il avait l'étoffe d'un Griffith français (n'a-t-il pas tourné en 1910, en Tunisie, une *Hérodiade* qui aurait pu être à une grande œuvre ultérieure ce que *Judith de Béthulie* [1914] fut à *Intolérance* [1916] ?) avait trouvé la mort le 22 juin 1913, à l'âge de cinquante et un ans. Mais Jasset n'était pas parti sans avoir laissé un véritable testament esthétique, à savoir une pénétrante « Étude sur la mise en scène cinématographique » parue en 1911 dans *Ciné Journal*, et non sans avoir encore signé au moins une autre merveille, *Protéa*, qui sortit le 5 septembre 1913, soit un peu plus de deux mois après sa brutale disparition.

Dans ce film en quatre parties, Josette Andriot incarne une espionne qui, comme son nom l'indique, excelle à tous les déguisements pour s'emparer d'un document diplomatique secret d'une extrême importance, le tout dans un contexte géopolitique européen qui, sous les dehors de la plus haute fantaisie, n'en reflète pas moins l'ambiance d'une époque si explosive qu'il suffira du malencontreux coup de feu de Sarajevo pour la faire sauter. Auteur complet de *Protéa*, Jasset n'assista donc pas au succès de ce film qui, après sa mort, connaîtra plusieurs suites : *Protéa II* (1914) et *Protéa III* (1915), réalisés par Joseph Faivre, par ailleurs auteur, chez Éclair, de « *Willy* », la populaire série enfantine interprétée par le petit Willy Sanders, puis *Protéa IV* (1917), de Gérard Bourgeois, et *Protéa V* (1918), de Jean-Joseph Renaud.

L'enchaînement des séries : de « *Fantômas* » aux « *Vampires* »

Jasset fit des émules, et le genre cinématographique qu'il avait créé avec « *Nick Carter* » et, en quelque sorte, fixé avec « *Docteur Phantom* » et « *Zigomar* », fut rapidement exploité par les concurrents d'Éclair, à commencer par Gaumont qui, en 1913, acquit les droits de *Fantômas*, le célèbre feuilleton criminel de Pierre Souvestre et Marcel Allain publié depuis 1909 par Fayard. En fait, Pathé avait proposé 2 000 francs à Pierre Souvestre ; mais Marcel Allain eut le culot de téléphoner incontinent à Léon Gaumont pour faire monter les enchères et en obtenir le triple. C'est à Louis Feuillade que revint la tâche d'opérer la transposition du papier imprimé à l'écran, ce qu'il fit avec le génie qu'il avait déjà laissé plus qu'entrevoir. La matière, il est vrai, était autrement plus passionnante que celle que pouvaient fournir à Jasset les romans de Léon Zazie. Les « *Fantômas* » de Souvestre et Allain restent aujourd'hui délectables, tant par l'imagination débridée des intrigues et la rapidité foudroyante du style que par la richesse, la variété et la précision de leur cadre géographique et sociologique, qui font de leur lecture l'irremplaçable et savoureuse découverte d'un Paris de la Belle Époque où la vie n'était pas systématiquement vue en rose. La rencontre des deux écrivains et du cinéaste fut sans doute l'une des plus fécondes et des plus exaltantes de l'histoire du cinéma, et l'on ne saurait mieux dire, à cet égard, que Francis Lacassin : « Tous trois s'adressaient à un public populaire, fuyaient l'intellectualisme, travaillaient avec une rapidité et une faculté d'improvisation débordantes, et possédaient une sorte de génie pour retranscrire le merveilleux dans leur œuvre et la traduire en épopée quotidienne. »

Les prodigieuses aventures de Fantômas (René Navarre), le terrible criminel dont les maléfices, au demeurant un peu moins cruels au cinéma que dans les romans de Souvestre et Allain, sont combattus par le policier Juve (Edmond Bréon) et le journaliste Fandor (Georges Melchior), sortiront le 9 mai 1913 sous le simple titre de *Fantômas*, en trois parties, puis seront suivies de *Juve contre Fantômas* (12 septembre 1913, quatre parties), *la Mort qui tue* (28 novembre 1913, six parties), *Fantômas contre Fantômas* (13 mars 1914, quatre parties) et *le Faux Magistrat* (8 mai 1914, quatre parties et un prologue). Dans leur *Histoire du cinéma*, Maurice Bardèche et Robert Brasillach peinent à réfréner leur enthousiasme à l'évocation nostalgique de cette saga du mal, avec « son bandit mystérieux, ses mystères du pont Clignancourt, ses maisons truquées, ses enlèvements, ses résurrections, ses acrobaties au bord d'un toit ou d'une fenêtre, et sa ravissante, unique et géniale invraisemblance », et soutenue par un « sentiment, presque balzacien, des quartiers populaires de Paris ».

De son côté, Pathé ne restait évidemment pas inactif. Le 20 mars 1914 sortait en effet *la Jeunesse de Rocambole*, premier épisode d'une série qui en compte trois avec *Exploits de Rocambole* et *Rocambole et l'héritage du marquis de Morfontaine.* C'est à Georges Denola qu'est revenu la tâche de porter à l'écran le célébrissime feuilleton du vicomte Pierre-Alexis Ponson du Terrail, surnommé par un critique du temps « l'Alexandre Dumas des Batignolles ». Forçat de l'écriture — il travaillait sans nègre —, Ponson du Terrail publia entre cent et deux cents épisodes de « *Rocambole* » entre 1857 et 1871, année de sa mort, leur succès ne connaissant aucun démenti, au point qu'un autre feuilletoniste, Constant Guéroult, fut requis pour prendre la relève du maître et écrire notamment *le Retour de Rocambole* et les *Nouveaux Exploits de Rocambole.* Bien qu'appartenant à une autre génération que celle de Souvestre et Allain, Ponson du Terrail offrait une matière quasiment inépuisable pour des transpositions cinématographiques. Et si, en 1914, le personnage de Rocambole était toujours aussi populaire, c'est que, ainsi que l'a fait observer Lise Queffélec, il tenait « encore de Rodolphe et de Monte-Cristo, mais déjà de Zorro et Superman ». Le *Rocambole* de Denola, avec Gaston Sylvestre dans le rôle de l'ancien redoutable chef de bande métamorphosé, après un roboratif séjour au bagne, en défenseur de la veuve et de l'orphelin, de la vertu et de la propriété, sera le prélude à de nombreuses autres adaptations au cinéma, assez médiocres dans l'ensemble, puis à la télévision (sur la deuxième chaîne de l'ORTF) où le roman de Ponson du Terrail retrouva en 1964 comme une seconde jeunesse, le médium cathodique se prêtant admirablement à la résurrection du genre, avec ses cinquante-deux épisodes quotidiens de quinze minutes chacun et un Pierre Vernier très convaincant.

L'opéra des comiques

Les premiers acteurs comiques du cinéma sont issus du théâtre, du café-concert, de la pantomime et du cirque. À l'instar de Max Linder et à d'autres niveaux, tous ces amuseurs vont devenir les héros de séries qui portent leur nom ou leur sobriquet.

Lucien Bataille

Ancien clown musical et acrobate aux origines mal connues, il est Zigoto en 1911 et 1912 dans une trentaine de films dirigés par Jean Durand. On le retrouve, mis en scène par Jasset, dans *Balaoo* et *Protéa* (1913). Il devient ensuite Casimir. L'après-guerre le voit disparaître des séries comiques, mais il a un rôle dramatique intéressant en 1921 dans *le Château des fantômes,* de Pierre Marodon.

Romeo Bosetti
(1879-1948)

Enfant d'une famille de cirque italienne, acrobate à cheval, il travaille chez Barnum à travers le monde de 1900 à 1905. À son retour à Paris il entre chez Gaumont. Acteur comique, il crée le personnage de Roméo, passe à la mise en scène, est débauché par Pathé en 1910. Jusqu'à la guerre, à Nice, pour la firme au coq, il dirige des séries burlesques jouées par d'anciens acrobates, dont Lantini, dit Bigorno. Il est aussi son propre interprète dans de nouveaux « *Roméo* », jusqu'à *Une soirée bien employée.* La mobilisation de 1914 interrompt sa carrière d'amuseur.

Ernest Bourbon
(1886-1954)

Sauteur au tapis, cascadeur de cirque, il débute chez Gaumont en 1911 auprès de Clément Migé (Calino). En 1912, il devient le candide Onésime avec *Onésime horloger.* Jusqu'en 1914 la série va compter plus de soixante-dix titres. Démobilisé en 1918, Bourbon se dirige lui-même dans plusieurs

« *Onésime* », mais il est trop tard : le burlesque à la française n'a plus la faveur du public.

André Deed
(André de Chapais, 1879-1938)

Il fait ses classes dans la troupe de pantomime anglaise (c'est-à-dire acrobatique) de James Price. En 1901 il est remarqué par Georges Méliès. En 1906 il crée le personnage de Boireau. De 1909 à 1912 en Italie, il devient Cretinetti, héros rebaptisé Gribouille pour l'exploitation en France. Revenu à Paris, Deed ressuscite Boireau. La guerre passée, en Italie à nouveau, il est son propre interprète dans trois films, dont l'étonnant *Uomo meccanico.* Les années 1920 lui offriront peu d'occasions de briller (*Tao*, un cinéroman de Gaston Ravel).

Dranem
(Armand Ménard, 1869-1935)

Chanteur très populaire depuis 1890, il voit sa célébrité exploitée à l'écran dès 1901 dans des saynètes d'un comique rudimentaire, et dans des phonoscènes reproduisant ses tubes comme *les P'tits Pois.* En 1912, on le découvre en travesti dans *Dranem sténo-dactylo*, et on voit même, pendant la guerre, *Dranem amoureux de Cléopâtre.* Petits rôles dans les années 1920 (*J'ai l'noir* ou *le Suicide de Dranem*) et 1930 (*Ciboulette, le Malade imaginaire*). Mais sa vraie carrière reste la scène.

Sarah Duhamel

Chanteuse de fort tonnage, elle débute en 1908 dans de petits rôles chez Feuillade. Bosetti l'emmène avec lui chez Pathé et la met en valeur dans des séries bouffonnes : « *Rosalie* » et « *Little Moritz* », jouant avec bonheur du volume et de la souriante agilité de son interprète. Deux ans plus tard, elle anime chez Éclair d'autres séries comiques : « *Pétronille* », « *Gavroche* », « *Casimir* ».

Marcel Levesque
(1877-1962)

Il a déjà beaucoup joué sur les Boulevards et à l'Odéon quand il entre en 1913 chez Gaumont pour interpréter deux petites comédies de Léonce Perret, mais c'est Feuillade qui va surtout exploiter les dons comiques de Lévesque dans ses brefs vaudevilles de la série « *la Vie drôle* », ainsi que dans « *les Vampires* » (Mazamette) et dans « *Judex* » (Cocantin), jusqu'en 1918. Après quoi Lévesque a enfin sa série : « *Serpentin* », que dirige parfois Jean Durand. De plus en plus loin du genre burlesque, Lévesque revient à la comédie traditionnelle. On le retrouvera au parlant, notamment dans *le Crime de monsieur Lange* et *Lumière d'été,* et chez Sacha Guitry.

Clément Mary
(1905-1974)

Fils d'un cabotin qui s'était baptisé lui-même « Abélard, le comique idiot », Clément est à son tour nommé « le petit Abélard » quand il tourne à l'âge de quatre ans son premier film : *Mange ta soupe.* Présenté à Feuillade, Clément Mary devient en 1910 le personnage de Bébé, facétieux héros de la série qui compte en trois ans pas moins de quatre-vingt-douze films. La carrière de l'enfant terrible s'arrête chez Gaumont à la fin de 1912, et Bébé est récupéré par Pathé qui l'exploite jusqu'en 1915. Clément connaît ensuite des années difficiles, avant de revenir à l'écran en 1934, sous le nom de René Dary. La célébrité revient peu à peu, avec *le Révolté* (1938), *le Carrefour des enfants perdus* (1943), *120, rue de la gare* (1945), *Touchez pas au grisbi* (1952)...

Clément Migé

Évidentes dans plusieurs de ses films, la familiarité avec les fauves et l'aisance dans les cascades trahissent le professionnel du cirque. Chez Gaumont, Bosetti fait démarrer Migé en 1909 dans la série « *Calino* », que reprend Durand quand Bosetti émigre chez Pathé. Héros rigolard et alerte, il fonctionne jusqu'à la fin de 1913, puis on perd sa trace.

René Poyen
(1908-1968)

En mai 1912, las des exigences du père de Bébé, Feuillade découvre l'existence du petit René Poyen, quatre ans, et le fait débuter à côté de Clément Mary dans *Bébé adopte un petit frère.* Abélard se sent offensé et emmène son fils chez Pathé. Le public fait fête à la nouvelle série « *Bout de Zan* » qui popularise la frimousse délurée du petit garçon brun. Feuillade confie, hors série, d'autres rôles drôlatiques à René Poyen (dans « *les Vampires* », « *Judex* », *le Gamin de Paris*) mais, passé l'adolescence, Poyen devra changer de métier.

Prince-Rigadin
(Charles Petitdemange, 1872-1933)

Déjà célèbre à la scène sous le nom de Prince, il débute à l'écran en 1908, un peu après son jeune partenaire des Variétés, Max Linder. Dirigé par Monca, il devient vite populaire et son personnage de faux benêt plus futé qu'on ne croit devient en septembre 1910 Rigadin. Le répertoire reste parfois théâtral, mais les possibilités techniques de la caméra sont utilisées au mieux, et, à deux reprises au moins, Rigadin joue face à lui-même. Successivement *Nègre malgré lui, Peintre cubiste, Marchand de marrons, Candidat député,* Rigadin devient une marque déposée en 1913. La gloire semble installée, mais après la guerre, le goût du public évoluant, l'étoile de Prince commence à pâlir. Une tentative de come-back en 1928 dans *Embrassez-moi* n'aura pas de suite.

Chez Gaumont, Louis Feuillade, qui continuait parallèlement de tourner des « *Bout de Zan* », des mélodrames, des vaudevilles ou même des fresques historiques comme *l'Agonie de Byzance* (1913) avec, dans le rôle de Constantin XI Paléologue Dragasès, le futur (et excellent) réalisateur Luitz-Morat, n'abandonna pas cette veine qui lui convenait si bien, et même il fit mieux. Des circonstances « indépendantes de sa volonté » et de celle de Léon Gaumont allaient s'y prêter. Le déclenchement de la Première Guerre mondiale avait, en effet, porté un coup très dur à une cinématographie française pourtant en plein essor, le gouvernement n'ayant pas vu — il mit beaucoup de temps à le voir ! — l'intérêt de la protéger : techniciens et artistes mobilisés, studios fermés, laboratoires tournant au ralenti, la situation était d'autant plus préoccupante que les productions américaines étaient prêtes à prendre la relève. Charles Pathé avait trouvé la parade en préparant la sortie pour la fin de l'année 1915, sous le titre des *Mystères de New York*, d'un compendium de *serials* produits par sa filiale américaine Pathé Exchange, *The Perils of Pauline* et *The Exploits of Elaine*, et réalisés par Louis Gasnier avec Pearl White en vedette. Pour rééditer en France le succès phénoménal de ces *serials*, Charles Pathé avait tout prévu : une formidable campagne de publicité et, surtout, la publication simultanée dans le Matin, en feuilleton, d'une adaptation littéraire confiée à la plume d'un spécialiste du genre, l'inusable Pierre Decourcelle, l'auteur des *Deux Gosses* (1889). L'idée était géniale et, pour Léon Gaumont et Louis Feuillade, il y avait péril en la demeure.

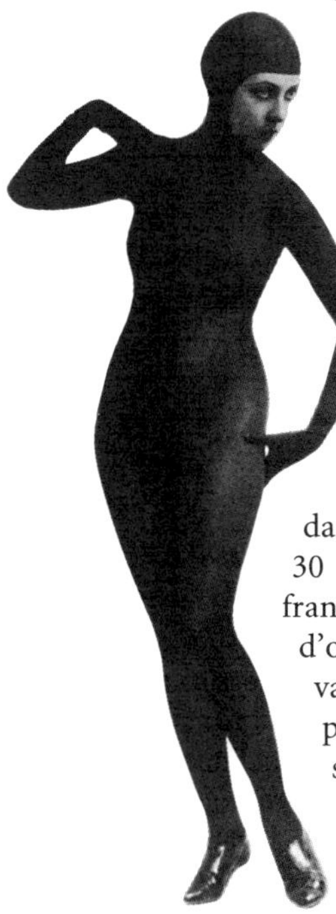

Musidora, la première vamp

Ils surent prendre Pathé de vitesse en sortant, le 13 novembre 1915, soit un peu plus quinze jours avant *les Mystères de New York*, le premier épisode des « *Vampires* », intitulé *la Tête coupée*. Il y en aura dix au total, le dernier, *les Noces sanglantes*, voyant le jour dans les salles obscures, si l'on ose dire, le 30 juin 1916. En acclimatant le public français aux paysages et au style de vie d'outre-Atlantique, Charles Pathé ne savait sans doute pas qu'il ouvrait grand la porte au cheval de Troie américain, et il sera l'un des premiers, après la guerre, à en déplorer les conséquences. Mais le mal était fait, et peut-être pour toujours. Il n'empêche que la résistance opposée par Gaumont fut magnifique : avec « *les Vampires* », Feuillade s'est surpassé, et la série entière se laisse revoir d'une seule traite, sans une seconde d'ennui, et avec un émerveillement constant. Les intrigues, fondées sur la lutte entre une association de malfaiteurs dirigée par le Grand Vampire (Jean Ayme) — et qui, soit dit en passant, préfigurent plus que singulièrement celle du *Docteur Mabuse* de Fritz Lang (1922) — et le journaliste Guérande (Édouard Mathé), sont le tremplin sur lequel Feuillade rebondit avec une inventivité étourdissante, s'offrant même le luxe d'un extraordinaire flash-back historique avec la séquence du hussard du premier Empire estoquant un taureau au sabre, pendant la campagne d'Espagne. Mais jamais l'extravagance du scénario n'empiète sur un rare souci de réalisme cinématographique et, comme l'écriront plus tard Aragon et André Breton, c'est là « qu'il faudra chercher la réalité de ce siècle ». La série bénéficiait en outre de deux figures inédites, le succulent Mazamette, personnage de vampire repenti interprété par le sympathique Marcel Levesque, et, surtout, la redoutable Irma Vep (l'anagramme de « vampire » bien sûr), l'âme damnée du Grand Vampire incarnée par Musidora, aux mythiques collants noirs de qui Olivier Assayas rendra un très personnel hommage dans son *Irma Vep* (1996). On les retrouvera, l'un et l'autre, dans la troisième grande série criminelle de Feuillade, « *Judex* », avec des rôles similaires : Mazamette deviendra Cocantin et Irma Vep, Diana Monti. (À la fin de la guerre, Marcel Levesque créa le personnage comique de Serpentin, tandis que Musidora, de son vrai nom Jeanne Roques, passa à la réalisation, tournant notamment en Espagne, en 1921, un film tauromachique dont Alphonse XIII faisait grand cas, *Sol y Sombra*, où elle interprétait elle-même un double rôle et où elle n'hésitait pas à faire des passes à un taureau, ce qui lui coûta une sérieuse *cornada*...)

Sans doute moins trépidant, plus classiquement mélodramatique et, aussi, plus conforme aux bonnes mœurs que « *les Vampires* », dont le préfet de police Louis Lépine avait un temps prononcé l'interdiction, « *Judex* » n'en demeure pas moins un chef-d'œuvre, peut-être même le plus abouti de Feuillade. Il s'agit cette fois d'un véritable *serial* en douze épisodes hebdomadaires, conçu par Feuillade et le feuilletoniste Arthur Bernède qui, selon le principe inauguré par Pathé avec *les Mystères de New York*, en publia parallèlement la version littéraire dans *le Petit Parisien*. Distribué du 19 janvier au 7 avril 1917, ce « grand cinéroman » rencontra la faveur d'un public que les productions

américaines n'avaient pas encore intoxiqué et auxquelles Feuillade et Bernède entendaient faire pièce. Ils s'en étaient d'ailleurs expliqué dans leur programme de présentation : « Par suite de la guerre, l'industrie cinématographique de France devait fatalement traverser une crise dont nous subissons aujourd'hui les déplorables résultats... Les Américains en ont profité pour lancer sur nos marchés tout un stock de films dont il serait injuste et puéril de nier les mérites. Mais si nos adroits concurrents, merveilleusement servis par les circonstances, ont réussi, grâce à un outillage de premier ordre et à une hardiesse d'invention à laquelle il sied de rendre hommage, à marquer un sérieux progrès dans l'art qui nous occupe ; s'ils nous ont présenté, depuis quelque temps, une série d'œuvres dont on oublie la fragilité d'invention pour ne plus admirer loyalement que la puissante mise en scène, il faudrait se garder d'en conclure que la fabrication française est définitivement distancée par la fabrication américaine. Nous possédons trop d'éléments du succès le plus solide et le plus durable pour renoncer à occuper la place prépondérante que nous devons obtenir tout au moins dans notre pays. » De fait, « *Judex* » a quelque chose de suprêmement français, avec son romantique personnage de justicier aristocratiquement joué par le sombre et hautain René Cresté, magnifique en sa légendaire cape noire, que flanquent le détective Cocantin, impayable figure de vieux Parisien au cœur d'or auquel Marcel Levesque prête sa bourgeoise calvitie et son nez de Cyrano, et le môme Réglisse, typique rejeton du pavé de Paris (René Poyen, le célèbre Bout de Zan). Enfin la mise en scène, très soignée de bout en bout, réserve des échappées poétiques qui apparentent Feuillade à la tradition des peintres impressionnistes, avec en particulier des vues sublimes d'une vallée de la Seine qui n'avait point encore été défigurée.

Après le relatif échec de « *la Nouvelle Mission de Judex* », seconde série de douze épisodes sortie du 25 janvier 1918 au 12 avril, Feuillade retrouva sa meilleure veine avec « *Tih Minh* », *serial* en douze épisodes tourné sur la Côte d'Azur avec Mary Harald et René Cresté. Mais le personnage de Judex aura à ce point marqué de son empreinte le cinéma français que deux nouvelles versions de ses aventures seront plus tard réalisées, le plaisant *Judex 34* (1933) de Maurice Champreux, gendre de Feuillade, avec René Ferté, et le *Judex* (1963) de Georges Franju, avec Channing Pollock, Édith Scob, Michel Vitold et Francine Bergé, fascinant d'intelligence et de poésie.

La critique s'élève

Les *serials* policiers ne faisaient pas l'unanimité. Ils se trouvait des défenseurs de la vertu publique (il s'en trouvera toujours) pour en dénoncer la malfaisance. En 1918, un certain Édouard Poulain publia à Besançon un opuscule éloquemment intitulé *Contre le cinéma, école du vice et du crime. Pour le cinéma, école d'éducation, moralisation et vulgarisation.* Il y écrivait, par exemple : « Tout homme honnête et clairvoyant frémit d'indignation et de honte en songeant à ces spectacles dégoûtants où, deux heures durant, au son de valses lentes et langoureuses, est enseigné aux spectateurs l'art de faire la noce crapuleuse, de pratiquer le rapt, d'utiliser des fausses clés, de commettre le cambriolage, de dynamiter un coffre-fort, de réussir un coup par ruse ou hardiesse, d'étrangler son prochain, d'échapper à la police. [...] Ces derniers mois, ces dernières semaines, combien de projections malsaines ont porté au découragement et aux gestes homicides ! Combien la puissance vulgarisatrice et néfaste des spectacles mauvais a engendré de scènes de pillage, de désordre et de meurtre ! Combien de natures faibles et d'esprits agités se sont laissés entraîner dans le vertige criminel ! »

C'est bien pourtant cette veine éminemment populaire qui aura permis au cinématographe de trouver sa spécificité artistique, de devenir ce « conte visuel fait avec des images, peint avec des pinceaux de lumière », comme l'écrira joliment Ricciotto Canudo. Même un esprit aussi dédaigneux que Remy de Gourmont, qui n'y voyait le plus souvent qu'une « parfaite école d'ahurissement », écrira en 1914 qu'il croyait « de plus en plus que le film est un art particulier qui doit être créé comme tel et n'essayer jamais d'emprunter rien à la littérature ». Remy de Gourmont visait en fait principalement les innombrables adaptations d'œuvres littéraires, théâtrales et lyriques grâce auxquelles les sociétés de production françaises pensaient se doter d'une légitimité culturelle, mais dont il disait que « c'est une pitié que de les voir traduites par des ombres tremblotantes ». Cette proposition doit être rétrospectivement nuancée, quand bien même elle serait fondamentalement exacte et aurait été largement corroborée par l'histoire du cinéma.

Issu du Boulevard, du music-hall ou du cirque, le cinéma n'avait que très rarement eu l'ambition, ou la possibilité, d'intéresser les auteurs et les artistes des sphères « supérieures » et, par voie de conséquence, d'attirer à lui le public cultivé. Aussi la date du 17 novembre 1908 est-elle presque aussi importante que celle du 28 décembre 1895. Ce mardi-là, dans une petite salle de la rue Charras, dans le IXe arrondissement de Paris, fut présenté *l'Assassinat du duc de Guise*, un film de dix-huit minutes interprété par de grands acteurs de la Comédie-Française, Charles Le Bargy, Albert Lambert, Gabrielle Robinne et Berthe Bovy. Il avait tout pour constituer un événement, et il le constitua. Outre la présence de ces acteurs, le film, qui n'était d'ailleurs pas une adaptation littéraire, avait bénéficié de la plume d'un académicien, le dramaturge Henri Lavedan, et avait été mis en scène par André Calmettes, lui aussi venu du Français, et Le Bargy lui-même. Et, chose tout à fait nouvelle, un accompagnement musical original avait été commandé à Camille Saint-Saëns, dont la partition inaugurait la collaboration à venir, si souvent exemplaire encore que beaucoup trop rare, entre le cinéma et des compositeurs dignes de ce nom, d'Arthur Honegger à Toru Takemitsu, de Serge Prokofiev à Pierre Henry, de Florent Schmitt à Peter Maxwell Davies, d'Aaron Copland à Hans Werner Henze. Bien que présenté comme une « pièce cinématographique », *l'Assassinat du duc de Guise* est une œuvre bien moins théâtrale qu'on ne l'a dit, qui ne méconnaît pas les possibilités du langage cinématographique, quoique prudemment, et dont l'interprétation, selon Jean Mitry, « fit sensation par une réserve et une sobriété qui tranchaient avec les gesticulations du moment ». Le cinématographe avait acquis ses lettres de noblesse, et l'influence du film de Calmettes et Le Bargy sera reconnue par des cinéastes tels que David W. Griffith ou Carl T. Dreyer.

L'Histoire donne ses lettres de noblesse au cinéma

La production de *l'Assassinat du duc de Guise* était née de la volonté de deux frères, Paul et André Laffitte, de nationalité américaine mais bien implantés dans le monde de l'édition, de la presse et du théâtre français. Ils avaient créé une société dont les objectifs se trouvaient parfaitement résumés dans sa raison sociale, le Film d'art. La société, dont les films étaient distribués — « étouffés » selon Jean Mitry — par Pathé, avait pour metteurs en scène attitrés Calmettes et Armand Bour, ce dernier réalisant notamment un *Baiser de Judas* très remarqué, avec Mounet-Sully, Albert Lambert et Gabrielle Robinne, toujours sur un scénario de Lavedan. Les frères Laffitte visant décidément très haut, ils produisirent en 1908 une *Tosca* d'après la pièce de Victorien Sardou, avec Sarah Bernhardt (créatrice du rôle-titre à la scène), Lucien Guitry et Paul Mounet, mais le film, mis en scène par Calmettes, ne fut jamais distribué, l'illustre tragédienne n'en étant pas satisfaite. Aussi une seconde *Tosca* fut-elle tournée dès l'année suivante, mais avec Cécile Sorel et Le Bargy qui en était également le réalisateur, l'adaptation de la pièce de Sardou étant due à Lavedan. S'orientant de plus en plus vers des adaptations littéraires et théâtrales, avec par exemple *Rival de son père*, film de Calmettes adapté de *Don Carlos* de Schiller par Lavedan (1909), la société le Film d'art connut rapidement des difficultés et fut reprise par Paul Gavault, puis par Charles Delac qui eut la bonne idée de confier la direction de la production à Louis Nalpas. Ce dernier, connu jusqu'alors pour avoir assuré la distribution des films de la société dans les Balkans et au Moyen-Orient, reconstitua une équipe autour d'Henri Pouctal, un ancien acteur du Théâtre-Libre d'Antoine qui avait rejoint le Film d'art dès 1908. Il réalisa personnellement de nombreux films comme *Werther* (1910), *Madame Sans-Gêne* (1911) — avec Réjane — ou *les Trois Mousquetaires* (1913), ces deux derniers films étant parfois attribué à Calmettes, avant de se révéler pleinement, toujours au Film d'art, avec un superbe *Comte de Monte-Cristo* en huit épisodes tournés entre 1914 et 1917, où Léon Mathot faisait un impressionnant Edmond Dantès, puis avec son célèbre *Travail* (1919), d'après Zola.

L'idée de conférer au cinématographe une dignité artistique était de toute façon dans l'air. En juin 1908, Charles Pathé avait créé une filiale, la Société cinématographique des auteurs et gens de lettres (SCALG), dont il donna la direction à Pierre Decourcelle qui, s'il n'était pas de l'Académie comme Henri Lavedan, ni du Français comme Charles Le Bargy, n'en avait pas moins toutes les qualités requises pour fournir en films de prestige les circuits de distribution de la maison mère et, bientôt, concurrencer le Film d'art. Le filon se révéla si intéressant que Pathé, au sein même de sa société, créa en 1910 les Séries d'art Pathé frères. L'un des principaux réalisateurs de la SCALG fut Albert Capellani. Il se distingua avec *l'Arlésienne* (1908), *l'Assommoir* (1909), avec Arquillière dans le rôle de Coupeau, ou *Notre-Dame de Paris* (1911), fit œuvre de novateur en imaginant un triptyque visuel à des fins narratives dans *l'Homme aux gants blancs* (1909), d'après une pièce du Grand-Guignol d'André de Lorde, et donna en 1913 son chef-d'œuvre avec *les Misérables*, interprété par Henry Krauss (Jean Valjean) et Henri Étiévant (Javert), Mistinguett jouant le rôle d'Éponine. Comme l'écrira Jacques Lourcelles, Capellani « avait réussi à faire triompher le réalisme sur les excès du mélodrame, la simplicité et une certaine rigueur sur les conventions

et les artifices du théâtre ». Il n'était évidemment pas le seul, à cette époque, à l'avoir fait, mais force est de reconnaître, avec la plupart des critiques et des historiens, que *les Misérables* auront été l'un des tout premiers grands films français de notoriété internationale. Avant de quitter la France en 1915 pour les États-Unis, il réalisa encore, d'après Hugo, un monumental *Quatre-Vingt-Treize* de près de trois heures qu'Antoine termina en 1917, mais qui ne sortit qu'après la guerre.

En dépit de productions ambitieuses, tirées du répertoire classique comme l'*Athalie* de Michel Carré (1910), les films de la SCALG visaient manifestement un très large public en puisant leur inspiration dans Hugo, Alphonse Daudet, voire les auteurs du Grand-Guignol. La même observation peut être faite au sujet des Séries d'art, dont l'une des réalisations les plus remarquables demeure *le Siège de Calais* (1911), grande fresque historique aux mouvements de foule menés de main de maître par Henri Andréani, cinéaste dont Claude Beylie et Philippe d'Hugues ont entrepris la réhabilitation dans leurs *Oubliés du cinéma français*, et qui se signala encore avec *les Cinq Sous de Lavarède* (1913), d'après le roman de Paul d'Ivoi, ou *les Enfants d'Édouard* (1914), d'après Shakespeare et Casimir Delavigne.

Les reconstitutions historiques (ou bibliques), dont *le Siège de Calais* est un bon exemple, s'inscrivent donc directement dans le courant lancé en 1908 par le Film d'art avec *l'Assassinat du duc de Guise* et *le Baiser de Judas*, ces deux films étant précisément des reconstitutions historique et biblique, et non des adaptations d'œuvres littéraires ou théâtrales. Certes, on l'a vu, le cinéma français n'avait pas attendu les frères Laffitte pour s'intéresser à l'histoire et à la Bible. Mais ce devint alors une partie importante de la production française, souvent caractérisée par la durée inhabituelle des films, le long métrage tendant à devenir systématique à partir de 1910-1911, et bientôt stimulée par la formidable concurrence italienne représentée par l'extraordinaire *Cabiria* de Gabriele D'Annunzio et Giovanni Pastrone (1914). Chez Gaumont, où est créé le label des Grands Films artistiques, Louis Feuillade et Étienne Arnaud y contribueront très largement, le premier en réalisant, par exemple, *Judith et Holopherne* (1909), *le Festin de Balthazar* (1910) ou *Aux lions les chrétiens* (1911), le second *le Dernier Requiem de Mozart* (1909) ou *Christophe Colomb* (1910), sans toujours atteindre le niveau des meilleures productions du Film d'art ou de la SCALG. À la même époque, en 1909, Éclair suivit le mouvement en présidant à la création de l'Association cinématographiques des auteurs dramatiques (ACAD), sur le modèle de la SCALG de Pathé. Dirigée par Émile Chautard, cette filiale de fait, sinon de droit, d'Éclair, produira également des adaptations littéraires souvent très travaillées, tels *Eugénie Grandet* (1910), *la Dame de Montsoreau* (1913) ou *l'Aiglon* (1914), seul ce dernier, auquel a collaboré Edmond Rostand lui-même, pouvant être attribué avec certitude à Chautard lui-même.

La contribution la plus significative de l'Éclipse à ce genre décidément florissant est un peu particulière, le film d'art le plus remarquable auquel le label de l'Éclipse est attaché étant une coproduction franco-anglo-américaine tournée à Londres par Louis Mercanton, Henri Desfontaines et Gaston Roudès, *la Reine Elisabeth*, d'après une pièce d'Émile Moreau dont la création à Paris fut l'un des rares échecs de Sarah Bernhardt. C'est d'ailleurs pour compenser les pertes financières que lui avait coûtées ce four retentissant que la grande tragédienne accepta d'en tourner une version cinématographique. Basé sur les relations dramatiques de la « reine vierge » et de son favori Robert Devereux, comte d'Essex, ce film réalisé avec un certain luxe de moyens fut distribué aux États-Unis par Adolph Zukor, les bénéfices réalisés lui permettant de fonder la Famous Players Pictures. L'Éclipse le sortit en France en 1913, mais son importance est surtout relative à l'histoire du cinéma américain dans la mesure où il fut le point de départ du star-system. Sarah Bernhardt tourna encore, dans des conditions de production comparables, *Adrienne Lecouvreur*, réalisé par Louis Mercanton et Henri Desfontaines d'après le drame d'Eugène Scribe et Ernest Legouvé (1912). Et ce sont toujours ses liens privilégiés avec la Grande-Bretagne qui permettront à l'Éclipse d'attacher encore son nom à un autre film de Mercanton et Desfontaines, *Shylock* (1913), adapté du *Marchand de Venise* de Shakespeare, avec Harry Baur dans le rôle-titre.

Camille de Morlhon, profession cinéaste

Le cas de Camille de Morlhon, enfin, mérite une attention spéciale. Pour Pathé, où il jouissait d'une position relativement privilégiée, étant l'un des premiers cinéastes français à signer ses œuvres au générique, cet homme distingué réalisa des films d'inspiration variée. Il tourna ainsi neuf films en Algérie, dont *le Fils prodigue* (1912) et *la Fiancée du spahi* (1912), que Pierre Boulanger, dans *le Cinéma colonial*, signale comme les premiers films coloniaux français et dont il précise que s'ils « n'échappaient pas à la pire convention romanesque », ils n'en avaient pas moins « le mérite d'être tournés dans des décors naturels [...] à cent lieues des toiles peintes des studios, des sables d'Ermenonville et des rochers du bois de Vincennes ». Morlhon sacrifia lui aussi à la mode du film d'art et réalisa, toujours pour Pathé, un *Don Quichotte* sorti en mars 1913, mais dont la carrière commerciale fut un échec. Entre-temps, il avait créé en 1912 une société de production indépendante, les Films Valetta, liée à Pathé pour la distribution. Parmi les films produits sous le label Valetta, il faut bien sûr mentionner un *Britannicus* (1912) interprété par Romuald Joubé dans le rôle-titre et où la toute jeune Valentine Tessier, qui avait d'ailleurs fait ses débuts devant les caméras de Morlhon en Algérie, était Albine. Éclectique comme la plupart de ses pairs, Camille de Morlhon fit enfin une intéressante incursion dans le mélodrame social avec *Une brute humaine* (1913), avec Jean Dax. Auteur complet, il ne fut pas seulement le précurseur de ce cinéma colonial qui allait fleurir dans les années trente. Il fut aussi l'un des premiers, sinon le premier, à chercher à faire reconnaître, tant vis-à-vis des grandes sociétés de production que des pouvoirs publics, la profession de cinéaste, son combat aboutissant à la création, en 1918, de la Société des auteurs de films (SAF) : « Il est clair, explique Éric Le Roy, que pour Morlhon, " auteur de film " recouvre la notion de cinéaste plus que celle de scénariste. » Tel fut l'enjeu du débat ouvert dès le début du XXe siècle, que Jean-Jacques Meusy a raconté dans *l'Auteur du film – Description d'un combat* où il cite cet article extrêmement significatif de la convention de Berne, révisée à Berlin en 1908 : « Sont protégées comme œuvres littéraires ou artistiques les productions cinématographiques lorsque, par les dispositifs de la mise en scène ou les combinaisons des incidents représentés, l'auteur aura donné à l'œuvre un caractère personnel et original. »

Un naturalisme moralisateur

Un film comme *la Brute humaine* est tout à fait représentatif de ce courant naturaliste et social qui, dans les trois ou quatre années précédant la Première Guerre mondiale, s'est abondamment développé dans le cinéma français, parallèlement au film d'art et avec des ambitions artistiques au moins aussi grandes, sinon comparables. Il n'y a rien de surprenant à cela, et il faut se souvenir que ce même parallélisme était depuis longtemps tout aussi manifeste dans l'art lyrique, et qu'à côté d'opéras tels que *Samson et Dalila* de Camille Saint-Saëns ou *Esclarmonde* de Jules Massenet, triomphaient (à juste titre !) *Naïs Micoulin* (1907) d'Alfred Bruneau, d'après Émile Zola, ou *le Chemineau* (1913) de Xavier Leroux, d'après Jean Richepin, sans oublier l'impérissable *Louise* (1900) de Gustave Charpentier. Chez Pathé ou à la SCALG, le courant naturaliste sera richement représenté, de *l'Assommoir* (1909) d'Albert Capellani à *Germinal* (1913) du même réalisateur, en passant par *les Victimes de l'alcool* (1911) de Gérard Bourgeois, *le Petit Chose* (1912) de Georges Monca ou la série des « *Scènes de la vie cruelle* » (1911-1914) de René Leprince, de même que chez Gaumont, où l'omniprésent Louis Feuillade réalisa avec peu de moyens la série de « *la Vie telle qu'elle est* » (1911-1919), dont certains titres sont demeurés célèbres tels *la Tare*, avec Renée Carl et Jean Ayme, qui fut programmé pour l'inauguration du Gaumont-Palace, ou *la Souris blanche*, qui fut taxé de rien de moins que de « pornographie » par la bonne presse ; la chose était d'autant plus étonnante que Léon Gaumont, beaucoup plus que Charles Pathé, était extrêmement sourcilleux quant au respect des bonnes mœurs, des valeurs établies et de la hiérarchie sociale. En fait, rares sont les films de cette période à échapper aux règles du mélodrame et aux conclusions moralisatrices, et à rechercher un réalisme scrupuleux comme le fera Éclair avec *Au pays des ténèbres* (1911) de Jasset. Inspiré de *Germinal*, ce film dont les extérieurs furent tournés au « pays noir », à Charleroi, bénéficia de décors très soignés, construits à Épinay par une équipe de mineurs qui fournirent également la figuration. On retrouve plus souvent des adaptations de méchants mélodrames sociaux comme *Gerval, le maître de forges*, d'après Georges Ohnet, produit en 1912 par l'ACAD et sans doute réalisé par Émile Chautard, film au demeurant non dépourvu de qualités, comme le souligne Laurent Le Forestier, et même relativement novateur dans la mesure où « les mouvements dans le cadre se font maintenant dans le sens de la profondeur, augmentant ainsi l'importance du décor, que le metteur en scène personnalise par une multitude de détails et d'objets ». Notons que le roman de Georges Ohnet, *le Maître de forges*, l'un des plus grands succès de l'histoire de l'édition française, fera par la suite l'objet d'innombrables autres adaptations, depuis celle de 1913, réalisée par Henri Pouctal pour le Film d'art, jusqu'à celle de 1933, due à Fernand Rivers et Abel Gance.

La relève des pionniers

Si l'on considère l'état somme toute florissant de la production cinématographique française à la veille de la Première Guerre mondiale, la question se pose toutefois de savoir si la relève de ces pionniers qui étaient aussi déjà des maîtres, celle des Jasset, des Feuillade, des Durand, des Capellani, serait assurée. Elle l'était, et déjà des noms importants commen-

çaient à apparaître, qui tiendraient bientôt le devant de la scène : Maurice Tourneur, Henri Fescourt, Léonce Perret, Abel Gance, Antoine et Germaine Dulac.

Tous les cinéphiles dignes de ce nom savent que Maurice Tourneur fut à Hollywood, dès 1917, un cinéaste important, obtenant cette année-là un immense succès avec *Pauvre Petite Riche* (*The Poor Little Rich Girl*), jouée par Mary Pickford, qu'il confirma son talent avec *l'Oiseau bleu* (*The Blue Bird*, 1918), d'après la pièce de Maurice Maeterlinck, puis avec *l'Île au trésor* (*Treasure Island*, 1920) et *l'Île des navires perdus* (*The Isle of the Lost Ships*, 1923), qu'il reviendra à la fin des années 1920 en France où il tourna quelques très bons films jusqu'au lendemain de la Seconde Guerre mondiale, et qu'il était le père de l'excellent réalisateur américain Jacques Tourneur. Mais Maurice Tourneur était déjà un cinéaste confirmé quand il fut envoyé par l'Éclair au printemps 1914 aux États-Unis pour y rejoindre Émile Chautard, qui dirigeait à Fort Lee, dans le New Jersey, la filiale américaine de la maison. C'est précisément à Chautard, quand celui-ci partit à Fort Lee, que Tourneur avait succédé à l'ACAD. Ancien acteur de théâtre, il semble avoir révélé immédiatement des dons de metteur en scène, dirigeant Polaire dans une adaptation d'un roman de Gyp, *le Friquet* (1913), puis marquant une évidente prédilection pour le mystère et l'étrange en portant à l'écran deux pièces du Grand-Guignol d'André de Lorde, *le Système du docteur Goudron et du docteur Plume* (1913) et *Figures de cire* (1913), en réalisant *Monsieur Lecocq* d'après Émile Gaboriau (1914) et, surtout, en donnant les premières versions cinématographiques des deux romans de Gaston Leroux, *le Mystère de la chambre jaune* (1913) et *le Parfum de la dame en noir* (1914), pour ne citer que ses réalisations les plus significatives.

Surtout connu aujourd'hui pour cet irremplaçable document que constitue son livre de mémoires, *la Foi et les montagnes ou le Septième Art au passé*, Henri Fescourt fit des débuts plus qu'honorables en 1912 avant d'être mobilisé en 1914 et de connaître, la guerre finie, quelques très belles réussites dans les années 1920. Jeune avocat, il avait très vite préféré la fréquentation des poètes et des musiciens à celle des gens de robe, suivant par exemple les cours de Vincent d'Indy à la Schola Cantorum et se faisant un nom dans le journalisme en publiant notamment un entretien avec Edmond Benoît-Lévy dans *l'Intransigeant* et en démontrant sa perspicacité comme critique musical. C'est un peu par hasard qu'il fut amené, en 1911, à vendre des scénarios à la Gaumont puis, à partir de 1912, à passer à la mise en scène sous la houlette de Feuillade. Son plus grand succès, pour cette période, aura été *Fantaisie de milliardaire*, qui dut beaucoup à l'extraordinaire popularité de celle qui fut l'une des premières vedettes internationales du cinéma, la délicieuse et pétillante Suzanne Grandais.

Le cas de Léonce Perret est assez différent dans la mesure où, en 1914, cet ancien acteur qui travailla avec Antoine et Réjane était déjà un metteur en scène important et considéré, même si ses films les plus connus, sinon les meilleurs, viendraient après la guerre, après un intermède américain de quelques années où il recueillit la faveur du public avec un *serial* interprété par les Dolly Sisters, *le Million des sœurs jumelles* (*Million Dollar Dollies*, 1918). Et de fait, ses grands français films des années 1920, *Kœnigsmark* (1923) et *Madame Sans-Gêne* (1924), traduisent une incontestable régression artistique en regard de ses œuvres des années 1910. Car Perret fut à bien des égards un cinéaste d'avant-garde, quand bien même les sujets de ses films ne se distingueraient guère du tout-venant de la production française. Engagé comme acteur chez Gaumont en 1907, il fut envoyé deux ans après à Berlin pour y réaliser une trentaine de petits films sonores destinés à concurrencer en Allemagne le procédé mis au point par Oskar Messter. Revenu à Paris, il se fit les dents en tournant à la cité Elgé des dizaines de films dont il ne reste guère que le titre, dont un *Lys brisé* (1910) qui n'a évidemment rien à voir avec celui de Griffith, avant de s'imposer avec *les Blouses blanches* (1911), un mélodrame critique sur les professions médicales dont Jean Mitry rappelle qu'il « avait attiré les foudres de la censure ». L'inventivité scénaristique et cinématographique de Léonce Perret fera dès lors merveille dans *la Main de fer* (1912), que suivra *Main de fer contre la bande aux gants blancs* (1912), puis, surtout, avec *le Mystère des roches de Kador* (1912), interprété par Suzanne Grandais, Émile Kepens et Perret lui-même, dont Richard Abel n'hésite pas à dire qu'il s'agit d'un film psychanalytique et où une projection cinématographique est utilisée à des fins thérapeutiques. De 1912 à 1915, il réalisa et interpréta la féconde et amusante série des « *Léonce* », ainsi que deux remarquables *serials*, *l'Enfant de Paris* (1913) et le *Roman d'un mousse* (1914), le premier révélant, selon Georges Sadoul, « un vocabulaire cinématographique extrêmement raffiné : contre-jours, gros plans, contre-plongées, mouvements d'appareil et mille autres innovations sont utilisées par lui avec un brio qui contraste avec le classique dépouillement de Feuillade et un certain primitivisme encore latent chez Griffith ».

Étoiles du drame

En quête de vedettes, le cinéma des premiers temps s'applique à annexer les gloires de la scène. Il paraît alors aller de soi qu'un comédien à la voix d'or, même réduit au mutisme, restera un grand acteur à l'écran ; personne ne semble encore deviner que l'art nouveau appelle un style de jeu différent. Le premier souci est d'élever le niveau du répertoire, afin de séduire un public plus bourgeois que les badauds des fêtes foraines. On se tourne donc vers la Comédie-Française dont les grands noms vont s'illustrer dans quelques condensés d'œuvres classiques : Charles Le Bargy crée avec André Calmettes le Film d'art, avec, en 1908, le pompeux *Assassinat du duc de Guise*, mais il s'éloignera personnellement du cinéma pour n'y revenir, fugitivement, qu'en 1919. D'autres interprètes ont une carrière beaucoup plus longue.

René Alexandre
(1885-1946)

Engagé à la Comédie-Française en 1908, il débute quelques mois plus tard à l'écran dans *la Tosca*, que dirige Le Bargy pour le Film d'art. Il tourne d'abord en solo (*Notre-Dame de Paris*, 1912) avant de constituer avec sa jeune épouse Gabrielle Robinne le premier couple idéal dans les œuvres de Leprince et Zecca. Après *la Terre* d'Antoine, Alexandre se consacre principalement à la Comédie-Française, dont il est devenu sociétaire. Petits rôles au parlant (*le Coffret de laque*).

Yvette Andreyor
(Yvette Roye, 1891-1962)

Elle est l'élève de Silvain au Conservatoire quand elle débute à l'écran en 1910. Perret et Feuillade la font jouer souvent (« *Judex* », 1917). Mariée de 1917 à 1926 à son partenaire Jean Toulout, Yvette Andreyor apporte à ses nombreux rôles une fraîcheur et un naturel encore inhabituels. Après *les Deux Timides*, de René Clair, ses apparitions au parlant deviendront insignifiantes.

Josette Andriot
(1886-1942)

Elle est l'une des rares actrices de cinéma des années 1910 à ne pas venir du théâtre. Avec un physique de femme fatale vigoureuse, elle témoigne, dans les films d'action réalisés chez Éclair par Jasset, Chautard, Liabel, Bourgeois, de dispositions pour le mouvement et l'acrobatie (« *Zigomar* », *Protéa*). Ayant donné à ses personnages une aura mythique elle s'éloigne définitivement du cinéma en 1918.

Sarah Bernhardt
(Henriette-Rosine Bernard, 1844-1923)

Diva du théâtre à la renommée planétaire, elle se risque à l'écran pour tenter d'y faire passer, sans le secours de ses incantations, quelques-uns des rôles qui ont fait sa gloire, comme *la Dame aux camélias* en 1911. Sacha Guitry la filme en 1915 dans *Ceux de chez nous*, comme un monument historique. Elle mourra déifiée après avoir tourné la majeure partie de *la Voyante* (1923).

Berthe Bovy
(1887-1977)

Pensionnaire de la Comédie-Française à la silhouette frêle, elle commence à jouer en 1908 un page dans *l'Assassinat du duc de Guise*. Elle donne du pathétique à de nombreux drames comme *Cœur de femme*, jusqu'à un dernier rôle important au muet dans *la Terre*, d'Antoine. On la retrouvera, vieillie mais toujours bon pied, bon œil, au parlant dans *les Dernières Vacances* et *l'Armoire volante*.

Pierre Bressol
(1874-1925)

Comédien venu du Boulevard, il aborde le cinéma en 1908 pour incarner douze fois Nick Carter sous la direction de Jasset. Robuste redresseur de torts, il sera ensuite son propre metteur en scène dans trente-cinq « *Nat Pinkerton* ». Parallèlement à ces séries policières, il interprète (« *Zigomar* ») et réalise, jusqu'au *Loup-garou* (1923), maints drames palpitants.

Paul Capellani
(1877-1960)

Frère du metteur en scène Albert Capellani et ancien élève de Le Bargy au Conservatoire, Paul Capellani joue au théâtre avec Antoine avant de tourner en 1908 *l'Enlisé du Mont Saint-Michel*, premier d'une très longue série de films. Interprète juste, il a autorité et prestance (Rodolphe dans *les Mystères de Paris*, 1912). Le mélo lui va bien (*Roger la Honte*, 1913). La Grande Guerre passée, il est récupéré par Marcel L'Herbier (*le Bercail*, *le Carnaval des vérités*).

Renée Carl
(1875-1954)

Venue du théâtre, elle débute chez Gaumont et devient vite une des interprètes polyvalentes des films de Feuillade, péplums, drames historiques, comédies (« *Bébé* », puis « *Bout de Zan* »), avant de camper une Lady Beltham imprévue dans le cycle des *Fantômas*. Passée derrière la caméra pour réaliser *Un cri dans l'abîme* (1925), elle sera une Thénardier saisissante dans *les Misérables*, version Fescourt. Brève apparition au parlant dans *Pépé le Moko*.

Maurice de Féraudy
(1895-1932)

Sociétaire de la Comédie-Française depuis 1887, Féraudy est devenu un prodigieux acteur de composition quand il s'intéresse, dès 1908, à l'art muet, réalisant une douzaine de petits films dont il est souvent l'interprète. Il joue encore quelques rôles (*Clown*, 1917), mais ses créations cinématographiques les plus retentissantes se situent dans les années 1920 : *Crainquebille*, *les Deux Timides*.

Maria Fromet
(1902-1967)

Fille de comédiens qui seront ses partenaires, elle fait ses débuts au cinéma en

Étoiles du drame

1908 et va être l'enfant prodige de service dans quelque 90 comédies (*Rigadin veut dormir tranquille*, 1910) ou drames (Cosette des *Misérables*, Capellani, 1912). On l'appelle « la petite Fromet » aussi longtemps que le permet sa croissance, après quoi sa carrière deviendra plus terne (*l'Île sans nom*, 1919, et au parlant *Mélo*, *Baleydier*, *Un seul amour*). Maria Fromet finira à la Comédie-Française.

Henry Krauss
(1866-1935)

Quasimodo dans *Notre-Dame de Paris* (1911), minéral Jean Valjean dans *les Misérables* (1912) ou Lantier de *Germinal* (1913), Henry Krauss est l'irréfutable « grand premier rôle » des œuvres maîtresses de Capellani. D'une puissance maîtrisée, plus sobre que beaucoup d'autres, il sait se montrer nuancé, et surprendre. À partir de 1915, il met en scène lui-même huit longs métrages dont *les Trois Masques* (1920), tout en continuant à jouer, pour René Leprince (*l'Empereur des pauvres*) et pour Duvivier (*Poil de Carotte*, *la Divine Croisière*), entre autres. Dans la version parlante des *Misérables*, Raymond Bernard lui confiera le rôle de monseigneur Myriel.

Mistinguett
(Jeanne Bourgeois, 1873-1956)

Avec une généreuse nature, déjà une bonne expérience de la scène, et pas seulement du music-hall, elle fait son entrée dans le cinéma en étant en 1908 la partenaire de Max Dearly dans *l'Empreinte*. Une quarantaine de films suivront, jusqu'à la guerre (*les Timidités de Rigadin*, *les Misérables* où elle incarne une Éponine sans pathos) et au-delà (*Mistinguett détective*), cependant qu'elle devient une reine de la chanson et des revues. Unique prestation au parlant, sans lendemain, dans *Rigolboche* (1936).

Musidora
(Jeanne Roques, 1889-1957)

Elle est déjà aux Folies-Bergère une des interprètes de *la Revue galante* quand Feuillade est frappé par son regard de feu. Il fait d'elle, dans « *les Vampires* » en 1916, la vénéneuse et mythique Irma Vep en collant noir. « *Judex* » prolonge cette gloire, et Musidora se lance dans la mise en scène avec *Minne*, d'après Colette, mais cette nouvelle carrière ne lui apportera pas le succès attendu. Elle se recyclera dans l'écriture de pièces de théâtre, romans et chansons, et à partir de 1946 trouvera refuge comme documentaliste à la Cinémathèque française.

Stacia Napierkowska
(1886 ou 1891-1945)

Fille d'une Française et d'un exilé polonais, elle étudie la danse et entre dans le corps de ballet de l'Opéra-Comique où elle est distinguée par Mistinguett. Ensemble elles tournent leur premier film en 1908. Dans *Notre-Dame de Paris*, en 1911, Napierkowska en Esméralda ne passe pas inaperçue. Partenaire de Max Linder, elle interprète de nombreux personnages un rien lascifs avant de tourner pendant trois ans en Italie. La guerre passée, elle sera dans *l'Atlantide* une Antinéa un peu lourde, et à partir de 1926 les caméras se détourneront d'elle.

René Navarre
(1877-1968)

Après avoir joué de longues années au théâtre, Navarre débute à l'écran en 1909. Feuillade va confier d'innombrables rôles à cet acteur rigoureux et économe de ses mimiques, avant de l'installer au premier plan en 1913 dans la fantasmagorie urbaine de *Fantômas*. Revenant au cinéma en 1916, il fonde sa propre firme, se dirige lui-même dans plusieurs films et crée les Ciméromans. Il est encore sur la brèche dans les années 1930 (*Méphisto*, *Judex 34*, *Arsène Lupin détective*).

Léonce Perret
(1880-1935)

Issu du Conservatoire, il pratique longtemps le théâtre avant de rencontrer le cinéma, interprétant chez Gaumont de nombreux petits rôles, pour Feuillade notamment, avant de devenir en 1909 son propre metteur en scène. Paisible incarnation de monsieur Tout-le-monde, l'acteur Perret devient populaire avec les bluettes ou les drames de la série parfois humoristique à laquelle il donne son nom : « *Léonce* ». Il s'efface, pour opérer seulement derrière la caméra dans *l'Enfant de Paris* (1913). Après 1916 on ne le verra plus sur l'écran, mais Perret poursuivra une longue et inégale carrière de réalisateur, aux États-Unis puis en France : *Kœnigsmark* (1923), *Madame Sans-Gêne* (1925), *Sapho* (1934)...

Gabrielle Robinne
(1886-1980)

Elle débute à la scène auprès de Sarah Bernhardt. À vingt ans, elle entre à la Comédie-Française et commence à tourner. Après deux rôles au Film d'art, elle devient une des vedettes de Pathé et de la SCAGL, promenant sa blondeur distinguée dans les séries de Zecca et Leprince (« *Scènes de la vie cruelle* », « *— bourgeoise* » et « *—moderne* »). Son mari depuis 1912, René Alexandre forme avec elle un couple exemplaire (*la Lutte pour la vie*, *le Calvaire d'une reine*). Quand il est mobilisé en 1914, Robinne doit se contenter de partenaires d'occasion, et sa trajectoire perd de son éclat. Marcel L'Herbier l'exhume au parlant en lui confiant le rôle de la tsarine mère dans *Entente cordiale* et de la Duclos dans *Adrienne Lecouvreur*. Elle meurt en novembre 1980, un mois après avoir assisté à la projection triomphale de ce qui fut son chant de gloire (et donc son chant du cygne), *l'Assassinat du duc de Guise*.

Abel Gance entre dans la carrière

Naïf et génial, tel était déjà le jeune Abel Gance lorsqu'il fut engagé en 1915 au Film d'art par Louis Nalpas. Acteur de théâtre, auteur dramatique, poète, il avait vendu à Gaumont et à Pathé des scénarios que tournèrent Léonce Perret, Louis Feuillade, Albert Capellani ou Camille de Morlhon, et s'était essayé lui-même à la réalisation en fondant avec le comédien Édouard De Max une société de production, le Film français, et en tournant quelques films comme *la Digue* (1911) ou *le Masque d'horreur* (1912). Dès cette époque, Gance avait une conscience exacte des pouvoirs du cinématographe, de sa spécificité artistique, de son universalité. Il l'écrivit dans un article paru le 9 mars 1912 dans *Ciné-Journal*, avec cette grandiloquence visionnaire qui ne devait jamais le quitter : « [...] Innover, ne pas suivre cette sensiblerie pleurarde ou ce comique mécanique qui semblent à la mode parce que la vraie route n'est pas tracée, ne pas faire du théâtre surtout, mais de l'allégorie, du symbole ; prendre le fond de chaque civilisation, y construire l'admirable scénario qui la caractérise, embrasser tous les cycles de toutes les époques afin d'avoir [...] ce classique du cinématographe qui l'orientera vers une ère nouvelle, voilà un peu de mes grands rêves... » Et Gance de conclure en prophétisant qu'« un jour proche viendra, [il] espère, où [ses] divagations devenues tangibles, montreront ce qu'on peut espérer de cette admirable synthèse du mouvement de l'espace et du temps ». Abel Gance pensait-il alors à lui ? Toujours est-il que Nalpas lui laissa licence d'expérimenter avec *la Folie du docteur Tube* (1916) ce qu'il appela plus tard lui-même la « vision subjective », puis de déployer une puissante dramaturgie visuelle dans des œuvres comme *Mater dolorosa* (1917) avec Firmin Gémier, *la Zone de mort* (1917) avec Léon Mathot, et cette extraordinaire — au sens propre du terme — *Dixième Symphonie* (1918) avec Séverin Mars, qui inspira au très sévère Louis Delluc un commentaire enthousiaste. L'extravagance et même la puérilité des scénarios de Gance sont ici, comme dans tous ses grands films ultérieurs du reste, moins un handicap que le ferment d'une imagination poétique véritablement phénoménale, qui demeure sans équivalent dans l'histoire du cinéma français, à l'unique et remarquable exception, à notre avis, des films d'Azimi (*les Îles*, 1983 ; *le Radeau de la « Méduse »*, 1998).

En octobre 1917, Abel Gance entreprit la réalisation de *J'accuse*, la grande épopée pacifiste qui l'imposa définitivement lors de la sortie du film, le 25 avril 1919. Tourné avec l'aide financière de Pathé et le soutien du Section photographique et cinématographique de l'armée (SPCA), née en 1916 de la fusion de la Section photographique de l'armée (SPA) et de la Section cinématographique de l'armée (SCA) elle-même créée en 1914, interprété par Séverin Mars, Romuald Joubé, Maryse Dauvray et Blaise Cendrars dans un rôle secondaire, ce film de près de deux heures avait pour chef opérateur, aux côtés de Marc Bujard et Maurice Forster, celui qui avait éclairé les précédents films de Gance, Léonce-Henri Burel. Sa contribution au style iconographique du cinéaste fut déterminante, et Gance saura d'ailleurs rendre hommage à son « habileté extraordinaire ». Pour *la Dixième Symphonie* (1918), Burel fut, par exemple, le premier à utiliser un projecteur, en l'occurrence un projecteur de torpilleur emprunté à la marine nationale, alors que, jusqu'alors, « les scènes étaient éclairées avec des arcs ou des tubes à mercure », ainsi qu'il l'a raconté à la fin de sa longue carrière. Celle-ci se poursuivra jusque dans les années 1960, avec, entre autres, deux autres films de Gance, *la Roue* (1922) et *Napoléon* (1927), plusieurs films muets de Jacques Feyder, le somptueux *Casanova* d'Alexandre Volkoff (1927), plusieurs films de Rex Ingram ou de Marcel L'Herbier, et, pour finir, *le Journal d'un curé de campagne* (1951), *Un condamné à mort s'est échappé* (1956), *Pickpocket* (1959) et *le Procès de Jeanne d'Arc* (1962),

Le premier film de Sacha Guitry

Sacha Guitry méprisa longtemps l'art cinématographique avant d'en devenir lui-même l'un des plus brillants ornements... Ainsi, en 1912, répondant à une enquête du *Figaro*, il écrivait : « J'estime [...] que les auteurs sont coupables d'encourager l'extension faussement artistique d'une invention merveilleuse qui n'aurait jamais dû cesser d'être ce qu'elle est en réalité : purement scientifique. » Il en admirait, en revanche, les possibilités documentaires, et il donna d'ailleurs la preuve de cette admiration en tournant puis en présentant, le 22 novembre 1915, au théâtre des Variétés, un film de vingt-deux minutes, *Ceux de chez nous*, où apparaissaient Sarah Bernhardt, Anatole France, Edgar Degas, Auguste Rodin, Camille Saint-Saëns, Auguste Renoir, l'avocat Henri-Robert, Edmond Rostand, Antoine, Claude Monet, Octave Mirbeau et son père Lucien Guitry. Il commentait lui-même, sur scène, les images de ce documentaire exaltant la culture française. Sa position était demeurée inchangée en 1921, quand, dans *le Courrier de M. Pic*, il déclarait préférer *Amoureuse* de Georges de Porto-Riche au *Lys brisé* de David W. Griffith ! Ce qui ne l'avait pas empêché, soit dit en passant, de débuter à l'écran avec Yvonne Printemps dans *Un roman d'amour et d'aventures*, de Louis Mercanton et René Hervil (1918)...

les quatre chefs-d'œuvre qui affirmèrent successivement l'esthétique de Robert Bresson, à l'émergence de laquelle l'intelligence, le goût et le métier de Léonce-Henri Burel furent de précieux auxiliaires. Avoir en quelque sorte, à près d'un demi-siècle d'écart, porté Abel Gance et Robert Bresson sur les fonts baptismaux, voilà un titre de gloire qui méritait bien d'être inscrit en lettres d'or au mémorial du cinéma français !

Burel sera également le chef opérateur de l'un des plus beaux films d'Antoine, *l'Arlésienne* (1921), qui clôturait une carrière cinématographique commencée en 1914 quand le maître du théâtre moderne, alors âgé de cinquante-six ans, fit ses débuts derrière la caméra dans l'ombre de Capellani pour le tournage de *Quatre-Vingt-Treize*, qu'il achèvera lorsque Capellani partira pour les États-Unis. Ce qui n'était au départ qu'une sorte d'accident de parcours, déterminé principalement par des considérations pécuniaires, devint une passion. Dans un tout autre esprit que Gance, l'homme qui, avec le Théâtre-Libre, avait dès 1887 établit les bases du réalisme théâtral, allait poser celle du plus pur réalisme cinématographique. Bardèche et Brasillach ont été parmi les premiers, après Louis Delluc, à en marquer l'importance : « Il arrivait avec des idées, et ces idées, il faut le dire, contenaient tout le cinéma. Antoine, qui voulait des décors vrais, des acteurs pris dans la rue, une réalité surprise par la caméra, était déjà un théoricien du vérisme italien de 1945. » Les films qu'il réalisa pour Pathé pendant la guerre, *les Frères corses* (1915), *le Coupable* (1917) et *les Travailleurs de la mer* (1917), portent en germe toutes les qualités de ceux qu'il tourna après 1918, qui sont des merveilles, mais qui n'avaient que le tort d'avoir un bon quart de siècle d'avance sur l'évolution du septième art, ce qui est considérable eu égard à la rapidité avec laquelle l'art cinématographique a évolué entre les années 1920 et les années 1950.

C'est son amie Stacia Napierkowska, qui jouait alors dans une production italienne, qui fit découvrir en 1914 le cinéma à Germaine Dulac. Celle-ci, journaliste et épouse du romancier Albert Dulac, eut le coup de foudre. Elle fonda en association avec son mari et la romancière Irène Hillel-Erlanger une société de production, les Films D-H, et se lança dans la réalisation avec *les Sœurs ennemies* (1916), que suivirent *Géo le Mystérieux* (1916), *Venus victrix* (1916, également intitulé *Dans l'ouragan de la vie*) et *Âmes de fous* (1918), un *serial* où Ève Francis trouva son premier grand rôle. La jeune actrice lui présenta Louis Delluc — à qui elle était fiancée et qu'elle épousa bientôt — qui appréciait la finesse et la sensibilité de son travail. La rencontre sera déterminante pour la suite de sa carrière, qui verra Germaine Dulac osciller entre des productions commerciales et des expériences d'avant-garde.

On aura compris, au terme de ce trop bref aperçu des talents qui ont émergé entre 1914 et 1918, que le cinéma français avait tous les moyens artistiques de demeurer le premier du monde. Mais nous avons vu aussi, un peu plus haut, que la guerre lui avait porté un coup très dur, même si la production ne s'est pas complètement arrêtée, même si Feuillade procura de grands succès à Gaumont avec « *les Vampires* » et « *Judex* », même si l'on tourna, circonstances obligeant, un certain nombre de films patriotiques comme *Mères françaises*, de Louis Mercanton et René Hervil, avec Sarah Bernhardt (l'Éclipse, 1917), ou comme *le Héros de l'Yser*, *Mort au champ d'honneur* et autres *Voix de la patrie*, tous réalisés dès 1914 à la cité Elgé par Léonce Perret. Alors qu'en 1914, Pathé et Gaumont occupaient à eux seuls 90 % du marché européen, la pénurie des films ouvrit la porte au cinéma américain, qui s'y engouffra avec d'autant plus de facilité que ses produits étaient déjà largement rentabilisés sur son marché intérieur. Les chiffres dispensent d'y ajouter un commentaire : en 1916 déjà, les films français ne représentaient plus, sur le marché français, que 25 % des programmes ; en 1918, la part des films français descendait à 20 %, les films américains accaparant la quasi-totalité des 80 % restants ; en 1919, on tombait à près de 10 %. Le redressement aura lieu, certes, mais jamais les Américains ne renonceront à retrouver en France cette situation de quasi-monopole qui faisait alors dire à Henri Diamant-Berger que la France était bien partie pour devenir une « colonie cinématographique américaine ». On observera que les chiffres catastrophiques des années de guerre sont significativement très proches de ceux que, sur le plan des recettes, la France aura connus dans les toutes dernières années du XXe siècle. Huit décennies auront donc été nécessaires à Hollywood pour corroborer la sombre prophétie de Diamant-Berger.

PATHE

Les années folles et les années fastes

(1919-1939)

En 1919, la France s'éveillait d'un long et sanglant cauchemar. Le 18 janvier, s'ouvrait la conférence de la paix, et le 28 juin, l'Allemagne signait le traité de Versailles. Le redressement économique s'amorçait, mais le spectre de l'inflation menaçait. L'Europe, dans une prospérité encore fragile, pansait ses plaies.

Sur le plan intellectuel, c'était une effervescence sans précédent. On s'étourdissait de fêtes et de nouveautés. Proust était accueilli chez Gallimard, Cocteau publiait *le Coq et l'Arlequin* et s'enthousiasmait pour les Ballets russes; cubisme et surréalisme bousculaient les veilles structures de l'art et de la poésie. On était à l'aube des Années folles, qui allaient rythmer la décennie.

Le cinéma changeait de visage. Il délaissait pour de bon les programmes fourre-tout et les farces grossières qui avaient fait avant la guerre la joie d'un public peu exigeant, pour s'orienter vers le long métrage de prestige: *J'accuse* d'Abel Gance, terminé juste à la fin du conflit, *Barrabas* (1919) de Louis Feuillade, *Travail* (*idem*) d'Henri Pouctal, grande fresque naturaliste nécessitant huit heures de projection. À Nice, René Le Somptier tournait à grands frais une légende des *Mille et Une Nuits*: *la Sultane de l'amour* (1919). De nouveaux venus, se piquant d'esthétisme raffiné, recherchaient l'adhésion de l'élite: Marcel L'Herbier avec *Rose-France* (1918), mélodrame passionnel et patriotique; Louis Delluc, critique passé du stylo à la caméra, avec *Fumée noire* (1920); Julien Duvivier avec *Haceldama* (1919), financé par un mécène bordelais. On se pâmait devant le génie paysagiste des réalisateurs scandinaves. Un film allemand, très influencé par l'esthétique expressionniste, allait bientôt déclencher l'enthousiasme de la classe cinéphile: *le Cabinet du docteur Caligari* (Wiene, 1920). Enfin, le septième art connaissait sa légitimation. L'ère des pionniers était bien finie, et un penseur aussi sérieux qu'Henri Bergson pouvait affirmer: « Le cinématographe m'intéresse à l'égal de toutes les inventions. Il peut suggérer des idées nouvelles au philosophe. »

Cette euphorie n'eut qu'un temps. Dix ans plus tard, ce sera la révolution du parlant, lourde de conséquences pour l'évolution de la production nationale (et internationale). Beaucoup y laisseront des plumes. Et cependant, jusqu'à la veille de la Seconde Guerre mondiale, survenue exactement au terme de deux décennies, le cinéma français connaîtra ses années fastes.

L'âge du cinéroman

Pour Roger Icart, le terme « cinéroman » fut utilisé en France dans les années 1920 pour désigner « des œuvres dramatiques plus ou moins historiques se présentant sous la forme de longs chapitres — de huit à dix généralement — et produites en réaction contre le genre un peu puéril du *serial* américain ». En fait, l'origine est purement française et date d'avant la Première Guerre mondiale, avec la série des « *Nick Carter* » et des « *Zigomar* », du pionnier Victorin Jasset. Louis Feuillade, on l'a vu, prit la relève avec cinq fameux films tirés de *Fantômas* de Pierre Souvestre et Marcel Allain.

Pour lutter contre ces succès français, les producteurs américains eurent l'idée de coupler la sortie des films en salle avec la publication simultanée du scénario dans la presse écrite. La première expérience date de 1912. Mais c'est surtout la série des vingt épisodes des *Perils of Pauline* (1914), avec la révélation à l'écran de Pearl White, qui connurent le triomphe aux États-Unis. Des suites furent réalisées, qui, condensées en 22 épisodes, obtinrent en France un succès foudroyant sous le titre *les Mystères de New York*.

La riposte ne se fit pas attendre, toujours avec Feuillade: ce furent « *les Vampires* », « *Judex* » et, moins connu, *Barrabas* (1919), où l'auteur adaptait au style français des effets dramatiques inspirés du

Tournage de *Toni* de Jean Renoir, 1934.

serial hollywoodien. Mais il n'était pas le seul : en 1918 Henri Pouctal signa un *Comte de Monte-Cristo* en huit épisodes, et Germaine Dulac écrivit, produisit et mit en scène *Âmes de fous* (six épisodes).

On s'accorde pourtant à reconnaître que la première réponse cohérente au défi américain est venue de Nice, avec René Navarre. Ce dernier, après avoir interprété des dizaines de films sous la direction de Feuillade, essayait de monter sa propre maison de production, ce qu'il parvint à faire avec l'aide de Gaston Leroux, le célèbre auteur du *Mystère de la chambre jaune* et du *Fantôme de l'Opéra*. Tous deux s'associèrent pour fonder les Films René Navarre, dont la première manifestation fut *l'Homme qui revient de loin* d'après le roman de Leroux. En 1918, dans des conditions financières précaires, Navarre produisit et interpréta les seize épisodes de *la Nouvelle Aurore*, réalisés par Édouard Violet sur un scénario de Leroux. Le succès public permit aux deux compères de s'agrandir et de s'allier à Arthur Bernède, feuilletoniste au *Petit Parisien*, pour fonder en 1919, la Société des cinéromans. Navarre réalisa et interpréta les douze épisodes de *Tue la Mort*, publié en « rez-de-chaussée » par le journal *le Matin* à partir du 8 octobre, le premier épisode cinématographique sortant en salle le 15.

Si la qualité de ces films laissait parfois à désirer, leur prix de revient était extrêmement bas. À ce titre, ils avaient capté l'attention de Louis Nalpas, producteur aventureux et quelque peu mégalomane, qui menait grande vie sur la Côte d'Azur depuis 1919, date à laquelle il avait fait fortune avec *la Sultane de l'amour* et *J'accuse*. Il avait ensuite, toujours à Nice, produit *la Fête espagnole* (1919) de Germaine Dulac et les neuf épisodes de *Mathias Sandorf*, réalisé d'après le roman de Jules Verne par le jeune Henri Fescourt, tout en s'occupant activement de la construction des studios de la Victorine, dont il voulait faire un Hollywood français.

Or, en 1922, Gaston Leroux réussit à intéresser au développement de la Société des Cinéromans un financier habile, Jean Sapène, alors administrateur du puissant quotidien *le Matin*. Ce dernier prit le contrôle de l'importante firme Pathé Consortium Cinéma : ainsi, il avait à la fois les salles pour l'exploitation cinématographique et la presse pour la publication en feuilleton. Il confia à Louis Nalpas la direction artistique, le chargeant désormais de produire avec des moyens accrus des films à épisodes d'une certaine ambition.

Jusqu'en 1929, le cinéroman constituait la base de la production française. Longtemps dénigrés par les historiens qui leur préféraient les œuvres de l'avant-garde « impressionniste », ces films connaissent aujourd'hui un regain d'intérêt, leur invention narrative étant bien supérieures à des « classiques » réputés.

Le plus gros fournisseur fut René Leprince, avec *l'Empereur des pauvres* (1921), *Fanfan la Tulipe* (1925), *Titi Ier, roi des gosses* (1926), etc. Mais il faut retenir aussi Jean Kemm (*Vidocq*, 1923), Luitz-Morat (*Surcouf*, 1924 ; *Jean Chouan*, 1926, tous deux écrits par Arthur Bernnède), Le Somptier (*les Fils du soleil*, 1925), Henri Desfontaines (*Belphégor*, 1926) et quelques autres.

Peu à peu, l'adaptation d'œuvres littéraires de prestige le disputa aux feuilletons de la grande presse, car, au moment où le *serial* américain commençait à lasser le public français par le ressassement des mêmes clichés et des héros stéréotypés, l'ambition de la Société des cinéromans et bientôt de ses concurrents fut de donner au genre ses lettres de noblesse. D'où la primauté accordée au mélodrame (*l'Enfant des Halles*, 1924) et au *serial* historique mettant en scène des personnages légendaires bien français, tels Jean Chouan ou Fanfan la Tulipe. Dans ce processus de légitimation du genre, un nom s'impose : Henri Fescourt, qui signa huit films de haute qualité, tous aux Cinéromans, entre 1922 et 1929. À la formule du feuilleton, il substitua progressivement celle des très longs métrages : à côté de Gaston Leroux (*Rouletabille chez les bohémiens*, 1922) et Bernède (*Mandrin*, 1923), on aura ainsi droit à Victor Hugo (*les Misérables*, 1925, en quatre époques) et Alexandre Dumas (*Monte-Cristo*, 1929), ouvrant la voie aux superproductions du parlant. Il tourna aussi des films d'un seul tenant, adaptés de pièces de théâtre (*les Grands*, 1923) ou de romans (*la Glu*, 1927). La filmographie de ce grand artisan, formé à l'école de Feuillade, reflète parfaitement l'évolution du cinéma des années 1920. Elle témoigne en outre d'un art consommé du récit et d'un sens aigu du romanesque.

Une panacée : la littérature filmée

La littérature populaire feuilletonesque ne fut pas la seule à susciter l'intérêt des cinéastes. Dès les origines, ils empruntèrent intrigues et personnages connus de l'histoire littéraire consacrée, en vue d'ennoblir ce qui était alors considéré comme un vulgaire divertissement de foire. L'étroite imbrication cinéma-littérature se marqua à ce moment-là avec évidence dans le travail d'André Antoine, le célèbre fondateur du Théâtre-Libre qui, de 1914 à 1922, se vit confier, la réalisation d'une dizaine de films. Antoine allait systématiquement tourner des adaptations romanesques d'Alexandre Dumas (*les*

Frères corses, 1916), François Coppée (*le Coupable*, 1917), Victor Hugo (*les Travailleurs de la mer*, 1918) ou Émile Zola (*la Terre*, 1921), et théâtrales de Jules Sandeau (*Mademoiselle de La Seiglière*, 1920) ou Alphonse Daudet (*l'Arlésienne*, 1922). Pour ce faire, il rompit avec les studios et alla tourner en Corse, en Provence, dans le Nord et dans les rues de Paris, de manière à incruster le texte dans la réalité quotidienne. C'est donc du pur cinéma, où pourtant les racines littéraires (personnages, situation) restent fortes.

Dans l'ensemble, le cinéma de l'entre-deux-guerres appréciait surtout le courant littéraire naturaliste. Ainsi, *l'Arlésienne* de Daudet se vit, après Antoine, reprise par Jacques de Baroncelli, puis par Marc Allégret ; Epstein adapta, pour sa part, *la Belle Nivernaise* en 1924 et *Mauprat* deux ans plus tard. Les courtes nouvelles de Guy de Maupassant avaient, avec les gros romans d'Émile Zola, la préférence des cinéastes. Citons, pour le premier : *l'Ordonnance* (porté à l'écran à deux reprises par Victor Tourjansky, au muet, en 1920, et au parlant en 1933), *Ce cochon de Morin* (1924 par Tourjansky et 1932 par Georges Lacombe), *Yvette* (Alberto Cavalcanti, 1927), et, tout en haut de l'échelle, *Partie de campagne* (Jean Renoir, 1936). Quant à Zola, notons, avant Antoine, le très beau *Travail* d'Henri Pouctal (1919), les deux films de Renoir (*Nana*, 1926 ; *la Bête humaine*, 1938), *Thérèse Raquin* de Jacques Feyder, tourné en Allemagne, et *l'Argent* de L'Herbier, tous deux de 1928.

Les romans contemporains furent également visités, surtout au parlant : *l'Équipage* de Joseph Kessel, filmé par Maurice Tourneur en 1928 et Anatole Litvak en 1935, *Courrier Sud* de Saint-Exupéry, *Terre d'angoisse* de Pierre Nord, etc. Beaucoup d'écrivains ne dédaignaient pas de prêter la main aux cinéastes : Blaise Cendrars fut assistant de Gance pour *la Roue* (1922), Marcel Achard, scénariste de *l'Alibi* (Chenal, 1937), de *Gribouille* et d'*Orage* (Marc Allégret, 1937), Jean Anouilh apparaît au générique de *Vous n'avez rien à déclarer ?* (1936) et de *Cavalcade d'amour* (Bernard, 1940). Quant à Pierre Mac Orlan, après avoir fait ses gammes auprès de Marcel L'Herbier pour *l'Inhumaine* (1924), il fournira à Duvivier la matière de *la Bandera* (1935) et à Marcel Carné celle du *Quai des brumes* (1938), film emblématique du « réalisme poétique ».

Quoique moins explorée, la littérature étrangère fut également mise à contribution : *Feu Mathias Pascal* d'après Luigi Pirandello (L'Herbier, 1926), *Lac aux Dames* d'après Vicky Baum (Marc Allégret, 1934), *la Peur* d'après Stefan Zweig (Tourjansky, 1936), *la Charette fantôme* d'après Selma Lagerlöf (Duvivier 1939) etc.

Si l'on aborde le problème par l'autre bout, c'est-à-dire si l'on considère les cinéastes au lieu des romanciers, on aboutit au même constat d'une dette indiscutable contractée par le cinéma à l'égard de la littérature. Certains réalisateurs du muet furent ainsi des spécialistes quasi exclusifs de l'adaptation littéraire. Le cas de Baroncelli est le plus significatif, du *Père Goriot* (1921) à *la Duchesse de Langeais* (1942), d'après Balzac, en passant par *Pêcheurs d'Islande* (d'après Pierre Loti, 1924), *la Femme et le pantin* (1928, d'après Pierre Louÿs), *Crainquebille* (1933, d'après Anatole France), pour ne citer que les grands titres. Quoique plutôt connu pour ses documentaires (*Verdun, visions d'histoire*, 1929), Léon Poirier puisa aussi volontiers ses sujets dans la littérature classique, avec un rien de préciosité : *Narayana* (1920) d'après *la Peau de chagrin* de Balzac, *Jocelyn* (1922) puis *Geneviève* (1923), d'après Lamartine, et surtout *la Brière*, d'après Alphonse de Châteaubriant, en 1925. Gaston Ravel, de son côté, n'hésita pas à s'attaquer à Molière (*Monsieur de Pourceaugnac*, 1932), tandis que Raymond Bernard naviguera entre les pièces de son père, l'auteur dramatique Tristan Bernard (*le Petit Café*, 1919), le terrible roman de Roland Dorgelès sur *les Croix de bois* (1932) et le père Hugo des *Misérables* (1933, soit huit ans après le chef-d'œuvre muet de Fescourt, qu'il ne réussit pas à surclasser).

Même les ténors de l'école « impressionniste » puisaient dans la littérature, à commencer par le théoricien et praticien du « cinéma d'auteur », Louis Delluc, qui adapta Mark Twain (*le Tonnerre*, 1921) et André Corthis (*l'Inondation*, 1923), le reste de son œuvre étant à base de scénarios originaux. Partisan d'un « cinéma pur », Epstein donna une dizaine d'adaptations qui sont d'ailleurs des modèles du genre : *l'Auberge rouge* (1923, d'après Balzac), *la Belle Nivernaise* (1924, d'après Alphonse Daudet), *les Aventures de Robert Macaire* (1925, feuilleton inspiré par la pièce *l'Auberge des Adrets*), où il joue habilement du retour en arrière, *Mauprat* (1926, d'après George Sand), *la Glace à trois faces* (1927, d'après Paul Morand), *la Chute de la maison Usher* (1928, d'après Edgar Poe).

Feyder, pour sa part, connut un grand succès avec *l'Atlantide* (1921, d'après Pierre Benoit), qui combine habilement le fantastique du roman à des aspects modern style et à une fascination documentaire pour les extérieurs sahariens. *Crainquebille* (1923, d'après Anatole France) et *Visages d'enfants* (1925, d'après Alphonse Daudet) frappent par leur réalisme vivifiant, associé à une grande vérité psychologique.

Visages de stars des années 1920

Jean Angelo
(Jean Barthélemy, 1888-1933)

Il connut un succès immédiat en incarnant le capitaine Morhange dans *l'Atlantide* de Feyder (1921). Il avait débuté au théâtre dans la troupe de Sarah Bernhardt. Jeune premier à la carrure avantageuse, il parut aussi dans *les Aventures de Robert Macaire* (Epstein, 1925), *Nana* (Renoir, 1926) et *Monte-Cristo* (Fescourt, 1929).

Huguette Duflos
(Hermance Hert, 1891-1982)

Elle fut remarquable dans *Travail* de Pouctal (1919), où elle interprétait le même personnage de l'enfance à la maturité. Elle fut aussi mademoiselle de La Seiglière dans le film homonyme d'Antoine, et la grande duchesse Aurore de *Koenigsmark* de Léonce Perret (1923).

Renée Falconetti
(1892-1946)

La bouleversante interprète de *la Passion de Jeanne d'Arc* (Dreyer, 1929), était apparue précédemment dans deux films bien oubliés, *Clown* (Féraudy, 1917) et *la Comtesse de Somerive* (Denola, *idem*). Elle fit aussi beaucoup de théâtre, se partageant entre le Boulevard et la Comédie-Française. Exilée en Argentine, elle y finit ses jours dans un oubli total.

Ève Francis
(1896-1960)

D'origine belge, elle fut la compagne fidèle de Louis Delluc, sa muse et sa Duse, disait-il. Elle promena sa silhouette racée et ses grands yeux tristes dans *Fièvre* (1921) et *la Femme de nulle part* (1922). L'Herbier en fit l'héroïne marquée par le destin *d'El Dorado* (1921), et Germaine Dulac la vertueuse Antoinette Sabrier.

Simone Genevois
(1912-1995)

Elle a incarné la plus plausible, sinon la plus inspirée, des Pucelles de l'écran dans *la Merveilleuse Vie de Jeanne d'Arc, fille de Lorraine* (de Gastyne, 1928), longtemps et injustement éclipsé par le film contemporain de Dreyer. Elle avait dix-sept ans et déjà une carrière d'enfant vedette derrière elle (elle débuta dans *Protéa IV* à l'âge de cinq ans). On la voit aussi, en Pauline Bonaparte, dans *Napoléon* (1927).

Jaque-Catelain
(Jacques Guerin-Castelain, 1897-1965)

Il doit toute sa carrière d'acteur à Marcel L'Herbier, lequel s'efforça, en vain, d'imposer son physique de dandy à la Oscar Wilde, de *Rose-France* (1918) aux *Derniers Jours de Pompéi* (1948). Tenté par la mise en scène, il réalisa et interpréta en 1923, sous la supervision de son mentor, deux curieux essais de style expressionniste, *le Marchand de plaisir* et *la Galerie des monstres*

Romuald Joubé
(1876-1949)

Il a eu un cursus bien rempli, qui s'étend de l'époque héroïque du Film d'art à l'Occupation. C'est Henri Fescourt qui lui donna, à mi-parcours, ses deux plus beaux rôles : le fougueux *Mathias Sandorf* (1920) et le brigand gentilhomme *Mandrin* (1923), dans les films homonymes.

Roger Karl
(Roger Trouvé, 1882-1984)

Il détient, pour l'état civil, un record de longévité : cent deux ans, dont près de quarante voués (en dilettante) au cinéma

---

Gribiche (1926) renvoie plus classiquement à Daudet, tandis que *Thérèse Raquin* (1928, d'après Émile Zola) infléchit l'esthétique de Feyder vers un naturalisme puissant qui impressionna fort son assistant, Marcel Carné.

À l'exemple de leurs aînés, des jeunes s'engouffraient dans le créneau de l'adaptation. Le plus actif fut Duvivier, qui aligne, pour les seules années 1920, *les Roquevillard* (1922, d'après le roman d'Henry Bordeaux), *l'Abbé Constantin* (1925, d'après la pièce de Pierre Decourcelle), *Poil de carotte* (1926, d'après la nouvelle de Jules Renard, dont il fit un remake parlant), *le Tourbillon de Paris* (1928, d'après un roman de Germaine Acremant) et *Au Bonheur des dames* (1929, d'après Émile Zola). Suivront, dans les années 1930, des adaptations de Simenon, Louis Hémon, Pierre Mac Orlan... Un autre nouveau venu, sur lequel nous reviendrons, Jean Renoir, allait chercher sa pâture chez Zola, Mouézy-Éon, La Fouchardière, Simenon, Flaubert, Maupassant et, *extra muros*, Maxime Gorki.

Cela dit, l'emprise littéraire sur le cinéma allait se desserrer quelque peu au cours de la première décennie du parlant, qui fit davantage la part belle aux scénarios originaux, signés Charles Spaak, Jacques Prévert ou Henri Jeanson, mais aussi Bernard Zimmer, Jacques Viot, Marcel Achard, etc. De fortes personnalités allaient s'exprimer sur ce ton médian. L'idée faisait son chemin, que partir ou non d'un texte littéraire préexistant n'était pas vraiment essentiel pour un auteur de film témoignant d'une certaine exigence. Seul comptait ce qu'il en fait, c'est-à-dire l'œuvre cinématographique qui porte sa signature.

et au théâtre. Comédien, poète, musicien, philosophe, il a publié, sous le pseudonyme de Michel Balfort, des *Souvenirs d'un homme de nulle part*, ce titre faisant référence à ses deux meilleurs films, *l'Homme du large* (L'Herbier, 1920) et *la Femme de nulle part* (Delluc, 1922). Au parlant, il fut voué aux rôles en uniforme, qu'il interprétait avec détachement.

Gina Manès (Blanche Moulin, 1893-1989)

Elle avait l'aura romantique des vamps. Ses meilleures prestations au muet, elle les doit à Epstein (*l'Auberge rouge*, *Cœur fidèle*, 1923), Gance (Joséphine de Beauharnais dans *Napoléon*, 1927) et Feyder (*Thérèse Raquin*, 1928). Elle refusa un contrat à Hollywood et vit son étoile décliner au parlant (*Une belle garce*, Gastyne, 1931 ; *Divine*, Ophuls, 1935 ; *Mayerling*, Litvak, 1936 ; *le Bateau à soupe*, Gleize, 1946, etc.).

Séverin Mars (Armand-Jean de Malafayde, 1873-1921)

Il n'a survécu que grâce à Abel Gance, pour lequel il fut le mécanicien aveugle, au jeu halluciné, de *la Roue* (1922), film sorti après sa mort.

Léon Mathot (1886-1968)

« Intime et humain, il a perdu bien du temps à de bien tristes films », écrit Louis Delluc. Certes, mais il reste au moins *Travail* (Pouctal, 1919), et *l'Auberge rouge* (Epstein, 1923). Sa carrière de réalisateur, au parlant, est par contre sans grand éclat, à deux ou trois exceptions près. Il fut président de la Cinémathèque française.

Gaston Modot (1887-1970)

Il est surtout connu pour ses grands rôles au parlant, tous marqués au sceau de sa rude et forte personnalité : l'amoureux fou de *l'Âge d'or* (Buñuel, 1930) le roi des mendiants de *l'Opéra de quat' sous* (Pabst, 1931), le garde-chasse de *la Règle du jeu* (Renoir, 1939), l'aveugle des *Enfants du paradis* (Carné, 1945). Mais ses prestations à l'époque du muet ne sont pas négligeables. Elles commencent dès 1910, avec la série des « *Onésime* » (1912), se poursuivent chez Le Somptier, Delluc, Raymond Bernard, etc. Il s'essaya à la mise en scène avec un (excellent) court métrage, *la Torture par l'espérance* (1928).

Signoret (1872-1937)

Son prénom (Gabriel) est souvent omis sur les génériques, tant sa gloire fut grande, à l'écran comme à la scène, durant plus d'un quart de siècle. Ancien de chez Antoine et partenaire de Réjane, il a promené son allure paternelle et son bon sourire chez Mercanton, Baroncelli, Delluc, Germaine Dulac et bien d'autres. Un de ses derniers rôles fut, au parlant, le majestueux Lyautey des *Hommes nouveaux* (L'Herbier, 1936).

Aimé Simon-Girard (1889-1950)

Il passa sans transition de l'opérette, où il poussait la romance, aux cabrioles des *Trois Mousquetaires*, version muette de Diamant-Berger (1921). Il refusa d'être doublé par des cascadeurs professionnels. Un émule français de Douglas Fairbanks, qui récidiva, onze ans plus tard, dans la version parlante. Mais, en dehors de cela, peu de chose : *le Fils du flibustier* (Feuillade, 1922), *Fanfan la Tulipe* (1926), etc.

Entremets franco-russes

« Il y eut en France, pendant les années 1920, une colonie russe dans le cinéma qui vint à former une sorte de légende qu'on oublia après le passage du parlant. De ces émigrés fuyant la guerre civile, le blocus, la révolution, les Français attendaient quelque chose, mais quoi ? », se demande François Albera en introduction à son essai sur la production Albatros. Quoi donc ? Peut-être ce supplément d'âme (slave, bien sûr) qu'évoque Ricciotto Canudo lorsqu'il écrit : « L'art russe, le plus jeune de la vie contemporaine, vient d'apporter au cinéma attardé en plein réalisme et tâtonnant dans les différents genres littéraires une solide affirmation qui eût plu aux poètes de la période symboliste. »

La colonie s'était fixée dès 1919 à Montreuil, dans les studios alors désertés de Pathé, autour du producteur expatrié Joseph Ermoliev. Peu après, le clan se structurait, à l'impulsion de son associé, le dynamique Alexandre Kamenka. Une équipe homogène se constitua, formée de techniciens chevronnés, avec à leur tête un « monstre sacré », l'acteur-réalisateur Ivan Mosjoukine. Un style s'élabore peu à peu : flamboyant, baroque, tranchant sur la grisaille de la production nationale. Une cinquantaine de films furent ainsi tournés par ces Russes blancs de Paris, auxquels vinrent s'adjoindre quelques Français (Epstein, Feyder, L'Herbier), un Espagnol (Benito Perojo) et un Allemand (Richard Oswald). Mais ce sont surtout les Russes qui donnèrent le ton, comme ils le firent dans le domaine de la chorégraphie et des arts plastiques. L'aîné de la troupe se nomme Jacob Protazanoff (1881-1945). Déjà célèbre en Russie dans les années 1910, il ne fit qu'un bref séjour en

France, où il signa une sorte de mélodrame onirique, *l'Angoissante Aventure* (1919), avant de regagner son pays. Vient ensuite Alexandre Volkoff (1885-1942). Lui aussi avait un passé glorieux, de chanteur d'opéra, d'acteur, de scénariste et de metteur en scène. En 1922, il tourne à Montreuil un *serial* en douze épisodes, *la Maison du mystère*, qui n'a rien à envier aux grands cinéromans de l'époque. La vedette en était évidemment Mosjoukine, que Volkoff allait retrouver l'année suivante, à la fois comme acteur et coréalisateur pour la curieuse allégorie du *Brasier ardent* (1923). Puis ce furent deux grandioses illustrations de personnages légendaires : *Kean* (1924) et *Casanova* (1927).

Autre personnalité notable : Viatcheslav (pour les Français Victor) Tourjansky (1892-1976). De cet élève de Stanislavski, on retiendra surtout *le Chant de l'amour triomphant* (1923), délicate adaptation d'un conte de Tourgueniev et, tourné pour le compte d'une firme amie, les Films de France, un tumultueux *Michel Strogoff* (1926), avec Mosjoukine à son zénith, et qui reste la meilleure version cinématographique du roman de Jules Verne.

Quant à l'omniprésent Ivan Mosjoukine (1889-1939), faut-il rappeler qu'il fut d'abord un immense acteur, par la taille autant que par le talent ? Il était déjà reconnu comme tel dans son pays natal, où des films comme *la Dame de pique* et *le Père Serge* furent d'énormes succès, avant de devenir l'idole du public parisien, fasciné par son magnétisme presque animal. Cet Apollon des steppes fut l'auteur complet d'un mélodrame mondain traité avec sobriété, *l'Enfant du carnaval* (1921) ; il codirigea *le Brasier ardent* (1923), cauchemar « humoristico-caligaresque » (Mitry). Renoir a souvent dit que cette œuvre puissamment onirique avait décidé de sa vocation de cinéaste. Mosjoukine fut encore, auprès des Français, la vedette du *Lion des Mogols* (Epstein, 1924) et de *Feu Mathias Pascal* (L'Herbier, 1926), deux ouvrages plus ou moins d'avant-garde : dans le second, il fait montre d'une sobriété exemplaire. Son accent russe lui ferma les portes du parlant et il mourut, presque oublié, après une dernière apparition dans *Nitchevo* (1936) de Baroncelli.

Le plus surprenant est que la plupart de leurs films furent exploités, avec succès, en Russie soviétique, alors même que ces exilés affichaient une violente opposition au régime qui les avait balayés.

Le fièvre de la théorie

La décennie 1920-1930 a vu éclore un grand nombre d'essais sur le cinéma, qui témoignaient d'un vif intérêt — non exempt de snobisme — pour le nouvel art, désormais reconnu comme objet de création spécifique. On était au cœur des Années folles, époque de bouillonnement culturel sur tous les fronts. L'avenir de ce qu'il est convenu d'appeler l'« art muet » se jouait dans les salles de rédaction et les cénacles à la mode au moins autant que sur les écrans. Même si le grand public se tenait à l'écart de ces joutes, et si le passage de la théorie à la pratique avait du mal à se faire, le concept d'un « cinéma pur », dégagé des ornières de la littérature et du théâtre filmés, faisait son chemin.

Le premier nom à retenir dans ce mouvement de théorisation à tout va est celui de Ricciotto Canudo, poète, romancier et critique d'art d'origine italienne. Il eut l'idée d'élever le cinéma, conçu jusqu'alors comme un vulgaire divertissement forain, au rang d'un art autonome, affecté du chiffre sept en vertu d'une problématique simple fondée sur la division traditionnelle entre arts de l'espace et arts du temps : d'un côté, l'architecture, la peinture et la sculpture, de l'autre la musique, la poésie et la danse, la synthèse étant le cinéma apte à exprimer, « à travers les espaces et les temps, le sens de la vie perpétuellement neuve ». On n'est pas très loin, avec Canudo, du vieux rêve wagnérien de l'« art total ».

Autre personnalité rêvant d'une cinématographie idéale, d'où serait exclue toute contingence dramaturgique, tel apparaît Epstein, par ailleurs créateur d'une belle fécondité. Il se répandit beaucoup en ouvrages et articles de presse, vantant inlassablement la « langue universelle » de l'écran, génératrice d'un « puissant moyen de poésie » et appelé à rompre une fois pour toutes avec les carcans du roman et du théâtre. On pourra lui reprocher une absence de perspective réaliste dans ses visions anticipatrices. Surtout, il échouait dès qu'il abandonnait le stylo pour la caméra. Il y a loin, en effet, de ses grandioses échafaudages conceptuels à ses adaptations, par ailleurs fort estimables, de Balzac et de Daudet. Même le fameux *Cœur fidèle* (1923), tant vanté pour ses prouesses techniques, n'est pas exempt des clichés mélodramatiques stigmatisés dans ses écrits.

Élie Faure est surtout connu comme historien d'art. Mais c'était aussi un cinéphile éclairé. En 1922, il publia *l'Arbre d'Éden*, beau livre qui a sa place attitrée dans un vaste édifice consacré à l'esthétique universelle, même si on peut le juger moins à l'aise ici que lorsqu'il traite du marbre antique ou de la Renaissance italienne. On lui doit le néologisme de « cinéplastique » et la prémonition d'un satellite qui permettrait de libérer le cinéma des servitudes spatiales et temporelles ! C'était voir grand, en un temps où la technique était balbutiante.

Plus prosaïques s'avèrent les écrits de Léon Moussinac, rassemblés en un livre intitulé *Panoramique*

du cinéma (1929). Hostile à la production hollywoodienne qui commençait à monopoliser les écrans, il se fit l'ardent zélateur de l'école soviétique. La France n'aurait à lui opposer que *Napoléon* (Gance, 1927), « œuvre néfaste au point de vue moral, condamnable et condamnée » (*sic*). Denis Marion, dans *la Revue du cinéma*, jugea sévèrement de tels propos, d'où il ressortait que le cinéma serait une « invention marxiste, avec les conséquences inepte qu'un tel postulat comporte ».

Durement étrillé par Moussinac, Gance ne fut pas le dernier à se prononcer dans cette frénésie doctrinaire. Par une envolée mémorable, en 1927, il s'écriait : « Le temps de l'image est venu ». Le cinéma, cette « musique de la lumière », verrait s'ouvrir devant lui des jours glorieux, quoique semés d'embûches : « Il faut à notre Art une loi dure, exigeante, négligeant la virtuosité et la facile transposition picturale. Ne pas plaire à l'œil, mais courir droit au cœur du spectateur. » Et de marteler, avec majuscules de rigueur : « Le Temps de l'Image est venu. » En 1930, Gance apporta une ultime contribution au débat en accumulant notes, souvenirs de tournage, poèmes et autres « divagations kaléidoscopiques » dans un patchwork intitulé *Prisme*, qui se ressent du désenchantement de l'auteur de *Napoléon* face aux aléas du commerce.

Collaborateur de Gance, le poète et romancier Blaise Cendrars nourrissait une vive passion pour le cinéma, américain surtout, qui s'exprima dans de nombreux articles, récits de voyage, scénarios et dans un essai publié en 1926, *l'ABC du cinéma*. Nous sommes toujours en pleine utopie futuriste, lorsque l'auteur de *l'Or* croit déceler, dans le « tourbillon des mouvements dans l'espace » qui submerge les écrans, les prémisses d'une nouvelle cosmogonie.

Finalement, l'essai le plus stimulant d'esthétique cinématographique appliquée publiée à cette époque pourrait être l'œuvre de deux outsiders : le cinéaste Henri Fescourt et son scénariste Jean-Louis Bouquet. Les trois opuscules qu'ils rédigèrent sous le titre *l'Idée et l'écran* (1925-1926), modestement présentés comme une suite d'« opinions sur le cinéma », fourmillent de points de vue originaux. La production française y est passée au crible, et la sobriété du style narratif réévalué face aux tenants du prétendu cinéma pur. Fescourt et Bouquet rejoignaient leur maître Feuillade, lequel proclamait dès 1920 : « Un film n'est pas un sermon, ni une conférence, encore moins un rébus, mais un divertissement des yeux et de l'esprit. La qualité de ce divertissement se mesure à l'intérêt qu'y prend la foule pour laquelle il a été créé. »

Tournage de *Napoléon vu par Abel Gance*, 1927.

Harry Baur (1880-1943)

Son imposante stature, un masque qu'on dirait pétri dans la glaise, une voix de bronze ont marqué tous ses rôles : David Golder, le commissaire Maigret dans *la Tête d'un homme* (Duvivier, 1933), Jean Valjean dans *les Misérables* (version Raymond Bernard, 1934), Beethoven chez Gance (1936), Volpone dans le film homonyme de M. Tourneur (1941). Et beaucoup de Russes : le juge Porphyre de *Crime et châtiment* (Chenal, 1935), le rôle principal de *Tarass Boulba* (Granowsky, 1936) et celui de Raspoutine dans la *Tragédie impériale* (L'Herbier, 1938)... Il mourut dans les geôles de la Gestapo.

Jules Berry (Jules Paufichet, 1883-1951)

Fantaisie, élégance, désinvolture, sens aigu de l'improvisation : telles sont les caractéristiques du jeu, et de la personnalité, de Jules Paufichet, alias Jules Berry, qui après un long purgatoire au théâtre et au music-hall à partir de 1903, a trouvé au cinéma parlant sa voie royale : quelque 90 films de 1931 à 1950, où il est égal à lui-même sous de multiples avatars. Dans *le Mort en fuite* (Berthomieu, 1936), il forme avec Michel Simon un duo époustouflant de drôlerie ; dans *Baccara* (1936), de son vieil ami Yves Mirande, il prouve que son registre s'étend au tragique ; dans *Le jour se lève* (Carné, 1939), il vole la vedette à Gabin ; en diable chamarré, il illumine *les Visiteurs du soir* (Carné, 1942). Tout en haut de l'échelle, il y a la sublime crapule du *Crime de monsieur Lange* (Renoir, 1936).

Pierre Brasseur (Pierre-Albert Espinasse, 1905-1972)

« Il existe trois sortes d'acteurs, les bons, les mauvais et les grands » : Pierre Espinasse, dit Brasseur, à qui l'on doit cette fière formule, faisait à l'évidence partie des grands. Compagnon de route des surréalistes, il en a gardé le goût de la provocation et le culte de l'insolite. Son jeu a toujours quelque chose d'excessif et de contrôlé à la fois. Ses premiers rôles au parlant sont pourtant assez frivoles, de *Mon ami Victor !* à *Un oiseau rare.* Il prend du poil de la bête à partir de 1938 avec *Grisou* (Canonge), dont il a écrit le scénario, et surtout *le Quai des brumes* (1938), où Carné en fait une gouape du plus bel acabit. Il faut attendre les années 1940 (*Lumière d'été*, Grémillon, 1943 ; *les Enfants du paradis*, Carné, 1945) et 1950 (*le Plaisir*, Ophuls, 1952 ; *les Yeux sans visage*, Franju, 1960) pour que son talent s'épanouisse, entre truculence et gravité. Il a publié un livre de souvenirs hauts en couleur, *Ma vie en vrac.*

Maurice Chevalier (1888-1972)

Il doit une fière chandelle aux Américains qui, nonobstant un épouvantable accent français, l'ont propulsé au faîte de comédies musicales, signées des plus grands noms : Lubitsch, Mamoulian ou Minnelli. Auprès de ces chefs-d'œuvre, ses films français pèsent bien peu. On sauvera tout au plus *Avec le sourire* (Tourneur, 1937), *Pièges* (Siodmak, 1939) et *Le silence est d'or* (René Clair, 1947).

Fernandel (Fernand Joseph Désiré Constantin, 1903-1971)

Un faciès chevalin, des pitreries émaillées de chansons débiles, un cabotinage sans équivalent ont valu à Fernand Contandin d'increvables succès, du *Coq du régiment* (Cammage, 1933) à *Simplet* (Fernandel et Rim, 1943). Pagnol creva la carapace du clown pour en extraire des trésors d'humanité, dans *Angèle* (1934), *Regain* (1937), *le Schpountz* (1938) et *Naïs* (Leboursier, 1945) notamment. Le talent du comédien éclaire aussi *Un de la légion* (Christian-Jaque, 1936), *l'Armoire volante* (Carlo Rim, 1949), *Meurtres* (Richard Pottier, 1950), *l'Auberge rouge* (Autant-Lara, 1951) et son dernier film, d'une belle sobriété, *Heureux qui comme Ulysse* (Colpi, 1970). Sans oublier (encore que cela n'ajoute rien à sa gloire) la série, étirée jusqu'à la corde, des *Don Camillo.*

Louis Jouvet (1887-1951)

Il s'est trop souvent contenté, à l'écran, de faire « du Jouvet », avec ce timbre sec et sarcastique qui lui appartenait en propre, sans se soucier autrement de donner corps à ses personnages. Il a tout de même tourné 32 films, dont *Knock* (1933), qu'il coréalisa avec R. Goupillière ; *les Bas-fonds* (1937) et *la Marseillaise* (1938) de Renoir, où il est remarquable (en baron russe décavé dans l'un, procureur-syndic de la Révolution dans l'autre) ; *Hôtel du Nord* (Carné, 1938) et *Un revenant* (Christian-Jaque, 1946), avec des répliques sur mesure ciselées par son ami Henri Jeanson ; *Entrée des artistes* (M. Allégret, 1938), où il joue quasiment son propre rôle ; *Volpone* (Tourneur, 1941), où il fait un superbe Mosca ; *Quai des orfèvres* (1947), enfin, où Clouzot réussit à le dompter.

Raimu (Jules Muraire, 1883-1946)

Jules Muraire, dit Raimu : un formidable tempérament, lié à une irascibilité légendaire. Il tire souvent la couverture à lui, au détriment de l'intrigue et de ses partenaires : voir *les Rois du sport* (Colombier, 1937) et autres *Gueux au paradis* (Le Hénaff, 1946). Quand il consent à se contrôler, cela donne *le Colonel Chabert* (Le Hénaff, 1943), *les Inconnus dans la maison* (Decoin, 1942) ou *l'Homme au chapeau rond* (son dernier film, Billon, 1946). Une exception à cette arrogance : Marcel Pagnol. C'est grâce à ce dernier, comme Fernandel, qu'il restera : pour son magnifique César, le mastroquet de la trilogie, pour son puisatier magnanime et surtout pour le mari trompé assumant son infortune de *la Femme du boulanger.*

Michel Simon
(1895-1975)

Né en Suisse en même temps que le cinéma, François Michel Simon eut une carrière, sur scène et à l'écran, d'une telle puissance inventive qu'on dirait qu'il incarnait « le théâtre et le cinéma même », selon le mot de Jean Renoir, lequel fut l'un de ceux qui l'ont le mieux servi : voir ses créations irrésistibles de caissier amoureux de *la Chienne* (Renoir, 1931) et du clochard philosophe Boudu (il cumulait ici le rôle de producteur). Les autres sont Vigo, qui en fit le truculent père Jules de *l'Atalante* (1934), et Guitry le mari faisant la peau d'une horrible mégère (*la Poison*, 1951) et les jumeaux de *la Vie d'un honnête homme* (1953). Mais combien d'autres compositions, d'une bouffonnerie bien tempérée : Clo-Clo dans *Jean de la Lune* (Jean Choux, 1931), le cabot du *Mort en fuite* (Berthomieu, 1936), le cousin « bizarre » de *Drôle de drame* (Carné, 1937), Jo-les-bras-coupés de *Fric-frac* (Lehmann, 1939), Zabel du *Quai des brumes* (Carné, 1938), M. Hire de *Panique* (Duvivier, 1947), etc.

Charles Vanel (1892-1989)

Il faillit fêter son centenaire en même temps que soixante-quinze ans de carrière avec, à son palmarès, deux cents films ou téléfilms où il tint presque toujours la vedette. Du garçon de café de *Jim Crow* (Peguy, 1912) au vieux rebouteux de *Si le soleil ne revenait pas* (Goretta, 1987), que d'emplois il a exercés !. Il a travaillé avec la fine fleur du cinéma français : René Clair, Maurice Tourneur, Feyder, Duvivier, Delannoy, Dréville, Chenal, Melville, Chabrol, et aussi du cinéma italien : Germi, Rosi, Scola. Il s'est même essayé à la mise en scène, l'espace de deux jolis courts métrages : *Dans la nuit* (1929) et *Affaire classée* (1931). Si l'on ne devait retenir que deux titres dans cette impressionnante moisson, ce serait *Le ciel est à vous* (1943), de Grémillon, où il incarne un artisan de la France profonde, pétri d'humanité, et *le Salaire de la peur*, de Clouzot, qui lui valut un prix d'interprétation au festival de Cannes en 1953.

Il paraîtra surprenant que, dans ce panorama de l'édition française de cinéma au temps du muet, le nom de Louis Delluc n'apparaisse qu'*in fine*. C'est que celui-là s'est toujours refusé à jouer les théoriciens. Les idées, au demeurant bien arrêtées, que se fait Delluc du cinéma de son temps, il faut les chercher dans d'innombrables articles de presse, d'une étonnante perspicacité et qui ne dérapent jamais dans la ratiocination théorisante. Il en va de même de ses livres : *la Jungle du cinéma*, *Charlot*, *Photogénie*. Dans ce dernier ouvrage (1921), il règle son compte avec humour aux friands de « photogénie », une notion qu'il avait contribué à lancer et qui était devenu un slogan passe-partout : « La grande ressource des ignorants — quelle imposante majorité ! — est de substituer la photogénie au cinéma. Or, le cinéma est une chose et la photo une autre. Qui le sait ? Beaucoup le savent, mais généralement pas ceux du cinéma. »

Les années 1930 furent, comparativement, très pauvres sur ce terrain, à l'exception d'une série d'articles de Marcel Pagnol traitant de la « cinématurgie » publiés dans sa revue *les Cahiers du film* (1933-1934), où il professe que le cinéma parlant n'est rien de plus que « la forme moderne de l'art dramatique », ce qui suscita les huées des professionnels des deux bords. Il faut attendre 1939 pour qu'un nouveau venu, l'écrivain André Malraux, se livre à l'élaboration d'une *Esquisse d'une psychologie du cinéma*, riche d'aperçus novateurs. Le livre se clôt sur la célèbre formule : « Par ailleurs, le cinéma est une industrie. » L'industrie, et son cortège de contraintes commerciales, paraissait être en effet désormais la juridiction suprême, qui avait eu raison de la rhétorique abstraite des penseurs.

La contre-offensive des avant-gardes

Inhérente aux années 1920 et caractéristique de tout un pan de la recherche cinématographique internationale, l'avant-garde était d'abord une réaction contre le bain de sang de la guerre. Elle fut donc insolente, iconoclaste, joyeuse et vengeresse. Anticipatrice aussi puisque, comme le déclarait le critique Jacques B. Brunius, l'avant-garde « consiste à créer sans cesse des moyens neufs pour exprimer des pensées ou des sentiments originaux ». Historiquement, l'avant-garde, ou plutôt les avant-gardes, irradièrent toute la décennie, mais on peut distinguer trois axes qui se révèlent chronologiquement, sans que l'affirmation des deuxième et troisième mouvements annulent les précédents.

Pour rendre compte du travail des cinéastes qui s'engagèrent, au lendemain de la guerre, dans des essais à la fois de fond et de forme, Louis Delluc parla le premier d'« impressionnisme du cinéma, parallèle à l'épanouissement d'une étonnante période de la peinture ». Repris par Germaine Dulac puis par Henri Langlois, le terme restera, désignant des films caractérisés par des prouesses techniques, un montage rapide, des surimpressions et des déformations optiques diverses. L'art muet était à son apogée : les impressions transmises étaient complexes et le vecteur esthétique particulièrement brillant ; la spécificité cinématographique s'affirmait par le montage ; photogénie et rythme ambitionnaient à dire autrement autre chose. Les lourds parrainages picturaux et théâtraux s'estompaient pour laisser place à un spectacle irréductible aux autres moyens d'expression.

Ce courant s'étendit de 1918 à 1924, en deux vagues successives. Le premier titre à retenir est *Rose-France* (1918) de L'Herbier. Production aux accents patriotiques, située pendant la guerre à peine terminée, l'œuvre est qualifiée par Louis Delluc d'« art intellectuel ». L'année suivante, *la Fête espagnole* de Germaine Dulac (sur un scénario de Delluc), est tourné sur la Côte d'Azur, le producteur refusant, faute d'argent, le voyage en Andalousie. C'est pourquoi les plans généraux sont exclus au bénéfice de plans rapprochés sur fond de murailles blanches et de lauriers qui donnent au film son style. On remarque aussi l'âpreté des paysages de la côte bretonne dans *l'Homme du large* (1920) et la lumière crue d'une Espagne écrasée de soleil dans *El Dorado* (1921), deux films de L'Herbier. La même année, *Fièvre* de Louis Delluc, essentiellement tourné dans un décor de bar à matelots, imposait les flous artistiques et déformations visuelles, images de marque de l'impressionnisme.

Les trois années suivantes affirmèrent les principes de Delluc, Dulac et L'Herbier (auxquels est venu se joindre Gance, avec *la Roue*, 1922). Leurs productions furent aux antipodes du romanesque, faites d'une série de notations que le spectateur était invité à rassembler. Dans *la Femme de nulle part* (1922), Delluc anime les extérieurs méditerranéens par un vent violent qui balaie les images. En 1923, *la Souriante Madame Beaudet* de Germaine Dulac s'imposa par son extrême sobriété, qui occultait ses origines théâtrales. Quant à *l'Inhumaine* (1924), il y avait comme une exaspération par le cinéma de recherches plastiques pour masquer les étapes du drame. Faisant appel à tout l'arsenal de l'art moderne, affichant ses goûts culturels, L'Herbier y stylisait son univers d'espaces froids et de formes pures, qui finissaient par gommer tout effet de réel.

Très introduit dans les milieux littéraires parisiens, passionné par le cinéma et d'abord (on l'a vu) comme théoricien, Epstein affirmait dans le même temps un goût pour un art qui serait lieu de rêve, de poésie, d'étonnement et de contact avec l'irréel. À côté d'adaptations classiques, il réalisa des œuvres dans lesquelles la complexité psychologique se traduit par des recherches visuelles et rythmiques sophistiquées (scène de la fête foraine de *Cœur fidèle*, 1923).

La mort de Louis Delluc à trente-quatre ans mit fin au mouvement dont ses écrits avaient jeté les bases. Pourtant, jusqu'à la fin du muet, certains films reprirent les mêmes partis pris esthétiques. Tels sont *la Chute de la maison Usher* d'Epstein et *l'Argent* de L'Herbier, tous deux de 1928. Dans l'adaptation d'Edgar Poe, l'usage du ralenti brouille les limites entre réel et imaginaire, suspend la durée tout en niant la matérialité même des choses et des êtres. Quant à *l'Argent* (1928), c'est une brillante transposition de Zola dans le monde des Années folles. Une caméra aux déplacements vertigineux virevolte à travers les décors immenses de la Bourse et dynamise le récit en un montage court qui traduit la fièvre de la spéculation.

Au début des années 1920, peintres et poètes voyaient dans le cinéma un art jeune, donc libre et ouvert à toutes les audaces. Le vent dadaïste souffla un temps sur des courts métrages expérimentaux. La source de ce courant est à rechercher dans les idées de « peinture en mouvement » lancées par Louis Delluc et dans celles de « rythme coloré » du peintre Léopold Survage.

En 1923, le peintre Fernand Léger découvrait des bandes réalisées par le Suédois Viking Eggeling et l'Allemand Hans Richter. Il tourna, l'année suivante, *Ballet mécanique*, afin de créer, selon ses propres termes, « le rythme des objets communs dans l'espace et le temps, de les présenter dans leur beauté plastique, de révéler la personnalité du fragment ». Or il s'agit de matériaux les plus communs (paniers, casseroles, couvercles, pieds humains), transformés par des déformations optiques, des ralentis, scintillements et autres manipulations.

On rejoignait la notion impressionniste de « cinéma pur » en la poussant à l'extrême. Ainsi que l'exprime Germaine Dulac, cette conception ne refuse « ni la sensibilité ni le drame, elle tente de les atteindre par des effets purement visuels ». Comme certains essais d'Epstein, d'Henri Chomette (*Jeux des reflets et de la vitesse*) ou de Jean Grémillon (*Photogénie mécanique*), les courts métrages de G. Dulac — *Thèmes et variations* et surtout *Disque 927* (1928), qui visualise la musique par le filmage des reflets tournants d'un disque — assurent le lien avec la première avant-garde. Cependant, le scandale orchestré par le groupe surréaliste lors de la

Ph. Coll. Archives Larbor

Les Misérables d'Henri Fescourt, 1925, avec Jean Toulout, Sandra Milovanoff et Gabriel Gabrio.

Ph. Coll. Archives Larbor / DR

Napoléon d'Abel Gance, 1927, avec Albert Dieudonné.

Ph. Desboutin/Goursat / Coll. Archives Larbor / DR

Napoléon d'Abel Gance, 1927, avec Antonin Artaud et Alexandre Koubitzky.

Les années 1919-1939

Ph. Coll. Archives Larbor

La Chute de la maison Usher de Jean Epstein, 1928, avec Jean Debucourt.

Ph. Coll. Archives Larbor / DR

L'Argent de Marcel L'Herbier, 1928, avec Marie Glory.

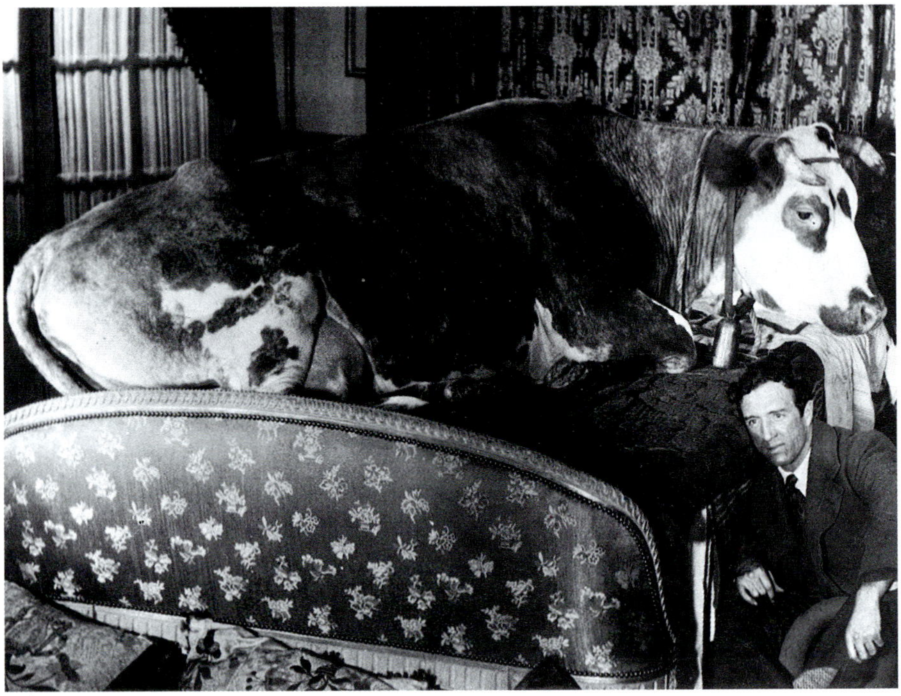
Ph. Coll. Archives Larbor

L'Âge d'or de Luis Buñuel, 1930.

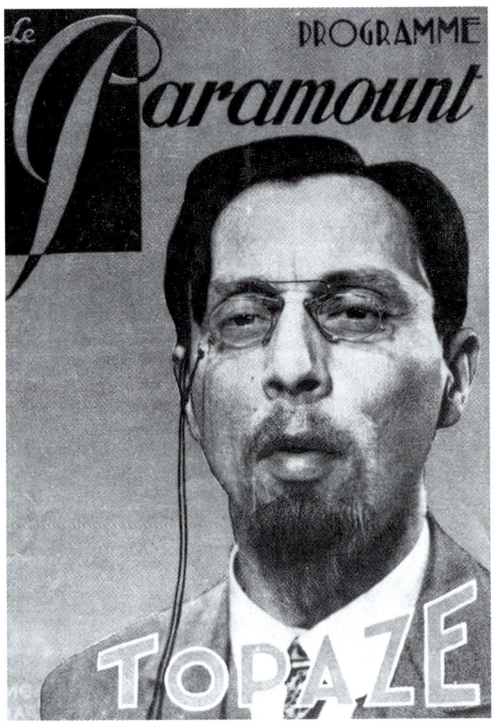

Ph. Coll. Beylie © Marcel Pagnol Communication

Affiche-programme de *Topaze*
de Louis Gasnier d'après la pièce
de Marcel Pagnol, 1932,
avec Louis Jouvet.

Ph. Coll. Archives Larbor © Marcel Pagnol Communication

Marius d'Alexandre Korda, 1931, avec Pierre Fresnay et Raimu.

Ph. Roger Corbeau © Ministère de la Culture, France

Le Roman d'un tricheur de Sacha Guitry, 1936, avec Sacha Guitry.

Ph. Roger Corbeau © Ministère de la Culture, France
© Marcel Pagnol Communication.

Tournage de *la Femme du boulanger* de Marcel Pagnol, 1938.

Ph. Coll. Archives Larbor

Café de Paris d'Yves Mirande, 1938, avec Véra Korène et Jules Berry.

Ph. R. Kahan / Coll. Archives Larbor / DR

Hôtel du Nord de Marcel Carné, 1938, avec Louis Jouvet et Arletty.

Ph. Sam Levin © Ministère de la Culture, France

La Règle du jeu
de Jean Renoir, 1939,
avec Gaston Modot
et Julien Carette.

présentation de *la Coquille et le clergyman* (1927), tourné par G. Dulac d'après un scénario d'Antonin Artaud montre qu'on ne saurait tout justifier par le recours à l'onirisme. En fait, les amis d'André Breton préféraient la féerie scientifique de *l'Hippocampe* (1930, version muette), documentaire biologique de Jean Painlevé, aux trouvailles abstraites de Dulac, et s'extasiaient devant les déplacements érotiques des « rotoreliefs » d'*Anemic Cinéma* (1926), du peintre Marcel Duchamp.

Les jeux de caméra avaient déjà leur place dans *Entr'acte*, réalisé en 1924 par le jeune René Clair sur des thèmes de Francis Picabia. Cette série de gags amusants accompagnés d'une musique d'Érik Satie fit beaucoup pour populariser les recherches moins attractives des cinéastes se réclamant du dadaïsme ou du surréalisme. Parmi celles-ci, on citera *l'Étoile de mer* (1928) et *les Mystères du château du Dé* (1929) de Man Ray. Mais seul Luis Buñuel fit l'unanimité chez les surréalistes. Il faut dire que les 14 minutes d'*Un chien andalou* (1928), sur un scénario écrit par Salvador Dalí, bousculent le confort moral par une succession insolite de provocations canularesques à base d'images hétéroclites. Deux ans plus tard, *l'Âge d'or* allait plus loin encore. La passion, la violence, la révolte emportées par l'amour fou développent toute la charge insultante du surréalisme à partir du froid documentaire sur les scorpions qui ouvre le film. Toute la société croule sous le scandale du couple faisant l'amour dans la boue. En 1930 également, Jean Cocteau exprimait ses fantasmes personnels dans l'allégorie provocante du *Sang d'un poète*.

Ces recherches n'étaient pas vraiment destinées au grand public. Elles trouvaient asile dans des salles spécialisées, ancêtres de nos actuels cinémas d'art et d'essais telles que le Vieux-Colombier de Jean Tedesco ou le Studio des Ursulines. D'autres établissements du même type ouvriront bientôt leurs portes : Studio 28, l'Œil de Paris, Panthéon notamment.

À la veille du parlant, le formalisme plastique se combina à l'héritage soviétique du « ciné-œil » de Dziga Vertov pour conduire à des films où les recherches visuelles étaient mises au service du réel. Nombre de ces recherches furent le fait d'étrangers travaillant en France : dès 1922, le jeune émigré russe Dimitri Kirsanoff réalisait un documentaire sur Paris sans un seul intertitre, *l'Ironie du destin*, suivi en 1925, dans le même esprit exclusivement visuel, de l'histoire réaliste de deux sœurs aux destins dramatiques croisés, *Ménilmontant*. En 1926, le Brésilien Alberto Cavalcanti filma le temps qui passe dans la capitale, *Rien que les heures*. Paris devenait ainsi le sujet privilégié stimulant le regard personnalisé du cinéaste. Pour la seule année 1928, citons : *Paris express* (Pierre Prévert, Man Ray et Marcel Duhamel), *Études sur Paris* (André Sauvage) et *la Tour* (jeux sur les lignes abstraites de la tour Eiffel, par René Clair).

En 1929, le constat social l'emporte sur l'esthétique avec *la Zone* de Georges Lacombe, à l'ambiance populiste, et *Nogent, Eldorado du dimanche*, premier film de Carné, combinant l'atmosphère impressionniste des bords de Seine, le style unanimiste de Jules Romains et la chaleur du petit peuple d'ouvriers désœuvrés. Mais c'est surtout Vigo qui entretient la flamme de l'anarchisme cinématographique avec *À propos de Nice*, « point de vue documenté » d'une ironie mordante sur la faune internationale s'exhibant sur la promenade des Anglais. Avec *Un chien andalou* et *Entr'acte*, ce court métrage sera souvent présenté dans les ciné-clubs pour porter témoignage de la force d'innovation générée par le langage du muet.

Abel Gance, un tigre de pellicule dans la jungle des studios

Les débuts d'Abel Gance chez Gaumont et au Film d'art ont été évoqués dans un précédent chapitre. Rappelons qu'il se fit remarquer de l'élite intellectuelle par *la Folie du docteur Tube* (1915), où il usait sans retenue des miroirs déformants et autres jeux d'anamorphoses animées. Ce film, qui ne sera jamais exploité commercialement, n'en prélude pas moins aux futures recherches de l'école impressionniste.

Après *Barberousse*, film à épisodes qui connut, lui, un vrai succès public, *la Dixième Symphonie* (1918) et *J'accuse* valurent à Gance la réputation d'un esthète dispendieux s'ébattant avec fougue dans un domaine encore vierge de contraintes. Ce dernier film souligne son extraordinaire propension à transformer tous les obstacles en défis à relever. Le film lui fut commandé par Pathé en 1918. Gance tourna sans relâche sur les champs de bataille de l'Est, mais l'armistice du 11 novembre le surprit alors que le tournage n'était pas terminé. Pour contourner l'obstacle, il imagina la fameuse séquence finale où tous les morts de la guerre se lèvent en accusateurs et, à l'aide d'habiles intertitres, transforme un film chargé de galvaniser les énergies guerrières en un superbe hymne à la paix !

L'histoire du tournage de *la Roue* (1922) procède de motivations un peu similaires. C'est en effet parce que sa maîtresse avait échappé de justesse à l'épidémie de grippe asiatique qui ravagea la capitale

Les « excentriques »

Aimos (1889-1944)

Son prénom (Raymond) était presque toujours absent des génériques, et son patronyme d'origine (Coudurier) ignoré du public. Il vient des temps héroïques, ayant joué le gamin espiègle dans une des nombreuses contrefaçons de *l'Arroseur arrosé*. Mais on se souvient surtout du petit légionnaire de *la Bandera* (Duvivier, 1935), du boute-en-train malchanceux de *la Belle Équipe* (Duvivier, 1936), du clochard de *Quai des brumes* (Carné, 1938) et de nombreuses silhouettes de mécano, d'ouvrier ou de titi parisien à la gouaille facile.

Lucien Baroux (1888-1968)

Dans une kyrielle de « films de Boulevard » débités à la chaîne, Lucien Baroux promenait sa rondeur bonasse et sa désinvolture de fêtard ahuri. Retenons, pour les années 1930, le gratte-papier somnolent de *Messieurs les ronds-de-cuir* (1936), le policier retors de *Derrière la façade* (1939) et surtout le boursicoteur de *Baccara* (1936), copain de tranchée de Jules Berry, trois comédies concoctées par le prolifique Yves Mirande.

Julien Carette (1897-1966)

Du commis chapelier de *L'affaire est dans le sac* (Pierre Prévert, 1932) au patron de bistrot des *Trois font la paire* (Guitry, 1957), on a beaucoup vu Carette (lui aussi se passait fort bien de prénom), aux côtés de partenaires de pointure, sinon de qualité, supérieure, toujours soucieux, comme il le dit lui-même, de « faire ressortir avec toute l'humilité dont on est capable le comique d'un rôle ou d'une situation ». Peu de cinéastes, toutefois, ont su tirer parti de sa prodigieuse *vis comica*: pour l'avant-guerre, on ne trouve que Renoir, le temps de quatre films majeurs : *la Grande Illusion* (1937), *la Marseillaise* (1938), *la Bête humaine* (*idem*) et *la Règle du jeu* (1939). Ensuite, quelques prestations fameuses dans *Histoire de chanter* (où il permute sa voix avec celle de Luis Mariano !, Grangier, 1946) *Premières Armes* (Wheeler, 1950), un de ses rares rôles dramatiques, et *l'Auberge rouge* (Autant-Lara, 1951). Ce joyeux drille mourut tragiquement, cloué dans un fauteuil d'infirme : une cigarette mal éteinte mit le feu à sa robe de chambre.

Marcel Dalio (Israël Blauschild, 1899-1983)

Dalio débuta au cabaret dans les années 1920 et à l'écran en 1931 dans des courts métrages produits par Pierre Braunberger. Sa petite taille, son visage chafouin le vouent aux personnages de mouchard ou de « métèque », comme on disait à une époque de xénophobie ordinaire. Duvivier dans *Pépé le Moko* (1937), Christian-Jaque dans *les Pirates du rail* (1937), et même Chenal dans *la Maison du maltais* (1938), l'employèrent dans ce sens. Plus inattendu, un rôle burlesque à transformation dans *Affaires publiques* (1934), pochade comique de Robert Bresson. Renoir le fait passer au niveau supérieur dans *la Grande Illusion* (1937) et surtout dans *la Règle du jeu* (1939), où il est un aristocrate plus vrai que nature. Puis c'est un long périple hollywoodien, entrecoupé de séjours en France (*Dédée d'Anvers*, Y. Allégret, 1948 ; *Classe tous risques*, Sautet, 1960 ; *L'amour c'est gai, l'amour c'est triste*, Pollet, 1968, etc.). Il a publié une autobiographie pleine d'humour, *Mes années folles.*

Paulette Dubost (née en 1911)

Excentrique, Paulette Dubost? Sans aucun doute, tant elle a pétillé de malice, à la cantonade de plus de cent cinquante comédies, civiles ou militaires, avec une prédilection pour l'emploi de soubrette, auquel son physique mutin et sa voix pointue la destinaient : elle en donnera d'ailleurs une image emblématique avec la camériste volage de *la Règle du jeu* de Renoir (1939), lequel reste, et de loin, son cinéaste préféré, qu'elle retrouvera vingt ans plus tard dans *le Déjeuner sur l'herbe* (un petit rôle de vieille fille grincheuse, 1959). Elle-même préfère passer l'éponge sur le reste, mise à part une figuration coquine de pensionnaire de maison close dans *le Plaisir* de Max Ophuls (1952).

Saturnin Fabre (1883-1961)

S'il fallait décerner la palme de l'excentricité, nul doute qu'il l'emporterait haut la main. Sa voix aux inflexions olympiennes son phrasé riche en distorsions saugrenues, son humour noir jamais pris en défaut ont sauvé de l'oubli quantité de films sans éclat particulier. Ses tirades mémorables, on les trouve dans *Messieurs les ronds-de-cuir* (Mirande, 1936), où il joue du cor de chasse ; dans *Ils étaient neuf célibataires* (impayable comte Adhémar Colombinet de La Jonchère, Guitry, 1939) ; dans *Marie-Martine* (Valentin, 1943), avec sa fameuse injonction à François Périer de tenir sa bougie... droite ; et dans *Clochemerle* (Chenal, 1948), en député inaugurateur de vespasienne.

Pierre Larquey (1884-1962)

En trente ans de carrière bien remplie, le « petit père Larquey », comme l'appelait familièrement le public, a abattu plus de deux cents films de court ou long métrage, dont dix-huit pour la seule année 1934 ! Sans compter nombre de vaudevilles, drames et opérettes où il poussait volontiers la chansonnette. « Je suis un acteur qui a bien sué à la peine », disait-il. Il a créé au théâtre le rôle de Tamise, le collègue de Topaze, et l'a joué à deux reprises au cinéma, à dix-huit ans d'intervalle. Jamais il n'eut la vedette, à l'exception de l'insolite et méconnu *Monsieur Coccinelle* (Bernard-Deschamps, 1938), où il incarne la splendide insignifiance du Français moyen. Mais même au bas de l'affiche, il fait des miracles : voir l'étrangleur jovial de *L'assassin habite au 21* (1942) et le psychiatre anonymographe du *Corbeau* (1943), deux superbes contre-emplois que lui offrit Clouzot.

que le cinéaste l'amena à Nice où elle parut, en effet, se rétablir. Gance décida d'y rester et chercha un sujet susceptible de l'occuper longtemps sur la Côte. Il imagina une histoire de trains, de luthier et d'amours contrariées. Cet hymne ferroviaire et mélodramatique nécessita des mois de travail, avec des acrobaties d'opérateurs sur des convois lancés à grande vitesse. La chaleur humide de Nice ne convenant plus à son égérie, Gance résolut de mettre fin brutalement à sa Symphonie noire pour partir à la montagne : il inventa donc un accident rendant son héros aveugle ! Ce dernier est mis à la retraite et devient garde du funiculaire du mont Blanc : toute l'équipe se retrouva dans la neige pour tourner la Symphonie blanche. Le métrage impressionné devint énorme et le découpage interminable, d'autant qu'aux effets de lumière et de fumées s'ajoutait la minutie d'un montage chargé de traduire la puissance des éléments naturels déchaînés.

Pour faire encore plus fort, Gance conjugua le cinéma par l'Histoire en se mesurant à la grande figure de Napoléon dans un projet monumental d'une ambition insensée. L'œuvre reste d'ailleurs inachevée, car il ne put venir à bout que d'un Bonaparte : ce qu'il présenta en 1927 sous le titre *Napoléon vu par Abel Gance* se termine, en effet, au début de la campagne d'Italie, après cinq heures de projection. C'est une hagiographie échevelée, transcendée par des expériences visionnaires (caméras cachées dans des boules de neige, houle des débats à la Convention). Outrances et incohérences sont emportées par une tempête visuelle qui devient épopée. L'idée de génie de Gance réside dans le triple écran, le film se déroulant simultanément sur trois volets qui élargissent le champ de vision du spectateur. Ce qui pouvait n'être qu'une astuce technique de plus fait éclater la notion même de récit filmique. Ce feu d'artifice marque sans nul doute un des sommets de l'art muet. Sonorisé en 1934, remanié en 1971, reconstitué enfin dans une version presque intégrale par le Britannique Kevin Bronlow en 1981 (l'année même de la mort de Gance), *Napoléon* s'imposa alors au monde entier comme la somme d'un art défunt. Il avait pourtant été réalisé par le pionnier d'un art nouveau, et la puissance fascinante qu'il conserve malgré ses outrances procède aujourd'hui de ce double statut.

Dita Parlo dans *l'Atalante* de Jean Vigo, 1934.

La vaine querelle du cinéma parlant

En 1928, l'art muet atteint en France des sommets : *la Passion de Jeanne d'Arc* (Carl T. Dreyer), *la Chute de la maison Usher* (Epstein), *l'Argent* (L'Herbier), *Un chapeau de paille d'Italie* (René Clair), *Thérèse Raquin* (Feyder), sans oublier les courts métrages de Buñuel (*Un chien andalou*) ou Lacombe (*la Zone*).

Toute cette perfection se trouve brutalement remise en question par la sortie en janvier 1929 d'un film américain « parlant et chantant », *le Chanteur de jazz*. En fait, il y avait déjà eu en octobre 1928 *l'Eau du Nil*, film non parlant mais musical de Marcel Vandal, d'après un roman à succès de Pierre Frondaie. Le son était obtenu par le procédé GPP (Gaumont-Petersen-Paulsen) qui utilisait deux bandes films, l'une pour les images, l'autre pour la reproduction photographique des modulations sonores. Trop délicat, le système fut aussitôt abandonné.

Un an plus tard (septembre 1929) sortait *le Requin*, mélodrame écrit et réalisé par Henri Chomette, qui comportait quelques chansons, une fin parlante et une adaptation musicale synchronisée. Le mois suivant, *le Collier de la reine*, tourné par un vieux routier de chez Gaumont, Gaston Ravel, comprenait,

Les seconds couteaux

Robert Le Vigan (Robert Coquillaud, 1900-1972)

Compagnon de route de Louis-Ferdinand Céline, qui l'entraîna dans les ornières de la collaboration, Robert Coquillaud, alias Ganville, alias Le Vigan, alias « La Vigue », fut, son destin tragique l'a fait oublier, un immense comédien, d'abord de théâtre, dans la troupe de Gaston Baty puis de Louis Jouvet ; et au cinéma, un des méchants les plus sollicités des années 1930 à 1944. « Ce n'était pas un acteur, c'était un poète », disait Jean Renoir. Ses sommets : le mouchard de *la Bandera* (Duvivier, 1935), le vieux beau de *Jenny* (Carné, 1936), l'alcoolique des *Bas-fonds* (Renoir, 1937), le colonial paludéen de *Goupi-Mains rouges* (Becker, 1943) et, au zénith du contre-emploi, le Christ de *Golgotha* (Duvivier, 1935).

Marguerite Moreno (Marguerite Monceau, 1871-1948)

Grande dame de la scène et de l'écran ou grande excentrique ? Les deux assurément, comme en fait foi son plus grand succès au théâtre, *la Folle de Chaillot* (Delannoy, 1947), qui fit dire à Maurice Goudeket qu'elle y « oscillait entre la folie et la grandeur ». Alerte sexagénaire à l'arrivée du parlant, elle hérite de rôles de douairière, à l'esprit vif et à la langue bien pendue : c'est la Thénardier des *Misérables* (Bernard, 1934), la comtesse espiègle du *Roman d'un tricheur* (la seule à laquelle Guitry donne la parole, 1936), la Mamèche de *Regain* (Pagnol, 1937), la grand-mère acariâtre de *Douce* (Autant-Lara, 1943), la vieille tante clouant le bec à Louis Jouvet dans *Un revenant* (Christian-Jaque, 1946).

Noël-Noël (Lucien Noël, 1897-1989)

Point d'excentricité affichée chez Noël-Noël, mais une innocence charmeuse, le bon sourire matois du « père tranquille », du titre du fameux film qu'il interpréta pour René Clément. D'abord caricaturiste et chansonnier, il campa avant guerre le personnage d'Adémaï, paysan dégourdi et sans malice créé par le revuiste Paul Colline. En moins désopilant, il y eut le double rôle de *Moutonnet* (dont il a écrit le scénario ; Sti, 1936) et, à la Libération, le pion dévoué de *la Cage aux rossignols* (encore une idée à lui ; Dreville, 1945). Il se mit directement en scène, en collaboration avec son ami Jean Dréville, dans *les Casse-pieds* (1948), et seul, dans *la Vie chantée* (1951), deux aimables satires du Français moyen.

Noël Roquevert (Noël Benevent, 1892-1973)

La vieille baderne du cinéma. Ronchon, teigneux, sec comme une trique, petits yeux de louchard aux aguets, il reste à jamais l'adjudant Fier-à-Bras de *Fanfan la Tulipe* (Christian-Jaque, 1952), un héros digne de Courteline. Mais c'est Clouzot, encore lui, qui tira le meilleur parti de son lugubre faciès dans *L'assassin habite au 21* (1942), *le Corbeau* (1943), *Retour à la vie* (1949) et *les Diaboliques* (1955). Et Guitry lui a taillé deux rôles à ses mesures : Fouché dans *le Destin fabuleux de Désirée Clary* (1942), et le général Cambronne, qui n'a qu'un mot à dire, dans *Napoléon* (1955).

Jean Tissier (1896-1973)

Avec plus de deux cents films à son actif, il fait partie intégrante du paysage comique français, y promenant son air ahuri, sa voix mielleuse et son regard somnolent. Son premier film porte un titre qui est tout un programme : *le Monde où l'on s'ennuie* (Marguenat, 1935) ; et dans le dernier, *Sex-shop* (C. Berri, 1972), il est un vieil érotomane fatigué. Entre-temps, une foule d'apparitions funambulesques avec un zeste de sournoiserie, comme le trafiquant homosexuel de *l'Enfer des anges* (Christian-Jaque, 1939) ou l'inquiétant fakir de *L'assassin habite au 21* (Clouzot, 1942).

outre la musique d'accompagnement, quelques scènes dialoguées : on y entend notamment la condamnation de la comtesse de La Motte à la Conciergerie. Mais c'est quelques jours plus tard que Paris put découvrir le « premier grand film français 100 % parlant », *les Trois Masques* d'André Hugon tourné en Grande-Bretagne. Vinrent ensuite *La route est belle* de Robert Florey, également réalisé en Grande-Bretagne, et *La nuit est à nous*, d'Henry Roussel, celui-ci tourné à Berlin.

Pour Maurice Bardèche et Robert Brasillach, dans leur *Histoire du cinéma*, « la nouvelle invention fut accueillie [en France] comme une catastrophe, qui allait créer un traumatisme dont le cinéma mit longtemps à se remettre. » Dès juin 1928, le journal *Comœdia* lança le débat entre les pour et les contre. Pendant des mois, tout fut dit et son contraire. Pour simplifier, on pourrait opposer les points de vue, maintes fois exprimés, de Gance et de Pagnol. Pour le premier : « Le film parlé ? Oui pour les documentaires, pour l'embaumement vivant des grands orateurs. Mais qu'on le proscrive pour tout le reste ! » Moins grandiloquent, Pagnol voyait dans le parlant « la forme presque parfaite, et peut-être définitive, de l'écriture », appelée à supplanter le théâtre : « Avec le parlant, écrit-il, nous pénétrons dans un monde nouveau, celui de la tragédie et de la comédie purement psychologiques, qui pourront s'exprimer sans cris et sans gestes, avec une admirable simplicité et une mesure inconnues jusqu'à maintenant. »

Plutôt défavorable en 1928, la presse professionnelle devint globalement favorable au parlant

courant 1929. Les condamnations de Paul Francoz (« Il faut s'opposer de toutes ses forces à la naissance d'un pareil monstre ») ou de Jean George Auriol, dénonçant dans *la Revue du cinéma* « le détestable prestige des mots, le pouvoir trompeur des paroles creuses qui impressionnent les foules », datent donc des débuts de la polémique, comme la remarque d'un collaborateur de *Filma* en 1928 : « Ce qui fait le charme du cinéma, c'est le silence. » Mais, un an plus tard, on lisait, également dans *Filma*, que « le film sonore et parlant est un incontestable progrès » !

Les cinéastes furent plus ambigus, disant oui au sonore mais non au parlant. Marcel L'Herbier exprimait la crainte de voir les recherches esthétiques ayant abouti à la création d'un « art visuel » autonome ruinées par la généralisation de la nouvelle technique. René Clair s'élevait pour sa part contre « le cinéma parlant, monstre redoutable » et faisait partie alors des gloires internationales du septième art hostiles à la parole (Chaplin, Murnau, Eisenstein). Mais dès 1928 il nuança : « Ce n'est pas l'invention du parlant qui nous effraie, c'est la déplorable utilisation que ne manqueront pas d'en faire nos industriels ». Et, en 1930, il fit de son premier film parlant une réussite indiscutable ! Très vite, en tout cas, le public se détourna du muet, et les derniers films de l'art visuel tournés en 1929 virent leur carrière brisée. La plupart, d'ailleurs, furent grossièrement sonorisés pour pouvoir être distribués.

Dès lors, le cinéma puisa dans le répertoire théâtral pour adapter sans distance les succès du Boulevard, attirant à lui, par la même occasion, les comédiens de la scène (Raimu, Harry Baur, Louis Jouvet, Marguerite Moreno) et les vedettes du music-hall (Maurice Chevalier, Georges Milton, Jean Gabin, Fernandel). En 1930, le refrain que chante Milton dans *le Roi des resquilleurs* (Colombier) était sur toutes les lèvres.

Amorcé à Berlin avec *La nuit est à nous*, le système des versions multiples s'étendit en 1929-1930 et se matérialisa en France par l'ouverture d'un studio de la Paramount à Joinville-le-Pont. D'énormes moyens furent mis en œuvre pour réaliser chaque film en un temps record sur plusieurs plateaux à la fois, où l'on enchaînait le tournage des scènes en plusieurs langues. Mais Paramount se heurta à l'hostilité des exploitants et dut fermer boutique. Seul *Marius*, tourné par Alexandre Korda en 1931, connut un triomphe. Ce succès n'empêcha pas la faillite du « Hollywood européen », grandement déficitaire, mais prouva que le parlant pouvait être rentable si un créateur exigeant y mettait la main.

C'est aussi la leçon de René Clair qui, dans son premier film parlant, *Sous les toits de Paris* (1930), rusait avec les éléments sonores, musicaux et dialogués qui rythment le récit. Bénéficiant de l'excellent procédé allemand Tobis Klangfilm, il choisit un ton d'opérette pour bien se démarquer du théâtre filmé ordinaire. Défiant la dictature naissante du dialogue, le cinéaste adopta un langage d'une fraîcheur qui témoigne de la liberté avec laquelle il comptait bien s'accommoder de la nouvelle technique. Et le public, ravi, lui emboîta le pas.

Sur cette lancée, les violences verbales d'Harry Baur dans *David Golder* (1930) de Duvivier, et les âcres sonorités tragi-comiques de *la Chienne* de Renoir (1931), auguraient mieux encore de l'adaptation des meilleurs réalisateurs au parlant. Quoi qu'il en soit, comme l'écrit alors Steve Passeur dans *le Crapouillot*, « enfin le cinéma parle, tantôt bien, tantôt faux, mais il parle — et aucune puissance au monde ne le fera taire ».

Le théâtre filmé, source d'inspiration et de malentendus

On a vu que, dès sa naissance, le cinéma s'est mis à la remorque du théâtre. Arguant du fait que l'art dramatique est autant celui du geste que de la parole, le muet fit souvent appel à de célèbres comédiens pour ennoblir les images animées enregistrées par des entreprises ambitieuses comme le Film d'art ou la SCAGL. Dans les années 1920, le recours au théâtre est moins systématique, mais reste présent. Mais c'est le succès du parlant qui va ouvrir grandes les portes des studios aux classiques du répertoire.

Tout au long des années 1930, les ténors du vaudeville furent passés au pressoir de l'écran : Georges Courteline (plusieurs courts métrages, et *les Gaîtés de l'escadron* de Maurice Tourneur, 1932), Flers et Caillavet (*Miquette et sa mère*, adapté en 1933 par Henri Diamant-Berger et en 1940 par Jean Boyer), Georges Feydeau (*l'Hôtel du libre échange*, 1934, Marc Allégret), etc. La nouvelle génération ne fut pas oubliée, d'Édouard Bourdet (*le Sexe faible*, 1933) à Marcel Achard (*Noix de coco*, 1938), ce dernier n'hésitant pas à mettre lui-même la main à la pâte en puisant dans le répertoire américain (*Folies-Bergère*, 1935). À la veille de la Seconde Guerre mondiale, un des grands succès de la saison 1939 était encore du théâtre filmé : *Fric-frac*, avec Michel Simon et Arletty reprenant les rôles qu'ils avaient créés sur scène (et Fernandel, complétant la distribution à l'écran). Le film est d'ailleurs très enlevé, et sa mise en scène alerte fait oublier l'origine scénique de l'œuvre. Les grands cinéastes mêmes ne dédaignaient pas de chercher leur pâture au théâtre : ainsi de Renoir avec *On purge Bébé* (1931),

Boudu sauvé des eaux (1932) et *Chotard et Cie* (*idem*), non sans se priver de bousculer allègrement çà et là le livret original.

Toujours prêts à s'emparer des grands succès de la scène, les producteurs se jetèrent sur *Topaze* de Pagnol (1932), qui avait triomphé à sa création au théâtre des Variétés. André Lefaur avait donné du personnage une interprétation emblématique : on le remplaça sur l'écran par Louis Jouvet, trop heureux de rattraper la prestation que lui avait soufflée Lefaur. Quelques innovations et un allègement du texte ayant déplu à Pagnol, celui-ci, devenu entre-temps cinéaste, décida en 1936 de filmer une nouvelle mouture de sa pièce avec le Marseillais Arnaudy en vedette. (Une troisième version, avec Fernandel, verra le jour sous sa direction, en 1950.)

La tradition comique n'était pas la seule à être explorée. Les drames furent légion, filmés notamment à partir d'œuvres à succès d'Henri Bernstein. En s'appuyant sur l'analyse de cinq pièces de ce dernier portées à l'écran entre 1932 et 1937 (*Mélo, le Bonheur, Samson, le Voleur, le Venin*), Geneviève Sellier observe que ces films, bien que réalisés par des cinéastes réputés (Paul Czinner, L'Herbier, Maurice Tourneur, Marc Allégret), « tendent en général à supprimer les aspects les plus subversifs des œuvres originales, et à renforcer au contraire leurs tendances conservatrices ». Elle souligne en particulier l'atténuation de la violence verbale et psychologique du dramaturge. Un reflet de ces querelles apparut dans *la Revue du cinéma* de Jean George Auriol publiée en pleine vague du théâtre filmé. Pourtant bien accueilli par l'ensemble de la presse et du public, *Jean de la Lune* (1932), adaptation par Jean Choux de la pièce de Marcel Achard, avec la caution de l'auteur lui-même, y est vivement étrillé. Il en allait de même de *Maman Colibri* (Duvivier, 1930, d'après Henry Bataille), qualifié d'« abreuvoir intarissable de nos pantouflards réalisateurs », et même du *Million* (1931, d'après la pièce de Georges Berr et Marcel Guillemaud), où René Clair s'est enfermé, quoi qu'il en dise, « dans les froids cartonnages de la comédie ». Les mêmes critiques se retrouvent dans *l'Europe nouvelle*, sous la plume de Philippe Soupault. Ce dernier écrit à propos du film tiré par Robert Florey et Marc Allégret de la pièce de Sacha Guitry *le Blanc et le noir* (1931) : « Théâtre filmé qui engendre à la longue l'ennui parce qu'il est dépouillé de toute illusion, de la lumière de la rampe, parce qu'il lui manque la chaleur d'une salle, le rideau qui se lève, le prestige de la présence réelle. Le cinéma qui se contente de contrefaire le théâtre est un infirme volontaire. »

Ce que Soupault déteste le plus dans le théâtre à l'écran, c'est l'enfermement dans le studio. Ainsi, il est contre *Marius* (1931), parce que le metteur en scène Alexandre Korda, bridé sans doute par Pagnol, n'a pas su aérer le dialogue par des décors pittoresques. Pour lui, « toutes les qualités d'une pièce, drame ou comédie, deviennent les défauts d'un film », celui-ci détruisant automatiquement « tout ce qui constitue l'illusion théâtrale » ; or le cinéma ne saurait « se baser sur l'artificiel, il réclame la vie ». Fondées dans leur ensemble mais discutables au cas par cas, ces diatribes vont se faire avec le temps de plus en plus rares, faute d'exemples significatifs. Surtout, en portant eux-mêmes à l'écran leurs propres pièces, Pagnol et Guitry prouvent très vite qu'au-delà d'un simple duplicata, ils sont amenés à imaginer des transpositions qui, tout en servant au mieux le théâtre par le respect des dialogues, produisent du vrai cinéma par la souplesse d'une narration qui joue des richesses variées du langage filmique. Curieux du cinéma au point de créer une revue, *les Cahiers du film*, où il tentait de définir une nouvelle dramaturgie adaptée aux lois de l'écran, Pagnol, après un premier essai peu concluant, *le Gendre de monsieur Poirier* (1933, d'après la pièce d'Émile Augier et Jules Sandeau), allait se passionner pour les possibilités du parlant et devenir le chantre du régionalisme en décentralisant son travail à Marseille où il eut bientôt son propre studio, son matériel image et son, ses techniciens, ses comédiens (Raimu, Charpin, Orane Demazis) et, bien sûr, ses extérieurs. Émouvants, pittoresques, attachants par leur simplicité et leur accent, ses personnages prennent vie comme jamais sur scène. La Provence devient l'acteur privilégié de ses fables, qu'il filme ses propres textes (*Merlusse*, 1935 ; *César*, 1936 ; *le Schpountz*, 1937) ou ceux de Jean Giono (*Jofroi*, 1933 ; *Angèle*, 1934 ; *Regain*, 1937 ; *la Femme du boulanger*, 1938).

Quant à Guitry, il ne connaissait pas grand-chose au cinéma quand il décida, en 1935, de coréaliser *Pasteur*. Mais il se lia avec le chef opérateur Jean Bachelet et, dès *Bonne chance* la même année, il renonça au statisme de son premier film pour concevoir des intrigues pleines de rebondissements et de charme que Bachelet photographia à sa guise, choisissant les cadrages et les mouvements d'appareil, une fois que l'auteur avait mis en place et dirigé les acteurs. La même aisance se retrouve dans *le Roman d'un tricheur* (1936) ou dans *Quadrille* (1938), avec des opérateurs différents. Fantaisie, ironie, amoralisme plaisant pimentent des situations de comédie servies par de brillants interprètes avec lesquels l'auteur-acteur-réalisateur partage une joie intense de jouer.

Le réalisme poétique et ses marges

En octobre 1933, dans un numéro du magazine *Cinémonde*, le critique Michel Gorel dit tout le bien qu'il pense de *la Rue sans nom*, deuxième long métrage d'un cinéaste de vingt-neuf ans, Pierre Chenal : « Tous les personnages de cette chronique désespérée appartiennent à un présent cuisant, à un présent où nous étouffons. Je dis réalisme, je dis aussi poétique. Car même en traitant ce sujet dur, brutal, Chenal ne renonce pas à la poésie. » Sorti en 1934 au Studio des Ursulines, *la Rue sans nom* y demeura à l'affiche près de trois mois. Les interprètes n'étaient pas, tant s'en faut, des jeunes premiers, avec leurs trognes de truands fatigués, dignes d'une moderne cour des miracles. Et le théâtre de ce drame de la misère est celui de l'impasse de la Jonquière, près de la porte de Clichy. Cette œuvre modeste, mais originale et personnelle, doit sa place dans l'histoire du cinéma français au fait qu'un critique inventa, pour en caractériser le style, l'expression « réalisme poétique ». Expression reprise plus tard par nombre d'historiens pour définir une certaine tendance de la production cinématographique nationale des années 1930.

Cet envers de la réalité imprégnait déjà les feuilletons de Feuillade, où « une sobre poésie monte de la banlieue déserte et grise, des poursuites sur les toits se découpant sur le ciel blafard de Paris » (Francis Lacassin). Elle était aussi du voyage des mariniers et des péniches de *l'Hirondelle et la Mésange* (André Antoine, 1922) et de *la Belle Nivernaise* (Epstein, 1924). On pourrait ajouter d'autres titres, d'atmosphère urbaine, comme *Ménilmontant* (Dimitri Kirsanoff, 1925), *Dans les rues* (Victor Trivas, 1933) ou des documentaires comme *la Zone* (Lacombe, 1929) ou *les Petits métiers de Paris* (Chenal, 1932). Mais les pesanteurs historiques aidant, l'appartenance au courant du réalisme poétique est toujours réservée à quelques longs métrages des années 1930, d'une qualité, à vrai dire, exceptionnelle. Leurs protagonistes sont issus du peuple et victimes d'une fatalité pour ainsi dire ancestrale. Elle est présente en toile de fond, grise, menaçante, d'un monde étranger au bonheur, rude aux faibles, aux rêveurs, aux malheureux. La réalité est là, devant la caméra, mais transfigurée par la fiction et la poésie.

La notion de réalisme poétique ne recouvre, au mieux, qu'une vingtaine de films réalisés entre 1934 et 1940. Leurs auteurs partageaient la même lucidité sur un monde qui court à sa perte. Les héros en sont des marginaux, des exclus, qui n'ont d'autre choix qu'entre l'exil et la mort. S'ils rencontrent l'amour sur leur chemin, c'est pour le perdre au tournant d'une vie ratée, tout entière placée sous le signe d'un destin funeste. Une vie dont le décor est celui de villes inhumaines, de ports noyés de brumes, d'hôtels miteux, de lointains déserts où se perdre et mourir. Ces films ont en commun d'avoir été écrits par des scénaristes poètes ou dramaturges, comme Jacques Prévert, Charles Spaak ou Henri Jeanson ; d'avoir été photographiés par des virtuoses du clair-obscur, héritiers de l'expressionnisme allemand, Curt Courant, Jules Kruger, Eugen Schüfftan ; et de s'inscrire dans des décors conçus par des architectes de génie, Lazare Meerson, Georges Wakhévitch ou Alexandre Trauner. Enfin, la plupart furent interprétés par Jean Gabin, héros tragique par excellence.

Un petit nombre de cinéastes se spécialisèrent, par hasard ou par vocation profonde, dans ces « sagas du cafard » qui marquèrent les cinq ou six années précédant la guerre — dont elles présentent comme les signes avant-coureurs. Soit, par ordre d'entrée en lice, Chenal, Feyder, Duvivier, Grémillon et Carné. Mettons à part Vigo, figure de proue du mouvement, mort à la tâche après un unique film, *l'Atalante* (1934), ciné-poème fluvial qu'on rattachera plutôt à un courant de lyrisme tragique, et Renoir, qui n'a sacrifié au genre que le temps d'un film, *la Bête humaine* (1938), le reste de son œuvre le transcendant largement. Quelques outsiders y ont aussi leur place, qu'on évoquera en fin de parcours.

Pierre Chenal a déjà été cité à propos de *la Rue sans nom* (1934), première manifestation reconnue du réalisme poétique. Le cinéaste éprouvait une visible tendresse pour l'univers des bas-fonds et des marginaux, proche de celui du film noir à l'américaine. Il

Affiche de *la Bête humaine* de Jean Renoir, 1938.

Annabella (Suzanne Charpentier, 1907-1996)

Son frais minois de première communiante lui vaut le rôle de la fille du comte de Fleury dans le *Napoléon* (1927) de Gance : elle a tout juste quinze ans. Elle est toute désignée pour poser en amoureuse de carte postale, devant la caméra de René Clair (*le Million*, 1931 ; *14 juillet*, 1933) ou de Marcel Carné (*Hôtel du Nord*, 1938), quand sous un masque berbère elle ne séduit pas les légionnaires de *la Bandera* (Duvivier, 1935). Hors de ces emplois conventionnels, il y a la jeune paysanne séduite et abandonnée de *Marie, légende hongroise* (1932) de Paul Fejos et, du même, la courageuse prolétaire de *Gardez le sourire* (1933). Appelée à Hollywood, elle y entame une seconde carrière sans grand éclat. Elle tire sa révérence en 1950.

Arletty (Léonie Bathiat, 1898-1992)

Née à Courbevoie, dans un milieu des plus modestes, rebaptisée par Tristan Bernard Arlette (elle ajoutera la finale « y » pour faire plus chic), Arletty a imposé, en trente-cinq ans de carrière, cet accent faubourien, cette voix stridente et haut perchée qui faisaient le bonheur de ses dialoguistes et la joie du public. Deux répliques se faisant écho, dues respectivement à Jeanson et Prévert, l'ont immortalisée : « Atmosphère, atmosphère... est-ce que j'ai une gueule d'atmosphère ? » (*Hôtel du Nord*, Carné, 1938) et « Des souvenirs... est-ce que j'ai une gueule à faire l'amour avec des souvenirs ? » (*Le jour se lève*, Carné, 1939). La reine d'Abyssinie peinturlurée des *Perles de la couronne* (Guitry et Christian-Jaque, 1937), *Madame Sans-Gêne* (Richebé, 1941) la bien nommée, le troublant émissaire du Diable des *Visiteurs du soir* (Carné, 1942), Garance la belle ribaude des *Enfants du paradis* (Carné, 1945) ont un seul et même visage : le sien. Son indépendance de corps et d'esprit lui valut quelques ennuis à la Libération : elle régla ses comptes avec jubilation dans un succulent plaidoyer *pro domo*, *la Défense*.

Danielle Darrieux (née en 1917)

Il est rare qu'une gamine de quatorze ans soit promue star dès son premier film : c'est ce qui est arrivé à Danielle Darrieux, petit rat du Conservatoire, avec *le Bal* (Thiele, 1931). Son emploi est dès lors tout tracé : celui de la fille frondeuse, sentimentale sous le masque de la coquetterie, une « drôle de gosse », du titre de la bluette qu'elle tourne en 1935, avec Albert Préjean. La consécration lui vient avec deux rôles dramatiques, *Mayerling* (Litvak, 1936) et *Port-Arthur* (Farkas, 1936). Elle épouse Henri Decoin, qui la dirige dans des comédies charmantes (*Battement de cœur*, 1940 ; *Premier Rendez-vous*, 1941) et, après leur séparation, dans l'austère *Vérité sur Bébé Donge* (1952). Elle est au zénith de son talent et de sa beauté dans *la Ronde* (1950), *le Plaisir* (1952) et surtout *Madame de* (1953), trois films de Max Ophuls qui ne cache pas l'amour (platonique) qu'il lui porte. Après un relatif passage à vide (*le Rouge et le noir*, Autant-Lara, 1954 ; *Pot-Bouille*, Duvivier, 1957), elle est rattrapée par le jeune cinéma, *via* Demy (*les Demoiselles de Rochefort*, 1966) et Vecchiali (*En haut des marches*, 1983), tout en triomphant au théâtre, dans *la Robe mauve de Valentine*. « Elle a incarné comme Gabin, autant que lui mais de façon légère, l'insouciance des années 1930 et la gravité des années 1950 » (Claude-Jean Philippe).

Florelle (Odette Rousseau, 1901-1974)

« C'était, écrit Jean Charles Tacchella, la Parisienne du peuple, frêle et débordante de gaieté, vivant au rythme des refrains des faubourgs. » Sa grande chance sera, à l'aube du parlant, d'être choisie par Pabst pour incarner Polly Peachum, amoureuse du beau Mackie, dans la version française de *l'Opéra de quat' sous* (1931). Autres rôles marquants : *la Dame de chez Maxim's*, dans l'adaptation filmée de 1932 (Korda) ; Fantine dans *les Misérables* ; et enfin la blanchisseuse au grand cœur du *Crime de monsieur Lange* (Renoir, 1936). Plus dure sera la chute : dans les années 1950, oubliée de tous, elle survit misérablement.

Michèle Morgan (Simone Roussel, née en 1920)

« Avec ces yeux-là » (c'est le titre de son autobiographie, publiée en 1977), il était fatal qu'elle s'attirât l'intérêt passionné de Gabin dans *le Quai des brumes* (Carné, 1938) et que sa filmographie s'enrichît par la suite de titres tels qu'*Aux yeux du souvenir* (Delannoy, 1948) ou *les Yeux cernés* (Robert Hossein, 1964). Plus inattendu, son rôle d'aveugle dans *la Symphonie pastorale* de Delannoy (qui eut le don d'éblouir le jury du festival de Cannes en 1946) ; et surtout le fait, rarement souligné, qu'il fallut attendre 1954, avec *Obsession* (Delannoy), pour que ces yeux révélassent leur couleur d'origine : bleu. Paradoxalement, le noir et blanc leur seyait mieux. Ces particularités ophtalmiques mises à part, quels films majeurs sont à mettre à son actif ? Guère plus de quatre : *Remorques* (1941) de Grémillon, où son partenariat avec Gabin se passe fort bien de mots d'auteur, *Première Désillusion* (en Grande-Bretagne ; Reed, 1948), *les Grandes Manœuvres* (1955) de René Clair, et son quasi-chant du cygne, *Benjamin* (Deville, 1967). Le reste tient plutôt mal la distance.

y plongea à nouveau avec *l'Alibi* (1937) et *le Dernier Tournant* (1939).

Jacques Feyder trouva sa place dans ce courant avec *le Grand jeu* (1934), où la ruine et le déshonneur exilent un homme dans le bled algérien, sous l'uniforme de la Légion étrangère, où il s'éprend d'une prostituée, sosie d'une femme qu'il a aimée. Du même auteur, *Pension Mimosas* (1934) anime avec une minutieuse véracité le petit théâtre d'une pension de famille dont la propriétaire se consume d'un amour incestueux pour un fils tombé dans la délinquance. Deux films, écrit Henri Langlois, « également remarquables par leur description d'un milieu, par la réalité des individualités, par tout ce qui s'y presse et s'y révèle au-delà de l'argument ».

En trois films, tous interprétés par Jean Gabin, Duvivier s'imposa, après une première carrière inégale. Dans *la Bandera* (1935), Gabin, qui a tué un homme, s'engage dans la Légion pour fuir la justice. Il tombera dans le désert sous les balles des rebelles. Gangster réfugié dans le dédale protecteur de la Casbah d'Alger, Pépé le Moko en sortira pour rejoindre la femme qu'il aime : la police le cueille sur le port, où il se suicide (*Pépé le Moko*, 1937). Tourné alors que triomphe le Front Populaire, *la Belle Équipe* se présente d'abord comme un œuvre optimiste. Cinq chômeurs mettent en commun leur gain à la Loterie pour construire une guinguette sur les bords de la Marne. Tout va se gâter avec l'irruption, dans le groupe, d'une garce pour laquelle deux d'entre eux s'entretuent. Ces trois films présentent toutes les caractéristiques du réalisme poétique : ils sont aux couleurs des années 1930, « frivoles, dramatiques, sordides, pathétiques, désespérées et mûres pour la catastrophe » (Raymond Chirat).

Dans *Gueule d'amour* (1937) de Grémillon, Jean Gabin, encore lui, incarne un sous-officier de spahis qui doit son surnom à d'innombrables conquêtes féminines. Amoureux d'une aventurière, il découvre qu'elle est entretenue par un riche protecteur. Il la tue. L'auteur a parfaitement défini en une phrase sa démarche : « Le réalisme est la découverte du subtil que l'œil humain ne perçoit pas directement et qu'il faut montrer en établissant des harmonies, des relations inconnues entre les objets et les êtres, en vivifiant chaque fois cette source inépuisable d'images qui frappe notre imagination et enchante notre cœur. » Il en donna une autre démonstration remarquable dans *Remorques* (1939), poignante histoire d'un amour impossible sur fond de drames de la mer.

Le Quai des brumes (1938), *Hôtel du Nord* (*idem*) et *Le jour se lève* (1939) forment la trilogie emblématique du réalisme poétique. Leur auteur est Marcel Carné, avec la collaboration au scénario de Jacques Prévert et Henri Jeanson, aux images d'Eugen Schüfftan et aux décors d'Alexandre Trauner. Le quai des brumes, c'est le port du Havre, nocturne, pluvieux, où erre un déserteur (Jean Gabin) qui a cru lire l'espoir insensé du bonheur dans les beaux yeux de Michèle Morgan. Mais le destin ne lâche pas sa proie : un double meurtre mettra fin à l'idylle. Dans le phalanstère accueillant de l'hôtel du Nord, sur les bords du canal Saint-Martin (construit en studio), s'entrecroisent les destinées de deux couples : une prostituée et son souteneur et deux amoureux qui ont décidé de mourir ensemble ; encore un univers asphyxiant et sans espoir. Dans *Le jour se lève* (1939), un ouvrier enfermé dans sa chambre au dernier étage d'un immeuble cerné par la police revit par le souvenir l'inexorable concours de circonstances qui l'ont conduit à tuer un homme ; il n'a d'autre issue que le suicide lorsque la police donne l'assaut. La qualité de l'interprétation, la musique de Maurice Jaubert (responsable également des partitions des deux autres films), le éclairages crépusculaires de Curt Courant et le décor d'Alexandre Trauner, tout contribue à faire de ce film le sommet du réalisme poétique.

Reste un mot à dire d'un petit nombre de cinéastes à l'écart du genre, mais qui n'en ont pas moins apporté leur pierre à l'édifice. Ainsi de Raymond Bernard, passant des chiens écrasés du *Faubourg Montmartre* (1931) aux drames du contre- espionnage (*Marthe Richard*, 1937) ; de Maurice Tourneur et son truculent *Justin de Marseille* (1934), où il infiltre les milieux mafieux de la Côte d'Azur ; d'Edmond T. Gréville, en prise directe sur une actualité brûlante (les réfugiés en quête de naturalisation) avec *Menaces* ; de Dimitri Kirsanoff et le glauque *Quartier sans soleil*, de Léonide Moguy qui, en pleine période d'euphorie guerrière, intitule imprudemment une de ses œuvres *le Déserteur*, ou encore de Christian-Jaque qui délaisse les facilités du vaudeville pour se plonger dans la faune délinquante de *l'Enfer des anges* (ces quatre derniers films tournés en 1939).

Nouveaux apports étrangers

De même que la colonie russe exilée à la suite de la révolution d'Octobre avait, on l'a vu, apporté un souffle nouveau à l'art muet, sous l'égide de la production Albatros, de même un groupe de cinéastes fuyant l'Allemagne nazie, juifs pour la plupart, vont gagner la France au début des années 1930, y faisant prévaloir leurs diverses sensibilités. Qu'ils aient été ou non conquis par les « mirages de Paris » (c'est le titre d'un film tourné par l'un d'entre eux : Fedor Ozep, en 1932), ils ont leur place dans la production française.

Dames de cœur et dames de pique

Gaby Morlay
(Blanche Fumauleau, 1893-1964)

Au théâtre, qu'elle jouât du Bernstein, du Mirande, du Montherlant ou du Roussin, elle enchantait son auditoire, par « ses doigts tortilleurs de mouchoirs, ses petits rires hennissants, ses rébellions de petit bout de femme redressée » (Pierre Brisson). Au cinéma, ces mêmes tics, une alternance de hoquets nasillards et de sanglots contenus, ont fini par lasser un public pourtant acquis d'avance. N'empêche que sa carrière, au muet où elle débuta comme copine de Max Linder, et surtout au parlant, sous les directions éclairées de Maurice Tourneur (*Accusée, levez-vous*, 1930 ; *Maison de danse*, 1931), L'Herbier (*le Bonheur*, 1935 ; *Entente cordiale*, 1939), Guitry (*Quadrille*, 1938 ; *le Destin fabuleux de Désirée Clary*, 1942), Christian-Jaque (*Un revenant*, 1946), Decoin (*les Amants du pont Saint-Jean*, 1947), Ophuls (*le Plaisir*, 1952), Grémillon (*l'Amour d'une femme*, 1954) et d'autres, se révèle d'une diversité peu commune.

Dita Parlo (Greta Gerda Kornstadt, 1906-1971)

Elle partagea sa carrière entre l'Allemagne, l'Autriche, les États-Unis, la Grande-Bretagne et la France. Sans méconnaître le talent (et la séduction) qu'elle déploie dans *le Chant du prisonnier* (May, 1928) ou *Kismet* (Dieterle, 1931), tenons-nous en à quelques fleurons de souche francophone : Juliette, l'épouse fugueuse du marinier de *l'Atalante* (Vigo, 1934) ; la fière Valaisane de *Rapt* (*idem*), film suisse de Dimitri Kirsanoff ; l'espionne Mademoiselle Docteur, dans le film homonyme de Pabst ; Elsa la paysanne allemande de *la Grande Illusion* (1937), seul rôle féminin concédé par Renoir ; enfin, après une éclipse de quinze ans, la vieille comtesse russe de *la Dame de pique* (Keigel, 1965).

Viviane Romance
(Pauline Ortmans, 1909-1991)

Née à Roubaix, miss Paris à dix-huit ans, elle a le statut de femme fatale par excellence, titre que pourrait seulement lui envier, en son temps, une Colette Darfeuil, mais ayant sur celle-ci l'avantage d'un réel talent, on n'ose dire un supplément d'âme, qui ferait presque oublier les poncifs de ses scénarios, certains imputables d'ailleurs à elle-même, comme celui de *la Boîte aux rêves* (M. Allégret, 1945). Mais après tout, il n'y a pas de honte à étaler sur l'écran une sensualité rayonnante, quand cela donne *la Belle Équipe* (Duvivier, 1937), *la Maison du Maltais* (Chenal, 1938), *Carmen* (Christian-Jaque, 1945), *Panique* (Duvivier, 1947) ou même *Vénus aveugle* (Gance, 1943).

Françoise Rosay
(Françoise Bandy de Nalèche, 1891-1974)

Fille d'officier supérieur, Françoise Rosay doit à son époux Jacques Feyder ses meilleurs films (à l'un comme à l'autre) : *Gribiche* (1926), *le Grand Jeu* (1934), *Pension Mimosas* (1935), *la Kermesse héroïque* (*idem*), *les Gens du voyage* (1938). Ils publièrent ensemble un livre sobrement titré *le Cinéma, notre métier*. C'est encore à un ex-assistant de Feyder, Marcel Carné, qu'elle doit la vedette de *Jenny* (1936) et de *Drôle de drame* (1937), prouvant qu'elle est aussi à l'aise dans la comédie que dans le mélo. On peut citer encore, après la mort de son mentor, *l'Auberge rouge* (Autant-Lara, 1951) *et la Reine Margot* (Dreville, 1954).

Simone Simon
(née en 1911)

Une chatte au museau de pékinois, faisant patte de velours mais capable aussi de sortir ses griffes, telle apparaît Simone Simon, après des débuts un peu ternes : dans *Lac aux Dames* (Allégret, 1934) elle est Puck la sauvageonne, digne de son homonyme le lutin shakespearien ; dans *la Bête humaine* (1938) Renoir lui confie le rôle en or de la perverse Séverine, qui paie de sa vie une passion coupable ; dans son meilleur film américain, *la Féline* (Tourneur, 1942), elle ne ronronne plus, elle tue. On la retrouvera après guerre, en soubrette délurée dans *la Ronde* (1950), et en modèle délaissé par son amant dans *le Plaisir* (1952), deux films de Max Ophuls. Elle disparaît ensuite des écrans.

Deux maîtres du cinéma allemand, hostiles au régime hitlérien, furent parmi les premiers à trouver asile en France : Fritz Lang et Max Ophuls. Erich Pommer, magnat de la UFA, qui les avait précédés, favorisa leur réinsertion. Ayant mis sur pied une filiale européenne de la 20th Century Fox, il confia à Max Ophuls la réalisation d'une comédie policière avec l'acteur en vogue Henri Garat, *On a volé un homme* (1933), et à Fritz Lang l'adaptation à l'écran de la pièce de Ferenc Molnar, *Liliom* (1934).

Unique étape de Lang dans les studios français, *Liliom* est handicapé par le jeu de Charles Boyer, peu crédible en gigolo de barrière, et de sa partenaire Florelle. Quant à *On a volé un homme*, Max Ophuls admet lui-même que le principal intérêt de ce pensum fut de le familiariser avec les méthodes de travail des studios français. Il s'y accoutuma pourtant si bien qu'à la différence de Lang, en route vers l'Amérique, il s'imposa peu à peu comme un créateur français à part entière, jusqu'à se faire naturaliser en 1938. Et si l'on peut faire des réserves sur ses

emprunts à Colette (*Divine*, 1935) ou à Maurice Dekobra (*Yoshiwara*, 1937), on ne saurait dénier la profonde originalité de *la Tendre Ennemie* (1936), où il marche sur les brisées de René Clair, de *Sans lendemain* (1939), qui frôle les cimes du tragique, et surtout de *Werther* (1938), alliage rare de romantisme allemand et de classicisme français.

Autre émigré de fraîche date, l'Autrichien Samuel (dit Billy) Wilder n'arrivait, lui, que précédé d'une réputation de bon scénariste. Comme Lang, il ne fit qu'un séjour éclair à Paris, le temps de coréaliser, avec le Hongrois Alexandre Esway, *Mauvaise Graine* (1934), une bluette avec Danielle Darrieux où l'on a pu discerner, derrière la minceur de l'anecdote (un freluquet est mêlé à une bande de voleurs de voitures), « un tableau incisif de la société française » (Jérôme Jacobs).

Le statut de Robert Siodmak est plus ambigu. De nationalité américaine (il est né à Memphis), cousin du producteur Seymour Nebenzal, il n'eut aucune peine à se délocaliser. Déjà signataire des versions françaises de deux de ses films tournés en Allemagne, *Autour d'une enquête* (1931) et *Tumultes* (*idem*), des policiers de bon niveau, il s'orienta vers la comédie de Boulevard avec *le Sexe faible* (1933), d'après Édouard Bourdet, puis la satire de mœurs avec *La crise est finie* (1934), un titre provocateur alors que le pays traversait une grave crise économique, ce qui déclencha de violentes réactions des milieux xénophobes. Après des commandes plus impersonnelles, il donna le superbe *Mollenard* (1937), une critique féroce de la société provinciale, qui bénéficia de la présence truculente du « capitaine corsaire » Harry Baur et de l'atmosphère portuaire mise en valeur par les talents conjugués des opérateurs Eugen Schüfftan et Henri Alekan. *Pièges* (1939), enfin, inspiré de l'affaire Weidmann, offrit un rôle inhabituel à Maurice Chevalier, en directeur de boîte de nuit injustement accusé de meurtre.

Le parcours français du cinéaste d'origine russe Anatole Litvak est plus inégal. On y trouve un peu de tout : du policier (*Cœur de lilas*, 1931, avec Jean Gabin débutant) du mélodrame (*Cette vieille canaille*, 1933), de l'aventure aéronautique (*l'Équipage*, 1935, d'après le roman de Joseph Kessel) et, surtout, un film historique à grand spectacle qui fut un des triomphes commerciaux de la décennie et valut à son auteur la réputation d'un homme au « goût européen » : *Mayerling* (1936), avec Charles Boyer en archiduc Rodolphe et Danielle Darrieux en Marie Vetsera.

Ce tour d'horizon des apports étrangers dans le cinéma parlant ne serait pas complet si n'y figurait l'Autrichien Georg Wilhelm Pabst, bien que celui-ci n'ait jamais revendiqué le statut d'exilé, préférant s'accommoder du régime nazi — ce qu'on lui a assez reproché. On lui doit, en 1931, les deux versions (allemande et française) de *l'Opéra de quat' sous*, chef-d'œuvre de romanesque composite, et fleuron de l'expressionnisme. La suite se place sous le signe d'un internationalisme incertain : c'est notamment un remake de *l'Atlantide* (1932), tourné en extérieurs au Hoggar ; *Du haut en bas* (1933) ; *Salonique, nid d'espions* (1936), *le Drame de Shanghai* (1938)… Il semble que le déracinement (et la compromission politique) aient désorienté l'ex-chef de file de la Nouvelle Objectivité.

Comme il fallait s'y attendre, certains des produits hybrides que nous avons évoqués, charriant le nostalgie d'une *Stimmung* liée à la mythologie *mitteleuropäisch*, ne rencontrèrent pas que des échos favorables, à une époque en proie à un nationalisme exacerbé. L'extrême droite se déchaîna particulièrement, de Paul Morand s'en prenant ouvertement aux « métèques », à Lucien Rebatet, qui traça en 1941 un tableau haineux de ces « tribus du cinéma » dominées — il ne se fit pas faute de le souligner — par la communauté israélite. Ce réflexe antisémite dépassé, on pourra trouvera à cette production allogène, par-delà la diversité des tempéraments, un air de famille incontestable, fait d'angoisse diffuse, de sensations troubles, d'ironie amère, perceptibles jusque dans les comédies les plus anodines d'apparence. Tout se passe comme si le spectre de l'exil continuait de hanter des personnalités pourtant bien intégrées. Face à un art national en quête de stabilité et d'approche concrète des réalités sociales, ce clair-obscur en provenance d'outre-Rhin dégage un quotient d'incertitude qui aura été, tout compte fait, bénéfique à longue échéance.

Jean Renoir, un maître de l'image et du son

Jean Renoir est le plus français des cinéastes, même si ses pas l'ont porté, dans les années 1940, vers l'Amérique (où il se fit naturaliser) et l'Inde — mais il a emporté sa patrie à la semelle de ses souliers. Pour ce qui touche à l'avant-guerre, en tout cas, nul doute qu'il ne soit, de tous les réalisateurs en exercice, celui qui aura donné de son pays l'image la plus juste et la plus chaleureuse. Son œuvre se place sous le patronage des plus grands auteurs français : Zola, Flaubert, Maupassant, Beaumarchais, enchâssés dans un écrin de picturalité qui doit évidemment beaucoup à son père, mais aussi à Lautrec, Degas et d'autres. Ajoutons-y la découverte des maîtres de l'écran qui l'ont précédé, Chaplin et Stroheim entre autres, et l'on aura tracé les grandes lignes de l'environnement artistique dans lequel sa propre démarche s'insère.

L'œuvre muette de Renoir se place, à une exception près, sous le signe d'un aimable amateurisme qui n'augure qu'imparfaitement de son évolution future. Lui-même juge sans indulgence ce début de carrière : « Mes premiers travaux n'offrent aucun intérêt », déclare-t-il. Ce n'est que « du sport ou du commerce ». Il sauve cependant *Nana* (1926), qui témoigne d'une « grande sincérité dans la maladresse », et *la Petite Marchande d'allumettes* (1928), où il a pu ouvrir « un coin du rideau qui sépare le rêve de la réalité ». C'est faire montre de sévérité excessive à l'égard de *la Fille de l'eau* (1924), sorte de mélodrame impressionniste tourné dans la forêt de Fontainebleau. C'est une esquisse, au sens pictural du terme, de *la Marchande d'allumettes*, où Renoir puisa son inspiration chez une passion de jeunesse, le conteur danois Andersen. Au-delà de la féerie, sollicitée à coup d'habiles trucages mis au point par lui-même dans un local de fortune, le grenier du théâtre du Vieux-Colombier prêté par son ami et coréalisateur du film Jean Tedesco, il y a là comme l'ébauche d'une réflexion sur l'art du film, ses sortilèges, sa délicate alchimie.

C'est entre ces deux « petits » films que se place *Nana*, d'après le roman de Zola, entreprise plus ambitieuse, où l'on a voulu voir une approche réaliste d'un milieu social, celui du second Empire et de ses frasques somptuaires. Réaliste, voilà qui est vite dit. Renoir se tient plutôt dans la mouvance de la comédie baroque, entre Lubitsch et Stroheim, avec quelques emprunts à l'expressionnisme. Une exubérance contrôlée, une ironie cinglante, fustigeant les manèges mondains, un refus évident des excès naturalistes, au profit d'une complète recréation, par les moyens propres de l'écran, en font une œuvre très supérieures aux adaptations littéraires qui avaient cours en ce temps-là, et que nous avons évoquées plus haut.

1930 : le parlant était arrivé. Renoir l'aborda sans complexe, à la différence de nombre de ses confrères prisonniers de l'esthétique du muet. Son premier « talky » n'a rien, à vrai dire, de transcendant. Il s'agit d'*On purge bébé* (1931), une pièce bavarde de Feydeau orchestrée par des bris de pots de chambre et l'écoulement d'une chasse d'eau ! Pourtant, cette cacophonie n'était pas innocente. « C'était, explique Renoir, l'époque des bruits faux : accessoires, décors, tout était arrangé pour le son avec une naïveté incroyable : ces habitudes m'agaçaient. » Il bouscule ce tintamarre artificiel, héritage des conventions théâtrales. Contrecoup inattendu : ce qui n'aurait pu être qu'un enfantillage gratuit valut à son auteur l'assentiment joyeux du public. La tâche lui fut facilitée par la *vis comica* irrésistible de Michel Simon, qui s'épanouit dans les deux œuvres majeures qui allaient suivre.

La Chienne (1931), farce tragi-comique tirée d'un roman populiste de Georges de La Fouchardière, s'ouvre sur un théâtre de Guignol et vire progressivement à la complainte sanguinaire. Tordant le coup au couplet sentimental Renoir fait se chevaucher le dialogue amoureux d'un quadragénaire malheureux en ménage et d'une petite grue avec le glouglou d'un caniveau à leurs pieds. Un flot de musique échappé d'une fenêtre ouverte, les flonflons d'un limonaire de bistrot, les roucoulades des chanteurs de rue faisant écho aux drames sordides qui se trament dans l'ombre, voilà le genre d'ambiance sonore que l'auteur capte ironiquement et intègre à son action. Le résultat est tout à fait conforme à la notion, chère à Renoir, de « drame gai », formule ambiguë souvent reprise par la suite, et qui est aux antipodes du ronron gentiment populiste de *Sous les toits de Paris*, que René Clair venait de tourner l'année précédente.

Dans *Boudu sauvé des eaux* (1932), la déambulation du clochard sur les quais de la Seine est soulignée par l'assourdissant vacarme de la circulation urbaine, que le personnage traverse comme un somnambule ; et Renoir s'amuse à enregistrer la totalité de la scène à l'insu des passants, caméra dissimulée dans une voiture de livraison (les jeunes de la Nouvelle Vague n'oublieront pas la leçon). Des airs de flûte ou de trompette accompagneront ensuite les prouesses galantes du faune embourgeoisé.

Avec les progrès de l'enregistrement sonore, et la propre évolution de Renoir, ces signaux quelque peu agressifs s'espacèrent au profit d'un plus grand respect de la dramaturgie. Ainsi, dans *Toni* (1934), le martèlement obsédant de l'homme traqué courant à perdre haleine sur les traverses du viaduc de Caronte contribue à créer un haut climat de tension dramatique. Des dissonances peuvent rehausser la gravité d'une situation : caquètement des animaux de la ferme couvrant le rire forcé d'Emma, gauchement courtisée par Charles, dans *Madame Bovary* (1933) ; gambade faunesque croisée avec une étreinte douloureuse dans *Partie de campagne* (1936) ; orphéon de la guinguette des *Bas-fonds*, tranchant par son rythme joyeux sur la noirceur du contexte. On pourra enfin se livrer à un inventaire des bruitages complexes de *la Règle du jeu* (1939), sommet de cette période, avec le grincement des jouets mécaniques et la mélodie interrompue du limonaire se mêlant aux battements d'ailes des faisans et au coassement des grenouilles dans les étangs.

Le traitement du dialogue procédait des mêmes motivations, à l'encontre des règles du bien parler en honneur à l'époque. Les acteurs de Renoir parlent, certes, et d'abondance, mais leur façon de dire compte davantage que ce qu'ils disent. Les ronchonnements de Michel Simon, la faconde de Jules Berry, les murmures de Gabin, la gouaille de Carette, les intonations étrangères de Nora Gregor font passer au second plan l'énoncé de leur texte. C'est là l'éloquence particulière d'un cinéma qu'il faudrait dire « parlé » plutôt que parlant. Sur ce terrain, on ne trouve guère que Vigo, dans *l'Atalante*, ou Pagnol pour lui disputer la palme.

Autre élément détonateur prolongeant le travail sur le son et le dialogue : la musique, et d'abord les chansons qui commentent, sous forme de scolies malicieuses, l'action dramatique. Là encore, Renoir tourne le dos aux conventions de son temps. Aux sérénades douceâtres et au vacarme imposé, il oppose le trésor des rengaines populaires, qui ont bercé son enfance. Qui aurait eu l'idée de choisir le refrain du « P'tit cœur de Ninette » pour le meurtre de Séverine dans *la Bête humaine* (1938) ? Ces cocasses motifs musicaux dont il parsème abondamment ses films contribuent à leur donner l'allure de comédies dansées, de chorégies. Ce « drame gai » dont Renoir rêvait depuis *la Chienne*, et qui atteignit sa perfection dans la « fantaisie dramatique » de *la Règle du jeu*, c'est un mélange de fatalité et de futilité, de passions exacerbées et de gavottes canailles, du Zola sur des airs d'Offenbach. C'est là peut-être sa touche la plus originale, qui préserve l'ensemble de son œuvre du vieillissement.

Avec *la Marseillaise* (1938), comme déjà avec *La vie est à nous* (1936), document de propagande destiné au parti communiste, avec lequel il fit un bout de chemin, le ton change : le couplet devient franchement politique. On ne tombe pas pour autant dans le clairon cocardier, d'un L'Herbier par exemple. Ainsi, le menuet mélancolique des émigrés de Coblence s'intercale naturellement dans la marche glorieuse des Marseillais sur Paris. Dans sa structure interne, le film peut d'ailleurs être conçu comme une tentative d'intégration, qu'on aura tôt fait de juger réactionnaire, de la tradition noble, illustrée par des extraits de Lalande, Grétry, Rameau, Bach,

La Marseillaise de Jean Renoir, 1938, avec Andrex (à droite).

Jean-Pierre Aumont (Jean-Pierre Salomons, né en 1911)

Un visage de chérubin, des cheveux blonds bouclés, un sourire enjôleur, tout désignait Jean-Pierre Salomons à l'emploi de jeune, très jeune premier : ce qu'il fut en effet, sur scène dès sa seizième année. Une éternelle jeunesse qui éclate pareillement à l'écran, depuis *Lac aux Dames* (M. Allégret, 1934), jusqu'à *la Nuit américaine* (Truffaut, 1973), où en sexagénaire aux tempes grisonnantes, il porte encore beau. Entre les deux, il y a notamment le joyeux laitier de *Drôle de drame* (Carné, 1937), l'amoureux transi d'*Hôtel du Nord* (Carné, 1938) et, aux États-Unis où il s'est expatrié en 1940, fuyant les lois antisémites, *l'Atlantide* (Tallas, 1948), où il a pour partenaire Maria Montez qu'il épouse en secondes noces. Une carrière un peu disparate, qui laisse une impression, fausse, sans doute, de dilettantisme.

Jean-Louis Barrault (1910-1994)

Sa filmographie est moins riche que sa théâtrographie. Dès l'instant, en effet, où il fonda avec Madeleine Renaud (rencontrée en 1936, sur le tournage d'*Hélène*) la compagnie qui porte leur nom, Jean-Louis Barrault se consacra presque exclusivement à la scène, du répertoire classique à l'avant-garde : il sera le plus convaincant Hamlet du théâtre français. C'est pourtant le cinéma qui révéla son masque anguleux, tourmenté, à la limite du déséquilibre : on le verra ainsi dans *Sous les yeux d'Occident* (M. Allégret, 1936), *Drôle de drame* (Carné, 1937), *le Puritain* (Musso, 1938), *la Symphonie fantastique* (Christian-Jaque, 1942), avec le point culminant du gentil mime Deburau dans *les Enfants du paradis* (Carné, 1945), ce qui nous renvoie au théâtre. « Sans le théâtre, que serions-nous ? », lui fait dire Max Ophuls dans *la Ronde* (1950), tandis que Jean Renoir lui offre en 1959 le rôle double d'un Jekyll-Hyde français dans *le Testament du docteur Cordelier.*

Pierre Blanchar (1892-1963)

« Un regard d'aigle dans une cervelle de moineau », disait Cocteau. C'est méchant pour un acteur, certes parfois sujet à des outrances relevant du mauvais mélodrame mais dont le jeu, qualifié par Jacques Lourcelles de « naturellement baroque », fait se bonifier avec le temps des films tels que *Crime et châtiment* (1935) de Chenal (qui lui valut un prix d'interprétation à Venise), *l'Homme de nulle part* (*idem*, 1937), *Nuit de décembre* (Bernhardt, 1939) ou *Pontcarral* (1942) de Jean Delannoy (où il transforme un colonel d'Empire en héros de la Résistance !). Il s'est essayé aussi, honorablement, à la réalisation (*Secrets*, 1943 ; *Un seul amour, idem*).

Charles Boyer (1897-1978)

La classe internationale. Cela commence en France dès 1920, avec *l'Homme du large* de L'Herbier, et s'achève en 1976 avec *Nina* de Minnelli, en Amérique où il s'est fait entre-temps naturaliser. Sa popularité à Hollywood date des années 1930. Ses partenaires sont Marlène Dietrich, Greta Garbo, Irene Dunne, Ingrid Bergman... Ses prestations de ce côté-ci de l'Atlantique sont moins spectaculaires, mais toutes de qualité : c'est *le Bonheur* (L'Herbier, 1935), *Mayerling* (Litvak, 1936), *Stavisky...* (A. Resnais, 1974) et surtout *Madame de* d'Ophuls (1953), où par défi à l'endroit de sa réputation d'irrésistible *French lover*, il choisit d'interpréter, non l'amant de cœur, mais le mari offensé, sublime dans l'épreuve.

Pierre Fresnay (Pierre Laudenbach, 1897-1975)

Fut-il vraiment, comme on le prétend, l'un des plus grands artistes de la scène et de l'écran français ? Pour ce qui est du théâtre, « mon vrai métier », disait-il, ce n'est guère douteux. Son registre, très étendu, va de Molière à Offenbach, d'Anouilh à Roussin. Mais le cinéma ? Fresnay en parlait comme d'une « routine sans ingéniosité, sans sincérité et surtout sans foi ». Résultat : beaucoup de rôles artificiels, joués du bout des lèvres. Avec d'heureuses exceptions : la trilogie de Pagnol, où contre toute attente, cet Alsacien réussit à être un plausible Marius ; *la Grande Illusion* (1937), où Renoir en fit un officier de carrière d'une morgue stupéfiante ; et *le Corbeau* (1943), où Clouzot parvint à l'humaniser. Le reste va de Chéri-Bibi au commissaire Wens, de Monsieur Vincent à Monsieur Fabre, et aussi, hélas, du *Défroqué* (Joannon, 1954) aux *Vieux de la vieille* (Grangier, 1960).

Jean Gabin (Jean Gabin Alexis Moncorgé, 1904-1976)

Plus qu'un acteur : un mythe. Le mythe du brave garçon en proie à la fatalité ; un Œdipe faubourien. C'est là du moins le Gabin d'avant-guerre, celui de *la Bandera* (Duvivier, 1935), de *Pépé le Moko* (Duvivier, 1937), de *Gueule d'amour* (Grémillon, *idem*), du *Quai des brumes* (Carné, 1938), de *la Bête humaine* (Renoir, *idem*), du *Jour se lève* (Carné, 1939), qui se prolonge encore dans *Au-delà des grilles* (Clément, 1949). (Deux films de Renoir échappent à cette typologie parfois factice : *les Bas-fonds* et *la Grande Illusion.*) La cinquantaine venue, les tempes blanchies, la bedaine imposante, changement à vue : c'est *Touchez pas au grisbi* (Becker, 1954), *French-cancan* (Renoir, 1955), *la Traversée de Paris* (Autant-Lara, 1956), *Mélodie en sous-sol* (Verneuil, 1963), *le Chat* (Granier-Deferre, 1971). Et le rôle le plus conforme à son tempérament, peut-être : le paysan normand du *Plaisir* (Ophuls, 1952). Son durable charisme n'exclut pas un certain cabotinage : voir *Archimède le clochard* (Grangier, 1959), dont il avait conçu le scénario, *l'Âge ingrat* (Grangier, 1964), dont il fut le coproducteur malchanceux, avec Fernandel, et presque tous les films que lui concocta Michel Audiard.

Mozart et de la musique populaire, synthétisée par « la Marseillaise ». La riche ambiguïté de l'œuvre, qui n'enlève rien à sa force, bien au contraire, tient à cette espèce de catharsis musicale : les Français (non de 1789, mais de 1936) seront-ils capables, sur des accords nouveaux, de recréer une harmonie séculaire qui s'est progressivement dégradée ? La réponse est oui, assurément, à condition qu'ils y mettent tout leur cœur (et tout leur chœur), que leur chant vise haut et juste.

Dans *la Grande Illusion* (1937), d'autres Français, entourés de leurs alliés britanniques, entonnent aussi une « Marseillaise », dans un environnement qui paraît mal s'y prêter : un camp de prisonniers en Allemagne durant la Première Guerre mondiale. Ils ne sont pas sanglés dans des uniformes héroïques, mais dans un accoutrement de fortune, sur une scène improvisée de théâtre aux armées où tout semble apprêté pour la mascarade : le sentiment d'exaltation patriotique en sort paradoxalement renforcé.

Un mot du contexte visuel qui sert de réceptacle à ces riches sonorités. Il n'y entre aucun élément de pittoresque, notion que Renoir récusa toujours. L'important réside dans une certaine chaleur humaine, un parfum de vécu, tout ce qu'on sent grouiller au-delà des façades. Non des toiles peintes, dont se satisfont encore, sans bien s'en rendre compte, nombre de cinéastes du parlant, mais un espace structuré, homogène, vivant de sa vie propre, et étroitement lié au déroulement de la narration filmique.

Qu'est-ce qu'un décor de film, pour Renoir ? Une sorte de caisse de résonance, un lieu privilégié que la caméra a mission d'investir de fond en comble, d'habiter, afin que s'y meuvent, comme s'ils y avaient toujours vécu, ses personnages. Les grands artisans du muet, L'Herbier, Delluc, Epstein (voir *l'Homme du large*, 1920 ; *la Femme de nulle part*, 1922 ; *Finis terrae*, 1929), comme les petits maîtres (Léon Poirier et sa *Brière*, 1925), avaient une façon de s'appesantir sur le décor, un art parfois habile d'y engloutir leurs intrigues et d'en extraire des corrélations symboliques, le tout étant plus ou moins entaché de formalisme. Renoir est aux antipodes de ce prétendu impressionnisme. Dès *Nana*, il montre comment un décor, qu'il soit naturel ou artificiel, doit respirer autour des personnages, être un lieu géométrique des actions et des passions, un centre de gravité, en bref et au sens fort du terme : un cadre de vie. Rien de plus banal pourtant en apparence que ce décor-là. C'est par exemple, dans *la Chienne*, un quartier du vieux Montmartre avec ses artères en pente, ses escaliers à pic, ses caniveaux fangeux et ses balcons fleuris. C'est en enfant du quartier qu'il musarde dans ce lieu de rendez-vous de marchands de tableaux, de maquereaux, de filles et de bourgeois venus pour un soir s'encanailler. Il s'immergera de la même façon dans la Normandie de *Madame Bovary* (1933), les Martigues de *Toni* (1934), la Sologne de *la Règle du jeu* (1939). Faut-il parler de stylisation ? Oui, dès l'instant où a été écarté tout ce qui pourrait nous distraire de l'action principale, tout folklore, où le cinéaste a traité ses arrière-plans comme le ferait un aquarelliste ou un graveur.

Un dernier exemple permettra de mieux apprécier l'originalité de cette méthode. Il est emprunté à l'un des films les plus méconnus de Renoir, *la Nuit du carrefour* (1932). C'est la première adaptation à l'écran d'un roman de Simenon, et de l'aveu même de l'écrivain, une des plus réussies. Pour restituer la fameuse « atmosphère » qui lui est chère, le cinéaste a choisi le lieu le plus commun qui soit : un croisement de routes au nord de Paris, avec un garage vétuste, des maisons basses, des jardinets, le tout noyé de crachin et de brume. Comment expliquer que l'on soit d'emblée sensible ici à la présence de l'aventure, au sens le plus profond du terme (Jean-Luc Godard l'a bien senti, qui voyait dans cette *Nuit du carrefour* « le plus grand film français d'aventure »), à la beauté paradoxale de ce décor de carte routière ? Rien de moins séduisant, et pourtant rien de plus féerique. Tant il est vrai, comme Renoir le répète souvent, que « le monde sous son aspect le plus banal est une féerie constante ».

De même que les impressionnistes ont utilisé le côté théâtral de la forêt de Fontainebleau comme une sorte de « tremplin qui leur permettait d'approcher de la structure même des choses », de même le cinéaste Renoir sait extirper d'un garage de banlieue le potentiel de dramaturgie qu'il recèle. Parlant de ces précurseurs dont il a médité la leçon, Renoir écrit, dans le livre qu'il a consacré à son père : « De leur représentation des bois ils coupaient tout effet sentimental, tout appel mélodramatique, tout racontage d'histoire ». Il ne procède pas autrement dans *la Nuit du carrefour*, allant jusqu'à négliger la vraisemblance dans la conduite du récit, au mépris des lois du genre policier, abdiquant toute logique dramatique pour s'intéresser à une silhouette dans le brouillard, à une pompe à essence désaffectée, à une Bugatti fonçant sur une route déserte. Et, de ce qui pourrait n'être qu'un banal inventaire d'objets quotidiens, surgit peu à peu la quintessence du rythme cinématographique, de même que, derrière l'effet facile de rayons de soleil perçant le feuillage, les peintres de Barbizon découvraient l'essence même de la lumière.

Les jeunes premiers

Henri Garat
(Henri Garascu, 1902-1959)

Grand séducteur, de jolies femmes (Mistinguett, Florelle, Jane Marnac, Lilian Harvey) et aussi, dit-on, de beaux garçons, doté d'un agréable filet de voix, Henri Garascu se produisit au Casino de Paris et au Moulin-Rouge avant d'entamer, à l'aube du parlant, une carrière de jeune premier gominé, dans des opérettes d'importation allemande (*le Chemin du paradis*, Thiele, 1930 ; *Le congrès s'amuse*, Charell, 1930 ; *Un rêve blond*, Martin, 1932), qui vont en faire une véritable idole des foules : ses admiratrices embrassent les pneus de sa voiture, il s'offre yacht et avion, gaspille des millions vite amassés. Une série d'échecs tout aussi imprévisibles que ses succès, la drogue, la prison précipitent sa chute. Après plusieurs mariages manqués, il se retrouve (comme Méliès) propriétaire d'un magasin de jouets, à l'enseigne fétiche du Chemin du paradis. Il mourut dans la misère et fut enterré dans son légendaire smoking blanc.

René Lefèvre (1898-1991)

Romancier, scénariste, metteur en scène, acteur, René Lefebvre (le « b » est tombé de ses génériques) a collectionné, avant guerre, des emplois de jeune homme timide à qui la chance sourit : que ce soit chez Berthomieu (*Mon ami Victor*, 1931 ; *la Femme idéale*, 1933) Jean Choux (*Jean de la Lune*, 1931) ou René Clair (*le Million*, *idem*). Un pas dans l'affermissement du caractère est franchi avec *le Crime de monsieur Lange* (1936) de Renoir, où il mène de front amour et action sociale. Une seconde carrière, plus austère, s'amorce. Elle sera marquée par *les Musiciens du ciel* (Lacombe, 1939), dont il a écrit le scénario, *Opéra-musette* (1942), qu'il coréalise (« un film médiocre, avec un bon sujet », admet-il), *le Point du jour* (Daquin, 1949), *le Doulos* (Melville, 1963) et de nombreuses séries télévisées. Il a écrit plusieurs romans, dont *Rue des prairies*, qui fut porté à l'écran, et une autobiographie, *le Film de ma vie*.

Albert Préjean (1893-1979)

Un croisement de Maurice Chevalier (pour le bagou parigot) et de Jean Gabin (pou la dégaine de brave garçon sympathique), sans l'aura de l'un ni de l'autre. Ce brio populiste a été exploité, gentiment, par René Clair, dès le muet dans *Paris qui dort* (1924) et *Un chapeau de paille d'Italie* (1928), et à l'aube du parlant dans *Sous les toits de Paris* (1930), Feyder dans *les Nouveaux Messieurs* (1929), et surtout Pabst, dans la version française de *l'Opéra de quat' sous* (1931), où Préjean campe un Mackie le Surineur qui n'est pas loin de surclasser son homologue allemand. La suite est plus inégale, avec quelques haltes notables chez Siodmak (*La crise est finie*, 1934) et Chenal (*l'Alibi*, 1937). Sous l'Occupation, il fera à trois reprises, dans des films mineurs, un élancé et peu crédible commissaire Maigret, se signalant seulement par une ressemblance physique troublante avec l'auteur, Georges Simenon. En 1927, il était passé à la mise en scène, le temps d'un joli court métrage d'avant-garde, *l'Aventure de Luna Park*.

Pierre Richard-Willm
(Pierre Richard, 1895-1983)

En 1935, les lecteurs et les lectrices du magazine *Pour vous* consacrent, à une écrasante majorité, Pierre Richard-Willm acteur le plus populaire de France. Un titre lourd à porter pour un jeune premier romantique au jeu plutôt emprunté, qui a surtout pour lui une carrure athlétique et un front couronné de cheveux d'or. Quand on l'interroge sur sa vocation, il n'en a que pour le Théâtre populaire de Bussang, auquel il se consacrera d'ailleurs exclusivement, la cinquantaine venue. En 1975, il publiera un livre de souvenirs, *Loin des étoiles*, où il concède loyalement n'avoir tourné que peu de films valables : *le Grand Jeu* (1934) et *la Loi du Nord* (1942) de Feyder, *Un carnet de bal* (Duvivier, 1937) et surtout *Werther* (1938) de Max Ophuls, le seul cinéaste avec lequel il se soit senti vraiment en phase. Le reste est ignoré, un peu sévèrement, car on peut en détacher un très honorable *Comte de Monte-Cristo* (Vernay, 1943) et l'insolite *Fiancée des ténèbres* (Poligny, 1944).

Vers un cinéma social ?

Comme l'écrit Geneviève Guillaume-Grimaud, « le Front populaire nous a légué des films qui sont indubitablement des œuvres à résonance sociale, ceux de Renoir en particulier. C'est la seule époque dont on ait pu accoler le nom au titre même d'un film : *la Marseillaise*, le grand film du Front populaire. » Peut-on en déduire pour autant une sorte de connivence entre Front Populaire et cinéma, comme cela avait été le cas dans l'Union soviétique du début des années 1920 entre Lénine et les jeunes artistes ?

Les choses sont plus complexes. On sait que le Front populaire est né de la victoire aux élections législatives d'avril-mai 1936 de la coalition SFIO, communiste et radicaux-socialistes. Tout se joua pendant les deux années du premier gouvernement Léon Blum. Ces deux ans permirent à la tradition populiste du cinéma français de s'ancrer dans un climat favorable, rompant avec les stéréotypes habituels de l'écran pour témoigner d'un certain changement ou, en tout cas, d'un espoir sincère, avec des films portant une attention plus vive aux problèmes sociaux.

Le parti communiste était en première ligne, en affirmant sa volonté de se servir du cinéma de façon militante. Il demanda à Renoir de superviser le film qui servirait sa propagande électorale, *La vie est à nous*. C'est une illustration convaincante du rapport de Maurice Thorez au congrès de janvier 1936, mêlant des documents d'actualité à des scènes reconstituées ou de fiction pure, dans lesquelles l'humour le dispute parfois au didactisme. Si Renoir avait été sollicité, c'est que la gauche avait particulièrement apprécié *Toni* (1934), où le monde des ouvriers carriers et le contexte de l'immigration étaient saisis dans une optique jugée « réaliste » sans équivalent dans la production de l'époque.

L'histoire du cinéma ayant fait son tri, les trois films considérés comme les plus caractéristiques de l'esprit de 1936 sont *le Crime de monsieur Lange* (Renoir), *la Belle Équipe* (Duvivier) et *la Marseillaise* (Renoir, 1938). Le premier sortit en janvier 1936, soit six mois avant l'arrivée de Blum au pouvoir. S'appuyant sur le groupe Octobre, Renoir filma avec sympathie des idées révolutionnaires : création d'une coopérative ouvrière grâce à la solidarité sociale, acquittement du meurtrier par la justice populaire. Le message passa cependant inaperçu, et la critique y vit plutôt une œuvre gentiment populiste qu'un film engagé.

Tourné pendant le bel été 1936, *la Belle Équipe* de Duvivier est peut-être le film le plus inspiré par les événements, sans qu'on puisse pour autant lui accoler l'étiquette « politique ». Dans l'histoire de cinq chômeurs ayant gagné à la Loterie et ouvrant une guinguette se trouvent en effet à la fois le thème de l'union et le désir d'accéder à la propriété pour tous. En dépit de l'infléchissement mélodramatique et misogyne (la femme venant rompre la belle fraternité virile), l'ensemble reste néanmoins très vériste, loin par exemple des gueules noires du monde ouvrier pittoresque et chantant de *Grisou* (1938), où seul l'accident au fond de la mine est crédible.

Produite grâce à une souscription de la CGT, *la Marseillaise* devait célébrer dignement le cent-cinquantenaire de la révolution de 1789. Renoir s'enthousiasma à l'idée de raconter l'histoire de l'hymne national qui faisait de *la Marseillaise* « le film de l'union de la nation française ». Il se recentra sur 1792 pour rester dans la période ascendante de la Révolution : c'était le peuple contre le Roi ; la personnalité discutable de Robespierre en était écartée et la fresque s'achevait sur le départ pour Valmy, victoire nationale populaire. La masse y triomphe de l'individu, comme la vie du concept politique. Privilégiant le quotidien par rapport aux figures historiques, Renoir filma une superbe épopée populaire. Le public préféra, cependant, dans le style film à costumes, l'humour et les mots historiques jubilatoires de *Remontons les Champs-Élysées* de Guitry, diffusé la même année (1938).

Si l'on prend un peu de hauteur pour dégager des tendances, on s'aperçoit que la jeunesse était alors plus présente à l'écran qu'au début de la décennie. En 1936, Jean Benoît-Lévy situait *Hélène* dans le cadre de l'université de Grenoble ; deux ans plus tard, Marc Allégret s'intéressait au Conservatoire d'art dramatique dans *Entrée des artistes* ; *Altitude 3 200* exaltait les joies de la vie au grand air ; et *Prison sans barreaux* (Léonide Moguy, 1937) faisait le procès des maisons de redressement où régnait une discipline inhumaine. Le monde de l'enfance, malheureuse ou non, n'était pas oublié, de *la Guerre des gosses* (Jacques Daroy, 1936) aux *Disparus de Saint-Agil* (1938) et à *l'Enfer des anges* (1939), de Christian-Jaque.

L'énorme chantier social qui s'offrait aux bonnes volontés ne saurait occulter l'inquiétude face à la montée des périls extérieurs. Aussi le spectre de la guerre inspira-t-il à Gance une nouvelle version de *J'accuse*, et surtout à Renoir *la Grande Illusion* (1937), film à l'humanisme généreux appuyé sur une morale universelle. Plaidoyer pour la paix et pour la fraternité triomphant des classes et du nationalisme, l'œuvre suggère pourtant, par son titre, que tous ces espoirs ne furent peut-être que de l'utopie. La majorité de la critique, pourtant, y applaudit, de *l'Humanité* à *l'Action Française*. L'un des aspects les plus émouvants du film est son final, consacré à l'amour d'une paysanne allemande pour le prisonnier français, une nuit de Noël. Certes, il s'agit d'un épisode plus sentimental qu'idéologiquement motivé, mais c'est ce regard chaleureux que recherchait le public, dans l'atmosphère déjà tendue d'une politique étrangère plus qu'indécise.

À ces quelques exceptions près, la représentation cinématographique des classes ouvrières et paysannes n'échappait que rarement aux conventions les plus médiocres. Ainsi, les ruraux apparaissaient en général comme simplets dans les films comiques ou rétrogrades dans les films dramatiques. Un film échappait à ces caricatures : *la Terre qui meurt* (Jean Vallée, 1936), d'après René Bazin, abordait, en effet, loyalement la question de la désertification des campagnes, mais il le faisait en couleur, et c'est cette curiosité qui retint seule l'attention. Quant à Pagnol, il devint le chantre inspiré de la Provence rurale dès 1933 avec *Jofroi*, tiré de Jean Giono (un vieux paysan vend son verger mais ne veut pas que l'on coupe ses arbres), puis, toujours d'après Jean Giono, avec *Angèle* (1934), *Regain* (1937) et *la Femme du boulanger* (1938), films préconisant une vie simple en étroit contact avec la nature.

Du côté du monde ouvrier, c'est encore Renoir qui donne l'exemple avec *la Bête humaine.* La SNCF étant née le 1er janvier 1938, le film sortit en décembre de la même année. Hymne à la machine et au travail des cheminots, l'œuvre trouve un ton original — sorte de lyrisme documentaire — pour faire pendant au drame de l'adultère décrit par Zola. Mais l'atavisme l'emporte : on ne croyait déjà plus aux lendemains qui chantent. La fatalité s'insinuait dans les classes populaires, comme on peut le constater dans *Le jour se lève* (Carné, 1939), où le dur métier de sableur exercé par le héros, se donnant la mort dans une aube grise, accuse l'antagonisme entre l'ouvrier et la foule des curieux toujours prêts à se ranger du côté de la police et à condamner le travailleur manuel. L'anarchisme foncier du scénariste Jacques Prévert soulignait ce désenchantement, et l'œuvre anticipait symboliquement sur la déception amère qui submergea la France à la veille du second cataclysme mondial.

De quelques genres mineurs

En marge des grands courants esthétiques qui marquèrent les « vingt glorieuses » (impressionnisme, avant-garde, réalisme poétique), il convient de faire un sort à un certain nombre de genres à vocation populaire affirmée, dont se nourrit le cinéma français de l'entre-deux-guerres, et ignorés généralement des historiens de l'écran, qui n'y voient que résurgences du Boulevard et de la littérature de gare. Or, à la réflexion, on s'aperçoit, comme l'écrit Marcel Oms, que ces « belles histoires du sam'di soir reflètent fidèlement comme part de rêve ce vers quoi tendait l'imaginaire des foules, et donc expriment en creux la réalité sociologique profonde de l'époque ».

Issu du théâtre populaire du XIXe siècle, le **mélodrame,** spectacle de la vertu persécutée en butte à l'infortune et à l'injustice, inépuisable source d'émotion facile, a trouvé, dès les origines du cinéma, un terrain de choix où s'exercer. Louis Feuillade s'y était adonné avec constance, se proclamant même « ouvrier du mélodrame. » Mais c'est surtout dans les années 1920 que le genre connut son plein essor, avec toutes sortes de branches annexes dérivées du tronc initial. Toute la production muette, ou presque, en est imprégnée. Ce ne sont que péripéties rocambolesques, enfants de l'amour et mères inconsolables.

L'un de ses plus distingués fournisseurs fut Jacques de Baroncelli, en quête, disait-il lui-même, de la « substance du drame quotidien », susceptible d'entraîner l'adhésion d'une clientèle se souciant fort peu de « débattre si le mélodrame où Margot a pleuré vaut ou ne vaut point au jugement de l'Art pur ». Et d'aligner des adaptations d'Henri Bernstein, Paul Hervieu et Henry Bordeaux, un *Roger la Honte* (1922) suivi d'une *Légende de sœur Beatrix* (1923), ruisselante de bons sentiments.

Autres pourvoyeurs infatigables du mélo muet : Georges Monca et Maurice Kéroul, qui se mirent à deux pour donner un prototype du genre avec la première mouture de *Sans famille* (1925) ; Charles Burguet, qui porta à l'écran Eugène Sue (*les Mystères de Paris*) ; André Hugon, avec *Notre-Dame d'amour* (1922) et autres *Rue du pavé d'amour* (1923) ; Léonce Perret et son *Enfant de Paris* (1913) ; l'excellent et méconnu Donatien (*Florine, la fleur du Valois*), et l'on en passe. Rappelons pour mémoire L'Herbier, qui sous-titra « mélodrame » son *El Dorado* (1921), mais c'était par ironie.

La venue du parlant, marquée par un certain souci de réalisme, ralentit un peu ce déferlement lacrymal. Le mélodrame n'avait pas dit pour autant son dernier mot, et Maurice Tourneur, de retour d'Amérique, en donna même une version de référence avec *les Deux Orphelines* (1932). Abel Gance, qui s'en était tenu éloigné depuis *la Dixième Symphonie* en 1918 (sauf à considérer *la Roue*, 1922, comme un délirant mélodrame ferroviaire), se rattrapa en abattant coup sur coup un remake de *Mater dolorosa* (1932), un *Maître de forges* (1933), une *Dame aux camélias* (1934, avec Pierre Fresnay en Armand Duval et Yvonne Printemps en Marguerite Gautier), un « mélopéra » tiré de *Louise* (1939) et une *Lucrèce Borgia* (1935) où la vérité historique était allègrement malmenée (il fallut attendre cependant *Vénus aveugle*, en 1943, pour qu'il pousse le genre à son paroxysme). Le reste est de la routine : des resucées de *la Porteuse de pain* (René Sti, 1934), des *Mystères de Paris* (Félix Gandera), de *Sans famille* (Marc Allégret, 1934), une *Pocharde* (1936) et une *Loupiote* où Jean-Louis Bouquet, le scénariste, ménage des plages d'humour, enfin une *Tour de Nesle* (Gaston Roudès, 1937) qui débouche sur le comique involontaire.

Variante pieusement édifiante du mélodrame profane, le **film religieux** fut toujours, lui aussi, à l'honneur sur les écrans français, depuis que Pathé et Zecca en avaient compris l'impact sur les foules. Le jeune Julien Duvivier s'en fit une spécialité, bien qu'il ne cachât pas son manque de foi : à la fin du muet, il donna dans la légende sulpicienne avec *la Tragédie de Lourdes* (1924) et *la Vie miraculeuse de Therèse Martin* (1929) et, au parlant, un mémorable *Golgotha* (1935), avec, dans le rôle du Christ, à

contre-emploi, Robert Le Vigan (et Jean Gabin en Ponce-Pilate !).

Deux films, réalisés la même année (1928), sont à placer très au-dessus de cette hagiographie conventionnelle. Ils traitent l'un et l'autre du destin de la Pucelle. *La Merveilleuse Vie de Jeanne d'Arc* (1929) de Marco de Gastyne, est une grande fresque illustrative, illuminée par le beau visage de Simone Genevois. Mais on retiendra surtout *la Passion de Jeanne d'Arc* (1928), du Danois Carl T. Dreyer, avec Falconetti : la spiritualité, ici, n'est pas une donnée extérieure, elle est consubstantielle aux images. Une œuvre, dira André Bazin, « traversée par les ultrasons de l'âme ».

Après les larmes, le rire, motivation complémentaire du public populaire. La **comédie**, dans tous ses états, fit les beaux jours de l'avant-guerre, qu'il s'agisse des turlupinades de Georges Milton, alias Bouboule, lequel, en *Roi des resquilleurs* (Colombier) fut un temps comparé à Charlot ; des pitreries de Fernandel (*Francois Ier, Ignace, les Cinq Sous de Lavarède*, etc.) ou de celles, plus nuancées, du benêt Noël-Noël, parfois jumelées en un même film (*Adémaï aviateur*) ; des roucoulades de Tino Rossi (*Marinella, Au son des guitares*) ; de l'opérette méridionale, sur des refrains de Vincent Scotto (*Arènes joyeuses, Un de la Canebière...*) ; du badinage bourgeois, style *Monsieur Coccinelle* (Bernard-Deschamps, 1938) ou *la Famille Duraton* (Stengel, 1939) ; ou encore du burlesque intellectuel, spécialité du scénariste Jacques Prévert, flanqué tantôt de son frère Pierre (*L'affaire est dans le sac*), tantôt de son complice Carné (*Drôle de drame*), à l'accueil toutefois plus mitigé, le spectateur du samedi soir prisant modérément ces bizarreries.

Mais ce sont surtout les chassés-croisés polissons du **vaudeville mondain** qui faisaient florès à une époque où l'on cherchait à s'enivrer dans un luxe factice, pour conjurer le spectre de la crise. Le muet en avait fait une faible consommation. Les années 1930 virent l'entrée en scène du *Roi de Paris*, de *Ma cousine de Varsovie*, de *Nicole et sa vertu*, du *Congrès s'amuse* et autres moutures d'opérettes exportées où l'on flirte à tout va. Dès lors, les écrans furent envahis par une cohorte de couples volages, d'aristocrates en rupture de ban et de fêtards en goguette. Vingt, trente films furent bâtis sur ce schéma à partir de succès du répertoire dont on ne changeait même pas le titre ni les interprètes. C'est le règne des *Vignes du seigneur* (Hervil, 1932), de *l'École des cocottes* (Colombier, 1934), d'*Un soir de bombe* (Cammage, 1935), du *Roi* (Colombier, 1936), de *l'Habit vert* (Richebé, 1937), etc. Des comédiens ayant rodé de longue date leur rôle à la scène conduisaient avec brio ces folâtreries : Victor Boucher, André Lefaur, Jules Berry, Elvire Popesco et même, exhumée du magasin des accessoires le temps d'un film (*Rigolboche*), Mistinguett. Leur effacement progressif vit la fin d'un genre, et d'une époque. Le chef de file de ce courant, particulièrement vivace à l'approche de la guerre se nommait Yves Mirande. Il y a chez lui une authentique vision sinon du monde, du moins d'un certain monde, où il régnait en prince. Il se tint le plus souvent au poste de scénariste-dialoguiste, ou de coréalisateur, mais sa personnalité éclate partout : dans *Un homme en habit* (Guissart, 1931), dans *Quelle drôle de gosse* (Joannon, 1935), dans *Café de Paris* (Lacombe, 1938), et surtout dans *Baccara* (1935), fleuron d'une carrière nullement déshonorante. Une forte injection de satire sociale ajoute du piment à ces comédies dramatiques, dont l'aboutissement fut, en 1939, l'admirable *Règle du jeu* de Renoir. Guitry aussi a sa place dans ce concert de fantaisies. Tout cela enrichit singulièrement le paysage cinématographique français de la période.

Frère cadet et roturier du vaudeville, méprisé de l'élite mais faisant crouler de rire le public du « sam'di soir », le **comique troupier** connut ses années fastes durant la décennie 1930-1940. On peut n'y voir, avec Raymond Chirat, que « plaisanteries style *Almanach Vermot*, interprétations chargées et pitreries invraisemblables ». Peut-être. Mais le genre, après tout, avait ses ténors en littérature, de Courteline à Mouézy-Éon. Et ses têtes d'affiche, qui triomphèrent au music-hall : Polin, Paulus, Ouvrard, Bach, sans oublier Fernandel, qui commença par jouer les tourlourous à l'Alcazar de Marseille. Le coup d'envoi à l'écran fut donné par Renoir qui, en amateur de Courteline, ne dédaignait pas les gaîtés de l'escadron : son *Tire-au-flanc* (1928) contient en germe toutes les farces de chambrée à venir.

Dès 1930, Bach et son compère de la radio, Laverne, jouaient les conscrits de charme dans une première adaptation de l'opérette militaire *le Tampon du capiston*. Puis ce fut, toujours avec Bach en première ligne, un deuxième *Tire-au-flanc* (Wulschleger, 1933), *Debout là-dedans* (*idem*, 1935), *J'arrose mes galons* (Pujol, 1936), etc. Comique sans nuance, certes, mais qui pouvait prétendre à un certain raffinement : pour preuve la mise à l'écran, par Maurice Tourneur, des fameuses *Gaîtés de l'escadron* (1932), avec un casting de haut niveau : Raimu en capitaine Hurluret, Jean Gabin en Fricot et Fernandel en Vanderague.

Une mention spéciale aux injustement décriés *Dégourdis de la 11e* (1937) de Christian-Jaque. La critique du temps fut impitoyable : « Ceux qui aiment les allusions les moins voilées, la conversation la plus plate, n'auraient jamais espéré qu'on pût faire autant pour eux », écrit Roger Régent, qui paraît n'avoir pas pris en compte le nom du dialoguiste : Jean Anouilh. Ce dernier, aidé de son compère Jean Aurenche, y atteint, nous semble-t-il, un point limite de la bidasserie fraîche et joyeuse, digne du *Sapeur Camember*. Le réalisateur s'est mis de la partie : « C'est un pied de nez que nous adressions aux vaudevilles militaires », écrit-il. Du coup, ces *Dégourdis* n'eurent aucune peine à se hisser à un niveau supérieur de burlesque.

L'armée n'a pas inspiré que de pacifiques bouffonneries de garnison aux cinéastes. Le **film patriotique** eut aussi ses chantres, exaltant la mission colonisatrice de la France et le prestige de l'uniforme de façon plus martiale, sinon plus attrayante. Déroulède allait relayer ici Courteline.

À la charnière des deux traditions se place *Un de la Légion* (1936), où reparaît Fernandel avec pour mentor Christian-Jaque. De la galéjade on bascule insensiblement dans la mythologie du « sable chaud », vantant le rôle pacificateur de l'Empire. La voie était tracée par *le Grand Jeu* (Feyder, 1934) et *la Bandera* (Duvivier, 1935), dans un ton qui excluait la comédie. C'est toutefois du côté de L'Herbier qu'il faut se tourner pour découvrir trois spécimens exemplaires du genre : *Veillée d'armes* (1935), *les Hommes nouveaux* (1936) et *Entente cordiale* (1939). Victor Francen est souvent le héros au garde-à-vous de ces épopées claironnantes, dont le metteur en scène a reconnu lui-même, par la suite, qu'elles avaient un petit côté colonialiste. À sa décharge, il fait valoir que, face au laxisme du Front populaire et à la montée du nazisme, il n'était pas mauvais de « ranimer un peu le ressort nationaliste, dans le sens de Lyautey qui n'était pas du tout un affreux militariste mais un esprit fraternel ». Le flambeau fut repris dans des œuvres où la fibre cocardière était attisée sans retenue : *l'Appel du silence* et *Brazza ou l'Épopée du Congo* (Léon Poirier), *l'Homme du Niger* (J. de Baroncelli, 1939) et le plus belliqueux de tous, mi-documentaire, mi-fiction, *Sommes-nous défendus ?* (1938) de Jean Loubignac. Ces belles résolutions connurent une espèce d'apothéose avec le célébrissime *Trois de Saint-Cyr* (1939) de Jean-Paul Paulin, véritable film culte d'une génération en quête d'exploits héroïques et qui dut bientôt déchanter amèrement.

La Bandera de Julien Duvivier, avec Jean Gabin, 1935.

Rameau annexe de cette végétation tricolore, le **film d'espionnage** fournit vers la même époque quelques produits de type standard qu'on évoquéra brièvement : la série du *Capitaine Benoît*, d'après les romans de Charles-Robert Dumas, *Double Crime sur la ligne Maginot* (Gandéra, 1937), *Deuxième Bureau contre Kommandantur*... Les espionnes de légende eurent un regain de notoriété, sous les traits de Dita Parlo (*Mademoiselle Docteur*, Georg Wilhelm Pabst, 1936) de Véra Korène (*la Danseuse rouge*, Paulin, 1937) ou d'Edwige Feuillère (*Marthe Richard*, Bernard, 1937).

D'autres genres de la période d'avant-guerre, catalogués mineurs, seraient à reconsidérer. C'est le cas des films d'ambiance slave, glorifiant la « sainte Russie », séquelle de la production Albatros, où Harry Baur et Pierre Richard-Willm prennent la relève de Mosjoukine. Les poncifs y vont bon train, à coup d'uniformes chamarrés, de grands bals à la cour et de chevauchées dans la steppe : voir *les Nuits moscovites* (1934) et *Tarass Boulba* (1936) d'Alexis Granowsky ; *Michel Strogoff* de Baroncelli (1935), inférieur à la version muette, *Katia* (1938) de Maurice Tourneur et surtout *les Nuits blanches de Saint-Pétersbourg* (1937) de Jean Dréville.

Le **film policier** connut un fléchissement sensible. Un seul *serial*, sans envergure : *Méphisto.* Trois adaptations seulement de Georges Simenon, *la Nuit du carrefour* (1932) de Renoir, analysée plus haut. Le diptyque de L'Herbier, d'après Gaston Leroux : *le Mystère de la chambre jaune* (1930) et *le Parfum de la dame en noir* (*idem*), inégal, avec des trouvailles dans le second volet. Des remakes laborieux de *Fantômas* (Paul Fejos) et de *Judex* (Maurice Champreux). Plus quelques îlots épars : *Chéri-Bibi*, *Arsène Lupin détective*, la série des « *Inspecteur Grey* »...

Enfin, cocktail de tous ces genres réunis, le **film à sketches**, avec en vedette le charmant et un peu surfait *Carnet de bal* de Duvivier (1937), mais aussi les alertes divertissements conçus sur le principe des revues théâtrales par le fécond Yves Mirande, déjà cité : *le Billet de mille*, *Derrière la façade* (1939), *Paris-New York* (1940)... La veine en fut exploitée sous l'Occupation et au-delà. On peut y adjoindre *les Perles de la couronne* (1937) et, ancré dans l'actualité, *Ils étaient neuf célibataires* (1939) de Guitry.

Veille d'armes

1939 vit l'Europe basculer, bon gré, mal gré, dans la guerre, pour la deuxième fois en un demi-siècle. Galvanisé par sa folie expansionniste et la lâcheté de ses partenaires, Hitler envahit la Pologne, après s'être assuré les bonnes grâces de Staline. 1939, c'est aussi la mainmise de Franco sur l'Espagne déchirée par la guerre civile, et de Mussolini sur l'Albanie. Partout les dictatures triomphaient et la démocratie reculait. L'armée française était ridiculisée : la Ligne Maginot, réputée indestructible, n'était qu'un château de cartes. La IIIe République n'y survécut pas.

Le cinéma français subit le contrecoup de la crise sociale. Les exploitants s'émurent, les recettes fléchirent, la production étrangère encombra le marché. On tourna tout de même une centaine de films en France cette année-là, dont certains virent leur sortie différée ou bloquée par une censure très sourcilleuse. Deux œuvres phares se détachent : *Le jour se lève*, du tandem Carné-Prévert, au titre amèrement ironique, et *la Règle du jeu*, « fantaisie dramatique » de Renoir en forme de jeu de massacre mondain, que le public rejeta pour cause de trop grande lucidité. Du côté de la production commerciale, on s'en tint à la comédie sentimentale et au film d'aventures, de *Battement de cœur* (Decoin) à *Nord Atlantique* (Cloche). Le grand succès de l'année fut une farce aéronautique avec Rellys : *Narcisse* (d'Aguiar). Quelques titres, cependant, sonnaient le glas de cet optimisme de façade : *Menaces* (Gréville), *Rappel immédiat* (Mathot), *Le monde tremblera* (Pottier)... En Espagne, tandis que la propagande franquiste s'étalait avec insolence, un baroudeur venu de France, doublé d'un grand romancier, André Malraux, tournait dans des conditions impossibles un unique film, *Sierra de Teruel*, chant du cygne de la liberté asservie sur tous les fronts. Il ne sera montré au public qu'en 1945, sous le titre *Espoir.*

Le monde libre vivait ses dernières heures de calme précaire. Le 3 septembre, la France et la Grande-Bretagne déclaraient la guerre à l'Allemagne. Les années noires commençaient.

LIQUEURS
GLACES
SORBETS
COMMERCE

Les années noires et les années grises
(1940-1959)

Mauvaise année pour la France, 1940 fut aussi une mauvaise année pour le cinéma français. À vrai dire il ne s'y passa à peu près rien. La plupart des tournages interrompus à la déclaration de guerre, comme *Air pur* de Clair ou *le Corsaire* de Marc Allégret, ne purent reprendre. Seuls furent menés à bien quelques films mineurs dont quelques-uns sortirent avant même l'armistice. Jusque-là on présenta les derniers films français importants d'avant-guerre, comme *Cavalcade d'amour* (R. Bernard), *l'Entraîneuse* (Valentin), *Menaces* (Gréville), *les Musiciens du ciel* (Lacombe), *De Mayerling à Sarajevo* (Max Ophuls) et le dernier, en mai, *Battement de cœur* (Decoin). Avec plusieurs grands films américains tels que *M. Smith au sénat* (Capra), *la Mousson* (Brown), *les Conquérants* (Curtiz), *Pacific-Express* (De Mille), *Quasimodo* (Dieterle), *Ninotchka* (Lubitsch) et deux ou trois titres anglais comme *les Quatre Plumes blanches* (Z. Korda) et *la Taverne de la Jamaïque* (Hitchcock), ils constituèrent l'essentiel de la programmation jusqu'à la débâcle et l'armistice de juin 1940. Après quoi ce fut le calme plat, jusqu'au printemps 1941.

Dans une France dévastée, ruinée, coupée en deux zones, l'une occupée par l'armée allemande (près des deux tiers du pays), l'autre libre, dans le sud du pays gouverné par l'État français du maréchal Pétain installé dans la capitale provisoire de Vichy, il fallut attendre près d'un an pour voir la production cinématographique reprendre vraiment. Les moyens manquaient. Les équipes techniques et artistiques se trouvaient décapitées par le départ en exil des plus grands noms de l'avant-guerre, Clair, Duvivier, Renoir, Feyder, Max Ophuls, Chenal, etc. et celui des plus célèbres vedettes, telles Charles Boyer, Jean Gabin, Michèle Morgan, Louis Jouvet, Madeleine Ozeray, Françoise Rosay, Victor Francen, etc., à quoi s'ajoutent les artistes et techniciens juifs, à qui il fut rapidement interdit de travailler. Pour l'exploitation des salles, la reprise fut plus rapide et, dès le 15 août 1940, trois cents salles de Paris et de la région parisienne fonctionnaient normalement. Leurs écrans étaient alimentés par les derniers films français de la production de guerre, achevés tant bien que mal, et la plupart d'une insigne médiocrité, par de multiples reprises des films français de la production 1936-1939 (du moins ceux qui avaient échappé aux différentes interdictions d'ordre politique ou racial) et aussi par de nombreux films allemands qui essayaient d'occuper le terrain abandonné (sauf en zone libre où les films britanniques et américains demeurèrent autorisés tardivement, jusqu'en octobre 1942). Pour la production allemande de la UFA, de la Tobis et de leurs rivales, il y eut un bref âge d'or d'environ dix-huit mois, où elle rencontra un réel succès, et pas seulement de curiosité, contrairement à l'idée reçue. Le public français, frustré de nouveautés, réserva un accueil chaleureux à d'assez nombreux films allemands, sortis à partir de septembre 1940, comme *Pages immortelles* (Froelich), *le Maître de poste* (Ucicky), *la Lutte héroïque* (Steinhoff), *Toute une vie* et *Une mère* (Ucicky), *le Juif Süss* (Harlan), *Bel-Ami* (Forst), *Cora Terry* (Jacoby), *la Fille au vautour* (Steinhoff), *le Président Kruger* (*idem*), *le Croiseur «Sébastopol»* (Anton), *Marie Stuart* (Froelich), *le Musicien errant* (Müller), *Suis-je un criminel?* (Liebeneiner) et quelques autres. Plus sensibles à leurs qualités spectaculaires qu'à leurs intentions de propagande souvent feutrée (sauf dans le cas du film de Harlan), les spectateurs ne se montrèrent vraiment rebelles qu'à la pure idéologie nazie, comme dans *le Jeune Hitlérien* (Steinhoff) qui fut un échec. Les Allemands n'insistèrent pas dans ce sens. D'ailleurs, dès que les films français reparurent, les bandes allemandes perdirent beaucoup de leurs attraits et devinrent de plus en plus rares à partir de 1942 jusqu'à la Libération. Seuls remportèrent encore un grand succès les premiers films en Agfacolor, très soignés, *la Ville dorée* (Harlan) et *les Aventures fantastiques du baron Munchhausen* (von Baky) sortis vers la fin de l'Occupation, alors que les autres films allemands avaient

Les Enfants du Paradis (1945), de Marcel Carné et Jacques Prévert.

cessé de plaire depuis longtemps. Les films italiens, apparus plus tard, début 1942, disparus dès la fin de 1943, ne constituèrent jamais une concurrence dangereuse, malgré le succès de quelques œuvres de Blasetti (*Une aventure de Salvator Rosa, la Couronne de fer*), Rossellini (*le Navire blanc*) ou De Sica (*Roses écarlates*) et de quelques films de cape et d'épée (*Capitaine Tempête*). Quant aux rescapés français d'avant l'armistice, hormis *Volpone* (M. Tourneur), *Paradis perdu* (Gance), *l'Enfer des anges* (Christian-Jaque) et un ou deux autres au plus, ils faisaient assez pâle figure et n'étaient pas de taille à contenir l'invasion teutonne, dont on s'explique mieux les premiers succès. Il n'était que temps de voir reprendre la production française, sur des bases rénovées.

Au temps des deux zones

Les réformes faisaient partie de l'air du temps, mais celle du cinéma français, prévue dès l'avant-guerre, devait bénéficier des circonstances. Elle allait occuper l'essentiel du second semestre 1940, pendant lequel la production continua d'être pratiquement en panne, malgré une timide esquisse de reprise en zone sud : une demi-douzaine de films médiocres, dont on ne peut retenir que *la Fille du puisatier* de Pagnol, commencé et interrompu en mai 1940, et *Vénus aveugle* de Gance, mélodrame allégorique dédié au maréchal Pétain (on entendait déjà sa voix dans le film de Pagnol) et qui n'échappe pas toujours au ridicule, malgré de singulières beautés. On peut signaler aussi, à titre de curiosité, un film de Rivers et Mirande, judicieusement intitulé *l'An 40* et immédiatement interdit par la censure française, et que, depuis, nul n'a jamais revu. La quinzaine de films tournés en zone sud, tout au long de 1941 sont d'ailleurs toujours aussi désolants, à une curieuse exception près, *Une femme dans la nuit* de Gréville à qui on peut ajouter, à l'extrême rigueur, la quatrième adaptation de *l'Arlésienne* par Marc Allégret. Le redressement cinématographique national semblait alors mal parti.

En réalité, de juillet à décembre 1940, c'est à Vichy que se passaient les choses sérieuses et que se jouait l'avenir du cinéma. Les réformes attendues (en vain) depuis un lustre au moins, furent accomplies avec diligence et adresse en quelques mois. Le projet remontait à 1935, exposé dans un rapport commandé par le gouvernement de Pierre Laval à un jeune inspecteur des finances, Guy de Carmoy. Repris par Jean Zay, lors du Front populaire, le rapport de Carmoy n'avait pu être mis en œuvre au cours des quatre années suivantes. En juillet 1940, il fut exhumé de nouveau par le gouvernement de l'État français siégeant à Vichy, et les mesures qu'il proposait devinrent rapidement applicables. Tandis que Guy de Carmoy était nommé directeur du Service du cinéma créé auprès de Pierre Laval, il installa sous son autorité un Comité d'organisation de l'industrie cinématographique (COIC), en novembre, et nomma son directeur le 4 décembre suivant : Raoul Ploquin, ancien responsable des productions françaises de la UFA à Berlin, parfait connaisseur des milieux cinématographiques allemands. Ce dernier prit comme secrétaire général Robert Buron, futur ministre du général de Gaulle. Quand Carmoy démissionna en juin 1941, il fut remplacé par Louis-Émile Galey qui continua, avec la même équipe, le remarquable travail mis en marche par son prédécesseur et qui poursuivit avec un plein succès ses efforts. Réserve faite pour les fâcheuses dispositions antisémites qui s'appliquèrent automatiquement au cinéma, on ne peut qu'admirer le travail fourni par le COIC et les dirigeants de l'industrie cinématographique française. C'est à eux, en premier lieu, qu'on doit l'étonnante résurrection de la production, accomplie en trois ans (1941-1944), et qui fait aujourd'hui l'émerveillement des historiens, compte tenu des difficultés de toutes sortes qui accablaient la France au cours de la période. Alors qu'en décembre 1940 le cinéma français n'était plus que décombres, trois ans plus tard, en décembre 1943, s'achevait une des plus brillantes et des plus riches années de toute son histoire. Mais auparavant, il avait fallu résoudre bien des problèmes, à commencer par ceux que posait la présence de l'occupant.

Tandis qu'à Vichy, on forgeait les instruments de la renaissance cinématographique, à Paris les Allemands faisaient tout pour empêcher celle-ci ou, plutôt, pour la détourner à leur profit. Les efforts en zone occupée se heurtaient à l'opposition d'un envoyé du docteur Joseph Goebbels, grand patron du cinéma allemand, le docteur Alfred Greven. Celui-ci ayant pour mission de créer une puissante société de production allemande, destinée à centraliser à son bénéfice le meilleur des ressources artistiques du cinéma français, il s'y employait activement, freinant toute autre initiative que la sienne. Ce n'est qu'une fois créée sa compagnie, la Continental Films, et une fois ses premières productions mises en train, qu'il fut possible aux cinéastes français de se remettre au travail en zone occupée et de retrouver le chemin des studios parisiens.

En février 1941, l'activité de la Continental démarrait, avec le début du tournage de deux excellents films policiers, *l'Assassinat du père Noël* de Christian-Jaque, avec Harry Baur, et *le Dernier des six* de Lacombe, avec Pierre Fresnay. Vinrent ensuite

rapidement *Premier Rendez-vous* de Decoin avec Danielle Darrieux, suivi d'une série de titres inégaux, parmi lesquels le truculent *Club des soupirants* de Gleize (dialogues de Marcel Aymé) avec Fernandel, close en décembre par un des meilleurs, *les Inconnus dans la maison*, de Decoin, avec Raimu : onze films français au total, dont la moitié de grande qualité avec, outre les titres mentionnés plus haut, *Caprices* de Joannon et *la Symphonie fantastique* de Christian-Jaque. Le docteur Alfred Greven était satisfait, et plus encore les spectateurs français qui firent un triomphe à la plupart de ces films où ils retrouvaient, à côté des acteurs déjà cités, la plupart de leurs favoris, de Fernandel et Albert Préjean à Edwige Feuillère et Renée Saint-Cyr.

Après ce lancement réussi, la Continental étant sur les rails, les producteurs français eurent le droit de se remettre au travail dans les studios parisiens ; les plus rapides furent Pathé, Richebé et Paulvé, avec *Romance de Paris* (Boyer), *Madame Sans-Gêne* (Richebé) et *Premier Bal* (Christian-Jaque). Dès juin 1941, ils produisaient, avec ces trois titres, non des chefs-d'œuvre, sans doute, mais trois films déjà très supérieurs à ceux de la zone sud. Ceux de la Continental ayant créé rapidement une vive émulation, on vit le niveau moyen de cette production s'élever très rapidement, ainsi que son volume : 60 films entrepris en 1941, incluant les onze de la Continental. Parmi les titres les plus prometteurs de la renaissance qui s'annonçait : *Nous les gosses* (Daquin), *le Mariage de Chiffon* (Autant-Lara), *la Duchesse de Langeais* (de Baroncelli), *le Destin fabuleux de Désirée Clary* (Guitry) et *la Nuit fantastique* (L'Herbier), sans oublier *Remorques* (Grémillon), entrepris avant l'armistice et terminé en studio, non sans mal, en 1941. Plus importante encore était l'émergence de « jeunes » comme Autant-Lara et Daquin, qui depuis longtemps attendaient la consécration. Était-ce le signal de la renaissance espérée ? L'année suivante allait confirmer, au-delà de toute attente, ces promesses encore hésitantes.

Avec un bond à soixante-dix-huit films dans l'année (dont seulement sept pour la Continental), l'année 1942 est la plus belle de l'Occupation, au moins sur le plan de la reprise économique — sur le plan artistique, le cru 1943 sera assurément encore supérieur, avec un moindre volume de production. Mais en 1942 déjà, les sujets de satisfaction ne manquent pas pour les cinéphiles les plus exigeants ; même, certains films jugés alors purement commerciaux paraissent aujourd'hui d'une qualité égale à ceux qui affichaient alors des ambitions artistiques proclamées. Comment trancher ainsi entre les mérites respectifs des meilleurs titres de la Continental, *L'assassin habite au 21* (premier film de Clouzot) et *la Main du Diable* (M. Tourneur), voire *Simplet* (Carlo Rim) et *Picpus* (Pottier), qui ont leurs qualités, et ceux de films franco-français aussi divers que *Pontcarral, colonel d'empire* (Delannoy), *Lettres d'amour* (Autant-Lara), *l'Honorable Catherine* (L'Herbier), *le Camion blanc* (Joannon), *le Loup des Malveneur* (Radot), *le Capitaine Fracasse* (Gance), *le Comte de Monte-Cristo* (Vernay), *Lumière d'été* (Grémillon), *Goupi-Mains rouges* (Becker), *le Baron fantôme* (de Poligny), *Monsieur des Lourdines* (de Hérain), *Marie-Martine* (Valentin), *Promesse à l'inconnue* (Berthomieu), *Monsieur la Souris* (Lacombe), *l'Homme qui joue avec le feu* (de Limur), *Mademoiselle Swing* (Pottier), *l'Inévitable Monsieur Dubois* (Billon), *le Lit à colonnes* (Tual) et deux films de Marc Allégret qu'on ne verrait qu'après la Libération, *Félicie Nanteuil* et *la Belle Aventure*, tout comme *les Cadets de l'Océan* (Dréville), interdit par les Allemands ? Le rajeunissement amorcé en 1941, se poursuivit avec les débuts de Becker (*Dernier Atout*), Cayatte (*la Fausse Maîtresse*, production Continental), Radot, Hérain, Tual, déjà nommés et surtout Clouzot qui, délaissant ses fonctions de directeur artistique de la Continental, passa à la réalisation avec un premier film d'un niveau artistique éclatant. Becker, parti plus modestement, s'empressa de l'égaler avec son second opus, *Goupi-Mains rouges*, qui rencontra un succès identique. Si on y ajoute *l'Enfer du jeu*, le meilleur film de Delannoy, réalisé en 1939 mais refait en partie en 1942 avec Pierre Renoir pour remplacer un Eric von Stroheim devenu indésirable, et sorti cette même année, la promotion 1942 apparaît très remarquable, comme une sorte de première « nouvelle vague » du cinéma français, de presque vingt ans en avance. Depuis le muet, on n'avait rien vu de tel. Encore un peu de temps, et les illustres exilés, Renoir, Clair et Duvivier couraient le risque d'être plus ou moins oubliés au profit de ces nouveaux venus trop doués, ce qu'ils constateraient effectivement à leur retour, au lendemain de la guerre. C'est pourtant à un de leurs quasi-contemporains, demeuré en France, Carné, qu'alla le triomphe de l'année 1942, un des plus grands de toute l'Occupation, avec *les Visiteurs du soir*. L'interprétation de Jules Berry, Alain Cuny, Arletty et Marie Déa y était pour beaucoup. Mais ce que la critique saluait surtout, c'est l'importance de la production, l'ambition économique au service de l'ambition artistique qui, grâce à Paulvé, autant et peut-être plus qu'à Jacques Prévert et à Carné, montraient que le renouveau tant attendu était maintenant accompli. Après une première phase de moins d'un an (le tournage avait commencé en avril 1942), les efforts du COIC portaient tous leurs fruits, et le temps du rétablissement complet semblait venu.

Jules Berry, par Caza.

En attendant, avec 318 millions de spectateurs et deux milliards de francs de recettes, l'exploitation connaissait des jours heureux et on constatait que le public français retrouvait le goût de son cinéma, quand celui-ci savait répondre à son attente.

Au temps des deux France

Fin 1942, la guerre avait basculé : débarquement allié en Afrique du Nord, invasion de la zone libre et occupation totale de la France par l'armée allemande, bombardements intensifiés sur les grandes villes, activité accrue de la Résistance et représailles allemandes aggravées. La France, qui n'était plus coupée en deux géographiquement, était de plus en plus divisée politiquement. Le pays se trouvait plongé dans des difficultés encore accrues, et la situation du cinéma ne pouvait manquer de s'en ressentir. Le COIC, après la démission de Raoul Ploquin en mai 1942, était dirigé par un triumvirat (Marcel Achard, R. Richebé, André Debrie) en attendant que Louis Émile Galey en assure, à partir d'octobre 1943, la direction qu'il cumulait avec la Direction générale du cinéma qu'il assurait déjà. Mais le poids de l'État y était largement compensé par celui des commissions de professionnels, très actives. Dans ces conditions d'une précarité extrême, la production continuait néanmoins, et si elle diminuait en volume (soixante films en 1943), sa qualité ne cessait de s'accroître et peu d'années présentent autant d'éclat que la terrible année 1943, dramatique sur le plan de la vie politique et quotidienne.

Une des raisons du redressement de la qualité tient à la signature d'un accord cinématographique franco-italien en février 1942, qui rapidement porta ses fruits, avec des films comme *Carmen* (Christian-Jaque) tourné en Italie et dont l'avant-première eut lieu le 8 août 1944 à la veille de la Libération, *le Voyageur de la Toussaint* (Daquin), *les Mystères de Paris* (de Baroncelli), *Service de nuit* (Faurez) et surtout, apothéose finale menée à bien à la fin de l'Occupation, dans les pires conditions, *les Enfants du paradis* (Carné). Dû à la fructueuse collaboration A. Paulvé-Scalera, interrompue brutalement par la chute de Mussolini et le chaos où sombrait alors l'Italie, le film fut repris et achevé par Pathé, avec d'ultimes raccords au lendemain de la Libération, tournés par Arletty alors emprisonnée. Grâce à celle-ci, à Jean-Louis Barrault, à Maria Casarès, à Marcel Herrand et à Pierre Brasseur, et grâce au plus beau travail d'équipe accompli dans les studios français, le film de Carné reste le fleuron du cinéma de l'Occupation. De son côté la Continental franco-allemande, qui réalisa trente films en trois ans (dont une quinzaine d'excellente qualité), continuait d'accumuler quelques grandes réussites, telles *Au Bonheur des dames* et *Pierre et Jean* (Cayatte), *Cécile est morte* (M. Tourneur), *la Ferme aux loups* (Pottier), *la Vie de plaisir* (Valentin) et surtout *le Corbeau* (Clouzot), authentique chef-d'œuvre que Truffaut considérait comme un des trois plus grands films du cinéma occupé. Les deux autres désignés par lui, à bon escient, étaient *Douce* (Autant-Lara), meilleur film de son auteur, avec une Odette Joyeux bouleversante et *les Anges du péché* (Bresson) premièr long métrage d'un inconnu de talent, soutenue par de beaux dialogues de Jean Giraudoux, la dernière œuvre de l'illustre écrivain à la veille de sa disparition. Truffaut aurait pu ajouter *Goupi-Mains rouges*, déjà évoqué (Becker ne fera jamais mieux), et il aurait pu y joindre aussi *Le ciel est à vous* de Grémillon, sans doute, là encore, le plus beau film de son auteur. Mais la qualité exceptionnelle du cinéma de la fin de l'Occupation ne s'exprimait pas seulement dans cette ultime floraison de chefs-d'œuvre, elle se manifestait aussi dans d'excellentes productions plus commerciales qui l'avaient précédée, et qui comprennent des œuvres aussi diverses qu'*Adieu Léonard* (P. Prévert), *Adémaï bandit d'honneur* (Grangier), *l'Homme de Londres* (Decoin), *le Soleil de minuit* (B. Roland), *le Secret de madame Clapain* (Berthomieu), *les Roquevillard* (Dréville), *le Colonel Chabert* (Le Hénaff), *Vautrin* (Billon) et *Un seul amour* (Blanchar) qui attestaient, avec *la Rabouilleuse* (Rivers), la vogue persistante de Balzac qui se poursuivait avec *le Père Goriot* (Vernay), sorti après la Libération. *Donne-moi tes yeux* et *la Malibran*, tous deux de et avec Guitry (il faut y ajouter *De Jeanne d'Arc à Philippe Pétain*, grand documentaire anthologique,

projeté une seule fois à l'Opéra pour présenter un livre d'hommage collectif à la France et à son histoire), *Voyage sans espoir* (Christian-Jaque), *Je suis avec toi* (Decoin), *Premier de cordée* (Daquin), *Lucrèce* (Joannon), *l'Homme qui vendit son âme* (Paulin), *Bonsoir mesdames, bonsoir messieurs* (Tual) et quelques autres complètent le tableau. À un niveau supérieur, on doit mentionner *les Petites du quai aux Fleurs* (M. Allégret), jolie réussite demeurée méconnue, et un film aujourd'hui vieilli, mais qui connut à sa sortie un immense succès, un des plus grands de l'Occupation avec *les Visiteurs du soir*, *l'Éternel Retour* (Delannoy et Cocteau) qui fit la gloire de Jean Marais. Dans les tout derniers mois de l'Occupation, parurent encore deux ultimes succès, mais à un degré moindre, une excellente comédie policière, *L'aventure est au coin de la rue* (Daniel-Norman) et un drame social, *le Carrefour des enfants perdus* (Joannon), le film le plus nettement engagé dans le sens « vichyssois » de tous ceux de la période et qui poursuivra néanmoins une belle carrière après la Libération. Autant de titres qui démontrent la vitalité retrouvée du cinéma français en trois ans à peine. Cette réussite surprenante, nul historien n'a jamais vraiment pu l'expliquer, de façon satisfaisante.

Au total, ce sont 220 films de long métrage que les studios français produisirent entre 1941 et 1944. À la Libération plus de 25 étaient encore inédits, soit interdits pour diverses raisons, soit inachevés. Parmi eux, quelques chefs-d'œuvre encore, comme *Falbalas* (Becker), *les Dames du bois de Boulogne* (Bresson) et, bien sûr, *les Enfants du paradis*, et maintes œuvres de qualité, telles *la Fiancée des ténèbres* (de Poligny), *la Grande Meute* (de Limur), *Paméla* (de Hérain), *Blondine* (H. Mahé), *Échec au roy* (Paulin), *Lunegarde* (M. Allégret), *la Cage aux rossignols* (Dréville), *le Bossu* (Delannoy), *le Cavalier noir* (Grangier), *Sortilèges* (Christian-Jaque), sans oublier le dernier film de la Continental, d'ailleurs assez médiocre, *les Caves du Majestic* (Pottier), neuvième adaptation de Georges Simenon en trois ans. Tous ces films, présentés après la Libération furent dans l'ensemble sévèrement jugés par des critiques qui venaient de la Résistance et qui, non sans quelque mauvaise foi, les traitèrent en bloc et avec mépris, de « cinéma vichyssois », ce qui n'était pas exact. En trois ans, on l'a souvent écrit, le cinéma français n'avait produit aucun film nazi (même ceux de la Continental) et même très peu de films vichyssois ou d'esprit « révolution nationale ». Outre le film de Joannon mentionné plus haut, on ne peut guère citer que *le Bal des passants* (Radot), ainsi que *Pontcarral* et *Le ciel est à vous*, financés tous trois officiellement par certains ministères de Vichy, et quelques modestes bandes bien-pensantes, comme *Mermoz* (Cuny), *Jeannou* (Poirier) ou *Port d'attache* (Choux).

Tel fut le tribut, des plus limités, consenti par le cinéma français à l'air du temps. Ni l'État français ni l'occupant ne s'étaient, on en conviendra, montrés très exigeants sur ce plan, et on peut tenir pour négligeables quelques courts métrages « engagés », assez peu diffusés, et dont le plus notoire est le médiocre *Forces occultes* (Riche), film dirigé contre la maçonnerie. Les années noires, pour le cinéma, non seulement l'avaient été moins que pour d'autres, mais elles avaient constitué finalement une période de prospérité imprévue, due notamment au manque de véritable concurrence étrangère.

Amère victoire

Malgré cela, après la Libération, le cinéma français n'échappa pas aux difficultés du moment, et pendant dix mois, il ne se passa pas grand-chose, un peu comme après l'armistice de juin 1940, ce qui était un comble. Au lieu des exilés, il y eut cette fois les épurés : Clouzot, Joannon, Valentin furent suspendus d'activité, Guitry, Arletty, Pierre Fresnay, Viviane Romance, Mireille Balin, Ginette Leclerc, Corinne Luchaire, Albert Préjean, Robert Le Vigan et quelques autres emprisonnés. Les institutions, comme toujours, demeurèrent immuables et changeantes. Le Comité de libération du cinéma français fit nommer un nouveau directeur général du cinéma, proche des communistes, Jean Painlevé. Mais il ne put rien contre le COIC qui fut maintenu, Galey, cédant seulement la place de directeur à son ancien collaborateur, Philippe Acoulon, d'où quelques sérieuses frictions. Si on ajoute à cela les pénuries de toute sorte, la désorganisation économique, les dégâts matériels et une certaine atmosphère de suspicion autour de nombreux producteurs parmi les plus actifs, on comprend pourquoi la reprise des tournages n'eut pas lieu jusqu'à la fin de l'année 1944. En attendant, on sortait les derniers films « vichyssois », qui, sauf *les Enfants du paradis*, montré en mars 1945 et, dans une moindre mesure, *la Cage aux rossignols* ne rencontraient guère de succès. On montrait aussi quelques films anciens et toujours inédits, interdits en 1939-1940 pour des raisons diverses, tels *Documents secrets* (Joannon), *Untel père et fils*, commande de propagande patriotique de Duvivier et, surtout, *Espoir*, le chef-d'œuvre unique d'André Malraux sur la guerre d'Espagne, censuré par le gouvernement Daladier dès septembre 1939. On put revoir *la Règle du jeu* de Renoir et, en version enfin complète, *la Loi du Nord* de Feyder, sorti amputé en 1942. En revanche, dorénavant, d'autres films étaient interdits (ceux de Guitry, ainsi que *le Corbeau*, *les Inconnus dans la maison*, *la Vie de plaisir*), et d'autres (comme *Douce*) mis sous séquestre. Il fallut se rabattre sur les reprises, les vieux films américains

Un cinéma de scénaristes

L'importance du scénariste et de son rôle date de l'apparition du cinéma parlant, qui commence par faire appel aux auteurs de théâtre. Marcel Pagnol et Henri Jeanson, qui en font partie, déclarent alors que le véritable auteur du film est le scénariste. *Marius* et *Fanny* sont présentés comme des films de Pagnol, bien plus que de Korda et Marc Allégret, qui en sont pourtant les réalisateurs. *Une vie perdue* (1933) est donné comme un film de Jacques Deval, le nom du metteur en scène (Raymond Rouleau) ne figurant même pas sur l'affiche. Cela durera ainsi jusqu'à la veille de la guerre, où un film comme *L'homme qui cherche la vérité* est attribué non au réalisateur, Alexandre Esway, mais au scénariste Pierre Wolf, auteur de boulevard qui bénéficiait du souvenir de quelques vieux succès. Même son de cloche avec le vaudevilliste Yves Mirande, dont le nom éclipse ceux de ses collaborateurs Léonide Moguy ou Georges Lacombe. Et cela est encore plus vrai pour les films de Sacha Guitry, dont personne ne souligne qu'ils sont souvent réalisés par des tiers comme Fernand Rivers, Alexandre Ryder ou Robert Bibal, voire par un cinéaste chevronné comme Christian-Jaque (*les Perles de la couronne*). En dehors de cas aussi manifestes que ceux-là, nombreux sont les exemples de scénaristes ou/et dialoguistes fondés à revendiquer une part de paternité dans les films auxquels ils ont participé.

Trois noms dominent la catégorie : Jacques Prévert, Henri Jeanson et Charles Spaak. Leur longue carrière à ces postes est évoquée par ailleurs. A côté de ces chefs de file, le cinéma français des années 1930-60 a connu beaucoup d'autres scénaristes très actifs, de Marcel Achard à Pierre Véry, de Michel Audiard au couple Aurenche et Bost. Eux aussi trouvent leur place un peu plus loin. Reste quelques outsiders, parfois oubliés, qui ont gardé une importance particulière.

Jean Anouilh (1910-1987)

Premier écrivain de théâtre de son temps, il a aussi beaucoup œuvré pour l'écran entre 1936 et le début des années soixante. L'ensemble est disparate, mais toujours reconnaissable. Certaines de ses collaborations, et non des moindres, sont non signées, comme *J'étais une aventurière*, *Battement de cœur* et surtout *Marie-Martine*. Le reste va de *Cavalcade d'amour* à *Caroline chérie*, et (plusieurs crans au-dessus) de *Monsieur Vincent* à *Pattes blanches*. Il a tourné lui-même une de ses pièces, *le Voyageur sans bagages* (1943) et un scénario de lui et de sa femme Monelle Valentin, *Deux sous de violettes* (1951), et suivi de près la réalisation d'un autre scénario des mêmes, *le Rideau rouge* (1952).

Louis Chavance (1907-1979)

Il fut l'excellent faire-valoir de Clouzot pour *le Corbeau*, mais aussi de L'Herbier (*la Nuit fantastique*) et de Christian-Jaque (*Un revenant*). Il travailla aussi un temps comme monteur (pour *l'Atalante*, de Vigo) et assistant-réalisateur.

Jean Ferry (1906-1975)

Il a un passé de dignitaire du Collège de Pataphysique et d'officier de la marine marchande qui ne le destinait pas spécialement au cinéma. Il a pourtant fait un bout de chemin remarqué auprès de Clouzot (*Quai des orfèvres*), Buñuel (*Cela s'appelle l'aurore*) et Louis Malle (*Vie privée*), plus quelques besognes de circonstance. C'était en outre un écrivain confidentiel mais attachant.

José Giovanni (né en 1923)

C'est d'abord un romancier, qui n'en finit pas d'exorciser une jeunesse aventureuse soldée par des mois de prison. Son récit quasi autographique, *le Trou*, eut l'heur de plaire à Jacques Becker, qui en tira un admirable film, avec sa discrète collaboration. On le trouve aussi à l'œuvre sur *Classe tous risques* (Sautet), *Un nommé La Rocca* (Jean Becker) et *le Deuxième souffle* (Melville). Passé à la réalisation à partir de *la Loi du survivant* (1966), il s'enlisa peu à peu dans le policier de série.

Jacques Laurent (né en 1919)

Romancier aux facettes et aux pseudonymes multiples (Cecil Saint-Laurent, Albéric Varenne...), directeur de l'influent hebdomadaire *Arts* dans les années cinquante, fondateur d'une revue non-conformiste, *la Parisienne*, polémiste incisif, son travail de scénariste ne concerne pas directement l'adaptation de ses romans *Caroline chérie* et *Une sacrée salade* (devenu *les Mauvaises rencontres*), ni celle du synopsis de *Lola Montès* (développé par Jacques Natanson et Annette Wademant), mais les remarquables commentaires et montage des films de son ami Jean Aurel (*14-18*, *la Bataille de France*) et, pour le même, les scripts et les dialogues de *De l'amour*, *Manon 70* et *les Femmes*. Ce touche-à-tout s'est même essayé, sans grand succès à vrai dire, à la réalisation (*Quarante-huit heures d'amour*, 1968-1969).

Jacques Sigurd (1920-1987)

Il est surtout connu par les films qu'il a écrits pour Yves Allégret, presque tous teintés d'un noir pessimisme (*Dédée d'Anvers*, *Une si jolie petite plage*, *Manèges*, *la Jeune folle*), à l'exception de *la Meilleure part*. Il a aussi travaillé avec Marcel Carné, sans réussir à remplacer Jacques Prévert.

Bernard Zimmer (1893-1964)

Ecrivain de théâtre, il est venu au cinéma dès le début du parlant, pour les versions françaises d'agréables productions de la UFA, en attendant de dialoguer *Liliom* pour l'exilé Fritz Lang. Il travailla avec les réalisateurs les plus divers : Jacques Feyder, Jean Delannoy, Robert Vernay et Serge de Poligny (pour ce dernier, *le Veau gras*, 1939, d'après sa propre pièce à succès).

Le rôle du scénariste fut mis en question avec virulence par François Truffaut, dans un texte fameux des Cahiers du cinéma, où il attaquait explicitement les produits d'une certaine « qualité française », assimilée à ce qu'il appelait péjorativement un « cinéma de scénaristes ». Cette philippique visait surtout les derniers venus de la profession, Jean Aurenche et Pierre Bost, et leur activité auprès d'Autant-Lara, René Clément, Jean Delannoy, etc. Depuis, l'histoire a révisé ce jugement sommaire. Elle a rendu justice au rôle déterminant des scénaristes et aux contributions des meilleurs d'entre eux.

d'avant-guerre et quelques rares échantillons hollywoodiens récents, débarqués dans les bagages de l'armée américaine, comme *le Dictateur* de Charles Chaplin ou *le Défunt récalcitrant* d'Alexander Hall. Comme l'écrivait Alexandre Astruc en décembre 1944 : « Le cinéma français fait une pause », et le moral était presque aussi bas qu'en décembre 1940.

Heureusement, dès le printemps 1945, la production put repartir et atteindre un bon niveau à la fin de l'année. Comme en été 1940, M. Pagnol fut le premier nom notable à reprendre le travail et, dès novembre 1945, il pouvait montrer *Naïs* (coréalisateur Leboursier), une des plus étonnantes créations de Fernandel. Seuls l'avaient précédé l'expéditif de Canonge avec *Dernier Métro*, d'après Tristan Bernard, et le toujours très actif Christian-Jaque avec *Boule de Suif*, d'après Maupassant, hommage transposé à la Résistance, qui reçut un accueil mitigé — sort que connurent de nombreux films de Résistance (genre à la durée éphémère) tournés en 1945, comme *Peloton d'exécution* (Berthomieu), *les Clandestins* (Chotin), *Fils de France* (Blondy), *Nuits d'alerte* (Mathot), *Mission spéciale* (de Canonge), *le Jugement dernier* (Chanas), la plupart d'une grande médiocrité. Seuls y échappèrent, dans une certaine mesure, *les Démons de l'aube* (Y. Allégret), *Jéricho* (Calef) et surtout *Bataille du rail* (Clément). Mais, dans la France tourmentée de l'après-guerre, le patriotisme, pourtant à l'ordre du jour, ne fit guère recette à l'écran.

Ce qui marchait ? Ce qui avait marché sous l'Occupation : la veine fantastique se poursuivait avec *le Pays sans étoiles* (Lacombe), *la Tentation de Barbizon* (Stelli) et surtout *la Belle et la Bête* (Cocteau) et *Sylvie et le fantôme* (Autant-Lara), deux films préparés avant la Libération. Le film policier continuait avec *120, rue de la Gare* et *Monsieur Grégoire s'évade* (Daniel-Norman) ou *Seul dans la nuit* (Stengel), le film de cape et d'épée, avec *le Capitan* (Vernay) film en deux époques et *Cyrano de Bergerac* (Rivers) où s'illustra Claude Dauphin, le film en costumes, avec *l'Affaire du collier de la reine* (L'Herbier), *François Villon* (Zwobada), *Patrie* (Daquin), *l'Idiot* (Lampin), *le Père Serge* (Ganier-Raymond), *Roger la Honte* (Cayatte), la comédie avec *Leçon de conduite* (Grangier), *Dorothée cherche l'amour* (Gréville) et *les J 3* (Richebé), le drame campagnard avec *la Ferme du pendu* (Dréville), *Fille du Diable* (Decoin) et *Raboliot* (Daroy). Comme, sauf Guitry et Clouzot, la plupart des épurés avaient effectué leur rentrée, on aurait pu penser, pour un peu, qu'il s'agissait d'une réédition de la saison 1942, et que l'après-guerre rappelait étrangement l'après-armistice.

La Belle et la Bête, 1946, avec Josette Day.

Michel Auclair (Wladimir Vujovic, 1922-1988)

D'origine yougoslave, il a fait sa carrière en France. Pendant la Seconde Guerre mondiale, il est, sur scène, l'interprète subtil de Claudel, Cocteau, Ibsen ou Péguy. A l'écran, il s'affirme dans des films comme *les Malheurs de Sophie* (Audry, 1945), *la Belle et la Bête* (Cocteau, 1946), *les Maudits* (Clément, 1947) et surtout comme partenaire de Cécile Aubry dans *Manon* (Clouzot, 1948). On le revoit ensuite dans de nombreux films, dont *Singoalla* (Christian-Jaque, 1949), *Justice est faite* (Cayatte, 1950), *Maigret et l'affaire Saint-Fiacre* (Delannoy, 1959), *Éducation sentimentale* (Astruc, 1961), *Souvenirs d'en France* (Téchiné, 1975), *Rue Barbare* (Béhat, 1984). Après avoir joué les jeunes premiers un peu veules, il se spécialisa dans les personnages élégants et souvent antipathiques.

Alain Cuny (1908-1994)

Il a fait ses études à l'École des beaux-arts de Paris. Il dessine ensuite des affiches et des décors de théâtre et travaille au cinéma comme décorateur et costumier pour Alberto Cavalcanti, Jacques Feyder et Jean Renoir. Il commence à jouer sur scène et à l'écran dès l'avant-guerre. Son premier rôle important lui est confié par Carné dans *les Visiteurs du soir* (1942). Silhouette imposante au visage typé, il joue les solitaires romantiques et les intellectuels tourmentés, comme dans *le Baron Fantôme* (de Poligny, 1942). Après une pause dans sa carrière, on le retrouve en Italie dans *le Christ interdit* (Malaparte, 1951). Il alterne ensuite les prestations françaises et italiennes: *les Chemises rouges* (Alessandrini et Rosi, 1952), *Mina de Vanghel* (Barry et Clavel, 1953), *les Amants* (Malle, 1958), *La dolce vita* (Fellini, 1959), *la Voie lactée* (Buñuel, 1958), *les Hommes contre* (Rosi, 1970), *Emmanuelle* (Jaeckin, 1974). Comme réalisateur, on lui doit une adaptation originale de la pièce de Claudel *l'Annonce faite à Marie*, réalisée à la fin de sa vie, en 1990.

Daniel Gélin (né en 1921)

Quasi-figurant à la veille de la guerre, il obtient quelques petits rôles pendant l'Occupation. Après 1945, ses rôles s'étoffent dans des films secondaires comme *la Tentation de Barbizon* (Stelli, 1945) ou *Martin Roumagnac* (Lacombe, 1946). En 1949, Jacques Becker le met au premier plan dans *Rendez-vous de juillet*, son grand film sur la jeunesse d'après-guerre. Plusieurs bons films achèvent de le consacrer. Ce sont d'abord deux délicieuses comédies de Becker, son metteur en scène fétiche : *Édouard et Caroline* (1950) et *Rue de l'Estrapade* (1952). Mais aussi *la Ronde* (1950) et le *Plaisir* (1951) de Max Ophuls, *la Minute de vérité* (Delannoy, 1952) et le *Napoléon* (1954) de Guitry, dans lequel il incarne Bonaparte jeune. Suivent une soixantaine de titres, dont *Mort en fraude* (M. Camus, 1956), *la Proie pour l'ombre* (Astruc, 1960), *la Morte-saison des amours* (Kast, 1961), *le Souffle au cœur* (Malle, 1970). Comme réalisateur, il a dirigé *les Dents longues* (1952), avec son épouse d'alors Danièle Delorme et lui-même en vedettes, film non dénué de qualité.

Jean Marais (Jean Alfred Villain-Marais, 1913-1998)

Né à Cherbourg, il connaît une jeunesse indisciplinée. Recalé au Conservatoire, il s'incruste chez Dullin et hante les studios. En 1937, il rencontre Jean Cocteau qui va lui ouvrir une voie royale, parcourue en compagnie du poète jusqu'à la mort de celui-ci en 1963 et jalonnée (sur scène) de titres prestigieux : *les Parents terribles, les Chevaliers de la table ronde, l'Aigle à deux têtes*. Le cinéma s'intéresse à lui. *Le Lit à colonnes* (Tual, 1942), et surtout *l'Éternel Retour* (Delannoy, 1942), écrit pour lui par Cocteau, le sacrent jeune premier romantique. Autres cadeaux somptueux que lui offre son mentor : le triple rôle de *la Belle et la Bête* (1945), Ruy Blas et Don César dans *Ruy Blas* (Billon, 1947), le transfert à l'écran de *l'Aigle à deux têtes* (1947) et des *Parents terribles* (1948), enfin la perle noire d'*Orphée* (1950). En même temps, Marais incarne une forme plus populaire de romantisme: *les Chouans* (Calef, 1946), *le Secret de Mayerling* (Delannoy, 1948), *le Comte de Monte-Cristo* (Vernay, 1955). *Dans Si Versailles m'était conté* (Guitry, 1953), vêtu de satin blanc, il personnifie Louis le Bien-Aimé, et dans *Elena et les hommes* (Renoir, 1955), il campe de manière élégiaque le général Boulanger. Il est aussi le héros d'histoires d'amour modernes comme *Aux yeux du souvenir* (Delannoy, 1948) ou *le Château de verre* (Clément, 1951). L'âge venant, il entame en 1959, avec *le Bossu*, la troisième partie de sa carrière en ferraillant dans des films de cape et d'épée : *le Capitaine Fracasse* (Gaspard-Huit, 1960), *le Capitan* (Hunebelle, 1960), *le Masque de fer* (Decoin, 1962). Après *la Princesse de Clèves* (Delannoy, 1961), adapté par Cocteau, il va descendre de plusieurs crans avec l'insipide série des *Fantômas* (Hunebelle, à partir de 1964) où il côtoie Louis de Funès, tout en continuant de paraître sur scène avec succès. Dernières apparitions notables dans *Peau d'Âne* (1970) et *Parking* (1985) de Demy.

Gérard Philipe (1922-1959)

Après des débuts théâtraux à Nice en 1942, puis la création de *Sodome et Gomorrhe* (1943) de Jean Giraudoux, suivie de celle de *Caligula* de Camus, en 1945, c'est pour ce jeune comédien hier encore inconnu la consécration de la scène. Celle de l'écran n'allait pas tarder: *le Pays sans étoiles* (Lacombe, 1945), *l'Idiot* (Lampin, 1945), et surtout *le Diable au corps* d'Autant-Lara (grand prix d'interprétation au festival

Jeunes premiers romantiques

de Bruxelles en 1947) l'installent au premier rang du cinéma français, ce que vont confirmer *la Chartreuse de Parme* (Christian-Jaque, 1947) et *Une si jolie petite plage* (Y. Allégret, 1948). La rencontre avec René Clair sera bénéfique : c'est *la Beauté du Diable* (1950), *les Belles de nuit* (1952) et *les Grandes Manœuvres* (1954). Entre-temps, son aura pâlit un peu dans *la Ronde* (Max Ophuls, 1950), *Souvenirs perdus* (Christian-Jaque, 1950) et *Juliette ou la Clef des songes* (Carné, 1950). Mais en 1951, c'est le réveil en fanfare de *Fanfan la Tulipe* (Christian-Jaque), un rôle qui lui assure une popularité définitive. On retiendra ensuite *Monsieur Ripois* (Clément, 1953), *la Meilleure Part* (Y. Allégret, 1955), *Pot-bouille* (Duvivier, 1957) et une œuvre incomprise de Becker, où il campe un poignant Modigliani : *Montparnasse 19* (1957). Il fait une incursion maladroite dans la mise en scène avec *Till l'Espiègle* (1956) et, après une pâle composition en Valmont dans les *Liaisons dangereuses*, de Vadim, c'est un ultime film (sans grand éclat) de Luis Buñuel, *La fièvre monte à El Pao*.

Mais une seconde carrière était venue redoubler sa popularité : en 1951, Gérard Philipe avait rejoint Jean Vilar au Théâtre national populaire (TNP). Ses créations du *Cid*, du *Prince de Hombourg*, de *Lorenzaccio*, de *Ruy Blas* ont largement contribué à fixer la figure de celui qui « ne laisse que l'image du printemps », comme l'écrivit Aragon, quand il mourut en 1959, à l'âge de trente-sept ans.

Serge Reggiani
(Reggio Emilia, né en 1922)

Son visage triste s'accordait au climat sombre d'un certain cinéma français des années 1940, teinté de romantisme. Né en Italie, mais ayant grandi en France, il entra au conservatoire et fit ses débuts sur scène en 1940. Il ne passa pas inaperçu en forte tête dans *le Carrefour des enfants perdus* (Joannon, 1944) mais fut surtout révélé par *les Portes de la nuit* (Carné, 1946), *les Amants de Vérone* (Cayatte, 1948) et *Manon* (Clouzot, 1948) se créant un personnage d'antihéros marqué par une aura de fatalité. Son destin sera encore tragique dans *Casque d'or* (Becker, 1952), son plus grand rôle, où il incarne avec une dignité émouvante et sobre, l'ouvrier parisien broyé dans le piège d'une folle passion qui le conduira au crime et à l'échafaud. Peu ou mal utilisé, il ne fera plus ensuite que de petits films sans grand intérêt, à l'exception du *Doulos* (1962) et de *l'Armée des ombres* (1969) de Melville, et en Italie, du *Guépard* (Visconti, 1963) et de *la Terrasse* (Scola, 1980). Mais il a trouvé un second souffle dans la chanson.

Jean Servais (1910-1976)

Ce comédien d'origine belge fit carrière en France, où il fut dans les années 1930 un jeune premier un peu sévère. Il obtint son premier succès dans *les Misérables* (1934) de R. Bernard, où il incarnait Marius. Sous la direction de Pagnol, il fut ensuite Albin, le soupirant timide d'*Angèle*, avec un accent bien improbable pour un Provençal. Il fit encore de bonnes prestations dans *Jeunesse* (Lacombe, 1934), *la Danse de Mort* (Cravenne, 1947), *Mademoiselle de La Ferté* (Dallier, 1949), *le Plaisir* (Max Ophuls, 1951). Il trouvera une envergure nouvelle la quarantaine passée, son visage aux traits creusés et sa voix rauque le vouant à jouer les héros tragiques, marqués par le destin : ainsi apparaît-il dans un film au titre significatif, *Les héros sont fatigués* (Ciampi, 1954) et surtout dans le remarquable « policier » noir à la française *Du rififi chez les hommes* (Dassin, 1955).

La situation commençait à se modifier un peu en 1946, quand vint s'abattre la catastrophe : les accords Blum-Byrnes. Les émigrés de 1940 venaient reprendre leur place, Clair (*Le silence est d'or*), Duvivier (*Panique*), Feyder (*Macadam*), Chenal (*la Foire aux chimères*), Jean Gabin avec *Martin Roumagnac* (Lacombe) et Michèle Morgan avec *la Symphonie pastorale* (Delannoy) connaissant d'ailleurs des fortunes diverses. Les nouveaux venus de l'Occupation (toujours sans Clouzot) poursuivaient leurs succès, tels Autant-Lara (*le Diable au corps*), Becker (*Antoine et Antoinette*) Delannoy (*la Symphonie pastorale*) et même Cayatte (*la Revanche de Roger la Honte*), tous bien accueillis par le public et par la critique ; ils occupaient solidement les places et maintenaient une certaine tradition de qualité française que nul ne songeait alors à prendre en mauvaise part. Seul M. Carné essuyait un échec injuste — dû à la défection du couple Jean Gabin-Marlène Dietrich pour qui Jacques Prévert avait écrit les rôles vedettes — avec *les Portes de la nuit*, ce qui mit fin à leur fructueuse collaboration. Decoin, interdit à son tour, « supervisait » *le Café du Cadran*, faute de pouvoir le signer, tandis que, infatigable, Christian-Jaque donnait un de ses meilleurs films, *Un revenant*, avec un autre « retour d'exil », Louis Jouvet et sur un brillant scénario de Jeanson. Dréville (*le Visiteur*), E. T. Gréville (*Pour une nuit d'amour*), de Hérain (*l'Amour autour de la maison*), Billon (*l'Homme au chapeau rond*, dernier film de Raimu), Clément (*les Maudits*), Calef (*les Chouans*), voire Boyer (*On ne meurt pas comme ça* avec un autre « revenant », E. von Stroheim), Faurez (*Contre-enquête*), P. Prévert (*Voyage-surprise*), ou Grangier (*Histoire de chanter*), chacun à son niveau, se montraient au meilleur de leur inspiration, sans oublier le vétéran Gleize, avec son dernier film digne

Mireille Balin (1911-1968)

Au fil des ans, on a vu se constituer un mythe Mireille Balin, que sa tragique destinée, sa carrière très courte et l'éclat moderne de ses interprétations ont contribué à édifier. Celle dont Jacques Siclier a bien décrit « le masque énigmatique très hollywoodien » émeut dans *Pépé le Moko* (Duvivier, 1936) et dans *Gueule d'amour* (Grémillon, 1937), deux films où elle eut Gabin pour partenaire. Elle fut la fiancée de Tino Rossi dans *Naples au baiser de feu* (Genina, 1937) et sa compagne dans la vie. Elle eut l'imprudence de tourner un film italien fasciste, *L'assedio dell'Alcazar* ou *le Siège de l'Alcazar* (Genina, 1940). Sous l'Occupation, on la vit dans *Macao, l'enfer du jeu* (Delannoy, 1939-1941), *L'assassin a peur la nuit* (Delannoy, 1942) et surtout *Dernier Atout* (Becker, 1942), où elle était plus hollywoodienne que jamais. L'épuration mit un terme brutal à sa carrière, et ses dernières années furent misérables.

Blanchette Brunoy (Blanche Bilhaut, née en 1918)

Nièce de l'écrivain Georges Duhamel, elle fit du théâtre et une brillante carrière à l'écran. Jolie et photogénique, un regard lumineux, une expression d'une étonnante douceur, et l'art de passer du sourire au bord des larmes avec naturel, elle fut une des vedettes les plus populaires du cinéma français de *Claudine à l'école* (de Poligny, 1937) jusqu'au milieu des années 1950. L'arrivée de la Nouvelle Vague la rejeta dans un oubli injuste et prématuré. Mais on se souviendra de la Flore de *la Bête humaine* (Renoir, 1938), de l'épouse bafouée de *l'Empreinte du dieu* (Moguy, 1940) et surtout du sourire irrésistible de Goupi-Muguet dans sa scène de déclaration d'amour de *Goupi-Mains rouges* (Becker, 1942), et d'autres films encore, de *Cavalcade d'amour* (Bernard, 1939) au *Camion blanc* (Joannon, 1942) et de *Raboliot* (Daroy, 1945) à *la Marie du port* (Carné, 1949).

Martine Carol (Maryse Louise Mourer, 1920-1967)

Au milieu de beaucoup d'autres, on rencontrait dans *Adorables Créatures* (1952) de Christian-Jaque, celle qui n'était pas la moins attirante du lot, Martine Carol, alors épouse du cinéaste. Curieuse carrière que celle de la petite starlette qui, à force de vouloir devenir une star, et de tout faire pour cela, y parvint effectivement pour une bréve période, avant de disparaître à l'âge de quarante-cinq ans. Après de modestes débuts à la Continental dans *la Ferme aux loups* (Pottier, 1943), ce fut une série de petits films obscurs, exceptés *Voyage surprise* (Prévert, 1947) et *les Amants de Vérone* (Cayatte, 1948), où on la remarquait à peine, jusqu'au coup d'éclat de *Caroline chérie* (Pottier, 1950), qui fit d'elle une vedette du jour au lendemain. La quasi-homonymie du personnage et de l'interprète, la photogénie soigneusement fabriquée de celle-ci réussirent d'un coup, là où avaient échoué des idylles tapageuses et un (faux) suicide manqué. D'autres personnages bâtis sur le modèle de Caroline, mis en scène par Christian-Jaque, portèrent sa réputation à son zénith : *Lucrèce Borgia* (1952), *Madame Du Barry* (1954), *Nana* (1954), sans oublier le rôle moderne de *Nathalie* (1957). Tous ces films relevaient d'une aimable insignifiance. On pourrait s'interroger sur la cause de son succès, si elle n'avait tourné d'autres œuvres où elle montrait qu'elle pouvait mieux faire. Telles furent *les Belles de nuit* (Clair, 1952) de René Clair, en plus noir, *La spiaggia* ou *la Pensionnaire* (Lattuada, 1954) et surtout *Lola Montès* (1955) chef-d'œuvre de Max Ophuls, apothéose et chant du cygne de sa carrière. Tout ce qui suit (si l'on excepte *Vanina Vanini*, 1961, de Rossellini, où elle ne fait qu'apparaître) fut une lente agonie.

Ginette Leclerc (Geneviève Menut, 1912-1992)

Avec la beauté du diable, elle était capable de pousser très loin la vulgarité. Pourtant, on se souvient d'elle, car elle avait " du chien ", de la présence et un talent réel, qui fut trop peu exploité. Elle fit des années de figuration avant de s'imposer dans *la Femme du boulanger* (Pagnol, 1938), un rôle quasi muet. Ensuite ce fut son triomphe dans *le Corbeau* (Clouzot, 1943), suivi d'*Un homme marche dans la ville* (Pagliero, 1949) et du *Plaisir* (Max Ophuls, 1951). Quelques autres titres méritent curiosité ou intérêt : *la Loupiote* (Kemm, 1936), *les Dégourdis de la 11e* (Christian-Jaque, 1936), *le Val d'enfer* (Maurice Tourneur, 1943), *les Eaux troubles* (Calef, 1948), *Gas-Oil* (Grangier, 1955) et *Goto, île d'amour* (Borowczyk, 1969).

Suzy Delair (née en 1917)

Cette vraie « Parisienne » est effectivement née à Paris. Elle débuta comme chanteuse de beuglant. C'est dans un de ces lieux qu'il affectionnait que Clouzot la découvrit et prit sa carrière en main, en même temps qu'il allait partager sa vie une dizaine d'années. Il la fit débuter dans *le Dernier des six* (Lacombe, 1941), dont il avait écrit le scénario, puis dans *L'assassin habite au 21*, qu'il réalisa lui-même l'année suivante. Dans l'un et l'autre, elle incarnait Mila-Malou, la petite amie volcanique de l'inspecteur Wens, joué par Pierre Fresnay. Après *Copie conforme* (Dréville, 1946), elle eut son plus grand rôle, à nouveau avec Clouzot, dans *Quai des Orfèvres* (1947), celui de la chanteuse Jenny Lamour, trépidante sur scène « avec son tralala ». Elle fut aussi *Lady Paname* (1949), un personnage assez voisin du précédent, et la partenaire de Laurel et Hardy dans leur dernier film, *Atoll K* (Joannon, 1951), qui n'ajouta rien à sa gloire. Dans le registre dramatique, elle fut remarquable dans *Pattes blanches* (1948), de Grémillon. On la vit aussi dans *Gervaise* (Clément, 1955) et *Rocco et ses frères* (*Rocco e i suoi fratelli*, Visconti, 1960). Simultanément, Suzy Delair poursuivit une brillante carrière au théâtre.

Ph. Coll. Archives Larbor

Goupi-Mains Rouges de Jacques Becker, 1943, avec Fernand Ledoux.

Les années 1940-1959

Ph. R. Duval / Coll. Archives Larbor / DR

Les Anges du péché de Robert Bresson, 1943, avec Renée Faure.

Ph. J. Klissak / Coll. Archives Larbor / DR

Les amoureux sont seuls au monde d'Henri Decoin, 1948, avec Renée Devillers et Louis Jouvet.

Ph. Coll. Archives Larbor

Le Trésor de Cantenac de Sacha Guitry, 1950, avec Jeanne Fusier-Gir, Sacha Guitry, Lana Marconi, Pauline Carton et Michel Lemoine.

Ph. A. Dino / Coll. Archives Larbor / DR

Les Enfants terribles de Jean-Pierre Melville, 1950, avec Edouard Dhermite et Nicole Stéphane.

Ph. Henri Thibault / Coll. Archives Larbor / DR

Casque d'Or de Jacques Becker, 1952, avec Simone Signoret, Claude Dauphin et Dominique Davray.

Ph. Coll. Archives Larbor

Horizons sans fin de Jean Dréville, 1952.

Ph. A. Dino / Coll. Archives Larbor / DR

Les Vacances de Monsieur Hulot de Jacques Tati, 1953, avec Jacques Tati.

Les années 1940-1959

Ph. © S. Beauvarlet / Kipa

Les Grandes Manœuvres de René Clair, 1955, avec Gérard Philipe et Yves Robert.

Ph. Coll. Archives Larbor

Une vie d'Alexandre Astruc, 1958, avec Christian Marquand et Maria Schell.

Ph © Rivier / R. Foulon / Cats / Kipa

Le déjeuner sur l'herbe de Jean Renoir, 1959, avec Paul Meurisse et Catherine Rouvel.

Les années 1940-1959

Madeleine Robinson
(Madeleine Svoboda, née en 1916)

Ancienne élève de Charles Dullin, elle entame vers le milieu des années trente une carrière, presque entièrement consacrée au Boulevard. Elle débute en même temps au cinéma, où, après une dizaine de films insignifiants, elle obtient son premier grand succès avec *Lumière d'été* (1942) de Grémillon, où elle crée un attachant personnage de jeune fille moderne. Suivront entre autres *Douce* (Autant-Lara, 1943), *les Frères Bouquiquant* (Daquin, 1947), *Une si jolie petite plage* (Yves Allégret, 1949), *le Garçon sauvage* (Delannoy, 1951). Après quoi, les rôles intéressants se font plus rares. Elle est une épouse frustrée dans *À Double tour* (Chabrol, 1959), on l'aperçoit dans *le Procès* (Welles, 1963) et *Une histoire simple* (Sautet, 1978). Une de ses dernières créations pour le grand écran fut dans *J'ai épousé une ombre* (Davis, 1982). Elle fit aussi beaucoup de télévision.

Madeleine Sologne
(Madeleine Vouillon, 1912-1995)

On a presque oublié qu'elle eut une gloire immense et soudaine, avant de retomber dans l'obscurité. Sa grande chance fut d'être choisie pour incarner Iseut la Blonde dans *l'Éternel Retour* (Delannoy, 1943). Auparavant, elle avait déjà paru dans une douzaine de films, sans jamais s'imposer vraiment. Parmi ceux-ci : *La vie est à nous* (1936), *le Danube bleu* (Reinert et Rode, 1939), *Fièvres* (Delannoy, 1941) avec Tino Rossi, *l'Appel du bled* (Gleize, 1942) où elle était fort bonne, *le Loup des Malveneur* (Radot, 1942). Ensuite, il y eut *Vautrin* (Billon, 1943) où elle fut une Esther Gobsek non dépourvue de qualités, puis des films très inégaux comme *la Foire aux chimères* (Chenal, 1946), *la Figure de proue* (Stengel, 1947), *le Dessous des cartes* (Cayatte, 1947), après quoi elle disparut des écrans, à l'exception d'un come-back sans lendemain dans *Il suffit d'aimer* (Darène, 1960), où l'actrice était précocement vieillie.

de ce nom (*le Bateau à soupe*). Avec *Farrebique*, Georges Rouquier ébauchait un néoréalisme à la française, resté malheureusement sans postérité et, avec *Paris 1900*, Nicole Védrès donnait ses lettres de noblesse au documentaire de montage. On produisit dans l'année 95 films. Les beaux jours semblaient revenus, quand intervint l'irruption tonitruante de celui qu'on avait presque oublié : l'« envahisseur américain », beaucoup plus redouté des cinéastes français que celui d'outre-Rhin, dont ils s'étaient si aisément débarrassés en douze mois.

Le 26 mai 1946 était signé à Washington un important accord économique entre le gouvernement français et celui des États-Unis, représentés respectivement par Léon Blum et James Byrnes, concernant un prêt à la France de 650 millions de dollars. Le cinéma ne faisait partie de l'accord qu'à titre de détail secondaire, et cela très fâcheusement pour la France. Le texte signé stipulait que le système de contingentement d'avant-guerre dont les Américains ne voulaient plus, était remplacé par un système de « quotas à l'écran » : sur les treize semaines d'un trimestre, quatre étaient réservés aux films français, les neuf autres étant libres pour les films étrangers, ce qui signifiait en l'occurrence américains (plus de deux mille titres tournés pendant et depuis la guerre attendaient d'être distribués, à un public sevré depuis quatre ans). Applicable au 1er juillet 1946, l'accord souleva au sein du cinéma français un vrai tollé que des réactions maladroites de Léon Blum ne firent qu'envenimer. Dès la date prévue, on vit déferler sur les écrans français les films de Welles, Ford, Wyler, Wilder, Lubitsch, Hitchcock, Hawks, Cukor, Preminger, tous les fleurons de la production hollywoodienne de 1940-1945. Le choc était rude, et le cinéma français le ressentit vivement. L'effet s'en prolongea tout au long de l'année 1947, qui continua de prodiguer les plus beaux joyaux californiens, pour le plus grand profit des exploitants : 420 millions de spectateurs dans l'année (record inégalé). Inversement, le préjudice pour la production française fut dévastateur, avec, comme sanction immédiate, une rechute brutale à 71 films (moins qu'en 1942). Tels étaient les fruits amers de la victoire pour les cinéastes français, dont l'activité semblait condamnée à terme. Et pourtant, la liste des films de 1946 montre qu'ils n'avaient pas démérité, et pas davantage en 1947, année qui offrait aussi bien des chefs-d'œuvre consacrés comme *les Parents terribles* et *l'Aigle à deux têtes* (Cocteau), *Quai des Orfèvres* qui marquait la rentrée de Clouzot et *le Comédien*, celle de Guitry, *le Silence de la mer* (premier film de Jean-Pierre Melville) et *Jour de fête* (première œuvre de Jacques Tati), *Dernières vacances* (Leenhardt), que d'excellentes productions redécouvertes ces dernières années : *la Vie en rose* (Faurez), *Mademoiselle s'amuse* (Boyer), *la Dame d'onze heures* (Devaivre), *Le Diable souffle* (Gréville), *Dédée d'Anvers* (Y. Allégret), *les Frères Bouquinquant* (Daquin), *la Bataille de l'eau lourde* (Dréville), *Monsieur Vincent* (Cloche), *Ruy Blas* (Billon), *la Chartreuse de Parme* (Christian-Jaque) superproduction franco-italienne avec Gérard Philipe et Maria Casarès, *Rocambole* (de Baroncelli) film en deux époques, *le Destin exécrable de Guillemette Babin* (Radot), *le Cavalier de Croix-Mort* (Ganier-Raymond), *Fort de la solitude* (Vernay). Il ne faut pas oublier *les Amants du pont Saint-Jean* et *Les amoureux sont seuls au monde* deux grandes réussites de Decoin ni même *Les jeux sont faits* (Delannoy) premier scénario de Jean-Paul Sartre. Enfin *le Mariage de Ramuntcho* (de Vaucorbeil), avec le chanteur André Dassary, premier film français en Agfacolor, d'ailleurs médiocre, annonçait la conversion tardive et timide de la France à la couleur, et à ce seul titre, constituait un événement. Mais il n'y avait rien à faire, le rouleau compresseur américain était trop puissant et menaçait de tout écraser de son poids. C'est alors que le cinéma français décida de réagir.

En décembre 1947, un Comité de défense du cinéma français était créé, qui organisait en janvier 1948 une manifestation de plus de dix mille personnes, conduite par les plus illustres vedettes et les cinéastes les plus renommés et qui impressionna fort les pouvoirs publics. Comme en 1940, c'est de ceux-ci qu'allait surgir le salut. En octobre 1946, le COIC « vichyssois » avait été, non sans difficultés, remplacé par le Centre national du cinéma (CNC), qui héritait la plupart de ses prérogatives et celles de l'ancienne Direction générale du cinéma. On avait nommé à sa tête un homme nouveau, haut fonctionnaire de grande qualité, Michel Fourré-Cormeray. C'est lui qui allait organiser la résistance et préparer la riposte à l'invasion américaine, sous la pression de la profession cinématographique toujours en alerte. Après une modification de l'accord Blum-Byrnes qui accordait une semaine de plus par trimestre aux films français à partir du 1er juillet 1948 et qui limitait le nombre de films doublés importés, ce fut l'instauration d'une loi « d'aide temporaire », prise en septembre 1948, renouvelée en 1952, avant de devenir définitive. Le principe en est simple : création d'un fonds de soutien au cinéma français, alimenté par une taxe perçue sur tous les films, même étrangers, qui contribue ainsi à restaurer la prospérité du cinéma français. Leur succès fournit un financement accru à l'industrie cinématographique nationale, selon un système d'une ingéniosité et d'une efficacité redoutables, qui allait sauver celle-ci pour un demi-siècle. Les *majors* hollywoodiennes durent encaisser le coup, même si, dans le fond, elles n'en prirent jamais leur parti, espérant trouver un jour l'occasion d'une revanche qui tarda beaucoup plus qu'elles ne l'escomptaient. En attendant, le cinéma français, revenu d'un grand péril, continuait.

Le répit

Après les péripéties contraires mais convergentes de la guerre, de l'Occupation et de l'après-guerre, les années 1940 se terminèrent mieux pour le cinéma français qu'elles n'avaient commencé, dans un climat de sérénité retrouvée. À l'intérieur du pays, les blessures de la guerre et de l'épuration ne demandaient qu'à se cicatriser. À l'étranger, les films français brillaient d'un éclat renouvelé : en signe sans doute d'apaisement et de volonté de conciliation, les Américains attribuaient l'oscar du meilleur film étranger pour 1948 à *Monsieur Vincent*, ce qui, à l'époque, pour le public français, ne signifiait d'ailleurs pas grand-chose. En 1949, le lion d'or de Venise était attribué à *Manon*, parachevant la « réhabilitation » de Clouzot, acquise, en fait, dès le triomphe de *Quai des Orfèvres* deux ans plus tôt. Dans ce climat redevenu plus favorable, la production française remontait rapidement : 94 films produits en 1948, 108 en 1949. Cette quantité retrouvée s'accompagnait d'une qualité qui n'avait jamais été perdue, même au plus fort de la crise des accords Blum-Byrnes et leurs suites. La confiance revenue se traduisait en 1948 dans des œuvres de valeur comme *Manon* (Clouzot), *Pattes blanches* (Grémillon), *le Père tranquille* et *Au-delà des grilles* (Clément), *les Amants de Vérone* (Cayatte), *Une si jolie petite plage* (Y. Allégret), *le Point du jour* (Daquin), *les Casse-pieds* (Dréville), *Gigi* (Audry), *le Diable boiteux* (Guitry), film qu'on avait interdit à l'auteur de réaliser deux ans auparavant, *la Ferme des sept péchés* (Devaivre), *Du Guesclin* (de Latour), *Docteur Laennec* (Cloche), *D'homme à hommes* (Christian-Jaque), *Entre onze heures et minuit* (Decoin), *Tabusse* et *le Crime des justes* (Gehret), *Vire-Vent* (Faurez), *Bagarres* et *les Eaux troubles* (Calef), *le Secret de Monte-Cristo* (Valentin), sans oublier *la Belle Meunière* (Pagnol), qui inaugurait à son de trompe un nouveau procédé français en couleur qui se révéla inexploitable : le Rouxcolor, dont nul ne reparla jamais plus, non plus que de l'interprétation de Tino Rossi dans le rôle de Schubert…

Cette simili-euphorie se retrouva dans la production de 1949 au moins aussi riche et variée, avec quelques chefs-d'œuvre : *Orphée* (Cocteau), *les Enfants terribles* (Melville et Cocteau), *Rendez-vous de juillet* (Becker), *Occupe-toi d'Amélie* (Autant-Lara), *Miquette et sa mère* (Clouzot), unique incursion du réalisateur dans le comique, sublimée par les acteurs Danièle Delorme, Louis Jouvet, Saturnin Fabre, *le Trésor de Cantenac* un des meilleurs Guitry d'après-guerre, plein de sous-

entendus subversifs, et nombre de belles réussites comme *Nous irons à Paris* (Boyer), excellent *musical* à la française avec Ray Ventura et son orchestre, *Au royaume des cieux* (Duvivier), *la Marie du port* (Carné), *Au grand balcon* (Decoin), *la Soif des hommes* (de Poligny), *Un homme marche dans la ville* (Pagliero), film boycotté violemment par la CGT, *Singoalla* (Christian-Jaque), curieuse légende scandinave écrite par Pierre Véry, *Agnès de rien* (Billon), *le Grand Rendez-vous* (Dréville) sur le débarquement d'Alger en 1942, *Manèges* (Y. Allégret), *l'École buissonnière* (Le Chanois), *Premières Armes* (Wheeler), *Mademoiselle de La Ferté* (Dallier), seule adaptation fidèle et réussie d'un roman de Pierre Benoit, *Orage d'été* (Gehret), d'après Michel Davet, la romancière de *Douce*, *Véronique* (Vernay), opérette célèbre joliment filmée et interprétée. Seul Clair, embarqué dans une coproduction franco-italienne et les élucubrations faustiennes d'Armand Salacrou pour *la Beauté du Diable*, semblait empêtré dans les méandres de Cinecittà et ceux d'une métaphysique qui lui pesait, malgré les efforts de Michel Simon en Méphisto. Les amateurs de fantaisie pouvaient se consoler avec *Branquignol* (Dhéry), où on découvrait, parmi d'autres, Jean Carmet et Micheline Dax. Ceux qui préféraient le comique populaire avaient le choix entre *l'Héroïque Monsieur Boniface* (Labro) et *l'Atomique Monsieur Placido* (Hennion), entre Fernandel et Rellys. Cela aussi, c'est, il ne faut pas l'oublier, le cinéma français de 1949, en ajoutant que ce n'était pas pire qu'Abbott et Costello, équivalent hollywoodien du moment, mais, soyons justes, pas meilleur non plus. Sauf Max Linder et Jacques Tati, le cinéma comique français a toujours manqué de génies. Par contre, les pitres, parfois talentueux, ne lui ont jamais fait défaut.

Malgré cette faiblesse chronique et quelques autres, on peut considérer que le cinéma français, au moment de franchir le cap du demi-siècle, vivait une sorte d'apogée, ce qu'on n'aurait certes pas dit dix ans plus tôt. Et on ne le dirait pas non plus dix ans plus tard. Derrière une apparence de bonne santé retrouvée, divers périls le guettaient. L'un, bien connu, qui est la menace américaine, jugulée pour l'instant, mais pas éliminée (avec 45 % des spectateurs sur le marché français, comment pourrait-on le penser ?). Un autre, à venir, à peine soupçonné, qui commence seulement à émerger — la télévision, que personne ne perçoit comme une menace potentielle pour le vieux cinéma, pas même, sans doute, ses pionniers conquérants, les Pierre Tchernia, les Georges de Caunes, à qui le grand écran était loin d'être étranger, et ne le deviendrait pas. Mais le danger peut-être le plus grand, c'est en lui-même que le cinéma français le recelait. Il comptait alors quinze ou vingt très bons metteurs en scène en activité, et trois ou quatre vraiment grands. Pourtant — et cela seulement quelques esprits intuitifs ou très attentifs ou encore très jeunes, le ressentaient —, une certaine lassitude commencait à poindre. Académisme ? Sclérose ? Paresse des situations acquises, trop confortables ? Manque d'émulation ? Appelons cela comme on voudra, mais le fait est là. Invisible encore, ignoré des critiques, le phénomène, au bord de l'éclosion, se manifesta timidement, puis se développa jusqu'à devenir flagrant, au moins pour ceux qui commençaient à le dénoncer. C'est vrai qu'après 1950, une sorte de charme était rompu et que les spectateurs les plus jeunes et les plus exigeants commençaient à se poser des questions. En 1950, un critique débutant et sagace, André Martin, s'interrogait dans un article impertinent, sur ce qu'il baptisait « le retour d'âge chez les grands cinéastes », visant ainsi Clair et Carné. Mais d'autres commençaient à susciter aussi semblables interrogations. Nombreux étaient les jeunes spectateurs qui n'acceptaient plus l'espèce d'assentiment machinal avec lequel les critiques continuaient d'accueillir tout nouveau film d'Autant-Lara, d'Y. Allégret, de Clément ou de Delannoy, répétant le même discours mécanique depuis des années, de sorte qu'il semblait toujours s'agir du même film. Peu à peu se dessinait une aspiration vers quelque chose d'autre, surtout chez ceux qui avaient lu les articles d'Astruc ou de Leenhardt, par exemple. Là étaient les germes d'une attente de plus en plus lucide qui, au cours du lustre suivant, se transforma en révolution critique ou plus exactement en révolution du goût, qui se développait également chez les simples spectateurs, et les rendrait immédiatement réceptifs au mouvement nouveau qui se préparait, encore mal conscient de soi-même. À la fin de la décennie à venir, ce nouveau Sturm und Drang grandissant sera devenu une révolution esthétique, il donnera naissance, pour le meilleur ou pour le pire à un nouveau cinéma. Ce sera la Nouvelle Vague. En 1949, malgré Melville, malgré Leenhardt, malgré Tati, personne ne semblait l'avoir vue venir.

Le tournant du demi-siècle (1950-1951)

En 1950, le Cinématographe Lumière, et donc le cinéma français, a cinquante-cinq ans. C'est aussi, à peu de chose près, l'âge de ses meilleurs cinéastes. Les vétérans comme Gance, L'Herbier ou Cocteau ont dépassé de peu la soixantaine, Renoir (qui n'est toujours pas rentré en France, depuis dix ans) a cinquante-six ans, Duvivier a cinquante-quatre ans, Clair cinquante-deux ans ; Pagnol a cinquante-cinq ans et Guitry soixante-cinq. Decoin a soixante ans, M. Allégret en a cinquante et Autant-Lara, Bresson et Grémillon, quarante-neuf. Max Ophuls a quarante-huit ans et les plus jeunes comme Becker, quarante-quatre ans, Clouzot, quarante-trois. Les benjamins sont Tati (quarante-deux ans), Clément (trente-sept ans) et Melville (trente-trois ans), les seuls débutants de valeur, révélés depuis la guerre, ce qui est insuffisant pour assurer la relève normalement. D'où l'amorce d'un mouvement de sénescence du cinéma français, qui ira en s'accentuant tout au long de la décennie, et que ne compenseront pas l'apparition d'un Astruc ni, dans un genre différent, celles d'un Verneuil et d'un La Patellière. Ce phénomène de vieillissement lourd de conséquences artistiques, est sûrement le trait dominant qui marque le cinéma français entre 1950 et 1959.

Un historien comme Raymond Chirat a pu souligner après coup, la « grisaille de mauvais aloi » qui caractérise la production de l'année 1950, et il a bien raison. N'empêche que sur le moment, elle ne frappa à peu près personne, sauf peut-être quelques jeunes critiques isolés et sans influence, tel, on l'a vu, un André Martin. Nul ne parut alors s'aviser qu'il y avait lieu de s'émouvoir, devant une production capable d'aligner autant de titres de qualité que *la Ronde* (Max Ophuls) qui marquait le retour en France de son auteur exilé depuis dix ans, *le Journal d'un curé de campagne* (Bresson), rentrée d'un cinéaste majeur demeuré inactif pendant six ans, *Édouard et Caroline* (Becker), *Dieu a besoin des hommes* (Delannoy), *Justice est faite* (Cayatte), récompensé du lion d'or à Venise, *le Château de verre* (Clément), *Topaze* (Pagnol), nouvelle version avec Fernandel, *Tu m'as sauvé la vie* (Guitry), autre grand succès pour Fernandel en duo avec l'auteur, *Sous le ciel de Paris* (Duvivier) où le cinéaste renouait avec le film à sketches, *Souvenirs perdus* (Christian-Jaque), autre film à sketches, soutenu par une brillante distribution et dialogué par Henri Jeanson, Jacques Prévert et Pierre Véry, et *les Amants de Bras-Mort* (Pagliero) d'un cinéaste italien devenu parisien et même germanopratin. À ces films, on pouvait ajouter la même année des succès commerciaux, parfois non dépourvus de certaines qualités, voire certaines ambitions comme *Caroline chérie* (Pottier) dialogué par Jean Anouilh et qui fit une star de Martine Carol, *Sans laisser d'adresse* (Le Chanois), *Olivia* (Audry) au sujet audacieux évoquant les amours saphiques, *Meurtres* (Pottier) avec Fernandel dans un rôle dramatique, *Maria Chapdelaine* (M. Allégret), exemple rare de coproduction franco-britannique, *Les miracles n'ont lieu qu'une fois* (Y. Allégret), *Chéri* (Billon), *le Passe-muraille* (Boyer), *Méfiez-vous des blondes* (Hunebelle) mais certainement pas *Atoll K* (Joannon), triste fin de carrière pour Laurel et Hardy, dans leur unique film français…

Le Journal d'un curé de campagne, 1950.

Avec 117 films produits, le plus grand nombre depuis la fin de la guerre, 1950 pouvait faire figure d'excellente année aux yeux de tous. Pour les cinéphiles, ce fut surtout celle qui avait vu la rentrée de Bresson et Max Ophuls, de quoi effacer quelques demi-déceptions. Quant à l'année 1951, elle avait tout pour confirmer cette bonne impression, malgré une production redescendue à 107 films (mais qui, fait remarquable, attirait 47 % des spectateurs, contre 40 % pour les films américains), grâce à une bonne dizaine de titres de premier plan et une douzaine d'autres d'une valeur très proche. Au tout premier plan, on trouve *Casque d'Or* (Becker) qui ne fut pas immédiatement reconnu, *le Plaisir* (Max Ophuls) qui connut un peu le même sort et fut même boudé par le grand nombre, *l'Auberge rouge* (Autant-Lara), farce truculente et colorée, *la Poison* (Guitry) satire féroce d'un ton neuf chez l'auteur, et pour beaucoup son chef-d'œuvre (malgré, là aussi, un accueil mitigé), *Deux Sous de violettes* (Jean Anouilh), meilleur film du dramaturge, sur un scénario de Monelle Valentin sa femme, *la Vérité sur Bébé Donge* (Decoin) où le cinéaste donnait sa troisième et meilleure adaptation de Simenon, *le Garçon sauvage* (Delannoy), un des meilleurs titres, noir et vigoureux, du réalisateur, *Jeux interdits* (R. Clément), Oscar du meilleur film étranger et lion d'or à Venise, *le Petit Monde de Don Camillo* (Duvivier), autre succès international avec Fernandel sacré meilleur acteur français, *Fanfan la Tulipe* (Christian-Jaque) avec Gérard Philipe à son zénith. Non loin de ces réussites à la fois commerciales et artistiques, on trouvait *les Sept Péchés capitaux*, film à sketches de sept réalisateurs différents, dont plusieurs excellents (Autant-Lara, Rossellini, Carlo Rim), *Trois Femmes* (A. Michel), construit comme *le Plaisir* sur trois nouvelles de Maupassant et soutenant presque la comparaison, *Barbe-Bleue* (Christian-Jaque) premier film français en couleur digne de ce nom, *Adhémar ou le Jouet de la fatalité* (Fernandel) sur un scénario de Guitry, remplacé finalement par l'acteur pour la réalisation, *la Maison Bonnadieu* (Carlo Rim) dont il reste une chanson de Georges Van Parys, *la Table aux crevés* (Verneuil) un premier film, tiré de Marcel Aymé, *Massacre en dentelles* (Hunebelle), *les Mains sales*

(Rivers) d'après la pièce de Jean-Paul Sartre, *Nez de Cuir* (Y. Allégret) d'après le roman de La Varende, *Gibier de potence* (Richebé) pour la vraie rentrée d'Arletty, *Agence matrimoniale* (Le Chanois), *Un grand patron* (Ciampi). La plupart de ces films furent des succès populaires, ce qui les désignait souvent à la méfiance des cinéphiles, bien à tort parfois.

Mais la cinéphilie allait devenir de plus en plus intransigeante, envers le cinéma français, tout particulièrement grâce à une revue qui allait devenir en peu de temps son nouveau bréviaire. En effet, les jeunes lecteurs se détachaient de leur guide préféré, *l'Écran français*, devenu un simple brûlot communiste, qui en 1951, pour attaquer Jean-Paul Sartre, n'hésitait pas à qualifier *les Mains sales* de « Juif Süss français » ! C'est alors que surgit à point nommé, en avril 1951, une nouvelle revue, les *Cahiers du cinéma*, destinée à remplacer la fameuse *Revue du cinéma* de Jean George Auriol. Ce dernier disparu accidentellement en 1950, la nouvelle publication fut lancée par Lo Duca (brièvement), Jacques Doniol-Valcroze et André Bazin. Elle mit trois ou quatre ans à trouver sa vraie formule, mais dès le début elle affirma une belle rigueur et une exigence de haut niveau. Devenue la bible des cinéphiles, elle joua un rôle grandissant, cristallisant autour d'elle les aspirations au changement qui devenaient de plus en plus impatientes. Il est juste de préciser que dès ce moment, un tel état d'esprit, loin d'être le seul fait de milieux plus ou moins d'avant-garde, était assez généralisé. C'est ainsi qu'en 1951 le prix Delluc ne fut pas attribué, décision sans précédent qui s'accompagnait des attendus suivants : « La production française n'ayant pas donné cette année un film dont les qualités correspondent à l'esprit du prix [...] les jurés décident de ne pas décerner une récompense qui est allée dans le passé à quelques-uns des chefs-d'œuvre de l'écran français. » On était le 14 décembre 1951, les *Cahiers* n'avaient pas neuf mois et se cherchaient encore ; or c'était l'année de *Casque d'Or*, *la Poison*, *le Plaisir*, *Deux Sous de violettes* et *la Maison Bonnadieu*, entre autres. Les jurés étaient bien difficiles et ne se doutaient pas à quel point ils étaient destinés à voir des années pires que celle-là !

L'enlisement (1952-1953)

Pour commencer, 1952 et 1953, allaient sembler avoir à cœur de confirmer le diagnostic pessimiste du jury du prix Delluc. Pour la première fois depuis la guerre, une certaine impression de routine et de répétition allait se dégager avec insistance de la production de ces deux années, avec une aggravation très nette de l'une à l'autre. Derrière les principaux titres, déjà menacés par l'académisme naissant, c'est surtout dans les films de deuxième catégorie que la baisse de qualité et l'appauvrissement de la production artisanale commençaient à se faire cruellement sentir, tandis qu'une certaine « camelote » bâclée se mettait à envahir un marché qui en avait perdu l'habitude depuis dix ans.

Certes, en 1952, on trouve assez facilement encore la dizaine de grands films que fournit en moyenne le cinéma français, mais il faut quand même se forcer un peu. Certes, *Belles de nuit* est un très joli film de Clair, un de ses scénarios les plus inventifs, mais avec une mise en scène parfois inégale (on saura que ce sont les scènes tournées par une seconde équipe, qui accusent les faiblesses) que masquent le charme de la musique, celui de Martine Carol et de Gérard Philipe. Certes, *le Carrosse d'or*, d'ailleurs plus italien que français, est un grand Renoir, mais l'enthousiasme des *Cahiers du cinéma* ne parvint pas à convaincre le public et cette rentrée tardive d'un exilé un peu oublié, sur le moment, ne constitua pas un succès. *La Vie d'un honnête homme* (Guitry), qui prolonge la veine joyeusement cynique de *la Poison*, plutôt mal reçu par la critique, un peu mieux par le public, devait, comme le film de Renoir, attendre une reconnaissance ultérieure. *La Fête à Henriette* (Duvivier), sur un scénario pirandellien de Jeanson ne connut pas non plus l'accueil auquel on aurait pu s'attendre. Même *Manon des sources* (Pagnol) sembla déconcerter une partie des spectateurs, que cette œuvre originale et poétique entraînait assez loin de la manière coutumière de l'auteur. Le changement de registre, en revanche, réussit pleinement à Clouzot qui, avec *le Salaire de la peur* et ses aventures exotiques, enregistre un des plus grands triomphes de sa carrière (avec plusieurs grands prix, notamment à Cannes). Apparemment plus modeste, du moins dans le choix des moyens utilisés, Becker n'en donna pas moins, avec *Rue de l'Estrapade*, sur un scénario d'Annette Wademant, une parfaite réussite en demi-teinte, une sorte de *Falbalas* moins dramatique. Mais il est significatif que le triomphateur de l'année, celui qui fit dresser l'oreille, fut un nouveau venu de vingt-huit ans, Astruc, prophète enflammé de la « caméra-stylo » et auteur d'un film de trois quarts d'heure, *le Rideau cramoisi*, d'après Barbey d'Aurevilly. C'est à lui qu'alla, pour ce coup d'essai, le prix Delluc, soucieux d'un renouveau dont le besoin se faisait décidément plus pressant. Ni *le Retour de Don Camillo* (Duvivier), promis au même succès que le précédent, ni *Nous sommes tous des assassins* (Cayatte), film « courageux », pour l'époque, contre la peine de mort, n'en fournirent des témoignages bien prometteurs.

Les Amants de Tolède (Decoin), film historique d'après une nouvelle de Stendhal, que Poligny, empêché *in extremis* par les circonstances, n'avait pu tourner dix ans auparavant, une nouvelle *Lucrèce Borgia*

Anouk Aimée (Nicole Françoise Dreyfus, née en 1932)

Après des cours de danse à Marseille et d'art dramatique à Paris, elle décroche son premier rôle à quinze ans dans *la Maison sous la mer* (Calef, 1947). L'année suivante, c'est le succès avec *les Amants de Vérone* (Cayatte, 1948). Elle est engagée en Grande-Bretagne et aux États-Unis, sans y faire rien de marquant. Retour en France pour un nouveau départ. Brune, gracieuse, aristocratique, Anouk Aimée a joué en vedette dans relativement peu de films. *Un homme et une femme* (Lelouch, 1966) a marqué le point culminant de sa carrière auprès du grand public, mais ses plus beaux rôles, elle les a trouvés avec Astruc (*le Rideau cramoisi*, 1953), Becker (*Montparnasse 19*, 1958), Franju (*la Tête contre les murs*, 1959), Demy (*Lola*, 1961) et Fellini (*Huit et demi*, 1963). Elle fait une apparition dans *Prêt à porter* (1984) de Robert Altman.

Maria Casarès (Maria Casares Quiroga, 1922-1996)

Fille d'un homme politique espagnol qu'elle suivit en exil, admirable tragédienne, elle a toujours préféré le théâtre (la Comédie-Française et le TNP, en particulier) au cinéma. Ses débuts à l'écran sont pourtant prestigieux: Nathalie, l'amoureuse des *Enfants du paradis* (Carné, 1944), la machiavélique Hélène des *Dames du bois de Boulogne* (Bresson, 1944), la Sanseverina de *la Chartreuse de Parme* (Christian-Jaque, 1948), l'ange de la mort succombant à l'amour charnel d'*Orphée* (Cocteau, 1950). Le reste est négligeable. Elle est reparue fugitivement en 1988 dans *la Lectrice* (Deville).

Danièle Delorme (Danièle Girard, née en 1926)

Elle a débuté à seize ans, dans de petits rôles que lui confiait Marc Allégret : on la voit ainsi dans *les Petites du quai aux Fleurs* (1943), aux côtés d'un autre débutant, Gérard Philipe, qui partageait alors sa vie. Après quelques silhouettes épisodiques, elle fit ses débuts de vedette grâce à Colette, qui la choisit pour incarner *Gigi* (1948) dans la version de Jacqueline Audry. Son physique, un léger strabisme et une voix de petite ingénue, un peu acide, firent merveille dans une série de films de valeur inégale. À part *Agnès de rien* (Billon, 1949) et *Miquette et sa mère* (1949), seule tentative comique de Clouzot, les meilleurs furent encore ceux de la série de J. Audry-Colette : *Minne, l'Ingénue libertine* (1950) et *Mitsou* (1956). On peut y ajouter *Olivia* (Audry, 1951) *la Jeune Folle* (Y. Allégret, 1952) et *Voici le temps des assassins* (Duvivier, 1955). D'abord mariée à Daniel Gélin, elle épousa ensuite le réalisateur-producteur-comédien Yves Robert, dont elle partage les activités. Productrice avisée, on ne compte plus ses succès.

Edwige Feuillère (Edwige Cunatti, 1907-1998)

Elle a su passer des petites femmes aux grandes dames... Longtemps les premières l'emportèrent dans sa carrière cinématographique avec *Topaze* (Gasnier, 1932), *les Aventures du roi Pausole* (Granowsky, 1933), *Ces messieurs de la Santé*, (Colombier, 1933) et *Lucrèce Borgia* (1935) où Gance la dénude aucacieusement. La transition se fait avec *Sans lendemain* (1939) et *De Mayerling à Sarajevo* (Max Ophuls, 1939), pour se confirmer sous l'Occupation avec *la Duchesse de Langeais* (1942), œuvre de prestige bénéficiant du double parrainage de Balzac et de Giraudoux. L'étape suivante de cette ascension sera la reine de*l'Aigle à deux têtes* (1947), de Cocteau, qu'elle joue aussi au théâtre (où elle triomphe également dans *Partage de midi*, de Claudel). Mais ces grands rôles, comme ceux de *l'Idiot* (Lampin, 1945), de *Julie de Carneilhan* (Manuel, 1949) ou du *Blé en herbe* (Autant-Lara, 1953) ne furent-ils pas des contresens dans une carrière plus naturellement vouée à la comédie légère ou au drame bourgeois ? Jamais en effet la vedette, d'une beauté réelle mais dont la photogénie devait beaucoup à la science d'opérateurs comme Christian Matras, ne fut meilleure que dans *J'étais une aventurière* (R. Bernard, 1938) ou *l'Honorable Catherine* (L'Herbier, 1942). À retenir, sur le tard, *la Chair de l'orchidée* (Chéreau, 1974), où elle confirmait un côté « ogresse » déjà entrevu dans *Lucrèce* (1943), et qui fut un élément inattendu de son incontestable pouvoir de séduction.

Odette Joyeux (1917-2000)

Elle a toujours eu l'air d'avoir l'« âge de Juliette » (« Quinze ans, ô Roméo... ») et de sortir d'un livre de Giraudoux dont elle avait au même âge, créé *Intermezzo*, à la scène. Aperçue dans *le Chien jaune* (Tarride, 1932), consacrée dans *Entrée des artistes* (M. Allégret, 1938), elle connut son apogée avec trois chefs-d'œuvre d'Autant-Lara, par ordre croissant de qualité : *le Mariage de Chiffon* (1941), *Lettres d'amour* (1942), *Douce* (1943). Dans le dernier, elle fait une création inoubliable, forte et nuancée à la fois. Elle eut du mal à poursuivre, à cause d'un physique qui refusait de vieillir. Après *Sylvie et le fantôme* (1945), toujours d'Autant-Lara, il y eut l'intéressant contre-emploi de *Pour une nuit d'amour* (Gréville, 1946), qu'il aurait fallu renouveler. Mais Odette dut se contenter de deux jolis sketches dans *la Ronde* (Max Ophuls, 1950), et d'une silhouette dans *Si Paris nous était conté* (Guitry, 1955). Par ailleurs romancière, scénariste et mémorialiste de talent, elle fut mariée à Pierre Brasseur puis au chef-opérateur et réalisateur Philippe Agostini.

Micheline Presle (Micheline Chassagne, née en 1922)

Elle connut ses premiers succès à la veille de la guerre avec *Paradis perdu* (1939) de Gance et *la Comédie du bonheur* (1940) de L'Herbier, suivi sous l'Occupation de deux films de ce dernier, *Histoire de rire* (1941) et *la Nuit fantastique* (1942). Certaines créations importantes de cette période ne sortirent qu'après la Libération, comme *la Belle Aventure* (1942) et *Félicie*

Nanteuil (1942) de Marc Allégret, et *Falbalas* (1944) de Becker. Jeune fille ou jeune femme, tous ses films sont marqués d'un talent aussi heureux dans le registre comique que dans le dramatique. Ces qualités se confirmèrent dans *Boule de Suif* (Christian-Jaque, 1945), *le Diable au corps* (Autant-Lara, 1946), *Les jeux sont faits* (Delannoy, 1947) et surtout *l'Amour d'une femme* (1953) de Grémillon. Engagée à Hollywood, elle n'y fit pas grand-chose. Par contre, elle fut excellente dans un film anglais de Joseph Losey, *l'Enquête de l'inspecteur Morgan* (*Chance Meeting*, 1959). Elle a également beaucoup tourné en Italie (*Beatrice Cenci*, 1955). Longtemps fiancée à Louis Jourdan, elle épousa l'américain Bill Marshall. Elle est la mère de la cinéaste Tonie Marshall, dont elle interprète souvent les films.

Renée Saint-Cyr (Raymonde-Renée Vittoret, née en 1904)

Pendant longtemps, elle ne fut qu'une jolie, une très jolie femme. Sa carrière, commencée en 1932 avec *les Deux Orphelines*, de Maurice Tourneur, se poursuivit six ans durant sans titre marquant, mais avec de nombreux succès populaires (*l'École des cocottes* de Colombier en 1934, *Prisons de femmes* de Richebé en 1938…). En 1939, *Nuit de décembre* (C. Bernhardt) lui apporte un bon rôle dramatique, tandis que *Roses écarlates* (1940) tourné en Italie par (et avec) Vittorio De Sica, la montre pleine d'une fantaisie charmante. Elle fut aimée de Jean-Louis Barrault / Berlioz dans *la Symphonie fantastique* (Christian-Jaque, 1941), et plus ravissante que jamais dans *Paméla* (de Hérain, 1944). Mais le grand rôle de sa vie, ce fut en 1942, celui de l'héroïne de *Marie-Martine*, film écrit (mais non signé) par Jean Anouilh, et fort bien réalisé par Albert Valentin. Elle ne retrouva jamais cette chance, sauf dans *le Beau Voyage* (Cuny, 1946) et *le Prince au masque rouge* (1953), film italien de Vittorio Cottafavi, d'après Alexandre Dumas, où elle était une émouvante Marie-Antoinette. Elle est la mère du réalisateur Georges Lautner et a publié d'intéressants volumes de souvenirs.

(Christian-Jaque) qui exploitait le récent statut de star de Martine Carol, une nouvelle *Dame aux camélias* (R. Bernard) en couleur, même *le Marchand de Venise* (Billon) avec Michel Simon, tentative française rarissime de porter Shakespeare au cinéma, ne purent empêcher une impression de redite ou de déjà-vu. Il y avait plus d'originalité dans *la Jeune Folle* (Y. Allégret), drame de l'indépendance irlandaise, ou dans *le Rideau rouge* (André Barsacq et Jean Anouilh), description acerbe du milieu théâtral, mais tous deux étaient desservis par leur mise en scène très terne. *La neige était sale* (Saslavsky) est un bon Simenon de plus, *Suivez cet homme* (Lampin), un assez remarquable film d'atmosphère contemporaine, mais le succès alla plutôt à *la Môme Vert-de-Gris* (Borderie), première adaptation de Peter Cheyney, qui lança Eddie Constantine, idéal interprète de Lemmy Caution. Quant aux *Dents longues* (Daniel Gélin), intéressante satire du journalisme contemporain, ce sera un essai sans lendemain, pour un acteur cinéaste aux débuts pourtant prometteurs. En revanche, c'est à un vétéran qu'on doit finalement un des meilleurs films de l'année avec *Horizons sans fin* (Dréville), biographie de l'aviatrice Hélène Boucher, à qui Giselle Pascal s'était complètement identifiée. C'est la même année, enfin, que Paul Grimault mena à bien, non sans difficultés, son premier long métrage d'animation, *la Bergère et le ramoneur*. Mécontent du film qui lui avait échappé, il le reprit un quart de siècle plus tard.

En 1953, l'essoufflement du cinéma français devint manifeste, et on a du mal à recenser plus de six ou sept films de première importance. La couleur commençait à se répandre, mais sauf Renoir et à la rigueur Christian-Jaque, jusqu'ici les résultats étaient maigres. Les Américains sortaient à grand bruit le CinémaScope, qui n'était autre qu'une vieille invention française, l'Hypergonar du professeur Henri Chrétien, utilisé dès 1927, par Autant-Lara, pour *Construire un feu* d'après Jack London, et qui n'avait été, si on peut dire, qu'un feu de paille. La télévision se développait et L'Herbier, toujours à l'avant-garde, transposa au petit écran un roman de Julien Green qu'il n'avait pu réaliser pour le grand, *Adrienne Mesurat* (pratique qui fera école pour longtemps). Quant au cinéma traditionnel, il semblait s'enfoncer dans la routine. Jean Grémillon tournait son dernier grand film, *l'Amour d'une femme*, belle œuvre un peu grise, en partie desservie par un scénario assez conventionnel et les servitudes de la coproduction. À cinquante-deux ans, c'était le point final d'une des carrières les plus contrariées du cinéma français. Convention et grisaille encore avec la nouvelle *Thérèse Raquin* (Carné), avec *Avant le déluge* (Cayatte) et même avec *l'Affaire Maurizius*

(Duvivier), pesante coproduction franco-italienne d'après un roman allemand. C. Autant-Lara s'en sortait un peu mieux avec *le Blé en herbe* d'après Colette, malgré des lourdeurs, et beaucoup mieux avec *le Bon Dieu sans confession*, où plusieurs allusions grinçantes à l'histoire récente étaient, pour l'époque, audacieuses et bienvenues. Il y avait plus d'originalité vraie dans *le Défroqué*, film mal reçu, mal compris, dans lequel Joannon, auteur complet, abordait un thème religieux, un conflit d'âmes aux résonances bernanosiennes, dans une réalisation qui était loin d'être indigne, malgré quelques faiblesses, de l'extraordinaire ambition du sujet. Le duo Pierre Fresnay-Pierre Trabaud servait bien les desseins de l'auteur. On retrouvait le nom de Joannon comme scénariste des *Révoltés de Lomanach* (Pottier), film sur la chouannerie nettement contre-révolutionnaire. Plus réactionnaire encore et carrément insolent (Truffaut le releva avec jubilation) était *Si Versailles m'était conté*, la superproduction historique de Guitry, son plus grand triomphe commercial renforcé par la présence de plus de trente vedettes. Le climat politique du cinéma français paraissait pour la première fois avoir beaucoup évolué depuis la fin de la guerre. C'était le principal changement, sensible en 1953, et les rares chefs-d'œuvre incontestables de l'année n'avaient rien de révolutionnaire dans leur contenu, pas plus *Madame de* (Max Ophuls) que *les Vacances de M. Hulot* (Tati) ni *Touchez pas au grisbi* (Becker), non plus que *Monsieur Ripois* (Clément), meilleur film d'un cinéaste à l'inspiration inégale. Même remarque encore, pour quelques bons films traditionnels comme *Julietta* (M. Allégret), *l'Envers du paradis* (Gréville), *Cet homme est dangereux* (Jean Sacha), nouvelle aventure de Lemmy Caution, *la Vierge du Rhin* (Grangier) ou Jean Gabin chez les bateliers, le curieux *Chevalier de la nuit* (Darène) et à la rigueur, *les Orgueilleux* (Y. Allégret), scénario ambitieux trahi par sa réalisation vieillotte. Beaucoup de tous ces titres et bien d'autres qu'il est inutile de rappeler allaient justifier l'explosion de hargne qu'exprimera un jeune critique qui commençait alors à fourbir ses armes : François Truffaut. Il devint vite le porte-parole de toute une génération, qui, sans approuver toutes ses exagérations ni tous ses choix, se reconnut souvent dans ses impatiences et ses humeurs.

Fin de partie (1954-1956)

C'est en janvier 1954, que Truffaut publia dans les *Cahiers du cinéma* d'André Bazin et Jacques Doniol-Valcroze, jusque-là assez favorables au cinéma français, une charge à fond sur ce même cinéma, appelée à un grand retentissement, bien au-delà de l'audience ordinaire de la revue. Cette attaque, simple prélude à une offensive de bien plus vaste portée, finit par mettre en cause dans les trois ou quatre années suivantes l'essentiel des grands noms du cinéma national : Autant-Lara, Delannoy, Duvivier, Carné, Clouzot, Clair, Clément, Y. Allégret, Carlo Rim, Christian-Jaque, Decoin, Daquin, etc. Bref, presque tout le monde, à l'exception de six ou sept élus, phares du cinéma de demain, désignés par le nouveau prophète : Renoir, Becker, Tati, Bresson, Max Ophuls, Cocteau, Astruc et, le plus choquant peut-être, à tous égards, Guitry. Le choix, il faut le reconnaître, n'était pas mauvais sinon très équitable pour certains exclus, qui en souffrirent sans l'avoir mérité. Clair ou Duvivier n'auraient jamais dû être traités avec ce dédain, Carné (même dans une mauvaise passe) non plus et, plus tard, Truffaut leur présenta des excuses plus ou moins bien reçues, auxquelles Autant-Lara, irréconciliable, n'eut pas droit. En quoi d'ailleurs, le cas de ce dernier, tributaire de la qualité de ses scénarios, ou celui de Clouzot, différaient-ils tellement de celui de Becker qui, dans ces années, signa quelques films, *Ali-Baba et les quarante voleurs* (1954) ou *les Aventures d'Arsène Lupin* (1956) qui ne valaient pas mieux que ce que ses rivaux pris à partie faisaient alors ? Ce sont là, en fait, les injustices inévitables de toute polémique, et Truffaut, alors très jeune (vingt-deux ans en 1954) ne s'en fit pas faute. Son jugement, souvent perspicace, n'échappait pas aux passions du moment, et aujourd'hui il paraît qu'il se trompa presque aussi souvent qu'il eut raison. À s'en tenir aux années 1954-1956, qui virent le cinéma français essayer de poursuivre laborieusement le mirage de ses grandeurs et préluder aux métamorphoses devenues nécessaires et appelées à grands cris par les jeunes générations, on trouverait autant de motifs d'approbation que de blâme, ou inversement. Autant-Lara ? Aujourd'hui, si *le Rouge et le Noir* (1954) trouve de nombreux défenseurs et *Marguerite de la nuit* (1955), film assez ennuyeux, beaucoup moins, *la Traversée de Paris* (1956) est presque unanimement reconnue comme une des grandes œuvres du cinéma français. Delannoy ? *Chiens perdus sans collier* (1955), *Marie-Antoinette* (1955) déjà supérieur et *Notre-Dame de Paris* (1956) n'ont guère gagné de partisans et il faudra attendre les titres suivants pour une éventuelle révision. Y. Allégret (*la Meilleure Part*, 1955) est alors peu intéressant et Carné (*l'Air de Paris*, 1954) également, et de même Daquin (*Bel-Ami*, 1954), R. Clément (*Gervaise*, 1955) pour ne rien dire de Carlo Rim ou Le Chanois. Christian-Jaque, Decoin et Dréville succombaient à la production en série, même si *la Reine Margot* (1954) du troisième, reste une plaisante réussite. Duvivier est un cas plus difficile à régler. Si la poésie de *Marianne de ma jeunesse* (1955) semble toujours aussi voulue et fabriquée, le réalisme de *Voici le temps des assassins* (1956), proche de celui de Simenon, assure à son auteur une des plus grandes réussites de sa carrière. Hélas ! l'année suivante, *l'Homme à l'imperméable* (1956-1957), médiocre aventure policière avec Fernandel, le ramène à son niveau inférieur et concourt à son discrédit grandissant. En sens inverse, il a fallu complètement réviser les injustes condamnations des *Grandes Manœuvres* (Clair, 1955) et des *Diaboliques* (Clouzot, 1955), deux œuvres majeures, dignes en tout point des meilleures de leurs auteurs et de leur réputation, et qu'il avait fallu pas mal de mauvaise foi pour traiter comme elles le furent alors, par une jeune critique aveuglée de partialité. Concernant Guitry, les éloges demeuraient mesurés pour *Napoléon* (1955) et *Si Paris nous était conté* (1956) ; quant au dernier film du maître, si original, *Assassins et voleurs* (1956-1957), il a du mal à profiter des dithyrambes outranciers de Truffaut et de ses amis. De même, son enthousiasme pour les films de Renoir, *French-cancan* (1955) et *Éléna et les hommes* (1956), ressemble un peu trop à un enthousiasme de commande, surtout pour le second, moins accompli, pour convaincre tout le monde, et son opinion reste minoritaire, à tort dans le cas du premier, pas entièrement dans le second. Pour le dernier film de Max Ophuls, *Lola Montès* (1955), une campagne d'opinion aussi intense que justifiée ne suffira pas à sauver la carrière du film, mais elle établira sa réputation et parachèvera celle de son réalisateur pour la postérité. Cocteau, éloigné des studios et souvent malade, ne tournait plus, réfugié au théâtre, et Tati subit une éclipse analogue. Seul, Becker, parmi les favoris de la jeune critique, continuait de tourner, mais après le *Grisbi*, il donna des

Tournage de *Lola Montès* de Max Ophuls, 1955

De l'Occupation à l'épuration

Les années noires de l'Occupation comptèrent parmi les plus lucratives du cinéma français. Deux cent vingt longs-métrages furent tournés durant la période et aussitôt diffusés en salle (à quelques exceptions près). La firme Continental, création allemande, se tailla avec trente films la part du lion, et produisit au moins un chef-d'œuvre : *le Corbeau.* La profession dans son ensemble avait massivement pris part au redressement national du cinéma, hormis ceux, peu nombreux, qui avaient choisi les voies de l'exil ou de l'engagement dans les forces armées. Plus rares encore furent ceux qui se compromirent activement avec les nazis. C'est à peine si l'on retiendra deux ou trois cinéastes, auteurs obscurs d'œuvres de propagande caractérisées (Jean Mamy, Pierre Ramelot), et la délégation de vedettes assez imprudentes pour aller se pavaner en Allemagne et y faire, en toute inconscience, la promotion du cinéma français.

À la veille de la Libération, des listes de « traîtres à châtier » avaient déjà circulé. Dans les jours qui suivirent, arrestations et poursuites commencèrent. Celle de Sacha Guitry, dès le 23 août 1944, donna le signal, puis ce fut le tour de plusieurs dizaines de noms plus ou moins connus dans le milieu cinématographique. Les personnes ainsi arrêtées ou recherchées connurent des sorts bien différents. Seule une minorité fut déférée devant les instances judiciaires ; les condamnations lourdes furent l'exception. Pour le plus grand nombre, on mit au point une procédure de sanctions professionnelles, prononcées par des comités d'épuration issus du Comité de Libération du cinéma français, fortement noyauté par le Parti communiste : les éléments « indésirables » se voyaient frappés d'une interdiction (à durée variable) d'exercer leur métier. La procédure était applicable aux représentants de toutes les branches du cinéma : acteurs, metteurs en scène, scénaristes, techniciens, industriels, etc. On retrouve dans les noms ainsi mis en cause, une partie importante du Gotha de l'écran français du moment. Pour les acteurs : Fernandel, Pierre Fresnay, Albert Préjean, Charles Vanel, Charles Trenet, Tino Rossi, Georges Milton, Robert Le Vigan, Jean Servais, Roger Duchesne, Jean Debucourt, Antoine Balpétré, Noël Roquevert, Louis Seigner, Pierre Bertin, Léonce Corne, Roger Legris, Gabriello. Pour les actrices (la plupart se voyaient reprocher des liaisons coupables avec l'occupant) : Viviane Romance, Mireille Balin, Arletty, Ginette Leclerc, Josseline Gaël, Corinne Luchaire, Irène de Trébert, Pola Illery, Dita Parlo, Michèle Alfa, Micheline Francey, Mary Marquet, Milly Mathis, Monique Joyce, Annie France, Yvette Lebon. Pour les metteurs en scène : Marcel Carné, Maurice Tourneur, André Cayatte, Henri-Georges Clouzot, Henri Decoin, Jean Dréville, Léo Joannon, Albert Valentin, Roger Richebé, Max de Vaucorbeil, Jean de Limur, Jean Boyer, Jean Mamy, Pierre Caron, Henri Mahé. Pour les scénaristes : Henri Jeanson (pourtant arrêté deux fois par les Allemands), Louis Chavance, Jacques Viot, Pierre Véry, Marcel Aymé. Pour les producteurs : André Paulvé, Raoul Ploquin, Pierre Guerlais (qui se suicida dans sa prison), Robert Muzard, Henri Clerc (patron de « France-Actualités »).

Les tiraillements politiques qui apparurent très vite entre épurateurs communistes et gaullistes aboutirent à des décisions souvent incohérentes, beaucoup s'en tirant avec un simple blâme, tandis que d'autres étaient frappés de lourdes peines d'interdiction, comme Clouzot, Valentin, Joannon ou Guitry. Seul cinéaste fusillé, Jean Mamy le fut pour des raisons extra-cinématographiques. Certaines carrières de comédiens furent brisées à jamais : Robert Le Vigan (condamné à dix ans de travaux forcés), Roger Duchesne, Josseline Gaël, Corinne Luchaire ou Mireille Balin (rouée de coups et violée par les FFI venus l'arrêter, sa santé en fut définitivement ébranlée). Même Arletty guettée par l'âge ne retrouva jamais son statut antérieur. Le cas de Clouzot (interdit à vie, puis finalement pour deux ans) est celui qui souleva le plus de polémiques, et, entraîna les protestations de Marcel L'Herbier, Marcel Carné, Jean-Paul Sartre, Simone de Beauvoir et quelques autres. René Clair, revenu d'émigration en 1945, exprima dans « Combat » sa réaction scandalisée, en termes modérés : " Pour moi, qui grâce à un séjour prolongé dans un pays libre, ne suis pas habitué à un tel arbitraire, je ne puis m'empêcher de ressentir quelque étonnement. Que l'on punisse sur le plan professionnel une attitude qui n'a pas été jugée assez grave pour engendrer des poursuites devant une chambre civique, cela me paraît inconcevable dans un pays comme la France. " En quelques mots pleins de retenue, tout était dit sur ces péripéties singulières d'un temps troublé.

œuvres mineures ou franchement manquées (*Ali-Baba*). L'inclassable Rouquier se signala par un grand documentaire religieux, *Lourdes et ses miracles* (1954), sur un sujet peu exploré au cinéma. Quant aux modernes, ils affirmaient leur différence, Melville avec *Bob le Flambeur* (1956) et Astruc avec *les Mauvaises Rencontres* (1955), deux œuvres altières et d'une perfection formelle aboutie qui, malheureusement, furent loin de faire l'unanimité, tant le goût général restait conformiste. On peut en dire presque autant de Bresson, qui, après plus de cinq ans de silence, fit sa rentrée avec *Un condamné à mort s'est échappé* (1956), primé pour sa mise en scène à Cannes, et accueilli avec plus de respect que d'enthousiasme véritable. Cela sera désormais le cas pour tous les films de

Bresson, prophète d'un cinéma autre encore plus que moderne, et destiné à demeurer solitaire. Malgré quelques signes rares de renouveau, un pesant académisme étouffait de plus en plus insidieusement la production française, d'autant qu'elle triomphait toujours dans les festivals et auprès des jurys, même avec les moins bons films de Cayatte, de Clément, de Le Chanois, d'Y. Allégret et de Lamorisse (*le Ballon rouge*). Pour le secouer, on crut un temps pouvoir compter sur quelques émigrés américains, Jules Dassin (*Du rififi chez les hommes*), John Berry (*Je suis un sentimental*) ou Preston Sturges (*les Carnets du major Thompson*) ; on plaça quelques espoirs dans de nouveaux venus comme de La Patellière (*les Aristocrates*, 1955 ; *le Salaire du péché*, 1956) ou Verneuil (*les Amants du Tage*, 1954, et surtout *Des gens sans importance*, 1955). Tout cela fut sans lendemain, ou peu s'en faut. Pouvait-on compter davantage sur un ancien assistant de M. Allégret, Vadim ? *Et Dieu créa la femme* (1956), son premier film, qui lança vraiment Brigitte Bardot, le fit croire quelque temps, mais l'illusion se dissipa en deux ou trois titres. L'année précédente, la première œuvre d'une ancienne photographe, *la Pointe courte* (Agnès Varda) éveillait peut-être davantage d'espoirs vrais, mais passait beaucoup plus inaperçue, y compris de la jeune critique, qui ne se mobilisa guère pour la débutante. Elle le fit plus tard, volant alors au secours de la victoire. Pour l'heure, ses champions s'apprêtaient à mettre eux-mêmes la main à la pâte, et leurs soucis étaient ailleurs : tandis que Jacques Rivette tournait son premier court métrage « public », *le Coup du berger*, Truffaut préparait déjà le sien, *les Mistons*, qui devint le coup d'envoi d'un nouveau chapitre. Nul ne se doutait encore qu'une page du cinéma français était en train de se tourner, et que dans l'édifice un peu vermoulu, tant de forces vives étaient à l'œuvre. Les intéressés eux-mêmes s'en doutaient-ils vraiment ? Comme l'écrit Maurice Bessy : « On ne sait jamais ce que le passé nous réserve. »

Fondu-enchaîné (1957-1959)

Les trois dernières années de la décennie considérée présentent l'aspect d'un long fondu-enchaîné, grâce auquel s'opère une complète métamorphose du paysage cinématographique national. En 1957, les grands films de l'année sont encore l'œuvre des noms habituels : Becker, Clouzot, Autant-Lara, Delannoy, Duvivier, Le Chanois. En 1959, il n'y en a plus que pour Truffaut, Chabrol, Resnais, Franju, Pierre Kast, sans parler de Godard, qui est en train de réaliser *À bout de souffle*, qu'on ne verra qu'en mars 1960. Même si les aînés sont toujours là, tout se passe comme s'ils avaient cessé d'intéresser, sinon d'avoir moins de talent, comme le disaient depuis longtemps leurs détracteurs. La remarque ne vise d'ailleurs que les grands noms, car les fournisseurs habituels du box-office étaient toujours bien là — les Grangier, Hunebelle, Verneuil, La Patellière et autres. À eux, les grosses recettes, les succès populaires, les records d'entrées. Mais les sympathies ou les curiosités intellectuelles n'allaient plus qu'à Truffaut, Resnais, Chabrol, ces débutants qui avaient l'art de faire parler d'eux et de leurs films et d'en faire à chaque fois un événement. C'est alors que commence le clivage profond entre le cinéma commercial et le film d'auteur, ce dernier promis à un bel avenir.

En fait, les aînés n'avaient pas moins de talent, mais après vingt ou trente ans de règne, ils apparaissaient, ce qui est bien pire, irrémédiablement démodés. *Porte des Lilas* (1957) était encore un bon film et un excellent René Clair, mais il semble dater du temps de *Sous les toits de Paris*, et on s'avisa que son auteur aurait bientôt soixante ans. Becker, pourtant soutenu par la jeune critique avait du mal à sortir d'une mauvaise passe, et *Montparnasse 19* (1957), beau film sur la vie de Modigliani, fut un échec public. Après l'audacieuse tentative du *Mystère Picasso*, Clouzot s'empêtra un peu dans le labyrinthe vide des *Espions* (1957). Autant-Lara adapta à tour de bras, Simenon (*En cas de malheur*, 1958), Dostoïevski (*le Joueur*, 1958), Marcel Aymé (*la Jument verte*, 1959), Quarantotti

Jean Gabin, par Caza.

Gambini (*les Régates de San Francisco*, 1959). Seul, le premier apparaît digne de ses grandes œuvres passées. Ne parlons pas de Decoin ou Dréville, relégués souvent aux veilles lunes, comme Christian-Jaque à qui le public accorda pourtant un sursis pour *Babette s'en va-t-en guerre* (1959), grâce à Brigitte Bardot et plus encore à Francis Blanche. Delannoy s'en sortit mieux avec le concours de Gabin et de Simenon: *Maigret tend un piège* (1957) et surtout *Maigret et l'affaire Saint-Fiacre* (1958) figurent parmi ses meilleurs titres. Par contre, ni Gabin ni Bourvil ne pouvaient faire des *Misérables* (1957) de Le Chanois, tournés à Berlin-Est, une version mémorable. Le vétéran Duvivier alternait les grandes réussites comme *Pot-Bouille* (1957), superbe adaptation de Zola, voire *Marie-Octobre* (1958), huis clos dramatique supérieurement conduit, et les ratages comme *la Femme et le Pantin* (1958) et *la Grande Vie* (1959) ; il était un vivant démenti à la « politique des auteurs », appliquée par Truffaut un peu à tort et à travers. Quant à Carné, il essaya de se rajeunir en tournant *les Tricheurs* (1958), film sur la jeunesse moderne qui fit bien rire celle-ci, mais connut un gros succès public, loin devant les films de la Nouvelle Vague.

Les véritables prémisses de celle-ci apparaissent en 1957, moins avec *Une vie*, d'Astruc, qui sacrifiait la fidélité à Maupassant aux exigences supérieures d'une forme cinématographique éblouissante, qu'avec *Ascenseur pour l'échafaud* de Malle, prix Delluc à vingt-cinq ans pour cette œuvre au style résolument moderne, bénéficiant des premières pellicules ultra-sensibles et des facilités de tournage (plein air, nocturne) qui en résultent. En 1958, *les Amants*, déjà plus académique, semblaient cependant confirmer les qualités du cinéaste, grâce à quelques audaces morales atténuées par l'élégance de la forme. Mais Malle ne faisait qu'annoncer la Nouvelle Vague, et celle-ci, *stricto sensu*, surgit seulement en juin 1958, avec l'avant-première, à la Cinémathèque française, du *Beau Serge* de Claude Chabrol, jeune cinéaste directement issu des *Cahiers du cinéma*. Budget modeste, décors réels, acteurs peu connus, refus des conventions narratives classiques, tous les ingrédients de la nouvelle école sont présents dans cette œuvre plus novatrice que vraiment réussie. *Les Cousins* (1958), second film de Chabrol, à la fois mieux maîtrisé et déjà plus complaisant, connut un bien meilleur accueil et lança le mouvement auprès du grand public. Toutefois, c'est *les 400 Coups* (1958), premier grand film de Truffaut, venant après son moyen métrage *les Mistons* (1957), qui l'imposa vraiment à tous en 1959, après avoir remporté le prix de la mise en scène au festival de Cannes. Dès lors, l'expression « Nouvelle Vague » fit fureur, on y rattacha tout le jeune cinéma, souvent bien différent, qui surgit au même moment (grâce à l'instauration, par André Malraux, de l'avance sur recettes), que ce soit *Hiroshima, mon amour* (Alain Resnais, 1958), *la Tête contre les murs* (Georges Franju, 1959), *le Bel Âge* (Pierre Kast, 1959), *l'Eau à la bouche* (Jacques Doniol-Valcroze, 1959), *les Jeux de l'amour* (Philippe de Broca, 1959), voire Jean-Pierre Mocky (*les Dragueurs*, 1959), et Claude Sautet (*Classe tous risques*, 1959), ou encore Marcel Camus (*Orfeu negro*, palme d'or à Cannes en 1959), un ex-assistant proche de la cinquantaine, qui incarnait à peu près l'exact contraire des nouveaux venus. Il fallut un an ou deux, encore, pour y voir plus clair, avec la sortie en 1960 d'*À bout de souffle* et des *Bonnes Femmes* (Chabrol, 1959), et celle plus tardive en 1962 du *Signe du lion* (Éric Rohmer, 1959), avec aussi l'attribution du prix Delluc à Jean Rouch (*Moi, un Noir*) dont l'influence sur plusieurs membres de la jeune école se révéla mieux après la sortie des films suivants. En attendant, la Nouvelle Vague devint une mode, et chacun voulut en être, même un grand aîné comme Clément. Il n'hésita pas à emprunter naïvement à Chabrol son chef opérateur, Henri Decaé, et son scénariste Paul Gegauff, pour réaliser *Plein Soleil* (1960), qui pastichait maladroitement les trucs du jeune cinéma, sans en pénétrer l'esprit; il ne s'en tira finalement assez bien que grâce à l'excellence de l'intrigue de Patricia Highsmith, et à ses acteurs, Alain Delon et Maurice Ronet.

Il faut pourtant se garder de généraliser et ne pas s'en tenir aux apparences. En 1959, l'ancien cinéma n'était pas encore mort, même si la décennie avait vu disparaître bien des cinéastes (Baroncelli en 1951, Jean Epstein en 1953, Guitry et Max Ophuls en 1957, Grémillon en 1959), et la vieille garde était bien présente, avec de beaux succès ou de grandes réussites artistiques: Jacques Tati avec *Mon oncle* (1957), Renoir avec *le Déjeuner sur l'herbe* (1959), Cocteau avec *le Testament d'Orphée* (1959), son ultime film, sorti trois ans avant sa mort, Becker avec *le Trou* (1959), film testament sorti l'année de sa disparition en 1960, Gance avec *Austerlitz* (1959), inégal, mais encore riche en grands moments, Bresson avec *Pickpocket* (1959) où son style continuait de s'épurer et annonçait d'autres chefs-d'œuvre jusqu'à l'accomplissement total. *La fièvre monte à El Pao* (1959), dernier rôle de Gérard Philipe, montre Buñuel moins heureux qu'avec ses films purement mexicains (déjà, *la Mort en ce jardin*, en 1956 était un film moyen) tout comme *la Loi* (1959) d'après Roger Vailland révélait un Dassin à qui l'exil ne convenait qu'à moitié. De son côté, le cinéma commercial enregistrait aussi des réussites en tous genres, comme *Rafles sur la ville* (1957) et *la Bête à l'affût* (1959) de Chenal, *le Désordre et la nuit* (1958) de Grangier, *le Triporteur* (1957) de Jack Pinoteau, avec Darry

Cowl en grande vedette comique, *le Bossu* (1959) de Hunebelle, *Maxime* (1958), meilleur film de Verneuil, d'après un roman d'Henri Duvernois et *la Vache et le Prisonnier* (1959) son plus grand succès de l'époque, *le Petit Prof* (1958) de Carlo Rim, dernière œuvre d'un auteur complet, irrégulier et attachant. Tels sont les principaux noms qui, en 1959, avec Christian-Jaque, Le Chanois, La Patellière et quelques autres, font encore tourner la machine. Pour la plupart, c'est cependant une fin de règne, et dix ans plus tard, sauf Verneuil, tous auront disparu du box-office, sinon de l'activité professionnelle. Dans un cinéma où les salles de quartier allaient fermer sous la poussée de la télévision, ils n'avaient plus leur place et se retiraient les uns après les autres, lâchés par leur public. Dix millions de téléviseurs (à cette date), beaucoup plus que les cinéastes de la Nouvelle Vague ou les critiques acariâtres en furent les vrais responsables. Au royaume des images, le grand écran aura bientôt cessé d'être le maître. De plus en plus, il devra céder la place au profit des « étranges lucarnes », qui envahissent l'intimité des foyers, au risque de la détruire. Mais cela est une autre histoire.

Les années rupture
(1960-1979)

À la fin des années 1950 les jeunes turcs de la revue *Cahiers du cinéma* commencent leur révolution. François Truffaut, Claude Chabrol, Jean-Luc Godard, Jacques Rivette, Éric Rohmer, Jacques Doniol-Valcroze se relaient pour clouer au pilori Autant-Lara, Cayatte, Delannoy et tous les tenants de la « tradition de la qualité », pour dénoncer ce cinéma dont ils ne veulent pas. Seuls trouvent grâce à leurs yeux quelques réalisateurs américains, des précurseurs comme Jean-Pierre Melville et Alexandre Astruc et surtout, Jean Renoir et Max Ophuls autour desquels ils développèrent leur célèbre « politique des auteurs » à la suite du critique André Bazin.

La Nouvelle Vague trouve de l'argent grâce à un héritage familial ou à un mariage avantageux, s'empare des caméras légères, découvre les pellicules sensibles et le son synchrone, délaisse le studio pour la rue, engage des acteurs débutants et réalise en quelques mois plusieurs œuvres marquantes du cinéma national : *le Beau Serge* (1958) puis *les Cousins* (1959) de Chabrol, *les Quatre Cents Coups* de Truffaut, *À bout de souffle* (1960) de Godard, film culte pour des générations de cinéastes. L'accueil critique est excellent, le public est enthousiaste, les festivals les couronnent. Les producteurs, étonnés mais sentant le bon coup, foncent. L'originalité est bien autour de cette notion d'auteur développée dans les *Cahiers du cinéma* et qui éclate ici. Ils assument, en effet, la totalité de la création, du scénario au montage final.

La Nouvelle Vague… et après (1960-1968)

Le label « Nouvelle Vague » s'étend rapidement à tout ce qui est un tant soit peu anticonformiste comme *le Bel Âge* (1960) de Pierre Kast, traité ludique sur les stratégies amoureuses, *On n'enterre pas le dimanche* de Michel Drach, sur les amours d'un Noir et d'une Blanche, *le Signe du lion* de Rohmer sur la clochardisation progressive d'un musicien américain bohème à Saint-Germain-des-Prés. Mais c'est Truffaut, le jeune homme en colère, qui incarne ce nouveau cinéma français dans toute son ambition, sa richesse et sa complexité. Il adapte les maîtres américains du roman noir (*Tirez sur le pianiste* d'après Goodis, 1960 ; *La mariée était en noir* d'après Irish, 1967), aborde la science-fiction avec *Fahrenheit 451* (1966) d'après Bradbury, avant de lancer Antoine Doinel, le héros des *Quatre Cents Coups* maintenant adulte, dans de nouvelles aventures (*Baisers volés*, 1968 ; *Domicile conjugal*, 1970).

L'éclectique Chabrol impose sa caméra incisive aux films de genre qu'il entreprend. Comédies policières et d'espionnage souvent parodiques, drames bourgeois caustiques et étouffants (*la Femme infidèle*, 1968) : Chabrol, insatiable, tourne vite et bien. Crimes passionnels, jalousies meurtrières, troubles intérêts, le regard est acide et ironique. Il est à l'aise dans le thriller psychologique qui deviendra bientôt son genre de prédilection. *Les Bonnes Femmes* (1960), *Landru* (1962), *la Ligne de démarcation* (1966) : biographies, film de guerre, tout est bon pour ce gourmet cinéphile et glouton.

Rivette, avec *Suzanne Simonin, la Religieuse de Diderot* (1966) et *l'Amour fou* (1967-1968), participe largement à la mise en forme du cinéma moderne que ses camarades préconisent. Fiction et réalité, acteur et spectateur, les rapports s'organisent en un immense jeu de dupes à l'intérieur d'intrigues souvent labyrinthiques. Doniol-Valcroze (*le Cœur battant*, 1960) et Kast (*la Morte Saison des amours*, 1960) excellent dans les marivaudages élégants et les chassés-croisés libertins. Ils choisiront par la suite des sujets plus graves : la guerre d'Algérie pour le premier (*la Dénonciation*, 1962), la Résistance (*Drôle de jeu*, 1967) pour le second.

Après l'échec du *Signe du lion*, Rohmer commence sa série de six contes moraux en tournant les deux premiers : *la Boulangère de Monceau* (1962) et *la Carrière de Suzanne* (1963), qui ne sortiront en salle qu'en 1974. Il a, lui aussi, le goût du jeu intellectuel

François Truffaut en tournage.

et crée un lien unique entre le texte et l'image. Ses commentaires à la première personne semblent écrits à la manière d'une nouvelle. *La Collectionneuse* (1967) décrit un marivaudage cruel du côté de Saint-Tropez. *Ma nuit chez Maud* (1969) consacre son « cinéma de conversation » inimitable.

Le cas Godard

La présentation d'*À bout de souffle*, le 16 mars 1960, est un choc. Faux raccords, montage à l'emporte-pièce, refus des structures narratives classiques, humour provocateur : le cas Godard est né. Financé par le jeune producteur Georges de Beauregard, filmé par le chef opérateur Raoul Coutard, adepte de la technique du reportage, interprété par Belmondo et par Jean Seberg, une jeune comédienne américaine découverte par Otto Preminger, *À bout de souffle* suscite enthousiasme et controverse. Les premiers prix tombent dans son escarcelle : prix Jean Vigo 1960 et prix de la meilleure mise en scène au festival de Berlin. La Nouvelle Vague connaît son apothéose.

Recherches esthétiques et narratives, détournements d'œuvres littéraires, dialogues improvisés, citations cinéphiliques permanentes, digressions impromptues, collages détonants, regard d'entomologiste sur ses personnages, démolition systématique du cinéma traditionnel : Godard tourne vite et sans discontinuer, avec Belmondo, bien sûr, mais surtout avec Anna Karina, son égérie des premières années, puis avec Anne Wiazemsky, sans oublier les plus grands chefs opérateurs du moment. *Une femme est une femme* (1961), comédie dansée et jouée, *Vivre sa vie* (1962), grave réflexion sur la déchéance, *les Carabiniers* (1963) fable incendiaire, satirique et provocatrice contre la guerre, *Bande à part* (1964), entre la BD et le « western de banlieue », *Une femme mariée* (1964), portrait d'une épouse hésitant entre son mari et son amant, déconcertent public et critique, partagés entre l'étonnement, l'agacement, le rejet ou l'admiration. *Masculin féminin* (1965), portrait de la génération des « enfants de Marx et de Coca Cola », *Made in USA* (1966) pamphlet patchwork sur ces années 1960, *Deux ou Trois Choses que je sais d'elle* (1966), brûlot anarchisant et vision perturbatrice de la région parisienne, *la Chinoise* (1967), réflexion idéologique sur les réalités et les utopies nées du marxisme-léninisme et du maoïsme, *Week-end* (1968), libelle hallucinant contre une « civilisation des loisirs » triomphante, détournent définitivement la grande majorité du public. Seuls quelques irréductibles acceptent ce cinéma désordonné, subjectif, irritant, nombriliste mais sincère, lumineux, dérangeant, novateur. Le succès public, Godard l'a connu avec trois films. *Le Mépris* (1963), grosse production interprétée par Piccoli, Bardot et Palance, adaptation d'un roman de Moravia, mêle la tragédie d'un couple en échec et les tourments d'un scénariste en mal d'inspiration. *Pierrot le Fou* (1965), hallucinante virée de deux paumés partagés entre la passion et la quête d'absolu est à la fois un poème d'un romantique et un cri de colère contre une société aliénée par l'argent. *Alphaville* (1965) avec Eddie Constantine, voit Godard reprendre les thèmes classiques de la science-fiction pour les soumettre à son regard iconoclaste. Immeubles de béton et de verre, silences oppressants et voix synthétiques, noir et blanc glacial, atmosphère angoissante imprègnent les êtres et les choses, contraignent les sentiments, annihilent toute communication sensible.

Le mythe Bardot

Un mambo endiablé, des regards enfiévrés, une sensualité torride : Brigitte Bardot (née en 1934) embrase le monde entier, *Et Dieu créa la femme* de Roger Vadim façonne le mythe. Bardot devient B.B., incarnation d'une féminité sans complexe, libre de son corps et de sa séduction. Sa moue angélique, sa diction gourmande, ses poses provocatrices de vamp ingénue, ses remarques naïves et son corps de rêve balayent les derniers puritanismes de l'après-guerre. Cinéastes chevronnés (Autant-Lara pour *En cas de malheur*, 1958 ; Clouzot dans *la Vérité*, 1960) et jeunes loups de la Nouvelle Vague (Malle dans *Vie privée*, 1962 ; Godard dans *le Mépris*, 1963) s'emparent du label B.B. La starlette s'est définitivement muée en comédienne. Mais, incapable de discerner le bon grain de l'ivraie, elle s'enfonce progressivement dans un océan de médiocrité où surnagent encore quelques rares réussites (*Viva Maria*, Malle, 1965). Ignorée par la génération de mai 1968, consciente de l'inconsistance de ses derniers rôles, elle se retire en 1973.

Et les autres

En 1960, après le succès des *Amants*, Malle réalise l'adaptation du roman décapant et absurde de Queneau : *Zazie dans le métro. Vie privée* (1961) avec une Bardot qui semble interpréter sa propre vie est gentiment scandaleux, mais c'est en 1963, qu'il réalise une admirable transposition contemporaine du roman de Drieu La Rochelle, *le Feu follet*, itinéraire d'un homme désespéré qui a choisi de se suicider. Malle organise ensuite la rencontre explosive de deux stars qui s'en donnent à cœur joie (Brigitte Bardot et Jeanne Moreau) dans *Viva Maria* (1965), film d'action, pétulant, parodique et exotique qui remporte un beau succès. L'année suivante, son adaptation du *Voleur*, roman de Darien, avec un

Cléo de 5 à 7, Agnès Varda, avec Corinne Marchand, 1962.

Belmondo cynique à souhait, voleur par dépit, anarchiste par vengeance, lui permet de régler encore une fois ses comptes avec la bourgeoisie, sa propre classe. Mais Malle souhaite se lancer dans d'autres expériences cinématographiques. En 1968, il part en Inde avec une équipe très réduite et revient avec un long documentaire tourné en 16 millimètres : *Calcutta*.

François Leterrier, l'interprète d'*Un condamné à mort s'est échappé* (Bresson, 1956), choisit un roman de Vailland pour réaliser son premier film, *les Mauvais Coups* (1960). Jeu de libertinage pervers et glacé, ces liaisons dangereuses, bien plus que celles de Vadim, sentent le soufre et la douleur. C'est Jean Giono (passé à la réalisation en 1960 avec le très moyen *Crésus* joué par Fernandel) qui adapte pour ce jeune réalisateur prometteur son propre roman : *Un roi sans divertissement*, film envoûtant tourné en 1963 dans l'Aubrac.

Cléo de 5 à 7 (Varda, 1962), chronique en temps réel d'une chanteuse qui attend le résultat d'une analyse médicale et craint d'être atteinte du cancer, est une suite de déambulations et d'impressions visuelles dans l'atmosphère troublée de la fin de la guerre d'Algérie. Féministe engagée, Varda décrit ensuite dans *le Bonheur* celui, imperturbable, d'un jeune homme heureux avec sa femme et ses deux enfants et qui continuera de l'être malgré le suicide de celle-ci. Après l'échec des *Créatures* (1966), réflexion sur la création artistique, elle part pour les États-Unis avec Jacques Demy, son mari.

Après un court métrage, palme d'or à Cannes en 1962 (*la Rivière du Hibou*), et un premier film d'auteur qui lui vaut quelques ennuis (*la Belle Vie*, 1962), Robert Enrico réalise deux films d'aventures (*les Grandes Gueules*, 1965 ; *les Aventuriers*, 1966). Mais la sensibilité et l'univers intimiste de ses débuts, il le retrouve en 1967 dans *Tante Zita*, drame poignant d'une jeune fille qui ne supporte pas de veiller sa tante mourante, s'enfuit dans la nuit d'un Paris onirique, découvre l'amour et revient au matin, sereine.

Georges Franju, après *la Tête contre les murs* (1959) et *les Yeux sans visage* (1960) où pointe son goût pour un fantastique poétique, réalise *Thérèse Desqueyroux* (1962) d'après le roman de Mauriac. La forme, résolument classique, se présente comme une reconstruction fidèle du roman d'un croyant par un cinéaste agnostique. En 1963, il rend un bel hommage à Feuillade avec *Judex*. Les aventures mélodramatiques et feuilletonesques de ce redresseur de torts sont enveloppées d'une poésie mystérieuse et inquiétante. En 1965, il transcrit admirablement le rêve de guerre d'un adolescent mythomane dans *Thomas l'imposteur* adapté du roman de Cocteau. La guerre de 1914 y est horrible et fascinante, écrasant les êtres et les choses.

La Proie pour l'ombre (1961), écrit et réalisé par Astruc, conte les difficultés d'une femme qui cherche à affirmer son identité dans une société totalement machiste. Avec *l'Éducation sentimentale* (1962), d'après Flaubert, Astruc montre une fois encore l'incommunicabilité entre l'homme et la femme.

Télévision et cinéma-vérité

Ces années 1960 annoncent le triomphe de la télévision. Déjà, en 1959, la télévision coproduit *le Testament du docteur Cordelier* de Renoir. Aussitôt producteurs et distributeurs se raidissent. Le film ne sortira en salle qu'en 1961. Les professionnels du cinéma, très corporatistes, essaient de trouver des parades à l'avancée irrésistible du nouveau média. Devant la baisse de fréquentation des salles et l'évolution des spectateurs, plus jeunes, plus intellectuels aussi, ils lancent la mode du film à sketches qui semble bien fonctionner chez les Transalpins, recherchent de nouveaux financements par le biais de coproductions en majorité avec l'Italie, et développent le CinémaScope en noir et blanc puis peu à peu en couleur, plus spectaculaire que l'image traditionnelle.

Mais si les rapports entre le petit et le grand écran se tendent, les techniques de reportage de la télévision sont souvent semblables à celles de la Nouvelle Vague. L'ethnologue Jean Rouch qui a passé une large partie de sa vie à filmer les mœurs et les coutumes de diverses peuplades du Niger, ne peut nier cette influence sur ses documentaires très personnels. C'est *Chronique d'un été* (1961) qui représente un peu le manifeste de cette approche du réel connue sous le nom de cinéma-vérité. Il s'agit d'une enquête sur la vie des parisiens pendant l'été 1960. Réponses face à la caméra de personnes prises au hasard (?), réponses qui leur sont projetées ensuite pour qu'ils puissent réagir. La méthode n'a rien de révolutionnaire aujourd'hui mais le résultat de cette enquête reste un témoignage précieux sur l'esprit d'une époque... En 1963, le tout jeune Bertrand Blier reprend d'ailleurs cette technique de l'interview dans *Hitler, connais pas !* pour poser un regard très subjectif sur la jeunesse du début des années 1960. Avec *la Pyramide humaine* (1960) et *la Punition* (1962), Rouch montre les limites d'une improvisation trop libre. L'intérêt se dilue. C'est un échec.

Romancier venu au cinéma, Chris. Marker réalise des documentaires très subjectifs, sortes de journaux de voyages, de chroniques d'un regard. Avec un goût évident de la beauté et de l'art, il cherche à comprendre et à expliquer les problèmes politiques contemporains. Après *Description d'un combat* (1960) sur l'État d'Israël et *le Joli Mai* (1962) sur un Paris traumatisé par la Guerre d'Algérie, Chris. Marker réalise *la Jetée* (1963), histoire de science-fiction réalisée, comme un roman-photo, en images fixes, et qui devient un classique des ciné-clubs. En 1967, il participe à une impressionnante œuvre collective : *Loin du Viêt Nam*, réflexion humaniste sur la guerre menée par les Américains en Indochine.

François Reichenbach, critique d'art, s'oriente, lui aussi, vers le cinéma-vérité. En 1960, il exprime dans *l'Amérique insolite* sa vision étonnée et subjective de la vie aux États Unis. *Un cœur gros comme ça* (1961) exprime les réactions et les états d'âme d'un boxeur noir qui découvre Paris avant un de ses combats. *Arthur Rubinstein, l'amour de la vie* (1969) pose un regard jubilatoire sur le célèbre pianiste. Documentaire-fiction aussi pour Christian de Chalonge qui nous plonge dans le petit monde des Portugais émigrés en France (*O salto*, 1967). La mise en scène est sobre, le constat amer. Racisme et indifférence ordinaires enveloppent le triste quotidien de ces clandestins sans défense. Frédéric Rossif entreprend une histoire des soubresauts du XXe siècle, réalisant entre autres : *le Temps du ghetto* (1961), *Mourir à Madrid* (1962), *Un mur à Jérusalem* (1968). Mais le public se lasse vite de ces documentaires mêlant images d'archives, commentaires et musique. La place de ces films est à la télévision.

Des cinéastes dans l'air du temps et un État sur ses gardes

La liberté des mœurs, le rejet de la religion et des idéologies, les nouvelles modes vestimentaires et musicales, le conflit des générations, le traumatisme de la guerre d'Algérie sont autant de sujets potentiels pour des cinéastes dans l'air du temps. Mais l'État surveille plus que jamais les dérapages éventuels d'un cinéma débridé et inattendu. Par le décret du 18 janvier 1961, le Premier ministre Michel Debré réorganise la censure cinématographique. En plus de l'interdiction aux moins de seize ans, deux interdictions supplémentaires (au moins de treize ans et au moins de dix-huit ans) sont décidées. Tout projet de film doit faire l'objet d'une autorisation préalable. Les visas d'exploitation et d'exportation sont laissés à l'appréciation personnelle du ministre de l'Information ! L'application de ces consignes donne lieu à des avertissements (*la Mort de Belle* de Molinaro et *la Vérité* de Clouzot). Pour d'autres, la sentence sera bien plus sévère.

Morambong (1958-1959), premier film de Jean-Claude Bonnardot sur un scénario d'Armand Gatti, conte l'histoire de deux amants séparés par la guerre de Corée. Taxé de défaitisme, il est censuré et ne sortira qu'en 1964. Le cinéaste, entre-temps, aura

réalisé *Ballade pour un voyou* qui dénonce le monde absurde et fatal de l'espionnage.

Le Petit Soldat (1960) de Godard qui évoque la Guerre d'Algérie, renvoyant dos à dos le FLN et l'OAS, ne sort que le 25 janvier 1963. La guerre est finie et son propos iconoclaste et subversif, édulcoré.

Le Combat dans l'île (1961), attend son visa d'exploitation près d'un an. *L'Insoumis* (1964) est mutilé de près de vingt-cinq minutes à cause d'un procès intenté et gagné par une avocate qui crut se reconnaître dans le personnage féminin joué par Léa Massari. Ces deux films réalisés par Cavalier racontent l'histoire de marginaux ; dans le premier, un fils d'industriel raciste, partisan d'une violence active, sombre dans l'extrémisme de droite ; dans le second, un déserteur de la Légion s'engage dans l'OAS plus par opportunité que par conviction politique, participe à l'enlèvement d'une avocate pro-FLN qu'il libère par pitié et par amour. Échaudé par cette censure, Cavalier réalise ensuite un film policier scénarisé par Sautet (*Mise à sac*, 1967) et l'adaptation du roman de Sagan, *la Chamade* (1968).

Enrico décrit, dans *la Belle Vie*, les efforts poignants d'un jeune homme, libéré après 27 mois de service militaire en Algérie, pour retrouver le goût de vivre, se réinsérer professionnellement, s'habituer à la vie de couple. Cette chronique sociale, terminée en 1962, reste bloquée jusqu'en 1963.

Avec *les Honneurs de la guerre*, œuvre anticonformiste et pacifiste, Jean Dewever, à la fois caustique et drôle, chaleureux et cynique, égratigne l'esprit de Résistance d'un petit village de la France profonde en août 1944. Tourné en 1960 le film est refusé par les distributeurs qui attendront la fin de la Guerre d'Algérie pour le programmer sans bruit au milieu de l'été.

Jacques Rozier mettra plus de deux ans pour finir le tournage d'*Adieu Philippine*. L'histoire trop simple inquiète les bailleurs de fonds : un assistant cameraman de la télévision doit partir en Algérie. Il a rencontré deux jeunes filles, inséparables comme les amandes philippines, et part en Corse les retrouver en attendant sa feuille de route. Chronique au quotidien de trois jeunes à peine sortis de l'adolescence, caméra légère, décor naturel, *Adieu philippine* devient une référence. Et Rozier, solitaire et ombrageux, soigne son image de cinéaste maudit.

Dénoncée par des groupes de pression catholiques intolérants, *Suzanne Simonin, la Religieuse de Diderot* de Rivette est censurée en 1966. L'interdiction n'est levée qu'un an après. Paradoxalement, c'est un vieux cinéaste, anarchiste pacifiste, vilipendé par la Nouvelle Vague, qui sera l'objet de toutes les surveillances. La truculence de *la Jument verte* (1959) et surtout l'évocation de l'éveil à la sexualité chez les jeunes adolescentes des *Régates de San Francisco* (1959) font d'Autant-Lara la cible favorite des censeurs. C'est aussi en 1960 que le petit carré blanc fait son apparition sur les écrans de télévision pour déconseiller certains programmes aux regards enfantins.

L'adaptation moderne des *Liaisons dangereuses* de Choderlos de Laclos par Vadim, Brulé et Vailland provoque un scandale pour outrages aux bonnes mœurs. Les associations catholiques et de défense de la famille, associées à des gens de lettres tirent à boulets rouges sur une œuvre à l'érotisme poivré décrivant avec une certaine complaisance la perversité d'un couple de libertins oisifs. Des maires exhument des lois répressives du XIXe siècle pour le faire interdire malgré le désaveu des tribunaux administratifs. En fait, le film bénéficie largement de cette publicité. Il est finalement autorisé à sortir sous le titre *les Liaisons dangereuses 1960* en septembre 1959. Sur sa lancée, Vadim continue son libertinage et ses provocations érotiques, à coups de belles images de plus en plus esthétiques et de moins en moins sulfureuses. *Le Repos du guerrier* (1962) d'après l'œuvre de Christiane de Rochefort et *le Vice et la vertu* (1962), douteuse transposition dans l'Europe nazie de 1944 de deux œuvres du Marquis de Sade, n'émeuvent plus que quelques grenouilles de bénitier.

Nouvelle Vague, nouveau roman : le poids d'Alain Resnais

De Kast à Doniol-Valcroze, de Truffaut à Rohmer, les cinéastes se préoccupent des rapports étroits entre l'écriture filmique et l'écriture du roman. Avec *Hiroshima mon amour* (1959) et *l'Année dernière à Marienbad* (1961), scénarisés par Duras pour le premier et Robbe-Grillet pour le second, tous deux chantres du nouveau roman, Resnais opère une véritable révolution du langage cinématographique. Perfectionniste et exigeant, il éclaire judicieusement ces rapports cinéma-littérature. Il puise dans les mémoires collectives et individuelles la matière de ses fictions, organise son récit dans une construction novatrice, extraordinaire va-et-vient entre l'image et le son. Les textes incantatoires, à la fois dialogues et commentaires, de Duras répondent aux images brûlantes d'un couple qui, pendant vingt-quatre heures, se cherche et se perd dans les rues de la ville martyre. Les errements de la belle jeune femme dans le château baroque peuplé de personnages anonymes nés de l'imagination de Robbe-Grillet s'inscrivent dans un jeu de miroirs qui mêle subtilement l'illusion des souvenirs et le mirage de la réalité. Films phares du cinéma mondial, tous deux déroulent de longs travellings envoûtants qui orchestrent majestueusement les entrelacs complexes des sentiments et des passions. Malgré leur approche très intellectuelle, ces deux films remportent un beau succès public. Avec Jean Cayrol d'abord (*Muriel ou le Temps d'un retour*, 1963), avec Semprun ensuite (*La guerre est finie*, 1966), Resnais propose une réflexion désenchantée sur deux guerres perdues : celle d'Algérie pour le premier et celle d'Espagne pour le second. C'est toujours le choc du passé et du présent qui intéresse Resnais dans ces deux films lucides et bouleversants. Mais comme autrefois *Nuit et brouillard* puis *Hiroshima mon amour* avaient été écartés de la sélection des festivals de Cannes 1956 et 1959 pour ne pas froisser les gouvernements allemand et japonais, *La guerre est finie* est retirée de la sélection française à la demande de l'État franquiste. À partir d'un scénario de Sternberg, Resnais utilise le canevas de la science-fiction pour se perdre une fois encore dans le labyrinthe de la mémoire, consciente et inconsciente (*Je t'aime, je t'aime*, 1968). La sortie du film est contrariée par les événements de mai 1968. Resnais restera pratiquement cinq ans sans tourner.

Après *l'Année dernière à Marienbad*, Robbe-Grillet saute le pas et d'écrivain devient cinéaste. En trois films, *l'Immortelle* (1962), *Trans-Europ-Express* (1964) et *l'Homme qui ment* (1967), il assoit sa réputation. Il filme comme il écrit, à coup d'images mentales, refusant la chronologie et le réalisme. Après *Hiroshima mon amour*, Duras, elle aussi, se rapproche de plus en plus du cinéma. Elle participe en 1960 à l'adaptation de son propre roman *Moderato cantabile* pour le réalisateur britannique Peter Brook et écrit en 1961 (avec Gérard Jarlot) le scénario d'*Une aussi longue absence* d'Henri Colpi. La lenteur, la sobriété épurée de la mise en scène, la construction répétitive du dialogue chère au roman moderne, l'interprétation très suggestive de Georges Wilson et tout intérieure d'Alida Valli servent au mieux cette tentative de descente dans une mémoire qui n'existe pas. Paradoxalement, la palme d'or et le prix Louis Delluc qui récompensent ce premier long métrage n'ouvriront pas à Henri Colpi les portes du succès. *Heureux qui comme Ulysse* (1970), avec un émouvant Fernandel dans une Provence digne de Pagnol, sera son dernier long métrage.

Avec l'aide d'un jeune réalisateur de télévision, (Paul Seban) Duras adapte et met en scène *la Musica* (1966), une pièce en un acte qu'elle a écrite. Cette longue conversation, à la fois surréaliste et magique, d'un couple divorcé qui, une nuit, tente de cerner les raisons de son échec a déjà les caractéristiques de

Montand (1921-1991) - Signoret (1921-1985) : l'engagement

Dans le cœur des Français, le couple Montand-Signoret (ils se sont mariés en 1951) se confond avec tous les grands combats de la gauche. Unis dans la politique, ils ne le seront pas souvent à l'écran mais les quelques films dans lesquels ils apparaissent ensemble ne sont pas anodins : *les Sorcières de Salem* (Raymond Rouleau, 1956), dénonciation des persécutions religieuses dans l'Amérique puritaine de la fin du XVIIe siècle, *l'Aveu* (Costa-Gavras, 1970), qui retrace l'horreur des purges staliniennes, ou encore *Police Python 357* (Corneau, 1975), qui voit Montand aider Signoret à se suicider.

La séduisante prostituée de *la Ronde* (Ophuls, 1950), la blonde, sensuelle et amoureuse de *Casque d'Or* (Becker, 1951) la maîtresse machiavélique des *Diaboliques* (Clouzot, 1954), l'actrice trahie des *Chemins de la haute ville*, (Jack Clayton, 1959), rôle qui lui valut le prix d'interprétation à Cannes en 1959 et l'oscar en 1960, sont autant de rôles qui imposent la beauté un brin acide et la troublante assurance de Simone Signoret. Par la suite, elle assume totalement l'épreuve du temps et compose des personnages de femme forte, loyale, marquée par la vie. *La Veuve Couderc* (Granier-Deferre, 1971), la Jeanne de *Rude Journée pour la reine* (Allio, 1973), Madame Rosa dans *la Vie devant soi* (Moshe Misrahi, 1977) et *Judith Therpauve* (Chéreau, 1978) en sont les plus beaux exemples.

La silhouette romantique des *Portes de la nuit* (Carné, 1946) et surtout le camarade impitoyable du *Salaire de la peur* (Clouzot, 1954), imposent Yves Montand. Avec sa gouaille un brin vulgaire, sa stature altière, ses certitudes humanistes, ses colères fulgurantes, il devient l'interprète privilégié de Costa-Gavras, Sautet et Corneau. Sensible à la nostalgie des combats légitimes trop souvent perdus, il interprète un ancien de la guerre d'Espagne dans *La guerre est finie* (Resnais, 1966) et dans *les Routes du Sud* (Losey, 1979) mais n'hésite pas à endosser les identités les plus variées : ex-policier alcoolique, procureur, lou Papet (*Jean de Florette* et *Manon des sources*, Berri, 1986), son propre rôle (*la Solitude du chanteur de fond*, Marker, 1974 ; *Trois Places pour le 26*, Demy, 1988), vieux fou dans *IP 5* (Beineix, 1991), son ultime apparition à l'écran. Mais si la part tragique de Montand a été parfaitement exploitée, sa fantaisie de méridional volubile fut trop souvent mal utilisée. Seul de Broca (*le Diable par la queue*, 1968) et à un degré moindre Rappeneau et Pinoteau ont senti l'humour débridé de ce grand escogriffe.

l'œuvre à venir de Duras : parler faux, parti pris de situations jouées à l'excès et de réactions décalées. Il faudra attendre *Détruire, dit-elle* (1969) pour la voir seule derrière la caméra prendre en main sa destinée cinématographique.

Enfin, Cayrol, le scénariste de *Nuit et brouillard* et de *Muriel* s'essaie lui aussi à la réalisation. Avec Claude Durand, il écrit et met en scène *le Coup de grâce* (1965), film lent et presque muet sur le retour d'un homme à Bordeaux, vingt ans après y avoir dénoncé des résistants.

Des grands solitaires nécessaires

Bresson, indifférent aux transformations du cinéma français, aux polémiques, au bouillonnement créatif de ces années 1960, poursuit sa quête d'un cinéma intransigeant et ascétique. Le poignant *Pickpocket* (1959), itinéraire solitaire et spirituel d'un jeune homme fasciné par le vol, surprend par son côté désincarné et totalement dédramatisé. *Procès de Jeanne d'Arc* (1961), construit d'après les minutes des procès de la pucelle d'Orléans, est une œuvre rigoureuse et sobre. *Au hasard Balthazar* (1965-1966) est un conte philosophique âpre et d'une approche difficile, sur la vie d'un âne qui, passant de maître en maître, se charge des péchés des humains et devient une victime expiatoire. Il adapte ensuite *Mouchette* (1967) de Bernanos, histoire atroce et scandaleuse d'une gamine de quatorze ans, qui, souffre-douleur d'une société misérable, ne trouvera de refuge que dans le suicide.

Demy suit, lui aussi, une voie très personnelle pour peindre les amours contrariées et les passions pathétiques des personnages qu'il met en scène. *Lola* (1961) est un mélodrame sentimental : des hommes et des femmes qui se cherchent sans le savoir sont tour à tour réunis et séparés au gré de coïncidences fortuites ou non. *La Baie des Anges* (1962) conte les rapports étranges entre un employé de banque tenté par le démon du jeu et une incorrigible flambeuse. Des décors violemment colorés créés par Bernard Évein, des dialogues entièrement chantés sur une mélodie entêtante de Michel Legrand, un couple inoubliable (Catherine Deneuve et Nino Castelnuovo) et tragique, séparé par la guerre d'Algérie : *les Parapluies de Cherbourg* (1964) claque comme un coup de tonnerre au milieu d'une Nouvelle Vague qui s'essouffle. L'univers de Demy, profondément original, à la fois cruel et tendre, lyrique et romantique se voile d'une tristesse qui n'existe pas dans *les Demoiselles de Rochefort* (1967) avec Catherine Deneuve et sa sœur Françoise Dorléac. La présence de George Chakiris en vedette américaine et de Gene Kelly en *guest star* font de ce film un bel hommage à la comédie musicale d'outre-Atlantique. Demy se retrouve d'ailleurs aux États-Unis l'année suivante pour y tourner

Tournage des *Demoiselles de Rochefort*, Jacques Demy, 1967.

Femmes, femmes

Stéphane Audran (Colette Dacheville, née en 1939)

Derrière son allure altière de grande bourgeoise, elle cache souvent une âme de garce, méprisante et cynique. Épouse parfaite, mère irréprochable, elle se découvre des envies d'adultère (*la Femme infidèle*, Chabrol, 1969). Hypocrite, dissimulatrice, elle peaufine son personnage au fil des drames glacés et caustiques de Chabrol, son mari. Cela ne l'empêche pas de se glisser, avec talent, dans la peau de personnages très divers.

Mireille Darc (Mireille Aigroz, née en 1938)

Grande bringue libérée et drôle, maigrichonne et jolie, femme fatale ou allumeuse vénéneuse, vamp évaporée ou prostituée délurée, elle promène son air lointain, son insouciance décontractée, son cynisme amusé, dans les comédies policières de Lautner. Mais quand Godard la plonge dans les embouteillages de *Week-end* (1967) ou lorsque Cayatte l'implique dans un chantage odieux (*Il n'y a pas de fumée sans feu*, 1973), son regard se voile d'une mélancolie impalpable.

Catherine Deneuve (Catherine Dorléac, née en 1943)

Jeune fille pure et vertueuse face aux vicissitudes déchirantes de l'amour (*les Parapluies de Cherbourg*, Demy, 1964), à la fois enjouée et mélancolique, elle fait merveille dans les comédies légères de De Broca. Mais son jeu intériorisé se pare vite d'ambiguïté chez Polanski, Buñuel ou Truffaut : elle est alors impressionnante en schizophrène meurtrière, en épouse parfaite dissimulant de troublantes perversités ou en garce diabolique. Son regard impénétrable de star de Hollywood fige son image dans le temps et la voue aux rôles de grandes bourgeoises, mais de brusques bouffées d'émotion trahissent d'incandescentes passions. Elle est, avec Isabelle Adjani, la star du cinéma français. Les années 1980 et 1990 se révéleront riches en aventures cinématographiques, marquées d'abord par sa collaboration fructueuse avec André Téchiné (*Hôtel des Amériques*, 1981 ; *le Lieu du crime*, 1986 ; *Ma saison préférée*, 1993 ; *les Voleurs*, 1996), puis avec Jean-Pierre Mocky pour *Agent trouble* (1987), avec Manoel de Oliveira pour *le Couvent* (1996), Raoul Ruiz avec *Généalogies d'un crime* (1997) et *le Temps retrouvé* (1999) ou avec François Dupeyron pour son premier film, *Drôle d'endroit pour une rencontre* (1988). Elle connaîtra de grands succès publics avec *le Dernier Métro* de François Truffaut (1980) ou *Indochine* de Régis Wargnier (1992), tentera une courte aventure américaine dont seul *la Cité des dangers* (1975) mérite le détour. Alternant des rôles où prime son aura de star – *Indochine, Fort-Saganne* d'Alain Corneau (1984) ou encore *Paroles et musique* d'Élie Chouraqui (1985) – et ceux plus troubles et moins lisses chez André Téchiné où elle est vibrante et fragile, ou chez Ruiz qui lui a donné un étrange double rôle dans *Généalogies d'un crime*, ou bien chez Lars von Trier (*Dancer in the Dark*, 2000), elle a acquis une capacité à jouer de son image, à enflammer de l'intérieur des personnages qui, de prime abord, peuvent paraître sans réel relief.

Annie Girardot (née en 1931)

Passant avec une aisance stupéfiante d'un registre à l'autre, elle n'hésite pas à mettre son image en danger : couverte de poils et de barbe dans *le Mari de la femme à barbe* (Ferreri, 1964) ou alcoolique atrabilaire dans *les Misérables* (Lelouch, 1994). C'est en promenant son visage crispé et malheureux de femme trompée, le long des canaux d'Amsterdam (*Vivre pour vivre*, Lelouch, 1967) qu'elle devient une des actrices françaises les plus populaires. Ses yeux pétillants, son débit saccadé dégagent une sincérité naturelle et émouvante quand elle ne se laisse pas entraîner dans des mélodrames trop larmoyants ou des comédies trop vulgaires.

Bulle Ogier (Marie-France Thielland, née en 1939)

Emportée par le grand mouvement de mai 1968, elle cherche dans le cinéma une réponse à ses angoisses existentielles. Jeune femme éprise d'absolu, elle est remarquable d'émotion contenue dans *l'Amour fou* (Rivette, 1967-1968). Mais c'est son rôle d'ouvrière instinctive, en révolte contre la routine de sa vie morne (*la Salamandre*, Tanner, 1971) qui la fait connaître. De compositions subtiles et délicates en rôles énigmatiques et troubles, elle mêle fraîcheur et inconscience, le naturel d'un rire enfantin et l'angoisse d'un monologue schizophrénique.

Marina Vlady (Marina Catherine de Poliakoff-Baïdaroff, née en 1938)

Sa blondeur slave, l'ovale régulier et pâle de son visage la conduisent naturellement vers des rôles d'adolescentes romantiques, éperdues et glacées. Sa sophistication fait merveille dans les marivaudages raffinés et pervers de Deville. Après un passage obligé chez Godard (*Deux ou Trois Choses que je sais d'elle*, 1966), elle se partage entre un cinéma intimiste, plus ambitieux, souvent hors de France, et des rôles qui laissent libre cours à sa fantaisie : comtesse dépoitraillée et licencieuse ou grande bourgeoise cynique.

Model Shop où Anouk Aimée redevient une Lola exilée, posant pour des photos sexy afin de gagner l'argent de son billet de retour.

Mordant, sarcastique, iconoclaste, les qualificatifs ne manquent pas pour définir le cinéma violemment satirique de Jean-Pierre Mocky. Après *les Dragueurs* (1959), qui le révèle aux côtés de la Nouvelle Vague, il continue un moment son étude des rapports amoureux dans *Un couple* (1960) écrit avec Queneau et *les Vierges* (1962). Dans la société encore très

France, terre d'exil

Interdits dans leur pays ou mieux compris hors de chez eux, de nombreux cinéastes étrangers ont trouvé en France solidarité et argent pour tourner un ou plusieurs films.

Avec la complicité du scénariste Jean-Claude Carrière, Luis Buñuel y réalise les dernières œuvres de sa vie. Après *Journal d'une femme de chambre* (1963) et *Belle de jour* (1966), il adopte une narration plus éclatée, suite de sketches caustiques et souvent savoureux. *La Voie lactée* (1969), réflexion sulfureuse sur la religion, *le Charme discret de la bourgeoisie* (1972), satire au vitriol des conventions bourgeoises, *Le Fantôme de la liberté* (1974) ou encore *Cet obscur objet du désir* (1977) restent fidèle à ses obsessions iconoclastes.

L'Italien Marco Ferreri crée le scandale avec *la Grande Bouffe* (1973). Cette réunion de quatre amis dans un pavillon de banlieue pour un week-end gastronomique, entrecoupés de copulations généreuses, débouche sur une fable provocante et morbide, contre la société de consommation. Pour *Touche pas la femme blanche* (1974), Ferreri choisit le décor surréaliste du trou des halles et puise dans la mythologie du western pour réaliser un film politique, subversif et décapant.

Après avoir transformé en cauchemar hallucinant et baroque *le Procès* de Franz Kafka (1962), Orson Welles s'interroge sur l'art et la réalité, le vrai et le faux dans *Une histoire immortelle* (1967), son premier film en couleur, et surtout *Vérités et mensonges* (1974), réalisé avec Reichenbach.

En 1976, l'Américain Joseph Losey (*M. Klein*) et le Polonais Roman Polanski (*le Locataire*, d'après Topor) traitent de sujets graves : la quête de Robert Klein, vouée à l'échec, se transforme en une fascination profonde pour aller au bout d'un destin imposé ; les troubles de la personnalité du timide locataire débouche sur tragédie existentielle, parabole limpide sur l'enfermement et le racisme.

Nombreux, dans ces années d'instabilité sur leur continent, sont les cinéastes d'Amérique du Sud qui viennent trouver refuge à Paris. Le Chilien Raoul Ruiz (*l'Hypothèse du tableau volé*, 1978) et l'Argentin Hugo Santiago (*Écoute voir*, 1977) proposent des exercices de style très sophistiqués, entre fantastique et baroque, aux narrations multiples et complexes.

bloquée du début des années 1960, ces deux films font grincer les dents des organisations bien-pensantes. Entre les deux, il a réalisé *Snobs* (1961), une bouffonnerie inclassable qui s'en prend à la bourgeoisie, l'armée, la religion, le monde des affaires, les médias avec un humour à la fois ravageur et pamphlétaire. Et déjà apparaissent dans ce film les trognes insolites qui chargeront la plupart des films de Mocky d'une dimension surréaliste et outrancière. Le brave Bourvil, père de famille intègre et croyant, pille les troncs pour ne pas travailler (*Un drôle de paroissien*, 1962), avant de se retrouver inspecteur de police sur une enquête bizarre au fin fond de l'Auvergne (*la Cité de l'indicible peur*, 1964), puis professeur de lettres courant sur les toits et détruisant les antennes de télévision pour le bien de ses élèves (*la Grande Lessive*, 1968). L'honnête Fernandel erre de gares en trains à travers la France avec une fortune dans sa valise (*la Bourse ou la vie*, 1965). L'indélicat et pervers Claude Rich est un faussaire de génie, jouant avec les couples au gré des modifications qu'il apporte à leurs papiers de mariage (*les Compagnons de la Marguerite*, 1966). Mocky tourne à l'emporte-pièce, bâcle ses scénarios, simplifie sa mise en scène au nom d'une efficacité maximale mais derrière le désordre apparent, le calembour épais, le jeu approximatif, il continue imperturbable et jovial son entreprise de laminage des conventions sociales.

Des déviations de toutes sortes

La Fille aux yeux d'or (touchante Marie Laforêt) est réalisé par Jean-Gabriel Albicocco d'après une nouvelle de Balzac. Sa caméra frénétique et habillée de nombreuses gélatines par Quinto, son père, enveloppe le film dans un dandysme baroque et mondain ponctué par un érotisme douillet. *Le Rat d'Amérique* (1962) d'après Lanzmann et *le Grand Meaulnes* (1967) d'après Alain-Fournier, malgré la douce Brigitte Fossey, souffrent des mêmes boursouflures esthétisques.

Après cinq films réalisés entre 1960 et 1965, qui affirment sa virtuosité, Lelouch acquiert une immense notoriété avec un beau mélodrame romantique : *Un homme et une femme.* Jean-Louis Trintignant et Anouk Aimée, hantés par le souvenir respectif de leurs défunts conjoints, hésitent à céder à l'élan qui les portent l'un vers l'autre. *Vivre pour vivre* (1967), qui conte les relations agitées entre Annie Girardot et Yves Montand, *la Vie, l'amour, la mort* (1968), sensible plaidoyer contre la peine de mort, *Un homme qui me plaît* (1969), tourné aux États-Unis, le coupent définitivement d'une critique qui ne supporte ni le mélange des genres ni la poudre aux yeux.

Alain Jessua réalise presque coup sur coup ses deux premiers longs métrages : *la Vie à l'envers* (1964), œuvre insolite sur le plaisir de la solitude et de la contemplation, et *Jeu de massacre* (1966), qui utilise l'univers de la bande dessinée pour dénoncer le

Un homme et une femme, Claude Lelouch, avec Anouk Aimée et Jean-Louis Trintignant, 1966.

pouvoir insidieux des médias. Derrière l'ironie pointe la satire sociale mais le succès ne suit pas et le cinéaste devra attendre les années 1970 pour mettre sur pied un nouveau projet.

Du pessimisme absolu des *Scélérats* (1960) au maelström historico-psychologique de *J'ai tué Raspoutine* (1967) en passant par un polar tragique (*Mort d'un tueur*, 1963) et le remake très libre du *M. le Maudit* de Fritz Lang (*le Vampire de Dusseldorf*, 1964), Hossein, morbide et angoissé, impose sa vision d'une société décadente qui se réfugie dans des valeurs malsaines pour mieux exorciser des terreurs ancestrales. Après avoir sacrifié à la mode du western-spaghetti avec le hiératique *Une corde, un colt* (1968), ignoré par la critique, il se consacrera presque exclusivement au théâtre.

Pierre Schoendoerffer, journaliste-baroudeur, engagé volontaire pendant le conflit indochinois, prisonnier à Diên Biên Phu, publie en 1963 un roman sur son expérience de la guerre au quotidien. C'est *la 317e Section* qu'il adapte l'année suivante pour le cinéma. Proche du reportage, jamais grandiloquent, le film décrit simplement, sans jamais les juger, avec leurs peurs, leurs espérances et leurs moments d'intimité, des hommes qui, par idéal ou par obligation, se sont retrouvés dans cette jungle du bout du monde. En 1967, il réalise *la Section Anderson*, reportage sur un groupe de soldats américains pendant la guerre du Viêt Nam, qui est couvert d'honneurs.

Serge Bourguignon obtient un immense succès pour son premier long métrage : *les Dimanches de Ville-d'Avray* (1961). Ce mélodrame sensible et poétique décrit l'amitié entre un ancien pilote de guerre amnésique et une petite fille abandonnée. Écrasé par sa réussite, Bourguignon sera incapable de retrouver ensuite la fraîcheur et l'émotion de ce premier film.

René Allio connaît lui aussi le succès, dès ses débuts, avec *la Vieille Dame indigne* (1965), déambulation souriante, entre Marseille et Toulon de madame Berthe (géniale Sylvie). Critiques et public s'enthousiasment pour cette œuvre pleine de finesse et de retenue. Moins célébrés, *l'Une et l'autre* (1967) et *Pierre et Paul* (1968), ses deux films suivants, confirment bien les qualités du cinéaste.

Film policier et « qualité France »

En ces années 1960, le polar reste toujours une valeur sûre. Les nouveaux venus s'y essaient même avec un certain plaisir. Chabrol bien sûr, mais aussi Truffaut, Cavalier, Godard même, puisent allègrement dans la « Série noire ».

D'autres, influencés par le film noir américain, y font leurs premières armes. Sautet (*Classe tous risques*, 1959 ; *l'Arme à gauche*, 1964), Boisset (*Coplan sauve sa peau*, 1967), Deray (*Du rififi à Tokyo*, 1961) proposent des polars dynamiques, sans prétention, avant de mettre en chantier, après 1968, des œuvres plus ambitieuses. Les plus anciens y viennent aussi, souvent après un parcours sinueux. Duvivier (*Diaboliquement*

Les grandes gueules

Claude Brasseur
(né en 1936)

C'est autour de la quarantaine qu'il reçoit les fruits d'un long apprentissage, loin d'une filiation encombrante. *Barocco* (Téchiné, 1976) et *l'État sauvage* (Girod, 1977) le placent définitivement sur orbite. Il joue avec facilité les personnages antipathiques, les flics cyniques, mais préfère sans conteste les rôles de papa poule (*la Boum*, 1980) et de copain sympa, même si quelques fêlures personnelles viennent, un moment, brouiller l'amitié.

Michel Bouquet
(né en 1926)

Seul, Chabrol a su mettre en valeur ce qu'il peut y avoir de secret et tourmenté chez lui. Sa froideur apparente cache souvent une douleur cruelle comme dans *la Femme infidèle* (1969). Il est admirable de simplicité et fait preuve d'une justesse de ton jusque dans ses nombreux seconds rôles. Sa voix au timbre si particulier, ponctuée de nuances frémissantes, ajoute une note étrange à son jeu retenu, toujours contrôlé, et lui permet d'incarner une kyrielle de personnages étranges et amusants.

Patrick Dewaere (Patrick Bourdeaux, 1947-1982)

Il débute dans la fameuse troupe du Café de la Gare, en compagnie de Coluche, Miou-Miou et Gérard Depardieu. Avec ces deux derniers, il s'impose au grand public dans *les Valseuses* (Blier, 1974). Écorché vif et gouailleur à la fois, cet acteur fougueux enchaîne film sur film en s'impliquant à fond dans des personnages qui portent son empreinte mélancolique et rageuse. Qu'il soit juge ou footballeur, il est souvent en marge, englué dans la poisse ou la solitude. En 1982, le paumé au bord du gouffre de *Série noire* (Corneau, 1979), son meilleur rôle sans doute, brise net le mouvement fulgurant de sa carrière en se suicidant.

Philippe Noiret
(né en 1931)

Si sa bonhomie flegmatique et son scepticisme amusé lui ont permis de se faire remarquer dans quelques morceaux de bravoure comiques (*Alexandre le Bienheureux*, Robert, 1967), ce n'est que dans les années 1970 qu'il rencontre les réalisateurs qui le portent en haut de l'affiche. Boisset, Ferreri et surtout Tavernier savent d'emblée utiliser son art généreux de la composition, son sens inné du cabotinage. Après le césar obtenu pour son rôle tragique dans *le Vieux Fusil* (Enrico, 1975), il devient à travers cent vingt rôles un monstre sacré reconnu dans le monde entier.

Michel Piccoli
(né en 1925)

Après avoir mûri dans les sous-sols des seconds rôles, il atteint une notoriété qui lui permet d'envisager des rôles plus ambitieux. Godard, Vadim, Costa-Gavras, Buñuel, Deville s'emparent de ce sombre et énigmatique séducteur dont le jeu sobre et authentique attire le regard. Sautet en fera un bourgeois vulnérable, partagé entre maîtresse et épouse dans *les Choses de la vie* (1969) et Ferreri saura dévoiler son humour cynique. Passionné et engagé, il sait doter chacun de ses rôles d'un mélange de gravité et d'ironie.

Jean Rochefort
(né en 1930)

Avec sa longue silhouette sombre et sa moustache noire, il est l'acteur type des films en costumes. Il enchaîne les *Cartouche* (de Broca, 1961) et autres *Masque de fer* (Decoin, 1962), puis s'embarque dans la série des « *Angélique* ». Cantonné dans des seconds rôles, il est alternativement gangster ou valet flegmatique. Tavernier, Yves Robert (qui développe sa fibre comique) et Schoendoerffer, découvrant toutes les facettes d'un talent évident, le font remarquer. Les années 1980 lui apportent la consécration même si le comédien n'est pas toujours très exigeant dans ses choix.

Maurice Ronet
(1927-1983)

Il est l'interprète d'un grand nombre d'œuvres de qualité qu'il a marquées de sa présence généreuse. Malle (*Ascenseur pour l'échafaud*, 1957), Clément (*Plein Soleil*, 1960) et Chabrol (*la Femme infidèle*, 1969) mettent en valeur sa figure burinée, son grand rire moqueur, sa voix un peu rauque, son charme à la fois rude et fragile, son cynisme désinvolte. Dommage que son allure de baroudeur l'ait entraîné vers des films d'action sans intérêt.

Lino Ventura
(Angelo Borrini, 1919 1987)

Longtemps acteur de complément, il impose bientôt sa silhouette puissante et râblée, sa force tranquille, son regard lourd et ses silences pesants. Acteur extrêmement populaire, il cultive les rôles d'aventurier solitaire au grand cœur. Grognon et hermétique, rude mais fidèle en amitié, il incarne un Monsieur Propre qui nettoie les routes encombrées d'une société rongée par les magouilles. Mais lorsque Lautner l'entraîne sur les voies de la comédie (*les Tontons flingueurs*, 1963), ou Deray sur les sentiers tortueux du drame métaphysique (*Un papillon sur l'épaule*, 1978), le public découvre un comédien drôle et sensible, meurtri et pathétique.

Le Deuxième Souffle, Jean-Pierre Melville, avec Lino Ventura, 1966.

vôtre, 1967) et surtout Verneuil qui, après quelques belles réussites commerciales (*la Vache et le prisonnier*, 1959 ; *Un singe en hiver*, 1962), s'offre un énorme succès : *Mélodie en sous-sol* (1963). Scénario bétonné de Simonin, dialogues mitonnés par Audiard, le couple Gabin-Delon réuni pour la première fois : le film a tous les atouts. Dans la foulée, il réalise *Cent Mille Dollars au soleil* (1963). Le public se déplace encore : la gouaille de Belmondo et la force tranquille de Ventura y sont pour beaucoup.

Romancier de talent, scénariste de qualité, José Giovanni a largement influencé le polar français. Il a écrit pour Sautet (*Classe tous risques*), Jean Becker (*Un nommé La Rocca*, 1961), Melville (*le Deuxième Souffle*, 1966), et bien d'autres. Enrico adapte successivement trois de ses romans pour en faire trois films d'aventures policières, bien ficelés, spectaculaires et chaleureux : *les Grandes Gueules* avec le couple Bourvil-Ventura, *les Aventuriers* avec le duo Delon-Ventura et *Ho* (1968) avec Belmondo. La première réalisation de Giovanni, *la Loi du survivant* (1966), décline les thèmes récurrents du polar : code de l'honneur, loi du milieu, amitié virile... *Le Rapace* (1968) est plus ambitieux : avec cette histoire d'aventurier désabusé mêlé à des événements politiques au Mexique, le cinéaste s'interroge sur l'engagement et l'héroïsme. En 1969, *Dernier Domicile connu* obtient un grand succès public. Cette errance de deux policiers à la recherche d'un témoin capital propose une réflexion réaliste sur le système policier et les incertitudes de la justice.

Après *Léon Morin, prêtre* (1961) d'après le roman de Béatrix Beck, et *l'Aîné des Ferchaux* (1963) qui oppose le jeune Belmondo et le vétéran Vanel, Melville s'empare du film noir et creuse un chemin original et admiré par tous aujourd'hui. Dès *le Doulos* (1962), il impose sa volonté de stylisation des décors et des costumes. Du *Deuxième Souffle* à *Un flic* (1972), réalisé un an avant sa mort, en passant par *le Samouraï* (1967) et *le Cercle rouge* (1970), il puise dans l'imaginaire des maîtres américains pour créer son univers glacé et impressionnant, presque exclusivement masculin. Les plans sont tirés au cordeau, les personnages hiératiques et ambigus se perdent dans des silences oppressants et font jaillir des fulgurances violentes et meurtrières.

Le formidable succès des aventures de l'agent secret OSS 117, inventé par le romancier Bruce, attire les producteurs. Jean Sacha dès 1956, Boisrond et surtout Hunebelle, plus habitué aux duels à l'épée (*le Capitan* et *le Miracle des loups*, 1960) donnent vie à l'espion dans des aventures rocambolesques et mouvementées, pimentées d'une once de violence et d'une pincée d'érotisme. Un autre agent secret est apparu sur les écrans dans les années 1950 : Lemmy Caution (né de l'imagination de Cheyney). Le succès de ses aventures est dû avant tout à son interprète : Eddie Constantine, Américain venu tenter sa chance en France, qui conquiert le public avec sa tête cabossée, son grand rire, son

accent inimitable et sa décontraction éclatante. Bernard Borderie prolonge ses aventures (*À toi de faire mignonne*, 1963), mais Eddie enfile déjà l'habit d'un autre aventurier : Nick Carter.

C'est le même Borderie, vieux routier du film de cape et d'épée (*les Trois mousquetaires*, 1961 ; *le Chevalier de Pardaillan*, 1962), qui prend en main la saga à l'érotisme soyeux d'Anne et Serge Golon contant les aventures mouvementées de la belle Angélique, séparée, par la force des événements, de son mari légitime Geoffroy de Peyrac. Il faudra cinq films — *Angélique, marquise des anges* (1964), *Merveilleuse Angélique* (*idem*), *Angélique et le roi* (1965), *Indomptable Angélique* (1967) et *Angélique et le sultan* (1968) — pour que les époux soient enfin réunis. Entre-temps, la pauvre jeune femme aura subi bien des outrages. Impressionnante chevelure rousse, corps de rêve, la ravissante Michèle Mercier restera, pour toute une génération, cette marquise des anges, digne et fragile, prête à tout, et même un peu plus, pour sauver son mari. Quant à Hossein, l'habit et la cicatrice du sombre Peyrac lui colleront longtemps à la peau.

Toujours présent, Delannoy, imperturbable devant les critiques de la Nouvelle Vague, peaufine avec Cocteau un beau film en costumes, un peu démodé, d'après l'œuvre de Madame de La Fayette (*la Princesse de Clèves*, 1961). Infatigable, il met en scène pratiquement un film par an, adapte *les Amitiés particulières* (1964) de Peyrefitte, *les Sultans* (1966) de Christine de Rivoyre et réalise *le Soleil des voyous* (1967) sur un scénario de Boudard.

Avec *Plein Soleil* (1960) d'après Highsmith, Clément s'affirme plus que jamais comme un véritable auteur. Le succès est énorme pour cette excellent film noir psychologique. La narration, d'une subtile intelligence, est soutenue par une musique lancinante, un suspense oppressant, un duo d'acteurs magnétique (Delon-Ronet) et des images d'une extrême beauté. Avec *Quelle joie de vivre !* (1960) qui glisse vers la comédie à l'italienne et *le Jour et l'heure* (1962), portrait sans concession de la France occupée, Clément démontre ses qualités de conteur et d'analyste. Il sera moins à l'aise avec *Paris brûle-t-il ?* (1967), grosse machinerie à l'américaine.

Renoir, vieillissant, revient au cinéma en 1962, et jette ses derniers feux créatifs dans *le Caporal épinglé*. Clair (*Les Fêtes galantes*, 1965), Clouzot (*la Vérité*, 1960 ; *la Prisonnière*, 1968), Dréville (*la Sentinelle endormie*, 1965), Gance (*Cyrano et d'Artagnan*, 1963), Grangier (*Le cave se rebiffe*, 1961), Christian-Jaque (*le Repas des fauves*, 1964), et quelques autres n'ont plus à prouver leur savoir-faire. Mais aucun ne veut décrocher malgré l'âge et les éreintements fréquents de la critique.

Quant à la « qualité France », elle fait toujours des émules. Molinaro (*Arsène Lupin contre Arsène Lupin*, 1962), Granier-Deferre (*Paris au mois d'août*, 1965), Baratier (*Dragées au poivre*, 1963), Becker (*Un nommé la Rocca*, 1961) en sont les plus ou moins dignes représentants.

Belmondo-Delon : une histoire du cinéma

Anquetil-Poulidor, Belmondo-Delon, les années 1960 cultivent les oppositions spectaculaires. Comme celles des deux champions cyclistes, les carrières des deux monstres sacrés du cinéma français sont indissolublement liées dans le cœur des Français et révèlent d'ailleurs plusieurs points communs. Tous deux débutent la même année, en 1957, dans un film de Marc Allégret (*Sois belle et tais-toi*) et connaissent le succès en 1960 : Jean-Paul Belmondo (né en 1933) avec *À bout de souffle* de Godard et Alain Delon (né en 1935) avec *Plein Soleil* de Clément. Leur jeunesse, la gouaille généreuse et décontractée de l'un, la beauté ténébreuse et angélique de l'autre séduisent les plus grands réalisateurs français et italiens. Clément les fait se croiser dans *Paris brûle-t-il ?* (1967). Belmondo commence à jouer les Bébel désinvoltes et bondissants dans des polars et des films d'aventures (*le Cerveau*, Oury, 1969 ; *les Mariés de l'an II*, Rappeneau, 1971). Delon, toujours sombre et fragile, façonné par le hiératique *Samouraï* (1967) de Melville, enchaîne deux énormes succès : *la Piscine* (Deray, 1968) et *le Clan des Siciliens* (Verneuil, 1969). Deray, encore, réussit le tour de force commercial de les réunir (*Borsalino*, 1970) dans un *mano a mano* bien orchestré.

Tous deux, au sommet de leur popularité, abordent les années 1970 avec le même goût de l'éclectisme, mais l'image qu'ils ont d'eux-mêmes et qu'ils renvoient au public les figent trop souvent dans des rôles faits sur mesure. Lautner, Deray et Verneuil font de Bébel un brillant cascadeur à l'humour bon enfant, cabotin et loufoque. Seul Resnais (*Stavisky*, 1974) se souvient encore des immenses possibilités du comédien. Granier-Deferre, Giovanni et Deray cantonnent Delon dans des rôles souvent agaçants de solitaire renfermé. Seul Losey (*M. Klein*, 1976) sait retrouver son jeu à fleur de peau, ses fêlures cachées. Dans les années 1980, il n'hésite pas à remettre en question (*Notre histoire*, Blier, 1985 ; *Nouvelle Vague*, Godard, 1990), son image quelque peu ternie.

Autant-Lara et Cayatte : les éternels rebelles

Depuis des années, ces deux cinéastes remuent les eaux troubles du pouvoir et de la justice, pointent du doigt les lâchetés d'une société qui se voile les yeux : malgré les attaques incessantes de la Nouvelle Vague, Claude Autant-Lara (fidèle à ses scénaristes Aurenche et Bost) et André Cayatte continuent de secouer les opinions et d'énerver la censure. Avec *Tu ne tueras point* (1961), le premier aborde le problème épineux de l'objection de conscience. Pas question pour l'État de laisser se répandre sur les écrans français les malheurs d'un déserteur. *Le Journal d'une femme en blanc* (1965), qui prône le contrôle des naissances, et *le Nouveau Journal d'une femme en blanc* (1966), qui réclame la décriminalisation de la contraception et de l'avortement sont les piliers d'un combat digne et important. Peu importe que le mélodrame pèse un peu trop, Autant-Lara prépare l'opinion aux grandes offensives féministes d'après 1968. Il est alors bien seul. Et ce ne sont pas les jeunes turcs nombrilistes de la Nouvelle Vague qui l'accompagnent sur ce terrain. Avec *le Franciscain de Bourges* (1967), le cinéaste mécréant réalise le portrait sensible d'un infirmier allemand habité par la grâce, saint homme qui soulage les victimes de la barbarie nazie et dénonce la folie meurtrière des hommes. La plupart de ces films sont des échecs commerciaux. Amer et aigri, le cinéaste s'éloigne des studios, se fâche avec Aurenche et Bost et se noie dans ses rancœurs.

Cayatte aborde la décennie avec le portrait de deux prisonniers français, aux origines sociales très différentes, en Allemagne : *le Passage du Rhin* (1960), pied de nez à la Nouvelle Vague triomphante, se voit décerner le lion d'or à Venise. Avec *le Glaive et la balance* (1962), il retrouve les grands procès mélodramatiques mais efficaces qui ont fait sa gloire. Après *la Vie conjugale* (1963), souvenirs d'un couple en train de se séparer, dont la seule originalité est de se dérouler en deux volets (à voir dans des salles différentes), Cayatte réalise un thriller très noir adapté (avec Anouilh) d'un roman de Japrisot (*Piège pour Cendrillon*, 1965) et *les Risques du métier* (1967), film à thèse comme il les affectionne. Cette histoire d'un instituteur accusé de viol donne lieu à une réflexion intéressante sur la relativité des témoignages et la mythomanie enfantine. Très sensible à l'air du temps (*les Chemins de Katmandou* sur le phénomène hippie en 1969), Cayatte trouvera, dans la décennie qui se profile, matière à de nouveaux combats.

Comédies « à la française » et gaudriole franchouillarde

Les Français veulent encore et toujours rire. Le moindre film comique fait généralement beaucoup d'entrées. Et pourtant, la critique, dans son écrasante majorité, refuse en bloc ce genre qu'elle assimile à des pantalonnades grossières, sans véritable ressort comique. *La Belle Américaine* (1961), magnifique automobile qui met en émoi tout un quartier populaire de Paris et *Allez France* (1964), tribulations d'un groupe de supporters du Quinze de France à Londres, satires cocasses et sympathiques de Robert Dhéry et de ses Branquignols confirment bien la persistance d'un comique bon enfant, quelquefois désopilant, jamais salace.

Les Veinards, film à sketches réalisé en 1962, montre bien les deux tendances qui se dessinent au sein de ce genre. D'un côté, de Broca, tenant d'une comédie « à la française », enlevée, satirique et pétillante, de l'autre Girault et Pinoteau, tenants d'un comique plus franchouillard, pas toujours du meilleur goût mais souvent efficace.

Mêlant les intrigues alambiquées du théâtre de Boulevard, les situations trépidantes du vaudeville, les sentiments amoureux classiques, les études de caractères parfois très pertinentes, et grâce souvent à des acteurs qui s'en donnent à cœur joie, plusieurs cinéastes vont donner leurs lettres de noblesse à des comédies alertes, souvent brillantes, même si certains lui reprochent une trop grande légèreté.

Du *Farceur* (1960) avec Cassel au *Diable par la queue* (1968) avec Montand, en passant par *Cartouche* (1961), *l'Homme de Rio* (1963), *les Tribulations d'un Chinois en Chine* (1965), tous trois avec un Belmondo spectaculaire, De Broca en écrit les plus belles pages. Mais, lorsque le cinéaste réussit magistralement une comédie plus amère que douce où l'ironie cruelle affleure derrière l'humour, où la guerre est bien une tragédie absurde, où les fous ne sont pas ceux qu'on croit, c'est l'échec blessant et sans appel. Public et critiques boudent ce *Roi de cœur* (1966) écrit avec son complice Daniel Boulanger. Meurtri, De Broca revient à cette comédie qu'il ne quittera plus.

L'autre grand nom est sans conteste Michel Deville. Avec la scénariste Nina Companeez, il compose dans ces années 1960 une œuvre très personnelle autour des jeux de l'amour et du hasard. Il décrit le monde interlope et hypocrite des artistes (*Ce soir ou jamais*, 1958) ; enseigne l'art du mensonge (*Adorable Menteuse*, 1961) ; compatit aux mésaventures d'un homme trop volage, accusé à tort de meurtre (*À cause, à cause d'une femme*, 1962) ; d'un trafiquant très séduisant (*l'Appartement des filles*, 1963) ; d'un

Arsène Lupin de pacotille (*On a volé la Joconde*, 1965) ; ou encore d'un journaliste sportif fasciné par une apparition féminine (*Bye Bye Barbara*, 1968). Quant au libertinage et à la frivolité du XVIIIe siècle (*Benjamin ou les Mémoires d'un puceau*, 1967), ils cachent la cruauté et le désenchantement d'une société décadente.

Yves Robert, plus fantaisiste, plus prolétaire aussi, manie le genre avec bonhomie, chaleur et générosité. Après un très cocasse *Famille Fenouillard* (1960) d'après la bande dessinée de Christophe, il réalise *la Guerre des boutons* (1961), désopilante adaptation du roman de Pergaud. Le naturel et la spontanéité des gamins, leur impertinence joyeuse, le rythme alerte, la petite bouille ronde aux yeux immenses de Petit Gibus, le regard jeté sur des parents plus bêtes que méchants ont sans nul doute contribué à son succès commercial, énorme et mérité. Fort de cette réussite, Robert réalise trois pochades sympathiques avec Philippe Noiret : *les Copains* (1964) d'après Romains ; *Alexandre le Bienheureux* (1967), fable paysanne satirique, malicieux éloge de la paresse ; *Clérambard* (1969), adapté de la pièce satirique et anticléricale de Aymé.

Deux cinéastes s'essaieront aussi avec succès à la comédie. L'un (Jean-Paul Rappeneau) y trouvera sa voie, l'autre (Marcel Ophuls), non. Rappeneau écrit avec Sautet, Boulanger et Cavalier *la Vie de château* qu'il réalise en 1966. Ce vaudeville sentimental dans un vieux château délabré en Normandie, à la veille du Débarquement, est un petit joyau. Intelligence et poésie enveloppent cette douce satire d'une époque troublée. Catherine Deneuve en jeune châtelaine alanguie, sensible aux roucoulements d'un résistant et d'un officier allemand très poli, est resplendissante. Avec *Peau de banane* (1963), Marcel Ophuls manie brillamment la légèreté et l'humour. Sans lendemain. Sur un mode très mineur, *les Parisiennes*, film à sketches d'après Kiraz (1961), *Comment réussir en amour* (1962) et *Cherchez l'idole* (1963), deux films de Boisrond, sont des comédies sans aucune prétention mais restent des documents amusants et ironiques sur les années yéyé. L'association Alex Joffé-Bourvil donne aussi quelques comédies plus ou moins amères, plus ou moins insignifiantes mais toujours sauvées par l'interprétation irréprochable du comédien comme *Fortunat* (1960) ou *les Cracks* (1967).

Le comique franchouillard pratique l'art de la répétition, de l'imitation et de l'emprunt (au théâtre, au cinéma, à la radio, bientôt à la télévision et surtout au cabaret). Le genre ne brille jamais par sa mise en scène mais plutôt par ses acteurs, leur gestuelle, leurs répliques. Les tournages sont limités à quelques jours et les budgets, généralement modérés, permettent des bénéfices rapides immédiatement réinvestis dans une nouvelle et semblable production. Après Fernandel et Bourvil et en attendant Louis de Funès (qui n'est alors qu'un comparse), le début des années 1960 propose des films sans stars véritables. C'est le nombre de trognes impayables, d'accents forcés, de situations impossibles qui déclenchent le rire. L'air ahuri de Jean Carmet, le regard mâtin de Jean Lefebvre, les colères de Pierre Tornade, le zozotement de Darry Cowl, la faconde de Robert Lamoureux, les trépignements de Bernard Blier… Chacun fait son numéro et c'est l'association de ces cabotinages qui déclenche le rire et apporte le succès. Bien sûr, ces acteurs se retrouvent figés dans un emploi dont ils ont bien du mal à s'évader, car le cinéma comique fonctionne sur les poncifs et ne surprend jamais, puisqu'il ne faut surtout pas changer une formule qui marche.

Il est une figure qui, depuis le début des années 1950, d'abord simple silhouette, contremaître trépignant ou voleur maladroit, l'œil vif et la grimace facile, commence à imposer son crâne tôt dégarni, sa componction sirupeuse et ses colères explosives. Avec les années 1960, bravant une Nouvelle Vague peu tournée vers la comédie, Louis de Funès devient un véritable phénomène. Le public parle du dernier « de Funès » et oublie le metteur en scène. Toutefois, quelques réalisateurs se mettent à son service et forment bientôt avec lui des duos détonants : Jean Girault avec la série des « *Gendarme* », Hunebelle et la saga des « *Fantômas* ». En l'associant avec Bourvil (*le Corniaud*, 1964 ; *la Grande Vadrouille*, 1966), Oury fait exploser le box-office et le consacre comique le plus populaire de l'Hexagone. Parodies délirantes des films de gangsters, *les Tontons flingueurs* (1963) et *les Barbouzes* (1964), signés Lautner, dialogués par un Audiard au sommet de son art et interprétés par une triplette impayable (Ventura, Blier et Blanche), connaîtront un succès analogue.

Tati-Étaix : la solitude du comique « intellectuel »

Après le succès de *Mon oncle* (1958), Jacques Tati, perfectionniste obsessionnel, se lance dans une aventure démesurée. Il fait construire le décor gigantesque d'une ville ultramoderne dans laquelle Monsieur Hulot rencontre, au gré d'un dédale de couloirs et d'ascenseurs, touristes et travailleurs, puis, comme à son habitude, finit par semer le trouble et la pagaille. Tourné en 70 mm, *Playtime* coûte très cher. C'est aussi le prix de la mise en scène extrêmement rigoureuse d'une gestuelle héritée de la pantomime, de la précision méticuleuse de chaque gag, de la qualité d'une bande sonore où ne surnagent que quelques dialogues dans un océan de bruits organisés. Lorsqu'il sort en 1967 les Français n'apprécient guère le comique visuel, décalé, poétique, chargé d'une ironie cinglante de Tati. L'échec commercial est terrible. Monsieur Hulot toujours affublé de sa panoplie habituelle (chapeau, pipe, parapluie, imperméable et pantalon trop court) ne fait plus rire un Hexagone conquis par un autre phénomène comique : Louis de Funès.

Étaix, à la fois réalisateur et acteur, associé au scénariste Jean-Claude Carrière, s'affiche aussi comme un idéaliste du burlesque avec un sens de l'observation très aigu, son perfectionnisme saisissant et son amour évident du cirque. Elégant comme Max Linder, imperturbable comme Buster Keaton, ce petit homme en complet veston, rêveur et sentimental, égaré dans un monde trop brutal, cherche bien loin une âme sœur qui se trouve finalement tout près de lui (*le Soupirant*, 1962). Construit autour de gags très structurés, à la mécanique très huilée, essentiellement visuels, à la fois drôles et poétiques, ce premier film est un grand succès. Le charme opère encore avec *Yoyo* (1964). Ce dernier est le fils d'un milliardaire et d'une écuyère de cirque. Devenu un clown célèbre et riche retiré dans le château de son père, il s'ennuie. À partir de cette belle histoire, Étaix renoue avec la grande tradition du film comique. Plus près de l'apparente froideur de Keaton que de l'humanisme pas toujours chaleureux de Chaplin, il nous entraîne au pays des rêves mélancoliques et des souvenirs nostalgiques. *Tant qu'on a la santé* (1966), chronique des contraintes de la vie quotidienne dans une société dévorée par le modernisme, marque le pas. Les gags s'accumulent toujours avec une évidente poésie, mais la construction s'apparente plus à un puzzle définitivement éclaté. Le cinéaste, conscient de cette déficience, remontera d'ailleurs son film en 1973. Quoi qu'il en soit, Pierre Étaix, esthète marginal, a, comme Tati, de plus en plus de mal à faire ses films. Son exigence a un prix que les producteurs rechignent de plus en plus à payer.

Du soft au hard

À l'orée des années 1960, pendant que la censure interdit *le Petit Soldat* et *la Religieuse*, les films osés de Max Pécas, de José Benazeraf, ou de Jean Rollin s'installent douillettement dans des salles de quartier à peine spécialisées. Il faut pourtant attendre 1973 pour assister à la grande offensive du sexe (soft) au cinéma. *Emmanuelle* de Just Jaeckin, tiré du best-seller d'Emmanuelle Arsan, et personnifiée par Sylvia Kristel, beauté de papier glacé alanguie dans un immense fauteuil en rotin, obtient un immense succès et donne naissance à de nombreuses suites, aussi fades et machistes que l'original. *Glissements progressifs du plaisir* de Robbe-Grillet mêle structuralisme et érotisme, et *Contes immoraux* de Walerian Borowczyk s'englue dans un esthétisme de magazines érotiques. Leurs discours gonflés de morale bourgeoise et réactionnaire choquent en ces années de libération de la femme. En 1975 le film pornographique hardcore programmé naturellement, mais sans obligation, dans des salles spécialisées, fait son entrée dans les circuits commerciaux grand public avec *Exhibition* de Jean-François Davy (1975). L'actrice Claudine Beccarie y explique les vicissitudes et les plaisirs de son métier. Grâce à des budgets dérisoires, ces films font des recettes mais le genre vit ses dernières heures de relative liberté. Le 30 décembre 1975, le Parlement frappe sournoisement le porno hard. À l'interdiction aux moins de 18 ans déjà en vigueur, s'ajoutent des mesures fiscales discriminatoires et un classement X qui les marginalisent. Après une relative embellie jusqu'en 1978, le hardcore ne fera plus recette au cinéma. La vidéo met définitivement la main sur un genre qui aime les alcôves et la discrétion.

L'« affaire Langlois » et l'arrêt du festival de Cannes 1968

9 février 1968 : Henri Langlois, le fondateur de la Cinémathèque française est limogé. Des manifestations s'organisent. L'État français est accusé de vouloir mettre au pas la culture. Truffaut, Godard, et les autres crient au scandale. Finalement Langlois est réintégré. Une crise cardiaque l'emportera le 13 janvier 1977. Il laisse une Cinémathèque au bord du gouffre. Les tenants d'une gestion plus rigoureuse en prennent les rênes, mais le mythe Langlois perdure encore aujourd'hui.

10 mai 1968 : malgré les événements qui enflent à Paris *Autant en emporte le vent* (1939) de Victor Fleming ouvre le 21e festival international du film de Cannes. L'Association française de la critique de films demande l'interruption du festival pour le 13 mai. Les projections sont suspendues ce jour-là, mais reprennent le 14. Truffaut et Godard mènent la rébellion. Orson Welles et trois membres du jury (Louis Malle, Monica Vitti et Roman Polanski) apportent leur soutien. Au matin du 18, la salle du palais est comble pour assister à la projection de *Peppermint frappé* de Carlos Saura. Les lumières s'éteignent. Les cris fusent. Les contestataires se ruent sur la scène et s'accrochent aux rideaux. Les lumières se rallument. Un débat houleux s'engage. Le 19 au matin, malgré les protestations des producteurs, le festival est arrêté.

Ces deux événements, par-delà l'anecdote, sont révélateurs d'une prise de conscience de la profession vis-à-vis de la place du septième art dans une société qui évolue. Rester en phase avec l'air du temps : les cinéastes de la décennie à venir s'en souviendront.

Cinéma militant : Godard et les autres

Austère et confidentiel, disposant de moyens limités, refusant le système commercial de production-distribution, le cinéma militant pur et dur a pratiquement l'âge du cinématographe et est régulièrement réactivé par les mouvements sociaux et les troubles politiques. Filmé par un collectif d'élèves de l'IDHEC, *la Reprise du travail aux usines Wonder* en est le parfait prototype. Godard (*One plus One*, 1969) emporté, touffu, et Marin Karmitz plus ouvriériste (*Camarades*, 1969 ; *Coup pour coup*, 1972) apparaissent comme les fers de lance de ce cinéma « parallèle » qui, mêlant fiction et analyse des tares de la société et de la situation du prolétariat, affirmant un marxisme-léninisme à visage humain, refuse les concessions. En 1972, sort *Tout va bien* de Godard avec Montand et Jane Fonda, acteurs réputés pour leur engagement politique. L'histoire de cette correspondante d'une network américaine et de ce cinéaste de publicité, séquestrés avec un patron par des ouvriers en grève, n'a rien de spectaculaire. Elle est plus un prétexte à un discours militant sur l'action révolutionnaire. Les godardiens sont déçus et le grand public attiré par l'affiche se détourne vite de ce pensum gauchiste. Après cet échec, Godard s'installe à Grenoble et se consacre pendant plusieurs années à la production vidéo.

Dans la mouvance de ce cinéma, Med Hondo (*Soleil Ô*, 1970 ; *les Bicots-nègres nos voisins*, 1974), Ali Ghalem (*Mektoub*, 1969 ; *l'Autre France*, 1976) et Raul Ruiz (*Dialogues d'exilés*, 1974) pointent le doigt sur la situation des étrangers en France. Dans leur condition de clandestins ou de réfugiés politiques. Jean Schmidt s'immerge dans la marginalité des zonards, drogués et autres paumés qui errent dans Paris (*les Anges déchus de la planète Saint-Michel*, 1978). Quant à *Histoire d'A* (1973) de Marielle Issartel et Charles Belmont, qui dénonce le scandale et le danger des avortements clandestins, il est totalement censuré. L'interdiction allait durer un an. Pendant cette période de nombreuses projections sauvages devaient permettre à près de deux cent mille spectateurs de le voir.

En choisissant les voies classiques de la fiction, en empruntant les circuits commerciaux, d'autres réalisateurs revendiquent aussi une démarche militante. Pour cela, ils utilisent toutes les armes du spectacle, épousent soigneusement les schémas culturels en vigueur, exploitent totalement les conventions du romanesque et respectent formellement le principe des genres cinématographiques... Leur objet d'étude : la société et ses injustices, la violence institutionnelle, les impérialismes de tous ordres. Leur souci : être clair quitte à être didactique, compréhensible quitte à être schématique.

1968 : Projection de *Z*. Les spectateurs, debout, applaudissent et refusent de quitter la salle pour discuter. Le film de Costa-Gavras devient un véritable phénomène social. Le fascisme latent, l'infiltration de la police dans les masses populaires, la collusion entre la justice et l'État, les complicités du pouvoir avec l'extrême droite sont analysés avec vigueur et expliquent l'installation de la dictature des généraux en 1967 en Grèce. Avec ses films suivants, il élargit son propos et n'épargne personne. Ni la gauche en dénonçant l'oppression stalinienne à travers les procès de Prague en 1951 (*l'Aveu*, 1969), ni la droite en critiquant l'impérialisme américain en Amérique du Sud (*État de siège*, 1972), ni même le passé en rappelant la collaboration honteuse de la justice française avec les Allemands pendant le régime de

Tournage du *Mépris*, en 1963 : Jean-Luc Godard avec Brigitte Bardot et Michel Piccoli.

Vichy (*Section spéciale*, 1974). En condamnant tous les totalitarismes au simple nom de la dignité humaine, Costa-Gavras ne s'embarrasse pas de nuances, mais croit sincèrement à la fonction éducatrice du septième art. Il a servi de détonateur et créé une brèche dans laquelle s'engouffrent un certain nombre de réalisateurs qui désirent, à l'instar des Américains et des Italiens, un cinéma de divertissement, populaire et commercial certes, mais aussi d'information civique et de réflexion critique.

Il faut donc se garder de juger ces films à l'aune du cinéma militant ou des très estimables mais hermétiques réalisations d'un Jean-Marie Straub (*Leçons d'histoire*, 1972 ; *Toute révolution est un coup de dés*, 1977) par exemple.

Même si les limites de l'analyse politique sont évidentes, même si les références formelles à des genres codés (le polar) les obligent à des concessions idéologiques, tous ont le mérite d'avoir choisi des thèmes et abordé des sujets plutôt rares dans le cinéma français grand public. Et l'État ne s'y trompent pas en multipliant les embûches et les tracasseries, les censures officieuses et officielles.

Le temps des justes causes

Yves Boisset en sait quelque chose, puisque tous ses films politiques ont déclenché interdictions, pressions et intimidations. *Un condé* (1970) est interdit pendant près de cinq mois puis autorisé, amputé de trois minutes et avec une scène intégralement retournée. Un commissaire assassin, ignoble et sadique, est couvert par ses chefs, fricote avec les truands et n'hésite pas à torturer. En s'interrogeant sur cette institution, ses méthodes, sa fonction, Boisset balaie alors un certain nombre de tabous et ouvre une brèche. Si *le Saut de l'ange* (1971), sur des élections mouvementées à Marseille, suscite quelques remous, les autorisations de tournage de *l'Attentat* (1972) sur l'affaire Ben Barka sont refusées. Qu'à cela ne tienne : Boisset et Semprun, son scénariste, s'écartent largement de la véritable affaire pour rendre possible la réalisation du film. À la fin, réduits aux conjectures, ils ont imaginé un épilogue vraisemblable : le cadavre de Ben Barka est transporté au Maroc et enseveli dans un coin du désert. La réouverture du dossier au début de l'année 2000 allait leur donner malheureusement raison. À défaut de désert, il s'agirait du béton de la région parisienne.

La réalisation de *RAS* (1973), elle, est interrompue pendant plusieurs semaines, car l'aide de l'État est brutalement supprimée. Boisset, animé d'un pacifisme généreux, traite de la guerre d'Algérie, sujet toujours tabou, et fait l'apologie de la désertion. Seul pratiquement, avec Daniel Moosmann et son *Biribi* (1971), pamphlet vitriolant sur les bataillons disciplinaires, Laurent Heynemann accompagne Boisset dans sa croisade. Avec *la Question* (1976), son premier long métrage d'après le témoignage d'Henri Alleg, il assène une dénonciation farouche de la torture pratiquée par les militaires français en Algérie. À l'opposé, Gainville propose une réhabilitation de l'OAS (*Complot*, 1972) et Schoendoerffer continue d'exorciser les fantômes guerriers qui l'obsèdent avec son nostalgique *Crabe-tambour* (1977), exaltation d'un héros du conflit indochinois devenu membre de l'OAS. Respectueux du combattant, le cinéaste ne juge pas ; il se contente d'explorer sa mémoire.

Comme pour *l'Attentat*, les autorisations de tournage sont refusées au *Juge Fayard, dit le Shérif* (1977) sur l'assassinat du Juge Renaud. Boisset adopte la même technique. En décrivant la mort d'un juge, imaginaire mais constamment relié à la réalité française contemporaine, il développe un récit qui tient à la fois de la série noire et de la satire politique. Et quand un jeune juge d'instruction (Patrick Dewaere) cherche à établir la vérité sur une justice inféodée aux puissances d'argent et dépendante du pouvoir politique, il risque au minimum des sanctions disciplinaires et au maximum d'être abattu.

La dénonciation du racisme latent qui imprègne la France des années 1970 vaut à *Dupont Lajoie* (1975) les attaques les plus hargneuses. Un camping de la côte, un viol, une « ratonnade », des consignes d'étouffement de l'appareil politique, une justice inique : le constat est d'autant plus implacable que les protagonistes du drame sont exactement le reflet des spectateurs potentiels.

Contestataire isolé, Mocky vilipende le pouvoir, dénonce avec véhémence la corruption du monde politique et fustige la société complice à force d'être immobile. Il interprète lui-même l'anarchiste romantique traqué par la police, présent dans presque tous ses films depuis le décapant *Solo* (1969) et ses jeunes embarqués dans l'action terroriste. Sa sincérité viscérale et sa révolte nihiliste l'entraînent dans un jeu de massacre (*l'Albatros*, 1971) complaisant, souvent vivifiant, quelquefois ambigu. Le scandale de la Garantie foncière lui permet de décrire la lutte entre les petits épargnants et les requins de l'immobilier (*Chut*, 1972). Dans un style beaucoup moins caricatural mais plus satirique, de Chalonge traitera, lui aussi, de ce scandale en 1978 (*l'Argent des autres*). Avec *Un linceul n'a pas de poches* (1975) d'après McCoy, Mocky s'en prend violemment au monde des médias et, avec *le Témoin* (1978), c'est la justice qu'il passe au laminoir. Dans *le Piège à cons* (1979), le solitaire de *Solo*, plus désabusé, plus amer, plus

Ph. A. Dino / Coll. Archives Larbor / DR

Les Quatre Cents Coups de François Truffaut, 1959, avec Jean-Pierre Léaud.

Ph. S. Baudrot / Coll. Archives Larbor / DR

Hiroshima mon amour d'Alain Resnais, 1959, avec Emmanuelle Riva et Eiji Okada.

Ph. © L. Weisse / Cats / Kipa

Les Parapluies de Cherbourg de Jacques Demy, 1964, avec Catherine Deneuve et Anne Vernon

Les années 1960-1979

Ph © G. Pierre / Coll. Kipa

Pierrot le fou de Jean-Luc Godard, 1965, avec Anna Karina et Jean-Paul Belmondo.

Ph. © V. Rodrigue / Sunset / Sygma

La Grande Vadrouille de Gérard Oury, 1966, avec Louis de Funès et Bourvil.

Ph. Coll. Kipa

Le Boucher de Claude Chabrol, 1969, avec Stéphane Audran et Jean Yanne.

Ph. © B. Prim / Coll. Kipa

Le Genou de Claire d'Éric Rohmer, 1970, avec Béatrice Romand et Jean-Claude Brialy.

Ph. Coll. Kipa

L'Aveu de Costa-Gavras, 1970, avec Yves Montand.

Les années 1960-1979

Ph. © E. George / Sygma

Le Souffle au cœur de Louis Malle, 1971, avec Lea Massari et Benoît Ferreux.

Ph © G. Pierre / Kipa

César et Rosalie de Claude Sautet, 1972, avec Samy Frey, Romy Schneider et Yves Montand.

Ph. © Zubek / Kipa

Les Valseuses de Bertrand Blier, 1974, avec Patrick Dewaere, Miou-Miou et Gérard Depardieu.

violent aussi, reprend du service dans une France rongée par les magouilles. Entre ces cris de colère anarchisants, Mocky, l'inimitable, propose toujours quelques pochades grand-guignolesques, volontairement grossières et provocantes (*L'Étalon*, 1970, d'après Aymé ; *l'Ibis rouge*, 1975).

À côté de Costa-Gavras et de Boisset, beaucoup de cinéastes et de scénaristes tout aussi engagés (Veillot, Curtelin, Conchon, Semprun, Dumayet), vont concevoir leurs films comme autant de chroniques de l'histoire française contemporaine et dénoncer l'universelle vérité de la corruption, la violation de la dignité humaine, la grandeur du courage solitaire. Certains, le temps d'un ou deux films, d'autres plus longtemps, s'adonnent à cet utile jeu de massacre.

Avec *France, société anonyme* (1974), son premier long métrage, Corneau mêle politique et science-fiction. En contant les mésaventures d'un trafiquant de drogue brutalement lésé par sa légalisation, il met à nu la logique inexorable qui soumet un régime capitaliste à la loi du profit. *L'Imprécateur* (1977, d'après le roman de Pilhes), fable aux confins du fantastique de Bertucelli, et *l'Ordre et la sécurité du monde* (1978), thriller angoissant de Claude d'Anna, dénoncent l'oppression systématique et intolérable des multinationales et la frénésie de pouvoir absolu de leurs dirigeants. L'ambition dévore aussi Delon dans le film très ambigu de Granier-Deferre *la Race des seigneurs* (1973) ou encore Dutronc dans *le Mors aux dents* (Heynemann, 1979), satire au vitriol d'une escroquerie officielle, le tiercé. Jacques Rouffio (*le Sucre*, 1978) s'attaque à la spéculation boursière. Il n'épargne personne, égratigne les maîtres de la haute finance et le gouvernement complice mais aussi les petits boursicoteurs alléchés par l'appât du gain.

Avec *l'État sauvage* (1978, d'après le roman de Conchon), Francis Girod élargit le propos en s'attaquant à l'ordre néocolonial tel qu'il s'est instauré et développé depuis l'indépendance en Afrique noire sous le regard bienveillant et intéressé des anciens colonisateurs. Ce réquisitoire féroce et méthodique contre l'exploitation du tiers-monde par les pays riches (la France, en l'occurrence), on le trouve aussi dans la fable de Jessua, *Traitement de choc* (1972). Par-delà l'histoire de cette clinique dans laquelle les nantis des sociétés libérales avancées s'abreuvent du sang de jeunes émigrés clandestins pour retrouver une jeunesse éternelle, le réalisateur cerne parfaitement les mécanismes impérialistes de la société occidentale. Enfin, Cayatte évoque aussi le néocolonialisme à travers le problème de la vente d'armes aux pays en voie de développement dans *la Raison d'État* (1978).

La société de province est, pour beaucoup de cinéastes, un vivier grouillant de querelles politiques larvées, d'envies cachées, d'arrivisme masqué, qui permet de dénoncer avec vigueur des malversations beaucoup plus universelles. Corneau (*Police Python 357*, 1976) passe au crible la province, sa bourgeoisie, ses mentalités et ses rapports de classe. Il reprend, en plus désespéré encore, ce propos avec la déambulation pathétique et tragique, meurtrière et pitoyable de Dewaere dans les terrains vagues boueux et angoissants et les banlieues grises et étouffantes de *Série noire* (1979). Verneuil (*le Corps de mon ennemi*, 1976) ancre son film dans la réalité physique du Nord (avec ses grandes familles et sa population soumise et craintive) qu'il dissèque avec férocité. Jean-Jacques Annaud (*Coup de tête*, 1979) révèle les liens existant entre le football professionnel et les grands entrepreneurs, liens qui déterminent l'orientation de l'électorat. Philippe Labro (*l'Héritier*, 1972), Jean Marbœuf (*la Ville des silences*, 1979), Étienne Périer (*Un si joli village*, 1979) croquent aussi, sur un mode mineur, cette société provinciale dominée par un grand patron ou un groupe industriel tout-puissant et dévoilent, au détour d'une séquence, les dessous peu reluisants des affaires et de la finance. Dessous que Chabrol étale au grand jour dans *les Noces rouges* (1972), banal drame amoureux nourri de savoureuse notations politiques.

Racisme et violence vont de pair : Jessua le montre bien avec *les Chiens* (1979). La psychose de l'insécurité crée une opposition de plus en plus violente entre une majorité silencieuse manipulée par l'homme fort de la ville, le dresseur de chiens, et les opposants à la « dictature canine ». En dénonçant la tentation poujadiste qui guette toutes les populations immobiles, Jessua nous met en garde contre la montée des totalitarismes. Violence aussi mais feutrée, silencieuse dans *Sept Morts sur ordonnance* (Rouffio, 1975) qui se présente comme l'analyse d'un milieu socio-professionnel défini (le milieu médical d'une petite ville) entièrement dominé par un clan (la famille du chirurgien, propriétaire de la clinique). Dans ce vase clos étouffant, les individus ne peuvent que se soumettre ou mourir.

De nombreuses demandes de censure sont déposées pendant le tournage d'*Il n'y a pas de fumée sans feu* (1973) de Cayatte. La dénonciation du jeu trouble des élections municipales y est sans doute trop limpide. *Sans mobile apparent* (P. Labro, 1971) qui évoque les magouilles de la bourgeoisie niçoise, *Défense de savoir* (Nadine Trintignant, 1973) qui dénonce la collusion entre la police et l'extrême droite, et à un degré moindre *Mort d'un pourri* (Lautner, 1977), sarabande autour d'un dossier compromet-

Le vivier de la Nouvelle Vague

La Nouvelle Vague a eu un rôle primordial dans la découverte d'une nouvelle génération d'actrices et d'acteurs à l'aise dans l'improvisation et au jeu naturel et sensible. Le mouvement des corps, la gestuelle, la manière de parler, de paraître à l'écran... tout semble singulier, original comme la maigreur inquiétante de Pierre Clementi (1942-1999) ou le rire clair et provocant de Françoise Dorléac (1942-1967).

Jean-Claude Brialy (né en 1933)

Il accède à la notoriété avec *le Beau Serge* (1958) et *les Cousins* (1959) de Chabrol. Il y façonne un personnage de jeune premier séduisant, un peu cynique quand il n'est pas méprisant. Mais si sa boulimie comédienne (il jouera dans plus d'une centaine de films) l'a quelquefois égaré sur les voies de la médiocrité, il a su, simple apparition ou vrai second rôle, construire une carrière exemplaire, se glissant avec bonheur dans la peau de personnages très différents.

Jean-Pierre Cassel (Jean-Pierre Crochon, né en 1932)

Ses yeux rieurs, sa démarche souple et rythmée, son goût pour la danse et la chansonnette, le prédisposent à la comédie. De Broca l'a vite compris (*le Farceur*, 1960). Mais c'est Deville qui, mieux que tous les autres, fait sourdre la gravité de tant de fantaisie (*le Mouton enragé*, 1973). Sa filmographie et la variété de ses prestations montrent bien l'étendue de son talent.

Anna Karina (Hanne Karin Blarke Bayer, née en 1940)

Un léger accent conservée de ses origines danoises, un jeu désincarné, mélange de fantaisie bavarde et de mutisme glacial: Godard trouve en elle la comédienne idéale de huit de ses films. Mais c'est Rivette qui lui donne une réelle dimension dramatique. Murée dans le silence d'un couvent (*la Religieuse*, 1966), longs cheveux bruns plaqués sur le visage, yeux creusés et déterminés, elle est pathétique. Mais Karina sait aussi jouer les femmes galantes et les fofolles débridées.

Bernadette Lafont (née en 1938)

Actrice fétiche des premiers Chabrol, elle impose son personnage de fille aussi simple que naturelle, pleine de vie, gourmande et sensuelle (*la Fiancée du pirate*, Kaplan, 1969). Sans trop se soucier de la qualité des rôles qui lui sont proposés elle est tour à tour soubrette aguicheuse, coquine délurée, chanteuse de bastringue. Pour le meilleur, Truffaut en fera une petite vamp kitsch (*Une belle fille comme moi*, 1972) et Eustache, une putain pitoyable (*la Maman et la putain*, 1973).

Jean-Pierre Léaud (né en 1944)

Il conservera toute sa carrière, l'authenticité et le naturel de son premier rôle: Antoine Doinel, le garçon fugueur des *Quatre Cents Coups* (1959). Double du réalisateur Truffaut, son « père », il tournera régulièrement avec lui, en particulier pour la suite des aventures du petit Doinel devenu grand (*Baisés volés*, 1968; *Domicile conjugal*, 1970; *l'Amour en fuite*, 1978). Mais c'est Godard, l'« oncle », et Eustache qui entraînent cet éternel adolescent trépignant, dépressif ou hilarant vers un jeu décalé, mécanique, égocentrique.

Jeanne Moreau (née en 1928)

Elle est l'incarnation de la femme libre, émancipée, fière de sa féminité. Résumer sa carrière tient de la gageure, tant elle imprègne de sa présence magnétique et charnelle, de sa voix rauque et sensuelle, le cinéma mondial pendant plus de trente ans. Lancée par Malle (*les Amants*, 1958) et Truffaut, évoluant au fil de son âge, de garce vénéneuse en bourgeoise perruquée, de femme de chambre calculatrice en veuve éplorée et vengeresse, elle ne cesse jamais d'être magistrale. Elle choque et dérange, surprend, éblouit.

Delphine Seyrig (1932-1990)

Son image est indissolublement liée à Resnais et Duras. Déambulant dans les longs couloirs de *l'Année dernière à Marienbad* (1961) ou dans les décors fantomatiques d'*India Song* (1974), elle impose sa gestuelle impalpable, son allure hiératique, sa voix un peu traînante, au timbre envoûtant, sa diction d'intellectuelle alanguie. Elle intrigue, charme, inquiète, trouble. Truffaut, Demy, Buñuel dévoilent la fantaisie douce et piquante qui se cachent derrière tant de distinction aristocratique.

Laurent Terzieff (Laurent Tchemerzine, né en 1935)

Sa beauté ténébreuse, à la fois inquiétante et séduisante, n'a pas trouvé, au cinéma, la place qu'elle mérite. Lorsqu'il débute dans *les Tricheurs* (Carné, 1958), son jeu écorché, la tristesse de son regard auraient dû attirer l'attention des réalisateurs de la Nouvelle Vague. Mais c'est Autant-Lara qui lui donne sa chance (*Tu ne tueras point*, 1961). Plus souvent sur les scènes de théâtre que sur les plateaux de tournage, il semble éternellement en quête d'un absolu difficile à atteindre.

Jean-Louis Trintignant (né en 1930)

Partenaire de Bardot dans *Et Dieu créa la femme* (Vadim, 1957), il peaufine son personnage de jeune homme timide, effacé et tendre dans *le Fanfaron* (Dino Risi, 1962). Voyou fasciste chez Cavalier (*le Combat dans l'île*, 1961) et dans *le Conformiste* (Bertolucci, 1970), il connaît la gloire avec le rôle de coureur automobile romantique d'*Un homme et une femme* (Lelouch, 1966) et du petit juge opiniâtre de *Z* (Costa-Gavras, 1968). Glacial dans les rôles inquiétants, à l'aise dans la comédie, Trintignant, comédien engagé, peut s'enorgueillir d'une carrière exemplaire.

tant, démontrent comment, par la calomnie, le meurtre ou le scandale, le pouvoir élimine les adversaires dangereux. *La Traque* (Serge Leroy, 1975) s'avère un pamphlet efficace contre les « gens bien », industriels, notaires, assureurs, marchands de voitures, tous candidats potentiels à des élections locales. Soucieux de leur respectabilité, ils sont prêts à toutes les violences pour la préserver et n'hésitent pas à traquer comme un gibier une femme, violée par l'un d'entre eux, pour l'empêcher d'aller les dénoncer à la police.

De *Max et les ferrailleurs* (Sautet, 1970) où un inspecteur, maniaque des flagrants délits, en organise un, afin d'être sûr de piéger les auteurs du coup, à *la Guerre des polices* (Robin Davis, 1979) qui insiste sur les rivalités entre services provoquant des morts « accidentelles et couvertes », en passant par *les Aveux les plus doux* (Molinaro, 1971) qui montre une brutalité inhérente au métier de flic, ou *Plus ça va, moins ça va* (Michel Vianey, 1977) dont les deux protagonistes sont des inspecteurs racistes, l'image du policier est particulièrement négative. Quant à la police répressive de Chabrol dans *Nada* (1973), sa violence meurtrière donne presque un sens à l'entreprise insensée des anarchistes. Et pendant que Granier-Deferre (*Adieu poulet*, 1975) fait de son policier un pur aux mains liées par le pouvoir politique, Carné (*les Assassins de l'ordre*, 1972) montre que, soumis à ce même pouvoir, il peut aussi tuer, même dans un commissariat !

Des films comme *le Secret* (1972) d'Enrico, *le Serpent* de Verneuil (1972), *le Silencieux* (1973) de Pinoteau, *la Menace* (1977) de Corneau, *Un papillon sur l'épaule* (1978) de Deray, dénoncent tous, à des degrés divers, les manipulations de forces occultes, puissantes et inquiétantes, plus ou moins associées au pouvoir mais pas toujours contrôlables. Dans *le Dossier 51* (1978), Deville décrit une civilisation du soupçon, de la délation, de la mise en fiche, de l'écoute téléphonique. Cette idée d'une puissance mystérieuse mais bien réelle qui tire toutes les ficelles, Verneuil la développe aussi intelligemment dans *I… comme Icare* (1980).

Avec *le Pull-over rouge* (Michel Drach, 1979), c'est l'horreur de la peine de mort qui est dénoncée au travers d'un fait divers célèbre (l'affaire Ranucci). Sobres et minutieux, Drach et son scénariste (Gilles Perrault) détaillent soigneusement les manipulations de l'enquête, le bâclage de l'instruction et le rôle contestable des médias.

C'est d'ailleurs cette emprise des médias sur les masses, son utilisation par le pouvoir en place, qu'évoquent des films comme *Judith Therpauve* (Chéreau, 1978) qui raconte la tragique agonie d'un journal indépendant ou *l'Œil du maître* (1980), réquisitoire de Stéphane Kurc contre le petit écran, place forte des hommes politiques. Quant à Tavernier (*la Mort en direct*, 1980), il laisse éclater sa colère contre une télévision dirigée par l'Audimat.

Sautet, Tavernier, Ophuls, Malle…

Spectateur actifs de leur temps, Sautet et Tavernier (même dans les films historiques du second) procèdent, au fil de leurs œuvres et avec l'aide d'une pléiade d'acteurs fidèles (Piccoli et Montand pour le premier, Noiret pour le second), à une passionnante radiographie de la société française contemporaine. De l'énorme succès des *Choses de la vie* (1969), pas seulement dû à la prouesse technique de la reconstitution de l'accident de voiture, à *Un mauvais Fils* (1980), en passant par *César et Rosalie* (1972), *Vincent, François, Paul et les autres* (1974), *Mado* (1976) et *Une histoire simple* (1978), Sautet organise des petits groupes, soudés par les rites de l'amitié, de l'amour, de la jalousie aussi. Confrontés aux événements qu'il leur injecte, ceux-ci évoluent entre les illusions d'une réussite sociale et les effets destructeurs d'échecs personnels ou professionnels. Conflits et déballages, séparations et réconciliations, Sautet constate.

Pour son premier long métrage (*l'Horloger de Saint-Paul*, 1974), Tavernier, flanqué des infatigables Aurenche et Bost, tant décriés par la Nouvelle Vague, adapte Simenon. Il se situe d'emblée dans la grande tradition du cinéma réaliste et social français. Exposant les rapports difficiles entre un père et un fils, il cherche à restituer le monde qui les entoure et propose une vision intuitive et juste, attentive aux soubresauts de la société en mouvement des années 1970. Avec *Que la fête commence* (1974), reconstitution bouillonnante, pleine d'intrigues, d'humour, d'amour et de sexe de la régence de Philippe d'Orléans, c'est une réflexion subtile sur le pouvoir qu'il amorce. Derrière *le Juge et l'assassin* (1975), face-à-face diabolique entre un meurtrier mystique peut être irresponsable et un petit juge retors qui rêve d'avancement, pointent plus fortement les préoccupations sociales en cette fin de XIXe siècle industrieux. *Des enfants gâtés* (1977) montre un Tavernier plus grave, conscient de la difficulté de concilier aspirations collectives et préoccupations individuelles.

Le libertaire Claude Faraldo (*Bof, anatomie d'un livreur*, 1971 ; *Themroc*, 1972 ; *Deux Lions au soleil*, 1980), procède aussi de cette approche sociale. Certes, elle est plus virulente, plus débridée, plus grinçante, mais elle touche aussi là où ça fait mal.

Le Chagrin et la pitié (1971) de Marcel Ophuls est un documentaire de près de cinq heures qui a soulevé définitivement la chape de plomb qui recouvrait la période sombre du régime de Vichy, de la France collaborationniste. Après la projection de ce monument, les idées reçues et savamment entretenues par un pouvoir qui préférait le silence de l'oubli aux exercices de la mémoire volent en éclat. *Français si vous saviez* (1973) d'André Harris et Alain de Sédouy enfonce le clou. L'histoire de la France du XXe siècle à travers l'aventure du gaullisme défile en trois épisodes de deux heures et demie chacun, soulevant une partie du voile pudiquement jeté sur les « malgré nous » ou les bavures de la guerre d'Algérie. Secoués par ces « chocs salutaires », nombre de cinéastes n'hésitent plus à se pencher sur ces périodes taboues.

Malle suscite une belle polémique avec le portrait de *Lacombe Lucien* (1974), volontaire dans la milice. *Les Guichets du Louvre* (1973) de Michel Mitrani et *Monsieur Klein* (1976) de Joseph Losey décrivent les rafles du Vél' d'Hiv. *Les Violons du bal* (1973) de Drach et *le Dernier Métro* (1980) de Truffaut se déroulent pendant l'Occupation alors que les juifs sont pourchassés. Dans *Un sac de billes* (1975), Jacques Doillon, raconte l'odyssée tragi-comique de deux enfants juifs. Dans *le Bon et les méchants* (1975), Lelouch, évoque rapidement la question juive dans un patchwork de collabos, de résistants et de gangsters qui savent retourner leurs vestes. Chabrol avec *Violette Nozière* (1978) et Girod avec *la Banquière* (1980) proposent deux beaux portraits de femmes plongées dans la période trouble de l'avant-guerre. Enfin, sacrifiant à la mode rétro, Girod, toujours, s'amuse avec une farce macabre, drôle et grinçante, située à Marseille dans les années 1920 (*le Trio infernal*, 1973).

La Nouvelle Vague à l'âge de raison

Chabrol tourne toujours beaucoup et poursuit son autopsie au scalpel des bas morceaux de l'humanité. Pas moins de douze films entre le superbe *Que la bête meure* (1969) et *les Liens du sang* (1977) et, au passage, quelques thrillers machiavéliques qui s'apparentent parfois à des pamphlets cruels (*le Boucher*, 1969 ; *Juste avant la nuit*, 1970 ; *les Noces rouges*, 1973), une œuvre baroque et démesurée, dotée d'un casting exceptionnel (*la Décade prodigieuse*, 1971), et quelques ouvrages bâclés (dont *les Innocents aux mains sales*, 1974), mais le bilan est très positif.

Celui de Truffaut aussi. Avec un éclectisme de bon aloi, il enchaîne, entre autres, un polar spectaculaire (*la Sirène du Mississippi*, 1969), une reconstitution sobre, presque documentaire, en noir et blanc, d'un fait divers (*l'Enfant sauvage*, 1969), deux splendides drames en costumes (*les Deux Anglaises et le continent*, 1971 ; *l'Histoire d'Adèle H*, 1975), une comédie sympathique, « film dans le film » (*la Nuit américaine* 1973) et une œuvre testament émouvante (*la Chambre verte*, 1977).

Rozier réalise difficilement *Du côté d'Orouet* (commencé en 1970, il ne sortira qu'en 1973) puis *les Naufragés de l'île de la Tortue* (1976), mais aucun n'a le charme de son premier. Kast, toujours aussi exigeant (*les Soleils de l'île de Pâques*, 1972 ; *le Soleil en face*, 1979), comme Rivette (*Out one : spectre*, 1970 ; *Céline et Julie vont en bateau*, 1974) s'interroge inlassablement sur les rapports entre rêve et réel.

Se partageant entre la télévision et le cinéma, le documentaire et la fiction, Varda continue son chemin, hors des sentiers battus du féminisme pur et dur. Si elle revendique pour les femmes la liberté de se prendre en main, ce doit être aussi bien dans la maternité que dans la marginalité, dans le bonheur simple que dans la lutte. Pas question, non plus, de guerre des sexes, le dialogue homme-femme est un impératif. *L'une chante, l'autre pas* (1976), gonflé d'un humour chaleureux, est là pour le rappeler.

Le Plein de super (1975), *Martin et Léa* (1978) et *Un étrange voyage* (1980), trois films à petit budget, plongent Cavalier dans un « nouveau réalisme » romanesque et tendre pendant que Malle s'installe dans le scandale : rapports incestueux entre une mère et son fils avec *le Souffle au cœur* (1970) et prostitution enfantine avec *la Petite* (1978). Moraliste, il dépasse les constats et s'attache aux causes du mal.

Resnais n'en finit pas d'inventer. Chacune de ses réalisations est un nouvel essai sur un genre défini. Avec *Stavisky...* (1974), il s'attaque au film historique ; *Providence* (1976) l'entraîne dans un univers fantasmatique et *Mon oncle d'Amérique* (1980) s'apparente à un film scientifique. Alors que Robbe-Grillet (*l'Éden et après*, 1970 ; *Glissements progressifs du plaisir*, 1974) balbutie une narration vidée de sa substance, Duras atteint une sorte de plénitude dans les essais cinématographiques qu'elle réalise à raison d'un par an. Bande son de plus en plus travaillée (voix off qui se répondent, bruits divers, musiques lancinantes), images sublimes portées par des mouvements lents et envoûtants, constructions narratives toujours plus inventives : *Détruire, dit-elle* (1969), *Nathalie Granger* (1972), *India Song* (1974), *Des journées entières dans les arbres* (1976) ou encore *le Camion* (1977) sont des exercices de style brillants, réflexions très intellectuelles, sur le cinéma, la politique, la création romanesque, les malaises existentiels.

Des parcours solitaires

Bresson, qui passe à la couleur avec *Une femme douce* (1969), conserve sa même intransigeance, son perfectionnisme impressionnant et ses films consti-

tuent toujours des joyaux précieux et rares (*Quatre Nuits d'un rêveur*, 1971; *Lancelot du Lac*, 1974; *le Diable probablement*, 1977).

Imperturbable, Rohmer termine ses contes moraux (*le Genou de Claire*, 1970; *l'Amour l'après-midi*, 1972), et exacerbe l'aspect théâtral et esthétique de son cinéma du verbe et de l'image par des références picturales (la peinture du XVIIIe siècle, les enluminures du Moyen Âge) pour deux incursions dans le film historique (*la Marquise d'O*, 1976; *Perceval le Gallois*, 1978).

Demy, malgré *Peau d'Âne* (1970) marque un peu le pas. Et si *le Joueur de flûte* (1971) possède le charme et la violence des contes pour enfants, *l'Événement le plus important depuis que l'homme a marché sur la Lune* (1972) ne va pas au bout d'un sujet pourtant original (l'homme enceint).

Deville habille progressivement ses comédies raffinées et drôles, ses marivaudages élégants, d'une perversité (*Raphaël ou le Débauché*, 1970) et d'une amertume (*le Mouton enragé*, 1973), qui débouche souvent sur une tragique conclusion. La dissimulation, les manipulations et le mensonge traversent des intrigues de plus en plus glaciales (*l'Apprenti salaud*, 1976; *le Voyage en douce*, 1979).

Lelouch multiplie les tournages et alterne films à petit budget (*Smic, smac, smoc*, 1971), et grosses productions (*Toute une vie*, 1974). Il emprunte aux soubresauts du monde la matière de quelques bonnes fantaisies (*L'aventure c'est l'aventure*, 1972) et met en scène deux agréables comédies sentimentales et policières (*le Voyou*, 1970; *la Bonne Année*, 1973). Mais au fil de ses réalisations, il développe des scénarios de plus en plus éclatés et une philosophie naïve faite de lieux communs et d'affirmations péremptoires.

Avec *Rude Journée pour la reine* (1973), tranche de vie d'une femme ordinaire en mal de rêves, Allio prolonge le sujet de son premier film. Avec *les Camisards* (1970) et *Moi, Pierre Rivière ayant égorgé ma mère, ma sœur et mon frère* (1975), il prend à bras le corps un matériau historique, la résistance des protestants cévenols sous l'Ancien Régime et un fait divers tragique dans la campagne normande au XIXe siècle et, à l'opposé d'une reconstitution spectaculaire, pratique une analyse très distanciée.

Aux côtés de ces auteurs à part entière, d'autres cinéastes pointent leur caméra et démontrent une intelligence de la narration cinématographique en parfait accord avec les idées fortes qu'ils proposent.

En 1969, *l'Enfance nue* propulse Maurice Pialat sur le devant de la scène. Ce film émouvant sur un gamin de l'Assistance publique est acclamé par les critiques. Sur la lancée du bon accueil que reçoit son deuxième film (*Nous ne vieillirons pas ensemble*, 1972), histoire d'un homme lassé de sa vie de couple et d'une femme qui affirme peu à peu sa personnalité face à ce mari de plus en plus odieux, il réalise successivement *la Gueule ouverte* (1974), douloureuse et poignante description des derniers instants avant la mort d'une femme entourée par son mari, son fils et sa belle-fille, *Passe ton bac d'abord* (1978-1979), autopsie d'un groupe d'adolescents du nord de la France, et *Loulou* (1980), qui conte l'adultère d'une petite-bourgeoise attirée par la marginalité d'un loubard et scelle la rencontre du cinéaste avec Gérard Depardieu. La caméra toujours à bonne distance, Pialat filme à vif, façonne une image dépouillée de tout artifice afin de cerner l'essentiel: la vérité intime des personnages. Derrière la misanthropie qui affleure, les hommes déphasés et frustes, incapables d'assumer leur passion ou l'éclatement de la famille, son cinéma ressemble à un long et douloureux cri d'amour.

Jean Eustache, provincial monté à Paris dans le mouvement de la Nouvelle Vague, entame une œuvre très rigoureuse après un premier brouillon (*les Mauvaises Fréquentations*, 1963). Avec *Le père Noël a les yeux bleus* (1966), il filme toujours caméra à l'épaule, sous «l'emprise de la nécessité impérieuse de capter la réalité éphémère de l'adolescence». *La Maman et la putain* (1973) fait scandale et lui apporte la notoriété. Derrière la provocation du titre, le noir et blanc, le déferlement verbal, Eustache entraîne les spectateurs dans un désespoir existentiel qui pose des interrogations fondamentales sur l'amour. Après *Mes petites amoureuses* (1974), tendre film sur l'enfance, il crée de nouveau des remous avec *Une sale histoire* (1978) dont le voyeurisme du narrateur, gagné par l'obsession sexuelle, se veut une réflexion inquiète, désabusée et amère sur le cinéma.

Observateur attentif des rapports et des êtres, Jacques Doillon découpe au scalpel les sentiments humains, et, sans cri, dans un chuchotement intime, fait éclater les déchirements les plus douloureux. Mêlant problèmes sentimentaux et discours social, il regarde vivre le trio de copains des *Doigts dans la tête*, (1974), décrit la difficulté de concilier liberté et amour dans un couple moderne (*la Femme qui pleure*, 1978), partage la détresse de deux laissés-pour-compte (une petite fille et un jeune homme) qui se réfugient dans un univers excluant les adultes (*la Drôlesse*, 1979).

Refusant les contraintes imposées par les maisons de production, Paul Vecchiali fait appel à

La Maman et la putain, Jean Eustache, avec Jean-Pierre Léaud, Françoise Lebrun et Bernadette Lafont, 1973.

des producteurs indépendants, souvent des amis, quand il ne produit pas lui-même ses films. Les budgets sont réduits mais toujours adaptés au projet. Admirateur du réalisme poétique des années 1930, il construit une œuvre forte et d'une grande cohérence, tant par ses contenus que par son esthétique. Il impose un style inclassable, immédiatement reconnaissable, dans lequel la dédramatisation ne supprime jamais l'émotion. Vecchiali aborde de front certains sujets tabous dans la société française comme la peine de mort (*la Machine*, 1977) et saisit les désirs les plus troubles (*l'Étrangleur*, 1970). *Femmes femmes* (1974), douloureux et cocasse portrait de deux comédiennes ratées, et *Corps à cœur* (1979), mélodrame exaltant la passion d'un garagiste pour une pharmacienne atteinte du cancer, sont parmi ses films les plus réussis.

Avec deux films, *Bel Ordure* (1973), histoire d'un prestidigitateur indic, et *Monsieur Balboss* (1975), portrait d'un commissaire au double visage, Marbœuf compose un univers étrange plutôt pessimiste, teinté d'amertume mais traversé par de large traits d'un humour sarcastique quand il n'est pas cynique et agressif.

Les enfants de mai 1968 et de la crise : un souffle nouveau

Avec la crise économique qui se profile à l'horizon de la nouvelle décennie, la morosité et l'inquiétude se mêlent aux espoirs suscités par mai 1968. De nombreux cinéastes, sensibles à l'air du temps, habillent leurs premières œuvres d'une douce mélancolie, laissent poindre la critique sociale, mais les enveloppent souvent dans une ironie tantôt bon enfant, tantôt grinçante. C'est le cas de Maurice Dugowson avec *Lily, aime-moi* (1975), histoire d'un ouvrier abandonné par sa femme, et *F. comme Fairbanks* (1976) déboires d'un jeune chimiste cinéphile demandeur d'emploi. C'est aussi celui de Joël Santoni (*les Yeux fermés*, 1971) et de Philippe Condroyer (*la Coupe à dix francs*, 1974). Le comédien déprimé qui décide de se conduire comme un aveugle avant de sombrer dans la folie et le jeune ouvrier de vingt ans qui finit par céder aux injonctions d'un patron obsédé par les cheveux courts avant de se suicider sont bien les victimes d'une société intolérante, incapable d'analyser leur révolte.

Les films de Jean Charles Tacchella sont des fables douces-amères (*Voyage en Grande Tartarie*, 1973), qui témoignent de l'évolution de la société française.

Cousin, cousine (1975) prône, avec une ironie affectueuse, l'adultère. *Le Pays bleu* (1976) se moque sans amertume des utopies soixante-huitardes du retour à la terre. Enfin *Il y a longtemps que je t'aime* (1979) porte un regard lucide, mais toujours tendre, sur un couple qui décide de mettre fin à vingt-cinq ans de vie commune.

Le Voyage d'Amélie (1974), équipée tragi-comique d'une femme flanquée de cinq loubards et décidée à enterrer son mari en province, et *la Dérobade* (1979), d'après le best-seller de Jeanne Cordelier, sur l'insupportable condition des prostituées, dévoilent l'attirance de leur réalisateur, Daniel Duval, pour les univers glauques et les marginaux.

Les Valseuses (1974) et son trio magique, issu du café-théâtre (Dewaere, Depardieu et Miou-Miou), éclate comme un coup de tonnerre dans la production cinématographique. Pour Blier, le metteur en scène, la provocation est une seconde nature. Cette virée libertaire et immorale, drôle et désespérée, qui tourne à la cavale tragique est un immense succès, malgré la violence de certaines réactions bien-pensantes. La misogynie déclarée d'un *Calmos* (1975), ou ambiante de *Préparez vos mouchoirs* (1976), n'empêche pas le cinéaste de décrire des hommes lâches ou complètement paumés. Avec *Buffet froid* (1979), Blier, l'iconoclaste, installe derrière une apparente comédie policière un humour noir, insolite, cru, surréaliste même, pour décrire un monde de béton et de solitude désespérant.

Les paysages désertiques du Sud algérien de *Remparts d'argile* (Jean-Louis Bertucelli, 1969) sont, au contraire, d'une beauté émouvante. Leur résonance poétique avec la grève de casseurs de pierres que conte ce film hiératique et humaniste, est magique. Méconnu du grand public, marginal, Philippe Garrel fouille les pensées les plus intimes, les pulsions les plus profondes d'êtres tourmentés tout au long d'une œuvre exigeante et confidentielle (*la Cicatrice intérieure*, 1971 ; *les Hautes Solitudes*, 1974).

Malgré une ou deux relatives réussites commerciales, René Féret et Jean-Daniel Pollet sont eux aussi restés des marginaux. Féret commence sa carrière par une description entomologique de l'univers psychiatrique (*Histoire de Paul*, 1974), pour la continuer par une réflexion passionnante sur la mémoire collective d'une famille dans le nord de la France (*la Communion solennelle*, 1977) et le portrait pittoresque d'un cambrioleur sympathique et malchanceux, *Fernand* (1979). Quant à Pollet, entre deux essais d'un abord difficile, il réalise quelques délicieuses et nonchalantes comédies (*L'amour c'est gai, l'amour c'est triste*, 1969 ; *l'Acrobate*, 1975), nimbées d'une amertume un peu triste et illuminées par la fragile silhouette de Claude Melki, clown triste et solitaire, éternel amoureux transi.

Au-delà d'une thématique (l'enfance et l'adolescence) qui le maintient proche de Truffaut avec lequel il travailla longtemps, Claude Miller a su créer un univers personnel qui mêle affrontements psychologiques, secrets et désirs liés au sexe et tabous sociaux. Homosexualité refoulée dans *la Meilleure Façon de marcher* (1976), passion dévorante dans *Dites-lui que je l'aime* (1977) : Miller explore les comportements pathétiques d'êtres frémissants, tourmentés par des angoisses contrariées, des obsessions violentes.

Dérive mentale (*Paulina s'en va*, 1969) ou chronique d'une ascension sociale (*Souvenir d'en France*, 1974), le cinéma d'André Téchiné se veut à la fois baroque, lyrique et romanesque. Les cadrages sont toujours savamment étudiés, les dialogues ciselés avec soin et la poésie affleurent derrière la beauté des images. Les personnages culpabilisés qu'il met en scène supportent souvent le poids d'un lourd passé (*les Sœurs Brontë*, 1978), s'enflamment pour des amours impossibles, vivent dans la douleur et le déchirement jusqu'à transcender la mort (*Barocco*, 1976).

Gérard Blain, Jean-Louis Trintignant, Jean-Claude Brialy et Maurice Ronet, quatre acteurs dans la mouvance de la Nouvelle Vague, sont passés, avec plus ou moins de bonheur, derrière la caméra. Blain impose un cinéma d'une sobriété bressonienne habité par des personnages solitaires, écorchés vifs, parfois violents (*le Rebelle*, 1980) en quête de rencontres impérieuses (*les Amis*, 1971 ; *Un enfant dans la foule*, 1976). Trintignant cultive l'humour noir dans des fables sociales caustiques, poétiques, un brin surréalistes (*Une journée bien remplie*, 1972 ; *le Maître nageur*, 1978). Brialy s'entoure de femmes en crinolines, de gentilles grands-mères (*Églantine*, 1971) et de prostituées romantiques (*les Volets clos*, 1972) pour composer un petit monde rétro et gentiment désuet. En 1976, Ronet réalise *Bartleby*, transposition subtile d'une nouvelle de Melville. Cet essai réussi reste malheureusement sans lendemain.

Les femmes prennent la caméra

Exception faite d'Agnès Varda et de Marguerite Duras, la Nouvelle Vague est une affaire d'hommes. Un certain nombre de femmes tenaces s'engouffrent pourtant dans les portes entrouvertes des studios. La plupart de ces nouvelles réalisatrices s'installent derrière la caméra parce qu'elles ont des sentiments à exprimer, des cris à lancer, des comptes à régler. Le regard lucide qu'elles jettent sur des hommes fragiles et odieux est généralement sévère, même s'il se charge parfois d'une tendresse ironique. C'est Nelly Kaplan (*la Fiancée du pirate*, 1969) la première à secouer le joug. Ce film sauvage ressemble à une grosse farce décapante à l'érotisme militant. Bernadette Lafont, simple jeune fille du peuple, s'y venge des notables d'une petite ville qui ont abusé d'elle.

Avec *Mais qu'est ce qu'elles veulent ?* (1975), Coline Serreau propose à des femmes de tout milieu et de toute condition de s'exprimer sur leur vie, leurs rapports avec la société des hommes tant dans le travail que dans la vie conjugale. *Mon amour, mon amour* (1967) sur la liberté de la femme dans le couple, et *Ça n'arrive qu'aux autres* (1971) sur la mort de son enfant, réalisés par Nadine Trintignant, expriment avec subtilité et conviction, ce courant à la fois social et intimiste.

Quand ces réalisatrices s'éloignent de leur propre existence, c'est pour parler avec une infinie retenue du cancer, de l'homosexualité, du viol, de la drogue. La démarche est sensible, le propos, clair et argumenté, jamais ambigu. Après le succès de *la Femme de Jean* (1974) sur l'épanouissement d'une épouse après le départ de son mari castrateur, Yannick Bellon attaque de front les tabous qui enferment le viol dans une chape de silence (*L'Amour violé*, 1977).

Beaucoup plus légères sont les comédies de Diane Kurys, *Diabolo menthe* (1977) et *Cocktail Molotov* (1979), portraits gentillets de jeunes adolescents qui s'éveillent à l'amour et à la politique dans les années 1960. Très loin des préoccupations féministes de l'époque, Nina Companeez n'oublie aucun poncif pour décrire les premiers émois amoureux d'une jeune fille. *Faustine et le bel été* (1971) obtient pourtant un joli succès.

En 1974, Ariane Mnouchkine, responsable du célèbre Théâtre du Soleil, filme pour mémoire *1789*, son plus grand succès. Quatre ans plus tard, grâce à un budget important, elle réalise *Molière*, lumineuse biographie, malheureusement sans lendemain. Souffle épique, lyrisme flamboyant, poésie baroque, sens de l'espace et du rythme, ne font pas oublier à la cinéaste son engagement social.

Louis de Funès (1914-1983) entre dans la police

1964 : B. B., le luxe, la mode, les nuits blanches, le soleil et la mer... Le mythe « Saint-Tropez » semble inaccessible à la majorité des Français. Et pourtant, sur une petite place ombragée, existe une gendarmerie qui leur renvoie une image bien différente sous l'apparence du maréchal des logis Ludovic Cruchot alias Louis de Funès. Colérique, grincheux, sournois, servile, matois, ahuri, exaspéré et obséquieux, l'homme fulmine mais ne s'insurge pas, râle mais finit par céder, grogne mais révèle son bon cœur. En 1964, toujours, André Hunebelle, lui fait prendre du galon. Le gendarme atrabilaire devient, en effet, le commissaire Juve dans *Fantômas*, rôle qui oblige De Funès à plus de retenue sans rien perdre de sa verve comique. Le succès appelle deux suites (*Fantômas se déchaîne*, 1965 ; *Fantômas contre Scotland Yard*, 1966), d'une égale qualité avant que Juve ne troque définitivement son complet veston pour l'uniforme de Cruchot. Coincé entre ses gendarmes et l'adjudant Gerber (Michel Galabru), à la fois chef et subalterne, il tyrannise ses subordonnés et rampe devant ses supérieurs. *Le Gendarme de Saint-Tropez* obtient un succès colossal, ouvrant la voie à une saga triomphale orchestrée par Jean Girault, son créateur. Mais du *Gendarme à New York* (1966) au *Gendarme et les gendarmettes* (1982), les cinq épisodes qui voient le jour se révèlent de plus en plus poussifs. Les trépignements et les colères de De Funès tournent à vide, transformant les dernières prestations d'un maître du rire en tristes pantalonnades.

Comique : toujours les mêmes recettes

Plus que jamais, les ténors de la comédie tiennent le haut du pavé cinématographique. Oury continue son association heureuse avec de Funès (*la Folie des grandeurs*, 1971 ; *les Aventures de Rabbi Jacob*, 1973), Rappeneau n'a rien perdu de sa vivacité (*les Mariés de l'an II*, 1970 ; *le Sauvage*, 1975), Yves Robert, associé au scénariste Jean-Loup Dabadie et au comédien Jean Rochefort, réalise trois de ses meilleures comédies (*Un éléphant ça trompe énormément*, 1976 ; *Nous irons tous au paradis*, 1977 ; *Courage fuyons*, 1979). Et si de Broca semble parfois marquer un peu le pas (*les Caprices de Marie*, 1969), il est toujours capable de concocter un petit bijou de drôlerie (*le Magnifique*, 1973).

En ancrant ses comédies dans la France profonde, souvent dans la douceur d'une maison de campagne, loin des discussions politiques et existentielles du Quartier latin, Pascal Thomas construit un naturalisme tendre et ironique. Chronique malicieuse de la vie lycéenne (*les Zozos*, 1972), éveil à la sexualité d'adolescents maladroits et timides (*Pleure pas la bouche pleine*, 1973), mésaventures d'un dragueur de pacotille (*le Chaud Lapin*, 1974) : le succès est énorme.

Après un premier film sulfureux, provocant et iconoclaste (*Mais ne nous délivrez pas du mal*, 1971), Joël Séria s'oriente vers la comédie. *Les Galettes de Pont-Aven* (1975) chante les simples plaisirs du sexe, loue la sensibilité féminine, fustige la vulgarité masculine et offre à Jean-Pierre Marielle un de ses meilleurs rôles.

Pierre Tchernia, avec sa bande de copains conduite par Serrault, réalise de joyeuses pochades qui prennent par moment les allures d'une satire hilarante (*le Viager*, 1971 ; *la Gueule de l'autre*, 1979).

Malgré une réelle médiocrité, le comique franchouillard fait toujours recette. Girault enchaîne les vaudevilles. Audiard passe à la réalisation avec des

parodies poujadistes, dont la seule originalité est la longueur des titres (*Faut pas prendre les enfants du bon Dieu pour des canards sauvages*, 1968). Molinaro met en scène une pièce à succès sur un couple homosexuel (*la Cage aux folles*, 1978). Cette caricature affligeante, portée par un duo de cabotins géniaux (Poiret et Serrault), fait un triomphe au box-office.

Claude Zidi commence lui aussi par un coup d'éclat commercial : *les Bidasses en folie* (1971), avec le groupe musical les Charlots, fait plusieurs millions d'entrées. Mêlant la tradition du vaudeville militaire et l'esprit délirant du cartoon, Zidi multiplie les gags (dont certains sont franchement drôles) au gré d'un scénario qui laisse libre cours à l'improvisation de cinq hurluberlus incontrôlables. Exploitant le filon jusqu'à l'épuisement, les Charlots tourneront encore cinq films (dont trois avec Zidi), où leur humour au premier degré s'essouffle en même temps que les budgets de production se font maigres et le public moins nombreux. Après des essais peu concluants avec de Funès et Belmondo, Zidi retrouve le succès avec les gags de potaches des *Sous-doués* (1980).

Pierre Richard, acteur et réalisateur, puise son inspiration auprès des grands burlesques. La fraîcheur de ses scénarios, son originalité gestuelle, son personnage, mélange de Monsieur Hulot (son allure dégingandée et ses réactions décalées) et de Harpo Marx (son côté Pierrot lunaire et sa tignasse blonde) donnent à ses premiers films un charme indicible et une puissance comique indéniable (*le Distrait*, 1970 ; *les Malheurs d'Alfred*, 1971). Yves Robert (*le Grand Blond avec une chaussure noire*, 1972), Zidi (*La moutarde me monte au nez*, 1974) et Francis Veber (*le Jouet*, 1976) sauront utiliser au mieux ses talents dans des comédies enlevées et agréables.

Le comique troupier, c'est la spécialité de Robert Lamoureux qui enchaîne, entre 1973 et 1977, trois aventures de sa célèbre *Septième Compagnie* perdue sur les routes de la France envahie de 1940 et conduite par un Pierre Mondy débrouillard et fat, couard et inconscient. Les acteurs cabotinent avec un plaisir évident, le rire est facile mais souvent efficace, garantissant le succès commercial.

Jean Yanne, persifleur et râleur, concocte des satires drôles et méchantes, ouvertement réac et pas toujours du meilleur goût, sur la radio (*Tout le monde il est beau, tout le monde il est gentil*, 1972) et le capitalisme (*Moi y en a vouloir des sous*, 1973), avant de sombrer dans un dogmatisme sectaire et caricatural, insupportable.

En cette fin des années 1970, puisant son inspiration dans la société des loisirs triomphante, un nouveau comique, cinglant, parodique, servi par des dialogues hilarants et des situations saugrenues triomphe dans les cafés-théâtres. C'est au Splendid, le plus réputé, que Leconte trouve le sujet et les acteurs de ses deux comédies culte : *les Bronzés* (1978), *Les bronzés font du ski* (1979). Les satires désopilantes d'un camp de touristes en Afrique ou d'une semaine aux sports d'hiver touchent immédiatement un public nombreux, conquis par l'humour ravageur d'une jeune équipe de comédiens promise à la gloire.

Une gloire qui a définitivement abandonné Tati. Endetté et amer, il réalise toutefois, *Trafic* (1971). Monsieur Hulot y est un inventeur génial qui a mis au point un camping-car bourré de gadgets. Les gags trop élaborés rendent languissant le rythme de ce road movie démodé. Avec *Parade* (1974), ultime réalisation sur le cirque, sans moyen et en vidéo, Tati jette ses derniers feux pour quelques admirateurs inconditionnels.

La « qualité France » encore et toujours

S'appuyant sur un star-system, choisissant avec soin des histoires pour le plus grand nombre, bénéficiant de budgets importants, des réalisateurs comme Granier-Deferre (*le Chat*, 1970 ; *la Veuve Couderc*, 1971 ; *Une femme à sa fenêtre*, 1976), Enrico (*Boulevard du Rhum*, 1971 ; *le Vieux Fusil*, 1975) et Deray (*la Piscine*, 1969 ; *Borsalino*, 1969 ; *Flic Story*, 1975) s'inscrivent parfaitement dans ce courant traditionnel du cinéma français où romanesque et émotion riment avec box-office pour le meilleur et pour le pire. En duo ou seuls, Signoret, Schneider, Bardot, Delon, Ventura et Belmondo se partagent la quasi-totalité de leurs films qui font, pour la plupart, honneur à cette qualité française.

Pinoteau mêle habilement mélodrame et humour dans ses deux succès sur les rapports parents-enfants (*la Gifle*, 1974, avec le duo Adjani-Ventura ; *la Boum*, 1980, qui révèle Sophie Marceau). Giovanni, imperturbable, continue d'explorer l'univers du film noir (*Comme un boomerang*, 1976). Enfin, Lautner trouve en Mireille Darc une égérie qui lui permet de réaliser quelques comédies policières réussies (*Laisse aller, c'est une valse*, 1970) mais aussi de s'aventurer, avec une grande sensibilité, sur les chemins plus troubles du film psychologique (*les Seins de glace*, 1974).

90

Les années d'aujourd'hui
(1980-2000)

Quand débutent les années 1980, la France ne s'imagine pas connaître prochainement un changement politique d'envergure, l'arrivée de la gauche au pouvoir en mai 1981, une crise sociale profonde, le chômage qui suivra une courbe ascendante durant la majeure partie des vingt années suivantes, la violence urbaine et l'émergence d'une culture des banlieues et son corollaire, la « problématisation » de l'immigration due à la montée de l'extrême droite. De même, l'environnement international se modifie, avec l'effondrement de la plupart des régimes communistes, l'ancienne bipolarité idéologique Est-Ouest suivant le même chemin. Ces bouleversements politiques et culturels seront étrangement absents des films français. On assistera au contraire, de la part du cinéma dit « d'auteur », à une réaffirmation et à une certaine amplification d'un intimisme et d'une introspection centrés sur l'observation des sentiments amoureux. Nombre de premiers films auront cet aspect d'un « cinéma de chambre », raréfiant au maximum leur hors champ, resserrant leur cadre sur quelques personnages et leurs variations sentimentales.

Aujourd'hui, le film américain détient, presque partout, la part de marché la plus importante, la France étant le pays qui résiste sans doute le mieux grâce à une politique d'aide qui concerne la production aussi bien que la distribution et l'exploitation. Cette politique, unique en son genre, vise à maintenir et à réguler les équilibres et la diversité de l'offre, à sauvegarder un secteur indépendant. L'idée émise par certains, que le cinéma d'auteur serait le mal endémique du cinéma français, est d'une rare stupidité et d'une totale inconscience. Sa force et son intérêt artistique et économique tiennent à sa capacité de proposer au public aussi bien *Taxi 2*, grosse machine populaire, que *le Goût des autres* d'Agnès Jaoui, œuvre personnelle ancrée dans les standards d'une certaine « qualité française », ou encore un « petit film » hors norme vis-à-vis des dogmes esthétiques comme *l'Arche de Noé* de Philippe Ramos.

Cette résistance du cinéma français, troisième producteur de films au monde (180 films en 1999) s'est également exprimée à travers l'aide apportée en termes de production à de nombreux cinéastes d'origine étrangère. Des réalisateurs aussi divers qu'Abbas Kiarostami, Michael Haneke, Pedro Almodóvar, Mike Leigh ou David Lynch, mais aussi une part très importante de la cinématographie africaine en ont bénéficié.

Il ne s'agit nullement de verser dans un antiaméricanisme simpliste, mais simplement de constater un état des choses, un rapport de forces qui risque d'aller en s'intensifiant. Il s'agit encore moins de juger de l'intérêt et de la vitalité de l'un à l'aune de la puissance de frappe de l'autre, ou d'opposer purement et simplement la « petite enclave gauloise » à la toute-puissance des cohortes *made in USA*. L'extrême standardisation de la production outre-Atlantique, telle qu'elle nous parvient en Europe, mais aussi sa capacité à s'adapter très rapidement aux fluctuations du marché, sa puissance industrielle et de communication (avec des budgets publicitaires astronomiques) n'ont rien de comparable avec une cinématographie nationale diversifiée tentant de maintenir un équilibre précaire entre cinéma de grande consommation et cinéma d'auteur, entre réseau de diffusion à large échelle et circuits indépendants, entre secteur privé et intervention ou encadrement de l'État. Le succès inattendu de « petits films » tels que *Marius et Jeannette* (1997) de Robert Guédiguian, de *Ressources humaines* (1999) de Laurent Cantet, de *Vénus beauté* (1999) de Tonie Marshall, celui d'auteurs confirmés comme Alain Resnais avec ses deux derniers films, *Smoking/No Smoking* (1993) et *On connaît la chanson* (1997), ou Bertrand Tavernier avec *Ça commence aujourd'hui* (1999), et celui, moins inattendu, d'*Astérix et Obélix contre César* (1999) de Claude Zidi, du *Cinquième Élément* de Luc Besson (1997) ou des *Visiteurs 2* (1997) de Jean-Marie Poiré, tendrait à confirmer le retour du public vers les salles obscures, et pas simplement pour de grosses machines américaines. Ce succès atteste l'existence, certes fragile, d'un espace pour un cinéma d'auteur. En effet, la fréquentation des salles, qui a connu une baisse notable durant les années 1980, marque un redressement

Tchao Pantin de Claude Berri, avec Coluche, 1983.

Pierre Arditi (né en 1944)

Il débute au théâtre avec Marcel Maréchal. C'est sa rencontre avec Alain Resnais en 1980 pour *Mon oncle d'Amérique* qui en fait un acteur reconnu. Il enchaînera une carrière cinématographique « généraliste » selon ses propres termes (Oury, Mocky, Kaplan...). Mais c'est Resnais qui lui donne ses plus beaux rôles dans *Mélo* (1987), le dyptique *Smoking / No Smoking* (1993) et *On connaît la chanson* (1997).

Daniel Auteuil (né en 1950)

Cantonné durant les premières années de sa carrière dans un comique routinier et quelque peu épais (*les Sous-doués* de Claude Zidi en 1980, et ses séquelles, quelques films sans intérêt de Molinaro), l'acteur se révèle sous un autre jour avec son interprétation de Hugolin dans *Jean de Florette* et *Manon des sources* que réalisé en 1986 Claude Berri. Débute alors une seconde carrière qui voit Auteuil en fils de famille en rupture de ban (*Quelques jours avec moi*, Sautet, 1988), en luthier fermé à l'amour (*Un cœur en hiver*, Sautet, 1992), en frère ne rêvant que de retrouver la relation fusionnelle avec sa sœur (*Ma saison préférée*, Téchiné, 1993), en Henri de Navarre dans *la Reine Margot* (1994) de Patrice Chéreau et en un étonnant *Lacenaire* (1990) dans le film de Françis Girod. Son jeu s'est de plus en plus épuré, intériorisé. Ce qui ne l'empêche nullement de se glisser dans la comédie douce-amère de Coline Serreau, *Romuald et Juliette* (1989), et de revêtir avec brio la défroque et l'épée du *Bossu* que (Philippe de Broca, 1997).

Michel Blanc (né en 1952)

Il aurait pu se cantonner, avec un vrai talent comique, dans un registre unique de petit homme frêle, malchanceux et vindicatif. C'est Bertrand Blier qui lui permet de changer de registre dans *Tenue de soirée* (1986), utilisant son emploi habituel de Français moyen pour mieux le retourner comme un gant. Il enchaînera avec Patrice Leconte pour *Monsieur Hire* (1989), puis avec Claude Berri (*Uranus*, 1990) et de nouveau Blier pour *Merci la vie* (1991), mais tournera aussi avec Altman et Benigni. Il est également, depuis 1984, metteur en scène avec *Marche à l'ombre* qui a connu un énorme succès, puis avec *Grosse Fatigue* (1994) et *Mauvaise Passe* (1999).

Gérard Depardieu (né en 1948)

On le découvre en 1972 face aux silences de Jeanne Moreau et Lucia Bosé dans *Nathalie Granger* (1972) de Marguerite Duras. L'année suivante sera celle de l'explosion avec *les Valseuses* (1974) de Bertrand Blier et le début de la carrière la plus féconde du cinéma français. Plus de quatre-vingts films et téléfilms en trente ans. De Duras à Claude Zidi, de Ferreri à Bertolucci, de Truffaut à Godard, de Resnais à Pialat (quatre films), Rappeneau, Corneau, Berri, Veber, Wajda et Beineix, pour ne citer qu'eux, sa filmographie est impressionnante, éclectique et riche en aventures. Insufflant à la plupart de ses rôles une énergie, une violence, une puissance du corps et de la parole, il donne à ses personnages une dimension tant humaine qu'archétypale comme dans *la Dernière Femme* (1976) et *Rêve de singe* (1978) de Ferreri, *Mon oncle d'Amérique* (1980) de Resnais, *la Femme d'à côté* (1981) de Truffaut, ou dans la fresque de Bertolucci, *1900* (1976)... Mais il excelle dans la démesure et le grotesque, ainsi que le prouvent ses prestations dans *Uranus* (1990) de Claude Berri ou dans *Buffet froid* (1979) de Bertrand Blier. Il a presque tout joué, même Dieu chez Godard (*Hélas pour moi*, 1993). Dans le *Cyrano de Bergerac* (1990) de Jean-Paul Rappeneau, il est bouleversant. Ses talents comiques ont trouvé en Françis Veber un parfait orchestrateur. Depuis le début des années 1990, il semble fuir de plus en plus le cinéma pour la télévision, rentrant de façon conventionnelle et molle dans les habits de *Monte-Cristo* et de *Balzac*.

André Dussolier (né en 1946)

Il fut pensionnaire de la Comédie-Française. C'est François Truffaut qui lui donne son premier grand rôle au cinéma dans *Une belle fille comme moi* (1972). Parallèlement à une carrière au théâtre, il va travailler essentiellement avec des auteurs tels que Rohmer (*le Beau Mariage*, 1981), Rivette (*l'Amour par terre*, 1983), Resnais avec lequel il fait trois films, Duras (*les Enfants*, 1985), Sautet (*Un cœur en hiver*, 1992), mais aussi Coline Serreau, Francis Girod, Michel Deville. À chacun de ses rôles, André Dussolier apporte charme, distance et élégance.

Bernard Giraudeau (né en 1947)

Ses premiers rôles tout en muscle chez Gilles Béhat (*Rue barbare*, 1983 ; *les Longs Manteaux*, 1986) ou Patrice Leconte (*les Spécialistes*, 1985) ont eu tendance à laisser de côté un aspect moins évident de son talent, qu'Ettore Scola (*Passion d'amour*, 1981) et Édouard Niermans dans le très beau *Poussière d'ange* (1987) ont su mettre en évidence. Dans *Vent de panique* (1987) de Bernard Stora, il laisse paraître un vrai tempérament comique avant de se lancer dans la mise en scène avec deux films originaux : *l'Autre* (1990) et *les Caprices d'un fleuve* (1995). Olivier Assayas dans *Une nouvelle vie* (1993), Nicole Garcia avec *le Fils préféré* (1994), Patrice Leconte (*Ridicule*, 1996) et François Ozon dans *Gouttes d'eau sur pierres brûlantes* (1999) lui donnent ses meilleurs rôles, auxquels il apporte une vraie sensibilité ou une dérision pleine de finesse.

Fabrice Luchini (né en 1951)

S'il fut longtemps associé à l'univers des films d'Éric Rohmer (quatre films dans les années 1980-1990, dont *les Nuits de la peine lune*, 1984), la décennie 1990 le voit élargir son public grâce à des prestations toujours remarquées chez Claude Berri (*Uranus*, 1990), Yves Angelo (*le Colonel Chabert*, 1994), Claude Lelouch (*Tout ça... pour ça*, 1993), Édouard Molinaro (*Beaumarchais, l'insolent*, 1996). Il a aussi tourné avec Oshima (*Max mon amour*, 1986), Pierre Zucca (*Rouge-gorge*, 1985), Cédric Klapisch pour son premier film (*Rien du tout*, 1991) et Pascal Bonitzer (*Rien sur Robert*, 1999). Sa gourmandise pour les mots, sa diction et ses intonations, son intelligence du texte, son art de la composition, tant dans le tragique que dans le comique, en font un acteur singulier, atypique, qu'il est difficile de ne pas remarquer.

Michel Serrault (né en 1928)

Il est l'un des comédiens les plus impressionnants du cinéma français dans sa façon de composer avec la folie de certains de ses personnages, *le Docteur Petiot* (Christian de Chalonge, 1990), le chapelier des *Fantômes du chapelier* (Calude Chabrol, 1982), le dépressif de *Buffet froid* (Bertrand Blier, 1979), *Assassins* (Mathieu Kassovitz, 1997) ou les zones d'ombre dans *Mortelle Randonnée* (1983) et *Garde à vue* (1981) de Claude Miller, *Nelly et M. Arnaud* de Claude Sautet (1995). Après la carrière comique pléthorique qu'on lui connaît avec son compère Jean Poiret, il a su bifurquer et devenir l'immense acteur qu'il est aujourd'hui, toujours capable d'endosser la loufoquerie et le mauvais goût d'un Jean-Pierre Mocky (*le Miraculé*, 1987) ou le jeu des apparences de Chabrol (*Rien ne va plus*, 1997). Il possède cette capacité rare d'avoir conservé dans son jeu une part d'enfance qui, souvent, n'est que l'envers d'une part de folie.

sensible durant la décennie suivante, même si cette hausse est, au vu des chiffres, majoritairement imputable à quelques très gros succès. Parallèlement, l'entrée en force dans la production des chaînes de télévision et leur forte tendance à la standardisation des produits cinématographiques, l'arrivée des chaînes à péage, câblées ou satellitaires, le développement du marché de la vidéo puis celui du DVD, la surmédiatisation des produits cinématographiques de grande consommation, l'arrivée des multiplexes, véritables supermarchés accentuant la concentration de la diffusion et menaçant le réseau de salles indépendantes, ont eu pour effet de modifier sensiblement le rapport et l'accès du public aux films.

Si les décennies 1980 et 1990 ont vu la confirmation et la vitalité des « pères fondateurs » de la Nouvelle Vague, leur capacité à maintenir un cap très personnel sans se couper du public, elles ont également été traversées par l'éclosion d'un cinéma d'auteur extrêmement varié. Une nouvelle génération est née durant les années 1990, avec une forte représentation féminine et un nombre impressionnant de premiers films. Parallèlement, dans le domaine du cinéma grand public, la quasi disparition de deux des fleurons du cinéma hexagonal des années 1970, le polar à la française et le cinéma politique, autrement appelé en son temps la « fiction de gauche », laissent la place à un cinéma comique triomphant. La génération du café-théâtre prend le pouvoir. Louis de Funès disparaissant en 1983, elle occupe le terrain, insufflant au genre une nouvelle énergie. Dans le domaine de la comédie, Francis Veber est l'autre grande réussite commerciale du cinéma français, les studios hollywoodiens allant jusqu'à faire des remakes de ses plus grands succès.

L'autre fait important est l'avènement de grosses productions à vocation culturelle, adaptant de grands textes du patrimoine : *Cyrano de Bergerac*, *le Hussard sur le toit*, *le Colonel Chabert*, *Jean de Florette* et *Manon des sources*, *Germinal*, *Uranus*, *le Bossu*, ou de gros succès de librairie tels que *l'Amant* et *le Nom de la rose*. Autre voie d'expression pour ces films à grand spectacle, celle des grands sujets, des grandes figures historiques ou culturelles, des mélodrames situés dans un cadre historique : *Indochine*, *Une femme française*, *Est / Ouest*, *Camille Claudel*, *Jeanne d'Arc*.

Pour tenter de dresser le panorama des décennies 1980 et 1990, nous avons mis en évidence les personnalités marquantes, dégagé quelques tendances et donné la vision panoramique la plus large possible sur une cinématographie dont la spécificité pourrait bien être cette capacité à la diversification, ce très large spectre qui va du produit conçu pour séduire le plus grand nombre au film qui cherche, dans son mouvement même, à imprimer une démarche personnelle.

Les anciens de la Nouvelle Vague

Dans les années 1980 et 1990, Jean-Luc Godard, Claude Chabrol, Éric Rohmer, Jacques Rivette et, brièvement, François Truffaut poursuivent une œuvre à part entière, mais trouvent aussi le chemin du grand public : Truffaut avec *le Dernier Métro*, Alain Resnais avec successivement *Smoking / No Smoking* (1996) et *On connaît la chanson* (1997), Chabrol avec nombre de ses films. Rohmer, lui, a fidélisé un public qui le suit film après film. En 1981 disparaît l'un des héritiers de cette Nouvelle Vague, auteur d'un des plus beaux films de la décennie précédente : Jean Eustache. En 1983, Robert Bresson, l'un des pères spirituels de la Nouvelle Vague, réalise ce qui sera son ultime film, *l'Argent*, vision d'un monde au bord de la désintégration.

Godard, lui, revient au grand écran : après une dizaine d'années où il travaille la vidéo dans une semi-clandestinité, abordant en avance l'interrogation sur l'information et la communication, il réalise en 1980 *Sauve qui peut la vie*, avec Isabelle Huppert, Nathalie Baye et Jacques Dutronc. Quant à Truffaut, c'est en 1985 qu'il disparaît. Emblème de la Nouvelle Vague, il avait fait œuvre personnelle sans se couper du grand public, passant d'une œuvre aussi austère que *la Chambre verte* (1977) au *Dernier Métro* (1980), son plus grand succès public, un film très « lissé », ou à *la Femme d'à côté* (1981) où le romantisme noir, la descente aux enfers de la passion amoureuse ont l'éclat du diamant. Son ultime réalisation, *Vivement dimanche* (1983) est d'une grande légèreté, et le plaisir de filmer y est évident. François Truffaut avait créé un univers romanesque où l'autobiographie se mêlait à la mémoire du cinéma. Ses derniers films tendent de plus en plus vers une ligne mélodique captant les flux d'émotions. Il a donné à Gérard Depardieu, Fanny Ardant ou Catherine Deneuve certains de leurs plus beaux rôles. Son cinéma semble avoir non pas influencé au sens strict du terme, mais suscité une filiation souterraine chez des réalisateurs comme André Techiné ou Olivier Assayas.

For ever Godard. Cette disparition croise le retour de Godard qui entame avec *Sauve qui peut (la vie)*, selon ses propres dires, « son second deuxième film ». Chacun de ses films sera, conformément au désir exprimé dans *JLG/JLG* (1995), comme dévoré par un feu intérieur, car « l'art est comme l'incendie, il naît de ce qu'il brûle ». Le film est devenu un paysage dévasté, des « propositions de cinéma » où ne subsistent que des figures en quête de personnages, des bribes d'histoires, une lumière que l'on cherche à travers celle des grands peintres dans *Passion* (1982), des mouvements et des vitesses internes à l'image que le cinéaste « décompose » et qui permettent, dans *Sauve qui peut (la vie)*, de voir ce qui meut les individus, de reconnaître les fantômes d'un cinéma de genre, le polar, qui hantent l'hôtel de *Détective* (1985), le spectre d'un cinéma moribond se glissant dans les habits de la « toute-puissance de la télévision » (*Grandeur et décadence d'un petit commerce de cinéma*, 1986). Godard poursuit, ramifie son interrogation sur le cinéma comme lieu possible d'avènement d'une vérité, retrouvant l'origine de la lanterne magique, de la lumière, du langage, de l'image. Les mythes — Carmen (*Prénom Carmen*, 1983), la Vierge Marie et l'Immaculée Conception (*Je vous salue Marie*, 1983), la légende d'Alcmène et d'Amphytrion où Dieu prend figure humaine dans *Hélas pour moi*, l'idiot comme figure d'une innocence dans *Soigne ta droite* (1987), le retour du royaume des morts et la résurrection dans *Nouvelle Vague* (1991), les figures archétypales de Don Quichotte, de l'espion de la guerre froide, de la solitude et de l'État dans *Allemagne, année 90 neuf zéro* (1991) —, sont autant de points de départ pour confronter l'image figée par une représentation quelle qu'elle soit, au mot, au nom, à la figuration. En ce sens, la rencontre semblait inévitable entre la figure de la Vierge et la pensée godardienne. *Je vous salue Marie*, qui fit en son temps scandale auprès des intégristes, est la rencontre entre le mystère d'un dogme et le travail de Godard, entre la figure d'une naissance « sans la tache du péché » et la quête d'une image qui serait d'avant la représentation. Dans le cinéma de Godard, le questionnement oscille entre le terrien et le céleste, entre des plans de lacs et de sous-bois sublimes et des ciels et des nuages somptueux. Le film devient une construction hétérogène où entrent en collusion figures, histoires, musique, peinture, littérature, autant d'harmonies possibles : il est contaminé, impur, surpris au moment où cela frotte, fait résistance. De cette « résistance », naît une très forte émotion, jamais mise en scène mais surgissant du film lui-même. Peu de cinéastes ont cette capacité à faire des images semblant surgir d'un avant le tout-visuel (la télévision, le clip, la publicité).

Mais, aussi lointain ou métaphysique qu'il semble, ce cinéma ne cesse de regarder notre monde. *For Ever Mozart* met en scène l'univers de la guerre dans l'ex-Yousgoslavie, soumis au lois de la barbarie et en état de décomposition. Trente ans après *les Carabiniers*, le cinéaste poursuit son questionnement sur ce type d'images, de façon synthétique au travers d'un long travail solitaire, entrepris durant ces deux dernières décennies : *Histoire(s) du cinéma* (1998) entremêle, collages, citations, arrêts et décompositions de l'image, histoire du cinéma, des idées et des arts, grands événements et drames du XXe siècle (le nazisme, le communisme). C'est autant l'œuvre, traversée de fulgurances, d'intuitions, d'un penseur et d'un historien donnant libre cours à sa subjectivité, que celle d'un poète. La trajectoire de Godard reste unique et indispensable.

Rivette et le théâtre de l'existence. L'itinéraire de Jacques Rivette, tout aussi personnel, diffère néanmoins. Il y a chez lui un plaisir du récit, de l'intrigue et du secret, mais aussi un goût pour les comédiens qu'il place au centre de son processus de mise en scène. Imbriqué dans une forme narrative apparemment linéaire, le cinéma reste présent, bien qu'il n'apparaisse jamais directement, contrairement à d'autres arts, tels la peinture dans *la Belle Noiseuse* (1991) et surtout le théâtre dans *l'Amour par terre* (1983) ou *la Bande des quatre* (1988). Le théâtre s'immisce encore chez Rivette dans son goût pour le groupe et cela tant dans la conception et la fabrication du film que dans la fiction. Plus profondément, le théâtre est ce qui peut éclairer le cinéma, affirmer sa singularité en tant que forme. Rivette impose l'idée d'un cinéma qui serait l'affrontement entre une réalité extérieure informe et celle de la fiction, le lieu d'un libre arbitre dont la logique se dégagerait au fur et à mesure que le film se fait. De là naît sans doute ce sentiment de liberté et de jubilation que procurent ses films. La fiction y est ouverte. C'est une topographie de sentiments se cherchant un point de départ (qui suis-je?) et un point d'arrivée (qui est l'autre?). Dans *Haut, bas, fragile* (1995), les trois héroïnes sont en quête de leur identité présente par rapport à une histoire les liant fortement au passé. Elles croisent sur leur parcours des personnages vivant des situations qui, d'intrigues en quiproquos, les égarent tout autant qu'ils les aident à y voir partiellement clair. Égarement, aveuglement : on cherche beaucoup dans ses films, tel complot dans le *Pont du Nord* (1981) où s'opposent deux conceptions « idéologiques » de la conspiration, tel autre dans *Secret défense* (1998), histoire de trafic et d'usurpation d'identité. Quant au peintre de *la Belle Noiseuse* (1991), il traque une vérité du modèle susceptible d'apparaître à la surface de la toile. Dans *Jeanne la pucelle* (1994), Rivette suit la destinée historique de Jeanne d'Arc, mettant en avant sa dimension humaine. Loin d'une reconstitution historique classique, la mise en scène cerne avec simplicité la figure d'une jeune fille confrontée au monde des hommes et à une destinée qui la dépasse, à un rôle trop grand pour elle, au-delà de toute expérience humaine.

Chabrol, mensonges et humour noir. Les masques, le mensonge érigés en art de vivre ou de survivre prédominent dans le cinéma de Chabrol. Dans *Au cœur du mensonge* (1998), les mensonges tissent un réseau si dense que la vérité elle-même semble une illusion. Betty et Victor, escrocs passés maîtres dans l'art de la manipulation, se trouveront pris à leur propre piège (*Rien ne va plus*, 1997). Le cinéma de Chabrol connaît dans les décennies 1980-1990 une vitalité nouvelle, épurant thèmes, personnages, situations et mise en scène, se souciant fort peu d'une « posture auteuriste », passant de *Poulet au vinaigre* (1984), antithèse hargneuse et drolatique du « polar à la française » à *la Cérémonie* (1995), impressionnant constat d'un délitement des rapports sociaux, d'adaptations littéraires (*Madame Bovary*, 1991 ; *Betty*, 1992) ou d'un fait historique (*Une affaire de femmes*, 1988) à un montage de documents d'archives livré tel quel (*l'Œil de Vichy*, 1993). Cette apparente hétérogénéité n'en débouche pas moins sur une œuvre à part entière. L'intrigue policière est un cadre idéal pour un cinéaste qui scrute tel un entomologiste les comportements humains, sans cynisme aucun mais sans complaisance ni afféterie. Claude Chabrol n'est jamais autant à l'aise que quand il filme ces glissades inexorables vers la folie — la jalousie dans *l'Enfer* (1994), la folie « logique » du chapelier dans *les Fantômes du chapelier* (1982) —, vers la destruction de soi (*Betty*), ou celle des autres (*la Cérémonie*). Cette chute révèle ce qui demeure dissimulé au regard. L'inspecteur Lavardin (*Poulet au vinaigre*) arrive comme une boule dans un jeu de quilles, détruisant la belle ordonnance d'un univers de faux-semblants. La dérive de Betty renvoie au cadre étouffant et annihilant de la bourgeoisie de province. *Betty*, l'une des plus belles adaptation à l'écran de Simenon, est un magnifique portrait de femme, aussi forte dans son désir de déchéance, de rupture, que dans sa volonté finale de vivre. Le décor paisible de la petite ville de province des *Fantômes du chapelier* est en trompe-l'œil. En s'y fondant avec cynisme et jubilation le chapelier peut y cacher ses « fantômes » et ses crimes. Il n'y a pas d'innocence dans l'univers chabrolien. Wolf, l'écrivain qui, dans *Masques* (1986), tente de dévoiler l'imposture d'un célèbre présentateur de télévision, se révélera, sous la figure de l'agneau, bien plus loup que le loup. Chabrol est fasciné par le mystère de l'être humain, sa capacité à l'insignifiance et à la folie. Dans *la Cérémonie*, le geste des deux jeunes femmes n'est pas une prise de conscience ou une révolte, mais un acte sans commune mesure, un massacre accompli avec un effrayant détachement, la force du film tenant à la distance que Chabrol s'impose tout au long du film vis-à-vis de ses deux héroïnes, conservant intacts jusqu'au final le mystère, l'opacité de leur comportement.

Rohmer, la soutenable légèreté de l'être. De façon très différente de Chabrol, Éric Rohmer construit une œuvre d'une grande cohérence, dont chaque cycle, « *Contes moraux* », « *Comédies et proverbes* », « *Contes des quatre saisons* », est un ensemble autonome, et chaque film une variation. Il entame au début des années 1980 un nouveau cycle, « *Comédies et proverbes* », tout en s'écartant de plus en plus du cadre institutionnel grâce à une autonomie de production et une

Isabelle Adjani (née en 1955)

Au contraire de Gérard Depardieu, Isabelle Adjani est très avare de ses apparitions à l'écran. À peine une dizaine de rôles au cours des vingt dernières années du siècle. Un grand succès public avec *l'Été meurtrier* (1983) de Jean Becker, un film désiré et porté par l'actrice où elle incarne *Camille Claudel* (Bruno Nuytten, 1988), une flamboyante et impressionnante *Reine Margot* (Patrice Chéreau, 1994), un magnifique portrait de meurtrière dans *Mortelle Randonnée* (Claude Miller, 1983), une performance dans le registre de l'hystérie avec *Possession* (Andrzej Zulawski, 1981). Et des rôles fades dans des films sans intérêt comme *Ishtar* (1987) d'Elaine May ou *Toxic Affair* (1993) de Philomène Esposito, ou encore cet inutile et ridicule remake en 1996 des *Diaboliques*. Dans l'univers sans relief de *Subway* (1985) de Luc Besson, elle est une vignette parmi d'autres. À force de vouloir contrôler son image, elle semble devenir invisible.

Sabine Azéma (née en 1949)

Ancienne élève d'Antoine Vitez au conservatoire, elle doit, de la même façon qu'Arditi avec lequel elle tournera d'ailleurs plusieurs films, à Resnais sa célébrité : *La vie est un roman* (1983), *Mélo* (1986), *Smoking/No Smoking* (1993) et *On connaît la chanson. Un dimanche à la campagne* (1984), le film de Bertrand Tavernier, lui vaudra un césar. Elle retrouvera Tavernier pour *la Vie et rien d'autre* (1989) et tournera également avec Doillon (*la Puritaine*, 1986) et Oury (*Vanille fraise*, 1989). Une carrière pour le moins éclectique.

Juliette Binoche (née en 1964)

C'est avec Sandrine Bonnaire l'autre révélation des années 1980. Elle débute du côté du cinéma d'auteur, chez Godard dans *Je vous salue Marie* (1985) et chez Doillon pour *la Vie de famille* (1985). Mais c'est *Rendez-vous* d'André Téchiné qui la consacre ; elle y impose une figure d'innocence et de force que Léos Carax magnifiera dans les deux films qu'ils ont tournés ensemble, *Mauvais sang* (1986) et *les Amants du Pont-Neuf* (1991), deux aventures cinématographiques dans lesquels elle s'engage totalement. Elle avait ouvert son horizon avec le cinéaste américain Philip Kaufman, réalisateur de *l'Insoutenable Légèreté de l'être* (1988), qu'elle poursuivra en tournant en Angleterre avec Louis Malle (*Fatale*), puis avec Kieslowski pour la trilogie « *Trois Couleurs* » et avec Jean-Paul Rappeneau dans l'adaptation de Giono du *Hussard sur le toit* (1995). Son rôle dans *le Patient anglais* (1997) de Minghella lui vaudra un oscar et une reconnaissance internationale. Ce qui ne l'empêchera pas de continuer à travailler avec des auteurs tels que Chantal Akerman pour *Un divan à New York* (1997) ou André Téchiné, qu'elle retrouve pour *Alice et Martin* (1999).

Sandrine Bonnaire (née en 1967)

L'une des plus belles révélations des années 1980. Elle fut et demeure l'inoubliable Suzanne de *À nos amours* (1983) de Maurice Pialat, entrant de plain-pied dans le réalisme cru du cinéaste. Elle le retrouvera pour de brefs rôles dans *Police* (1985) et *Sous le soleil de Satan* (1987). Mais son talent ne se résume pas à une fraîcheur, un naturel, une présence, aussi fortes soient-ils. Avec Téchiné (*les Innocents*, 1987), Doillon (*la Puritaine* (1986), Rivette (*Jeanne la pucelle*, 1984 ; *Secret défense*, 1998) mais aussi Leconte (*Monsieur Hire*, 1989), Patricia Mazuy (*Peaux de vaches*, 1988) et Chabrol (*la Cérémonie*, 1995), elle démontre, si besoin était, un immense talent d'actrice, toujours au service du personnage, de sa complexité, de son intériorité. Elle est tout aussi capable d'incarner une Jeanne d'Arc à la fois forte et fragile, que la jeune analphabète de *la Cérémonie*, passant d'une sorte d'absence au monde à la plus froide des violences. Mais ses deux plus beaux rôles sont peut-être la Mona de *Sans toit ni loi* (1985) d'Agnès Varda où, sans psychologie ni pathos, elle réussit à faire vivre un personnage hors cadre, que rien ni personne ne peut retenir, et la jeune femme prise dans l'écheveau des désirs amoureux du *Ciel de Paris* (1991) de Michel Béna.

Isabelle Huppert (née en 1953)

Si son premier grand rôle dans *la Dentellière* (1977) de Claude Goretta imposait un personnage fragile, presque diaphane, le suivant, *Violette Nozière* (1978) de Claude Chabrol, pour lequel elle eut le prix d'interprétation à Cannes, en fut dans la noirceur l'exact contraire. Isabelle Huppert a interprété avec autant de force que de légèreté les personnages les plus divers, de la prostituée godardienne de *Sauve qui peut (la vie)* (1979) à celle de *Coup de torchon* (1981) de Tavernier, de la petite bourgeoise de *Loulou* (1980) de Pialat à celle de *la Séparation* (1994) de Christian Vincent, de *Madame Bovary* (1991) à *la Truite* (1982) de Losey. Elle se glisse, semble-t-il, avec plaisir et sans problème d'image à gérer, dans des univers aussi différents que celui de Godard, avec lequel elle fait un second film (*Passion*, 1982), celui, épique, de Michael Cimino (*la Porte du paradis*, 1980), celui sombre et désespéré, de Chabrol (*Une affaire de femme*, 1988 ; *la Cérémonie*, 1995), dans le monde acidulé de Diane Kurys (*Coup de foudre*, 1983) ou celui, élémentaire, instable et dérangeant, de Ferreri (*Histoire de Pierra*, 1983). Parallèlement à sa carrière française, Isabelle Huppert a voyagé dans la Pologne de Wajda (*les Possédés*), la Russie d'Igor Minaïev (*l'Inondation*), l'Amérique de Hal Hartley (*Amateur*), l'Allemagne de Werner Schroeter (*Malina*) ou l'Australie de Paul Cox (*Cactus*). Elle ne joue d'aucune image de star. Fuyant la performance, elle se fond dans les personnages qu'elle interprète : *la Cérémonie* de Chabrol et *la Vengeance d'une femme* (1989) de Jacques Doillon, par exemple, sont impressionnantes de maîtrise et de sensibilité.

volonté affirmée d'œuvrer en marge (production et tournages légers, 16 mm, son direct, jeunes comédiens). Parallèlement à cette légèreté du dispositif économique, son cinéma donne le sentiment de s'alléger. Remettant perpétuellement celui-ci en jeu, se risquant dans des aventures nouvelles (l'improvisation pour *le Rayon vert*, 1986 ; le discours politique dans *l'Arbre, le maire, la médiathèque*, 1993), étranger à toute forme de maniérisme du visuel, Rohmer pousse sa conception et sa pratique du cinéma dans leurs plus extrêmes retranchements. Sa démarche, au-delà d'un classicisme apparent, est éminemment moderne en ce sens que la mise en scène est le point de rencontre entre un désir de fiction et une volonté de respecter la réalité. Au centre de chaque fiction, un personnage est confronté à un choix, le plus souvent amoureux, en quête d'une vérité, ou amené à tester un désir, un idéal ou une croyance, face à une réalité extérieure : le jeune homme hésitant de *Conte d'été* (1995), l'héroïne ayant fait le choix du grand amour perdu de vue (*Conte d'hiver*, 1992), celle refusant tout attachement des *Nuits de la pleine lune* (1984), les jeunes femmes de *Pauline à la plage* (1983) et d'un *Beau Mariage* (1982) prises dans l'écheveau de leurs désirs. Le personnage a une existence au-delà de son discours, et ses choix ou ses hésitations peuvent et doivent demeurer pour nous partiellement obscurs. La rencontre, le hasard, la « vacance » du personnage sont les ressorts qui déclenchent le mouvemement de la pensée. Le chemin, aussi tortueux soit-il, est pour le personnage une mise à l'épreuve, tant de lui même que de la réalité qui l'entoure. Les protagonistes de *Pauline à la plage*, de *la Femme de l'aviateur* (1981), d'un *Beau Mariage* devront lever le voile des ambiguïtés, des quiproquos. Félicie dans *Conte d'hiver* sait, elle, de façon absolue, et nous aussi, après la vision de la pièce de Shakespeare, qu'elle retrouvera son amour perdu. L'héroïne du *Rayon vert*, à la suite d'un long périple, trouvera l'amour et croisera fugitivement le rayon lumineux. Face à la liberté avec laquelle Éric Rohmer met en scène la recherche de ses personnages, les spectateurs que nous sommes ne peuvent qu'être allégés, et le cinéma manifester un mystère des êtres et du monde.

Resnais, l'illusion de la vérité nue. Resnais a mis en scène de manière récurrente, dans les années précédentes, la conscience, la mémoire, l'imaginaire et ce qu'ils induisent de décalage entre réalité et représentation. *Mon oncle d'Amérique* (1980) est dans cette perspective un film charnière. Resnais s'appuie sur les travaux du biologiste Henri Laborit sur le système nerveux central et le comportement. Mais le film ne se réduit pas à une simple illustration de thèses scientifiques : le scénario élargit le discours scientifique en lui juxtaposant une construction dramatique qui le met en jeu, l'incarne en trois personnages confrontés à des choix de vie importants. Il révèle la contradiction, fructueuse pour le film, entre l'intérêt de Resnais pour un système de pensée et son refus d'y adhérer totalement en raison de la *réserve d'inconnu* qui sommeille en chacun de nous. *La vie est un roman* (1983) pourrait ainsi servir de titre générique à l'œuvre de Resnais. En trois époques et autant de styles de récits, le film évoque une ambition utopiste, la liberté de l'homme face au monde, à son propre chemin et à son imaginaire. Après cette œuvre symphonique, Resnais réalise deux « films de chambre », les quatuors que sont *l'Amour à mort* (1984) et *Mélo* (1986). Fanny Ardant, Sabine Azéma, André Dussolier et Pierre Arditi donnent le sentiment d'avoir été dirigés comme de grands solistes. Autant *La vie est un roman* était une œuvre luxuriante, autant *l'Amour à mort* est ascétique et d'une grande pureté de forme. C'est le film le plus simple et le plus troublant de Resnais. Un homme fait l'expérience de la mort et en revient. Sa femme a vécu la séparation définitive comme insoutenable, invivable. Nul romantisme, mais la simple expression animale et mentale d'un lien indéfectible à l'autre. Mort et séparation du couple sont aussi présentes dans *Mélo* : deux amis violonistes se retrouvent. La femme de l'un tombe amoureuse de l'autre. Elle décide d'empoisonner son mari pour lui éviter toute souffrance, puis change d'avis et se suicide. Accentuant le côté artificiel du récit, Resnais fait surgir de ce jeu de mensonges un profond sentiment d'angoisse et de vide.

On connaît l'intérêt que porte le cinéaste à certaines formes de cultures dites populaires. *I Want to Go Home* (1989) rend à sa façon hommage à la bande dessinée. Comédie et musique respectivement sont au cœur de *Smoking / No smoking* (1993) et *On connaît la chanson* (1997). Adaptant une séries de pièces du Britannique Alan Ayckbourn, le diptyque *Smoking / No Smoking* est une variation éblouissante d'intelligence, de malice et de drôlerie sur le hasard qui peut ou non influer sur une vie. Dans un décor en trompe-l'œil, deux acteurs (Sabine Azéma et Pierre Arditi) interprètent une série de personnages qui, d'une séquence à une autre, d'un film à un autre, se répondent, s'opposent, se trouvent, se perdent. Confrontés à une succession de choix aussi divers que répondre ou non à une proposition amoureuse, allumer ou non une cigarette, les personnages engagent leur existence dans telle ou telle direction, dans un jeu vertigineux où les stéréotypes et les clichés masquent une vision angoissante de l'existence, prise entre un hasard incontrôlable, insoupçonnable au moment où il se produit, et l'inéluctable direction qu'elle peut prendre. Mais tout est possible puisqu'un événement quelconque peut tout changer. En cela *Smoking/No Smoking* échappe à toute idée de déterminisme. Serions-nous sans le savoir le résultat d'un étrange mélange entre individualité et personnage de fiction? semble nous dire Alain Resnais, tant nos comportements pourraient déjà avoir été représentés. L'expression « on connaît la chanson » exprime ce sentiment. Le film qui porte ce titre met en parallèle une situation, un sentiment, une pensée, un désir ou une angoisse et une chanson populaire qui s'en fait l'écho. Alain Resnais et ses scénaristes, Agnès Jaoui et Jean-Pierre Bacri, ont élaboré un récit où la chanson en situation, aussi décalée qu'elle puisse paraître, exhibe le stéréotype en pleine lumière tout en lui redonnant sa vérité première, aussi artificielle soit-elle. La chanson cristallise le sentiment, l'émotion, la situation. Derrière chaque code de représentation, Alain Resnais en débusque un autre. Il n'y aurait d'illusion que celle d'une vérité toute nue. Avec ces deux œuvres, pourtant radicalement en marge de la narration traditionnelle, Resnais connaît un grand succès public.

Agnès V. et Demy J. Alain Resnais était monteur sur le premier film d'Agnès Varda, laquelle, comme lui, précéda et accompagna la Nouvelle Vague. Les années 1970 avaient été pour la cinéaste celles d'un engagement féministe culminant avec *L'une chante, l'autre pas*. Au début de la décennie suivante, elle renoue avec le penchant documentaire de son œuvre. À Los Angeles, elle filme les peintures murales des *barrios* mexicains, *Mur murs* (1980) et l'exil d'une femme et son fils (*Documenteur*, 1981). En 1985, Agnès Varda revient à la fiction avec l'un de ses plus beaux films, *Sans toit ni loi*. Mona, exceptionnelle Sandrine Bonnaire, était une routarde. Elle est morte de froid. C'est, comme le dit le film, « un fait d'hiver ». Que savait-on d'elle ? c'est le sujet du film. La force de ce film dur et dérangeant, c'est son refus de donner du comportement de Mona quelque explication que ce soit. Le film est une suite de regards : celui de la réalisatrice sur son personnage, celui, décalé, de Mona, celui des autres sur cette errante sale et réfractaire. Sans romantisme, sans mythication de la marginalité, sans maniérisme. Après ce film âpre, Agnès Varda entreprend deux films « siamois » avec Jane Birkin : *Jane B. par Agnès V.* (1986), portrait réel et imaginaire de l'actrice ; *Kung-fu Master* (1987), récit de l'amour d'une femme pour un jeune garçon. Suit un film à part, témoignage d'amour à l'homme aimé, Jacques Demy, décédé l'année de la sortie du film : biographique, *Jacquot de Nantes* (1990) est aussi l'histoire d'une vocation.

Les années 1980 auront été difficiles pour Jacques Demy. Il concrétise en 1982 l'un de ses plus anciens projets, celui d'*Une chambre en ville*, tragédie de l'amour impossible sur fond de grèves des chantiers navals à Nantes en 1955. Dans cette comédie musicale, l'univers de Jacques Demy vire au sombre. La violence des affrontements sociaux et celle des rapports amoureux, la souffrance collective et le désarroi individuel s'imbriquent de façon bouleversante. Superbement réalisé, le film est pourtant un échec commercial, malgré la mobilisation de la critique. Il en sera de même pour *Parking* (1985), variation moderne autour du mythe d'Orphée, transformé pour l'occasion en vedette de la chanson. Son ultime réalisation, *Trois Places pour le 26* (1988), fait de l'homme Yves Montand un personnage de fiction et du film un maillage troublant entre réalité et imaginaire.

À côté de l'ancienne Nouvelle Vague. Le parcours de Jean-Marie Straub et Danièle Huillet est unique dans sa contestation des modes de représentation cinématographique. Jean-Marie Straub croise au début des années 1950 les futurs cinéastes de la Nouvelle Vague (il sera l'assistant de Jacques Rivette) partage avec eux une volonté de rupture vis-à-vis du cinéma ambiant et une admiration pour Rossellini, Ford, Stroheim ou Renoir. Il radicalisera, selon l'expression de Jean Douchet, certains principes de la Nouvelle Vague, et cela d'une façon plus idéologique et éthique. Pour ce cinéma minoritaire, très éloigné de toute tentation « spectaculaire », comprendre, c'est d'abord voir. Laver le regard de toutes ses scories, pour reprendre l'expression de Mizoguchi. Il ne s'agit pas de réalisme mais d'une attention passionnée et sensuelle au monde qui nous entoure. Comme chez Godard, il est question de la juste distance vis-à-vis des choses que l'on filme. De *Trop tôt, trop tard* (1981) à *Sicilia !* (1999) en passant par *Amerika, rapports de classe* (1984), *Antigone* (1991) ou *Noir Péché* (1989), Jean-Marie Straub et Danièle Huillet nous font percevoir comment un texte prend corps dans un espace donné, comment un être humain se situe dans le monde, dans son affrontement à ce monde.

Louis Malle est le seul de la génération Nouvelle Vague, avec Barbet Schroeder, à faire carrière aux États-Unis où il tourne de 1978 à 1987. Le rêve américain est au centre d'*Atlantic City* (1980), où le fantasme de la « seconde chance » chère à la mythologie américaine se révèle un leurre. Le vieil escroc qu'interprète Burt Lancaster arpente les pontons de la ville des jeux en quête d'une ultime chimère qui le conduira à la mort. *Alamo Bay* (1985) dresse le portrait d'une petite communauté de pêcheurs acceptant mal la présence de réfugiés vietnamiens — la guerre du Viêt Nam est encore toute proche — et basculant dans le racisme le plus violent. La terre promise n'est plus qu'un vain mot. *God's Country* (1986) et *And the Pursuit of Happiness* (1987) sont deux documentaires retrouvant dans le quotidien de gens ordinaires certains des mythes d'une Amérique rêvée par les uns, les immigrants, refermée sur elle-même pour certains autochtones y voyant le pays de Dieu. De retour en France, Louis Malle réalise l'un de ses meilleurs films,

Au revoir les enfants (1987), où il relate un souvenir d'enfance obsédant : l'arrestation et la déportation de trois enfants juifs dans un collège jésuite de province durant l'Occupation. *Milou en mai* (1990) est une comédie psychologique qui met en scène le délitement momentané d'une famille bourgeoise en mai 1968. Le ton est détaché, léger et mélancolique, à l'inverse du film suivant tourné en Grande-Bretagne, *Fatale* (1992), lourd scénario sur la passion amoureuse, mis en scène platement. Malle est mort en 1995.

Le scénario, pour Jacques Rozier, n'est qu'un point de départ, un cadre minimal, permettant au cinéaste de capter des instantanés de vie grâce à une rare attention portée au corps et au langage et une suspension du temps, comme dans le magnifique *Maine océan* (1986), drôle de récit d'un picaresque voyage en train donnant lieu à des scènes très insolites quoique d'une incroyable vérité. Qu'un cinéaste de cette qualité n'ait réalisé qu'un seul film en vingt ans laisse rêveur quant à l'exigence et au goût des « professionnels de la profession ».

La carrière d'Alain Cavalier est, elle aussi, atypique. Des échecs des premières réalisations au succès inattendu de *Thérèse* (1986), le chemin du cinéaste est tortueux. *Le Plein de super* (1976), road movie dénué de romantisme, *Martin et Léa* (1979), variations sur le désir et l'amour ou *Un étrange voyage* (1981), errance le long des voies ferrées désertes d'un père et de sa fille se transformant en aventure du regard et de la sensation « vraie », sont des œuvres surprenantes. Rien pourtant ne laissait pressentir le choc que fut la découverte de *Thérèse*, ovni cinématographique totalement déconnecté de la production courante. Ni biographie de la sainte, encore moins hagiographie, ni interrogation ou valorisation d'un itinéraire mystique, ce film est avant tout l'expression d'un regard de cinéaste sur un mystère qu'il ne peut et ne veut circonscrire. Admirablement interprété par Catherine Mouchet, *Thérèse* est un acte de foi en l'écriture cinématographique. Alain Cavalier en poursuit le questionnement avec des films que l'on peut qualifier d'expérimentaux : *Ce répondeur ne prend plus de message* (1979) et *la Rencontre* (1996), sorte de journal intime posant la question du pouvoir du cinéma et où dominerait, selon l'expression de Francis Ponge, le « parti pris des choses ». *Libera me* (1993) se présente comme une allégorie muette et théâtralisée sur la répression ; c'est de nouveau une expérience cinématographique en marge du cinéma traditionnel.

En marge, Luc Moulet et Jean-Daniel Pollet l'ont toujours été. Le premier fut longtemps critique, a produit Jean Eustache et Marguerite Duras et réalisé depuis 1966 quelques films uniques dans leur démarche, tel *Genèse d'un repas* (1980), enquête sur l'industrie alimentaire, du produit jusqu'au consommateur, à la fois très sérieuse, pertinente, et totalement ironique et pince-sans-rire. Ce ton si particulier se retrouve dans son « autobiographie », *Ma première brasse* (1981), loufoque et décalée, au style minimaliste et burlesque dans lequel il excelle. On pense souvent à Jacques Tati. *La Comédie du travail* (1988) est de la même veine : Luc Moullet porte sur la société, le travail et le chômage, un regard d'une logique déconcertante. Luc Moullet fut acteur occasionnel pour Jean-Daniel Pollet, cinéaste lui aussi hors des sentiers battus, débutant dans la comédie douce amère — *L'amour c'est gai, l'amour c'est triste* (1968), *l'Acrobate* (1976) —, abordant des œuvres plus « littéraires » — *Méditerranée* (1963). Longtemps absent des écrans, il revient au cinéma avec une méditation filmée sur l'œuvre de Francis Ponge, *Dieu sait quoi* (1997).

Barbet Schroeder a produit Éric Rohmer, Jacques Rivette ainsi que Jean-Daniel Pollet, et réalisé *More* en 1969. Après *les Tricheurs* (1983), étude psychologique de la passion du jeu, il entame une carrière au États-Unis avec *Barfly*, adaptation réussie de Bukowski. Depuis, il s'est glissé avec talent dans le drame psychologique avec *le Mystère von Bulow* (1990), le thriller avec *J. f. partagerait appartement* (1992) ou le polar avec *The Kiss of Death* (1995) et *l'Enjeu* (1997).

Compagnons de route ou contemporains de la Nouvelle Vague

La Nouvelle Vague aura matérialisé la fracture entre cinéma d'auteur et cinéma « commercial ». Cette dichotomie est d'une certaine façon entérinée durant les deux dernières décennies, bien que la notion d'auteur ait été considérablement modulée et aseptisée et que la médiatisation du cinéma ait pris des proportions sans commune mesure avec celles des années 1960. De part et d'autre d'un cinéma de grande consommation, cherchant à répondre à ce qu'il pense être les goûts du plus grand nombre, le cinéma dit « d'auteur » découle en grande partie de ce clivage entre l'héritage de la Nouvelle Vague et une nouvelle mouture de la qualité française. Dans les années 1980, le statut d'auteur est devenu un fait culturel et médiatique, et la notion de marge, chère aux années 1970, tend à s'estomper, voire à devenir potentiellement une valeur marchande.

Carax, héritier de la Nouvelle Vague ? Dès ses débuts avec *Boy Meets Girl* (1984), superbe poème cinématographique en noir et blanc, très éloigné de la norme cinématographique de l'époque, Léos Carax se voit désigner comme l'héritier de la Nouvelle Vague, tant son film semble « hanté » par les figures de Cocteau et de Godard et tant il donne, à l'instar de ses aînés, le sentiment, confirmé par les films suivants, que pour lui, la seule réalité possible est le cinéma lui-même ainsi que l'indique le titre, *Boy Meets Girl*, signifiant, dans le jargon cinématographique, le scénario minimal, l'histoire d'amour. Exacerbant cet élément, Carax crée un espace autonome, purement formel et référentiel, en quête d'une apesanteur, d'une impossible innocence. Dans *Mauvais Sang* (1986) se révèle un cinéma préoccupé par sa singularité, à la fois fascinant et poétique. *Les Amants du Pont-Neuf* (1991) amplifie la pause auteuriste du cinéaste. Si le prologue est impressionnant, la mise en scène associant de façon subjugante réalisme quasi documentaire et lyrisme exacerbé qui est l'une des marques de l'auteur, le décor du pont devenu central absorbe l'énergie d'un film alternant mises en situation des conceptions de l'auteur sur l'amour, la vie, l'art, et des séquences qui semblent conçues pour susciter le brio de la mise en scène. L'image d'artiste maudit colle à la peau de ce cinéaste qui restera sept ans sans tourner. Dans *Pola X* (1999), librement inspiré d'un texte de Herman Melville, se développent à nouveau une fascination et un romantisme un peu compassé pour la marginalité et l'amour fou, et une certaine emphase de la forme. Mais Carax mène son récit de façon étonnante, brisant sans cesse celui-ci, en quête de ruptures, d'accidents. La force du film tient à ce déséquilibre qui l'habite. En quatre films, Léos Carax est devenu un cinéaste unique.

Téchiné et le mouvement de la vie. André Téchiné réalise son premier film, *Paulina s'en va*, en 1969, en réaction à un certain courant naturaliste alors en vogue dans le cinéma français. Avec *les Sœurs Brontë* (1979), il tente d'adapter son écriture aux contraintes du film à gros budget et au star system (Isabelle Huppert et Isabelle Adjani sont au générique). Le film sera un échec. Il est pourtant, avec le recul, celui qui amorce un changement, confirmé par le film suivant, *Hôtel des Amériques* (1981) et amplifié par les réalisations des années 1980 et 1990. *Hôtel des Amériques*, qui marque les débuts d'une collaboration avec Catherine Deneuve (pour quatre films), la rencontre fortuite de deux êtres que tout semble séparer, induit un thème récurrent chez le cinéaste : l'itinéraire souvent douloureux, toujours chaotique et sans vérité finale qui amène les individus à accepter l'expérience humaine dans la violence de sa manifestation. Un itinéraire où coexistent un présent en devenir et un passé toujours présent. Car le passé pèse dans les fictions d'André Téchiné, qu'il s'agisse de l'enfance (*Ma saison préférée*, 1993), des amours défuntes (*Hôtel des Amériques*), qu'il soit énigmatique (celui des protagonistes de *Rendez-vous*, 1985), lié à un pays perdu dans une guerre sans nom (*les Roseaux sauvages*, 1994), à un crime réel ou fantasmé (*le Lieu du crime*, 1986 et *Alice et Martin*, 1998). Le présent est le lieu d'une confrontation des désirs, des tensions, des non-dits, des haines et des amours enfouis dans le passé et qui reviennent tels des fantômes hanter la scène comme dans le très beau *la Matiouette ou l'Arrière-pays* (1983) qui évoque les retrouvailles douloureuses entre deux frères qui ne se sont pas vus depuis dix ans. C'est le temps de l'implosion, celle d'une cohérence que le personnage a tenté de maintenir à flot. La famille en est souvent la scène : elle génère de la ressemblance et de la différence. Dans *les Voleurs* (1996), l'entrelacs des destinées, des liens qui unissent ou désunissent les personnages convergent en un récit fragmenté de la filiation, de la transmission, mais aussi du deuil. La grande force du cinéma de Téchiné est de conserver aux personnages une force aveugle, de concevoir la mise en scène en une succession d'émergences, corps, paysages, consciences, mouvements, comme autant de strates d'une vérité en devenir. Rien ne se fige dans ce cinéma profondément lié au mouvement de la vie. Dans *les Roseaux sauvages*, il nous fait ressentir l'apprentissage de la vie dans ce qu'elle a de perpétuelles remises en question. « Tout le monde peut agir. Mais donner un sens à sa vie, c'est autre chose », s'exclame Antoine (Daniel Auteuil) dans *Ma saison préférée*. Spécialiste du cerveau, il n'en n'est pas moins inadapté aux standards d'une vie normale, comme le cinéma de Téchiné l'est aux standards d'émotions, réfutant une compréhension globalisante des personnages et des situations qu'il imagine.

Doillon et Garrel, de l'art de la confrontation à celui des origines. Ce « nouveau naturel » contre lequel Téchiné a réalisé ses premiers films fut abusivement associé à la première réalisation de Jacques Doillon, *les Doigts dans la tête* (1974). Le malentendu cesse dès le troisième film. *La Femme qui pleure* (1979) place au centre de la toile le territoire du couple où se débattent des « êtres de langage » (Alain Philippon), un affrontement corps à corps, parole contre parole, où se compose et se décompose la gamme des sentiments. La confrontation est au cœur de ce cinéma. L'aspect paroxystique, souvent reproché à Jacques Doillon, n'a rien de gratuit ou de morbide. Ce sont d'intenses moments de connaissance de soi : découvrir que l'on ne sait pas aimer (*la Pirate*, 1984), connaître la jalousie et le « trafic des sentiments » (*la Tentation d'Isabelle*, 1985), apprendre à dire « je t'aime » (*Comédie !*, 1987), à voir l'autre en dehors de son image préétablie (*le Petit Criminel*, 1990), à dépister la violence du langage et le désir de mort dissimulés derrière la jalousie (*la Vengeance d'une femme*, 1990). Rares sont les films qui ont figuré de façon aussi peu stéréotypée l'adolescence en proie aux jeux amoureux (*la Fille de quinze ans*, 1989), la délinquance juvénile (*le Petit Criminel*), l'univers d'adolescents face au suicide de l'un d'entre eux (*le Jeune Werther*, 1993), ou le dialogue père-enfant (*la Vie*

de famille, 1985). Dans *Ponette* (1996), il pousse le risque à son extrême en mettant en scène une enfant de quatre ans confrontée à la mort de sa mère. Doillon s'intéresse moins à l'aspect sociologique de ses personnages qu'à leur vérité individuelle et singulière.

Doillon apparaît dans deux films de Philippe Garrel, *Elle a passé tant d'heures sous les sunlights* (1985) et *les Ministères de l'art* (1988). Un fil souterrain semble lier ces deux cinéastes aux tonalités pourtant fort différentes. À l'exaltation du langage et du corps qui traverse les films de Doillon répond le laconisme, un certain hiératisme chez ceux de Garrel. Mais chacun a choisi d'œuvrer en marge du système de production — de façon plus radicale pour le second — et a inscrit au cœur de ses fictions les figures du couple et de l'enfance, de la femme pour faire jaillir à l'écran une vérité des sentiments et du cinéma. Garrel, figure mythique d'un incertain underground français dans les années 1970, trouve durant les années 1980-1990 une nouvelle dimension. De *l'Enfant secret* (1982) au *Vent de la nuit* (1998), il fait de chacun de ses films un maillage de l'intime (l'autobiographie) et du collectif (l'histoire de sa génération), de l'origine et de la transmission, filmant aussi bien son fils que son père, cherchant à jeter un pont entre l'un et l'autre par le truchement de sa propre personne. Au plus près d'un mystère des êtres et du cinéma, c'est un cinéma sensuel jusqu'au grain de la pellicule. Sensualité du grain de la peau, des draps blancs claquant au vent dans *Liberté la nuit* (1984) qui met en scène magnifiquement la génération de son père, Maurice Garrel, et l'engagement politique face à la guerre d'Algérie. *Elle a passé tant d'heures sous les sunlights* et *les Baisers de secours* (1989) entremêlent de nouveau l'intime et le cinéma, le langage cinématographique et le sentiment amoureux, déstructurant l'un pour trouver une expression juste de l'autre. Ce cinéma de l'intériorité pousse l'expression cinématographique du côté du journal intime : *J'entends plus la guitare* (1991) et *Naissance de l'amour* (1993) interrogent le présent à la lumière presque éteinte du passé. La paternité, la filiation sont regardées et questionnées dans le film suivant, *le Cœur fantôme* (1996). La transmission est le fil narratif du *Vent de la nuit* où un jeune homme, vivant mal sa confusion et son manque de désir, tente, en la compagnie d'un ancien gauchiste qui a décidé de se suicider, de renouer illusoirement avec l'idée d'utopie. Reliant les fils de la douleur personnelle à ceux de l'Histoire, filmé en scope, lyrique et musical, ce dernier film ouvre le cinéma de Garrel à de nouveaux rivages.

Jacquot et Blain, l'influence de Bresson. Benoît Jacquot débuta sous les auspices de Robert Bresson et de l'approche analytique avec *l'Assassin musicien* (1976) et *les Enfants du placard* (1977). Il semble entrer durant les années 1980 dans une période transitoire. Alternant filmage de pièces de théâtre (*Elvire Jouvet 40*, 1986 ; *la Bête dans la jungle*, 1988) et adaptations littéraires diverses — le roman noir avec *Corps et biens* (1986), Louis René des Forêts avec *les Mendiants* (1988) —, il donne le sentiment de chercher une autre voie. La rencontre avec Judith Godrèche, alors jeune comédienne, lui donne un nouveau souffle. *La Désenchantée* (1990) est le portrait en trois jours, trois mouvements vers trois hommes très différents, de la fin de l'adolescence de Beth, jeune fille à la recherche de sa propre vérité. La sobriété du filmage, qui rappelle en partie le Jacquot première manière, cède la place dans *Une fille seule* (1995), avec la même Judith Godrèche, à une mise en scène plus « expressive », collant au plus près de la réalité concrète et émotionnelle de son héroïne. Son cinéma continue à interroger des zones d'ombre : la jouissance féminine dans *le Septième Ciel* (1997), la place de l'autre dans le désir (*l'École de la chair*, 1998). Mais il est devenu moins fermé sur lui-même, plus ouvert au plaisir de la fiction, des acteurs et de la « machine cinéma » dans son ensemble.

La « machine cinéma », Gérard Blain la réfute avec virulence. Acteur ayant croisé la Nouvelle Vague au tout début (il a joué dans les deux premiers films de Chabrol), il passe à la mise en scène en 1971 avec *les Amis*. Refusant le vedettariat, les clichés dramatiques, sociaux, politiques, même si ses personnages de justes égarés dans un monde corrompu peuvent prêter le flanc à une certaine confusion idéologique, il bâtit une œuvre solitaire, influencée par Robert Bresson. *Le Rebelle* (1980), portrait d'un jeune homme ayant choisi la marginalité, échappe aux clichés habituels de la révolte. Quelle que soit l'histoire qu'il narre, Blain filme une tragédie. *Pierre et Djamila* (1987) transpose Roméo et Juliette dans un quartier populaire. L'un est français, l'autre maghrébine. Entravé par des différences de culture apparemment infranchissables, leur amour débouche sur l'incompréhension, la violence et la mort. Soupçonné de racisme, le film ne fait pourtant que prendre en compte un certain contexte. *Jusqu'au bout de la nuit* (1995) et *Ainsi soit-il* (1999), décrivent des itinéraires inéluctables, un engagement moral total et creusent le sillon d'un cinéma de plus en plus « ascétique », tant sur le plan formel que sur celui des valeurs essentielles aux yeux du cinéaste.

De la critique à la réalisation. Si la génération critique des années 1950, essentiellement celle qui œuvrait aux *Cahiers du cinéma*, est sous l'appellation « Nouvelle Vague », majoritairement passée quelques années plus tard à la réalisation, celles qui suivirent le firent dans une moindre mesure et en ordre dispersé, sans être liées par une quelconque identité esthétique commune malgré une conception partagée de la mise en scène.

Jean-Louis Comolli et Pascal Kané, anciens rédacteurs aux *Cahiers du cinéma*, introduisent dans leurs premières réalisations des considérations politiques et idéologiques : l'utopie révolutionnaire dans *la Cécilia* (1976) et la guerre d'Espagne dans *l'Ombre rouge* (1981) pour Comolli — une démarche qu'il poursuivra à travers une remarquable série de documentaires consacrés entre autres à Marseille —, le conflit algérien pour Kané (*Liberty belle*, 1982). Il n'en est pas de même avec la génération qui aborde la réalisation durant les années 1980. Alain Bergala cosigne avec Jean-Pierre Limosin un déroutant exercice de style au titre emblématique, *Faux-fuyants* (1982), avant de réaliser seul *Où que tu sois* (1987), puis *Incognito* (1989). Quant à Jean-Pierre Limosin, il réalise de son côté, en 1986, *Gardien de nuit*, dérive amoureuse d'un homme dédoublant sa vie dans la fiction et l'imaginaire. *Tokyo Eyes* (1998) est une œuvre ludique et d'une grande légèreté de ton sur un Japon aux prises avec les nouveaux faux-semblants et le virtuel ambiant.

Serge Le Péron, bien avant l'éphémère mode des « films banlieue » dont *la Haine* (Mathieu Kassovitz, 1995) sera l'étendard, réalise en 1983 *Laisse béton*, portrait sans romantisme ni démagogie de deux adolescents. Hervé Le Roux, après un film « rivettien », *Grand Bonheur* (1993), réalise en 1997 l'un des films les plus passionnants de ces dernières années, *Reprise*. Il prend pour point de départ un film militant de mai 1968 sur l'occupation des usines Wonder, dans lequel une jeune femme clame sa colère. Vingt-cinq ans après, *Reprise* retrouve les protagonistes du conflit tout en recherchant désespérément, et amoureusement, cette jeune femme devenue simple image.

Critique, théoricien puis scénariste pour Téchiné, Ruiz et Rivette, Pascal Bonitzer ne vient que tardivement à la réalisation. *Encore* (1996) et *Rien sur Robert* (1998) sont deux comédies remarquablement dialoguées, au ton acidulé, où le langage, tant dans sa neutralité apparente que dans ses dérapages les plus incongrus, se révèle autant masque qu'arme redoutable.

Mais ce sont Olivier Assayas, Jean-Claude Biette et Danièle Dubroux qui ont construit les œuvres les plus conséquentes de cette mouvance de cinéastes issus de la critique. Critique puis scénariste pour Téchiné et Laurent Perrin, Olivier Assayas évoque dans ses tout premiers films le trouble et les fractures inhérents au passage à l'âge dit « adulte ». *Désordre* (1986), *l'Enfant de l'hiver* (1989) et *Paris s'éveille* (1991) ne parviennent pas à prendre réellement corps. Il manque aux personnages une certaine vérité physique et à la mise en scène une liberté, un élan que le scénario semble brider. *Une nouvelle vie* (1993) — une jeune fille perd ses fragiles repères quand elle part à la rencontre de son père jusqu'alors inconnu — ouvre ce système clos et amorce les films suivants. Issu d'une série, « Tous les garçons et les filles de leur âge », produite par Arte, *l'Eau froide* (1994) retrace le trajet chaotique et déchirant de deux jeunes amoureux en 1972, de la touffeur familiale jusqu'au désert enneigé de Lozère où s'achève le périple. La mise en scène se fait musicale, tantôt énergique, tantôt contemplative. Allégé, le cinéma d'Olivier Assayas peut alors se glisser avec fluidité et humour dans l'univers référentiel d'*Irma Vep* (1997) où se croisent les fantômes (Musidora et Feuillade) du cinématographe des origines, les figures de Jean-Pierre Léaud et de Maggie Chung, Nouvelle Vague et cinéma d'Asie. *Fin août, début septembre* (1999) confirme cette nouvelle amplitude de la mise en scène.

Danièle Dubroux, après une activité de critique, écrit, dirige et interprète en 1984 *les Amants terribles*, chassé-croisé amoureux au ton de comédie décalée que la cinéaste amplifiera au cours des films suivants. *La Petite Allumeuse* (1987), détournant le mythe de la Lolita de Nabokov, *l'Examen de minuit* (1998), *Border Line* (1991) et *le Journal d'un séducteur* (1995) entremêlent avec une grande rigueur scénaristique et un humour décapant les fils de la possession amoureuse et du désir et ceux de l'égarement, de la perte de soi, sur le registre de l'angoisse (*Border Line*, glissade vers la folie d'une femme), ou sur celui de la loufoquerie (*l'Examen de minuit*).

Ancien collaborateur des *Cahiers* et aujourd'hui de la revue *Trafic*, Jean-Claude Biette œuvre en marge du système économique et esthétique. *Le Théâtre des matières* (1976) a pour sujet un projet de théâtre qui se heurte aux contingences matérielles. Le film refuse tout effet esthétique et psychologique. La mise en scène va à l'essentiel. C'est un cinéma sans une once de graisse, élégant et léger, comme le prouveront *Loin de Manhattan* (1981), description feutrée du milieu de l'art, *le Champignon des Carpates* (1989), étonnante intrigue se nouant autour de la mort nucléaire et de la création (une jeune fille irradiée doit jouer Ophélie). Avec *Chasse gardée* (1992) et *le Complexe de Toulon* (1995), Jean-Claude Biette continue, malgré la confidentialité de son cinéma, à semer dans le paysage du cinéma français des objets incongrus et passionnants.

Paul Vecchiali, malgré son passé de critique de cinéma à la défunte *Revue du cinéma*, ne se rattache pas à la mouvance précédente. Ses références cinématographiques le portent vers le cinéma français des années 1930, et son intérêt vers le drame sentimental qu'il exalte de façon superbe dans *Corps à cœur* (1979). La noirceur en moins, ce magnifique film est proche de la démarche d'un Fassbinder. Cette voie, Paul Vecchiali la poursuit avec *En haut des marches* (1983) et *Rosa la Rose, fille publique* (1986). Chaque film devient une expérience : *Encore (Once More)* (1987) aborde l'homosexualité et le sida sans réalisme

appuyé ni sentimentalisme, allant vers un mélodrame politiquement incorrect. Incorrect, *le Café de Jules* (1989) l'est également : dans un café, des hommes se laissent aller à leurs frustrations et leurs haines jusqu'à violer une jeune femme de passage. Le regard est froid, laissant le spectateur hagard. *Zone franche*, réalisé en 1996, est le fruit d'une écriture collective avec les jeunes d'un quartier défavorisé afin de lutter contre l'imagerie stéréotypée qu'on leur prête.

Autour de Paul Vecchiali débute un groupe de trois cinéastes (auquel fut parfois adjoint Jean-Claude Biette) : Jean-Claude Guiguet, Gérard Frot-Coutaz et Jacques Davila. Ils ne constituent ni une école ni une tendance, mais ont en commun le désir de partager, de « fondre » l'acquis de la Nouvelle Vague avec une forme renouvelée de classicisme, un désir d'indépendance et un certain goût pour le mélodrame. Jean-Claude Guiguet réalise en 1978 *les Belles Manières*, inscrivant de façon remarquable les personnages dans leur environnement quotidien, rendant au mélodrame sa force émotionnelle. *Faubourg Saint-Antoine* (1986) orchestre de façon plus profonde les mêmes thèmes. La romance populaire (Patachou et le canal Saint-Martin si connotés), le mélodrame ou le réalisme sont dépassés pour accéder à une vérité des êtres. Avec *le Mirage* (1992), film bouleversant qui évoque, dans un cadre naturel, la vie qui finit et celle qui commence, Guiguet s'ouvre au lyrisme le plus pur et oscille entre modernité et classicisme. *Les Passagers* (1999), film sombre et désenchanté, adopte une construction plus fragmentée, suivant les vies qui se croisent dans le tramway reliant Saint-Denis à Bobigny. Gérard Frot-Coutaz fut coscénariste des *Belles Manières*. En 1986, il réalise *Beau temps, mais orageux en fin de journée*, qui met aux prises un homme et une femme pris au piège de leur couple et de leur décor, si vrai qu'il en devient théâtral. Une journée à la fois quelconque et terrible, la vérité insupportable d'un mal de vivre. *Après-demain* (1989) confronte les acteurs du film précédent à la nouvelle génération (Anémone et Simon de La Brosse) pour une histoire d'amour qui n'a l'air de rien. Gérard Frot-Coutaz meurt en 1992. Il aura été précédé d'un an par Jacques Davila. *Certaines nouvelles* (1979), dernier été algérois avant la guerre, *Qui trop embrasse* (1986), quelques jours ordinaires de quelques couples et *la Campagne de Cicéron* (1989), étude d'un microcosme socioculturel en vacances et de leur malaise opaque, sont des comédies épurées et légères où Davila montre que les sentiments se révèlent toujours plus dérangeants que les idées.

Une certaine « qualité française ». Profitant de la déferlante de la Nouvelle Vague qui cassa un certain professionnalisme et la hiérarchie de rigueur jusqu'alors, un certain nombre de cinéastes s'engouffrent dans la brèche ainsi créée et débutent dans la mise en scène. Quelques-uns, Claude Sautet, Michel Deville, Claude Lelouch, ont progressivement construit une œuvre, entre un certain retour à la « qualité française », des préoccupations thématiques et esthétiques personnelles et les contingences inhérentes à l'industrie cinématographique. Mais la majeure partie des autres se sont illustrés dans un cinéma standardisé et conformiste : policier à la française pour Jacques Deray, au style huilé et prévisible, débouchant parfois sur une certaine originalité (*Un papillon sur l'épaule*, 1978), mais qui ne fonctionnera plus du tout à la fin des années 1980 ; comédie parodique lourde et répétitive pour Georges Lautner (*les Tontons flingueurs*, film culte, constituant une exception) ; comédie et film d'aventures pour Philippe de Broca qui, de *l'Homme de Rio* au *Bossu* (1997), insuffle souvent un certain rythme et une certaine dérision à ses réalisations. Édouard Molinaro est un parfait exemple d'un professionnalisme aseptisé, capable de passer de l'humour gras des deux *Cage aux folles* à la fresque historique impersonnelle consacrée à *Beaumarchais, l'insolent* (1996). Ces cinéastes apparaissent comme les parfaits exécutants d'un cinéma de consommation. Ainsi, Granier-Deferre, après s'être mis au service des vedettes des années 1960-1970 (Gabin, Signoret, Delon, Ventura), commence, à partir de 1981, une collaboration avec l'écrivain Jean-Marc Roberts. *Une étrange affaire*, l'histoire d'un trouble rapport de maître à esclave, et les films suivants, *l'Ami de Vincent* (1983), *Cours privé* (1986) et *la Couleur du vent* (1988), jouent de façon conventionnelle, très « scénarisée », des ambiguïtés de la nature humaine. Malgré les sujets abordés, ce cinéma reste confortable, sans surprise, impersonnel. Il en est de même pour Claude Pinoteau, débutant dans le film d'espionnage efficace (*le Silencieux*, 1972), et sombrant dans le conventionnel à tout crin, de *la Boum* (1980) à *la Neige et le feu* (1991).

Le « cas » de Jean-Pierre Mocky est quelque peu différent. Grand amateur d'humour noir, de numéros d'acteur sans filet, de trognes incroyables, de provocations en tout genre, il a réalisé un nombre considérable de films. Suite au bon cru des années 1970, versant anarchisant de l'œuvre « mockiesque », les années 1980 voient encore quelques réussites « saignantes » et iconoclastes tels *À mort l'arbitre* (1984), *le Miraculé* (1987), *les Saisons du plaisir* (1988) ou *Agent trouble* (1990). Mais le « système Mocky » déraille lors de la décennie suivante. Le cinéaste enchaîne des films d'un invraisemblable « je-m'en-foutisme », sur les plans du scénario, du jeu des acteurs aussi bien que sur celui de la réalisation. Ce qui avait fait son originalité donne le sentiment de se retourner contre lui, tant le cinéaste est devenu sa propre caricature.

Inversement, Claude Sautet, qui débute à l'orée des années 1960 dans le film policier et est consacré auteur les années suivantes, infléchit son cinéma aux débuts des années 1980. *Un mauvais fils* (1980) laisse, en effet, de côté la moyenne bourgeoisie et ses difficultés sociales et sentimentales, pour faire de la marginalité à laquelle sont contraints les drogués, des relations affectives entre un père ouvrier et son fils, le sujet d'un film moins « lisse » et s'éloignant d'une « petite musique des sentiments » devenue trop programmatique. Si *Garçon !* (1983), avec un Montand cabotin en diable, semble marquer un retour en arrière (avec l'évocation d'un grand café parisien), les films suivants confirment le « virage » pris avec *Un mauvais fils.* Le regard du cinéaste se focalise sur des personnages solitaires, voire névrosés, décalés par rapport à leur environnement, à un monde des sentiments auquel ils n'adhèrent que mécaniquement : c'est le cas du fils de famille de *Quelques jours avec moi* (1988), écorché vif qui bouleverse l'ordre social établi, du luthier d'*Un cœur en hiver* (1992), introverti et inapte à l'amour, de *Nelly et M. Arnaud* (1995), une jeune femme et un vieil homme dont le face-à-face oppose le désir de faire le vide pour l'un (Arnaud) et la peur de ce même vide pour l'autre (Nelly). La mise en scène s'est faite plus elliptique et musicale, plus attirée par les déliés, les zones d'ombre et les silences que par les (trop-) pleins qu'elle avait tendance précédemment à investir.

Au cours des années 1970, Michel Deville, alors catalogué auteur de comédies sentimentales et romantiques, change de registre. Les personnages deviennent des manipulateurs en tout genre déployant un arsenal de faux-semblants afin de prendre l'autre dans sa toile d'araignée. Dans *Dossier 51* (1978), sans doute l'un de ses meilleurs films, la perversité est un fonctionnement inhérent à la machine décrite, l'espionnage. Ses films suivants reprendront avec moins de bonheur cette thématique : fantasmes amoureux dans *le Voyage en douce* (1980), voyeurisme et passion dans *Eaux profondes* (1981) et *Péril en la demeure* (1985), manipulation érotico-criminelle dans *le Paltoquet* (1986), lecture comme véhicule d'érotisme et de fantasmes avec *la Lectrice* (1988), huis clos charnel dans *Nuit d'été en ville* (1990). Si on ne peut dénier au cinéaste une réelle ambition narrative et stylistique, la mise en scène devient au fur et à mesure un pur exercice de style, effet de signature de plus en plus maniéré. La machine tourne à vide, désincarne les personnages au profit de variations esthétiques.

Depuis sa palme d'or inattendue à Cannes en 1966 pour *Un homme et une femme*, Claude Lelouch est un mal-aimé de la critique qui lui reproche sa psychologie de roman de gare, son goût immodéré pour une esthétique choc et clinquante liée à une propension à la réflexion grandiloquente. Il se lance durant les années 1980-1990 dans des fresques historiques et romanesques de plus en plus imposantes et des constructions narratives de moins en moins conventionnelles : cinquante ans d'histoire à travers l'itinéraire de quatre familles (*les Uns et les autres*, 1981), une fable de science-fiction humaniste (*Viva la vie*, 1984), l'Occupation, la création littéraire, la réincarnation (*Partir revenir*, 1985), les chemins étranges du déterminisme (*Il y a des jours et des lunes*, 1990), l'histoire qui se répéterait, de la passion du Christ à aujourd'hui (*la Belle Histoire*, 1992), une version contemporaine des *Misérables* (1995), les relations homme-femme (*Hommes, femmes : mode d'emploi*, 1996). On ne peut reprocher à Lelouch un manque d'ambition et d'imagination, ni un goût du risque. On ne peut nier qu'il ait vulgarisé auprès du grand public des modes de narration moins conventionnels que ceux habituels au cinéma populaire, qu'il soit également un singulier directeur d'acteur et un virtuose de la caméra à l'épaule. Et que parfois la « mayonnaise » prenne. Mais ils s'accompagnent de clichés, d'émotions prédigérées, de facilités formelles, d'une mythologie de bazar agrémentée d'une insupportable imagerie saint-sulpicienne, l'inflation de la forme se révélant inversement proportionnelle à la vacuité du point de vue mis en scène.

Pialat, l'impossible compréhension du monde. Maurice Pialat sera l'autre palme d'or française de ces deux dernières décennies pour *Sous le soleil de Satan* (1987). La controverse autour de cette récompense indique, si besoin était, le statut particulier du cinéaste dans le paysage cinématographique français. Débutant en 1961, puis produit par François Truffaut en 1967 (*l'Enfance nue*), il entretient néanmoins avec la Nouvelle Vague, qu'il a par ailleurs assez violemment récusée, une filiation hybride. Ce cinéaste, l'un des plus grands de ces vingt dernières années, est à la croisée des chemins entre un réalisme et une vérité cinématographique qui se cherchent au cours du film (ce qui pourrait le rapprocher de la Nouvelle Vague) et un naturalisme cru et charnel, une volonté de filmer l'instant, l'imprévu, de créer moins du sens que des sensations, qui le rattacheraient à Jean Renoir. Ainsi *Loulou* (1980), où une jeune bourgeoise (Isabelle Huppert) vit un fantasme de relation amoureuse avec un loubard (Gérard Depardieu), est la mise en crise d'un scénario banal sur l'irréductibilité des différences sociales se construisant, scène après scène, à partir de bribes successives de vérité. De façon plus radicale, *À nos amours* (1983) et *Police* (1985) ne seront ni le portrait archétypal de l'adolescence ni un film policier de consommation courante. Dans *À nos amours*, qui révéla Sandrine Bonnaire, le scénario fuit l'enchaînement logique d'une psychologie classique et les raccords

d'une scène à une autre peuvent être très brutaux. Le récit est une succession d'émotions brutes, intangibles, le film est le puzzle non achevé d'une appropriation du monde. Pialat ne réduit pas la mise en scène au rôle de véhicule du scénario. Dans *Police*, le film policier explose sous les coups d'un scénario qui se moque comme d'une guigne des conventions du genre : l'intrigue n'a que peu d'importance, les scènes attendues sont absentes, les typologies des personnages, flics, truands, hommes, femmes, Français, Arabes, cèdent au regard d'une mise en scène qui en fait d'abord des individus, ni icônes, ni repoussoirs, englués dans le même réel sombre et violent. La solitude, qui nous saute au visage à la dernière image de ce film, envahit les films suivants. C'est celle, terrible, du curé Donissan de *Sous le soleil de Satan*. Le récit est abrupt, lacunaire parfois, entre une progression faussement dramatique et un immobilisme des personnages pris dans la gangue de leur impulsions. Pialat sait capter le moment, non pas dramatiquement fort mais rare, où advient une vérité et expose tout au long du film le réalisme à l'indicible de la foi et du mal. La scène du miracle en est la butée : Pialat la filme avec une incroyable simplicité, sans en abstraire le mystère, l'impossible matérialisation. Celle, attendue, du suicide de Van Gogh sera hors champ. Dans *Van Gogh*, le cinéaste ne veut, ne peut cadrer le peintre, se refusant à donner une vérité du personnage. Vincent ne dit-il pas à la fille du docteur Gachet « qu'il n'y a rien à comprendre » ? À travers la figure du docteur Gachet, il semble que c'est toute l'approche de l'œuvre artistique que Pialat conteste. Pour lui, il n'y a pas de mystère de l'artiste mais un bloc d'impossible compréhension face à la vie qui coule et continue, comme le souligne le détail, après la mort du peintre, du pied blessé de l'aubergiste. Cette manière de nous projeter en territoire inconnu, Pialat l'applique encore avec autant de force à l'évocation des relations entre un père et son fils, de la séparation du couple dans *le Garçu* (1995).

Après la vague : de l'émergence de nouvelles voix aux voies nouvelles du cinéma populaire

L'onde de choc de mai 1968 avait touché le cinéma : états généraux du cinéma français, annulation du festival de Cannes 1968, cinéma militant et, bientôt, arrivée du cinéma pornographique. Les verrous de la censure avaient cédé progressivement. Durant les années 1970, le social et le politique avaient fait irruption, le cinéma dit « commercial » emboîtant le pas, engendrant un genre en vogue : le cinéma politique ou la fiction dite « de gauche », dont Yves Boisset et Costa-Gavras ont été les représentants les plus féconds.

L'arrivée de la gauche au pouvoir en 1981 aura eu pour effet, en apparence paradoxal, la quasi-disparition de ce courant. Peu de films politiques ou à contenu social verront le jour durant les années mitterrandiennes. On peut citer *États d'âme* (1986) de Jacques Fansten, les films de Romain Goupil *Mourir à trente ans* (1982) et *la Java des ombres* (1983), *l'État de grâce* (1983) de Jacques Rouffio, le surprenant film d'Éric Rohmer, *l'Arbre, le maire et la médiathèque* (1993) et, sur le ton de la comédie, *la Crise* (1992) de Coline Serreau et *Une époque formidable* (1991) de Gérard Jugnot. Qui plus est, un certain nombre de cinéastes s'étant fait une « spécialité » du cinéma politique ont du mal à poursuivre leur carrière. Le cas le plus frappant est celui d'Yves Boisset, qui tente vaille que vaille de maintenir un cinéma de critique sociale avec *le Prix du danger* (1982), dénonciation démagogique des dangers de la télévision spectacle, ou *la Tribu* (1990) radioscopie très lourde du monde médical. Rien n'y fait : ce cinéma à gros traits et grosses thèses ne fonctionne plus. Costa-Gavras, qui créa d'une certaine façon le genre avec *Z*, *l'Aveu* et *État de siège*, réussit, lui, à rebondir, cherchant en Amérique le cadre pour poursuivre sa démarche (*Missing*, 1982, sur les disparus chiliens ; *Hanna K*, 1983, sur la question palestinienne ; *la Main droite du Diable*, 1988, portrait des milieux extrémistes de droite aux États-Unis ; *Music Box*, 1989, qui aborde le cas des anciens nazis). De retour en France, il réalise en 1993 une comédie satirique sur l'engagement politique, *la Petite Apocalypse*, qui ne trouvera pas son public, tant le sujet est en décalage avec l'idéologie et les préoccupations du temps présent. De retour aux États-Unis, il réalise *Mad City* (1997), film constat sur le pouvoir des médias.

Des cinéastes comme René Gilson, Pascal Aubier ou Claude Faraldo ont, eux aussi, fait les frais des années de crise. Seul Claude Faraldo a refait surface avec un film consacré aux sans-abri, *Merci pour le geste* (1999).

René Allio tente une expérience de cinéma « décentralisé » en province. *Retour à Marseille* (1980) décrit les changements profonds induits par l'urbanisme et par l'industrialisation nouvelle. *Le Matelot 512* (1985) est une tentative originale de retrouver par le langage cinématographique les archétypes et l'imaginaire de la littérature populaire. Pour la télévision, il retrouve son terrain de prédilection, le réalisme historique, avec une série intitulée *Un médecin des Lumières* (1988). Ce réalisme sera au centre de son dernier film, *Transit* (1991), consacré aux réfugiés juifs et antinazis bloqués dans le port de Marseille en 1940. Il meurt en 1995.

Les femmes aussi… Parallèlement, les vagues de 1968 ont permis l'émergence d'un cinéma au féminin, de Nelly Kaplan à Michèle Rozier en passant par Yannick Bellon, Nadine Trintignant, Diane Kurys ou Nina Companeez, de Coline Serreau à Christine Pascale, de Lilian de Kermadec à Charlotte Dubreuil, de Christine Laurent à l'inclassable Marguerite Duras, de Chantal Akerman à Catherine Breillat. Cet avènement des femmes cinéastes s'amplifie au cours des décennies suivantes : Claire Denis, Claire Devers, Aline Issermann, Patricia Mazuy, Brigitte Roüan, Laetitia Masson, Jeanne Labrune, Euzhan Palcy, Sandrine Veysset, Anne-Marie Miéville, Marie-Claude Treilhou, Pascale Ferran, Laurence Ferreira Barbosa, Nicole Garcia, Tonie Marshall, Josiane Balasko... Ce cinéma se démarque progressivement du militantisme et d'une revendication d'écriture au féminin. On ne parlera plus, à tort ou à raison, de cinéma féministe ou d'écriture féminine, mais de femmes cinéastes.

De cette première vague de réalisatrices, rares seront celles qui feront « carrière ». Coline Serreau y parviendra grâce à l'énorme succès de *Trois Hommes et un couffin* (1985), son film le moins représentatif d'un cinéma mêlant depuis ses débuts réalisme social et comédie. De *On s'est trompé d'histoire d'amour* (1972) à *la Crise* (1992) en passant par *Romuald et Juliette* (1989), Coline Serreau occupe dans le cadre d'un cinéma populaire une place à part, réussissant dans le meilleur des cas à fondre constat social et tentation utopique, comédie et regard critique. Le succès de *Diabolo menthe* (1977), film anodin, lança la carrière de Diane Kurys. Un cinéma gentiment féministe, consensuel, aseptisant les événements de mai 1968 (*Cocktail Molotov*, 1979), la chronique sentimentale (*Coup de foudre*, 1983), la passion amoureuse et la création artistique (*Un homme amoureux*, 1990), la folie (*À la folie*, 1994). Yannick Bellon, Nadine Trintignant, Charlotte Dubreuil, auront par contre beaucoup de mal à survivre dans la décennie 1980, de même que Lilian de Kermadec.

D'abord actrice, Christine Pascal crée, en peu de films, une œuvre troublante. Son premier film, *Félicité* (1978) est l'expression crue et impudique d'une angoisse existentielle. Durant les années 1980, elle affirmera un ton et une écriture personnels dans des films aussi forts que *Zanzibar* (1989), qui prend pour thème le cinéma, sa violence et ses rapports de pouvoir, ou *Le petit prince a dit* (1992), mélodrame où les conventions du genre sont épurées et rendues à leur force émotionnelle. Elle se suicide en 1996.

Actrice emblématique des années 1960-1970, Juliet Berto aura tourné avec Godard, Rivette, Tanner, Glauber Rocha... En 1980, elle réalise, avec Jean-Henri Roger, *Neige*. Sur fond de métro aérien parisien, entre Barbès et Pigalle, le film capte sans romantisme, avec une rare chaleur humaine, par une grande liberté du récit et de la mise en scène, un univers d'êtres en détresse. Toujours avec Jean-Henri Roger, *Cap Canaille* (1982), en marge du polar, brosse le portrait d'une région, Marseille. En 1986, elle réalise seule *Havre*, jeu de piste poético-ésotérique. Elle disparaît en 1990.

Christine Laurent entame avec *Alice Constant* (1977) une œuvre à l'écart des standards. Elle poursuit sa démarche avec *Vertiges* (1985). *Eden miseria* (1988), consacré à la quête d'absolu dans le désert algérien de l'écrivain Isabelle Eberhardt, se caractérise, outre sa grande qualité esthétique, par un refus de la biographie et une mise à distance de l'arsenal romantique.

De façon encore plus radicale, Chantal Akerman a refusé les conventions du langage cinématographique. Proche des cinéastes expérimentaux, elle a, dans ses premières réalisations, *Je, tu, il, elle* (1974) et *Jeanne Dielman, 23 quai du Commerce, 1080 Bruxelles* (1975), opposé le temps brut au découpage traditionnel, l'observation minutieuse des actes et des comportements à la dramaturgie classique. Avec *Toute une nuit* (1980), symphonie de petites histoires, de désirs, d'étreintes, Akermann amorce un « virage », confrontant avec

Michel Boujenah et Roland Giraud dans *Trois hommes et un couffin* de Coline Serreau, 1985.

humour les stéréotypes du romanesque, dans ce qu'il ont de beau et de triste, à une forme narrative non linéaire. *Golden Eighties* (1985) poursuit la démarche, empruntant le style de la comédie musicale pour mettre en situation de façon drolatique la crise économique. Avec *Histoires d'Amérique* (1988), elle aborde son identité juive. Elle s'égarera quelque peu avec une comédie sur fond de psychanalyse et de personnages décalés (*Un divan à New York*, 1995).

Catherine Breillat s'est révélée, dès son premier film, longtemps resté inédit, *Une vraie jeune fille* (1976), une cinéaste dérangeante, moins sur un plan purement formel que dans l'expression d'une certaine forme d'absolu du désir et des pulsions sexuelles. Elle creusera avec obstination, et dans le sens de l'épure, ce même sillon, où les personnages tentent de prendre leurs désirs pour une réalité et oscillent entre séduction et innocence. *36 fillette* (1987) brouille les pistes d'un scénario à la Lolita. Dans *Sale comme un ange* (1991), le cadre du polar ne résiste pas à la relation qu'entretiennent le flic (Claude Brasseur) avec la femme d'un de ses collègues (Lio) ; la passion charnelle, violente, vide le film de son scénario policier. La cinéaste traque le désir, son pouvoir de débordement, dans les yeux de ses personnages. Elle franchit un pas supplémentaire avec *Parfait Amour* (1996) : à partir d'un fait divers, elle décrit une passion amoureuse vampirique qui, inexorablement, glisse vers le gouffre. Dans *Romance* (1999) l'expression du désir de l'héroïne, ses manifestations verbales ou physiques, donnent le sentiment, de la volonté de la cinéaste de survaloriser cette quête charnelle, pour lui donner, ce qui n'était pas le cas auparavant, une plus-value métaphysique. Il n'en demeure pas moins que Catherine Breillat est aujourd'hui l'une des femmes cinéastes les plus audacieuses du cinéma français.

Audacieuse, Marguerite Duras le fut et plus encore. Son cinéma avait remis en question les normes et les conventions du langage cinématographique durant les années 1960-1970. Au début des années 1980, elle tourne ses ultimes films : *Agatha et les lectures illimitées* (1981), dialogue entre un frère et une sœur, sur fond de mer et de souvenirs des lectures d'enfance, suivi de *l'Homme atlantique* (1981), utilisant des chutes du film précédent, où s'entend sa propre voix sur des images totalement noires. Expérience ultime. Son dernier film marque une forme de retour à la narration, comme si, le combat avec l'écriture cinématographique achevé, s'amorçait le retour au livre. *Les Enfants* (1985) est une très belle et très drôle parabole sur la connaissance d'avant le savoir. Solitaire et unique, la démarche de Marguerite Duras est sans descendance.

Génération 1970. À cette classification aléatoire échappent nécessairement des cinéastes qui, débutant dans les années 1970, occuperont de différentes façons le terrain durant la décennie suivante. Certains de façon continue ou presque, tels Bertrand Blier, Jean-Jacques Annaud, Claude Miller, Alain Corneau, Patrice Leconte puis Jean-Jacques Beineix et Luc Besson. D'autres, épisodiquement comme Françis Girod, auteur d'un étonnant portrait de *Lacenaire* (1990), Christian de Chalonge, qui met en scène en 1990 un *Docteur Petiot* échappant aux embûches de la reconstitution historique, Jacques Rouffio avec *l'Orchestre rouge* (1989) ou Jean Charles Tacchella, qui s'est « spécialisé » dans la comédie de mœurs à la française à l'exemple d'*Escalier C* (1985) et de *Travelling avant* (1987). Jean-Loup Hubert a connu un grand succès avec *le Grand Chemin* (1987), chronique intimiste bourrée de bons sentiments, jouant à qui mieux mieux d'un lourd pathos, et récidive avec *Après la guerre* (1989). Enfin, il convient d'ajouter Serge Gainsbourg dont aucun des films, *Équateur* (1983), détonante adaptation de Simenon, *Charlotte for Ever* (1986) ou *Stan the Flasher* (1990), n'est anodin. Acteur et cinéaste trop rare, Jean-François Stévenin a réalisé deux films qui sont parmi les plus belles réussites du cinéma français : *Passe-montagne* (1978), errance de deux individus dissemblables dans les montagnes du Jura, et *Double messieurs* (1986), dérive à la recherche du temps perdu qui mélange les genres et les tons de façon fascinante.

Parallèlement, un genre florissant durant la décennie précédente, le polar à la française, disparaît presque totalement, exception faite des entreprises d'Alexandre Arcady qui sombrent dans le folklore pied-noir et la démagogie, des films clinquants et pseudo sociaux de Gilles Béhat (*Rue barbare*, 1983 ; *Urgence*, 1984), de Jean-Jacques Beineix, dont le premier opus est un polar, *Diva* (1980), et de Luc Besson, qui pratique la « gonflette » esthétique. De rares perles malgré tout : le très beau *Poussière d'ange* (1987) d'Édouard Niermans, les très sombres *J'irai au paradis car l'enfer est ici* (1996) de Xavier Durringer et *Regarde les hommes tomber* (1994) de Jacques Audiard.

Tavernier, la description sociale au cœur. Critique de cinéma, cinéphile passionné, auteur avec Jean-Pierre Coursodon d'un ouvrage de référence sur cinquante ans de cinéma américain, Bertrand Tavernier débute en 1973 avec un roman de Georges Simenon qu'il adapte avec Jean Aurenche et Pierre Bost, deux scénaristes que François Truffaut avait en son temps vilipendés comme représentants de la « qualité française ». *L'Horloger de Saint-Paul* amorce ce qui sera l'une des caractéristiques du cinéma de Bertrand Tavernier : associer dans un scénario, de la façon la plus lisible possible, analyse psychologique, description d'une réalité sociale et culturelle et point de vue politique. Le film avec lequel il entre dans les années 1980, *Une semaine de vacances*

(1980), en est un autre exemple : chronique sociale centrée sur une femme, professeur de CES qui, en congé maladie, tente de faire le point sur sa vie tant professionnelle qu'amoureuse, le film semble se donner pour but de ne rien oublier du sujet social qu'il a choisi, chaque scène apportant une information supplémentaire et sans ambiguïté possible. La mise en scène apparaît alors comme l'exécution d'un programme. Même un film qui se veut aussi dérangeant que *Coup de torchon* (1981), dans sa vision du pourrissement moral et du racisme de la France coloniale des années 1930, demeure, malgré une bouffonnerie et une méchanceté rares chez Tavernier, moins trouble que son sujet et que le roman de Jim Thompson qu'il adapte. Les films suivants, *Un dimanche à la campagne* (1984), *Autour de minuit* (1986) et *la Passion Béatrice* (1987), confirment ce classicisme de l'approche du temps qui passe et du monde qui change pour le premier, du jazz pour le second, du Moyen Âge et de ses violences pour le troisième. Le « grand sujet », la construction dramatique sans faille et explicite oblitèrent l'impact dramatique de *la Vie et rien d'autre* (1989). Les itinéraires croisés des principaux personnages, qui sont autant de figurations de l'absurdité de la boucherie de 1914-1918, sont lourdement emblématiques. Cette approche didactique se retrouve dans *Ça commence aujourd'hui* (1999) : chaque séquence semble destinée à apporter une nouvelle pièce au dossier de l'école, et à susciter un éventuel débat. Avec *L627* (1992), *Capitaine Conan* (1996) et surtout *l'Appât* (1995), le cinéma de Tavernier devient moins fermé sur le scénario, moins démonstratif. Les personnages acquièrent une vie propre au-delà de leur charge symbolique. Les flics de *L627* et les soldats de *Capitaine Conan* échappent à leur imagerie, tant par le réalisme du quotidien de l'un que par le lyrisme sous contrôle du second. Mais c'est avec *l'Appât*, empruntant à un fait divers tragique, une série de meurtres perpétrés de sang froid par trois adolescents, que le cinéaste réalise son meilleur film : confronté à des personnages incadrables et opaques, il ne peut que constater et mettre en scène l'impossible réduction de leurs actes à une quelconque approche sociologique ou idéologique. Parallèlement, Bertrand Tavernier a réalisé deux documentaires, l'un sur la guerre d'Algérie vue du côté des appelés, *la Guerre sans nom* (1992), l'autre, coréalisé avec Nils Tavernier et consacré à la vie quotidienne d'une cité de banlieue, *De l'autre côté du périph* (1997).

Blier, grand dynamiteur des codes. À l'inverse de Bertrand Tavernier, Bernard Blier n'a de rapport avec la réalité qu'à travers une vision absurde, fantasmatique, grotesque ou fantastique, s'attaquant aussi bien à la narration traditionnelle qu'aux stéréotypes de toute sorte, aux codes de la comédie comme à ceux de la psychologie, menant loin une provocation parfois gratuite et un peu vaine. Il est d'abord un conteur et un dialoguiste habile à construire ou à déconstruire une histoire, à se jouer des conventions avec dérision. *Buffet froid* (1979), l'un de ses meilleurs films, entame un cycle où l'absurde, conduit de façon logique jusqu'à ses extrêmes limites, débouche sur une vision grinçante et misanthrope du monde tout en décapant un certain nombre de conventions romanesques. Dans le cadre d'un cinéma dit « commercial », le ton et le style sont totalement en porte-à-faux. Mais le public suit. *Tenue de soirée* (1986) et *Trop Belle pour toi* (1989) font imploser le triangle amoureux, l'homme, la femme, la maîtresse ou l'amant, et s'attaquent au dogme de la passion amoureuse sans éviter parfois certaines facilités ou effets de mode. Dans le premier film, l'homosexualité brouille les cartes ; dans le second, les canons de la beauté volent en éclats. Avec *Notre histoire* (1984), c'est le principe même de la narration qui est passé à la moulinette à travers l'histoire d'un homme, Alain Delon en contre-emploi, que le réel environnant fait glisser dans l'amertume et la fantasmagorie. C'est à ce réel déstabilisant et sombre que se heurtent les deux protagonistes de *Merci, la vie* (1991) ; passant de la comédie au drame, du burlesque au fantasme, du sida à l'Occupation, de 1914-1918 aux années 1960, le film révèle une virtuosité et une maîtrise de la réalisation qui peuvent sembler trop affichées. Cette esthétique choc qui égalise tout sur son passage, jusqu'aux convois vers les camps de la mort, provoque un sentiment de gêne. *Un, deux, trois, soleil* (1993), avec une Anouk Grinberg impressionnante, s'ancre dans la réalité sociale d'une banlieue marseillaise, de la misère sociale et des horizons bouchés. Le réalisme ou le naturalisme sont absents de ce film qui tente, et réussit le plus souvent, de faire ressentir la véritable densité dramatique de cette situation. Mais la recherche de la performance guette ce cinéma. *Mon homme* (1995) en est un exemple : dans cette histoire de passion charnelle, à force de vouloir retourner les stéréotypes comme des gants, Blier retombe *a contrario* sur un autre stéréotype. Néanmoins, il est sans doute l'un des cinéastes français les plus originaux des dernières années du XXe siècle.

Corneau, Miller et la tentation de la « qualité française ». Si *France, société anonyme* (1973), son premier film, avait pu laisser entrevoir une certaine originalité (1973), Alain Corneau développe discrètement celle-ci durant les années 1970 dans son genre de prédilection, le film noir, dont *Série noire* (1979), sans doute son meilleur film, est un exemple singulier. Il poursuit, de façon plus conventionnelle, sur la voie du polar avec *le Choix des armes* (1981) et *le Môme* (1986), puis aborde la saga historique avec un film au style impersonnel, *Fort-Saganne* (1984), croulant sous les impératifs du

grand spectacle. Changeant de registre, bien que le récit soit celui d'une enquête, Alain Corneau adapte un court roman d'Antonio Tabucchi, *Nocturne indien* (1989) : un homme à la recherche d'un autre se perd mentalement dans une Inde qui n'a rien de touristique ; loin des flamboyances du polar, la mise en scène cherche à rendre palpable, sans effet appuyé, le mystère de cet itinéraire psychologique. Comme il tente de le faire avec le portrait de Sainte-Colombe, maître austère et intransigeant de la musique baroque dans *Tous les matins du monde* (1991), grand succès public un peu trop empesé dans son écrin de produit culturel et dans sa volonté de composer avec un « grand sujet ». *Le Nouveau Monde* (1995) pourrait être un portrait du cinéaste en jeune adolescent féru d'Amérique aux débuts des années 1950. Corneau revient au polar en 1997 avec *le Cousin*.

Après deux premiers films consacrés aux troubles du sentiment amoureux, Claude Miller se tourne vers le film policier, signant avec *Garde à vue* (1981) un exercice de style un peu vain et démonstratif autour d'un affrontement entre un policier et son suspect. La personnalité qui se dessinait dans les premiers films s'estompe derrière le savoir-faire. *Mortelle Randonnée* (1983) synthétise à sa façon les premières œuvres, une fascination pour les abîmes intérieurs et la structure policière qui, dans ce film, sort de ses rails. *L'Effrontée* (1985) et *la Petite Voleuse* (1988), qui adapte un scénario de François Truffaut, tous deux avec Charlotte Gainsbourg, sont de parfaits exemples du retour d'une qualité française privilégiant la finesse de l'étude psychologique, le souci du détail réaliste, les conventions dramatiques. C'est du bel ouvrage studieux, jouant de façon fine, il est vrai, sur des effets de reconnaissance et des émotions standardisées. *Le Sourire* (1994), qui se risque pourtant sur une autre voie, et *la Classe de neige* (1998), nouvelle incursion dans le domaine de l'enfance meurtrie mise en scène de façon lisse et appliquée, sont sur la même longueur d'onde.

Annaud, pari sur le grand spectacle. Débutant lui aussi à la fin des années 1970 avec deux films satiriques, *la Victoire en chantant* (1976) et *Coup de tête* (1979), Jean-Jacques Annaud entame la décennie suivante avec la première de ses grosses productions, qui est aussi son premier pari : adapter au cinéma ce qui est réputé inadaptable. *La Guerre du feu* (1982) nous plonge au temps d'*Homo sapiens*, cherchant avant tout à survivre et s'arrachant à l'animalité *via* la sexualité. Le savoir-faire est évident et n'a rien à envier à celui des Américains. Plutôt que d'adopter une mise en scène purement spectaculaire, Annaud choisit la voie d'un réalisme « ethnologique » et s'entoure de spécialistes en tout genre. La « reconstitution » est saisissante, mais semble le seul enjeu véritable du film. Une autre gageure lui succède : adapter le foisonnant roman d'Umberto Eco, *le Nom de la rose* (1986). Sous couvert d'intrigue policière, le roman est aussi une réflexion sur le pouvoir ecclésiastique du XIVe siècle, confronté à l'hérésie figurée dans le livre par un traité philosophique sur le rire, cette liberté de l'homme face à toute notion de vérité. Ne demeure dans le film que l'enquête et une histoire d'amour sans grand intérêt, la reconstitution parfaite de l'abbaye et l'interprétation de Sean Connery. La performance a vidé le film de toute autre substance. Nouvelle prouesse technique avec *l'Ours* (1988). Peu de dialogues et de personnages humains, un décor naturel impressionnant et l'histoire au quotidien de deux ours, jusqu'à la visualisation extravagante des rêves de l'ourson. Sans nier les talents de l'homme de spectacle, force est de constater que le cinéaste a de plus en plus recours à des modèles d'émotions, de structures dramatiques, d'images préfabriquées, normatives. En réalisant en 1992 *l'Amant* d'après le roman de Marguerite Duras, Annaud « finalise » l'expression d'un style susceptible de s'adapter à n'importe quel univers, de le réduire à un squelette ; la mise en scène aseptisée, sans vibration aucune, vide de sa substance le romanesque, celui de Duras en l'occurrence. *Sept Ans au Tibet* (1998) sera de la même manière un bel album d'images sur le toit du monde.

Leconte, un cinéma populaire teinté de classicisme. Après la parenthèse des *Spécialistes* (1984), incursion dans le film d'action, Patrice Leconte réalise en 1987 *Tandem* où un animateur de radio veillissant et son homme à tout faire découvrent leur détresse commune derrière les faux-semblants de la comédie sociale. Son regard sur le monde extérieur, le microcosme social, et intérieur, celui du personnage et de ses ambiguïtés, s'assombrit avec *Monsieur Hire* (1989), d'après un roman de Simenon, déjà adapté par Julien Duvivier. Sans effet ni pathos, la mise en scène cadre jusqu'à l'étouffant un sombre destin, installant une atmosphère qui n'est pas sans rappeler l'ambiance poisseuse du cinéma français des années 1930. Le film suivant est d'une tout autre singularité : un homme, depuis toujours obsédé par l'impact érotique de la coiffeuse de son adolescence, est devenu *le Mari de la coiffeuse* (1990) et vit sa passion sur le mode du rituel. Leconte crée pour ce film un espace-temps purement fantasmatique. C'est un film d'une évidente pureté de ligne et d'une belle sensualité. L'équilibre fragile qui sous-tend ces films fait défaut aux deux suivants : *Tango* (1992), dont l'humour noir trop fabriqué vire au cynisme, et *le Parfum d'Yvonne* (1994) qui, malgré l'originalité de son récit, se perd dans une forme de préciosité. *Ridicule* (1996), qui se passe à la cour de Louis XVI, est un habile package entre le film à costumes, la réussite de la reconstitution, la mise en scène de la cruauté des uns (le pouvoir) et la misère des autres (le peuple), et une brillante interprétation. *La Fille sur le pont* (1999), retrouve les qualités du *Mari de la coiffeuse*, une originalité capable de s'exprimer avec légèreté dans le cadre d'un cinéma populaire et dans la continuité d'un certain classicisme.

Beineix et Besson : la revendication d'une nouvelle esthétique. Jean-Jacques Beineix et Luc Besson revendiquent, eux, une façon différente, et nouvelle selon eux, de raconter une histoire au cinéma. Ils choisissent de privilégier le visuel par rapport au « littéraire » : signes divers de la modernité (vêtements, objets, tics de langage), décors insolites (loft pour *Diva* de Beineix, métro pour *Subway* de Besson), chorégraphie de la violence, images léchées lorgnant du côté de l'hyperréalisme, montage scandé en provenance de l'esthétique publicitaire et du clip et narration la plus lâche possible. Débutant chacun avec un « petit film », devenu rapidement culte, *Diva* (1981) pour Beineix, *le Dernier Combat* pour Besson (1981), ils synthétisent radicalement, chacun à sa façon et dès leur second film, leur choix esthétique, imposant un nouveau maniérisme. Avec *la Lune dans le caniveau* (1983), Beineix hypertrophie un roman de David Goodis dont la vision cauchemardesque devient sous sa caméra speedée une baudruche esthétique, un univers sans relief dans lequel s'agitent des ectoplasmes censés vivre des passions dévorantes. *Subway* (1985) de Luc Besson a pour cadre les sous-sols du métro. Le récit offre un terrain à la mise en valeur de ce décor et la mise en scène à l'accumulation de « signes extérieurs de richesse » (vêtements, coiffure, patins à roulette, produits, musique, langage branché). Chaque image semble faire sa propre promotion. *La Lune dans le caniveau* est un échec, *Subway* un grand succès. Mais l'un et l'autre vont toucher le jeune public. Beineix tourne en 1986 une adaptation d'un roman de Philippe Djian, *37 °2 le matin*. Il filme cette passion entre un apprenti écrivain et une jeune femme sombrant dans la folie de façon plus « sobre » que précédemment, injectant même de l'humour dans un récit survolté et emphatique. Quant au *Grand Bleu* (1988) de Besson, film culte, il cristallise dans la jeunesse une forme d'absolu qui pourtant ne débouche que sur la mort. La passion hors norme est ici celle d'un homme pour les grandes profondeurs et les dauphins ; elle rejette hors-champ tout le reste. Une fois de plus, le récit et les personnages sont un véhicule pour concevoir des images spectaculaires, destinées à créer la fascination. Les mondes de *Nikita* (Besson, 1991) et de *Léon* (*idem*, 1994) sont, au contraire du monde cocon (fœtal) du *Grand Bleu*, des univers de pure violence. Nikita et Léon sont deux machines à tuer qui, selon le bon vieux stéréotype en vigueur même chez les modernes, ont un cœur qui bat sous leur carapace. La mise en scène, sous couvert de virtuosité et d'efficacité, exalte la représentation de la violence, enfile les clichés. La pseudo-narration par l'image masque souvent une pauvreté d'imagination, et le style clinquant s'érige en vision du monde. *Le Cinquième Élément* (Besson, 1997) n'infléchira pas la tendance ; son récit de science-fiction conventionnel manque singulièrement de rythme malgré la qualité des effets spéciaux. C'est paradoxalement avec une œuvre inattendue de sa part, *Jeanne d'Arc* (1999), que Besson réalise son meilleur film.

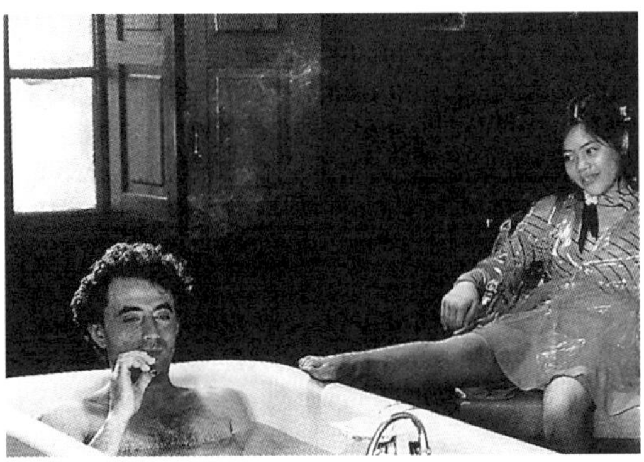

Richard Bohringer et Thuy An Luu dans *Diva* de Beineix, 1981.

Après le succès de *37 °2 le matin*, Beineix met en scène son « grand bleu », l'histoire d'un jeune couple en mal d'idéal qui trouve dans le dressage de fauves un remède à la médiocrité ambiante. Curieuse passion, chez ces deux cinéastes, pour une animalité qui vient pallier les déficiences de l'humain. *Roselyne et les lions* (1988) est un pesant exercice de style dans lequel l'étalage de virtuosité masque l'absence de point de vue du cinéaste. *IP 5, l'île aux pachydermes* (1992), qui se veut une fable initiatique et écologique, ne parvient jamais réellement à prendre corps, tant les personnages sont sans épaisseur et le discours soumis à la mode.

En marge du système économique. Les structures économiques du cinéma français, production, distribution, exploitation, ont toujours permis, vaille que vaille, l'existence d'un cinéma qui, sans être marginal ni *stricto sensu* commercial, est le fruit d'une démarche personnelle, entretenant avec le système des liens plus ou moins lâches — sujet, production, vedettariat.

Ainsi de Jean Marbœuf. Dès son premier film, *Bel ordure*, en 1973, il installe un univers noir peuplé de paumés et de marginaux qui sombrent dans le désespoir. Mais le ton est le plus souvent celui de la comédie, qu'il s'agisse de *Vaudeville* (1986), satire du couple, de *Grand Guignol* (1987), portrait d'une troupe de comédiens fauchés, ou encore du drôle de mélodrame qu'est *Voir l'éléphant* (1990). De façon inattendue, Marbœuf réalise en 1992 un film à gros budget, *Pétain* : ce sera un échec cinématographique et public.

Rare cas d'un cinéaste à vocation « régionaliste », Jean-Pierre Denis n'a signé que trois films : *Histoire*

d'Adrien (1980), récit d'une adolescence (parlé en occitan) dans le Périgord du début du XXe siècle, *la Palombière* (1983), sur le choc des cultures rurales et urbaines, et enfin *Champ d'honneur* (1987), sur la guerre de 1870.

Guy Gilles est mort en 1996. Ce fut un cinéaste discret et secret, obsédé par le temps qui fuit, l'adolescence perdue et les blessures de l'amour, qu'il soit homosexuel ou hétérosexuel. *Le Crime d'amour* (1982) et *Nuit docile* (1986) sont traversés par une poésie et un romantisme peu fréquents dans le cinéma français.

Bien qu'ayant tourné la totalité de ses films à Marseille et plus particulièrement dans le quartier de L'Estaque, Robert Guédiguian n'est en rien un cinéaste régionaliste ; il parle au contraire du monde d'aujourd'hui, des rapports sociaux, de la destinée des « petites gens », toutes choses qui ont longtemps maintenu son cinéma dans une quasi-confidentialité, depuis ses débuts en 1980 avec *Dernier Été* et avant le succès inattendu de *Marius et Jeannette* (1997), condensé des thèmes et de la « méthode Guédiguian ». Ce cinéma éminemment populaire, chaleureux, drôle et humaniste, parfois guetté par une volonté démonstrative trop appuyée comme dans *À la place du cœur* (1998), reste avant tout préoccupé par l'humain. *Rouge midi* (1984), *Ki lo sa ?* (1986), *Dieu vomit les tièdes* (1990), *l'Argent fait le bonheur* (1993) et *À la vie, à la mort* (1995) apparaissent comme autant de variations romanesques autour d'un quotidien où se tissent valeurs fondatrices, énergie, désespoir, amours, communautés de sentiments et d'esprit. La tragédie n'est pas seulement l'apanage des « rois ». En cela le cinéma de Guédiguian est politique.

Celui de Bertrand Van Effenterre le fut aussi clairement durant les années 1970. Cinéaste exigeant, et malheureusement trop confidentiel, Van Effenterre tournera durant la décennie suivante quatre remarquables films de facture plus « classique » mais toujours aussi décalés vis-à-vis de la production courante : *le Bâtard* (1982), étrange road movie filant de façon sensible et discrète le thème de la filiation, *Côté cœur, côté jardin* (1984), essai intimiste sur le désarroi, les fractures et les désillusions, *Tumultes* (1990), magnifique huis clos familial autour de la mort d'un fils et que la mise en scène décape de tout cliché et de tout sentimentalisme. Enfin *Poisson lune* (1993), qui entremêle la réalité sociale des immigrés dans le sud de la France et les rapports insolites entre un frère et une sœur (étonnante Anémone). Depuis, malheureusement, aucun nouveau film n'a vu le jour.

L'itinéraire de Jean-Claude Brisseau est lui aussi marqué par un désir de s'affranchir des contraintes du système économique en évitant de s'en couper totalement. Il recourt à des vedettes (de la chanson) : Vanessa Paradis dans *Noce blanche* (1989), Sylvie Vartan dans *l'Ange noir* (1994). La grande originalité du cinéma de Brisseau réside dans cet l'écart entre la potentialité du sujet et sa représentation, et cela dès sa première réalisation, *Un jeu brutal* (1982), éducation par un père criminel de sa fille infirme. Ce qui aurait pu n'être qu'un mélodrame ou une variation sur la perversité et le mal est à la fois cela et autre chose qui résiste dans le film à son éventuel programme scénario, comme dans *De bruit et de fureur* (1987), qui ne peut se réduire ni à son aspect sociologique — la misère des banlieues, la violence —, ni à l'opposition qui le traverse entre culture et barbarie. Nous sommes très loin du film de critique sociale, tant le regard du cinéaste, son rapport au monde, sa mise en scène débordent tout cadre et établissent des lignes de fracture. En revanche, *Noce blanche* peine à s'extraire de son sujet, la passion d'un professeur quinquagénaire pour une adolescente en rupture. *Céline* (1991) présente une jeune femme malmenée par la vie qui se découvre des dons paranormaux. C'est le film qui inscrit, de façon la plus visible, l'obsession du cinéaste pour la réalité et la tendance qui le pousse à vouloir la dépasser. Surprenant, *L'Ange noir* opère un mélange entre le mélodrame criminel, un jeu avec les poses et les clichés du genre, et une spirale hitchcockienne débouchant sur le constat d'un monde totalement amoral.

Le territoire de l'autre, l'étranger, l'immigré, sont très peu présents dans la cinématographie française. La figure de l'immigré l'est de façon le plus souvent fantasmatique, qu'elle soit négative (la violence, la drogue) ou positive (la victime du racisme). Mais rares sont les cinéastes issus de l'immigration. Mehdi Charef est l'un des premiers à mettre en scène l'univers de la banlieue en adaptant en 1983 son propre roman, *le Thé au harem d'Archimède*. Le regard tendre et humaniste porté sur les personnages se retrouve dans le sombre *Miss Mona* (1986), portrait d'un travesti (étonnant Jean Carmet) et d'un monde de marginaux et, avec moins de bonheur, dans *Camomille* (1987). Son dernier film en date, *Au pays des Juliets* (1992) fut un échec injuste. Toni Gatlif trouve dans son ascendance gitane l'inspiration de son premier film, *les Princes* (1982), un film dépourvu de misérabilisme et de pathos. La suite est moins convaincante : la marginalité de *Rue du départ* (1985) donne lieu à un romantisme et un réalisme poétique emphatique. Idem pour *Arise My Love* (1988). Par contre, *Latcho drom* (1993), documentaire sur la musique gitane, et *Gadjo dilo* (1998) sont de vraies réussites.

Immigrés, un certain nombre de cinéastes étrangers le furent par nécessité. Ainsi, Raoul Ruiz fuyant la répression au Chili et réalisant la plus grande partie de son œuvre en France, Andrzej Zulawski quittant la Pologne après l'interdiction de son second film et poursuivant ici même sa carrière, ou Otar Iosseliani cessant de travailler en Géorgie pour cause de « tracas administratifs » et, depuis 1984, réalisant la plupart de ses films en France. Totalement inclassable, refusant le rôle de cinéaste exilé, Ruiz entame dès 1974 une œuvre d'un incroyable foisonnement, ne cessant d'expérimenter, passant du nonsens à un goût prononcé pour les jeux de l'esprit, du réalisme au fantastique et inversement, des lieux communs et autres stéréotypes à l'imaginaire le plus débridé, des trucages anciens aux remises en cause les plus théoriques de la représentation, de l'érudition à la culture populaire. Chaque film est une aventure sans garde-fou. De ses très nombreux films on peut citer *l'Hypothèse du tableau volé* (1978), *le Territoire* (1981), *les Trois Couronnes du matelot* (1982), *la Ville des pirates* (1983), *l'Œil qui ment* (1992), *Généalogies d'un crime* (1997) et, dernièrement, son incursion dans l'univers de Proust, *le Temps retrouvé* (1998). Arrivé en France en 1975, Andrzej Zulawski se fait remarquer par un style frénétique, plongeant dans la monstruosité humaine, et qui n'échappe pas toujours à une certaine boursouflure, à un esthétisme outrancier et à un ésotérisme chic et choc. *Possession* (1981) inaugure une série de films, *la Femme publique* (1983), *l'Amour braque* (1984), *Chamanka* (1996), centrés sur la figuration d'un monde au bord du chaos, contaminé par le mal. Le monde de Iosseliani est un univers poético-burlesque. *Les Favoris de la lune* (1984), *Et la lumière fut* (1989), *Brigands chapitre VII* (1996), *Adieu, plancher des vaches* (1999) sont autant de fictions qui s'amusent des conventions de toute sorte, des clichés sociaux et culturels, créant de drôles de puzzles qui, sans en avoir l'air, évoquent avec finesse et lucidité du monde contemporain.

Gérard Mordillat passe à la mise en scène en adaptant l'un de ses propres romans, *Vive la sociale* (1983), comédie picaresque se déroulant dans un quartier populaire. De la même veine, versant humour noir et bouffonnerie, sera *Billy ze Kick* (1985). *Fucking Fernand* (1987), comédie « déjantée » sur la Seconde Guerre mondiale, ne recule pas devant une certaine vulgarité, et *Cher Frangin* (1988) porte un regard original sur la guerre d'Algérie. Mais plus remarquables sont sans doute ses documentaires : *la Voix de son maître* (1978), coréalisé avec Nicolas Philibert sur le patronat ; *la Véritable Histoire d'Artaud le Momo* (1994), qui donnera lieu aussi à une fiction, *En compagnie d'Antonin Artaud* ; et dernièrement une passionnante série consacrée aux origines du christianisme, *Corpus Christi*, coréalisée avec Jérôme Prieur en 1998.

En 1983 sort sur les écrans français l'un des films les plus remarquables de la décennie : *Biquefarre* de Georges Rouquier. C'est un nouveau volet, quarante ans après, de *Farrebique*, tourné en Aveyron. Ni simple documentaire, ni film régionaliste, ni constat mélancolique d'un passé révolu, *Biquefarre* est tout cela et, plus, une singulière écriture cinématographique.

D'ailleurs, le documentaire en général donnera durant les décennies 1980-1990 de formidables films, de celui, monumental et incontournable, de Claude Lanzmann, *Shoah* (1985), consacré au génocide des juifs, à *Hôtel terminus* (1988) de Marcel Ophuls, reconstitution de la « carrière » de Klaus Barbie, en passant par ceux de Nicolas Philibert (*le Pays des sourds, la Moindre des choses, Un animal, des animaux*), Raymond Depardon (*Reporters, Faits divers, Urgences, Délits flagrants*), Denis Gheerbrant (*La vie est immense et pleine de dangers*) Claire Simon (*Coûte que coûte*) et de Jean-Michel Carré.

Attentif également aux milieux sociaux, à la mémoire collective comme à la sienne propre, ancien acteur de théâtre, René Féret, après l'échec de *Fernand* en 1979, réapparaît avec l'étrange histoire d'un être hermaphrodite, *le Mystère Alexina* (1985) et surtout *le Baptême* (1987), chronique familiale aux antipodes des sagas télévisuelles par son économie dramatique. Il poursuivra l'exploration de son passé dans *Promenades d'été* (1992).

Homme de théâtre reconnu, Patrice Chéreau n'a jamais fait mystère de son attirance pour le cinéma. Ses films des années 1980 le font reconnaître comme un cinéaste à part entière. *L'Homme blessé* (1983), aux antipodes du film militant sur l'homosexualité, décrit sans complaisance, la passion amoureuse et ce qu'elle fait côtoyer de gouffres, de désespoirs. *Hôtel de France* (1987), adaptation de Tchekhov avec les élèves comédiens du Théâtre des Amandiers, est empreint d'un formidable lyrisme : une bande d'amis se retrouve une nuit d'affrontement, de tendresse, d'espoirs déçus. Les comédiens sont prodigieux. Ce qui sera également le cas de ceux de *Ceux qui m'aiment prendront le train* (1998), dont le récit est aussi celui d'une réunion, un enterrement, où les sentiments et les conflits s'exacerbent. Chéreau a acquis une véritable maîtrise dans l'art d'accompagner au plus près le jeu de l'acteur. Entre ces deux films, il avait réalisé *la Reine Margot* (1994), vaste fresque historique, pleine de bruit et de fureur, complexe, mais traversée de fulgurances et de moments de théâtralité assumés comme tels. Le film déborde ainsi le cadre des superproductions culturelles prestigieuses qui apparaissent dans les années 1980.

Le soutien de la littérature : les superproductions culturelles

Au cours des années 1980, le paysage audiovisuel français se trouve considérablement modifié. Chaînes à péage (Canal +), chaînes privées et privatisées, succès

La Femme qui pleure de Jacques Doillon, 1978, avec Dominique Laffin et Lola Doillon.

Les années 1980-2000

Ph. © F. Pages / Kipa

Travelling avant de Jean Charles Tacchella, 1987, avec Simon de la Brosse, Ann-Gisel Glass et Thierry Frémont.

Ph. Coll. Christophe L. / DR

Hôtel Terminus de Marcel Ophuls, 1988, avec Marcel Ophuls (à gauche).

Ph. © E. George / Sygma

La Vie et rien d'autre de Bertrand Tavernier, 1988, avec Philippe Noiret.

Ph. © Barbier / Coll. Kipa

Les Amants du Pont-Neuf de Leos Carax, 1991, avec Juliette Binoche et Denis Lavant.

Ph. © Coll. Kipa / DR

Les Roseaux sauvages d'André Techiné, 1994, avec Élodie Bouchez et Gaël Morel.

Ph. © Coll. Kipa / DR

Marius et Jeannette de Robert Guédiguian, 1997, avec Ariane Ascaride et Gérard Meylan.

Ph. J. Nassif / Sygma.

L'École de la chair de Benoît Jacquot, 1998, avec Isabelle Hupert et Vincent Martinez.

Les années 1980-2000

Ph. Coll. Kipa / DR

La Vie rêvée des anges d'Erick Zonca, 1998, avec Élodie Bouchez et Natacha Regnier.

Ph. © Isabelle Weingarten

Vénus Beauté (Institut) de Tonie Marshall, 1999,
avec Nathalie Baye, Mathilde Seigner et Audrey Tautou.

Ph. © Ex Nihilo 1999

Haut les cœurs de Solveig Anspach, 1999, avec Karine Viard.

Les années 1980-2000

commercial des magnétoscopes et des cassettes vidéo entraînent une désaffection des salles obscures. Les chaînes de télévision, grandes consommatrices de films, interviennent de plus en plus dans la production, phénomène qui ira en s'amplifiant durant les années 1990, avec des effets négatifs (la toute-puissance du *prime time*, forme soft de régulation) et parfois positifs (pour exemple, l'unité fiction de la Sept Arte). Les téléfilms se multiplient pour répondre à la boulimie d'images des chaînes de télévision. Dans ce contexte, le gouvernement décide une série de mesures en faveur de la création cinématographique. Début 1989, Jack Lang octroie de nouveaux crédits, crée un fonds de soutien aux « films français de grande qualité artistique susceptibles d'attirer un large public », un autre aux exploitants en difficulté. Le maillage, typiquement français, des salles « art et essai », des salles « recherche » qui apparaissent au début des années 1990, des associations régionales et autres, permettra l'émergence des nouveaux cinéastes français arrivant en force et en nombre au cours de cette décennie.

Pour tenter de concurrencer le cinéma américain, des films à très gros budget, tentant d'allier les atouts du cinéma de grande consommation — recours aux stars, grands sujets, importante campagne médiatique — à un certain nombre de valeurs du patrimoine culturel et historique, sont créés. Claude Berri en sera : en tant que producteur avec *l'Ours* et *l'Amant* de Jean-Jacques Annaud, *la Reine Margot* de Patrice Chéreau, et dernièrement *Astérix et Obélix contre César* (1999), mais aussi en tant que réalisateur. Début 1980, il met en scène Coluche, dans une comédie, *le Maître d'école* (1980), et *Tchao Pantin* (1983), qui offre avec réalisme noir et poésie la vision noire d'un homme au bout du rouleau. En 1986, Claude Berri adapte Marcel Pagnol : *Jean de Florette* et *Manon des sources*, avec Montand, Depardieu et un surprenant Daniel Auteuil, connaîtront un énorme succès. L'univers de Pagnol y est mis en images avec un professionnalisme par trop lisse. On recycle de l'ancien pour faire du neuf. Avec *Uranus* (1990), passage à l'écran d'un roman de Marcel Aymé décrivant les règlements de compte d'une petite ville de province à la Libération, la démarche est plus risquée. La galerie de portraits qui peuplent l'univers d'*Uranus* donnent lieu à une succession de numéros d'acteurs ; le souci de la reconstitution jusqu'au détail, la médiocrité, la veulerie, la lâcheté sont exhibés telle la défroque du personnage et deviennent des clichés. Tout concorde à faire ostensiblement glisser le film vers un aspect « muséal », selon l'expression de Serge Danet. Comme le sera *Germinal* (1993) qui ne parvient qu'en de rares occasions à retrouver la densité politique et humaine du roman de Zola, le poids du décor au sens large du terme absorbant récit et personnages. On retrouve ce même travers dans *le Brasier* (1990) d'Éric Barbier, autre grosse production sur l'univers de la mine. Avec *Lucie Aubrac* (1997), Claude Berri échappe en grande partie à cet écueil en optant cette fois-ci pour une proximité des personnages au détriment d'un environnement spectacularisé.

Grands textes populaires ou du moins percus comme tels, personnages emblématiques, chronique historique : le patrimoine culturel se décline sous divers aspects, de *Camille Claudel* (Bruno Nuytten, 1988), prototype de l'artiste maudite sombrant dans la malade mentale, à *Indochine* (Régis Wargnier, 1991), le début de la fin pour l'empire colonial français en Indochine, en passant par *Cyrano de Bergerac* (1990), *le Hussard sur le toit* (Rappeneau, 1995), *le Colonel Chabert* (1995) d'Yves Angelo ou encore Pagnol de nouveau avec *la Gloire de mon père* et *le Château de ma mère* (Yves Robert, 1990). La majeure partie du temps, le film est un véhicule pour une star, Adjani qui a voulu et poussé *Camille Claudel*, Deneuve au centre d'*Indochine*, Depardieu en *Colonel Chabert* et en *Cyrano de Bergerac*. Décors, costumes, accessoires, lumières composant les plans tels des tableaux, beauté des paysages (visite guidée de la baie d'Along dans *Indochine* et posters de la Provence dans les deux films d'Yves Robert), performances d'acteurs, volonté d'inscrire des itinéraires individuels dans la « grande histoire » sont au centre de mises en scène se contentant la plupart du temps de lier l'ensemble et de le décliner de façon la plus consensuelle possible. Le *Cyrano de Bergerac* de Rappeneau y échappe en ne fuyant pas l'origine théâtrale du texte (la versification), le double mouvement du récit, aventures de cape et d'épée et magnifique histoire d'amour vécue jusqu'à l'abnégation, et en insufflant un véritable lyrisme et une vraie dynamique.

Ces entreprises auront, il est vrai, réussi à ramener momentanément le public devant les productions françaises et à prouver, si besoin était, la valeur et les compétences techniques d'une profession « complexée » vis-à-vis du moloch américain. Leur succès international en sera la preuve.

S'il ne reste qu'un genre, ce sera le comique

Par la majorité de ses productions, le cinéma français n'a jamais été, contrairement à son homologue américain, un cinéma de genre (en dehors du film policier, qui s'essouffle). Même ses stars, Delon et Belmondo, n'arrivent plus à donner vie à ce genre usé jusqu'à la corde. Par contre, le cinéma comique trouve un nouvel essor grâce à l'apport d'une génération d'acteurs et d'auteurs en provenance du café-théâtre. Ils apportent leur héritage, celui des années 1970, et leur pratique d'écriture et de jeu forgée à l'école d'un théâtre pauvre par nécessité, parodique et irrévérencieux par choix. Ce terrain, ils le partagent avec une partie de la génération précédente, de Gérard Oury, qui continue sur sa lancée, à Claude Zidi, qui change de registre, en passant par Francis Veber, devenu entre-temps le metteur en scène de ses propres scénarios.

Aux débuts des années 1980 disparaît Jacques Tati. L'un de ses « disciples », Pierre Étaix, arrête de tourner à la même époque. Leur cinéma n'aura pas d'héritiers.

Grand triomphateur du genre durant les années 1970, Gérard Oury poursuit sur sa lancée tout en inscrivant ses comédies dans un contexte historique, la montée du nazisme avec *l'As des as* (1982), ou contemporain, le terrorisme international dans *la Vengeance du serpent à plumes* (1984), le racisme et l'intolérance avec *Lévy et Goliath* (1987), l'affaire du *Rainbow Warrior* dans *Vanille fraise* (1989). Sur une structure de vaudeville, sans en avoir toujours la précision d'horloge, n'évitant pas stéréotypes et gags faciles, le cinéma de Gérard Oury associe humanisme bon teint, mollement consensuel, et grand spectacle. Ses derniers films, *la Soif de l'or* (1993) et *Fantômes à vendre* (1996) montrent que la machine tourne à vide.

Francis Veber a travaillé pour Yves Robert, Jean-Jacques Annaud, Pierre Granier-Deferre ou Philippe de Broca. Il passe à la mise en scène en 1976 avec *le Jouet*, une comédie qui détonne dans le paysage par sa sensibilité et le regard féroce qu'elle pose sur les rapports sociaux. Mais c'est avec la trilogie interprétée par Gérard Depardieu et Pierre Richard qu'il rencontre le grand succès public : *la Chèvre* (1981), *les Compères* (1983) et *les Fugitifs* (1986) déclinent avec beaucoup d'habileté, et parfois une vraie loufoquerie, la figure classique du tandem d'hommes que tout oppose, le pragmatique et le rêveur, l'homme d'action et le gaffeur. Veber a imposé un style de comédie à rebondissements, ne cédant que rarement à la facilité. Auteur de théâtre également, il adapte en 1997 pour l'écran l'un de ses grands succès, *le Dîner de cons.*

Claude Zidi amorce un virage avec *les Ripoux* (1984), comédie policière consacrée à un tandem de flics, l'un ancien et corrompu, l'autre jeune et encore pur et dur. La satire est drôle, le ton s'est fait plus « léger » et la mise en scène efficace. Le succès est de nouveau là et, fait nouveau, la reconnaissance critique. Le film suivant est tout autant une profession de foi concernant l'art du comique qu'un règlement de compte envers les « intellos » : *les Rois du gag* (1985) est un film pas drôle, hargneux et démagogique. Zidi revient à la comédie satirique avec *Association de malfaiteurs* (1986), puis à la comédie policière avec *Ripoux contre ripoux* (1989), *la Totale* (1991). Entre-temps, il aura réalisé *Deux* (1988), incursion plutôt réussie dans le drame psychologique. Quant à *Astérix et Obélix contre César* (1998), la montagne a accouché d'une souris.

La génération du café-théâtre. Mais les années 1980 sont avant tout celles de la génération du café-théâtre qui accède au cinéma à la fin de la décennie précédente. Acteurs, auteurs, puis réalisateurs pour un certain nombre, ils injectent dans la comédie une bonne dose de satire, d'insolence, tout en s'inspirant du contexte ambiant vaguement post-soixante-huitard (mœurs, langage).

Patrice Leconte est le premier à adapter pour le cinéma l'univers du Splendid. Aux débuts des années 1980, en trois films, *Viens chez moi, j'habite chez une copine* (1980), *Ma femme s'appelle reviens* (1982) et *Circulez, y a rien à voir* (1982), il installe le personnage incarné par Michel Blanc, Don Juan lubrique et paumé, invariablement collant, maladroit et malchanceux. Devenu lui-même metteur en scène, Blanc developpera le personnage de façon plus légère et plus riche dans *Marche à l'ombre* (1984) et *Grosse fatigue* (1994). Gérard Jugnot passera lui aussi à la réalisation sans grand éclat, se contentant de gérer son personnage de jobard, exception faite d'*Une époque formidable* (1991), comédie en demi-teinte sur les « nouveaux pauvres ». Plus intéressantes sont les comédies de Josiane Balasko, de *Sac de nœud* (1984) à *Gazon maudit* (1997) où elle n'hésite pas à se mettre en scène en paumé et clown blanc puis en homosexuelle.

Si Patrice Leconte fut le cinéaste attitré de Michel Blanc, Jean-Marie Poiré sera, dans un premier temps, celui du Splendid, puis celui de Christian Clavier avec lequel il écrira leurs grands succès des années 1990. Il a réalisé les deux films qui ont sans doute le mieux rendu compte à l'écran de l'esprit du Splendid : *Le père Noël est une ordure* (1982), devenu depuis film culte, et *Papy fait de la résistance* (1983). Humour noir, parodie et cynisme, dialogues et situations délirantes, acteurs parfaits dans la caricature. Mais, à y regarder de plus près, ce comique ne fait que relooker les vieilles ficelles du Boulevard et de la comédie à la française, donnant un vernis moderne et branché à une forme quelque peu usée. Avec *les Visiteurs*, opus 1 et 2 (1992 et 1998) et *les Anges gardiens* (1995), le comique des origines du café-théâtre se dilue dans une forme aseptisée, où la gratuité et la pauvreté des gags, le jeu hystérique de Christian Clavier sont, à l'image de l'idée initiale — le voyage dans le temps, le conflit entre bon et mauvais ange — étirés jusqu'à la corde et ne donnant lieu qu'à une suite pénible de sketches.

Venant de la publicité, Étienne Chatiliez rencontre un énorme succès avec sa première réalisation, *La vie est un long fleuve tranquille* (1988), où il adapte habilement le typage publicitaire à une histoire astucieuse (deux enfants sont échangés à leur naissance à l'insu de leurs parents et échouent dans la « mauvaise » famille), qui fournit le prétexte à un regard cynique sur deux milieux antinomiques, la bourgeoise catholique

et le prolétariat mal dégrossi. C'est franchement drôle, remarquablement interprété, même si on peut être gêné par cette vision mécaniste et quelque peu méprisante. *Tatie Danielle* (1989) enfonce le clou.

Depuis ses débuts avec *Blac mic-mac* en 1986, comédie sur les milieux africains de Paris, Thomas Gilou semble s'être fixé pour but de décrire les minorités ethniques. *La vérité si je mens* (1997), gros succès public, décrit le milieu juif du Sentier, recyclant lourdement les stéréotypes de l'humour pied-noir.

Dans ce paysage somme tout très confortable, ronronnant et sans surprise du cinéma comique, détonnent quelques rares films tels que *Pédale douce* (1996) de Gabriel Aghion, vision drôle, sans complaisance ni ostentation, de l'homosexualité, et *le Derrière* de Valérie Lemercier (1999), étrange jeu de travestissement évitant de tomber dans les nombreux écueils induits par ce genre de situation.

Nouveaux cinéastes, nouvelles vagues du cinéma français

La décennie 1990 aura considérablement diversifié et enrichi le paysage cinématographique français. Entre Arnaud Despléchin, Claire Denis, Cyril Collard, Érick Zonka, Mathieu Kassovitz, Bruno Dumont, Pascale Ferran, Cédric Kahn ou encore Patricia Mazuy, aucun rapport direct, sinon que chacun reste singulier dans sa façon d'exprimer une certaine idée du cinéma, un désir de fiction et du monde qui l'entoure. Ils sont la preuve qu'une place, aussi minime soit-elle, existe pour des œuvres aussi peu standardisées que *Sombre* (1999) de Philippe Grandrieux, *Peau d'homme, cœur de bête* (1999) d'Hélène Angel, *Ressources humaines* (1999) de Laurent Cantet, *L'humanité* (1999) de Bruno Dumont ou *Dieu seul me voit* (1998) de Bruno Podalydès, entre autres. Même si le territoire social et géographique à l'intérieur duquel les jeunes cinéastes inscrivent leur fiction est restreint, même s'ils peuvent être tentés d'en faire trop dans leur volonté d'auteur et de surévaluer leur rapport intime au monde, ils font souvent preuve d'autonomie vis-à-vis des canons de la production courante, recherchant une voie et une expression personnelles. De la mise en scène des signes extérieurs d'une certaine modernité dont l'exemple pourrait être le premier film d'Éric Rochant, *Un monde sans pitié* (1989), humant l'air du temps, à une autre, celle de *la Sentinelle* (1992) d'Arnaud Despléchin, s'imprégnant d'une réalité, l'Europe d'aujourd'hui hantée par son proche passé, travaillant en « creux » un scénario qui est un puzzle éclaté, le balancier oscille. Rochant, après le succès de son film, donne le sentiment de chercher le « bon » sujet : le romantisme amoureux dans *Aux yeux du monde* (1991), la manipulation (*les Patriotes*, 1994), la politique (*Vive la république*, 1997). Arnaud Despléchin reprend, avec son deuxième film réalisé en 1996, *Comment je me suis disputé (ma vie sexuelle…)*, une structure éclatée pour une fausse tranche de vie et ce qui ressemble à un jeu avec les « conventions » du jeune cinéma — intimisme, bavardage, sentiments —, qu'il pousse à l'extrême vers une forme d'abstraction feutrée, mêlant les trames du romanesque à un sujet que la mise en scène s'évertue à ne pas traiter frontalement. Dès ses débuts en 1991, avec *De la vie des morts* (une réunion de famille autour du suicide de l'un des membres), Despléchin se tenait dans cet entre-deux, cherchant à faire affleurer, sans forcer sur la dramaturgie ou le pathos, les émotions les plus élémentaires. Il est sans conteste l'un des cinéastes les plus intéressants de sa génération.

Les citer tous serait fastidieux. Tenter de les regrouper sous une bannière illusoire ne correspondrait à aucune réalité. Quel point commun entre le « mysticisme » d'un Bruno Dumont dans *la Vie de Jésus* (1997) et *L'humanité* (1999), le réalisme des états et des émotions d'un Cédric Kahn dans *Bar des rails* (1991) et *Trop de bonheur* (1994), celui, cru, de Xavier Beauvois dans *Nord* (1991) et *N'oublie pas que tu vas mourir* (1996), dans lequel se débattent des individus à la recherche de leur propre existence, alourdis jusqu'à l'immobilisme par la réalité et à la recherche d'eux-mêmes ? Quel lien inscrire entre le regard décalé d'un Manuel Poirier construisant, de *la Petite Amie d'Antonio* (1981) à *Western* (1998), un espace géographique et social peu vu au cinéma, et la mise en scène des rituels, des liens avec l'enfance, des marges, le ballet des corps, l'espace urbain comme théâtre chez Claire Denis, auteur des très beaux *S'en fout la mort* (1990), *J'ai pas sommeil* (1994), *Nénette et Boni* (1996) ? Où situer le désir de travailler sur des formes et des figures déjà standardisées qui sert de base à *Sitcom* (1998) et *Gouttes d'eau sur pierres brûlantes* (1999) de François Ozon, réjouissant jeu de massacre d'un genre télévisuel ? Et le cinéma de Mathieu Kassovitz, prenant en charge (bille en tête,) des sujets dits de « société », la société multiraciale dans *Métisse* (1993), la violence et la banlieue dans *la Haine* (1996) et la puissance maléfique de la télévision phagocytant tout le social dans *Assassin(s)* (1997), qui diffère dans son approche des films de Jean-François Richet, plus idéologiques et radicaux dans leur vision de la banlieue, *États des lieux* (1996) et *Ma 6T va Crack-er* (1997) ? Sur un terrain relativement similaire, Malik Chibane avec *Hexagone* (1994) et *Douce France* (1995) s'intéresse moins à son aspect sociologique ou politique qu'à mettre en scène les fils entrecroisés de vies quotidiennes.

Confronté à cette profonde diversité, on peut tout au plus être tenté de mettre en avant quelques tendances. On a pu reprocher au jeune cinéma français d'être circonscrit à un milieu sociologique, grosso modo la jeunesse parisienne, à une thématique répétitive, le « trafic des sentiments ». Le premier et seul film de Michel Béna, *le Ciel de Paris* (1992), qui narre une fois de plus la douleur et la difficulté d'aimer, est de ce point de vue parfaitement réussi. Ce cadre, François Dupeyron l'a débordé en choisissant un lieu inhabituel, une aire de repos d'autoroute ou se rencontrent deux personnages indéfinissables (*Drôle d'endroit pour une rencontre*, 1988), ou à l'inverse en inscrivant une histoire de passion dans sa plus extrême banalité (*Un cœur qui bat*, 1991). Christian Vincent, lui, avait traité le jeu amoureux de façon élégante dans *la Discrète* (1990), aidé en cela par Fabrice Luchini, l'un des acteurs de la décennie. Dans ce contexte, *les Nuits fauves* de Cyril Collard apparaissent au contraire comme un film fiévreux, brutal, politiquement incorrect dans son traitement du sida et de la rage de vivre, d'un romantisme face à la mort que seule l'énergie du film empêche de basculer dans la complaisance.

Ce qui fut assez vrai aux débuts des années 1990 le semble de moins en moins. L'espace géographique et social s'est élargi, la narration s'est ouverte à d'autres figures, d'autres situations romanesques, d'autres corps. La mise en scène s'éloigne parfois d'un réalisme de bon ton, pouvant atteindre des rivages aussi uniques que ceux de *Sombre* de Philippe Gandrieux, un film qui travaille la matière filmique de façon presque expérimentale, comme une sorte de magma à l'image de son sujet et de son personnage, l'itinéraire d'un *serial killer* filmé comme une pulsion primitive, tellurique. De la même manière, *L'humanité* de Dumont inscrit dans un espace de ciel bas, de rues quadrillées, de mer sans profondeur, de paysages et de corps soumis à la pesanteur une possible figure de l'idiot prenant sur lui la douleur afin d'en alléger l'humanité. On peut ne pas partager cette vision christique, mais force est de reconnaître une véritable écriture cinématographique.

Le social que Dumont déborde dans *la Vie de Jésus* fait à la fin des années 1990 un retour, timide il est vrai, sur les écrans non seulement avec Guédiguian, mais aussi avec des œuvres résolument ancrées dans un contexte politique comme *Ressources humaines* de Cantet et *Nadia et les hippopotames* (2000) de Dominique Cabrera, ou encore le premier film de Laetitia Masson, *En avoir (ou pas)* (1995), histoire simple de chômage et d'amour dans un contexte social d'autant plus prégnant qu'il semble à peine visible. Érick Zonca brosse le portrait de deux jeunes femmes ne voulant ou ne sachant pas vivre dans un univers de rapports sociaux. *La vie rêvée des anges* (1998) évite le simple constat social grâce à la trajectoire des personnages qui incarnent une manière d'être au monde plutôt qu'une attitude.

Les femmes encore... Mais l'un des faits les plus marquants de cette fin de siècle est la confirmation de la forte présence des femmes parmi les nouveaux cinéastes français. Elles mettent en scène de façon neuve des sujets tels que la folie, le dérèglement, la perte d'identité : *Oublie-moi* (1994) de Noémie Lvovsky, *Les gens normaux n'ont rien d'exceptionnel* (1995) et *J'ai horreur de l'amour* (1997) de Laurence Ferreira Barbosa, *Chimère* (1989) de Claire Devers ou le déroutant et passionnant *Sinon oui* (1998) de Claire Simon. Mais aussi la passion amoureuse et charnelle, *l'Amant magnifique* (1986) d'Aline Issermann, *Post coïtum animal triste* (1998) de Brigitte Roüan, *Si je t'aime, prends garde à toi* de Jeanne Labrune (1998), l'opacité d'une relation sado-masochiste dans *Noir et blanc* (1986) de Claire Devers. Claire Denis explore sans discours préconçu ni réducteur les dérives et les gouffres de la violence qui traversent *S'en fout la mort* et *J'ai pas sommeil*, comme elle a su admirablement filmer une relation frère-sœur dans *Nénette et Boni*. Depuis son premier film, *Mon cher sujet* (1988), Anne-Marie Miéville s'intéresse à ce qui circule ou ne circule pas entre les individus avec une écriture extrêmement maîtrisée, comme en témoigne son dernier film, *Nous sommes tous encore ici* (1996).

L'étouffement social, familial et psychologique, amplifié par le milieu rural, est le cœur même du magnifique

Nouveaux talents pour demain

Les années 1990 ont vu l'émergence d'un grand nombre de nouveaux acteurs.

Valéria Bruni-Tedeschi qui, de Laurence Ferreira Barbosa (*Les gens normaux n'ont rien d'extraordinaire*, 1995) à Patrice Chéreau (*Hôtel de France*, 1994, et *Ceux qui m'aiment prendront le train*, 1998), Noémie Lvovsky (*Oublie-moi*, 1995) et Claire Denis (*Nénette et Boni*, 1996), s'impose comme l'une des meilleures comédiennes du cinéma français de ces dernières années ; Sandrine Kimberlain, révélée par Laetitia Masson et avec laquelle elle a fait trois films (*En avoir ou pas*, 1995 ; *À vendre*, 1998 ; *Love me*, 2000), mais aussi Élodie Bouchez, Judith Godrèche, Virginie Ledoyen, Jeanne Balibar, Laurence Cote, Karine Viard, Marianne Denicourt, Chiara Mastroianni, sans oublier Ariane Ascaride, la grande complice de Guédiguian...

Côté hommes, Mathieu Amalric est sans doute l'une des vraies révélations de ces dernières années. Sa légèreté de geste et de parole font merveille dans *Fin septembre, début août* (Olivier Assayas, 1998), *Alice et Martin* (André Téchiné, 1998). Il a par ailleurs réalisé un premier film prometteur (*Mange ta soupe*, 1998). Mais il faut citer aussi Charles Berling, Jacques Gamblin, Jean-Pierre Darroussin, Roschdy Zem, Philippe Torreton, Sergi Lopez, Samuel Le Bihan, Emmanuel Salinger, Denis Podalydès, Jalil Lespert, Grégoire Colin...

Vincent Cassel et Hubert Koundé dans *la Haine* de Mathieu Kassovitz, 1996.

premier film d'Aline Issermann, *le Destin de Juliette* (1982). Le milieu rural, filmé sans romantisme ni folklore par Patricia Mazuy, est la scène âpre et asphyxiante de la tragédie familiale et amoureuse de *Peaux de vache* (1989). Dans *Travolta et moi* (1994), elle filme admirablement un moment de grâce sans lendemain, que vivent fugitivement deux adolescents. Laetitia Masson cadre des itinéraires de femmes cherchant à fuir un destin tout tracé et qui trouvent une porte de sortie (*En avoir ou pas*) ou se perdent en bout de course (*À vendre*, 1998). Dans *Peau d'homme, cœur de bête* (1999) d'Hélène Angel, le paysage des Alpes du Sud, la présence de la terre, de la montagne, des bois, est la chambre d'écho d'un conte de terreur où les enfants ne peuvent que regarder ou se protéger de la violence terrifante des adultes. C'est aussi sous forme de conte que Sandrine Veysset a filmé *Y aura-t-il de la neige à Noël ?* (1996), la destinée d'une femme et de ses enfants entre le cycle des saisons, le travail de la terre et un père, véritable figure d'ogre.

Dans un registre plus classique, Nicole Garcia a mis en scène une femme décalée, en dérive dans *Un week end sur deux* (1990), puis, avec *le Fils préféré* (1994), la recherche d'une fêlure familiale. Les débuts de Pascale Ferran furent à juste raison très remarqués : *Petits Arrangements avec les morts* (1994), bien loin des clichés d'un cinéma de femme, est un triptyque fascinant consacré à l'angoisse de la mort, résolument hors des sentiers battus, ouvrant le récit à des dimensions scientifiques, anthropologiques et métaphysiques. La construction dramatique du film, rigoureuse et d'apparence austère, se révèle fragile et d'une grande flexibilité, ouverte à une circulation intense du sens et des émotions. Aborder le monde et l'humain comme un tissu complexe et énigmatique : on retrouve cette conception de la mise en scène dans les comédies de Pierre Salvadori (*Comme elle respire*, 1998) ou de Bruno Podalydès (*Dieu seul me voit*).

Dans un paysage cinématographique de fin de siècle où les mutations technologiques ont pris une importance grandissante, accentuant le pouvoir du cinéma américain, où l'arrivée du numérique bouleverse l'économie et, de façon moins sensible, l'esthétique, où la télévision se positionne en concurrent du cinéma sur le terrain des grosses productions (*Monte-Cristo*, *Balzac*) tout en favorisant l'expression nouvelle d'un cinéma d'auteur (Arte, la Sept), où la production française, en termes de parts de marché, demeure fragile tout en restant constante, le cinéma français continue à produire des œuvres singulières, à engendrer des émotions inhabituelles et à faire surgir des corps nouveaux très différents de ceux du cinéma *mainstream*, et des comédiens capables d'habiter et de transmettre les fictions et le monde d'aujourd'hui. Il lui manque sans doute la capacité d'intégrer à son territoire les récits et les figures des grandes mutations, d'être à la fois ancrés dans le local et de nous aider à comprendre et à aimer un peu mieux le monde dans lequel nous vivons.

Le cinéma étranger d'expression française

Le concept de francophonie est de création relativement récente — même si l'on peut lui trouver de nombreux antécédents dans les décennies antérieures. Ce n'est, en effet, qu'en 1965, à l'initiative de deux chefs d'État africains, Léopold Sédar Senghor et Habib Bourguiba, que fut lancée l'idée d'une « communauté francophone », ce terme désignant à la fois les aires territoriales extérieures à l'Hexagone où est parlée la langue française, la confrontation d'idées et de sentiments qui en résulte et le cadre institutionnel destiné à protéger et développer cet usage commun. Plusieurs pays, y compris ceux ayant vécu longtemps sous protectorat français, adhérèrent à cette proposition de regroupement politique, linguistique et culturel (seule l'Algérie, qui venait de conquérir chèrement son indépendance, s'y opposa) ; il a aujourd'hui sa juridiction officielle, la France s'étant dotée d'un ministère de la Culture et de la Francophonie. Par extension, le terme s'appliqua à d'autres continents où le parler français a droit de cité, avec ses particularismes locaux : Suisse romande, Belgique wallonne, Canada francophone, Grandes et Petites Antilles. Il s'agissait en somme d'affirmer, par-delà les clivages linguistiques, une certaine pérennité de la présence française dans le monde.

Les précédents, à vrai dire, ne manquent pas, dans le secteur littéraire en particulier. Il n'est que de citer les noms de Charles-Ferdinand Ramuz, Louis Hémon, Franz Hellens, Aimé Césaire, pour ne pas remonter jusqu'à Benjamin Constant. Tous se rejoignent pour évoquer, avec le poète belge Franz Hellens, les « miroirs conjugués » de la France et de leur terroir d'origine. De leur côté, les cinéastes n'ont pas attendu les années 1960 pour proclamer, loin de l'Hexagone, leur sensibilité française. Du Québec au Valais, on revendique fièrement sa « francitude ». Plus loin encore, un petit groupe d'artistes français réfugiés en Argentine se fera entendre en 1946 avec le *Moulin des Andes*, d'après un scénario du poète Jules Supervielle. Ajoutons la Louisiane où, en 1948, l'Américain Robert Flaherty est allé tourner un film où le dialecte cajun rend un son qui nous est familier : le très beau *Louisiana Story*, dont le héros, un enfant, se nomme Napoléon-Ulysse Latour ! Seul, le continent africain est resté muet, sans doute parce que la mythologie coloniale y était trop fortement ancrée : il n'a constitué pour les metteurs en scène, qu'ils soient ou non de souche européenne, qu'un décor, un folklore plus ou moins adroitement utilisé : voir *la Croisière noire, la Piste du Sud, Sahara, Paysans noirs, Noces de sable, les Conquérants solitaires, Hatari*, etc. Ce n'est donc qu'à partir de 1968, dans la mouvance des « événements » qui secouèrent la nation mère, que l'idéal francophone a pris tout son sens. Mais revenons en arrière.

La Suisse romande

Pendant la période du muet, jusqu'au lendemain de la Seconde Guerre mondiale qui vit la naissance d'une Cinémathèque à Lausanne, la Suisse de langue française n'offrit d'intérêt qu'à de rares producteurs étrangers. Ils y cherchaient le décor des Alpes et le pittoresque de peuplades lointaines déjà filmées par les opérateurs des frères Lumière. En 1923, Jacques Feyder tourna cependant, en altitude, *Visages d'enfants*, avec des acteurs locaux. Sensibles au prestige du cinéaste de l'*Atlantide* et aux écrits de Louis Delluc, très diffusés en Suisse, quelques journalistes allaient tenter de s'exprimer par la caméra, persuadés de pouvoir nuancer le style simpliste des rares commerçants bercés par ce spectacle inédit et réputé florissant. Cela donnera la série des « *Isidore* » (1920-1921) de Robert Florey, *l'Appel de la montagne* (1922) d'Arthur Porchet ou *le Satyre du Bois-Gentil* (1923) d'Alfred Gheri. Les romans et essais de Ramuz, écrivain qualifié alors bêtement de « régionaliste », incitaient à ce passage à la mise en scène, à l'instar de la création musicale de *l'Histoire du soldat* d'Igor Stravinsky, conçue à l'impulsion d'un groupe vaudois pour accompagner un texte de Ramuz et représentée à Lausanne en 1918. Mais leurs tentatives ne résistèrent pas à l'oubli, sauf celle du Genevois Jean Choux, qui en 1925 porte à l'écran, derrière une amourette, les bateliers du lac Léman dans *la Vocation d'André Carrel* (ou *la Puissance*

Les Petites Fugues d'Yves Yersin, 1979.

du travail), avec des acteurs français (Blanche Montel, Camille Bert, Helena Manson) auxquels se joint un figurant inconnu venu de la troupe des Pitoëff installée à Genève : Michel Simon. À partir de là, de plusieurs façons, l'importance du cinéma se précise : ainsi, à Lausanne, de fervents amateurs de la nouvelle technique créent un « journal d'actualités » bimensuel qui durera jusqu'à la fin du muet.

De cette même époque il convient de relever deux initiatives notables : la première émane d'un groupe d'Américains installés près de Montreux, qui publièrent en anglais une revue, *Close Up*, participant de leurs diverses passions : l'art de la Russie soviétique et de la République de Weimar, la psychanalyse, l'architecture moderne. Mettant en œuvre leurs conceptions, ils tournèrent un long métrage muet, *Borderline* (1929), interprété par le chanteur noir Paul Robeson, et bâtirent une villa sur les plans de l'architecte Herman Henselmann. L'autre événement est le Congrès international du cinéma indépendant, réuni au château de La Sarraz, près de Lausanne, où se retrouvèrent, en septembre 1929, autour d'Eisenstein, Alexandrov et Édouard Tissé, des théoriciens ou créateurs d'avant-garde, allemands (Hans Richter, Walter Ruttmann), hongrois (Béla Balázs) et français (Jean George Auriol, Léon Moussinac), qui débattirent de l'avenir d'un moyen d'expression autonome dégagé de l'influence des grandes sociétés de production, afin de rendre au cinéma, en impliquant éventuellement des regroupements de spectateurs, sa dimension intégralement artistique.

Après la naissance du sonore, on notera surtout des coproductions inspirées de Ramuz, précisément : *Rapt* (1934) de Dimitri Kirsanoff d'après *la Séparation des races*, qui possède une remarquable partition musicale d'Arthur Honegger, et *l'Or dans la montagne* (1939) de Max Haufler d'après *Farinet*, avec Jean-Louis Barrault, Suzy Prim et des acteurs de comédies marseillaises (Delmont, Sinoël), cette décentralisation provençale intéressant de possibles investisseurs suisses, désireux d'en implanter, chez eux, une formule proche. Puis on montra, en dehors de quelques bandes de propagande comme *Notre armée* (1938) d'Arthur Porchet, des films romanesques produits à Zurich et postsynchronisés en français, procédé qui dura un certain temps : *Fusilier Wipf* (1938) de Hermann Haller et Leopold Lintberg, *l'Éternelle Victime* (1940) et *le Bâtard* (1941) d'Edmund Heuberger, tandis qu'à Genève Jean Brocher s'efforçait de mettre en scène des plaidoyers moralistes calvinistes (*le Détenu 33*, *Jim et Jo détectives*, etc.). Ici et là, des groupes rêvaient d'édifier des studios, propositions qui furent vite abandonnées.

Pendant la guerre, malgré les tentatives de Jacques Feyder qui, malade, se soignait près de Genève (*Une femme disparaît*, 1941), malgré le passage de Max Ophuls qui vainement souhaitait porter à l'écran *l'École des femmes*, avec la troupe de Louis Jouvet, rien ne paraît digne d'être retenu, mis à part des imitations dans le goût français : *l'Oasis dans la tourmente* (1941) d'Arthur Porchet et *Manouche* (1943) de Fred Surville, tous deux interprétés par le chansonnier Pierre Dudan.

Au milieu du désert culturel des années 1950, il faut attendre l'accueil que la jeunesse réserva à la Nouvelle Vague française, puis à celles de Pologne, de Tchécoslovaquie et de Hongrie, pour que les choses commencent à changer. Le court métrage *Opération béton* (1954), que signa Jean-Luc Godard, engagé volontaire comme ouvrier à la construction du barrage de la Grande-Dixence en Valais, donna un premier signe qui allait se poursuivre, en ce qui le concerne, par des travaux relevant de l'amateurisme. À la Cinémathèque suisse, qui possédait déjà une riche archive et s'alimentait auprès d'Henri Langlois, généreux patron de la Cinémathèque française, des étudiants ou apprentis découvraient les classiques du septième art ; les deux animateurs du ciné-club de l'université de Genève, Alain Tanner et Claude Goretta, déplorant l'ignorance des autorités en matière de culture cinéphilique, s'expatrièrent à Londres, où ils réussirent à gagner la confiance des responsables du British Film Institute, qui leur donnèrent quelques centaines de mètres de pellicule, leur permettant de tourner, de nuit et en noir et blanc, un documentaire d'une vingtaine de minutes, *Nice Time*, qui fut primé en 1957 au festival de Venise.

Demeurés en Suisse, ceux qui espéraient sortir d'une complaisante immobilité allaient quêter un peu d'argent chez des amis (nul sponsoring imaginable encore en ce domaine !). C'est ainsi que Francis Reusser avec *Antoine et Cléopâtre* et Michel Soutter avec *Mick et Arthur* ouvrirent la voie en 1965 avec deux courts métrages en 16 millimètres, qui leur offrirent l'opportunité d'en fabriquer un long, constitué de quatre courts, sur un sujet d'actualité en un pays encore politiquement antiféministe : *Quatre d'entre elles* (1967-1968) évoquait la situation de femmes à différents âges de la vie. Claude Champion, Jacques Sandoz et Yves Yersin s'étaient mis de la partie pour cet essai mettant en cause une société lourdement conformiste. Tourné en 16 millimètres, il sera gonflé en 35, ce qui le rendait présentable au public des salles obscures.

L'intervention de la télévision

Au même moment, les responsables de la Télévision suisse romande, installée à Genève, éprouvèrent le besoin d'obtenir pour leurs programmes des émissions moins figées que celles enregistrées dans leurs propres studios. Le directeur, René Schenker, apporta une aide aux débutants en achetant leurs films avant la fin du tournage, en contrepartie d'un passage sur le petit écran après leur sortie en salle. Ce système fut le déclic heureux d'un démarrage qui laissait une liberté complète au

labeur solitaire de ces réalisateurs en herbe. Il offrait un appui non négligeable à la création filmique, tout en favorisant une télévision naissante. Mais avec le temps, le système a montré ses limites : l'apport financier de l'institution audiovisuelle dans la fabrication des films est devenu prépondérant, réduisant la marge de manœuvre du cinéaste et ne lui donnant plus que des garanties fictives. Quelques défenseurs de l'autonomie du métier se battirent en vain pour échapper à ce traitement dominé par la mondialisation du commerce et des cultures.

Les retombées du Mai 68 parisien ne laissèrent évidemment pas de marbre ceux qui, songeant à Godard, Chabrol, Truffaut, se proposaient d'offrir une image mouvante, authentique et un son vrai de leur condition. Sous l'impulsion de Tanner, de retour au pays avec Goretta, s'organisa le groupe des Cinq (avec, en plus d'eux-mêmes, Michel Soutter, Jean-Louis Roy et Jean-Jacques Lagrange, remplacé en 1971 par Yves Yersin), fragile front commun pour conduire au mieux les discussions avec une télévision sans cesse plus puissante et un État de moins en moins sensible à la critique de ceux qui perçoivent une part de ses subventions.

À l'Exposition de Lausanne en 1964, à côté d'une sculpture de Jean Tinguely qui suscitait le sourire ou l'horreur candide, de brefs documentaires (3 à 4 minutes) d'Henry Brandt, vus debout par le public, présentaient aux visiteurs une image ressemblante de leur univers, de leurs mœurs, de leur vie quotidienne — des considérations d'ordre statistique sur le vieillissement de la population ; la présence d'une main-d'œuvre étrangère sous-payée, logée dans des baraquements autour des autoroutes en construction —, le tout appelant à une écologie rendue nécessaire face aux déchets de la société industrielle. Cette manière de montrer au citoyen d'une société, donnée pour exemplaire, l'envers indigne de son existence engendra un nouvel état d'esprit. Son succès ouvrit la porte au développement d'une expression libre, à partir de budgets ultrapauvres, même si les directeurs de salle, soumis aux impératifs de leur corporation, rechignaient à la présentation de films jugés peu commerciaux. Pourtant, le festival de Locarno les acceptait et, timidement, la critique commençait à en parler. D'une extrême modestie, ils manifestaient un esprit neuf en contradiction avec le caractère nationaliste des œuvres produites pendant la guerre et avec l'attitude officielle consistant à cacher la vérité de l'histoire helvétique derrière le fameux masque impénétrable de la neutralité. De jeunes débutants débrouillards firent ainsi souffler à travers leurs sujets un vent de légère anarchie, facilement attribuée à des injonctions communistes par les bureaucrates fédéraux, soutenus par une profession qui ne jugeait la question que par le biais de l'importation de titres étrangers et par la vente des billets dans les salles.

Des thèmes nouveaux

L'ouverture de ce combat de rénovation visuelle fut donnée par Michel Soutter dans *la Lune avec les dents* (1966), récit d'une révolte « sans cause » (par allusion au James Dean de *Rebel Without a Cause* de Nicholas Ray) d'un adolescent de Genève. Déçu par l'impassibilité des gens qui l'entourent, il crie son indignation en mots et en gestes, son refus d'intégration dans une société dont les actes contredisent le code officiellement prôné, thème que le cinéaste reprendra sur un mode poétique, jamais fléchissant, pendant une quinzaine d'années, avec notamment *Haschisch* (1968), *James ou pas* (1970), *l'Escapade* (1974), *Repérages* (1977), *Adam et Ève* (1983) d'après Ramuz et la synthèse de *l'Homme révolté* (1991), son dernier film terminé juste avant sa mort, à cinquante-neuf ans. Toutes les œuvres de Michel Soutter découragent l'effort d'en pénétrer les intrigues entrecroisées : il fait évoluer un jeu de climats, de situations énumérées au gré de hasards malicieux, un dévoilement de présences, d'atmosphères et de comportements selon des rythmes internes qui ne laissent pas de déconcerter. Ses artifices romanesques flottent, comme suspendus dans une immobilité qui tisse un réseau de correspondances où l'humidité d'une prairie automnale, le gris du ciel, un corps de femme, des inconnus qui se rencontrent répondent à des émotions, indicibles et parfaitement éloquentes.

Cette remise en question de l'image stéréotypée d'un pays intrigua les cinéastes avant les écrivains (encore qu'en Suisse alémanique les textes de Max Frisch ou de Friedrich Dürrenmatt, rapidement traduits en français, aient mis l'accent sur l'immobilisme autosatisfait des fils de Guillaume Tell). Ils sentirent très tôt le malaise de leur génération et de celle, trop sûre, qui la précéda. C'est ainsi que le cinéma jeune traita beaucoup de la situation des vieux, comme le fait *Charles mort ou vif* (1969). Alain Tanner y dessine le portrait d'un homme âgé qui va léguer son entreprise florissante à son fils. Il a gagné beaucoup d'argent et constate subitement qu'il a perdu, pour obtenir sa fortune, ce qui nourrit le sens profond de l'existence : le plaisir de musarder, de contempler la nature, de sentir le passage des saisons. Ce ratage le fait se réfugier à la campagne, chez des amis artistes, vivant comme des clochards, ce qui lui donne l'envie d'en devenir un. Sa famille le fait enfermer dans un asile psychiatrique, classique façon de désamorcer une forme de « folie » qui remet en question les valeurs traditionnelles.

D'autres films parlaient de la vieillesse dans son rapport à la communauté contemporaine qui condamne la personne âgée à n'être qu'une épave inutile. Dans *le Fou* (1970), Claude Goretta narrait la décision d'un préretraité socialement mal assuré, désargenté, qui se livre à des vols dans des villas de luxe avant d'être abattu par la police. La même année, Jean-Louis Roy dans *Black Out* décrivait la vie d'un couple vieillissant qui, par les informations entendues à la radio, craint l'avènement d'une crise mondiale. Une visite à d'immenses hangars de nourriture destinés à l'armée confirme leur angoisse. Dans leur petite maison de la banlieue de Genève, ils emplissent des armoires de conserves, mais refusent d'y toucher à cause de cet avenir incertain, mourant finalement de faim au milieu de quintaux d'aliments : fable symbolique d'un pays qui se complaît dans l'isolement de l'égoïsme et de la richesse. *Le Dernier Printemps* (1977) d'Henry Brandt, évoque ces établissements où des personnes âgées sont jetées par leurs enfants quasiment à la poubelle (en dépit du caractère propret de leur chambre), tandis qu'un Africain déplore cette civilisation occidentale du profit en rappelant que, dans son lointain village, les ancêtres sont, à l'inverse, des sages respectés. Ce que confirmait, sur une tonalité différente, *les Petites Fugues* (1978) d'Yves Yersin, où un fidèle domestique de fermiers a la révélation tardive de la beauté du ciel et de la relation que peut établir l'art avec la représentation des sentiments au cœur de l'univers qui les environne et sur lequel, saison après saison, il travailla, mal payé, sans rien en voir.

Alain, Claude, Patricia et les autres

Ces réflexions se retrouvent, plus vives encore, quand il s'agit d'une jeunesse souffrant d'une absence de futur vivant. Chez Tanner, la « Salamandre », dans le film homonyme de 1971, est une fille marginale que ses proches refusent d'aider, humilient, et qui réagit à ces traitements avec une insolence qu'on ne lui pardonnera pas. Dans *Jonas qui aura vingt-cinq ans en l'an 2000*, Tanner faisait demander à l'un de ses personnages : « De quoi sont faits les plis du temps ? » La réponse est : « C'est par les trous percés dans les plis du temps par les prophètes que viennent lorgner les historiens. » Ainsi, Tanner allait s'efforcer de glisser l'œil de sa caméra par l'un ou l'autre de ces trous. Il choisit de s'appuyer sur des thématiques souples en évitant les allégories sermonneuses. Après avoir tourné en Irlande les *Années lumière* (1981) et à Lisbonne *Dans la ville blanche* (1983), incertain de l'importance que manifeste sa position artistique parmi les fabricants de mensonges euphorisants, il tenta d'échapper à cette cohue en lançant vers l'Italie son assistant à la recherche d'une idéale *Vallée fantôme* (1987), ou quatre jeunes gens dans un *No man's land* (1985) frontalier. Il s'orienta ensuite vers la description de troubles affectifs et de désirs de sérénité, sans connotation politique : *Une flamme dans mon cœur* (1987), *le Journal de Lady M* (1995), *Fourbi* (*idem*).

Quittant la télévision où il s'était fait connaître par d'excellentes « dramatiques » (*Jean-Luc persécuté*, 1965, d'après Ramuz ; *Vivre ici*, 1968) et fictions proprement dites (*Jour de noces*, 1970, hommage au Jean Renoir de *Partie de campagne*), Claude Goretta, après *le Fou*, dépeignait sans indulgence le charme discret de la petite bourgeoisie genevoise dans *l'Invitation* (1973). Un univers de tièdes, voire de fourbes, qui se retrouve dans *Pas si méchant que ça* (1975), où un modeste ébéniste en butte à la concurrence sauvage commet de petits hold-up pour sauver son entreprise. *La Dentellière* (1977) et *la Provinciale* (1980), tournés sous label français, n'empêchèrent pas Goretta de continuer à sonder la mentalité helvétique : *la Mort de Mario Ricci* (1983) dénonce, au travers d'une enquête sur la mort d'un ouvrier étranger, la xénophobie qui se trame dans la coulisse d'un hameau jurassien.

Avec *Les Indiens sont encore loin* (1977), Patricia Moraz puise au fond de sa mémoire pour évoquer le sort d'une amie découverte morte à l'orée d'un bois. Elle parle des rapports humains dominés par les mâles, des routines glaçantes d'un peuple frigide. Une phrase de Thomas Mann l'éveille et la foudroie : elle se met à rêver d'un « impossible lieu », d'un « indicible désir », et ancre sa difficulté d'être sur l'hypothétique retour à la source d'un bonheur sauvage, symbolisé par d'inaccessibles Indiens illustrant une page d'un livre de géographie. De son pays froid, la réalisatrice (qui fut aussi, pour d'autres, une scénariste imaginative à l'œil percutant) reprit une identique interrogation avec *le Chemin perdu* (1980) : une fillette de dix ans tente de revivre les convictions de son grand-père, militant socialiste horloger à La Chaux-de-Fonds, fier d'avoir serré la main de Lénine. Vert paradis et foi révolutionnaire croisent le désenchantement de jeunes gauchistes tentés par le terrorisme aveugle (l'action se situe à la veille de l'assassinat d'Aldo Moro).

Francis Reusser arpentait des voies identiques avec *le Grand Soir* (1976), ironique déambulation en compagnie de groupements révolutionnaires d'étudiants lausannois. Le même témoignait, avec délicatesse, de son enfance orpheline (*Seuls*, 1981) et livre deux adaptations de Ramuz : *Derborence* (1985) et *la Guerre dans le haut pays* (1998), la seconde décrivant les contradictions de l'accueil (entre les fusils et le message libertaire de Rousseau) des troupes françaises en territoire vaudois, en 1798.

Presque inconnus hors des frontières helvétiques, d'autres talents s'efforcent de faire survivre le film, documentaire ou de fiction, avant de s'enfermer dans le ghetto du petit écran : tels sont Jacqueline Veuve (*la Mort du grand-père*, 1978), Simon Edelstein (*l'Ogre*, 1986), Jean-François Amiguet (*la Méridienne*, 1988), Pierre Maillard (*Campo Europa*, 1993), Claude Champion (*Fin de siècle*, 1998), Michel Bory et son frère Jean-Marc (ancien acteur de Louis Malle), Nadia Farès, Véronique Goel, Frédéric Gonseth, Patricia Plattner, Edna Politi, Aude Vermeil, sans oublier les excellents films d'animation de Gisèle et Ernest Ansorge, Daniel Suter, Claude Luyet.

À l'aube du XXIe siècle

En 1999, malgré les subventions de l'État et des télévisions européennes, les difficultés se multiplient pour que s'affirme une présence du cinéma dans le pays lui-même et à l'étranger. Tanner paraît être le seul à résister, en dehors de deux auteurs majeurs qui, par leur talent singulier, dépassent une situation devenue, en l'an 2000, proche de la catastrophe : Jean-Luc Godard et Anne-Marie Miéville. Cette dernière (après leur collaboration pour *Je vous salue Marie*, 1986) a signé des films courts et trois fictions : *Mon cher sujet* (1989), *Lou n'a pas dit non* (1994) et *Nous sommes tous encore ici* (1997), trois œuvres d'une écriture audacieuse. *Mon cher sujet* : ce titre énigmatique signifie ce qui tient le plus au cœur de la cinéaste. À la sortie d'un service funèbre, tandis que les gens se penchent pour murmurer une phrase de sympathie et que l'on range fleurs et couronnes sur le corbillard, la présence du cercueil que les parents accompagnent jusqu'au cimetière va susciter la réflexion muette de chacun. Une femme, Agnès, la quarantaine, va donner le ton à l'événement : nous la suivons après l'enterrement, alors qu'elle évoque les liens qui l'attachent à sa fille Angèle et à ceux qui menacent de l'étouffer, mettant en relief sa famille avec ses joies et ses peines ; une chronique dont l'orchestration est indiquée emblématiquement par un papier découpé suspendu au mur d'une chambre : la *Femme en bleu* de Matisse. *Lou n'a pas dit non* fait référence à l'épitaphe de Rilke, dont la réalisatrice visite la tombe, et défie les morales marchandes avec cette espérance : « L'amour ne sera plus le commerce d'un homme et d'une femme, mais celui d'une humanité avec une autre », thème que démultiplient les trois phases de *Nous sommes tous encore ici* : un dialogue de Platon, un monologue de Hannah Arendt sur la nature du totalitarisme (dit par Jean-Luc Godard) et des flashes sur l'affectivité difficile que vit un couple.

Quant à Godard, il demeure l'une des rares personnalités capables d'échapper au massif de l'industrie cinématographique dont souffre le reste du monde. Quittant Paris, il s'installa d'abord à Grenoble, hors des circuits classiques, pour se livrer à la vidéo, puis transporta son atelier au bord du lac Léman, à Rolle, entre Lausanne et Genève, en se dotant d'un appareillage technique lui permettant de s'exprimer aussi bien en image optique qu'en image magnétique, ce dernier procédé employé pour *Histoire(s) du cinéma*, méditation qui donne lieu, en outre, à quatre livres. Sur le support vidéographique, il multiplie les commandes et les essais (*Puissance de la parole*, 1988 ; *Les enfants jouent à la Russie*, 1991), en réalisant simultanément des œuvres en 35 millimètres, pas toujours bien reçues par le public : *Sauve qui peut (la vie)* (1981), *Soigne ta droite* (1987), *Nouvelle Vague* (1990), *Allemagne, année 90 neuf zéro* (1991), *For Ever Mozart* (1997), toutes productions franco-helvétiques.

La Belgique

Sans remonter jusqu'aux pionniers du pré-cinéma (comme le Bruxellois Joseph Plateau, l'inventeur du Phénakistiscope) ou aux tourneurs de manivelle de la fin du XIXe siècle, le premier nom que rencontre l'histoire du cinéma belge est celui d'un Français : Alfred Machin (1877-1929). Envoyé par la maison Pathé vers le nord, il travailla d'abord aux Pays-Bas, puis se fixa à Bruxelles où il réalisa documentaires et fictions d'un genre très prisé du public, comme *Un épisode de Waterloo* (1913), *Saïda a enlevé Manneken Piss* (*idem*) ou *la Fille de Delft* (1914), parfois interprétés par Fernand Crommelynck, oncle du dramaturge. En 1914, il terminait *Maudite soit la guerre*, un couplet pacifiste, avant de rejoindre, pour cause de mobilisation générale, son régiment en France. On ne le reverrait plus après 1918 en Belgique, où la production tentait timidement de se réorganiser entre Bruxelles et Anvers, ne mettant pas encore en évidence le double langage du pays : Wallons et Flamands collaboraient derrière la caméra sans qu'un divorce soit perceptible. Deux cinéastes flamands, Charles Dekeukeleire (1905-1971) et Henri Storck (1907-1999), eurent ainsi la possibilité de s'exprimer en français.

Hippolyte De Kempeneer, qui produisit à partir de 1912 des spectacles qui se voulaient graves (*la Belgique martyre*, *le Portrait de l'amiral*), généralement signés André Jacquemin, ancien bras droit d'Alfred Machin, édifia des studios en 1921, fit appel à des réalisateurs étrangers, dont Jacques de Baroncelli, juste avant qu'un incendie ravage ses locaux. Optimiste, il les reconstruisit à Malines (Mechelen), en Belgique flamande, continuant d'inviter des Français : René Le Somptier, Julien Duvivier, Henry Roussel.

L'école documentariste

Vers 1919, des amoureux du septième art envisagèrent de fonder un ciné-club, idée concrétisée en 1921. Des « vendredis cinégraphiques » eurent lieu jusqu'à l'avènement du sonore, où furent présentés, outre des classiques de long métrage en provenance de Paris, de Berlin ou d'ailleurs, des courts métrages d'avant-garde de fabrication locale : *Combat de boxe* (1927), *Impatience* (1928) et *Histoire de détective* (1929) de Dekeukeleire, *la Perle* (*idem*) d'Henri d'Ursel et Georges Hugnet, et *Pour vos beaux yeux* (*idem*) de Storck, débouchant sur un congrès du cinéma indépendant qui se tint à Bruxelles en novembre 1930, prolongement de celui réuni en Suisse au château de La Sarraz en 1929. Si l'on ajoute à ces « perles » insolites les travaux ultérieurs d'Henri Storck (*la Mort de Vénus* et *Une idylle à la plage*, 1931 ; *l'Histoire du soldat inconnu*, fable antimilitariste ; *Sur les bords de la caméra*, 1932, montage détournant des séquences puisées au hasard de vieilles bobines ; *Borinage*, 1933, coréalisé par Joris Ivens; *Maisons de la misère*, 1938, sur les mal-logés), on comprendra que le style de ces poèmes sur pellicule, qui se ressent de l'influence du surréalisme, s'inscrit simultanément dans une attirance pour le merveilleux, le rêve, la fantaisie et une rébellion contre l'injustice et l'exploitation sociale. Cette attitude paradoxale se retrouvait chez les peintres proches du mouvement, que Storck filmera plus tard (Félix Labisse, Paul Delvaux). D'autres participaient de ce même courant, par exemple Ernst Moërman, avec un étrange *Monsieur Fantômas* (1937), film joué sous le pseudonyme de Jean Michel, par un amateur, Léon Smet, qui n'est autre que le père de Johnny Hallyday. Cette activité fut relayée par d'excellents observateurs du septième art: André Thirifays (fondateur de la Cinémathèque de Bruxelles), Carl Vincent, Denis Marion, Paul Davay... Mais leurs textes ne suffisent pas à légitimer durablement les productions cinématographiques de leur pays.

Émile De Meyst échoua à donner, après 1931, une force romantique à la révolution de 1830 qu'il mit en scène dans *la Brabançonne*, pas plus qu'il ne maîtrisa *Ça ira* (1936). Et Gaston Roudès ne s'écarta guère, dans *le Carillon de la liberté* (1930), de la lourdeur populiste qu'exploitait, un an plus tard, Jean Choux dans *le Mariage de Mlle Beulemans*. Flamands et Wallons éprouvaient d'énormes difficultés à se donner les moyens, financiers et culturels, de se sortir de scripts assez vulgaires d'un Gaston Schoukens (*Si tu vois mon oncle*, *En avant la musique*, *Gardons le sourire*). Mais, tandis que la fiction piétine au plus bas niveau, le documentaire est encore dignement représenté, à l'aube des années 1930, par le marquis de Wavrin, avec *Au pays du scalp*, *Cap au sud* et surtout *l'Île de Pâques*, magnifique document ethnographique dont les images furent montées par Storck, avec une partition de Maurice Jaubert.

La Belgique a soutenu, y compris au temps de la colonisation, les explorateurs chasseurs d'images comme André Cauvin (*l'Équateur aux cent visages*, *Bongolo*) ou Luc de Heusch (*Fête chez les Hambas*, *Ruanda*), ce dernier s'intéressant aussi aux *Gestes des repas* de ses compatriotes, à la peinture (Magritte, Alechinsky) et signataire en 1967 d'un long métrage où se combinent sociologie et psychologie, *Jeudi on chantera comme dimanche*. Le roi Léopold passa commande à Henri Storck des *Seigneurs de la forêt* (1958), dont la réalisation fut confiée à l'Allemand Heinz Sielman et au Suisse Henry Brandt. Du Zaïre conquis et perdu, la Belgique a fourni de multiples éléments, notamment *Zaïre, le cycle du serpent* (1992) et *Mobutu, roi du Zaïre* (1999) de Thierry Michel: de sa nomination en 1965 à sa fin lamentable en 1997 s'étale la vaniteuse gloriole d'un dérisoire Moloch à col de velours.

Les années 1950 et 1960

Sous l'occupation allemande, les caméras de Wallonie restèrent silencieuses. L'activité reprit en 1945, marquée par une grande exposition retraçant les grandes étapes de l'histoire du cinéma mondial et préfigurant un grand festival en 1947. La Cinémathèque de Bruxelles prit de l'ampleur, sous la direction d'André Thirifays. L'État confia des projets à des commissions: l'une d'elles fut présidée par Luc Haesaerts, frère aîné de Paul, deux hommes qui jouèrent un rôle essentiel dans cette réorganisation et qui réalisèrent de splendides films sur l'art: *Visite à Picasso* et *De Renoir à Picasso* (1949), *Un siècle d'or* (1953).

De Meyst se remit à l'ouvrage en adaptant les œuvres d'écrivains du pays. Il réalisa en 1946 *le Cocu magnifique* avec la collaboration de l'auteur de la pièce, Fernand Crommelynck, et, en 1947 *les Atouts de M. Wens* d'après l'auteur de romans policiers Stanislas-André Steeman, deux films bénéficiant d'un casting en partie français (Jean-Louis Barrault d'un côté, Louis Salou et Marie Déa de l'autre). En 1950, André Cerf tourna la troisième version du *Mariage de Mlle Beulemans*.

En 1951, l'aide au cinéma semblait mieux assurée (une loi fut votée en 1952). Henri Storck, avec l'appui de Charles Spaak, réunit cette année-là les ressources qu'offraient les Pays-Bas et le Luxembourg pour tourner *le Banquet des fraudeurs*, avec des acteurs allemands et français (Françoise Rosay, Jean-Pierre Kérien) entourés d'une figuration locale: à partir d'une intrigue simple, les problèmes de l'intégration européenne sont posés. Cet ouvrage porta ses fruits moins pour sa valeur démonstrative que par la conscience qu'il développa, chez les jeunes, d'une forme de modernité du septième art. Dans des genres différents, Émile Degelin dans *Si le vent te fait peur* (1959), sur le thème de l'inceste entre frère et sœur, et Paul Meyer dans *Déjà s'envole la fleur maigre* (*idem*), histoire d'une famille sicilienne du Borinage, témoignaient d'une audace plus grande encore.

1958, avec l'Exposition universelle de Bruxelles et un grand festival de cinéma dirigé par André Thirifays

François SIMON (1917-1982)

Né et mort à Genève, il est le fils de Michel Simon, dont il porte le prénom à ses débuts d'acteur avant d'opter pour celui de François. Le père et le fils ont marqué différemment le théâtre et le cinéma. François ne connaîtra de succès à l'écran que dans les films suisses de la nouvelle génération, à commencer par *Charles mort ou vif* (1969) d'Alain Tanner, *le Fou* (1970) et *l'Invitation* (1972) de Claude Goretta, tout en jouant aussi en allemand (*la Mort du directeur du cirque de puces*, 1973). Il est aussi employé par Patrice Chéreau, qui le connaissait de la scène, où sa carrière fut exceptionnelle: il avait débuté chez Dullin et était apparu avant 1940 au cinéma dans *Sous les yeux d'Occident*, *Fric-frac* et *Circonstances atténuantes*.

(Georges Simenon était président du jury), marqua le vrai départ du cinéma belge. Marcel Mariën livra un florilège anticlérical dans son court métrage *l'Initiation au cinéma* (1960) ; André Cavens se posa en disciple d'Antonioni avec *Il y a un train toutes les heures* (*idem*), et François Weyergans de Bresson avec *Aline* (1967) ; André Deroisy adapta *les Gommes* (1968), roman d'Alain Robbe-Grillet ; Jean Brismée avec *Au service du Diable* (1971), et Harry Kümel avec *les Lèvres rouges* (*idem*) et, d'après Jean Ray, *Malpertuis* (1972), explorèrent la voie du fantastique. Mais l'apport décisif était dû à André Delvaux qui, après un détour par les Flandres (*l'Homme au crâne rasé*, 1965), faisait pénétrer le spectateur, avec *Un soir un train* (1968), au cœur d'un univers à la fois familier et insolite, où les fantômes viennent à sa rencontre. Ce cinéaste de première grandeur, qui se place dans la lignée de Magritte, de Ghelderode et d'Alain Resnais, mérite un examen particulier.

1974 vit l'entrée en scène de Chantal Akerman avec *Je, tu, il, elle*, cri de désespoir auquel succède *Jeanne Dielman, 23 quai du Commerce, 1080 Bruxelles* (1975), point de vue sidérant sur trois journées d'une ménagère dans son appartement, illuminé par l'interprétation de Delphine Seyrig. Elle tourna ensuite *News from Home* (1976), promenade dans New York comme vu d'une planète lointaine, et poursuivit sa carrière en France avec les *Rendez-vous d'Anna*, *Toute une nuit*, *Golden Eighties*, etc.

Plus provocants sont les apologues de Thierry Zeno, dont *Vase de noces* (1974), qui fit scandale à Cannes : ce voyage au bout de la nuit d'un être singulier vivant dans une ferme abandonnée avec une truie pour compagne fit comparer son auteur à Buñuel et Jérôme Bosch. Suivirent, dans un style à peine plus assagi, *Des morts* (*idem*), tourné au Mexique, *les Muses sataniques* (1983, sur les peintures frivoles de Félicien Rops) et les *Tribulations d'Antoine* (1984). On y joindra l'hommage d'Henri Xhonneux et Roland Topor au « divin » Marquis (de Sade, 1989), dédié à Buffon parce que tous les héros de ce conte philosophique (sauf un) portent des masques d'animaux : marquis-chien, geôlier-rat, jésuite-chameau, Justine-vachette ! Citons encore Marian Handwerher (*le Voyage d'hiver*, 1983), Mary Jimenez (*Du verbe aimer*, 1984, tourné au Pérou) et Marion Haensel (*Dust*, 1985 ; *les Noces barbares*, 1989), tous ces auteurs ayant suivi les cours des écoles de cinéma (comme l'INSAS de Bruxelles) et fréquenté la Cinémathèque royale de Bruxelles, reprise des mains d'André Thirifays par Jacques Ledoux.

L'œuvre au noir d'André Delvaux

Fort du succès international d'*Un soir un train*, André Delvaux puisa librement dans une nouvelle de Julien Gracq, *le Roi Cophetua*, la matière de *Rendez-vous à Bray* (1971). Le prétexte auréole d'onirisme des descriptions réalistes. L'action, qui esquive la dramaturgie ordinaire, insinue son trouble par le biais de ruptures comme cette séquence tirée du « *Fantômas* » de Louis Feuillade (film que Delvaux avait accompagné au piano du temps où il était musicien à la Cinémathèque de Bruxelles). Le tremblement d'un lustre de cristal, d'anciennes photographies piquées au mur, le bruit lointain du canon (nous sommes en 1914), une panne d'électricité contribuent à fixer l'atmosphère d'un bonheur qu'on devine menacé. Delvaux demeure fidèle à cette inquiétante étrangeté dans *Belle* (1973), se rapprochant cette fois de la peinture de son homonyme Paul Delvaux, puis il retourne à sa langue natale flamande avec une analyse politique de la Seconde Guerre mondiale, *Femme entre chien et loup* (1979).

Benvenuta (1983) illustre un livre de sa compatriote Liliane Lilar, *la Confession anonyme*. Pianiste, l'héroïne croit avoir saisi, à l'issue d'un concert, le regard d'un inconnu, un bel Italien. Elle invente une stratégie compliquée pour le rejoindre dans une chambre d'hôtel. Ils y connaîtront la violence érotique, entre douceurs et extase. Une visite à la villa des Mystères de Pompéi leur apparaîtra comme un reflet de leur propre situation, qui les condamne à vivre la volupté en effigie.

À ses débuts, Delvaux avait travaillé pour la télévision. Il y revint avec des sujets brefs, sans perdre de vue ses préoccupations : *Avec Dierick Bouts* (1975), *To Woody Allen* (1980), précédant *Babel opéra* (1985), autour de répétitions du *Don Juan* de Mozart. En 1988, il adapta *l'Œuvre au noir*, roman de Marguerite Yourcenar. Au Moyen Âge, un médecin alchimiste, traqué par l'obscurantisme, doit chercher refuge à Bruges. Ce cheminement d'un individu libre constitue un beau parcours initiatique, que Delvaux toutefois domine imparfaitement. Il fut alors dépassé par de plus jeunes cinéastes qui ne souhaitaient pas s'égarer dans l'univers spirituel et préféraient dénoncer la crise morale et sociale qui frappait la Belgique.

Nouvelles vagues

De nouveaux talents se révélèrent dans ce contexte perturbé. Jean-Jacques Adrien entreprit, non sans difficultés, de plaider le dossier des conflits linguistiques dans la région des Fourons avec *le Grand Paysage* d'Alexis Droeven (1981) : à la mort de son père, un jeune homme se remémore la figure du vieux cultivateur qui s'est tué à la tâche. L'attention apportée à la composition des images, à la manière de Dreyer, se retrouvera dans *Australia* (1989), drame sentimental greffé sur un tableau impeccablement documenté de la crise dans l'industrie textile. Un souci comparable de coller à la réalité du temps, de façon quasi autobiographique, s'observe dans les road movies de Boris Lehman : *Bruxelles Transit* (1980), *À la recherche du lieu de ma naissance* (1990), *Babel* (1983-1991).

Les conventions sont allègrement bousculées, avec un rien de démagogie, dans les fables de Jaco Van

Dormael, *Toto le héros* (1991) et *le Huitième Jour* (1994), ainsi que dans *C'est arrivé près de chez vous* (1992), parodie de film-enquête tournée avec des bouts de pellicule par un trio de jeunes farceurs, Rémy Belvaux, Benoît Poelvoorde et André Bonzel. On peut classer sous la même rubrique *Une liaison pornographique* (1999) de Frédéric Fonteyne, avec l'actrice française Nathalie Baye.

Plus traditionnel et plus esthète, Gérard Corbiau s'est fait une spécialité du grand spectacle musical avec deux œuvres de style baroque flamboyant qui connurent un immense succès : *le Maître de musique* (1988) et *Farinelli* (1990), histoire d'un castrat napolitain du XVIIIe siècle. Entre les deux, *l'Année de l'éveil* (1990) est un film plus mesuré, plus intimiste, en accord avec le ton du livre de l'écrivain Charles Juliet, dont il est la rigoureuse adaptation.

Après des années comateuses, les cinéastes belges de la dernière génération opérèrent une prise de conscience qui rappelait un peu, dans une autre situation, la Suisse romande des années 1970 : d'un endroit précis de sa vie dont il assume la présence, l'auteur regarde sa ville, son pays, le monde, en adoptant un point de vue critique. Cette conception n'implique pas nécessairement le recours à une sociologie ennuyeuse, mais peut utiliser l'humour (belge, évidemment), ce que réussit l'essai truculent de Benoît Mariage, *Les convoyeurs attendent* (1999, avec Benoît Poelvoorde). Un reporter photographe de Charleroi, optimiste débridé, rêve de voir son fils, âgé de quinze ans, figurer dans le Livre des records, score difficile à battre vu le souffle court de l'adolescent ; il opte finalement pour l'ouverture et la fermeture d'une porte pendant 24 heures ! Pour améliorer la prestation du gamin, il engage un coach de haut niveau. Lors de l'épreuve, la télévision filmera cet exercice insolite, avec force commentaires. L'hystérie médiatique du sport est savoureusement étrillée.

Sur un ton plus sérieux, les frères Jean-Pierre et Luc Dardenne traitent dans *la Promesse* (1996) de la responsabilité civique. En exergue, ce mot de Dostoïevski : « Chacun est coupable devant tous et pour tout. » Dans le cadre contemporain de l'immigration clandestine, un exploiteur occupe ses loisirs à s'enrichir sans vergogne aux dépens des sans-papiers. Une promesse arrachée par un ouvrier africain, victime d'un accident, de prendre soin de sa veuve et de son bébé, provoque l'humanisation du prédateur. Des mêmes réalisateurs, travaillant en équipe unie, *Rosetta*, palme d'or du festival de Cannes 1999, prolonge cette description culpabilisante dans un style à la fois misérabiliste (mère alcoolique, fille luttant avec l'énergie du désespoir contre le mal-être urbain) et sophistiqué (caméra à l'épaule, cadrages serrés, absence de musique d'accompagnement). Une volonté systématique d'énergie provocatrice affaiblit la valeur du constat. Ces deux films hors norme n'en ont pas moins contribué, par leur accent de sincérité, à marquer d'une ligne droite l'avenir d'un septième art national en surprenante expansion à l'aube du troisième millénaire.

Le Québec

Jusqu'à la veille de la Seconde Guerre mondiale, l'Eglise catholique canadienne interdisait à ses ouailles de fréquenter les salles de projection le dimanche. C'est dire le peu d'intérêt que suscitait alors le cinéma, limité à la diffusion de films américains. Il fallut attendre 1938, avec l'arrivée du producteur et cinéaste anglais John Grierson et la création de l'Office national du Film, conçu sur le modèle du GPO britannique, puis l'implantation de la télévision dans les années 1950, pour que se concrétise un sursaut qui deviendra effectif en 1970 avec les actions révolutionnaires du Front de libération du Québec — même si, dix ans plus tard, le référendum proposé par le Premier ministre René Levesque devait se solder par un échec.

Alors que l'industrie du cinéma était inexistante, Grierson forma des équipes de projectionnistes qui allaient sillonner les campagnes en montrant des courts métrages documentaires de l'ONF, quitte à être traité par les bien-pensants de communiste ! Certains de ces films — on ne peut plus pacifiques — furent interdits dans les écoles, ce qui n'empêcha pas l'institution de poursuivre son travail. Parmi ces ouvrages fondateurs, on citera *Corral* (1954), *Capitale de l'or* (1957) et *Lonely Boy* (1962, magnifique reportage à vif sur le chanteur Paul Anka), de Colin Low et Wolf Koenig, l'expérimental *Very Nice Very Nice* (1961) d'Arthur Lipsett, et surtout les petits films d'animation, poèmes en papier découpé et travaux de « pixillation » de Norman MacLaren (en poste dès l'avant-guerre : *Color Cocktail*, 1935), avec l'aide d'Evelyn Lambart et, pour la musique, de Maurice Blackburn : *Alouette* (1944), *C'est l'aviron* (1945), *la Poulette grise* (1947), le cocasse *les Voisins* (1952, dont les derniers plans seront censurés), *Il était une chaise* (1957) et, son chef-d'œuvre, *Blinkity Blank* (1955), où son et image sont gravés directement sur la pellicule.

Il y a peu à glaner, en revanche, dans le domaine du long métrage de fiction, en dehors du *Père Chopin* (1946), distribué en France sous le titre *l'Oncle du Canada* et réalisé par le vétéran russe émigré Fedor Ozep. Du moins, ce film édifiant eut le mérite d'intéresser le public catholique, jusqu'alors très réfractaire au cinéma, exploit que le metteur en scène réédita sur un thème encore plus conventionnel, avec *la Forteresse* (1947). N'évoquons que pour mémoire les deux versions de *Maria Chapdelaine* (Duvivier, 1934 ; Marc Allégret, 1950), qui sont des produits, l'un intégralement français, l'autre franco-britannique.

Le Québec produisit tout de même, entre 1944 et 1953, une vingtaine de longs métrages, généralement des mélodrames villageois comme *le Curé de village* (1950) ou, sous la direction du Français Jean Devaivre, *Son copain* (*idem*), diffusé en Europe sous le titre *l'Inconnue de Montréal.* De petites sociétés sans avenir proposèrent *le Rossignol et les cloches* (1951) de René Delacroix, *Cœur de maman* (1953) et un énorme succès régional, *Tit-Coq* (*idem*) de Gatien Gélinas et René Delacroix. Tout cela, artistiquement très mineur, tenait encore à la langue anglaise.

En 1950, une nouvelle loi prévoyait d'« interpréter le Canada aux Canadiens et aux autres pays » (*sic*), ce qui entraîna les premiers ouvrages, d'un style inédit, influencés par les théories du *candid eye* de Colin Low (élimination du commentaire redondant et de l'accompagnement musical adventice, réalité humaine captée à chaud, virginité de l'œil et de l'oreille). La voie fut tracée par *les Raquetteurs* (1958) de Gilles Groulx et Marcel Carrière. Deux ans plus tard, la revue *Objectif,* prenant pour modèle les *Cahiers du cinéma* français, regroupa des critiques, des théoriciens et des cinéastes pour affirmer, dans le contexte singulier du Québec, la nécessité d'élaborer des valeurs inédites et de combattre la censure (qui venait d'interdire à Montréal la projection d'*Hiroshima mon amour*). Au même moment était créée la Cinémathèque québécoise, lieu de rencontres et de projets. En 1963, Claude Jutra tourna *À tout prendre,* expérience jugée « historique », qui marquait le point de passage du « direct » à la fiction (trois personnages y restituent leurs souvenirs dans une forme dramatisée). Mais l'écriture de Jutra fléchit vite dans la convention, avec *Mon oncle Antoine* (1971), vision intimiste d'un village minier dans les années 1940, suivi de *Kamouraska* (1973, avec Geneviève Bujold), coûteuse superproduction tirée d'un best-seller de librairie, et de *Pour le meilleur et pour le pire* (1975), où le réalisateur s'octroya imprudemment le rôle principal.

L'âge d'or du cinéma québécois

De 1963 à 1973, la production commerciale canadienne se développa, en cultivant notamment des sujets comportant un brin d'érotisme, en flattant parallèlement le nationalisme pour échapper aux censeurs, toujours vigilants. Ainsi Denys Héroux tira le gros lot en 1969 avec *Valérie,* en « déshabillant la petite Québécoise ». Sous une apparente liberté sexuelle, ce genre de films, de valeur très inégale, se termine toujours par le triomphe des valeurs morales, ce qui n'empêche pas de soutenir, en catimini, l'élan indépendantiste et les progrès du féminisme. *Le Chat dans le sac* (1964) de Gilles Groulx, où un jeune intellectuel du Québec et une juive anglophone recherchent leur identité, élève un peu le niveau, en reliant en outre subtilement le *candid eye* et la fiction commerciale.

Deux créateurs, travaillant parfois en commun, s'imposèrent définitivement au cours de cette période, loin des sujets à la mode : Michel Brault et Pierre Perrault. Le premier avait d'abord tenu la caméra pour Gilles Groulx et Claude Jutra, et travaillé en France avec Jean Rouch et Mario Ruspoli, dans le courant appelé alors « cinéma vérité » (il collabora ainsi étroitement à *Chronique d'un été*). Il signa seul *Entre la mer et l'eau douce* (1967), histoire d'une migration de la campagne vers la ville, *les Enfants du néant* (1968) et surtout *les Ordres* (1974), film-enquête finement documenté sur le sort de cinq personnes incarcérées. En 1976, il tourna pour la télévision québécoise une longue série intitulée *le Son des Français d'Amérique.*

Juriste et homme de radio, anthropologue émerveillé de sa « Belle Province », Pierre Perrault aborda le cinéma sous l'influence de Robert Flaherty. Avec Brault, il tourna en 1963 l'admirable *Pour la suite du monde.* Au lieu-dit l'Île-aux-Coudres, sur le fleuve Saint-Laurent, les deux auteurs filmèrent la vie des insulaires, leur labeur quotidien, leurs rêves. Sans imposer scénario ni dialogues, ils usèrent d'un stratagème en invitant les habitants à reprendre la pêche au marsouin, activité abandonnée depuis un demi-siècle. Le résultat est un miracle de vérité et de beauté : « C'est la caméra de Cartier-Bresson sortie du cerveau de Dziga Vertov et retombée sur le cœur de Flaherty », dira Jean Rouch, adepte pourtant de méthodes fort différentes. *Le Règne du jour* (1963) et *les Voitures d'eau,* 1969 (une cueillette de témoignages sur la navigation, en voie de disparition, des « goîlettes » du Saint-Laurent), confirmaient que le propos de Perrault ne consiste pas à raconter, même par la bande, une aventure dépaysante, mais à saisir au plus près la réalité à travers les personnages eux-mêmes, ce que l'on constate encore dans *l'Acadie, l'Acadie* (avec Brault, 1971) et *le Lac de la terre sans arbres* (1980), où s'illustre l'imaginaire de la parole. Dans *la Bête lumineuse* (*idem*), il enregistre les faits et gestes d'un groupe d'hommes partis en forêt à la chasse à l'orignal, une sorte d'élan. Repas, beuveries et parlotes, autant que les silences et les regards, induisent autre chose que des considérations pratiques : une quête qui ressemble à celle de la baleine blanche dans *Moby Dick.* À propos de *Pour la suite du monde,* Perrault a précisé son projet : « Le roman m'ennuie. Je ne suis pas un conteur d'histoires. J'aime le théâtre, mais je continuais à être obsédé par les techniques du magnétophone et de la caméra comme moyen de connaissance. Et surtout, j'étais comme poussé par cette connaissance et l'amitié de gens devenus en moi des cousins. Quelque chose en moi travaillait inconsciemment en leur faveur… »

Par son énergie et son enthousiasme entre passé, présent et futur, Pierre Perrault demeure — avec son complice Michel Brault — le maître incontesté du cinéma québécois dans le quart de siècle qui précède l'an 2000. Il est mort le 28 juin 1999.

Vive le Québec libre ?

1975 marque une étape : l'ONF (Office national du film) soutint *le Festin des morts* de Fernand Dansereau, *la Vie heureuse de Léopold Z* de Gilles Carle (les aventures d'un drôle de bonhomme, la veille de Noël, alors que Montréal est sous la neige), et *le Révolutionnaire* de Jean-Pierre Lefebvre. Ce dernier, né en 1941, tourna des films allant de la virulence politique à l'effusion lyrique : *Québec My Love* (1972), *On n'engraisse pas les cochons à l'eau claire* (1973) et, le meilleur, *les Dernières Fiançailles* (*idem*), qui parle de l'amour au quotidien d'un couple de vieillards fêtant leur noces d'or avant de disparaître sans drame. Suivirent *le Vieux pays où Rimbaud est mort* (1977), *les Fleurs sauvages* (1982), où il traite en couleur pastel l'image de trois générations, et une manière de journal intime, *Au rythme de mon cœur* (1983).

Plus connu et plus prolixe, Gilles Carle perdit au fil des titres l'originalité qui avait attiré l'attention des observateurs à l'époque du *Viol d'une jeune fille douce* (1968), des *Mâles* (1970), de *la Vraie Nature de Bernadette* (1972) et de *la Mort d'un bûcheron* (1973), ce dernier film consacrant la comédienne et chanteuse Carole Laure. Adapté d'un best-seller de Roger Lemelin, *Il était une fois des gens heureux : les Plouffe* (1981), lui valut un énorme succès, répercuté par un remodelage sous la forme de série télévisée. La politique se mêle ici à la comédie sentimentale, ce qui donne lieu à des passages spectaculaires comme la procession du Sacré-Cœur. On peut ignorer une énième version de *Maria Chapdelaine* (1983), avec encore Carole Laure.

À partir des années 1970, d'autres talents, caméra au poing, participèrent au combat pour un « Québec libre ». Citons notamment : Marcel Carrière (*OK, la liberté*, 1973) ; Jacques Godbout, cumulant les fonctions d'écrivain (*Derrière l'image*, 1978) ; Fernand Dansereau (*Faut aller dans le monde sans le savoir*, 1971) ; ou, moins imprégnés de souci politique, André Melançon (*Bach et Bottine*, 1975), Robert Morin (*Requiem pour un beau sans cœur*, 1994), Robert Lepage, Paul Tana, Denis Villeneuve, etc.

Denys Arcand et Arthur Lamothe sont à mettre à part. Le premier, ancien documentariste (*les Montréalistes*, 1964), fit sensation avec *la Maudite Galette* (1971), qui narrait les ambitions du Canadien moyen face au rêve américain, puis en 1972 avec *Réjeanne Padovani* : la veille de l'inauguration d'une autoroute sont dénoncées les tractations auxquelles se livrent des politiciens corrompus, tandis qu'à l'office les commentaires des domestiques vont bon train. Contesté auparavant pour *On est au coton* (1970), polémique cinglante sur l'exploitation ouvrière, qui fut l'objet d'une interdiction au Québec, Arcand poursuivit sa réflexion critique en 1986 avec *le Déclin de l'empire américain* (tout en préparant le repas du week-end, des congressistes dissertent sur l'avenir de la civilisation occidentale, dont ils dénoncent la chute) et en 1968 avec *Jésus de Montréal* (une représentation théâtrale de la Passion vaut à son metteur en scène, tel un Christ d'aujourd'hui, les quolibets de modernes pharisiens).

Après *Le mépris n'aura qu'un temps* (1968), expérience dans le domaine des actualités refusées par la télévision, Arthur Lamothe, connu pour son beau documentaire sur les bûcherons de la Manouane (1962), signa entre 1973 et 1977 les huit épisodes de *Carcajou et le péril blanc*, sur le thème du déracinement des autochtones du Nord aux prises avec le machinisme industriel, illustré également dans *Équinoxe* (1983).

En 1975, une loi tenta de résoudre la crise qui affectait le cinéma canadien, trop souvent livré à l'arbitraire des coproductions, mais en même temps l'ONF restreignit ses interventions, préférant laisser le champ libre à l'industrie privée. La jeune génération tenta de s'affirmer, mais l'essoufflement était perceptible. André Forcier filma dans *l'Eau chaude l'eau frette* (1975) des gamines dans un univers loufoque, proche des *Petites Marguerites* à la mode pragoise. *J. A. Martin, photographe* (1977) de Jean Beaudin, est un hommage rendu aux mères, aux grands-mères, à toutes les femmes du Québec et aussi, *via* Ingmar Bergman, aux « scènes de la vie conjugale ».

Venue de Suisse en 1980, Léa Pool fit face à cette situation : elle traça, à la manière de Marguerite Duras, le portrait de *la Femme de l'hôtel* (1984) et, avec plus de singularité encore, celui d'*Anne Trister* (1985), une étudiante de Lausanne qui partage la vie d'un psychologue quadragénaire tout en peignant sur un mur d'immenses figures en trompe-l'œil. Elle récidiva en 1994 avec *Mouvements du désir* et en 1999 avec *Emporte-moi* (en collaboration avec Nancy Huston, coscénariste et interprète) : on y suit les pérégrinations d'une jeune fille fascinée par le film de Godard, *Vivre sa vie*, qu'elle a vu plusieurs fois, et qui s'identifie à Anna Karina. Léa Pool a participé en outre en 1992 au film collectif *Montréal vu par...* (sur le principe du *Paris vu par...* français), qui réunit les noms de Patricia Rozema, Jacques Godbout, Denys Arcand et Atom Egoyan, faisant le lien entre l'ancien et le nouveau cinéma du Québec et empiétant même sur le territoire anglophone, avec Atom Egoyan.

L'Afrique

En Afrique noire, la création cinématographique, en rupture plus ou moins déclarée avec les tutelles imposées par l'Occident, a suivi en gros l'histoire de la décolonisation. Metteurs en scène et techniciens, formés en général par les écoles de Paris, Bruxelles, Rome, Prague ou Moscou, et par le contact parfois passionné avec des ethnographes à la caméra comme Jean Rouch, vont s'efforcer de ne pas trahir leur langue vernaculaire. Le premier à se manifester est le Sénégalais Ousmane

Sembène, lequel utilise d'emblée le ouolof, avec *Borom Sarrett* (1962), *la Noire de…* (1966), *le Mandat* (1968), lequel peut être considéré comme un modèle d'« africanité ». Dans son pays, qui en 1970 mit en place les éléments constitutifs de la FEPACI (Fédération panafricaine des cinéastes), les personnalités susceptibles d'accéder à un statut international se succédèrent : Paulin Soumanou Vieyra, théoricien, historien du cinéma et réalisateur (*N'Diongane*, 1965) ; Djibril Diop-Mambéty (*Touki-Bouki*, 1973 ; *Hyènes*, 1992, d'après Friedrich Dürrenmatt), décédé en 1998 ; Ababacar Samb (*Kadou*, 1971) ; Safi Faye, auteur d'une émouvante *Lettre paysanne* (1975). Chez la plupart, la langue française perdure en raison des exigences de la coproduction, mais la culture ancestrale n'est pas pour autant délaissée : ainsi Moussa Traoré, après avoir été l'assistant de Bernard Giraudeau pour *les Caprices d'un fleuve* (1995), dirige ce dernier dans *TGV* (1999), parlé tantôt en français, tantôt en ouolof.

Au Niger, Oumarou Ganda (1934-1981), qui tenait le rôle principal de *Moi un Noir* (1959) de Jean Rouch, réalisa en 1968 *Cabascabo* et plusieurs autres films jusqu'à celui, emblématique, qui précéda de peu sa mort : *l'Exilé* (1980). Au Mali, Souleymane Cissé, qui tourne depuis 1965, a touché le public des festivals avec *le Vent* (1982) et *Yeelen* (1987). Au Burkina, siège du très actif festival africain de Ouagadougou, on trouve Idrissa Ouedraogo (*Yaaba*, 1988) et Gaston Kaboré (*Buund Yam*, 1977). En Côte-d'Ivoire, Désiré Écaré (*Concerto pour un exil*, 1968) et, en Mauritanie, le plus fécond de tous, Med Hondo : *Soleil Ô* (1970), *les Bicots nègres nos voisins* (1973), *Nous aurons toute la mort pour dormir* (1977), *West Indies* (1979, un *musical*).

En Afrique du Nord, il faut retenir les noms, pour l'Algérie, du vétéran Mohammed Lakhdar Hamina (*le Vent des Aurès*, 1966 ; *Chronique des années de braise*, 1975), de Merzek Allouache (*Omar Gatlato*, 1976), de Mehdi Charef (*le Thé au harem d'Archimède*, 1985) et d'Assia Djebar (*la Nouba des femmes*, 1977) ; pour le Maroc, ceux de Souhayl Ben Barka (*La guerre du pétrole n'aura pas lieu*, 1975), de Moumed Smihi (*El Chergui, le silence violent*, 1975) et de Mohamed Tazi (*À la recherche du mari de ma femme*, 1993) ; pour la Tunisie, enfin, d'où est parti un grand producteur de films internationaux, Tarak Ben Amar (il a financé notamment *le Messie* de Roberto Rossellini, interprété en partie par une troupe de théâtre locale), on appréciera les travaux de Ferid Boughedir, qui a consacré deux essais aux cinémas africains, *Caméra d'Afrique* (1983) et *Caméra arabe* (1987), avant de réaliser les pittoresques chroniques d'*Halfaouine l'enfant des terrasses* (1990) et d'*Un été à La Goulette* (1995), suivi à quelque distance par Nacer Khémir (*les Baliseurs du désert*, 1985), Nouri Bouzid (*Noces de cendres*, *idem*) et Taïeb Louchi, qui avec *l'Ombre de la terre* (1982), rappelle le charme de l'existence de bergers nomades au moment où les vieilles traditions subissent les menaces du modernisme et où le poste de télévision remplace le conteur des veillées familiales.

Ce tour d'horizon ne serait pas complet si n'y figuraient la Guinée, avec *Dakan* (1997) de Sekou Amadou Camara ; Haïti, avec *le Chemin de la liberté* (1975), en langue créole, d'Arnold Antonin, et *l'Homme sur les quais* (1993) de Raoul Peck ; et le Viêt Nam, représenté par deux productions à majorité française, d'une grande beauté : *Poussière d'empire* (1983) de Lam Lê, et *l'Odeur de la papaye verte* (1993) de Tran Anh Hung, ce dernier film entièrement tourné dans la région parisienne !

Resterait à s'interroger, au terme de ce bref panorama, sur la pérennité des valeurs francophones. Il est frappant de constater que nombre de réalisateurs français de souche, à l'inverse de leurs homologues romands, wallons, québécois ou africains, ont tendance à renier leur terroir d'origine pour aller chercher ailleurs leur pâture, à savoir du côté des États-Unis d'Amérique et de leurs rythmes d'enfer, tels Jean-Jacques Annaud et Luc Besson. Dans les pays limitrophes de l'Hexagone, les exemples ne manquent pas non plus. Loi du commerce oblige, paraît-il. À croire que le cinéma ne parlera bientôt plus qu'en version originale américaine. De là à redouter que la langue française devienne un leurre, une dérisoire « exception culturelle », il n'y a qu'un pas. Ne concluons pas trop vite, cependant, sur cette note pessimiste. Relisons plutôt ce texte d'un des pionniers de la francophonie, Louis Hémon, qui connaissait le prix des valeurs ancestrales, et entendait les préserver, à une époque où elles n'étaient pas aussi menacées : « Nous avons apporté d'outre-mer nos prières et nos chansons : elles sont toujours les mêmes. Nous avons apporté dans nos poitrines le cœur des hommes de notre pays : il n'a pas changé. Nous avons marqué un pan du continent nouveau, en disant : ici toutes les choses que nous avons apportées avec nous, notre culture, notre langue, nos vertus et jusqu'à nos faiblesses deviennent des choses sacrées, intangibles, et qui devront le demeurer jusqu'à la fin. Rien n'a changé, et rien ne changera, puisque nous sommes un témoignage. »

Côté « court »

An regard de la grande histoire du cinéma, qui conte l'avènement du long métrage de fiction, celle du court métrage ressemble à ces trains qui, cheminant parallèlement, s'approchent très près de la voie principale, s'en éloignent brusquement, puis reviennent, s'écartent encore jusqu'à disparaître dans un souterrain avant de réapparaître à nouveau. Film de renom ou œuvre de l'ombre, création à l'identité mouvante, le court métrage est aussi vieux que le cinéma. Le septième art est né court et, bridé par des contraintes techniques, l'est demeuré pendant une bonne dizaine d'années. Lumière et Méliès, les deux emblèmes de l'aube du cinéma, n'ont ainsi réalisé que des courts métrages. *L'Assassinat du duc de Guise*, de Charles Le Bargy et André Calmettes (1908), célèbre production du Film d'art, dure moins de vingt minutes. En 1913, dans une revue, *Ciné-journal*, un chroniqueur à la perspicacité pour le moins relative, s'interrogeait : « Les films de long métrage sont-ils bons pour la cinématographie en général ou compromettent-ils l'avenir de notre industrie ? Grouper en deux heures ou en une heure, deux comédies, un ou deux drames, quelques actualités, voilà la vraie nature du cinématographe. »

L'expression « long métrage » apparaît vers 1911 pour désigner un format hors norme. Il faut attendre le début des années 1920 pour que l'on parle de « court métrage », format devenu l'exception dès lors que la composition de la séance s'était stabilisée ainsi : plusieurs bandes avant l'entracte qui précédait le « grand film », parfois l'épisode d'un feuilleton. La formule durera jusqu'aux années 1930. Les courts présentés dans les premières parties de programme se chiffrent par milliers et brassaient tous les genres : fictions de toutes sortes, documentaires, actualités, films d'animation. Bien longtemps avant que la télévision invente le feuilleton et la série, le cinéma fidélisait ses spectateurs avec, par exemple, des personnages récurrents. Anatole, Babylas, Bébé, Bigorneau, Boireau, Bout de Zan, Cunégonde, Fouinard, Monsieur Lapoire, Léontine, Little Moritz, Rigadin, Rosalie, Toto, Zigouillard sont ainsi les infatigables protagonistes de mésaventures qui n'engendrent pas la mélancolie. Si la plupart sont aujourd'hui oubliés, la figure de Max Linder demeure vivace. Moustache fine, sourire enjôleur, chapeau claque et canne à pommeau d'or, ce dernier imposa un personnage de dandy dans des courtes bandes qui firent de lui la première star du cinéma mondial. Légitime ou non, cette renommée donne une idée de l'absence de discrimination entre court et long métrage dans ces années-là.

Dans le même temps, le court métrage traçait, dans les marges, des sillons qu'il allait creuser de manière plus ou moins remarquée jusqu'à nos jours. Ainsi, dans la marge de la marge, dès les années 1910, des courts métrages pornographiques étaient proposés aux clients des maisons closes pour les faire patienter. En 1929, Paul Eluard, après une visite dans un de ces lieux à Marseille, s'enthousiasmait dans une lettre à Gala : « Le cinéma obscène, quelle splendeur ! [...] Et c'est un spectacle très pur, sans théâtre. Les gens ne remuent pas les lèvres, en tout cas pas pour parler ; c'est un " art muet ", un " art sauvage ", la passion contre la mort et la bêtise. » Réalisées et diffusées clandestinement, ces productions ont alimenté bien des rumeurs. On prête à tel réalisateur ou personnalité de renom d'avoir exercé son talent dans certains d'entre eux. Mais on sait finalement peu de chose à propos de ces bandes enregistrées le plus souvent sous des formats amateurs. Les spécialistes de la question avancent que la France en fut, jusqu'à la fin des années 1950, le plus gros pays fournisseur. Les cinémathèques ont leur enfer, il est en grande partie pavé de courts métrages.

En enregistrant, dès 1890, des scènes animées pour étudier la décomposition du mouvement, le physiologiste Étienne Jules Marey et quelques autres amorçaient une permanente interaction entre le cinéma et la science. En 1898, le docteur Doyen, célèbre chirurgien, présentait les premières courtes bandes liées à son travail. Des opérations comme une hystérectomie

Barres de Luc Moullet, 1984.

abdominale et une craniotomie en constituaient les sujets. Ces films permettaient de conserver la trace de ces gestes médicaux en même temps qu'ils offraient un support pédagogique aux étudiants. Le caractère spectaculaire de ces courts métrages n'a pas échappé aux princes de l'industrie qui, quand ils ne diffusaient pas, aux limites de la légalité, les bandes originales, s'empressaient d'en réaliser des pastiches à l'intention des spectateurs. Quand les films étaient montrés dans les fêtes foraines, ils y figuraient en bonne place à côté de la femme à barbe et des démonstrations du pouvoir pénétrant des rayons X. Dans le même registre médical, Jean Comandon popularisa en 1909 la microcinématographie, association d'une caméra et d'un microscope. Embauché par la firme Pathé, il fit ainsi découvrir sur grand écran les mouvements de l'infiniment petit, du *Sang d'ovipares* à *Spirochoeta pallida* en passant par les *Spirochètes de Vincent* (pour ne citer que quelques-uns des titres du prolifique Comandon). Très tôt aussi, des chercheurs ont perçu tout le parti qu'ils pouvaient tirer des capacités d'accélérés et de ralentis de la caméra pour rendre perceptibles le déplacement du protoplasme ou la division cellulaire, le vol des oiseaux, la croissance d'une fleur. Et là encore, loin de se cantonner à la société savante, ces films de vulgarisation scientifique alimentaient les catalogues des sociétés commerciales, grandes déyoreuses de curiosités, de nouveautés — bref, de spectacles.

Le cinéma d'animation aurait aussi mérité d'être amplement évoqué ici, si un chapitre ne lui était pas consacré. D'ailleurs les cloisonnements entre genres ne sont pas hermétiques. Tous les cinémas (films de vulgarisation scientifique et porno compris) usent parfois des capacités de l'animation. Une personnalité incarne par excellence ces métissages qui nourrissent la forme brève : Jean Painlevé, fils d'un mathématicien et homme politique, qui a signé près de cent films. Le premier, *l'Œuf d'épinoche* (1925), accompagnait une communication qu'il fit à l'Académie des sciences. La désapprobation qu'il essuya de la part d'une partie de la communauté scientifique décida en grande part de sa vocation : un cinéma à destination du public. Cet infatigable curieux avait aussi une fibre artistique. Il tâta du théâtre, côtoya les surréalistes. Le cinéma sonore lui permit d'adjoindre à ses images des commentaires et des musiques qui ne dédaignaient pas de musarder, en contrepoint des données scientifiques exposées. Précurseur, il fit appel aux compositions de Duke Ellington, Louis Amstrong, Darius Milhaud, Maurice Jaubert quand ceux-ci n'écrivaient pas à sa demande. En 1935, il fonda le premier club de plongée sous-marine du monde, domaine dont son cinéma est le premier explorateur. *L'Hippocampe* (1934), *l'Oursin* (plusieurs films de 1928 à 1953), *les Amours de la pieuvre* (de 1928 à 1966) mêlent à chaque fois parti pris scientifique et sensibilité à la dimension plastique de ces créatures de la mère nature. Painlevé alla jusqu'à créer des bijoux et des tissus à motif d'hippocampe. En 1938, il s'attaqua à une adaptation du conte de Perrault, *Barbe-Bleue*, sous la forme d'un opéra (musique de Maurice Jaubert) interprété par des marionnettes en plastiline. Sans avoir jamais réalisé un long métrage, Jean Painlevé a néanmoins bâti une œuvre, participé à l'histoire du cinéma, même si sa renommée demeure encore confidentielle.

Et combien d'autres œuvres demeurent méconnues tant est vaste la planète court métrage, où se brassent, en perpétuel mouvement, une multitude de genres et de styles ! Ce statut impose de porter sur le cinéma un regard élargi qui prenne en compte aussi bien productions d'amateur que films de propagande en tout genre, cinéma de commande, clips musicaux, etc. La réduction de la forme brève au « documentaire » et, dans les années 1980, à la fiction, tient à l'évidente transformation de la séance de cinéma, consécutive elle-même au développement de l'ogre télévisuel. En effet, progressivement, actualités, documentaires, films scientifiques, films d'animation, feuilletons ont pris le chemin du petit écran.

Le court métrage, lieu d'expérimentations artistiques

Il arrive aussi que le court métrage se moule dans la voie du cinéma labellisé comme art. Dans les années 1920, des cinéastes comme Louis Delluc, Abel Gance, Jean Epstein, Germaine Dulac, nourris d'abord de littérature, vont cependant défendre l'idée d'un cinéma comme art visuel, peinture en mouvement. Recourant à des cadrages insolites et à des effets de montage très rythmés, ils bousculent la quiétude du tout-venant du cinéma populaire. Dans cette époque foisonnante, on distingue plusieurs courants assez bien balisés par les historiens, impressionnisme, avant-garde picturale, obédience surréaliste. Du point de vue de l'histoire du court métrage, ils permettent de dessiner deux directions que l'on peut suivre jusqu'aujourd'hui : d'une part, des films réalisés par des artistes, de l'autre, l'idée que le court mène au long métrage.

Des plasticiens ont écrit des poèmes ou des pièces de théâtre, des poètes se sont mis à peindre, le geste artistique circule d'un champ à l'autre, mais, en raison de sa lourdeur économique, le cinéma est d'un accès difficile. Le touche-à-tout Jean Cocteau fait figure d'exception, tout comme Marguerite Duras, cantonnée, il est vrai, dans un régime économique marginal. Seule la modicité des coûts du court métrage a permis que des artistes d'autres domaines s'emparent ponctuelle-

ment du cinéma. En 1924, Fernand Léger fait une incursion remarquée avec *Ballet mécanique* (14 minutes environ, la durée variant selon les différentes versions conservées), montage de plans affranchi de toute contrainte narrative, mélange d'objets animés (dont un Charlot cubiste en bois) et de prises de vue réelles. À peu près au même moment, Man Ray, tout juste débarqué des États-Unis, se lie d'amitié avec les dadaïstes et réalise ses premiers essais filmiques avec Marcel Duchamp. Souvent inspiré de son travail photographique, son cinéma peut apparaître comme la traversée des avant-gardes cinématographiques des années 1920 : cinéma abstrait (*Retour à la raison*, 1923), réflexion sur la représentation, montage rythmique de parties de corps et plans de rues (*Emak Bakia*, 1926), surréalisme (*l'Étoile de mer*, 1928, d'après un poème-scénario de Robert Desnos). Duchamp, de son côté, a réalisé un seul film, *Anemic Cinema* (1925), alternance de disques en rotation, les uns optiques, les autres porteurs de phrases inscrites en spirale. Parmi tous les artistes qui ont abandonné plume ou chevalet pour s'emparer d'une caméra, citons Jean Genet, auteur d'un film culte, *Un chant d'amour*, réalisé en 1949 mais visible seulement depuis 1974. Entre fantasmes et scènes au naturalisme le plus cru, l'écrivain déploie un poème silencieux, érotique et sensuel, en totale osmose avec son univers d'écrivain. Plus récemment, nombre de plasticiens ont signé des courts métrages, tels Yves Klein, avec ses *Cris bleus de Charles Estienne* (1957), Jacques Monory, fasciné par l'univers du polar, Christian Boltanski, Pol Bury, Erró...

Au-delà même des travaux individuels dont on ne peut énumérer la totalité, ce rapport entre arts plastiques et cinéma renaît à chaque mouvement artistique. S'il n'a pas eu la fortune médiatique du surréalisme, le lettrisme a suscité une production filmique, importante au début des années 1950, mais dont aujourd'hui encore certains cinéastes expérimentaux se réclament. Maurice Lemaître, légende incarnée de ce mouvement, a réalisé plus de cent films, courts pour la plupart. Guy Debord, qui appartenait à cette mouvance avant de devenir le héraut du situationnisme, a signé, après sa rupture avec le lettrisme, six films, dont trois courts.

Toutes ces œuvres à la frontière des arts plastiques appartiennent à ce domaine du cinéma, majoritairement peuplé de courts métrages, qualifié, au gré des tendances, de cinéma « pur », « différent », « expérimental », « d'avant-garde ». Ce mouvement parallèle, le plus souvent souterrain, se poursuit jusqu'aujourd'hui avec une reconnaissance artistique très variable, mais suivi par un noyau de fidèles constamment renouvelé.

Les années 1920, âge d'or du court métrage

Les années 1920 incarnent une période exceptionnelle qui a vu sa production d'avant-garde prendre place dans le panthéon de l'histoire du cinéma. Il est vrai aussi que certains de ses animateurs devinrent des cinéastes très en vue : Jean Epstein, Abel Gance, Luis Buñuel. Ce dernier inaugure son très long parcours cinématographique par un plan célèbre, celui de l'œil d'une femme tranché par un rasoir. Les dix-sept minutes d'*Un chien andalou* (1928), œuvre de révolte écrite avec Salvador Dalí, emblème du cinéma surréaliste, ont fait couler beaucoup d'encre. Associations libres, anticléricalisme, érotisme explicite et métaphorisé, pastiche de ressorts dramatiques, illustration au pied de la lettre de formules (avoir des fourmis dans les mains) s'enchaînent avec une logique aussi implacable que mystérieuse. Quatre années plus tôt, un des cinéastes français les plus reconnus se retrouvait sous les feux de l'actualité artistique avec un film dadaïste, *Entr'acte*, destiné à être projeté, avec une musique d'Érik Satie, pendant l'entracte de *Relâche*, pièce dansée par le Ballet suédois au théâtre des Champs-Élysées. Le nom de quelques-uns des interprètes de cette fantaisie kaléidoscopique suffit à situer *Entr'acte* : Francis Picabia, Érik Satie, Marcel Duchamp, Man Ray, Marcel Achard, Georges Charensol, Georges Auric. Le spectacle obtint un succès de scandale inespéré et suscita une émeute qui ébranla le tout-Paris. En une soirée, René Clair était sacré cinéaste, adoubé même par Aragon, alors surréaliste, venu le féliciter au nom de ses amis. Et c'est le succès de ce court métrage, parfait condensé des procédés de l'avant-garde (ralentis, accélérés, angles de prise de vue insolites, surimpressions, le tout pimenté d'un parfum iconoclaste) qui permit à Clair de sortir un premier long métrage tourné l'année précédente, *Paris qui dort*.

La plupart des courts métrages sont loin d'être parés de cette aura. Entre 1923 et 1928, Jean Grémillon fit ses premières armes avec dix-sept courts documentaires (la plupart des copies du premier, *Chartres*, 1923, subsistent) et un essai qui emprunte les voies de l'avant-garde, *la Photogénie mécanique* (1924). Jean Vigo, avec *À propos de Nice* (1929), revendique un « point de vue documenté » inspiré de Dziga Vertov, pour cette satire révoltée non dénuée d'humour à l'égard du monde des oisifs qui arpentent la promenade des Anglais. La même année, le journaliste de cinéma Marcel Carné se penche sur le Paris populaire : dans *Nogent, Eldorado du dimanche*, il croque à la volée, avec une caméra impressionniste, le petit peuple venu savourer le bonheur simple de ses trop brèves heures de repos : canotage, cueillette de fleurs, guinches et balançoire dans les guinguettes. Georges

Lacombe, lui, avait filmé *la Zone* (1928), cette ceinture de constructions précaires (on ne disait pas encore « bidonville ») autour de la capitale. On découvre, au milieu de cette cour des miracles, la Goulue, partenaire de Valentin le Désossé, reine des bals musette, à mille lieues de sa gloire passée. Jean Dréville se rend sur le tournage du maître film de Marcel L'Herbier, cela donne *Autour de « l'Argent »*, Pierre Chenal visite les studios de cinéma et livre *Paris-cinéma*, deux documentaires qui restent des témoignages précieux sur la pratique cinématographiques d'alors. Cette constellation fit dire à l'historien Jean Mitry qu'en 1929 existait une sorte de « nouvelle vague » dont on pouvait croiser les représentants dans les cafés de Montparnasse. Ainsi, l'idée que la réalisation de courts métrages peut conduire au long n'est pas nouvelle. On citera, parmi les plus connus, Marc Allégret, Jacques Becker, Robert Bresson — dont *Affaires publiques* (1934), au burlesque laborieux, sont loin du cinéma qui fera son renom —, Jean Delannoy, Christian-Jaque, Edmond T. Gréville, André Hugon, Jacques Tati (son *École des facteurs* est une répétition d'effets comiques repris à l'identique dans *Jour de fête*), Henri Verneuil. Simplement, ce passage du court au long, pratique presque aussi vieille que le long métrage, a pris une consistance particulière à deux moments : la fin des années 1950 et la dernière décennie du siècle.

Moyens métrages et « docucu »

Les années 1950 voient émerger une jeunesse qui piaffe de ne pouvoir accéder aux postes à responsabilité. Le phénomène excède largement le cinéma, où il se concrétise par l'avènement de la très commentée Nouvelle Vague. Regarder cette période charnière sous l'angle du court métrage permet d'en compléter quelque peu la perspective. Mais auparavant, un léger retour en arrière s'impose.

La pratique du double programme (deux longs métrages) dans les années 1930 suppose déjà de longues séances et brouille la logique de production des courts métrages. Les bandes les plus courtes étaient souvent l'équivalent de numéros de music-hall. Quand elles ne se limitaient pas à la présentation de la performance d'un chanteur (au début du parlant les exemples sont légion), elles s'offraient comme des chansons filmées (l'ancêtre du clip) ou permettaient à des artistes d'enregistrer, inscrit parfois dans une petite fiction prétexte, le spectacle qu'ils donnaient sur les planches (dans ses premières apparitions, Jacques Tati se livre à des numéros de mime, légitimés par une vague intrigue). Quant aux longs courts réalisés pendant cette période, ils faisaient sans doute office de succédanés meilleur marché aux longs métrages proposés en première partie de soirée. Il n'est pas rare que leur mise en scène s'inscrive dans le décor construit pour un long métrage, ou même que bon nombre de courts prennent comme prétexte dramatique le tournage d'un film. *L'affaire est dans le sac* (1932), parodie bouffonne aux accents surréalistes de Pierre Prévert, écrite par son frère Jacques (le leitmotiv de Brunius, « Je veux un béret, un béret français », est dans toutes les mémoires cinéphiliques) a été tourné dans les rues d'un village bâti aux studios Pathé pour *la Merveilleuse Journée* de Robert Wyler et Yves Mirande. Moins connu, le très drôle *Cauchemar de monsieur Bérignon* de Raymond Robert et Marcel Paulis (1936) raconte comment un oncle de province croit devenir fou quand son neveu l'héberge dans le décor d'un film en lui faisant croire qu'il s'agit de l'appartement pour lequel il lui réclame de l'argent. Et on pourrait citer beaucoup d'autres de ces fictions sans prétention, tournées visiblement à la va-vite et aujourd'hui complètement oubliées, auxquelles des comédiens célèbres prêtaient leur concours quand ils ne signaient pas eux même la réalisation (tels Gaston Modot, Charles Vanel ou l'inclassable Jacques Brunius).

Sous le régime de Vichy, une loi (dite du 26 octobre 1940) interdit le double programme (deux films longs) et octroie ainsi une place officielle au court métrage dans la séance de cinéma. De ce moment date la confusion sémantique entre « court métrage » et « documentaire ». Films de propagande (sous la coupe des services de Vichy) ou de commande (pour l'industrie ou le commerce après la guerre), leur souvenir éveille chez les spectateurs assidus qui ont connu cette époque leurs ruses pour arriver à la séance juste avant le début du long métrage. C'est néanmoins au sein de ces « docucu » (comme ils furent surnommés) qu'émergea un nouveau cinéma. Dans les années 1930, alors que le cinéma français était livré aux lois du marché, il a paru urgent aux pouvoirs publics de mettre en place des politiques de soutien. Le Centre national de la cinématographie, créé en 1946, allait être cette instance de contrôle du marché. Les courts métrages, obligatoires, étaient rémunérés au pourcentage (3 % des recettes nettes des salles) et donc soumis au succès du long. La pratique encourageait les productions de séries sur la pêche à la sardine, la fabrication des fromages ou l'industrie des parapluies. Elle maintenait dans le même temps un vivier de réalisateurs. Deux mesures conjointes du CNC allaient mettre le feu aux poudres. Conscient de la médiocrité des premières parties de programme, plus proches du produit industriel que d'une expression cinématographique, le CNC, par une loi votée le 6 août 1953, supprima l'aide au pourcentage des recettes pour lui substituer une « prime à la qualité ». Quinze jours plus tard, un décret supprimait l'obligation faite aux salles d'accompagner chaque long métrage français d'un court métrage français. En

réaction contre cette mesure se constitua un groupe, le groupe des Trente (leur nombre initial, mais auquel s'ajoutèrent très vite une centaine de réalisateurs, producteurs, techniciens). Dans une déclaration datée du 20 décembre 1953, le groupe des Trente réclama l'abrogation du décret-loi qui, pour eux, signait la mort du court métrage. Ils y formulaient ce qui deviendra un lieu commun : « À côté du roman ou des œuvres les plus vastes, existent le poème, la nouvelle ou l'essai, qui jouent le plus souvent le rôle de ferment, remplissent une fonction de renouvellement, apportent un sang nouveau. C'est le rôle que le court métrage n'a cessé de jouer. Sa mort serait finalement celle du cinéma, car un art qui ne bouge pas est un art qui meurt. » Parmi les réalisateurs signataires : Alexandre Astruc, Yannick Bellon, Jacques-Yves Cousteau, Georges Franju, Pierre Kast, Alain Resnais, Georges Rouquier.

L'impact du groupe des Trente fut tel que son activité se poursuivit jusque dans les années 1960, avec prises de position publiques, participation à la diffusion des bandes courtes, notamment à l'étranger. Le groupe, considéré comme un interlocuteur par le CNC, reconnaissait quelques années plus tard (dès 1956) que « la prime à la qualité a eu pour effet d'améliorer très sensiblement la qualité de la moyenne des films ». Même si son principe d'attribution a évolué, cette prime conditionne aujourd'hui encore une partie des aides aux courts métrages. D'autre part, la liste des signataires cités dit clairement combien ce mouvement a participé au renouvellement des talents. La stature de ces créateurs s'imposa d'abord dans le court métrage. Alain Resnais en a signé de mémorables : des films d'art (le fameux *Guernica*, 1950 ; *Gauguin*, 1951), un vigoureux pamphlet anticolonial coréalisé avec Chris Marker (*Les statues meurent aussi*, 1953), une irrésistible ode au plastique avec un commentaire en alexandrins signé Raymond Queneau (*le Chant du styrène*, 1958). Des spectateurs allaient voir *Nuit et brouillard* (1956) sans rester au long métrage qui suivait. C'est aussi sa renommée de réalisateur de courts métrages — du *Métro* (1934) à *la Première Nuit* (1958), en passant par *le Sang des bêtes* (1948) ou *Hôtel des Invalides* (1951) — qui fit qu'on proposa à Georges Franju un premier long métrage, *la Tête contre les murs* (1959). Ils n'appartiennent pas, à strictement parler, à la Nouvelle Vague, mais contribuent pleinement au renouvellement des générations, à ce goût du nouveau qui préside aux engouements artistiques d'alors. La bande des *Cahiers du cinéma* n'était pas en reste, mais devait se distinguer par la fiction. Alexandre Astruc avait ouvert le ban en signant une éblouissante transposition de l'univers de Barbey d'Aurevilly, *le Rideau cramoisi* (1952). Après un documentaire anonyme sur le barrage de la Grande-Dixence dans le Valais (*Opération béton*, 1954), Jean-Luc Godard, arrivé à Paris, enchaîna trois courts métrages : deux dans lesquels on découvrait Jean-Claude Brialy, *Tous les garçons s'appellent Patrick* (1957), *Une histoire d'eau* (1958, fiction bricolée avec comme décor des inondations, réalisée avec François Truffaut) puis *Charlotte et son Jules* (1959, interprété par un Jean-Paul Belmondo doublé par Godard), sur un scénario d'Éric Rohmer qui, lui, avait réalisé *Charlotte et son steak* (1951, retrouvé en 1960) interprété par Jean-Luc Godard. Jacques Rivette réalisa alors son film le plus court (*le Coup du berger*, 1956), où figuraient Godard et Truffaut. Ce dernier, l'année suivante, tournait à Nîmes *les Mistons*, qui révélait Bernadette Lafont. Le réseau d'entraide des jeunes turcs de la Nouvelle Vague s'exerça d'abord dans le court métrage et leurs films exhalent les premières effluves de la liberté qu'ils découvraient : décor naturel, décontraction du jeu, parfum de libertinage… La vague accueillit d'autres compagnons. Jacques Demy le Nantais, qui rêvait de films d'animation, réalisa un bijou du documentaire, *le Sabotier du val de Loire* (1956) avant d'adapter Jean Cocteau (*le Bel Indifférent*, 1957). Jacques Rozier, après deux ou trois courts, capta une jeunesse en scooter qui draguait au bord des plages dans *Blue Jeans* (1958). La jeune génération s'emparait des rênes du cinéma et faisait rayonner au cœur du long métrage la liberté explorée dans la forme brève.

Sauve qui peut le court métrage

Dans les années qui suivent, on repère de nombreux cinéastes qui affûtaient leur talent dans le champ du court : Maurice Pialat (*L'amour existe*, 1960 ; *Janine*, 1962), Pierre Étaix (*Heureux Anniversaire*, 1961), Robert Enrico (*la Rivière du Hibou*, 1962), Jean Eustache (*Du côté de Robinson*, 1963), Philippe Garrel (*les Enfants désaccordés*, 1964), Bertrand Blier (*la Grimace*, 1966)… Ni effet de rupture, ni nouvelle norme, ils semaient des petites graines dans un paysage qui se transformait.

La séance longue céda peu à peu sa place au cinéma permanent, les grandes salles furent morcelées en plusieurs petits écrans, le court métrage chassé par la publicité. Pour en voir, il fallut se rendre dans les festivals spécialisés. Celui de Tours, créé en 1955, devint très vite le rendez-vous le plus prisé des court-métragistes. Dans les années 1970, Lille prit le relais, à peu près en même temps qu'Épinay puis Grenoble en 1977, un an avant Clermont-Ferrand. Seuls ces deux derniers subsistaient en 2000, tandis que beaucoup d'autres ont été créés, Clermont étant devenu la manifestation internationale la plus importante consacrée au court métrage. L'intitulé de leur association rend bien compte du climat qui présida à sa création : Sauve qui peut le court métrage. À la cérémonie des césars de 1977, Jacques Tati lança, sur le même sujet, un cri d'alarme. Le secteur était en effet redevenu clandestin quand il n'était pas une arme de combat — après 1968, un courant important de films d'intervention vit le jour à propos de Lip, du Larzac et autres causes. On invoquait la disparition du court. Des films étaient pourtant produits, mais souvent par les réalisateurs eux-mêmes et surtout n'étaient pas diffusés. Organiser un festival supposait un important travail de contacts pour retrouver telle ou telle copie. Peu à peu émergea, au sein de la Société des réalisateurs de films (SRF), l'idée d'un lieu qui puisse centraliser ces films. Ces réflexions ont pu prendre corps grâce à la politique volontariste dans le domaine culturel mise en place par Jack Lang après l'élection de François Mitterrand. En 1982 naissait l'Agence du court métrage, association subventionnée par le CNC, qui entendait être « le lien entre ceux qui font les films et ceux qui les montrent » — allant jusqu'à créer en 1989 une véritable revue, *Bref*, consacrée à la forme courte. Le principe en est simple : un réalisateur cotise à l'association et dépose ses copies à l'Agence, qui se charge de faire connaître ces films et de les faire circuler là où ils sont demandés. Sans en constituer l'unique raison, le travail orchestré par cette association a contribué à dynamiser considérablement le paysage du court métrage français, passé d'un univers disséminé de réalisateurs produisant eux-mêmes leurs films — certes plein d'énergie mais bien souvent approximatifs — à une tout autre situation : des courts plus nombreux et plus professionnels, des producteurs qui tiennent le haut du pavé, des chercheurs de jeunes talents qui écument des festivals en grand nombre, une place sur la plupart des chaînes de télévision. En 2000, 8 000 titres environ étaient disponibles à la location. Ainsi, en 1998, ce sont plus de 3 millions de francs qui ont été reversés aux ayants droit par l'Agence du court métrage, et donc réinjectés dans le circuit de la production. En 1991, la somme dépassait déjà 1,8 million. Cette diffusion a ainsi soutenu le tissu de la production, plus stable qu'auparavant et que de nouvelles procédures d'aides sont venues renforcer à partir de 2000. La France est devenue la plus grande productrice et, pour sa sélection de l'an 2000, le festival de Clermont a visionné plus de 600 courts métrages français.

Ouvertures contemporaines

Cette visibilité accrue a transformé aussi l'attitude des jeunes réalisateurs. Plusieurs des jeunes cinéastes de la fin du XXe siècle ont été découverts grâce à leurs courts métrages. Un premier mouvement se cristallisa à partir du succès du premier long métrage d'Éric Rochant, *Un monde sans pitié* (1989), produit par la société Lazennec. Rochant avait signé plusieurs courts métrages dont la renommée (césar en 1988 pour *Présence féminine*) a convaincu le producteur Alain Rocca (Lazennec n'avait produit que des courts) de passer avec lui le cap du long métrage. Ce moment scelle le début d'une ère nouvelle qui voit naître le tandem jeune réalisateur-jeune producteur, passant leur baptême du feu avec un ou plusieurs courts avant de se lancer dans l'aventure du long. Le succès cannois d'un Érick Zonca en 1998 avec *la Vie rêvée des anges* et la présentation en 2000 par la société Sunday Morning des deux premiers longs métrages qu'ils ont produits, *Une femme d'extérieur* de Christophe Blanc et *De l'histoire ancienne* d'Orso Miret offrent les plus belles réussites de ces tendances. Mais pour ne prendre que les plus connus, Jean-Pierre Jeunet (il appartenait au conseil d'administration de l'Agence du court métrage à sa fondation), Léos Carax, Pascale Ferran, Christian Vincent, Cédric Klapisch, Cyril Collard, Manuel Poirier, Mathieu Kassovitz, Bruno Podalydès, tous se sont fait connaître d'abord par leurs courts métrages.

De là à considérer que la forme brève n'est qu'un marchepied en vue de réaliser un long métrage, il y a un pas que certains n'hésitent pas à franchir. Ils s'opposent en cela à ceux qui clament haut et fort qu'il s'agit d'un genre à part, non un long métrage en réduction, mais un mode d'expression dont la durée est en adéquation parfaite et nécessaire avec son propos. Nul besoin de trancher entre ces deux extrêmes. Si certains jeunes réalisateurs envisagent la réalisation d'un court comme la possibilité d'accéder au monde du cinéma, rien ne les condamne à l'exercice de style, à la simple démonstration de leur savoir-faire. Par ailleurs, ce sont les conditions économiques (la réalisation d'un court repose sur le bénévolat) qui empêchent qu'un réalisateur demeure dans le registre du court. Un Claude Duty (cinquante-quatre ans en 2000), à la tête d'une filmographie de plus de vingt courts (des fictions parfois expérimentales), fait figure d'exception. De même Patrick Bokanowski, auteur plus parcimonieux, qui, hormis *l'Ange* (70 minutes, 1982), poursuit dans des courts métrages l'exploration d'un univers visuel et sonore qui ne se résout pas à ce que le cinéma soit à ce point un reflet de la réalité. De *la Femme qui se poudre* (1972) à *Flammes* (1998), en passant par *la Plage* (1992), décors, personnages, optique sont travaillés pour délivrer un spectacle envoûtant, hypnotique qui, dans sa recherche plastique, s'affranchit de la réalité filmée sans, pour autant, tendre vers l'abstraction.

Un genre à part entière

Au-delà de tout ce qui le définit de l'extérieur (marginalité par rapport au long métrage et passeport pour celui-ci, inscription dans des courants ou mouvements artistiques, œuvre de commande), le court métrage se manifeste aussi par des films météores, par des expé-

riences singulières. Un des plus beaux films du cinéma français n'est-il pas un court métrage d'une quarantaine de minutes ? Certes, il s'agit d'une œuvre inachevée, mais qui pourrait prétendre qu'il manque quoi que ce soit à *Partie de campagne* (1936) ? Certains ont même avancé que, lorsque Jean Renoir a abandonné le tournage pour ne pas retarder *les Bas-fonds*, il savait qu'il avait achevé ce qui fait la beauté du film, une ode à la nature, un hommage à l'impressionnisme par la voie du cinéma, une méditation sensible sur l'irrésistible poussée du désir et sur l'irréversibilité du temps.

Essayiste, poète cinéaste d'avant-garde parmi les plus en vue à la fin des années 1920, Jean Epstein, dont la carrière fut freinée par l'arrivée du parlant, livra en 1947 un film envoûtant, entre magie et fantastique, *le Tempestaire*, poème sur le vent et les tempêtes de l'Atlantique, fascinante exploration du ralenti sonore.

La Jetée (1962) offre un autre cas paradoxal. Alors que la plupart des réalisateurs bâtissent leur œuvre avec des longs métrages de fiction, Chris. Marker, auteur de films de durées variables (jusqu'à quatre heures pour *Le fond de l'air est rouge*), essentiellement des documentaires ou des essais, signe avec ce film son unique fiction. Une science-fiction, plus précisément, qui raconte la collusion d'un paradoxe temporel : un homme est hanté par une image d'enfance qui se révélera être celle de sa propre mort alors que, devenu adulte, il est propulsé dans le passé. Reposant, à l'exception d'un furtif moment, sur le montage d'images fixes, cet envoûtant court métrage à la renommée mondiale a fait l'objet d'une adaptation hollywoodienne, *l'Armée des douze singes* (Terry Gilliam, 1995).

Cette irruption de la forme brève chez des auteurs de longs métrages est encore relativement rare. Elle offre à Jean-Luc Godard un standard plus léger, propice à esquisser des essais (la plupart en vidéo), des réflexions vagabondes, parfois dans le cadre de commandes institutionnelles. Depuis sa *Lettre à Freddy Buache* (1981), Godard a ainsi réalisé une quinzaine de films brefs sans compter les épisodes de son (ses) fameuse(s) *Histoire(s) du cinéma*.

Agnès Varda incarne une autre figure d'exception. Photographe, elle réalisa tout d'abord un long métrage, produit en dehors des circuits habituels (*la Pointe courte*, 1954), avant d'enchaîner des courts métrages de commande (*Ô saisons, ô châteaux*, 1956, sur les châteaux de la Loire ; *Du côté de la côte*, 1958, sur la Côte d'Azur) ou projets personnels (*l'Opéra Mouffe*, 1958, portrait du quartier Mouffetard à Paris). Elle ne cesse d'alterner longs et courts métrages. Ainsi, 1984 sera consacré à deux courts, *les Dites Cariatides* (les cariatides de Paris sont mises en rapport sonore avec des textes contemporains de leur érection) et *7 p., cuis., s. de b… (À SAISIR)* (rêverie poétique sur la famille, les intérieurs, filmé dans l'hospice Saint-Louis en Avignon pendant l'exposition *le Vivant et l'artificiel*).

Révélé au moment de la Nouvelle Vague par un prix au festival de Venise en 1957 avec *Pourvu qu'on ait l'ivresse* (20 minutes tragi-comiques d'un bal populaire pendant lequel un jeune homme solitaire, interprété par Claude Melki, tente sans succès de trouver une partenaire), Jean-Daniel Pollet a signé quelques longs métrages de fiction dans la même veine avec des succès inégaux. Mais parallèlement, Pollet a réalisé un certain nombre d'essais poétiques (*Méditerranée*, 1963, sur un texte de Philippe Sollers) sous le couvert parfois de l'étiquette documentaire ou pour répondre à des commandes (*l'Ordre*, 1973, témoignage d'un lépreux grec). Ils constituent une œuvre méconnue, à la fois rigoureuse et ouverte, hors norme, qui ébranle profondément à chaque vision.

Dernière figure : Luc Moullet. Critique aux *Cahiers du cinéma* dès la fin des années 1950, il passa à la réalisation avec trois courts métrages (*Un steak trop cuit*, 1960 ; *Terres noires*, 1961 ; *Capito ?*, 1962) avant de signer des longs métrages de fiction à la diffusion confidentielle. Deux longs documentaires à résonance autobiographique le conduisirent à un court dans la même veine, *Ma première brasse* (1981), dans lequel il se filmait en train d'apprendre à nager. Il ne livra ensuite que quelques longs métrages au milieu d'une ribambelle de courts. Humour pince-sans-rire, minimalisme des effets gouvernent ses fictions et ses documentaires parodiques (*Barres*, 1984, sur l'art et la manière de frauder dans le métro ; *l'Empire de Médor*, 1986, sur le culte du plus fidèle ami de l'homme, le chien ; *Foix*, 1994, pastiche dévastateur d'une promotion touristique) dans lesquels il se met souvent en scène (*Essai d'ouverture*, 1988, où il s'échine à ouvrir une bouteille de Coca).

Les courts métrages de cinéastes matures rappellent que la forme brève ne condamne pas à la facilité. Elle impose au contraire une rigoureuse discipline, pas toujours perçue par les cinéastes en herbe. Elle ne limite pas non plus la richesse du propos. Quoique court, un film peut être émouvant, riche, suggérer une multitude de sens et il en est même certains qui prétendent qu'atteindre à la maîtrise de la concision relève du grand art.

Ces noms plus ou moins connus qui nous ont arrêtés ne sauraient rendre compte de *toute* l'histoire du court métrage. Celle-ci est aussi celle des obscurs, des sans-grade, pour lesquels la trompette de la renommée n'a pas encore retenti. Tenter de raconter une histoire du court métrage ne peut que nous mettre dans la posture d'un Georges Franju, censé un jour évoquer un siècle d'images : « J'accepte volontiers qu'on me dise que tel ou tel film manque ici, d'autant que les oubliés, les inconnus, les éliminés, se chiffrent par milliers. »

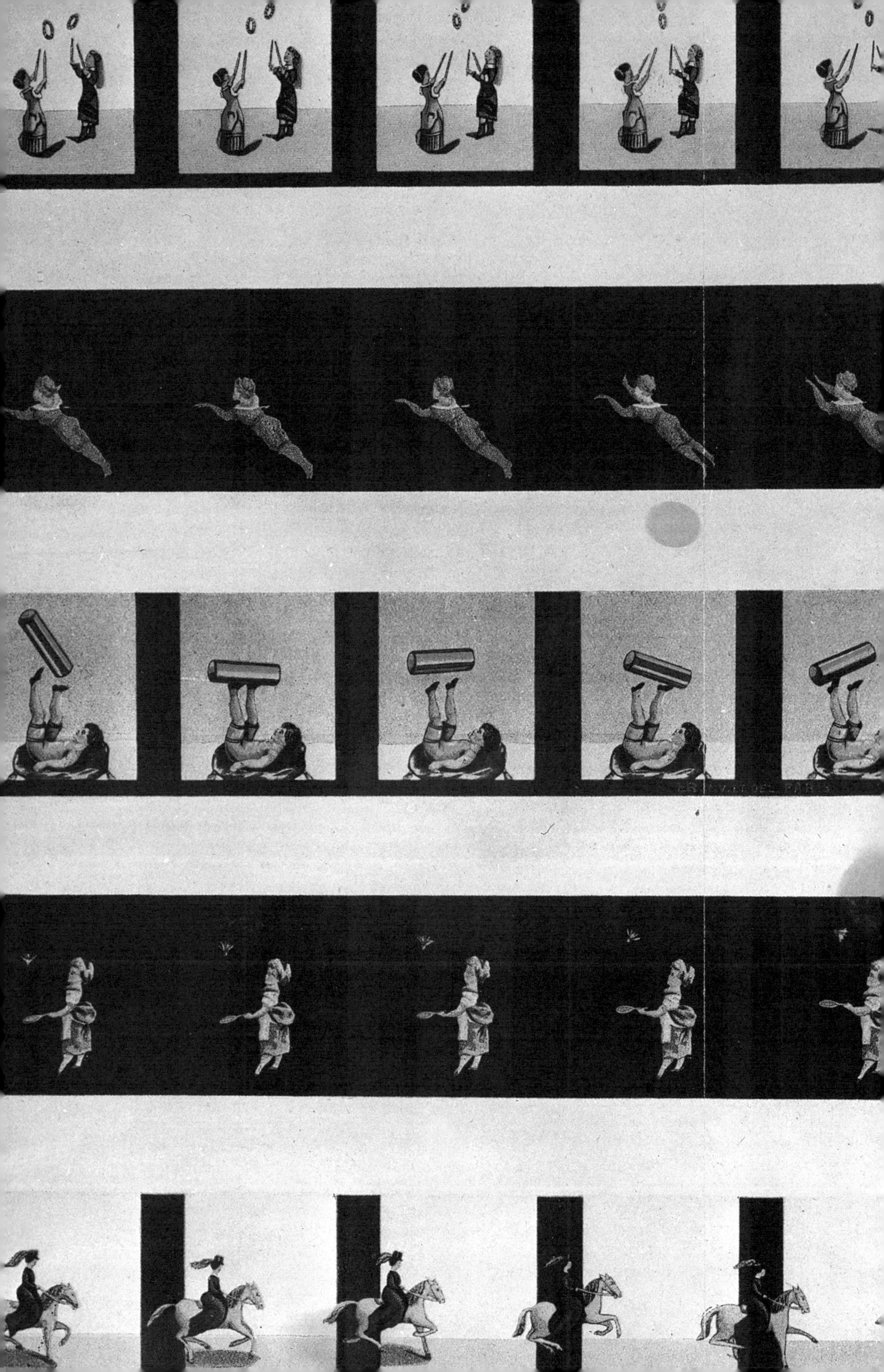

L'animation en France : Émile, Paul et les autres...

On sait combien l'histoire des arts, des métiers et des techniques est jalonnée de défricheurs enthousiastes qui ne sont pas seulement des précurseurs mais souvent des créateurs polyvalents. Le cinéma d'animation (admirons le pléonasme), est un domaine trop souvent minoré dans la hiérarchie du septième art pour cause de trop grande richesse instrumentale. Son mode d'élaboration, image par image, lui a fait attribuer la réputation d'être moins rentable que la restitution mécanique de la réalité par les patrons de l'industrie cinématographique.

D'un Émile l'autre

Précédant de trois ans l'avènement des premières scènes « enregistrées sur le vif », sous le label des frères Lumière, présentées dans le sous-sol d'un grand café parisien, les pantomimes enluminées d'Émile Reynaud, projetées à deux pas de là, au cabinet fantastique du musée Grévin, enchantèrent (huit ans durant) les spectateurs, des décennies avant les usines à rêves de Hollywood.

L'animation au musée ? C'est vite dit. Un autre Émile (Courtet, dit Cohl), ne tarda pas à reprendre le flambeau. À la fois machiniste et metteur en scène, scénariste et truqueur en ces temps héroïques, ce gagman avant la lettre de Gaumont (il œuvra également chez Pathé, un peu pour Éclipse, davantage chez Éclair) contribua grandement à développer toutes les ressources du tour de manivelle, déjà dénommé « mouvement américain » (*one turn, one picture*). Le procédé employé par la Vitagraph new-yorkaise — mis en évidence dans *l'Hôtel hanté* (*The Haunted Hotel*, 1907, Stuart Blackton) —, fut rapidement trouvé par l'astucieux Émile, habile à proposer toutes sortes d'énigmes et de jeux d'esprit aux lecteurs de revues. Il en développa tout l'éventail sur le tas, dès ses premiers mois d'engagement chez Gaumont, en une infinité de comédies burlesques. Ce secret du « mouvement américain » aurait tout aussi bien pu être nommé « mouvement catalan » ; en effet, *El Hotel eléctrico*, également « film à trucs » en vues réelles comportant de l'image par image, avait déjà été réalisé l'année précédente à Barcelone par Segundo de Chomón.

La fantaisie d'Émile Cohl n'excluait pas les schémas animés scientifiques ni les travaux documentaires : son œuvre ne compte pas moins de 300 titres répertoriés en une quinzaine d'années d'intense activité, dont beaucoup se réfèrent à des tournages en vues réelles, mais confrontent volontiers de vrais acteurs à des personnages dessinés, des pantins découpés, voire des poupées articulées.

En 1908, Cohl proposa dans cette veine un *Hôtel du silence* avec meubles baladeurs et literie en cavale, parmi une dizaine de titres inaugurant son entrée en animation (dont *le Journal animé, le Château de cartes, les Allumettes animées, les Frères Boudebois, le Cerceau magique*), imposant d'emblée un étonnant et décapant carnaval thématique et instrumental, une joyeuse sarabande polymorphe où toutes sortes d'objets réputés inanimés interfèrent avec des métamorphoses graphiques, en plus des emblématiques *Fantasmagorie* et autres *Cauchemar du Fantoche*. Ses petits drames calligraphiques et drolatiques s'accommodaient de simples linéaments folâtrant en hilarantes variations sur la page blanche de l'écran (ou en traits blancs inversés sur fond noir).

La même année, tandis que *l'Assassinat du duc de Guise* envahissait les écrans, le Fantoche ferraillant avec panache sur les écrans faisait florès. Ce succès amena son créateur, progressant de tréteaux en plateaux, des Buttes Chaumont à Joinville-le-Pont puis à Épinay-sur-Seine, à prodiguer, dès 1912, sa fantaisie et son savoir-faire aux États-Unis, dans une filiale des studios Éclair installée à Fort Lee dans le New Jersey, où il exerça ses talents de 1912 à 1914. En plus d'actualités filmées (*Animated Weekly*), Cohl innova dans l'adaptation des *comic strips* (les suppléments illustrés des feuilles à grand tirage) en *animated cartoons*. On sait à quel point la bande dessinée et le cinéma, les deux arts populaires du XXe siècle, se développèrent

Bandes dessinées par Émile Reynaud en 1879 pour son Praxinoscope.

parallèlement. On sait moins que le père du Fantoche anima la toute première série dessinée (en quelque treize épisodes) consacrée à un turbulent nourrisson (Snookums, alias Zozor, vedette des *Newlyweeds* de George McManus). Un beau succès, tant en Europe qu'aux États-Unis, avant la Première Guerre mondiale, durant laquelle Cohl, de retour à Paris, poursuivit peu ou prou sa production jusqu'au début des années 1920, dynamisant épisodiquement les animaux de Benjamin Rabier (du chien Flambeau à la cane Caroline) et le fameux trio des *Pieds Nickelés* de Forton.

Peu d'œuvres de Cohl ont été retrouvées à l'heure actuelle, tant en Europe qu'aux États-Unis, car le studio du New Jersey disparut dans un incendie peu après le retour de Cohl en France. Celles qui restent sont toujours en cours de restauration. Mais l'examen de la partie émergée du continent Cohl est aussi stimulant que l'exploration de la planète Méliès. Les deux enchanteurs, qui se rencontrèrent sur le tard et disparurent à quelques heures d'intervalle, en janvier 1938 — alors que *Blanche Neige et les sept nains*, premier long métrage Disney, triomphait dans les salles parisiennes —, faillirent se retrouver en une commune consécration. Un comité présidé par Louis Lumière fut constitué pour honorer la mémoire des deux grands pionniers par l'érection d'un monument pour lequel Walt Disney et beaucoup d'autres versèrent leur obole. Mais le pactole disparut avec le maître fondeur pressenti, ultime et facétieux revers réservé à nos deux amuseurs un peu avant la drôle de guerre.

Parmi les pionniers du genre, rappelons également le Britannique Arthur Melbourne Cooper, qui aborda les « photographies animées » dès 1899. *Matches Appeal*, réalisé au moment de la guerre des Boers, était un appel à la générosité des citoyens en faveur des combattants montant au feu et manquant d'allumettes (celles-ci sortent de leurs boîtes, s'articulent et inscrivent leur supplique au tableau). N'oublions pas aussi l'ingénieur Lucien Buhl (proche collaborateur du docteur Marey), qui conçut et appliqua, en 1902, un dispositif image par image pour enregistrer le développement d'une colonie de botrylles.

Émile Cohl, un infatigable fantaisiste autodidacte

Né en 1857 à Paris, et mort dans l'indigence à Villejuif en 1938, ce titi touche-à-tout, qui avait l'âge de Gavroche au moment de la Commune, crayonna longtemps à tout vent avant d'être l'élève autant que l'ami d'André Gill. Ce Montmartrois itinérant (changeant souvent de résidence selon les aléas de la fortune) se frotta à la bohème de son temps, fréquentant divers cénacles excentriques, des Hydropathes aux Incohérents. Il avait derrière lui une longue carrière d'humoriste, de vaudevilliste et de dessinateur de presse (ayant croqué ses illustres contemporains dans *les Hommes d'aujourd'hui*, il y fut lui-même célébré à la une), et des ardeurs d'autodidacte toujours en éveil, la cinquantaine venue, pour aborder une ère nouvelle. Couronnant ses multiples parcours, une casquette de « photographe d'art », ajoutée à une première expérience de distributeur dans les circuits forains, en fit une recrue de choix, au premier rang des chasseurs d'images du cinoche tout neuf.

Du muet au parlant

Cohl fit rapidement école auprès de quelques collègues caricaturistes, avant que s'impose le modèle américain. Marius Rossillon, dit O'Galop (apparenté au directeur de l'hebdomadaire *le Rire*), le relaya dans les découpages animés appliqués à la prévention sociale (*Le taudis doit être vaincu, le Circuit de l'alcool*, 1912), voire dans l'adaptation des *Fables* de La Fontaine, sans renoncer à la publicité : sa création du Bibendum Michelin lui a survécu.

Encouragé par un premier partenariat avec Cohl (également collaborateur occasionnel de Lortac), Benjamin Rabier, se dotant d'une caméra et d'un assistant, prolongea de plusieurs bandes pastorales et forestières la filmographie de son aimable basse-cour qu'avait financée chichement Fantômas, alias René Navarre — l'acteur, devenu producteur, avait refusé de créditer Émile Cohl aux premiers génériques. Avec les moyens du bord, Albert Mourlan (qui dessinait dans différentes publications pour la jeunesse, dont *l'Épatant*), réalisa à Montfermeil plusieurs épisodes de « *Potiron* » (*Potiron garçon de café* ou *Potiron sergent de ville*) en utilisant du chewing-gum pour fixer les jointures de ses pantins articulés. D'autres personnages tentèrent de s'imposer : Bécassotte d'O'Galop, Bicart et l'Agent Balloche de Galoyer et Yvetot, Toto, Toby et Mistouffle de Lortac, notamment.

Robert Collard, dit Lortac, qui s'adonnait aussi à la publicité, ébaucha dès l'aube des années 1920 le principe de la division du travail. Réformé après avoir été blessé sur le front en 1915, il n'en fut pas moins mandaté par le cabinet Clemenceau pour présenter des œuvres d'artistes français mobilisés aux États-Unis. Il y put constater en visitant les studios que, déjà, une répartition des tâches s'opérait. Il avait dépassé la trentaine quand il organisa, de retour en France, une petite équipe à Montrouge.

Outre les loufoqueries du Professeur Mécanicas (inventeur impénitent), l'atelier Lortac, qui avait à son actif *le Canard en ciné* (hebdomadaire dessiné, présenté en supplément humoristique aux actualités), réalisa, en 1921, une convaincante et longue adaptation des *Amours de monsieur Vieux-Bois* de Rodolphe Toepffer. Cette quête helvète de l'objet aimé, commanditée par des banquiers suisses, fut une réussite européenne qui se distinguait autant des productions d'outre-Atlantique que des quelques pirouettes ciné-dadaïstes contemporaines réalisées par des Américains à Paris : *le Retour à la raison* (1923) de Man Ray, le *Ballet mécanique* (1924) de Dudley Murphy, en collaboration avec Fernand Léger (lequel composa pour la circonstance un étonnant Charlot cubique).

Moins spectaculairement, mais plus durablement, l'investigation à l'image près trouva un champ d'application dans le domaine scientifique et didactique, sous l'impulsion de quelques pionniers (Binet, Monier) et du professeur Marc Cantagrel qui proposa des courts métrages en complément de son enseignement, dès 1924, à l'École supérieure de commerce.

L'animation comme outil éducatif fut le premier mobile de Ladislas Starevitch, alors qu'il était encore professeur d'histoire naturelle en Lituanie. Avant de concevoir ses ciné-marionnettes (des mannequins mobiles munis de charnières), il avait voulu filmer un combat nocturne de scarabéidés (*Lucanus cervus*) ; ceux-ci se révélant rétifs à l'intrusion de projecteurs, il dut reconstituer la scène à l'aide d'insectes morts réarticulés au moyen de fil de fer. Le film, conçu et présenté en 1910, avait fait sensation, plus de quatre-vingts ans avant que des biologistes, disposant d'une caméra-robot informatisée, ne filment de semblables coléoptères parmi d'autres insectes dans la campagne aveyronnaise (*Microcosmos*, 1996).

Starevitch avait fait carrière dans la Russie tsariste (tant dans le long film joué que dans de courtes bandes interprétées par des poupées). Distinguée par le tsar Nicolas II en 1911, l'une de ses toutes premières fables filmées, *la Cigale et la fourmi*, avait été tirée à 150 copies (le plus fort tirage d'une industrie naissante).

Au même moment que Lortac, à partir de 1920, Ladislas Starevitch, alors âgé de trente-huit ans, commençait son activité en France au premier étage d'un pavillon aménagé en studio à Fontenay-sous-Bois, optant définitivement pour le film de marionnettes. Tandis que Lortac, disposant de cinq caméras dans sa maison de Montrouge, allait diriger la première entreprise européenne (employant jusqu'à une quinzaine de personnes en 1926), Starevitch, seulement assisté de sa fille (coscénariste) et de sa femme (costumière), cumulait à Fontenay toutes les fonctions d'animateur-décorateur-mécanicien-metteur en scène et cameraman.

Image et son

À l'ère du parlant, au moment où Mickey la souris, tracée et gouachée sur cellulo transparent appliqué sur un même décor, commença à cabrioler (et à babiller, dès 1928) sur les écrans, Zut l'hippopotame et deux compères éphémères, dessinés par André Daix, plus connu en tant que père du Professeur Nimbus, frappèrent (en 1929) les trois coups (*Zut, Flute et Trotte*) du cartoon sonorisé à la française. Jean Delaurier, natif d'Aurillac, et Jean Varé (dessinateur et décorateur de théâtre), épaulés par « une équipe de copains des Beaux-Arts », poussèrent la chansonnette (*Meunier tu dors*, 1931, une commande de Lutèce Films). Une seconde chanson filmée, *Couché dans le foin* (1935), illustrant les fameux refrains de Mireille et de Jean Nohain, déplut à Mireille et demeura de ce fait dans sa boîte.

Entre-temps, la même équipe fut engagée par Alain Saint-Ogan, célèbre créateur de Zig et Puce, pour mener à bonne fin un amusant *Concours de beauté* (1934) que présidait l'ours Prosper, autre vedette du magazine *Dimanche illustré*. On avait prédit un « succès de curiosité » à Saint-Ogan qui a relaté son expérience : « Walt Disney avait pris une telle avance sur nous qu'il était difficile de l'égaler. Que pouvions-nous faire contre les quelques centaines de dessinateurs et d'opérateurs qui travaillaient dans ses ateliers, nous qui n'avions pu réunir qu'une dizaine de dessinateurs, mal payés, et de formations artistiques très différentes ? » Quand « *Prosper* » fut distribué en première partie dans une salle parisienne, la firme concurrente, qui louait pourtant des bandes déjà amorties, aurait baissé ses tarifs jusqu'à offrir « les “ *Silly Symphonies* ” en prime avant le grand film ».

Plus suivies furent les facéties de Fétiche, un pelucheux toutou de Ladislas Starevitch, bissé lors de sa première performance dans une salle des Grands Boulevards. Après *Fétiche mascotte* (1933), mascarade en volumes animés et vues réelles (riche en multiples péripéties où la magie du music-hall se mêle au monde des apaches, le mélo au macabre), la popularité de ce catalyseur canin (*Fétiche prestidigitateur, Fétiche se marie, Fétiche en voyage de noces*, etc.) s'étendit hors de France. Déjà en 1923, *la Voix du rossignol*, féerie peaufinée à Fontenay-sous-Bois, couronnée à Hollywood, avait été louangée par William H. Hays, le terrible « *tzar of the movies* ». La renommée tout terrain de Starevitch (il réalisa la séquence du rêve d'un marchand des quatre-saisons dans le *Crainquebille* de Jacques de Baroncelli, en 1934), était au zénith au moment de la mutation du parlant. Un grand magazine parisien accordait autant de place à la « vivante féerie » de ses poupées qu'à l'« étourdissante fantaisie » des dessins animés américains. Des problèmes techniques et financiers amenèrent cependant Starevitch à différer de plusieurs années la sonorisation, et donc la sortie de son grand œuvre, *le Roman de Renart*, 2 100 mètres achevés en un temps record (dix-huit mois), entre 1929 et 1930, pour le tournage lui-même. La version allemande sonorisée (*Reinicke Fuchs*, 1937, produite par la Ufa) précéda la version sonore française (1941), produite par Roger Richebé, dialoguée par Jean Nohain, musique de Vincent Scotto.

D'autres personnalités d'envergure venues d'ailleurs s'imposèrent sinon par une production abondante, du moins par des œuvres singulières, en forgeant leurs propres instruments de création.

Du Vieux-Colombier à la citadelle d'Alésia

À l'instar de Fernand Léger, Gus Bofa, Roger Wild, Touchagues et quelques autres éminents plasticiens, graphistes ou scénographes multiplièrent les ébauches, jamais achevées. Telles les maquettes du peintre Léopold Survage, dont les *Rythmes colorés* (développés vers 1912) demeurèrent dans les limbes pour cause de guerre.

Originaire de Bohême, Berthold Bartosch, qui s'était distingué dans les rangs de la brillante animation berlinoise des années 1920 (après des études d'architecture à Vienne) avait trente-sept ans quand, se fixant à Paris dans un modeste colombage (au-dessus du théâtre du Vieux-Colombier), il mena à bonne fin la réalisation d'une bande à connotation sociale inspirée des xylographies du graveur Frans Masereel, sur une composition musicale originale d'Arthur Honegger: *l'Idée* (1932), de facture expressionniste, réalisée au moyen de silhouettes découpées disposées sur plusieurs plaques de verre superposées (la multiplane avant la lettre), fut une réussite dans le domaine du drame symbolique. Privilégiant le dégradé et le contre-jour, à contre-courant du *cartoon* caricatural, cette nouveauté arriva à point nommé pour conforter un jeune graveur russe qui venait d'illustrer des œuvres de Gogol et Dostoïevski pour la Pléiade. Emporté adolescent dans la tourmente révolutionnaire, Alexandre Alexeieff, se retrouvant à vingt ans dans le Montparnasse des années 1920, y poursuivit des études de dessin à la Grande-Chaumière, en s'initiant parallèlement au monde du théâtre — il fera des décors pour Pitoëff, Jouvet, Baty. En quête d'un matériau indéfiniment malléable pour créer des images en mouvement, lui permettant de sauvegarder sa facture de visionnaire (clair-obscur, contours flous, formes suggestives), il lui fallut créer de toutes pièces un instrument pour modeler les ombres et les lumières. Ce fut l'écran d'épingles: un support constellé de milliers d'épines métalliques plus ou moins saillantes dont les ombres portées se déplacent au moyen de deux sources lumineuses. Son premier essai, *Une nuit sur le mont Chauve* (1933), sur une musique de Moussorgski, fut un coup de maître et connut d'emblée le succès — un succès d'estime. Il fut programmé quelques semaines dans une salle du Quartier latin, le Panthéon, mais ne trouva pas de distributeur. Une alléchante proposition de réaliser six films en un an selon ce procédé, alors que les 10 000 phases d'une seule *Nuit* avaient nécessité dix-huit mois d'incessants remodelages (diurnes et nocturnes) avec la seule assistance de Claire Parker, qui devint son épouse et fidèle collaboratrice, se révéla malheureusement impossible à mener à bien.

L'année suivante, une allègre pastorale corsée de cabrioles chorégraphiques dans une centrale électrique, *la Joie de vivre*, œuvre d'une petite équipe cosmopolite composée de Hector Hoppin et Anthony Gross (musique originale de Tibor Harsanyi), fut saluée comme « un renouveau du dessin animé français ». Invités par Alexandre Korda à poursuivre leurs activités à Londres, Hoppin et Gross (un Britannique et un Américain) n'en laissèrent pas moins leur studio de la rue d'Alésia à la disposition de leurs coéquipiers, dont l'opérateur russe Kostia Tchikine, lequel, aux commandes de sa caméra Debrie, attelé à son banc-titre, allait s'activer au tournage d'une multitudes de productions hexagonales. À commencer par quelques plans du premier essai d'une autre équipe, en formation, réunie autour de Paul Grimault: *Monsieur Pipe fait de la peinture* (1936).

Après l'école Germain-Pilon (actuelle École des arts appliqués), il entra à dix-sept ans comme apprenti décorateur au Bon Marché et, le soir, il fréquentait la Grande-Chaumière. Exerçant ses talents dans l'agencement des magasins et vitrines, ainsi que dans l'ébénisterie, il dessina des maquettes de meuble pour une mise en scène de Max Linder. Après le service militaire, on lui proposa un emploi dans une agence de publicité: un métier nouveau, un domaine à défricher — et des rencontres décisives: Jean Aurenche, Jean Anouilh. Entre copains, ils se faisaient la main, de part et d'autre de la caméra, dans des sketches promotionnels tournés en plein air en une demi-journée. Un excellent tremplin vers les studios avec des opérateurs juvéniles (Marcel Carné, Pierre Chenal, Yves Allégret). Ils se répartissaient les rôles avec Roger Blin, Brunius, Max Ernst (et même une fois Georges Méliès en prestidigitateur). C'est en 1931, en faisant déambuler une table dévalant une pente des Buttes-Chaumont à l'issue d'une *Séance de spiritisme*, pour les besoins de la marque de meubles Lévitan, que Paul Grimault fit sa première expérience dans le domaine de l'animation. Bouclant la boucle, l'animateur, mort en 1994 au Mesnil-Saint-Denis, reprenait le même thème dans *la Table tournante*, réalisé en 1988 en collaboration avec Jacques Demy pour les séquences réelles.

De Monsieur Pipe au casse-pipe

Grimault était à l'origine plus attiré par le film joué. C'est à l'incitation des frères Prévert, avec lesquels il participa à quelques spectacles du groupe Octobre, qu'il s'essaya au film dessiné.

La publicité offrait au cinéma d'animation un véritable marché. Faute de caméra appropriée permettant la prise de vue directe en couleur, le cinéma d'animation, traité image par image dans chacune des couleurs, bénéficia longtemps d'un monopole de fait. Le premier film publicitaire fut *la Belle au bois dormant*, réalisé à partir de poupées en 1934 par Alexandre Alexeieff, sur une musique de Francis Poulenc, à la gloire des vins Nicolas.

Grimault s'associa en 1936 avec André Sarrut, alors administrateur dans une agence de publicité, pour fonder la société les Gémeaux. Si, faute de financement, Monsieur Pipe, peintre et protagoniste de son premier court métrage ne put achever son tableau, en revanche, des travaux publicitaires permirent à la petite équipe de s'aguerrir, avant de décrocher une importante commande de la CPDE (Compagnie parisienne d'électricité, qui deviendrait EDF) pour un dessin animé expérimental. *Phénomènes électriques* (première application de l'Hypergonar), projeté en Technicolor sur le triple écran de l'Exposition universelle de 1937, précéda un ballet cosmique, *les Messagers de la lumière*, à la gloire des lampes Mazda. Quant à l'essor d'un nouveau venu aux mèches blondes, épris d'évasion, propulsé par le financement d'Air France (*Gô s'envole*), qui devait atterrir à l'exposition de New York, il fut interrompu pour cause de guerre.

D'autres productions contemporaines connurent un sort semblable. Hoppin et Gross, qui avaient retraversé la Manche et acquis les droits du *Tour du monde en quatre-vingts jours* d'après Jules Verne, durent interrompre la réalisation de ce long métrage. Sa seule partie achevée fut présentée sous la forme d'un excellent court métrage (*India Fantasy*) en 1955, grâce au patronage du British Film Institute.

Une adaptation, en plastiline, d'un conte de Perrault, *Barbe-Bleue* (1938), somptueux opéra-bouffe produit et réalisé par Jean Painlevé, en collaboration avec le sculpteur René Bertrand, sur une musique originale de Maurice Jaubert, présenté à la veille des hostilités, ne trouva pas de distributeur.

Un nouveau venu, Jean Image (Imre Hajdu, un compagnon occasionnel de Grimault, venu de Hongrie), prit la relève avec un projet de circonstance, *le Loup et l'agneau* (1939). L'agneau, c'était la Tchécoslovaquie, le loup le Führer, avec un lion britannique qui bondissait à la rescousse. Mais les Allemands arrivèrent pour de vrai peu avant l'achèvement du film, que le commanditaire jugea prudent de détruire. Une seconde version verrait le jour en 1955.

Les contes de Grimault

Démobilisé après une courte campagne (de la ligne Maginot au Maroc), Paul Grimault, qui avait su former de véritables professionnels (les premiers « cadres » de l'animation française) reconstitua progressivement l'essentiel de son équipe dispersée par la débâcle. Une partie des dessins et cellulos, stockés plus de deux ans dans des caves humides, put être récupérée, afin de repartir du bon pied avec Gô, le héros de son premier film de spectacle (*Gô s'envole*), lequel deviendra Niglo dans *les Passagers de la Grande Ourse* (1941).

La saga grimaldienne — entre-temps Niglo s'était distingué en musicien ambulant dans *le Marchand de notes* (1942) — fit bonne figure dans la production des années 1940, plus riche en projets qu'en réalisations, bien qu'encouragée dans les milieux officiels. On fit appel « à l'esprit d'invention, non plus exclusivement bouffonne, mais vraiment poétique ». On créa le prix Émile Cohl, décerné en 1943 à l'illustrateur André Marty, auteur de *Callisto, petite nymphe de Diane*. Conforme au goût des autorités, Callisto fut jugée trop académique par la critique qui répliqua par la création, la même année, d'un nouveau prix (Émile Reynaud) attribué à Paul Grimault pour ses dernières productions, dont un inénarrable *Épouvantail* au sourire narquois, protecteur d'un couple d'oisillons menacés par un matou en maraude

D'autres tentèrent de renouer avec le *cartoon* banni des écrans. Arcady Brachlianoff, dit Arcady, un diplômé de l'École centrale converti à l'image par image, signa plusieurs bandes en zone non occupée, avec le crayon de Jacques Faizant, créateur de Kapok l'Esquimau et de l'ours Oscar. André Rigal, qui débuta chez Lortac, fit appareiller un truculent *Cap'taine Sabord* (trois films réalisés en 1943) en diverses escales. On revit même Mickey aviateur, survolant la France occupée (avec Donald le canard et Popeye le dur) et bombardant nos villes et nos campagnes et le logis du professeur Nimbus pourtant à l'écoute de la BBC. Cette histoire (*Nimbus libéré*, 1943) valut à son auteur, Raymond Jeannin, quelques démêlés avec les nouvelles autorités au moment de la Libération.

Du *Petit Soldat* à *la Bergère*

Des productions entreprises durant l'Occupation (*les Enfants du ciel* de Vilma de Quiche, *Cricri, Ludo et l'Orage*, *Jacky, Jacotte et les sortilèges* d'Antoine Payen) furent achevées et distribuées en 1946, avec de nouvelles éclosions, musicales, de Jean Image (*la Princesse Clé de Sol, la Rhapsodie de Saturne*, 1946), de brèves gambades d'Omer Boucquey (*Choupinet*, 1946 ; *le Troubadour de la joie*, 1949), et autres intermèdes de Jac Rémise (*Actualités romaines*, 1947 ; *Fantom's Party*, 1948). Albert Dubout, longtemps attendu, ne déçut qu'à demi avec *Anatole fait du camping* (1947), comportant d'assez bons morceaux, malheureusement non confirmés par *Anatole à la tour de Nesle* (prévu à l'origine comme un long parcours).

Grimault progressait allègrement, d'une année l'autre, d'aérien *Voleur de paratonnerres* (1945, d'après une idée de Jean Aurenche) en *Flûte magique* (1946, coscénarisé avec Roger Leenhardt). Il tenait beaucoup à concevoir ses films avec des amis qui étaient à la fois des collaborateurs et son premier public. « Mes courts métrages étaient tous distribués et, sans faire fortune, on pouvait au moins espérer les amortir par le seul pourcentage qu'on touchait sur les recettes », disait-il. Le grand cru 1947 fut sans conteste *le Petit Soldat*, accomplissement d'un déjà long compagnonnage avec une équipe aguerrie. Dans le microcosme d'une boutique, où se déploie un orchestre d'animaux mécaniques, un avis placardé — « ordre de destruction générale des jouets » — interrompt la romance entre une poupée et un gracieux acrobate. Le rescapé revenant estropié de la guerre se retrouve en rivalité avec un diable menant joyeuse vie. Avivé de récentes vicissitudes, cet apologue inspiré du *Stoïque Soldat de plomb* d'Andersen, élaboré avec Jacques Prévert, mis en musique par Joseph Kosma, décrocha le prix du dessin animé à Venise, ex aequo avec le *Melody Time* de Disney. David égalait Goliath ! Un long métrage était déjà en cours (*la Bergère et le ramoneur*), réunissant de nouveau Grimault, Prévert et Kosma sur les pas d'Andersen. Pour ce faire, l'équipe des Gémeaux, qui avait doublé puis quadruplé son effectif (jusqu'à une centaine de personnes et plus), dut migrer d'un modeste local de la rue Cardinet, à Paris, à un hôtel particulier de Neuilly entouré d'un grand parc.

Contes et mécomptes

Moins performant que le père de Niglo mais plus prolifique (dans le court et le long métrage), Jean Image sortit, en 1950, un médiocre *Jeannot l'intrépide* (inspiré du *Petit Poucet* de Perrault), bientôt suivi d'un *Bonjour Paris* de meilleure facture, dialogué par Claude Santelli (1953).

Entre-temps, les choses se gâtèrent dans le fabuleux royaume de Takicardie où se situe l'histoire de Prévert et Grimault. À mi-parcours, les Gémeaux connurent de sérieuses difficultés financières et on annonça des licenciements. Dépossédés du contrôle de leur film aux trois quarts de son achèvement, les maîtres d'œuvre ne ratifièrent pas les coupures et remaniements imposés par la production. Un procès n'y changea rien. Achevé en Grande-Bretagne, primé à la biennale de Venise en 1952 et diffusé en 1953, *la Bergère et le ramoneur*, en dépit de son succès et de ses qualités justement proclamées, souffrit (comme toute la profession) de ces dissensions.

Grimault racheta finalement le négatif de la *Bergère* en 1963 et le retravailla, à partir de 1967, avec Jacques Prévert. Ne retenant qu'une partie de la précédente version, le film sortit en 1979 sous le titre *le Roi et l'oiseau.*

Parallèlement au litige opposant Grimault à son producteur André Sarrut, la compagnie Walt Disney s'efforçait de compromettre la bonne marche d'une coproduction franco-américano-britannique, *Alice in Wonderland*, film de poupées combinées à des acteurs tourné à Paris (sur une chorégraphie de Roland Petit). Disney, développant le même sujet, usa de son influence pour priver le réalisateur, Lou Bunin, de l'usage du Technicolor. La version Bunin n'en sortit pas moins (brièvement au Mayfair Theater de Broadway), deux semaines avant l'*Alice* de Disney.

Grimault, ne désespérant pas de récupérer un jour les droits et le matériel de *la Bergère*, retourna au dessin et au film publicitaire, dans un petit studio du XIIIe arrondissement de Paris — de même que son ancien associé, qui fonda la Comète dans les locaux de Neuilly.

Les pléiades

La fondation, en 1953, des Cinéastes associés par Jacques Forgeot fit renaître l'espoir d'un élan nouveau dans la production française, reposant sur la manne publicitaire. Disposant de capitaux importants, cet ancien élève de l'IDHEC s'entoura d'une pléiade de talents recrutés aux quatre coins du monde. Des unités de production « rompues à toutes les disciplines techniques, à toutes les formes d'expression » rayonnèrent effectivement durant deux décennies en divers lieux de la capitale : *cartoonists* américains, marionnettistes venus d'Italie, cinégraphistes polonais ou britanniques, nouvellement arrivés en France, mêlés aux recrues françaises fraîches émoulues et aux anciens des Gémeaux. L'ultracourt message vantant l'essence d'un café ou l'onctuosité d'une huile n'excluait pas le court métrage de création, voire le film long.

Le Roi et l'oiseau au Grand Palais

En 1992, une fabuleuse exposition au palais de Tokyo à Paris, « Paul Grimault, artisan de l'imaginaire », répertoriait plus d'un demi-siècle de création disséminé dans un dédale de salles et galeries, de balcons et mezzanines digne du palais de Sa Majesté Charles V et Trois font Huit et Huit font Seize, souverain de Takicardie. Une belle revanche contre l'adversité pour un roseau robuste comme un chêne, lequel avait d'ailleurs planté un arbre au beau milieu d'une prairie « pour qu'il puisse se développer comme il l'entendait », veillant bien à ce qu'aucun lierre ne cherche à le domestiquer. L'auteur du *Roi et l'oiseau* ne se voulait pas « donneur de leçons », incitant chaque oisillon qui a grandi sous son aile à chanter selon son bec.

Ph. Coll. Archives Larbor © ADAGP 2000

Le Tout Petit Faust d'Émile Cohl, 1909, marionnettes animées.

Le cinéma d'animation

Ph. © Nicole Salomon-ASIFA

Niellure : *Le Nez* de Gogol
par Alexandre Alexeieff, 1926, dessin du catalogue
Entretien avec A. Alexeieff et Claire Parker

Ph. Coll. Archives Larbor / DR

Le Roman de Renart
de Ladislas Starevitch, 1926,
exécution capitale de Renart le Goupil.

Ph. Coll. Archives Larbor

Le Petit Soldat de Paul Grimault, 1947.

Ph. Office National du Film du Canada

Le Merle
de Norman MacLaren,
1958.

Ph. Christophe L. © ADAGP 2000

La Planète sauvage de René Laloux, 1973, dessin de Roland Topor.

Ph. © La Fabrique

La Traversée de l'Atlantique à la rame de Jean-François Laguionie, 1978.

Ph. Coll. Kipa

Le Roi et l'oiseau de Paul Grimault, 1979.

Ph. André Gobeli / DR

Grimault et Alexeieff.

Ph. © Nicole Salomon-ASIFA

Alexandre Alexeieff en train de dessiner, photo extraite du catalogue *Entretien avec Alexandre Alexeieff et Claire Parker*, déc. 1979.

Ph. Cats / Kipa / DR

Robinson et compagnie de Jacques Colombat, 1991.

Ph. © Folimage

L'enfant au grelot de Jacques-Rémy Girerd, 1998.

Parallèlement, le Service de la recherche de l'ORTF, créé dans les années 1950 par Pierre Schaeffer à l'ORTF, fut un excellent tremplin pour des peintres cinéastes comme Robert Lapoujade, Piotr Kamler, Julien Pappé, René Laloux, Peter Foldes (pionnier de l'animation sur ordinateur) et Jacques Rouxel, qui proposa une véritable écriture télévisuelle avec « *les Shadoks* ».

Le studio Paul Grimault de la rue Bobillot, très accueillant aux jeunes gens issus des écoles d'art, conforta de multiples vocations : Jacques Colombat, Jean-François Laguionie, Émile Bourget, les frères Paul et Gaétan Brizzi, Jean Rubak… et Jacques Demy (qui commença effectivement sa carrière aux côtés de Grimault avec les pâtes Lustucru au casting).

Tous ces facteurs d'émulation convergèrent vers de très stimulantes manifestations, sous l'impulsion de saltimbanques animés d'une ardeur franciscaine. André Martin et Michel Boschet, deux Bordelais montés à Paris, partageant leur emploi du temps entre galères publicitaires et soirées Cinémathèque, sentirent la nécessité de réévaluer les données de cette industrie dont ils n'ignoraient pas les origines foraines. Avant de fonder les Films Martin-Boschet, ils se muèrent en gens du voyage. Récupérant décors et praticables, reliques d'anciens films et accessoires, ils imaginèrent des mises en scène baroques alliant le boudoir de Martine Carol au cabinet du docteur Caligari. Ces épiques expositions itinérantes, truffées d'intermèdes attractifs, didactiques, humoristiques, étaient prétextes à projections non-stop — un joli mai anticipé, des fêtes diurnes et nocturnes où le ciné dessiné n'était bien sûr pas oublié. Cette manière d'aller au-devant du public tout en interpellant les pouvoirs publics alliait la réflexion, l'information et le goût du spectacle (Martin et Boschet furent des catalyseurs au Service de la recherche). Elle aboutit, après un galop d'essai à Cannes, en 1956, à la création du festival international d'Annecy, révélateur, depuis des décennies, des multiples facettes d'un habit d'Arlequin trop exclusivement dévolu, d'ordinaire, au modèle hollywoodien : « En cinq jours de projections serrées, qui sont suivies avec passion par une ville de Haute-Savoie saisie par l'amour de l'image par image, on peut voir défiler sur l'écran du Théâtre municipal ce que le cinéma du monde entier produit de plus neuf dans le domptage de l'œil et la pratique de l'hallucination sans drogue. Pourtant, aucun cinéaste du cinéma de prises de vues directes, du cinéma tout simple, ne vient se documenter à Annecy sur les ressources stupéfiantes du truquage, de l'illusion et du dérèglement de la réalité qui pourraient renouveler un peu la fabrication moutonnière des films » (Robert Benayoun dans *le Point* du 25 juin 1973).

Du court au long cours

Les années 1960 furent fertiles en éclosions multithématiques et stylistiques : *la Joconde* d'Henri Gruel (joyeux jeu de massacre commenté par Boris Vian), *Villa Mon Rêve* d'Albert Champeaux et Pierre Watrin (les aléas du bâtiment), *Mais où sont les Nègres d'antan ?* (1960) de Martin-Boschet (la décolonisation en marche), *l'Île aux Cactus* (1963) de Manuel Otero (naufrage burlesque), *Renaissance* de Walerian Borowczyk (la mort au travail), *les Escargots* (1965), cauchemardesques, de René Laloux et Roland Topor, *la Demoiselle et le violoncelliste* (1965) de Jean-François Laguionie. Cette première œuvre produite par Paul Grimault (grand prix d'Annecy 1965) fut suivie d'autres idylles douces-amères qui l'amenèrent à fonder, après *la Traversée de l'Atlantique à la rame* (palme d'or du court métrage à Cannes en 1978), le premier Centre régional d'animation à Saint-Laurent-le-Minier dans le Gard (la Fabrique, une ancienne magnanerie aménagée en studio de production d'art et d'essai). De même Laloux, après plusieurs courts métrages à succès, cumula les lauriers, de Cannes à Atlanta, pour un premier long métrage (*la Planète sauvage*, 1973) réalisé à Prague. Il tenta (vainement) de monter une structure de création à Angers. Il lui fallut se rendre à Budapest pour réaliser son deuxième film, *les Maîtres du temps* (1982), puis à Pyongyang (en Corée du Nord) pour son troisième (*Gandahar*, 1988). Quant à Jacques Colombat (qui comme Laloux et Laguionie réalisa ses premières bandes aux Films Paul Grimault), c'est à Shanghai qu'il dut s'exiler pour achever un *Robinson et Cie*, librement inspiré de Daniel Defoe.

De nouveaux envols

Si le tout premier long métrage de Laguionie, *Gwen, le livre de sable*, prix de la critique à Annecy en 1985, fut réalisé à la Fabrique, quatre ans durant au pied des Cévennes, en équipe réduite (une confrérie de cinégraphistes), on peut citer d'autres bandes également estimables (*le Théâtre de M. et Mme Kabal*, 1967, de Borowczyk ; *Chronopolis*, 1983, de Kamler ; *l'Enfant invisible*, 1984, d'André Lindon), toutes conçues, animées et filmées quasiment en solo ou en très petit comité.

Cependant, la technique traditionnelle du dessin animé, même bénéficiant de l'assistance informatique, ne se conçoit guère en deçà d'une centaine de personnes (beaucoup plus aux États-Unis). Pour ce faire, Albert Uderzo et René Goscinny, glorieux auteurs de la bande dessinée « *Astérix* », se dotèrent d'un studio tout neuf en 1974, à l'enseigne d'Idéfix. Il ne s'agissait plus de s'expatrier, mais d'importer des animateurs venus de divers pays européens (voire d'outre-Atlantique). Aux *Douze Travaux d'Astérix* de Goscinny et Uderzo

(1976) ne succéda qu'une chevauchée de Lucky Luke (*la Ballade des Dalton*, 1978, de Goscinny et Morris), en dépit du succès public et du partenariat de l'éditeur Dargaud.

Après une décevante *Cavale des Dalton* avec un prestataire californien, Hanna-Barbera, Dargaud, après la mort de René Goscinny, s'associa avec Gaumont pour de nouvelles rixes astérixiennes dans de nouveaux locaux parisiens, en renonçant à constituer une équipe permanente, avant d'opter pour la série télévisuelle. Après trois opus gaulois : *Astérix et la surprise de César* (1985) de Paul et Gaétan Brizzi, *Astérix chez les Bretons* (1987) de Pino Van Lamsweerde, *Astérix et le coup du menhir* (1989) de Philippe Grimond, un quatrième film, *Astérix et les Indiens* (*Asterix in Amerika*, 1995, de Gerhard Hahn), fut produit et réalisé en Allemagne.

Le vrai problème, outre le financement, est d'être assuré d'une bonne distribution, « au moins européenne ». Cette dernière condition, essentielle selon un responsable de Gaumont, laisserait encore beaucoup à désirer. Et pourtant, en 1975, le Belge Jean-Paul Picha, jonglant avec des animateurs européens (brabançons, français, croates) put imposer un Tarzan parodique (*Shame of the Jungle / Tarzoon, la honte de la jungle*) pour grand écran et grand public en Europe et aux États-Unis.

Entre-temps, en 1979, *le Roi et l'oiseau* de Grimault, la version restaurée et remaniée (trente ans après, comme dans un roman de Dumas) de *la Bergère et le ramoneur*, décrochait le prix Louis Delluc. Ne se reposant pas sur ses lauriers (à plus de quatre-vingts ans), réunissant de nouveau une petite équipe d'anciens et de nouveaux collaborateurs, Grimault relevait un nouveau défi. On le pressait de réunir ses autres œuvres vouées aux oubliettes du court métrage. Il y eut de nouveau la difficile recherche de matériaux dispersés (et disparates), les délicats travaux de tournage et de tirage différents. Ne se contentant pas d'un simple travail de remontage chronologique, Grimault opta délibérément pour une recréation, combinant des morceaux choisis et des séquences nouvelles, en se mettant lui-même en scène, filmé par Jacques Demy.

L'éternel retour du Fantoche

À en croire un ancien compagnon de Grimault, le métier d'animateur oscille entre deux pôles : le surmenage et le chômage. Le cas d'Émile Reynaud, le premier d'entre les pionniers, qui dut interrompre son activité, à l'aube du XXe siècle, à l'avènement du cinéma Lumière, est exemplaire à cet égard. Ses pantomimes lumineuses furent remplacées par les mannequins grandeur nature d'un théâtre mécanique dans une salle des Grands Boulevards. Il a repris du service, à la fin des années 1980, quand son employeur (le musée Grévin) s'avisa de le rétablir dans ses fonctions (en attraction permanente) à l'occasion du soixantième anniversaire de sa mort. Ô ironie ! c'est un Reynaud mécanisé, robotisé, qui nous revient, attelé de nouveau (à perpète) à sa noria. Et les héros imaginaires, qui ne vivent que par intermittences dans les salles obscures, n'en finissent pas de turlupiner, tel le Fantoche emblématique d'Émile Cohl, toujours très combatif, égayant la galerie, computérisé par des infographistes, aux dernières joutes d'Annecy.

L'animation, un caméléon multimédia et délocalisé

Graffiti filiforme ou marionnette de synthèse, héros de jeu vidéo, gargouille moyen-âgeuse ou guerrière des temps futurs débarquant d'un vaisseau spatial, le champ de l'animation demeure ouvert sur une infinité de figurations, combinaisons et simulations sur tout support.

Et pourtant le dessin animé classique traité sur cellulo demeurait très présent, lors du premier grand rendez-vous international de l'an 2000 à Annecy, sur bon nombre de bandes présentées en panorama ou en compétition, incluant courts et longs métrages de fiction ainsi que les productions télévisuelles. Les figurines découpées ou en pâte à modeler, peintes sur verre ou sur papier (parfois crayonné, encré ou traité au fusain et au pastel) coexistaient allègrement avec le dernier cri de l'électronique.

L'animation, qui se rattache depuis ses premiers balbutiements aux trucages et effets spéciaux, n'en demeure pas moins le lieu privilégié des technologies nouvelles. Qu'il s'agisse de prestations télévisuelles ou cinématographiques, l'apport des nouvelles technologies a notablement allégé la chaîne de fabrication (l'informatisation du traçage, du gouachage et même de la prise de vue). Mais la multiplication des phases (l'animation proprement dite) requiert toujours une main-d'œuvre abondante, toujours réservée à une sous-traitance, originaire pour des raisons économiques non plus exclusivement d'Asie, mais aussi des métropoles d'Europe centrale et de l'Est désoviétisées. Restent le développement narratif, l'élaboration de la mise en scène, des phases clé, les travaux de pré- et de post-production.

Folimage

Aujourd'hui, la plupart des travailleurs de l'animation — graphistes et infographistes, décorateurs et maquettistes — sont des intermittents dont la situation demeure précaire d'une production à l'autre, même avec le suivi d'un plan de relance de la profession. Ébauché dans les années 1980 en

France, celui-ci est généralisé à l'échelle européenne dans le cadre du plan Média en 1990, où se tient le premier Forum Cartoon. D'abord centrée sur une aide à la production de séries télévisées, destinée à endiguer l'envahissement des feuilletons américano-nippons, cette stratégie transfrontalière, favorisant la collaboration entre studios et accélérant les montages financiers, s'est doublée en 1995 d'un Cartoon Movie, installé depuis sa création à Babelsberg près de Potsdam, consacré au long métrage d'animation.

Avec la multiplication des chaînes et des réseaux câblés, la production française (essentiellement tournée vers la télévision) a quadruplé en une dizaine d'années, sans notablement progresser qualitativement. Plutôt que d'innover, l'industrialisation et la standardisation se sont emparées du patrimoine européen en empruntant aux standards de la bande dessinée : Bécassine, Spirou, Corto Maltese après Babar, Tintin et Pif le chien.

La plus belle réussite des années 1990 dans le domaine du long métrage français est sans conteste *Kirikou et la sorcière* de Michel Ocelot, aboutissement de quatre années de galère (entre 1994 et 1998). Ocelot, auteur-réalisateur accompli, a su maintenir dans ce film une belle homogénéité narrative et stylistique en orchestrant successivement (parfois simultanément) des équipes dispersées entre Paris et Angoulême (nouveau pôle de l'image numérisée) *via* Bruxelles, Riga et Budapest. Sans compter des séjours à Dakar pour l'enregistrement des voix de ce joli conte africain (mis en musique par Youssou N'Dour).

Il est encore cependant des entreprises où l'on pratique résolument, et artisanalement, l'art de l'animation sans délocalisation, du premier galop d'essai jusqu'au montage final. Fondée au début des années 1980 à Valence par un noyau d'enseignants, de musiciens et d'artistes peintres cinéphiles, Folimage, petite structure à vocation plus éducative que commerciale, a progressivement pris, sous l'impulsion de Jacques-Rémy Girerd, son essor : d'*Un petit cirque de toutes les couleurs* (1987), réalisé à partir de modelages, animés à diverses séries dessinées, ludiques et écologiques, dont *le Bonheur de la vie* (ou la sexualité expliquée aux enfants), dessin animé sur cellulo, qui lui ont valu une réputation internationale. Avec l'appui des pouvoirs publics et des édiles de la Drôme, ce studio atypique est parvenu à diversifier en une vingtaine d'années ses activités, en développant, parallèlement à ses prestations et à ses productions, une triple action de formation, de promotion de films d'auteurs multitechniques et d'ouverture sur l'extérieur en accueillant des artistes en résidence. Encouragé par les lauriers que lui ont valus *l'Enfant au grelot,* 1998 (un succès sur grands et petits écrans), et ayant renforcé ses effectifs, Jacques-Rémy Girerd, cheville ouvrière de Folimage, est aujourd'hui partant pour la grande aventure du long métrage.

Le studio Folimage a créé, notamment, la séquence de « l'Oiseau de feu » d'après Stravinsky, l'une des meilleures séquences de *Fantasia 2000.*

LE JUGE FAYARD
dit
"LE
SHERIFF"
Un film de YVES BOISSET
CLAUDE VEILLOT
MANENT DE 10H A 24H
J.L. YANNE A. GIRARDOT
EROTISSIMO

Économie et politique

Les rapports entre le cinéma et la politique n'ont rien eu de spécifique pendant plus d'une douzaine d'années. Assimilé aux spectacles forains, le cinéma reste soumis, de 1896 à 1908, à la même législation. Il en est de même pour le régime fiscal. Les projections publiques sont assujetties d'abord au « droit des pauvres », impôt sur les spectacles qui remonte au XVe siècle. En octobre 1914, pour financer l'effort de guerre, est instituée une taxe sur les spectacles, à laquelle s'ajoute, sous certaines conditions, une taxe municipale.

Comme il fallait s'y attendre, c'est le danger potentiel représenté par le matériel de projection (conditions de sécurité), puis par la large diffusion de bandes jugées amorales ou immorales (souci de l'ordre public) qui justifie les premières interventions de l'État dans l'histoire du cinéma français. En mai 1897, l'explosion de la lampe de l'appareil de projection fait 128 victimes dans l'incendie du bazar de la Charité à Paris. Le 1er septembre 1898, la préfecture de police prend des dispositions spéciales interdisant aux directeurs de cinématographe l'utilisation de lampes à carburateur oxyéthérique et les obligeant à construire une cabine de projection en matériaux incombustibles.

Initialement, les entrepreneurs de spectacles forains ne peuvent s'installer qu'avec l'autorisation du maire (décret de 1864). Dans certaines villes, une commission des fêtes peut contrôler les programmes des cinémas et demander la suppression d'images choquantes, sous peine de retrait de l'autorisation municipale. Dans le département de la Seine, c'est la préfecture qui exerce seule son autorité. Il faut attendre une circulaire de janvier 1909 pour voir le ministère de l'Intérieur instituer une censure officielle des films : une bande d'actualité, Pathé montrant une exécution capitale a fait scandale. Ce contrôle, qui marque la première mainmise véritable de l'État sur la production cinématographique, continue néanmoins à s'exercer par le biais des municipalités, ce qui explique la multiplication des interdictions de 1909 à 1916. C'est en 1916 qu'est créée une commission nationale composée de cinq fonctionnaires et chargée, au ministère de l'Intérieur, d'examiner les films et de délivrer les premiers visas d'exploitation. Cela annule la circulaire de 1909, mais 145 films seront interdits durant la seule première année. En 1919, la tutelle de la commission passera au ministère de l'Instruction publique et des Beaux-Arts. Par la suite, les foudres des censeurs s'espacent, jusqu'en 1927, où l'interdiction du film soviétique *le Cuirassé Potemkine* fait date. L'année 1928 est celle de l'ouverture : la composition de la commission de contrôle est modifiée : désormais, elle réunit à parts égales fonctionnaires et représentants de la profession.

Les données économiques (1895-1908)

Production et exploitation cinématographiques au sens moderne se manifestent pour la première fois le 28 décembre 1895, à Paris, boulevard des Capucines, au Salon indien situé au sous-sol du Grand Café. Deux industriels lyonnais, Auguste et Louis Lumière, projettent devant un public qui a payé son entrée (1 franc), 10 « vues », soit dix films de 50 secondes, qu'ils ont financés et tournés eux-mêmes avec un appareil conçu, construit et breveté par leurs soins et qui sert également d'appareil de projection. Cette première mondiale est donc en même temps le point de départ de la production et de l'exploitation françaises. Dès le premier semestre 1896, le Cinématographe Lumière sera présenté dans les grandes capitales européennes et de nombreuses villes du monde entier, ainsi qu'un peu partout en France. Il faut très vite réaliser de plus en plus de films et établir listes et catalogues : ce sont les tout premiers pas de la distribution cinématographique. Deux autres grands producteurs émergent, la même année : Georges Méliès et Charles Pathé avec sa société Pathé frères. La société Léon Gaumont et Cie se lancera à son tour dans la production au format standard (35 mm) en 1897, et le studio de la société des Établissements Gaumont (SEG) aux Buttes-

Le juge Fayard, un film censuré.

Chaumont sera, de 1906 à 1914, le plus grand du monde. Les maisons Gaumont et Pathé traverseront ensuite tout le XXe siècle. Les premiers grands producteurs étaient à l'origine de simples fabricants de matériel (de pellicule comme Lumière ou d'appareils photographiques comme Gaumont) ou de simples commerçants : Pathé vendait des phonographes. En outre, comme les frères Lumière, Gaumont (le Chronophotographe de Demenÿ) et Pathé (appareil « mouvementé » de Joly) ont construit leurs propres appareils de prise de vue. Autres firmes à retenir : l'Éclipse (fondée en 1906), la Lux (1907), dont les agences couvriront l'Europe entière et tout le continent américain, l'Éclair (1907) et ses studios d'Épinay. La maison Lumière, qui s'est retirée de la production en 1906 et de l'exploitation en 1908, se limite désormais à la production de pellicule.

Jusqu'en 1907, la distribution n'existe pas vraiment. Les films sont vendus au mètre aux exploitants, c'est-à-dire en morceaux. C'est en 1907 que Charles Pathé invente la location à court terme, telle qu'elle se pratique encore aujourd'hui. Ainsi se trouve condamnée, à plus ou moins longue échéance, l'exploitation foraine qui utilisait ses stocks de films pendant des mois, sinon des années.

À partir de 1896, l'exploitation (qui commence par celle des films Lumière) est donc de type forain. Ce qui ne signifie pas qu'elle se fait uniquement sous tente ou dans des baraques de champs de foire. Elle inclut aussi les music-halls, les « caf' conc' » (les cafés-concerts), comme l'Eldorado du boulevard de Strasbourg, à Paris, où un opérateur Lumière commence à officier le 30 mars à 22 heures. Le succès est tel qu'à partir du 16 avril l'Eldorado devient, l'après-midi, le premier cinéma permanent. Les premières salles Lumière ouvrent au même moment, l'une au premier étage de l'Olympia, boulevard des Capucines, l'autre dans un petit local des grands magasins Dufayel. En fait, c'est surtout à partir de septembre que le Cinématographe se met à courir les foires. Les bandes d'actualités (plus ou moins récentes) attirent les foules. Mais les pionniers du cinéma ambulant trouvent mieux encore : les actualités locales, tournées sur place par leurs soins avec le projecteur qui leur sert également de caméra. Neuf ans plus tard, la concurrence fait rage : l'été, le cinéma s'installe à la terrasse des cafés, voire carrément en plein air, et parfois, pour toute la saisons, dans les théâtres municipaux ou les salles des fêtes. Les directeurs de cinémas forains commencent à s'inquiéter et à parler de « crise » – la première dans l'histoire du cinéma français. Finalement, quelques exploitants forains vont se sédentariser et ouvrir une salle fixe, et quelquefois plusieurs. En 1906 s'ajoutent, sur les Boulevards, aux deux seules salles parisiennes existantes, deux nouveaux cinémas, dont l'Omnia-Pathé, inauguré le 15 décembre. La première concentration des activités démarre : plusieurs firmes importantes s'occupent à la fois de production, de distribution et d'exploitation, avec des filiales jusqu'à l'étranger. C'est le début des grands circuits qui vont permettre à la France de prendre la première place sur le marché mondial. À la fin des années 1900, la majorité des productions françaises est vendue à l'étranger : contre 5 copies d'un film vendues en France, 40 sont exportées en Europe et 150 aux États-Unis.

L'empire Pathé

Si, dans le domaine industriel et commercial, les années 1895 ont été les années Lumière, les première années du XXe siècle auront été les années Pathé. Après avoir créé un premier studio en 1897, la firme ouvre coup sur coup une première usine à Vincennes en 1901, un deuxième studio en 1902 et, en 1904, une seconde usine à Joinville consacrée à la fabrication massive de pellicule positive et un troisième studio. La production de films passe de 70 en 1901 à 350 en 1902 et à 500 en 1903. À partir de 1907, la société Pathé est devenue un véritable trust cherchant à monopoliser fabrication, production, location – distribution et exploitation de ses films. Pour ne pas perdre sa clientèle foraine, Charles Pathé crée la société Théophile Pathé et la confie à l'un de ses frères. Spécialisée dans la production de films de second ordre, elle possède trois usines et des succursales en Italie et en Allemagne. Simultanément, Charles tente de concurrencer l'exploitation foraine sur le terrain en faisant circuler 24 baraques géantes, propriété de la firme, tandis que Pathé-Monopole est chargé de l'exploitation en salles. En 1908, Pathé vend 500 appareils par mois – qui vont équiper la plupart des salles européennes (60 % en Russie, 50 % en Allemagne) et américaines – et plus de films aux États-Unis que le trust Edison tout entier. Il commence à éditer la première bande d'actualités non reconstituées en studio, le Pathé-Faits-divers, précurseur du Pathé- Journal, d'abord à Paris, puis, en 1909, en province et à l'étranger. Il est alors à la tête de 200 grandes salles en France.

Autour de la Première Guerre mondiale (1909-1918)

La guerre de 1914-1918 porte un coup terrible au cinéma français, qui va perdre sa place de premier producteur de films mondial. La mobilisation vidant les studios, les studios eux-mêmes étant réquisitionnés et l'usine Pathé de Vincennes travaillant désormais pour la guerre, la production se trouve très vite totalement interrompue (elle ne reprendra timidement qu'en 1915). Mais l'exportation aura connu une chute spectaculaire.

En particulier aux États-Unis où le protectionnisme sévit déjà (alors qu'environ 80 % de la production française étaient exploités outre-Atlantique jusqu'en 1914). Produisant des films à profusion, les Américains n'ont aucun besoin de films étrangers, donc des films français. Ils n'hésiteront même pas à modifier les rares productions françaises projetées aux États-Unis au début des années 1920 pour les mettre au goût du public local. Quatre-vingts ans plus tard, ils refuseront de doubler les films français et se contenteront de les sous-titrer, leur interdisant ainsi l'accès à la grande distribution, et préféreront acheter les droits de la production originale pour en tourner un *remake*.

L'exploitation en salle subit, elle aussi, les conséquences du conflit au moment où elle se trouve en plein essor. Les salles se sont multipliées et Gaumont a transformé, en 1910-1911, l'hippodrome du boulevard de Clichy en Gaumont-Palace, le plus grand cinéma du monde (3 400 places). Suivant l'exemple de Pathé, Gaumont a fondé, en effet, le Comptoir Ciné-location chargé de la distribution des films et de la vente du matériel, puis de l'exploitation des salles de la société. Avec l'apparition des premières salles fixes, ce que proposent les cinémas a changé. Comme au Gaumont-Palace, les programmes se sont enrichis. À une copieuse première partie (documentaires, comiques, actualités, attractions sur scène et intermèdes musicaux joués par un orchestre) succède le « grand film ». L'allongement du métrage des productions (dont la durée excédait rarement un quart d'heure en 1908), surtout des sujets dramatiques, a commencé dès la fin des années 1900. Au début des années 1910, les films de une heure sont de plus en plus nombreux, pouvant (déjà !) atteindre plusieurs heures pour certaines superproductions à partir de 1914. En 1919, et spécialement chez Gaumont, on se rapproche des 90 minutes qui deviendront le standard international. Le long métrage est né. Dès la première année de l'après-guerre, la croissance du parc de salles continue, celles-ci passant de 1 444 en 1918 à 1 602 en 1919.

La grande nouveauté de la Première Guerre mondiale en matière d'exploitation et de distribution aura été, à la faveur d'une production nationale défaillante, l'arrivée en masse de productions américaines sur les écrans français. Ayant fermé ses succursales étrangères, mais consolidé celle de New York, Pathé laisse les films Pathé produits aux États-Unis (sous le label Pathé Exchange) envahir la France. Ne pensant qu'à son profit, Pathé considère en effet que sa production américaine est seule à pouvoir assurer l'équilibre financier de sa société. C'est paradoxalement la plus importante firme française du début du XXe siècle qui a amorcé l'invasion des films américains. En 1918, Pathé, qui n'en est pas à une contradiction près, propose à ses confrères, afin de protéger les salles françaises des « productions étrangères », l'organisation d'un « cartel de fabricants » et le « contingentement des négatifs étrangers en France » : on en reparlera, jusqu'au Sénat, en 1929 et l'idée sera reprise en 1948 par les accords Blum-Byrnes, mais la proposition Pathé n'a pas été suivie en 1918. Pourtant, le succès des films américains est tel, depuis les dernières années de la guerre, que la plupart des sociétés préfèrent acheter, à des prix avantageux, des bandes produites aux États-Unis et se contenter de les distribuer. Ainsi, la Compagnie Aubert distribue les films Triangle ou Mutual, Gaumont les productions Metro et First National, Pathé Cinéma les *serials* (films d'épisodes), Jacques Haïk et d'autres s'occupent des productions Fox, Paramount ou Universal. Adolphe Osso, simple importateur, ouvre à Paris la société française des films Paramount, préparant ainsi le terrain à la Paramount française des débuts du parlant.

Depuis 1905 et surtout 1910, année où il a lancé son magazine hebdomadaire Gaumont Actualités et adopté le système Pathé de location des films, Léon Gaumont a édifié à son tour un empire. Au début de 1914, il dispose, aux Buttes-Chaumont, depuis déjà quelques années, d'un siège polyvalent qui a pris une importance considérable. La Cité Elgé (les initiales du patron) rassemble à peu près toutes les sections nécessaires à la production d'un film : ateliers, entrepôts de décors, magasins de costumes et d'accessoires, plateaux de tournage, imprimerie du matériel publicitaire, laboratoires de développement de pellicule, chaîne de montage de projecteurs. À l'extérieur, il est à la tête d'un énorme réseau mondial de distribution dans toute l'Europe et jusqu'à Moscou, en Amérique du Nord (États-Unis et Canada) et du Sud, en Afrique et en Asie. Mais, à la fin de 1918, la situation internationale a été bouleversée par la guerre et les États-Unis ont largement comblé, à l'échelle planétaire, les déficiences de l'industrie cinématographique européenne, et française en particulier. Comme pour Pathé commence pour Gaumont une période de déclin marquée, notamment par la perte des marchés allemand et russe. Le réseau se rétrécit inexorablement et ne s'appuiera bientôt plus, à l'étranger, que sur la Belgique, la Suisse, l'Afrique du Nord et le Moyen-Orient. Pathé a réussi, lui aussi, à tirer son épingle du jeu pendant la guerre. Au printemps 1915, il a mis sur pied vingt agences à travers les États-Unis et sa société a conservé le premier rang mondial pendant toute la durée du conflit. Mais, en 1916, les films français ne représentent plus que 25 % des programmes, et seulement 20 % deux ans plus tard. En fondant Pathé Cinéma en 1918, Charles Pathé a compris que les États-Unis « s'étaient emparés, probablement pour toujours, du marché mondial [...] Les Américains pouvaient engager des sommes considérables dans l'exécution de leurs négatifs, les amortir complètement sur leur territoire, et venir ensuite conquérir les marchés» (*De Pathé frère à Pathé Cinéma,* 1940). L'assemblée générale extraordinaire de 1918 signe la capitulation de Pathé en liquidant les agences secondaires, la Société cinématographique des auteurs et gens de lettres (SCAGL) à Paris, la société Film d'Arte Italiana (FAI) à Rome et la société Litteraria à Berlin. Pathé Exchange, à New York, suivra en 1920, puis Pathé Limited à Londres. L'empire Pathé se trouve ainsi démembré et, par la même occasion, affaiblie la position hégémonique française à travers le monde. Quant à la stratégie du cinéma américain, elle ne changera en rien tout au long du XXe siècle.

En 1919, les studios français, qui étaient encore en 1910 les plus modernes du monde, sont devenus obsolètes. Les techniques de production n'ont guère changé depuis 1908 et la description faite en 1906 du studio Gaumont aux Buttes-Chaumont reste valable au lendemain de la guerre: «L'atelier de cinématographie tient à la fois de la salle de pose et du théâtre. De la première, il a l'éclairage, le vitrage, les rideaux, les écrans, les réflecteurs, les lumières artificielles. Du second, il a la scène avec ses décors, ses portants, ses frises, sa machinerie, ses dessous et même ses dépendances, telles que loges d'artistes, entrepôts de décors et d'accessoires, ateliers de charpente, de modelage et de peinture. C'est une vaste construction toute en fer et en verre [...] L'atelier de prise de vues – le «studio», disent les Anglais – offre l'aspect disparate et pittoresque qui caractérise le plateau de tous les théâtres, avec cette différence que l'on y voit très clair et que la même salle réunit le matériel et le personnel de la scène et des coulisses. Souvent des décors destinés à des tableaux complètement étrangers les uns aux autres se trouvent juxtaposés pour la prise simultanée de plusieurs scènes différentes. À côté d'une chambre du style le plus moderne, une danse antique se déroule autour d'un temple grec, à proximité d'un bouge sordide [...]. Le cas n'est cependant pas rare où la salle tout entière suffit à peine pour un seul tableau, car il y a de grandes scènes où participent jusqu'à deux mille figurants...» (Ernest Coustet, *le Cinéma,* 1921).

L'originalité de la production française 1919 aura été d'accueillir un groupe de Russes émigrés réunis autour de Joseph Ermoliev, un ancien de la succursale Pathé-Rouss. Pathé lui cède son studio de Montreuil en se réservant, bien entendu, la distribution exclusive de ses films. De 1920 à 1922, la Société des films Ermoliev va produire quelques films ambitieux. Après le départ d'Ermoliev pour Berlin en 1922, sa société deviendra, en 1923, la Société des films Albatros qui pratiquera une politique de qualité durant toutes les années 1920 et produira 27 films jusqu'en 1929.

L'année 1919 a été aussi celle où l'Éclair arrête la production. La production française aura été d'environ 110 longs métrages pour l'année et restera stable en 1920.

Les années 1920

Au milieu des années 1920, la situation d'avant 1914 s'est inversée: si la France n'exporte presque plus en direction des États-Unis, ce sont les films américains qui raflent 80 % des recettes dans les salles françaises. Ces dernières passent d'environ 2 500 en 1920 à 4 500 vers 1925. Parmi celles-ci, le Studio des Ursulines à Paris, «cinéma d'avant-garde», ancêtre des cinémas d'art et essai, inauguré en 1928 et toujours ouvert en 1999.

Cependant, Gaumont a poursuivi et développé ses accords avec les producteurs américains. Au début des années 1920, la société bénéficie d'un accord exclusif de distribution pour quelques grands titres de la Paramount Pictures. En 1925, Gaumont devient la Gaumont Metro Goldwyn et, pendant quatre ans, va distribuer les films de la Métro. En 1926, c'est un autre concurrent, européen celui-là, qui s'installe à Paris: l'Allemagne, à travers l'Alliance cinématographique européenne (ACE), chargée à l'origine de distribuer les productions de l'Universum Film Allgemeine (UFA) et qui occupera une place de plus en plus importante sur le marché français jusqu'en 1944. Le rôle des distributeurs est déjà un rôle clé, ce qui les autorise – après le producteur et avant l'exploitant – à exercer une double censure sur les films: leur appréciation est sollicitée une fois le film terminé, ils n'hésitent pas en plus, à l'occasion, à revoir les textes projetés sur l'écran (intertitres) et même à couper certaines séquences. Cela s'ajoutant, bien entendu, à la censure officielle toujours en vigueur.

Les chiffres cités par le *Catalogue des films français de long métrage 1919-1929* de Raymond Chirat et Roger Icart (Cinémathèque de Toulouse, 1984) sont une évaluation qui, malgré son extrême appréciation, garde quelque chose d'approximatif: la Fédération internationale des archives du film (FIAF) estimant à 70 % le taux de destruction des copies pour la période envisagée, il est clair que les auteurs n'ont pu se contenter d'étudier les films, mais ont dû faire appel également à diverses sources écrites, parfois moins sûres (presse, matériel d'exploitation, catalogues, etc.). Cela dit, on peut considérer à coup sûr 1923 comme l'année la plus féconde (environ 130 films produits) et 1927 comme l'année la plus pauvre (une soixantaine). Les principaux producteurs ont été Gaumont (61 films, dont 23 de la Gaumont – Série Pax et 1 de la Gaumont-British),

la Société des Cinéromans (52 films), le Film d'art (Vandal et Delac, 46 films), Pathé Consortium Cinéma (25 films dont 9 films Pathé frères) et les films Albatros. On voit l'importance prise par Gaumont dans le secteur production en général et par rapport à Pathé en particulier, devenu Pathé Consortium Cinéma en 1921, au moment où Charles Pathé a abandonné la présidence. En 1926, celui-ci cédera un peu plus de terrain au géant américain en abandonnant ses usines de Vincennes spécialisées dans la fabrication de pellicule vierge à Kodak : vingt ans plus tôt, il avait détrôné George Eastman, qui avait alors le monopole en la matière. La pellicule produite désormais à Vincennes porte le label Kodak-Pathé. Mais Pathé a encore construit ses studios de Joinville (en 1925) et fourni un effort surprenant pour populariser le cinéma dans tous les milieux grâce aux projecteurs de films en format réduit. Après avoir lancé le Pathé Kok en 1913 (qui utilisait une pellicule de 28 mm), il a obtenu un succès foudroyant en 1922 avec le Pathé-Baby (films en 9,5 mm), destiné particulièrement aux familles, et créera encore le Pathé Rural (17,5 mm) pour les petites exploitations (1928).

Gaumont a annoncé en 1925 son intention d'arrêter la production, à l'exception des films Feuillade. Trois films Gaumont seulement figurent dans les quelque 90 films français produits en 1926, année où l'on importe 444 films américains. En 1927, le nombre de producteurs (une quarantaine) étant trop élevé par rapport à la production nationale, les frais généraux s'accroissent et entraînent une augmentation du prix de revient des films : « Nous voyons, à côté d'une ou deux sociétés plus importantes un grand nombre de producteurs indépendants, qui s'efforcent de réaliser des films au moyen de combinaisons financières de fortune, puis de les placer en France et à l'étranger, dans des conditions si précaires qu'il se passe parfois des mois avant qu'un film terminé apparaisse sur les écrans nationaux, et des années avant qu'il soit amorti » (rapport Fain-Pommery, 1928). Bref, en 1928, au moment où le cinéma parlant va tourner une page décisive dans l'histoire du cinéma, tous les éléments de la crise permanente du cinéma français sont déjà réunis : la seconde après-guerre ne fera que répéter la première.

Les années 1920 auront vu naître, par ailleurs, deux idées particulièrement intéressantes dans les domaines de la production et de la conservation des films. Des accords de production internationale ont été conclus et les coproductions franco-étrangères ont fait leur apparition : c'est, en un sens, la première ébauche d'un cinéma européen. D'autre part, une loi de 1925 rend le dépôt des films obligatoire. Mais aucune sanction n'étant prévue à l'égard des contrevenants, les producteurs restent libres de ne déposer aucune copie. Il faudra attendre presque vingt ans pour que le dépôt légal devienne réalité.

Les débuts du parlant et les années 1930

Toute l'économie du cinéma français à la fin des années 1920 et au début des années 1930, de l'exploitation, touchée la première, à la production, en passant par la distribution, a été secouée par une révolution technique : le passage du film muet au film parlant.

Malgré la méfiance des professionnels à l'égard de la « musique mécanique », l'année 1928 voit l'apparition d'une foule d'appareils (pick-ups, phonographes ou pianos à rouleaux). En 1929 va progressivement se préciser le concept de « parlant », imposé par les Américains. En juin, les exploitants français ont le choix entre huit « procédés de films sonores », quatre systèmes à disques synchrones et quatre systèmes à son optique (inscrit sur la pellicule). C'est l'enregistrement sur disques qui prévaudra jusqu'en 1930-1931. La multiplicité des procédés ne facilite pas les choses et la bataille des brevets ne sera pratiquement terminée qu'en août 1930. Le malaise de l'exploitation devant la mort annoncée du muet va donc durer deux ans. Mais le mouvement est irréversible et, dès janvier 1929, le terrorisme publicitaire bat son plein tandis que l'offensive étrangère s'amplifie sur les écrans, devenus l'enjeu d'une nouvelle bataille : celle des appareils de projection. La conversion au parlant ne va toutefois s'opérer qu'avec lenteur. Seule, une minorité de grandes salles tente l'aventure : la petite exploitation s'interroge sur la rentabilité de l'entreprise, d'autant que le public, vite lassé de productions médiocres et souvent projetées de façon défectueuse, demeure fidèle aux films muets. Il faut dire aussi que les distributeurs n'ont, au départ, pas grand-chose à proposer : en juin 1930, le marché ne dispose que de 33 longs métrages « 100 % parlant français ».

La production nationale doit se reconvertir entièrement et rapidement, et accepter enfin, bon gré, mal gré, d'affronter les nouvelles techniques et les nouvelles charges financières qu'elles représentent : le tournage d'un film parlant coûte en moyenne trois fois plus cher que celui d'un film muet. De nombreux petits producteurs sont ruinés en quelques mois. Autre problème : les débouchés à l'étranger. Alors qu'il suffisait de modifier les cartons d'une production muette pour la vendre dans le monde entier, on ne sait plus que faire d'un film parlant français. Les sous-titres ont été tout de suite mal accueillis et la première solution adoptée a été celle des versions multiples, imposée à la France par le vice-président de la firme américaine Paramount.

Un groupe franco-américain voit le jour sous la direction d'un producteur hollywoodien qui loue et transforme les studios Gaumont de Joinville-Saint-Maurice. Chaque scénario est tourné en plusieurs langues par le même réalisateur, seuls changent les acteurs d'une version à l'autre. Les studios de la Paramount française sont l'aboutissement du plus bel effort jamais tenté en matière de colonisation cinématographique. Était visé non seulement le marché français, mais l'ensemble du marché européen. La « version multiple » connaît de beaux jours jusqu'en 1934, bien que le doublage, solution commerciale définitive, ait acquis depuis longtemps droit de cité.

La production française de films parlants démarre pour de bon en 1930. Les petites maisons de production encore en place jouent alors un rôle déterminant (les établissements Braunberger-Richebé, Jacques Haïk, Vandal et Delac, les films PJ de Venloo). Pathé-Natan lance les premières « actualités françaises sonores et parlantes » (Pathé-Journal), bientôt suivies par Éclair-Journal. L'année suivante, la vitesse de croisière est en vue.

Cependant, la mainmise du cinéma américain sur l'industrie cinématographique française entraîne de larges concentrations. La fusion de la grande maison de production de Louis Aubert avec la petite firme Franco-Film a engendré la Franco-Film-Aubert qui, dès 1929, s'est associée avec Gaumont pour constituer un véritable trust, à la tête d'usines de fabrication d'appareils, d'un important circuit de grandes salles, d'agences de distribution (Gaumont-Franco-Film-Aubert ou GFFA), de studios de production et d'ateliers de tirage. Même transformation chez Pathé : ici comme là, la production s'appuie sur un réseau de distribution et un circuit d'exploitation.

Finalement, l'implantation du parlant a coûté cher au cinéma français. Le prix des places a dû être augmenté et, en 1932, la Chambre syndicale de la cinématographie exige du gouvernement une réduction des charges fiscales. Malgré une grève de protestation des exploitants, l'État fera la sourde oreille jusqu'en 1935.

Il semble s'occuper davantage de la censure. En 1933, ce sont 38 films sur 572 (soit 1 / 15 des productions françaises et étrangères soumises à la Commission de censure) qui vont avoir à subir des coupures. Censure essentiellement politique : on reproche à la majorité des séquences incriminées de porter atteinte au prestige des institutions, de l'armée, de puissances étrangères « amies », voire de faire de la propagande procommuniste. Onze films sont même intégralement refusés, dont *Zéro de conduite* de Jean Vigo, jugé « attentatoire au prestige du corps enseignant » et qui demeurera interdit jusqu'en 1945. En 1934, la Direction générale des beaux-arts, dont relève le cinéma français depuis 1919 et qui est chargée, au sein du ministère de l'Éducation nationale, de la censure cinématographique, voit son pouvoir renforcé. Cela fait partie d'un tout : la poussée de la droite et de l'antiparlementarisme. Les censures municipales continuent à sévir de leur côté et le maire de Marseille, en 1935, interdit par arrêté le film de Maurice Tourneur *Justin de Marseille.* Les actualités ne pouvaient être épargnées : les exploitants seront invités à couper la séquence consacrée à la journée d'action du 12 février 1934 organisée par le syndicat CGT, les socialistes de la SFIO et le parti communiste, avec le discours de Léon Blum.

Pendant ce temps, la récession économique due à la crise mondiale de 1929 vient frapper le cinéma à tous les niveaux. En 1934, la GFFA doit déposer son bilan et le nombre de films produits chute de 156 à 119. L'étranger pénètre de plus en plus le marché intérieur français : plus des trois quarts des films distribués. Le fléchissement des recettes enfin, commencé en 1932, se poursuit jusqu'en 1935.

Le 4 juin 1936, le gouvernement du Front populaire dirigé par Léon Blum (parti socialiste SFIO) accède au pouvoir. Les salariés en profitent pour faire valoir leurs revendications et les grèves déferlent sur la France. Studios de cinéma et usines de tirage ferment et son occupés par le personnel. La production est arrêtée. Les maisons de distribution et les salles de cinéma suivent le mouvement. Malgré la signature, les 7 et 8 juin, des accords Matignon entre délégués des salariés et du patronat, aboutissant à la semaine de quarante heures, aux congés payés et à la reconnaissance officielle du rôle des syndicats, c'est seulement le 18 que s'achèvera la grève dans le cinéma français.

Pourtant, les rapports entre celui-ci et l'État ne se trouvent pas modifiés en profondeur. Les contraintes gouvernementales subsistent, par le biais de la censure en particulier. Parallèlement, la situation économique du cinéma en France devient critique. L'aide de l'État (70 millions en 1933) tombe à 12 millions en 1936. Les charges fiscales, en revanche, sont plus lourdes que jamais : le cinéma français est alors le plus imposé du monde (40 % des recettes) et, en France, le plus imposé des spectacles. La société Pathé-Cinéma est mise en faillite et la production dans son ensemble vit une période dramatique : le prix de revient d'un film moyen augmente de 35 % entre mai 1936 et juin 1937. Le cinéma français semble être dans une impasse et l'ahurissant morcellement administratif dont il souffre ne peut l'aider à en sortir. Il fallait peut-être en arriver là pour assister à la naissance d'un film financé par une souscription populaire : *la Marseillaise,* de Jean Renoir (1937).

Avec la montée des périls, l'emprise de la censure se resserre, principalement sur les actualités : double

censure, par sollicitation (une circulaire hebdomadaire de la présidence du Conseil recommande les sujets d'« intérêt national ») et par élimination (les représentants des divers ministères visionnent chaque mercredi matin l'ensemble de la presse filmée pour la semaine à venir et demandent les suppressions qui leur conviennent). Plus une censure plus générale, d'ordre préventif, qui indique aux producteurs les sujets à éviter. Inversement, le public est mis en condition par les scénarios de longs métrages qui lui sont proposés : l'uniforme, l'armée et la guerre sont les vedettes de nos écrans depuis 1935.

Le 1er février 1938, le fisc porte un nouveau coup au cinéma en majorant de 25 % la taxe d'État prélevée sur les recettes des grandes salles, tandis que les frais de production poursuivent leur ascension. En 1939, la France ne produit plus que 94 films, soit les trois quarts de la production de 1938, et moins de la moitié de la production annuelle durant la période 1931-1933.

Les menaces de guerre deviennent réalité. À partir du 5 septembre 1939, les cinémas doivent fermer à 20 heures 30. La mobilisation désorganise l'exploitation et, le 1er octobre, un peu moins de une salle sur deux est ouverte à Paris. Artistes et techniciens sont dispersés et la production, stoppée. Remaniée le 29 juillet, la Commission de contrôle des films dépend désormais du commissariat général à l'Information, mais la censure ne trouve plus guère à s'exercer que sur les actualités.

L'Occupation et la seconde après-guerre

Le 10 juillet 1940, le nouveau gouvernement, avec, à sa tête, le maréchal Philippe Pétain, s'installe à Vichy. L'occupant nazi, après sa victoire de juin 1940, a accepté, en effet, l'existence d'une « zone libre » où le gouvernement de Vichy doit avoir toute souveraineté. Le cinéma de la zone libre ne tarde pas à passer sous le contrôle d'un Service d'État du cinéma, dont le siège est à Paris. Ce service est à l'origine, en décembre, de la création du Comité d'organisation des industries cinématographiques (COIC), préfiguration de l'actuel Centre national de la cinématographie (CNC). En zone occupée a été créé le 18 juillet le département français des services nazis de propagande, le Propagandaabteilung, placée sous l'autorité directe des bureaux berlinois de Joseph Goebbels. À partir du 31 janvier 1942, la Propagandaabteilung relève du commandement militaire nazi et n'est plus qu'un organisme de la Wehrmacht comprenant 5 sections régionales (Propagandastaffeln). La zone libre étant à son tour occupée en juillet 1943, la nouvelle section de Lyon a sous ses ordres 10 services locaux répartis dans la zone sud.

L'une des premières besognes du COIC est de veiller à l'application du statut des juifs institué le 3 octobre 1940. Interdiction leur est faite d'exercer une profession quelconque dans l'industrie cinématographique : « Nous, maréchal de France, chef de l'État français [...]. Art. 5 : Les juifs ne pourront, sans condition ni réserve, exercer l'une quelconque des professions suivantes : [...] directeurs, administrateurs, gérants d'entreprises ayant pour objet la fabrication, l'impression, la distribution, la présentation de films cinématographiques ; metteurs en scène et directeurs de prises de vues, administrateurs, gérants de salles de théâtre ou de cinématographie [...]. » Il est intéressant de rappeler ces quelques lignes du seul hebdomadaire de la corporation à l'époque, *le Film*, dans son numéro du 17 juin 1941 : « Nous avons à nous redresser très vigoureusement, nous autres, gens du cinéma, qui sommes déformés par vingt ans de cohabitation avec des juifs pour la plupart étrangers et récemment sortis du ghetto, aux pratiques commerciales douteuses, aux combines et aux débrouillages pour le moins hasardés [...]. Expulser les malpropres, c'est le travail de nos dirigeants. Retrouver un esprit correct, c'est notre travail à nous, gens du métier. »

Contrôle des personnels, contrôle des matières premières : la pellicule est rigoureusement contingentée. La distribution est mise en coupe réglée par l'Alliance cinématographique européenne, firme allemande implantée en France dès le milieu des années 1920. Évidemment, on procède à l'« assainissement » des programmes disponibles dans les agences nationales : dès la fin de 1940, soixante-cinq films français de long métrage perdent leur visa d'exploitation (dont *la Grande Illusion*, *le Quai des Brumes* et *la Règle du jeu*). Dans l'exploitation, les intérêts allemands prolifèrent : la création de la (SOGEC), à partir de circuits pris aux exploitants juifs, fait d'Alfred Greven, son directeur, le grand patron du cinéma en France. Greven est, par ailleurs, délégué pour le cinéma auprès de la Propagandaabteilung et directeur général de la Continental, filiale de l'UFA allemande, destinée par l'occupant à produire en France des films français grâce aux capitaux allemands et à la main-d'œuvre française. En 1941, tous les groupements syndicaux et organisations professionnelles sont dissous. Le 15 octobre 1942, la projection des films anglo-saxons est interdite sur l'ensemble du territoire.

Voilà donc la censure à son apogée. Et d'abord, l'autocensure. Ne pouvant toucher à rien ni à personne, ni à quelque profession que ce soit, ni au contexte de l'Occupation, scénaristes, producteurs et réalisateurs choisissent la fuite : comédies et films fantastiques, calligraphie et romanesque assureront le triomphe de la morale bourgeoise chère au régime.

En sont exaltées sans vergogne les valeurs pivot : la terre, la famille, le travail. D'aucuns ont voulu aller plus loin. Le premier directeur du COIC, Raoul Ploquin, par exemple : « Les producteurs et les réalisateurs qui ne se plieraient pas aux règles de qualités matérielles et spirituelles que le cinéma français exige, seront éliminés de notre industrie [...] il serait absurde de nier l'importance de productions telles que [...] *le Juif Süss* et *le Jeune Hitlérien*, par exemple [...]. Nous aimerions que le cinéma français produise à son tour des films d'une haute tenue, au service de la nouvelle politique française » (*Ciné-Mondial*, 1er mai 1942). La France n'a pas eu son *Juif Süss*, mais courts et moyens métrages donnent volontiers dans la propagande directe, antibolchevique ou antisémite de préférence. Instrument numéro un de la propagande vichyssoise : *France-Actualités*, seul journal filmé remplaçant les cinq diffusés jusqu'en juin 1940. La projection en est obligatoire à chaque séance. Quarante pour cent des actions de la société France-Actualités sont détenues par les actualités allemandes. Durant toute l'Occupation, la projection des actualités a fait l'objet d'un contrôle particulier. À partir de janvier 1941, elles doivent être obligatoirement projetées dans une salle demi-éclairée. À partir du 1er mars, " les directeurs de chaque établissement doivent obligatoirement, au début de chaque projection d'actualités, annoncer soit au micro, soit sur scène, le texte suivant : « La préfecture communique : à diverses reprises, des manifestations au passage des actualités ont provoqué des sanctions contre les cinémas où elles se sont produites, entraînant ainsi la fermeture provisoire des salles [...]. Des mesures très sévères seront prises contre tout spectateur dont l'attitude constituerait même un commencement de manifestation » " (*le Film*).

Mais les collaborateurs véritables ont été rares. Ainsi, d'ailleurs, que les résistants. Il existait pourtant un Comité (clandestin) de libération du cinéma et des syndicats clandestins.

Après une paralysie totale de l'industrie cinématographique en zone occupée durant le second semestre 1940, la production va reprendre en 1941 pour atteindre 54 films (presque le double de l'année précédente) et 77 en 1942. À partir de février 1943 (institution du Service du travail obligatoire en Allemagne – le STO), on assiste à une concentration des firmes de production : la Continental, 2 consortiums italiens et 11 groupes français. L'occupant a réussi une tentative comparable à la gigantesque concentration réalisée en Allemagne un an auparavant.

Dès 1943, produire un film se heurte à des difficultés matérielles considérables. En 1944, c'est une véritable gageure : coupures d'électricité et arrestations de personnels suspects viennent encore compliquer et, souvent, interrompre les tournages.

Malgré tout, le 8 août 1944, pas moins de 17 films auront été mis en chantier depuis le 1er janvier. Au total, le cinéma de Vichy aura réussi à produire 220 longs métrages : le film français aura survécu. C'est à Vichy que l'on doit aussi l'instauration du dépôt légal des œuvres cinématographiques (loi du 21 juin 1943) et la création de l'Institut des hautes études cinématographiques (IDHEC), destiné à la formation des techniciens du cinéma.

Le phénomène le plus notable de ces années noires est sans doute l'affluence record que vont connaître les cinémas français. Les matinées (séances de l'après-midi) font recette et ce succès profite en premier à la production nationale, sans concurrent sérieux pour la première fois depuis ses origines. De 6 millions de spectateurs en 1939, on passe à 310 millions (plus de 50 fois plus) en 1942. De sorte que, paradoxalement, la période a été plutôt bénéfique au cinéma français : ne commencer un tournage qu'une fois le budget arrêté et les fonds en banque (obligation de l'époque) était sécurisant : savoir qu'ils fabriquaient la seule distraction populaire du pays était encourageant pour les cinéastes.

La fin de la guerre approche. Le Comité de libération du cinéma français s'active tout au long de l'année 1944. En particulier en mettant sur pied un plan de relance de l'industrie cinématographique pour les lendemains de la Libération, dont trois points au moins se réaliseront dans les mois ou les années à venir : l'épuration de la profession et la mise en place de laboratoires de recherches (apparition d'une commission provisoire d'épuration et de la Commission supérieure technique – CST – dès septembre 1944), création d'un organisme officiel de propagande en faveur du cinéma français (ce sera Unifrance-Film en 1949). Le Comité de libération sera aussi à l'origine de France libre-Actualités qui remplaça France-Actualités à partir du 8 septembre 1944. Notons enfin que, parallèlement à l'épuration des personnes, la Libération a nationalisé les biens ennemis placés sous séquestre : ainsi, la Continental devient l'Union générale cinématographique (UGC) destinée à l'origine à s'occuper de production et d'exportation.

Paralysée par le manque de pellicule, la production ne reprend qu'en décembre 1944. Le matériel disponible se révèle très vite vétuste. Dix des quinze studios existant en France en 1946, soit les deux tiers, étaient antérieurs à 1933 ; les studios Éclair d'Épinay datent de 1907. Mais la fréquentation des salles continue son ascension : de 300 millions de spectateurs en 1943, elle passe à 400 millions à la Libération et atteindra son record en 1947 avec 424 millions. 1948 amorce la dégringolade et les entrées retomberont à 356 millions en 1952.

Cependant, le cinéma français se dote de nouvelles structures administratives : 1946 est l'année de la création du Centre national de la cinématographie. Auparavant, le 3 juillet 1945, a été instituée la Commission de contrôle des films qui désormais avait l'exclusivité de la censure. Mis en minorité dans la composition de la commission en 1950, les représentants de la profession donnent leur démission, laquelle reste effective durant dix-huit mois. Le début des années 1950 sera fertile en « affaires » : refus d'autorisation de tournage par le ministère de la Justice à André Cayatte pour son *Affaire Seznec*, interdiction du *Rendez-vous des quais*, de Paul Carpita, en 1953, sur les dockers marseillais hostiles à la guerre d'Indochine, et du film anticolonialiste d'Alain Resnais *Les statues meurent aussi*.

Les films français, en attendant, ont fort à faire face à la concurrence étrangère, c'est-à-dire, avant tout, au retour en force des films américains : privés pendant quatre ans, les spectateurs s'y précipitent. Hollywood profite de l'aubaine et déverse sur le marché des reprises de succès antérieurs à 1939, toute la production 1940-1944 et ses films les plus récents. Les cris d'alarme se multiplient dans la profession et le Syndicat français des producteurs de films, dès novembre 1945, demande un contingentement réservant aux productions françaises des possibilités d'exploitation qui leur permettent d'assurer leur amortissement. Au même moment, le Syndicat des techniciens de la production rappela que le pourcentage de films français en exploitation était avant la guerre de 65 % et qu'il n'est plus, pour le 1er semestre 1945, que de 40 %.

Le gouvernement provisoire de la République française, représenté par Léon Blum, est amené à réagir. Le 28 mai 1948, il signa avec le secrétaire d'État américain au Commerce extérieur, James F. Byrnes, un arrangement concernant la projection des films américains en France. Ces fameux accords Blum-Byrnes, l'événement primordial des années 1945-1955, instauraient « un régime dit de contingentement à l'écran », en vertu duquel, à partir du 1er juillet 1946, quatre semaines par trimestre seraient réservées sur les écrans français aux films de production française, les neuf autres laissant jouer librement la concurrence. Cette mesure provoque une levée de boucliers chez les professionnels qui voient là, comme en 1932, une capitulation devant l'impérialisme américain. Mais les événement se précipitent : le nombre de longs métrages américains visés par la censure, passé de 38 pour le 1er semestre 1946 à 144 pour le second, sera de 338 pour le 1er semestre 1947. Le Comité de défense du cinéma français créé en décembre 1947 mobilisa, le 5 janvier 1948, dix mille acteurs, réalisateurs et techniciens qui défilèrent à travers Paris. Pendant des mois, ils iront de salle en salle, prenant la parole à l'entracte et distribuant des bulletins d'adhésion. Le gouvernement essaie de faire machine arrière et porte le quota à cinq films français par trimestre au lieu de quatre (accords de Paris de septembre 1948). De façon apparemment paradoxale, les exploitants n'ont pas réagi. En fait, la situation leur convenait parfaitement : les distributeurs américains leur proposaient un choix de titres à faire rêver, souvent à des prix sans concurrence, une bonne part de leur production ayant déjà été largement amortie aux États-Unis et ailleurs. Rien d'étonnant si, sur les quelque 400 films projetés en France en 1948, on dénombre plus de 220 films américains contre moins de 90 films français.

La production nationale étant tombée de 91 films pour 1946 à 78 pour 1947, les accords de Paris sont accompagnés d'une loi d'« aide temporaire à l'industrie cinématographique » votée le 23 septembre 1948. Jusqu'au 31 décembre 1953, 13 milliards de francs de l'époque seront versés à la production (7 milliards de francs) et à l'exploitation. C'est à cette aide que l'on doit, en partie, une reprise de la production : 91 films en 1948, 107 en 1949, 117 en 1950. La loi d'aide de 1948 étant arrivée à expiration, l'Assemblée nationale adopte une nouvelle loi « portant création d'un fonds de développement de l'industrie cinématographique ». Autre forme d'aide à la production : la coproduction internationale. La France et l'Italie sont les premières à signer un tel accord, en 1949. D'autres accords bilatéraux vont suivre avec l'Allemagne de l'Ouest (1952) et l'Espagne (1953). Le nombre des coproductions ne cessa de croître jusqu'en 1963 : de 14 en 1951, on passe à 92 en 1961.

La production, enfin, pour mieux rivaliser avec le cinéma américain, accélère le démarrage chaotique du film en couleur (seulement 25 % des films français en 1963) coïncide à peu près avec la nouvelle révolution technique venue des États-Unis : l'écran large. Tout commence le 4 décembre 1953 avec la projection, à Paris, du premier programme tourné en Cinémascope, avec image de 2,55 ¥ 1 (au lieu du rapport alors traditionnel de 1,33 ¥ 1) et stéréophonie (quatre pistes sonores magnétiques). En attendant les premiers films français « en scope », les producteurs, saisis de panique, n'ont plus qu'une idée en tête : élargir l'image par tous les moyens. Les ravages de l'« écran panoramique » vont se manifester illico : ce fut l'époque du 1,75 ¥ 1 (parfois plus, parfois moins) obtenu à partir de films normaux, des fenêtres de cabines de projection raccourcies dans le sens de la hauteur, des têtes d'acteurs coupées et des sous-titres amputés. Bon prince, le public a suivi.

Et pendant que les derniers gadgets hollywoodiens affolent le cinéma français, les studios commencent à disparaître : sur les 45 disponibles en 1947, 24 seulement sont encore utilisables en 1951.

Les rebelles (1955-1964)

Dix ans après la fin de la Seconde Guerre mondiale, la production continue sa progression en dents de scie : elle remonte d'abord de 100 films en 1954 à 139 en 1957 et 160 en 1961, pour retomber à 125 en 1962. Alors que le nombre de coproductions avec l'étranger (notamment l'Italie) s'est accru, la régression des coproductions à majorité française est importante : on n'en dénombre que 40 (sur 92) en 1961.

L'exploitation est en crise. Le nombre de spectateurs dans les salles standard (35 mm), qui n'a cessé de croître jusqu'en 1957 (412 millions), amorce en 1958 (371 millions) une chute spectaculaire qui attendra 276 millions en 1964. Même dégringolade dans le circuit standard (16 mm) : 21 millions de spectateurs en 1958, 12 en 1964. C'est, il est vrai, le moment où la télévision apparaît comme la grande rivale : de 125 000 récepteurs en 1955, on passa de 4 400 000 en 1954, soit 35 fois plus en dix ans.

Impavide, la censure gaulliste multiplie ses foudres. Tourné en 1956, le premier long métrage français (de Claude Bernard-Aubert) sur la guerre d'Indochine terminée depuis deux ans, *Patrouille sans espoir*, sortira en 1957 sous un nouveau titre : *Patrouille de choc*. Commencée en 1956, l'affaire de *l'Objecteur*, film de Claude Autant-Lara sur l'objection de conscience, sera l'affaire de l'époque. Entrepris en 1958 sur un scénario autorisé deux ans auparavant, le film est immédiatement interrompu : l'armée refuse le titre et les producteurs retirent leurs billes. Réalisé en Yougoslavie, il sera présenté en 1961 au festival de Venise sous le titre *Tu ne tueras point*. En 1962, il est interdit en France, où il ne sortira qu'un an plus tard, après avoir subi treize coupures et dans des conditions de distribution particulièrement défavorables. L'hiver 1959-1960 a eu, d'autre part, une offensive municipale d'une ampleur toute nouvelle : soixante-dix maires interdisent *les Liaisons dangereuses* (1960, Roger Vadim). Confirmant l'emprise grandissante des fonctionnaires, le décret du 18 janvier 1961 modifie la composition de la Commission de contrôle, qui ne comprendra plus que sept représentants de la profession sur vingt-trois membres. Le même décret, obligeant chaque scénario à être examiné par la président de la Commission avant tournage, institue la précensure. En 1960, le film de Jean-Claude Bonnardot *Morambong*, sur le bataillon français engagé dans la guerre de Corée, est totalement interdit par le ministère de l'Information, qui demeure souverain en la matière. Il ne sortira que quatre ans plus tard. 1961 sera l'année de l'interdiction totale de *Cuba si*, de Chris Marker, pour « apologie du régime castriste ». Finalement, les longs métrages français n'auront pu parler à chaud ni de la guerre d'Indochine, ni de la guerre de Corée, ni, surtout, de la guerre d'Algérie.

Autre rébellion, d'un autre genre et qui a fait parler d'elle beaucoup plus : ce que l'on a appelé, dès 1957, la « Nouvelle Vague ». Lancée par Claude Chabrol (*le Beau Serge*, 1958), elle bouleversa le paysage du cinéma français pendant cinq ans au moins. En 1960, le producteur italien Carlo Ponti et Georges de Beauregard fondent une nouvelle société de production, Rome-Paris-Rome, « destinée à faciliter la révélation des valeurs sûres du cinéma de demain ». Les premiers longs métrages de Jean-Luc Godard vont figurer parmi ses premières productions.

La Nouvelle Vague bénéficie d'un terrain favorable. Depuis 1944, la place du cinéma dans la vie des Français s'est élargie. Au cinéma du samedi soir est venu s'ajouter un cinéma conçu ou utilisé à des fins plus culturelles. D'où la multiplication des pages « cinéma » et des critiques dans l'ensemble de la presse, des ciné-clubs, des salles d'art et d'essai, des festivals. L'État lui-même a officialisé cette attitude nouvelle en instaurant, dans le cadre de la loi d'aide de 1953, la prime à la qualité, tant en ce qui concerne les studios et laboratoires (dont on encourage la modernisation par une garantie de crédit) que l'exploitation (soutien financier à l'amélioration des salles) et la production : une partie des ressources de l'aide est réservée aux courts métrages de qualité, tandis que les longs

La guerre d'Algérie

Seul, Jean-Luc Godard tente, en 1960, d'en parler dans son deuxième long métrage, *le Petit Soldat*: on y évoque le Front de libération nationale algérien (FLN) et le héros est un déserteur de l'armée française. D'où interdiction immédiate. Les contestataires vont tout de même finir par se rebeller. Mai 1962 voit la publication d'un Manifeste pour un cinéma parallèle qui, s'appuyant sur les « petits organismes culturels : ciné-clubs, sections de comités d'entreprises, amicales, sections de syndicats, comités de défense [...] », revendique le droit de « faire un cinéma de vérité ». Le pari va être très vite tenu, grâce à plusieurs courts métrages, soulignant en particulier les problèmes du retour à la vie civile des appelés en Algérie, et même un long métrage, *Octobre à Paris*, sur la situation des Algériens de Paris à la fin de la guerre. Réalisé par le groupe Vérité-Liberté sous la direction de Jacques Panigel, il se présente de façon anonyme et ne sort de la clandestinité qu'en 1978. Mais la distribution et l'exploitation parallèles sont déjà au point et, à Paris, le ciné-club Action passe les films à la sauvette, entre deux contrôles de police. Peu à peu, et plus ou moins discrètement, le cinéma commercial se met en branle. 1963 sera l'année de *Muriel*, où Alain Resnais met en scène un personnage traumatisé parce qu'il a torturé en Algérie.

métrages de nature à « ouvrir des perspectives nouvelles à l'art cinématographique » peuvent être assurés d'un concours financier s'élevant, à l'origine, à 10 millions de francs (article 10). Alain Resnais conclura (*le Monde*, 14 août 1959) : « La prime à la qualité [...] a eu une influence capitale. S'il y a eu des nouveaux réalisateurs qui commencent à travailler, c'est grâce à la prime à la qualité. » De son côté, à la fin des années 1950, une large fraction du public est prête à accueillir tout essai de renouvellement. D'autant plus volontiers que, lassés de la production nationale moyenne, enlisée dans la routine et l'académisme, les spectateurs commencent, en 1958, à déserter les salles. La Nouvelle Vague les y ramène avant de partir à la conquête de l'étranger, où elle va connaître un véritable triomphe : *les Quatre Cents Coups*, premier long métrage de François Truffaut (1959), fut acheté 100 000 dollars par les États-Unis, soit 50 millions de l'époque, nettement plus que son prix de revient (32 millions). En France, *le Beau Serge* a été entièrement remboursé par la prime à la qualité et la seule première exclusivité rapportera plus que le film n'avait coûté.

Et c'est peut-être, finalement, sur le plan économique que la Nouvelle Vague aura eu le plus d'impact, au stade même de la production, en institutionnalisant une « nouvelle façon de faire du cinéma » (selon le mot de Jean-Pierre Melville). Le changement en question peut se résumer en trois points : petit budget, décors « naturels », rapidité de tournage. Alors que le prix de revient moyen d'un film s'élève à 90 millions de francs, *le Beau Serge* en a coûté 37 et *À bout de souffle*, premier long métrage de Jean-Luc Godard (1959), 45. Un budget réduit (de 40 à 50 millions de francs), c'est plus qu'il n'en faut pour intéresser les producteurs. L'abandon des studios (ainsi que l'absence de vedettes au générique) fait partie de ces conditions de production encore exceptionnelles. Tourner dans un cadre naturel connu (ainsi du petit village creusois du *Beau Serge* où Chabrol avait vécu pendant la guerre) ou dans les rues de Paris, décor par excellence de ce jeune cinéma, devient la règle. En 1960, plus du tiers du productions françaises sont tournées entièrement en extérieurs réels. Le tournage en décors naturels impose moins de servitudes : Chabrol, Godard et les autres amplifient équipe technique et matériel. Le long travelling arrière au début du *Beau Serge* a été filmé d'une Deux-Chevaux Citroën tirée à la main, l'opérateur Raoul Coutard tient presque continuellement sa caméra à la main pour *À bout de souffle*, parfois caché dans une voiture à bras des PTT poussée ou tirée par Godard le long des Champs-Élysées.

Quoiqu'on puisse en penser sur le plan artistique, l'influence de la Nouvelle Vague a été considérable, et pas seulement en France. Pierre Billard (*Cinéma 60*, n° 51) résume : « Une barrière a été rompue, qui est celle de la production. Il est incontestablement plus aisé de tourner un premier film en 1960 qu'en 1957 [...] Des méthodes de production économiques ont été explorées avec succès et permettent aux jeunes auteurs de franchir plus aisément leurs premiers pas. »

Pourtant, au même moment, la superproduction à gros budget garde la faveur des producteurs : de 1958 à 1959, le nombre des coproductions de plus de 200 millions passe de 24 à 35. Face à la concurrence grandissante de la télévision, les producteurs jouent sur les deux tableaux : les petits budgets limitent les dégâts, la grosse artillerie garantit un minimum de rentabilité. C'est aussi au début des années 1960 que le gouvernement Debré se met à défendre une politique de soutien aux grosses sociétés et modifie l'aide en restreignant le crédit, décourageant ainsi les petits producteurs.

La carotte et le bâton (1965-1978)

On a souvent parlé de la « crise du cinéma français ». Peut-être avec excès. Néanmoins, elle semble à l'ordre du jour à partir de 1965. La production en est la première victime et le chômage fait de plus en plus partie des perspectives de la profession. En 1965, 127 sociétés de production sont en activité, sur 683 officiellement enregistrées, et 74 réalisateurs sur 478. En 1975, 90 % des techniciens et artistes du cinéma français seront au chômage et la télévision deviendra le refuge de nombreux cinéastes : l'ère des « intermittents du spectacle » a commencé. Mais la reprise va se faire à partir de 1969 (production globale : 118 films) et sera pratiquement constante jusqu'en 1977 (222 films). Il faut toutefois tenir compte, surtout après 1972, de la prolifération des films érotiques, puis pornographiques, éminemment rentables (78 films classés X en 1977). La production paraît donc en plein essor. Pourtant, les studios ferment les uns après les autres : destruction partielle des studios de Boulogne, fermeture en 1971 des studios de Joinville-Saint-Maurice (ex-Studios Paramount), suppression de dix plateaux, en 1972-1973, des studios de Boulogne encore existants. Au printemps 1978, la France ne dispose plus que de 3 studios parisiens, et des studios de la Victorine à Nice, du reste rachetés par le Canada. Victimes d'une illusion économique, les producteurs, à la remorque des réalisateurs, considèrent les studios comme non rentables. En fait, le tournage en studio supposait une discipline que la Nouvelle Vague a battue en brèche. La façon dont on fait un film en France a changé du tout au tout en dix ans. En 1969 (dans *le Figaro* du 18 octobre), le producteur Claude Nedjar déclare : « On monte un film comme on monte un hold-up ou une escroquerie. L'effort du producteur consiste à faire croire qu'un produit qui n'existe pas peut être à 200 % rentable. » L'aide de l'État, cependant, est triple : au Fonds de soutien (ou aide automatique), créé en 1948 et géré par le CNC depuis 1959, s'ajoutant, depuis 1960, une avance sur recettes à une quarantaine de longs métrages sélectionnés par an et une aide bancaire possible, l'aide du distributeur (ou avance distributeur), soutenu par l'exploitation, sous forme d'un acompte éventuel sur les recettes à venir (s'appuyant principalement sur la notoriété des interprètes) et l'aide de l'exportateur. Celui-ci peut consentir un à-valoir sur les ventes à l'étranger (sur scénario – mais là encore, la présence d'acteurs vedettes joue un rôle déterminant). Ce type d'aide peut provenir également d'un distributeur qui s'engage à prendre le film en distribution mondiale : il s'agit alors, fréquemment, d'une compagnie américaine qui finance la plus grande partie de la production. Ainsi, près de 42 % du chiffre d'affaires réalisé en 1972 par 120 distributeurs sont revenus aux sept sociétés américaines représentées en France. Autres formes d'aide : celle d'un coproducteur, français ou étranger, celle de la télévision, qui commence tout juste à devenir partenaire, et celle de capitaux privés, la plus rare.

Dans la pratique, le cinéma français est livré à un capitalisme sauvage qui défie l'entendement de tout économiste éclairé. En 1975, aides ou pas, les pertes de la production s'élèvent à 140 millions de francs.

Dès les années 1970, l'appoint du distributeur (national ou international) et, à travers lui, de l'exploitant, est décisif. Les scénarios en dépendent en partie. D'où une mainmise de l'exploitation sur la production, confirmée en 1974 (*Positif*, n° 156) par le réalisateur Bertrand Tavernier : « [...] Si votre projet n'est pas agréé par un des trois ou quatre grands circuits (Pathé-Gaumont, UGC, Siritzky), vous aurez du mal à le mettre à exécution. » Les exploitants exercent même une espèce de censure au second degré, en refusant, au nom de la rentabilité, de programmer certains films : sur 32 longs métrages réalisés en 1972 par des metteurs en scène qui signalent leur premier grand film, 14 n'étaient pas encore sortis en janvier 1975. En 1973, 50 % des recettes reviennent immédiatement à l'exploitant, les producteurs devant se contenter de 20 % au maximum.

Production, distribution, exploitation sont devenus interdépendantes. Les sociétés à structure pyramidale, comme Gaumont, à la fois productrices, distributrices et exploitantes, sont les mieux placées pour survivre. Comme dans l'industrie automobile, les trusts se renforcent mutuellement et de nouvelles concentrations apparaissent. En 1970, la Société nouvelle des établissements Gaumont et la Société nouvelle Pathé Cinéma créaient le groupement d'intérêt économique (GIE) Gaumont-Pathé qui, en 1976, rassemblera 579 salles, à Paris, en province et à l'étranger. C'est alors un autre GIE, l'UGC, vendue par l'État au secteur privé en 1971, qui est, avec 712 salles en France (plus des salles à l'étranger et le contrôle du circuit francophone africain), le plus grand groupe d'exploitation français. Autant de formidables forces de pression sur la production.

Pourtant, comme les studios, les salles germent à une vitesse record : de 1964 à 1972, près de 1 400 salles projetant des films au format 35 millimètres avaient disparu, soit le quart du parc national. C'est la fin des vieux cinémas de quartier ou de banlieue. Pire encore : la situation de l'exploitation en 16 millimètres, qui aura perdu les trois quarts de son public en cinq ans (1965-1970). Dans le même temps, le cinéma perd 100 millions de spectateurs (soit une chute de 36 %). La concurrence de la télévision est indéniable : le nombre de téléspectateurs a été multiplié par quatre entre 1964 et 1977 et les films diffusés par la télévision française par 2,5. La guerre est déclarée entre cinéma et télévision : 1965 a été l'année du procès en concurrence déloyale intenté par la Fédération des cinémas français à la télévision française (ORTF). En 1977, avec 60 % de moins de spectateurs que vingt ans auparavant, la fréquentation des salles a atteint son niveau le plus bas. Et la fiscalité un niveau jamais vu : près de 24 % de la recette, brute (contre 10 en Allemagne de l'Ouest et zéro en Grande-Bretagne et aux États-Unis).

L'exploitation va donc chercher à augmenter le nombre des entrées. Non pas en baissant le prix des places, mais en offrant plus de salles. L'idée des « groupements de salles » est née et va se concrétiser en 1968 par l'inauguration, aux Champs-Élysées, du complexe Pathé Marignan-Concorde. Le bilan est positif dès l'année suivante et les « multisalles » vont se répandre dans toute la France : un nouvel âge de l'exploitation a commencé.

Mais 1968 aura connu d'autres remous. Politiques cette fois. Les événements de mai, qui paralysèrent le pays durant plusieurs semaines, ont permis au monde du cinéma de connaître trois moments forts. Le 21 mai, les états généraux du cinéma français diffusent un communiqué déclarant « abolies » les « structures réactionnaires du CNC ». Le 23, tous les tournages sont interrompus en région parisienne, tous les laboratoires de tirage sont en grève et les cinq journaux filmés sont tirés en Belgique. Le 5 juin, enfin, 1 300 membres des états généraux adoptent six « principes de réforme », parmi lesquels la « destruction des monopoles », l'autogestion, l'abolition de la censure et l'« union totale » de la télévision et du cinéma. Un an

plus tard, 180 metteurs en scène des premiers états généraux fondent la Société des réalisateurs de Films (SRF). Mais le rôle principal des états généraux en 1968-1969 a été de susciter la production de films politiques, le plus souvent de court métrage, dont la liste comprendra une soixantaine de titres, de deux minutes (les « ciné-tracts ») à deux heures trente, pour la plupart anonymes, tournés le plus souvent en 16 millimètres par des « collectifs de réalisation ». Leur diffusion ne commence vraiment qu'après le retour au calme, par l'intermédiaire des états généraux qui, déjà producteurs et réalisateurs, sont devenus distributeurs, non seulement en France, mais aussi à l'étranger. Aucun de ces films n'ayant été soumis à la Commission de censure, ils sont devenus les « films interdits », traqués par le régime gaulliste jusque dans les lycées. Le grand public n'en aura pas connaissance avant 1974.

Comme après les grèves de 1936, les réformes concernant le cinéma après mai 1968 ont été limitées. En fait, ce que les événements ont engendré, c'est l'apparition, au cours des années suivantes, d'un cinéma français politisé, sinon politique. Simultanément, on assiste à une extension considérable des films militants, tournés en marge des conditions normales de production et, en règle générale, distribués en dehors des circuits habituels. À la suite de la création des groupes Dynadia (communiste), CRP (Cinéastes révolutionnaires prolétariens) et Dziga-Vertov, tous deux maoïstes, trois enfants des états généraux du cinéma, les collectifs de production, tournant le plus souvent en 16 millimètres, voire en super-8 ou en vidéo, se mettent à proliférer : ils sont ouvriers (Iskra), politiques (Cinéma rouge, trotskiste), internationalistes (Révolution-Afrique), paysans (Front paysan), intellectuels (Cinéthique) ou régionaux (occitans ou bretons). Producteur depuis 1964 (MK Production), réalisateur en 1971 du long métrage *Coup pour coup,* récit d'une grève vue dans une perspective maoïste, Marin Karmitz se fait distributeur en 1973 (MK 2 Diffusion), puis exploitant : il ouvre, gère et programme un complexe de trois salles place de la Bastille, les 14-Juillet, qui sortiront plusieurs courts métrages et des longs métrages militants.

Certes, la censure existe toujours, mais elle a changé de style. En 1969, à la suite de la suppression du ministère de l'Information, le contrôle des films a été transféré au ministère des Affaires culturelles, c'est-à-dire au CNC. Aux interdictions, on préfère désormais les tracasseries administratives : refus des autorisations de tournage en extérieurs (*l'Attentat,* d'Yves Boisset, 1972, inspiré par l'affaire Ben Barka), suspension de l'autorisation provisoire de tournage (*Il n'y a pas de fumée sans feu,* d'André Cayatte, 1972, sur les manœuvres électorales de la majorité de droite), suspension du visa d'exploitation (*les Noces rouges,* de Claude Chabrol, 1973, sur un ministre de la majorité impuissant et trafiquant de terrains). 1973 aura tout de même connu une interdiction totale : celle du film *Histoires d'A,* militant pour la liberté de l'avortement, pourtant autorisé par la Commission de contrôle. Après un an de projections sauvages à travers toute la France et un changement de gouvernement, le nouveau ministre de la Culture donnera son autorisation de sortie. *Histoires d'A* a été l'un des premiers longs métrages parallèles à forcer le barrage de la censure et à la mettre à l'ordre du jour. En septembre 1974, un sondage de la SOFRES révèle que 75 % des spectateurs réguliers sont partisans de l'abolition du contrôle des films. Or, Valéry Giscard d'Estaing, qui vient d'être élu président de la République, a pris les devants : dès le 28 mai, il annonce la suppression de la censure (« politique », précisera-t-il le 27 août).

Cette mesure va d'abord assurer le triomphe de la « sexploitation » : le 5 juillet, le film érotique *Emmanuelle* sort, pour la seule région parisienne, dans 18 salles d'un grand circuit d'exclusivité (Parafrance-Paramount France – ex-circuit Siritzky) et va faire un malheur. Le film érotique est sorti du ghetto et les salles spécialisées se multiplient en province. Moins de un an plus tard, le 25 juin 1975, est projeté dans neuf salles parisiennes du circuit UGC le premier hardcore français, *Exhibition,* film pornographique suivi par une véritable déferlante qui va bouleverser les structures traditionnelles de la production : budget dérisoire (en moyenne, le cinquième d'un budget moyen) et amortissement rapide (un mois environ). C'est au porno que l'on doit aussi une nouvelle méthode : celle de la séquence additionnelle, qui permettra de pimenter des bandes anodines de séquences hard. Ainsi, on pourra, par exemple, reprendre des films anciens qui, remontés et affublés d'un nouveau titre, connaîtront une seconde carrière, ou distribuer des inédits jugés peu rentables à l'origine. Le mépris du public a rejoint celui de la législation.

Le gouvernement intervient alors et, le 31 octobre, supprime par décret toute subvention à la production de films à caractère pornographique et aux propriétaires de salles spécialisées. Toute une série de taxations est également prévue à tous les niveaux. Une partie de la profession (essentiellement les gros producteurs) approuve immédiatement. Mais une partie seulement. La grande majorité des producteurs indépendants parle d'« insupportable agression [...] à la création », la Société des réalisateurs de films dénonce « une première étape vers un asservissement de l'esprit », le secteur art et essai pointe « une nouvelle censure économique ». L'offensive gouvernementale ne s'en poursuit pas moins. En janvier 1976, *Emmanuelle 2,* qui n'est qu'un film érotique soft, comme son prédécesseur, est classé X, visa réservé depuis décembre aux films pornographiques ou d'incitation à la violence. Le film ne sortira finalement que deux ans plus tard. La profession lance un avertissement dans la presse et dans les salles de cinéma, conclu par la formule : « Le libéralisme ne se mesure pas. » Il se mesure pourtant de plus en plus : le classement des salles spécialisées se fait au compte-gouttes et, en octobre, Françoise Giroud, qui vient d'être nommée secrétaire d'État à la Culture, interdit totalement *Exhibition 2.* Un mois plus tard, la 17e chambre correctionnelle de Paris, sur une plainte de la Confédération nationale des associations familiales catholiques, ordonne la destructions de *l'Essayeuse,* pourtant autorisée par la censure avec classement X et déjà sortie en salles. Pour de tout autres raisons, le pouvoir s'en prendra en janvier 1977 au film d'Yves Boisset *le Juge Fayard dit le Shériff,* inspiré par l'assassinat d'un juge d'instruction en 1975. La sortie, différée *in extremis,* n'aura lieu qu'après coupures. C'est le retour de la censure politique.

Le porno français va encore prospérer quelques années, permettant au ministère des Finances de remplir ses caisses : la TVA majorée pour les films X (33,33 % au lieu de 17,6 %) a rapporté près de 4,5 milliards de francs pour le seul premier trimestre 1976. Le système reprend ainsi d'une main, sur le plan économique, ce qu'il a semblé vouloir donner de l'autre, dans le domaine juridique. Le libéralisme avancé a triomphé.

Les politiques et le cinéma

Les vingt dernières années du XXe siècle sont caractérisées par l'importance des aides officielles apportées au cinéma. Au Fonds de soutien de 1948 et à l'avance sur recettes de 1959 sont venues s'ajouter d'autres aides spécifiques pour la réécriture des scénarios et pour la composition de musiques de film, des aides à la distribution (soutien automatique et soutien spécifique depuis 1982 pour le financement de la publicité et du tirage des copies), des aides à l'exploitation (soutien automatique aux travaux de modernisation des salles), un soutien aux films de court métrage et un soutien aux industries techniques (modernisation des studios et laboratoires). Notons que l'avance sur recettes peut s'ouvrir, depuis 1989, par l'intermédiaire du fonds ECO, à certaines productions de l'Europe centrale ou orientale. D'autre part, les incitations fiscales à l'aide au cinéma se sont accrues. Par le biais des Sociétés de financement des industries cinématographiques et audiovisuelles (SOFICA) créées en 1985 et alimentées par des investissements de particuliers ou d'entreprises partiellement déductibles des impôts, d'une TVA à taux réduit (loi de finances pour 1979) et de la taxe professionnelle : les collectivités territoriales sont autorisées depuis 1988 à exonérer les salles de cinéma de ladite taxe jusqu'à 66 % de son montant. Des associations régies par la loi de 1901 servent parfois de courroie de transmission entre l'exploitation et l'État. Par exemple, l'Association pour le développement régional du cinéma (ADRC) qui fonctionne depuis 1983 avec pour mission de compléter le soutien automatique à l'exploitation en aidant les petites villes, zones rurales et « insuffisamment desservies » (création et modernisation de salles) par l'instruction de dossiers soumis pour demande de subvention au ministère de la Culture. Elle tire aussi des copies de certains films et les diffusait dans les petites villes. Se souvenant du bon vieux principe de l'Empire romain « qu'on leur donne du pain et des jeux », les années 1980 ont vu se multiplier les « fêtes ». Il y a eu, bien sûr, une fête du Cinéma, qui se répète chaque année, fin juin. Son originalité : permettre au public de voir autant de films qu'il le peut pour le prix normal d'un seul billet. Énorme succès : 1999 a connu la 15e du genre et a battu tous les recors (4,5 millions de spectateurs en trois jours, dont 1 million pour Paris et sa banlieue).

Aux aides nationales se sont ajoutées les aides municipales. En 1989, la mairie de Paris (à quelques semaines des élections municipales) organise pour la première fois l'opération « 18 heures-18 francs » : tous les jours pendant une semaine, en fin d'après-midi, les exploitants (une centaine de cinémas en 1999) abaissent leurs tarifs au prix unique de 18 francs. Gros succès évidemment (25 % de spectateurs en plus). Sans risque : la ville de Paris compense. Moins folklorique : la multiplication des salles municipales, subventionnées depuis 1989. Des cinémas de petite ou moyenne importance menacés de fermeture sont rachetés par les municipalités qui maintiennent l'exploitants dans sa salle ou confient celle-ci à un gestionnaire, souvent une association.

Reconnues par l'État en 1961, six ans après la création de l'Association française des cinémas d'art et d'essai (AFCAE), les salles classées art et essai, destinés à encourager les nouveaux talents et les expérimentations dans le domaine de l'art cinématographique, bénéficient d'une subvention automatique. De 52 salles en 1962 (soit 1 % du parc national), elles sont passées à 794 en 1991, représentant 19 % de la fréquentation nationale.

L'abaissement tant attendu du taux de TVA à 7 % en 1979, mettant enfin à égalité le spectacle cinématographique, le livre et les autres activités culturelles, aura été aussi une forme d'aide non négligeable.

Derniers chiffres officiels (source : CNC, mai 1999). Aides automatiques aux producteurs : 332 millions de francs ; aux exploitants : 283 millions de francs. Aides

sélectives à la production de longs métrages : 126 millions de francs d'avance sur recettes avant réalisation ; 5,5 millions de francs après réalisation (soit environ, pour l'ensemble, 2,5 millions par film). Sur les 55 longs métrages concernés, plus du tiers est constitué de premiers films.

Un mot sur la censure qui, naturellement, existe encore. La « libéralisation » continue avec l'abaissement des seuils d'interdiction : depuis 1990, les films précédemment interdits aux mineurs ou aux moins de treize ans sont visibles dès seize ou douze ans. En 1994, il semble que la France soit effectivement devenue plus libérale. Aucune interdiction totale n'a en tout cas été enregistrée depuis 1980.

Les nouvelles tendances économiques du cinéma français

En 1979, la production française s'est élevée à 174 films, dont 126 intégralement français et 48 coproductions internationales, plus 83 films classés X (leur déclin commence : ils étaient 142 en 1978). Il y a eu globalement progression. En 1970, la France n'avait produit que 138 films (dont 66 intégralement français). La production des années 1970 (1970-1979) compte 1 602 films (sans tenir compte des films X), contre 1 480 pour les années 1960.

L'une des nouveautés des années 1980 et surtout 1990 aura été la production d'un certain nombre de films en marge du système de financement classique (*grosso modo* télévision plus studios plus CNC et SOFICA), l'hiver 1998-1999 en aura vu sortir une bonne demi-douzaine, produits et distribués par l'équipe de tournage, tournés rapidement (un mois environ, avec rarement plus d'une prise par plan) et dotés d'un budget limité (entre 2 et 3 millions de francs).

Autre nouveauté : la participation de plus en plus nette des régions au financement des films. En 1998, 17 régions sur 21 consacrent une partie de leur budget au cinéma. La région Rhône-Alpes arrive en tête avec 20 millions de francs et sa société de coproduction Rhône-Alpes Cinéma, qui a mis en œuvre sa propre politique d'avance sur recettes. Le Nord-Pas-de-Calais a créé un Centre régional des ressources audiovisuelles (CRRAV), la région Centre un Atelier cinéma régional. Le tout avec la bénédiction du CNC qui, depuis 1997, encourage la mise en place de commissions locales du film. La décentralisation cinématographique est en marche.

Enfin, la production française rajeunit. Le nombre de premiers films tournés par de nouveaux réalisateurs n'a cessé d'augmenter durant les années 1990 : de 26 en 1990, il est passé à 58 en 1998, soit près de 40 % de la production d'initiative française (films intégralement français et coproductions à majorité française).

Pour mémoire : les années 1990 consacrent la disparition du porno sérieusement amorcée dans les années 1980. Tués par la bande vidéo et la fin de l'exploitation X en 35 millimètres, les films X, dont on comptait encore 41 titres en 1982, sont devenus de plus en plus rares.

Derniers chiffres : avec 148 films d'initiative française, dont 102 intégralement français (contre 106 et 81 en 1990), la production 1998 atteint un niveau jamais retrouvé depuis 1980. Les films à budget moyen (de 10 à 20 millions de francs) sont plus nombreux (48 contre 26 en 1995).

Renouant avec sa politique d'expansion mondiale du début du siècle, Gaumont se lança, à partir de 1977, dans une série d'alliances et de créations de filiales étrangères. Alliance avec la Fox qui lui confie la distribution de ses films en France. Filiales au Brésil (Gaumont do Brasil), en Italie (Gaumont Italia et Opera Film) et aux États-Unis (Gaumont Inc. et, avec la firme américaine Columbia, Triumph Film). Au milieu des années 1980, un moment de flottement entraînera l'arrêt de la production en 1983, la liquidation des succursales étrangères de 1983 à 1985 et le repli sur l'Hexagone.

Dans l'Hexagone cependant, à la suite du rapport Bredin de 1981, une politique anti-trust se met en place, recherchant un équilibre dans les circuits de distribution-exploitation et visant à limiter les positions dominantes sur le marché : le GIE Pathé-Gaumont créé en 1970 est dissous, et tout autre groupement devrait être agréé par le CNC. Mais l'implantation américaine se renforce. L'une des trois principales catégories de distributeurs existant en France en 1999 est constituée par des sociétés d'outre-Atlantique représentant les studios américains. Deux des trois grands groupes français, Gaumont (Gaumont Buena Vista International ou GBVI) et UGC (UGC Fox distribution ou UFD), distribuent, après accord avec d'autres studios hollywoodiens (ainsi de Gaumont avec les studios Disney), les productions de ceux-ci, dont certaines leur sont imposées et ne connaissent d'ailleurs qu'une carrière médiocre. C'est donc la minorité des distributeurs français (dont les petits distributeurs indépendants) qui échappe à l'emprise américaine.

Derniers chiffres : ont été distribués en France, en 1998 et en première exclusivité, 448 films, dont 173 français (et 159 américains), contre 366 en 1989, dont 120 français (et 126 américains). Les spectateurs peuvent donc voir de plus en plus de films chaque année dans les salles. Si l'on affine l'analyse, on constate que les films entièrement français distribués en 1998 n'ont été que 109 et les films en coproduction majoritairement français 44 : ce qui représente 34 % de l'ensemble, face aux 35,5 % de films américains. Les mastodontes de la distribution continuent de dominer le marché. 435 sociétés de distribution sont titulaires d'une autorisation d'exercice, mais 161 seulement ont été en activité, dont une trentaine de façon régulière. Les 10 premières d'après leur part de marché ont encaissé 91 % des recettes, les deux leaders (UFD et GBVI) réalisant à eux seuls 44 % du total.

L'exportation des films français a fait, elle aussi, un bond en avant durant les dix dernières années : 820 films en 1997 contre 353 en 1988. Mieux vaut en rester néanmoins aux 412 productions exportées en 1996, le doublement des ventes à l'étranger entre 1996 et 1997 étant dû surtout à la superproduction Gaumont *le Cinquième Élément* de Luc Besson. L'Europe demeure le principal acheteur : 48 % des exportations françaises en 1997.

On peut considérer l'apparition des multiplexes comme la principale nouveauté des années 1990 en matière d'exploitation. Après la disparition quasi totale des immenses salles de la première moitié du siècle et des anciens cinémas de quartier, les multiplexes, en cette fin de siècle, commencent à menacer les complexes multisalles qui ont eux-mêmes succédé, au milieu des années 1960, aux grandes salles d'antan, divisées pour l'occasion en plusieurs cages à lapins de dimensions extrêmement variables. Ne pas confondre. En 1999, les multisalles existent toujours. Mais, ayant fini par comprendre que la qualité de l'accueil et de la projection est nécessaire pour conserver leur public, les exploitants ont fait des efforts considérables et modernisé toute leur installation, du hall d'entrée à l'écran en passant par la cabine de projection, les fauteuils et l'équipement sonore. L'exemple du Paramount Opéra, à Paris, est typique. Pour son soixantième anniversaire, l'ancien théâtre du Vaudeville, inauguré en 1869 et déjà transformé en complexe au cours des années 1970, faisait à nouveau peau neuve en 1987 en dotant ses deux plus grandes salles d'un écran « panoramique » et du son magnétique 7 pistes Dolby stéréo. En 1999, ses cinq autres salles (une « salle circulaire panoramique », une autre « grande salle » et trois salles plus modestes) sont toutes équipées du son Dolby. Fin 1988, la France compte 926 complexes qui regroupent 3 273 salles (soit 68 % du parc national) bénéficiant de 85 % de la fréquentation totale. Grâce aux multisalles, la carrière des films a connu une énorme accélération : il suffit aujourd'hui de un mois en moyenne pour qu'un film réalise la moitié de sa recette globale, contre six mois environ dans les années 1960.

Édifié en France à partir de 1993, le multiplexe n'est, au départ, qu'une simple hypertrophie du complexe multisalles. Alors que celui-ci se compose la plupart du temps de deux ou trois salles, rarement de sept ou plus (62 seulement en 1988), le multiplexe dépasse toujours les dix (18 pour l'UGC Ciné Cité Bercy à Paris), voire les vingt salles (23 pour celui de Lomme, près de Lille). Autre différence : le multiplexe est souvent situé à la périphérie des grandes villes, dans un centre commercial de préférence (comme le Pathé Belle-Épine du Val-de-Marne, dans la banlieue parisienne). Enfin, tandis que le complexe multisalles est en général le résultat d'une rénovation pour extension d'un établissement préexistant, le multiplexe est une construction neuve *ex nihilo.* En 1998, la France compte 35 multiplexes de 12 salles et plus, soit 12 % des écrans (contre 6 % en 1996).

Et pour l'ensemble (derniers chiffres), 2 150 établissements regroupant 4 762 salles (4 297 en 1992). Quant aux salles substandard (en 16 mm), elles ont pratiquement disparu depuis la fin des années 1980 : des 11 000 points de projection en 1960 ne subsistaient que 145 points fixes et 1 270 points alimentés par des tournées en 1988.

La fréquentation des salles a connu une hausse spectaculaire de 1989 (121 millions d'entrées) à 1997

Cinéma français et cinéma européen

En 1999 comme en 1994, « le cinéma européen n'existe pas. La force de l'Europe, c'est la somme de toutes nos cultures » (le réalisateur Louis Malle, septembre 1994, cité par *Positif*, janvier 1996). Ce que partagent tous les spectateurs européens, c'est le cinéma américain, dont l'offensive se poursuit depuis le début du xxe siècle sur tous les marchés de l'ancien continent. Avant même le premier Forum du cinéma européen à Strasbourg en novembre 1996, des institutions défensives se sont mises en place. Depuis 1989, le fonds Eurimages, dépendant du Conseil de l'Europe et financé par les États, attribue des aides à la coproduction (films coproduits par deux pays européens au moins) et à la codistribution de films nationaux d'origine européenne. Budget 1999 : 26 millions d'euros. Depuis 1996, le plan Média II poursuit les mêmes objectifs pour parer avec un peu plus d'efficacité à l'invasion croissante des films américains et faire mieux connaître au sein de l'Union européenne les cinémas des pays voisins. Son budget s'élève à 338 millions d'euros. Média II apporte aussi son soutien à deux réseaux de salles, Europa Cinémas (545 écrans dans 33 pays) et Euro Kids Network, qui programment une majorité de films européens. La contre-attaque semble porter ses fruits. Le cinéma américain, qui a réalisé 1 134 milliards de dollars de bénéfices en Europe en 1990 et 75 % de part de marché en 1993 (contre 15 % pour les productions nationales) a dû se contenter de 64 % en 1997 (contre 22). À suivre...

(149 millions) et 1998 (autour de 170 millions), grâce au développement des multiplexes et aux 20 millions d'entrées réalisées par la seule production américaine *Titanic.* Mais la part de marché du film français ne cesse de diminuer : 51 % en 1960, 34 % en 1989, 27 % environ en 1998. Celle du film américain, en revanche, ne cesse de progresser : 29 % en 1960, 56 % en 1989, 64 % en 1998.

La révolution des années 1980 aura été la mutation des rapports entre cinéma et télévision. L'année 1980, qui est celle des grandes manœuvres autour de la vidéo, peut même être considérée comme un tournant décisif. L'ex-concurrente number un de l'exploitation est devenue la partenaire privilégiée du cinéma. L'époque est bien révolue, où la profession s'épouvantait parce que les téléspectateurs pouvaient voir 37 longs métrages de cinéma par mois sur leur petit écran, soit plus de un par jour en moyenne (1976). On en a vu d'autres depuis : films à toute heure du jour et de la nuit, soirées double programme aussi (deux longs métrages à la suite), chaînes privées, cryptées (Canal +, née en 1984), câblées, satellitaires, spécialisées dans le cinéma. Bref, la télévision, plus exploitant que jamais, a besoin de plus en plus de films. Il était donc normal qu'elle devînt un jour producteur de cinéma. Elle a d'abord contribué au financement de la production en payant le prix de un ou deux passages d'un film (les droits de passage versés en 1998 s'élevaient à 4,5 milliards de francs environ). En 1988, Canal + consacrait 20 % de ses recettes d'abonnement au cinéma. En 1992, le réalisateur Yves Boisset soulignait les avantages d'une coproduction avec Canal + : « Canal +... a besoin du cinéma, puisqu'il diffuse 350 films par an [...]. C'est pourquoi Canal + est devenu le complément indispensable [...] cela nous permet d'avoir un financement plus décent. » Inconvénient : le sacro-saint *prime time* (heure de grande écoute) qui ignore les films interdits aux mineurs. C'est une forme de censure... très efficace. Il suffit de trois coups de téléphone pour empêcher un film de se réaliser. C'est une conséquence du pouvoir de la télé à partir duquel le cinéma est obligé de s'adapter (*Revue du cinéma,* n° 478). À côté des coproductions gérées par la chaîne, Canal + a lancé sa propre maison de production, le Studio Canal +, qui, avec un budget de 300 millions de francs, occupait en 1998 la deuxième place des studios de production cinématographique derrière Gaumont (500 millions de francs), mais devant Pathé (250 millions de francs) et UGC (100 millions de francs). Il devançait également les autres producteurs (200 millions de francs) et les SOFICA (180 millions de francs) et talonne les aides du CNC (366 millions de francs). Les autres grandes chaînes de télévision apportent de leur côté un sérieux cofinancement au cinéma français : TF 1 Films production avec 214 millions de francs en 1998 (une vingtaine de films chaque année), France 2 Cinéma avec 150 millions par en (environ 24 films), France 3 Cinéma avec 100 millions en 1998 (16 films). Avec les quelque 750 millions de francs de préachats par Canal + (qui ont permis le montage de 111 films en 1998, soit près de 80 % de la production), l'apport des quatre principales chaînes représente 40 % du financement des films français. Le bouquet TPS (la Télévision par satellite) a, pour sa part, doublé ses préachats en un an (121 millions de francs en 1998 au lieu de 57 en 1997).

Parallèlement, le marché des cassettes vidéo préenregistrées pour magnétoscopes (location et vente) a notablement progressé depuis la fin des années 1970, le chiffre d'affaires des éditeurs vidéo étant passé de 994 millions de francs en 1989 à 3 753 en 1998. Commercialisé en 1997, le *digital video disc* (DVD) connaissait de son côté une expansion rapide (200 titres disponibles fin 1998). Bientôt Internet...

C2 GALA
SEQUENCE A

Conservation et restauration

L'idée de conserver des films est très ancienne, même si son application a été laborieuse et aléatoire. Elle est apparue en France dans deux textes de 1898, qui étaient dus à un Polonais, Boleslav Matuszewski.

Il s'agissait de deux plaquettes éditées à Paris : la première en mars, *Une nouvelle source de l'histoire*, la seconde en août, *la Photographie animée, ce qu'elle est, ce qu'elle doit être*. Ces documents ont été réédités sous forme de fac-similés par la Filmoteka Polska en 1955.

Matuszewski, qui était photographe et opérateur de Cinématographe, a posé la question de conserver les films, encore rares à l'époque, comme témoignages de société.

Il éliminait même les scènes récréatives ou fantaisistes, « tranches de vie drôles », pour ne retenir que les prises de vues à fonction documentaire. Le mot qui revient souvent sous sa plume est d'ailleurs celui d'« histoire ». Derrière les dates et les événements, il voulait que l'on filme les gens et les façons d'être, ce que nous appellerions aujourd'hui la réalité sociale. Il s'agissait pour lui de « tranches de vie publique et nationale ».

Mais il eut deux idées prémonitoires. D'abord, il a proposé de conserver les négatifs « enfermés et scellés dans des étuis étiquetés ». Or toute archive moderne est d'abord une banque de négatifs. Il a estimé, ensuite, que ces collections devaient être confiées au secteur public et non à des particuliers. « Il s'agit, écrivait-il, de donner à cette source peut-être privilégiée de l'Histoire la même autorité, la même existence officielle, le même accès qu'aux autres archives déjà connues. »

Affinant l'analyse, il proposait dans son second texte qu'il y ait, à côté du dépôt central, « un dépôt cinématographique industriel » sur les procédés techniques, les tours de main, l'exécution de commandes rares et difficiles qui serait annexé aux Arts et Métiers ou à l'École centrale et qui garantirait pour les inventeurs leurs droits de priorité ; « un dépôt de la cinématographie médicale », notamment dans le domaine des maladies nerveuses ; « un dépôt de films régimentaires » confié au ministère de la Guerre.

Enfin, il insistait sur l'intérêt des documents qui conserveraient la trace des mœurs locales et de la « cinématographie de famille », mais aussi sur les recherches de police. Ici, son idée était d'avoir un système qui doublerait les fiches d'anthropométrie et qui donnerait un « signalement absolu » des criminels.

Les textes de Boleslav Matuszewski ont été commentés dans les journaux français de l'époque, puis ils sont tombés dans l'oubli. C'est qu'ils ne concernaient qu'un cinéma documentaire qui était, en gros, celui de la société Lumière. Après 1898, cependant, le marché allait s'ouvrir au divertissement, à la magie, au comique et au drame : en France, Charles Pathé, Léon Gaumont, Georges Méliès allaient donner à la caméra un champ d'exploration totalement nouveau. C'était la révolution qui excluait l'idée de cinémathèque.

Il en alla de même avec trois autres précurseurs, Henri Turot, Émile Massard et Victor Perrot qui essayaient de mobiliser la ville de Paris. En 1906, Turot, qui était conseiller municipal, proposa à ses collègues « de créer des archives cinématographiques permettant de conserver le souvenir de toutes les fêtes, cérémonies et grands événements intéressant la Ville ». Il ajouta : « Je n'ai pas besoin de vous dire à quel point le cinématographe donne l'illusion de la vie réelle et combien il serait précieux sur les événements que nous vivons actuellement. » Cette proposition resta lettre morte.

Cinq ans plus tard, en 1911, un autre conseiller, Émile Massard, demanda l'ouverture d'un musée accueillant les archives cinématographiques et photographiques « présentant un intérêt pour

Une des casemates de Bois-d'Arcy en 1968.

l'Histoire». Il ajouta: «Ce que le gouvernement ne fait pas dans l'intérêt de la nation, le conseil municipal peut le réaliser dans l'intérêt de la France et de la Ville.» Ce texte fut renvoyé en commission et enterré.

À la veille de la Première Guerre mondiale, un autre publiciste parisien, Victor Perrot, défendit un projet identique devant la Société des amis de la Bibliothèque de la ville de Paris. Il revint à la charge en 1920, avec un rapport intitulé *l'Histoire par le film*. La commission du Vieux Paris émit le vœu que le conseil municipal recherche «les films anciens rigoureusement documentaires» et s'assure, «au fur et à mesure de leur production, des films nouveaux de même nature». Là encore, le projet tomba à l'eau. Mais il est remarquable que tous ces précurseurs ont eu la même idée: exclure les films de fiction. Pourquoi? On peut penser que l'Histoire, à laquelle ils tenaient tant, était privilégiée dans l'enseignement primaire et secondaire. Mais la morale a dû jouer un rôle. Tout divertissement risquait d'être douteux, voire scandaleux. D'où cette règle absolue: limiter l'archivage aux prises de vues de la réalité.

La collection Albert Kahn

La première cinémathèque constituée en France a été une collection privée. Albert Kahn était un banquier autoritaire, secret et apparemment misanthrope. Mais il avait un ami, Henri Bergson, qui l'a sans doute influencé. En 1910, il entreprit de réunir des photographies qui seront prises par ses opérateurs. On en compte 72 000. Elle seront toutes axées sur la vie sociale, et les décors quotidiens. Ses techniciens utilisèrent bientôt le Cinématographe. À Paris, en province, à l'étranger, ils filmèrent des moments de réalité: les rues, les marchés, les gens, les militaires en permission, les mouvements de foule ou les fêtes populaires.

Kahn appela cette entreprise les «archives de la planète». Il eut jusqu'à cinq opérateurs et il associa à ces reportages ambitieux le géographe Jean Brunhes. Même s'il restait autoritaire et taciturne, il voulait que les hommes se connaissent et il avait un idéal: la paix universelle. Tout s'arrêta en 1929 parce qu'il fut ruiné. Il s'était installé à Boulogne-Billancourt. Sa maison et son parc, qui étaient superbes, furent vendus au département de la Seine, ce qui les sauva.

Il avait accumulé 170 000 mètres de films, sur pellicule 35 millimètres, qui constituent aujourd'hui des témoignages irremplaçables. L'un des plus étonnants est l'arrivée des délégués au congrès de Tours, où, en 1929, les socialistes et les communistes firent scission. Cette collection, au carrefour de la sociologie et de l'Histoire, est conservée à Boulogne par Jeanne Beausoleil et s'appelle officiellement Musée départemental Albert Kahn. Elle a été l'objet, en 1977, d'un excellent documentaire, *l'Héritage d'Albert Kahn*, tourné par René-Jean Bouyer. Ce film donne de précieux extraits des reportages de l'époque.

D'autres essais

En 1914, dès le début des hostilités, le ministère de la Guerre crée une Section photographique et cinématographique de l'armée, avec l'aide des grandes compagnies, Pathé, Gaumont, l'Éclair, Éclipse. En 1917, elle aura même une existence autonome, et ses buts ont été décrits soixante ans plus tard par le chef de bataillon Jacques Le Seigneur: «Permettre la réunion d'archives aussi complètes que possible concernant toute les opérations militaires, préparation, exécution, chefs qui les dirigent, officiers et corps de troupe; rassembler pour la propagande française à l'étranger des clichés et des films susceptibles de montrer la bonne tenue des troupes, leur entrain et les actions héroïques qu'elles accomplissent; conserver un souvenir authentique et indiscutable du développement de la guerre, des méthodes et des moyens techniques à l'aide desquels l'armée française est parvenue à atteindre un haut degré d'instruction militaire.»

Même si nous sommes au cœur d'une mystification qui voulait enjoliver les boucheries de la Première Guerre mondiale, de nombreux films ont été conservés, qui sont à l'origine de l'EPCA, actuellement au fort d'Ivry. En cette même année 1917, des archives équivalentes furent constituées en Allemagne et en Grande-Bretagne.

En 1920, la société Gaumont acheta un entrepôt de marchand de vin situé aux Lilas, rue de Paris, pour y stocker des films. Dans ces lieux imposants, des anciens chais, elle installa des cellules fermées par des portes blindées. L'intention de Léon Gaumont était d'y conserver sa propre production, mais aussi de louer des emplacements à d'autres sociétés cinématographiques.

Même si ce n'était pas encore un projet de cinémathèque, l'archivage se serait ouvert aux films de spectacle. En cela réside le grand intérêt historique de l'initiative de Léon Gaumont. Mais les caves se révélèrent humides et toute idée de conservation fut abandonnée.

Enfin, en 1927, à la veille du parlant, deux jeunes gens épris de cinéma formèrent le projet d'une vraie cinémathèque qui eût été l'une des premières au monde. Ils s'appelaient Jean Mitry et Jean-Placide

Mauclaire. L'un, Mitry, avait vingt ans et il sera plus tard l'auteur d'une précieuse filmographie universelle. Cependant, il était pauvre et Claude Autant-Lara l'a décrit ainsi dans une correspondance : « Sans le sou et même battant la semelle, le pantalon élimé, il ne disposait pas d'autres moyens que son enthousiasme, mais c'était beaucoup. » Quant à Jean-Placide Mauclaire, il avait l'intention d'investir un certain capital dans l'archivage. Mais il changea d'avis et acheta une salle de cinéma pour en faire le Studio 28. Ils auraient pourtant le mérite de sauver les courts métrages que l'on projetait pour la jeunesse dans le grand magasin Dufayel et qui avaient été envoyés dans un château de Normandie. Il y trouvèrent un grand nombre de Méliès, des Griffith du début et des Léonce Perret.

Lucienne Escoube

Au début des années 1930, l'éclairage changea. La fin du muet signifiait la destruction, dans le monde entier, de centaines ou de milliers de tonnes de pellicule périmée. Dans les pays capitalistes, les films muets furent désormais des marchandises invendables. On s'en débarrassa, mais quelques intellectuels vibraient encore au souvenir des *Rapaces* ou de *la Rue sans joie*.

Lucienne Escoube, qui était une excellente journaliste de cinéma, donna dans *Pour vous* du 31 mars 1932 un texte capital : « Sauvons les films du répertoire ». Elle était éloquente : « Quel homme clairvoyant, généreux s'emparera de la direction de cette tâche ? Qui sauvera l'art cinématographique en lui assurant la durée à laquelle il a droit ? [...] qui agira ? L'heure presse terriblement. » Et elle proposa : la création d'un groupement qui s'appliquerait à la recherche et au rachat de tous les films de valeur ; la création d'une cinémathèque « où seront gardées la bande originale ainsi que deux copies de celle-ci » et qui archivera les documents ; l'ouverture d'une salle de répertoire et l'accueil des chercheurs.

Quinze jours plus tard, elle donnait dans un autre article la liste des films à sauver d'urgence et son choix était remarquable. D'autres professionnels appuyèrent cet appel et l'on peut dire que Lucienne Escoube donna sa conclusion à l'ère des précurseurs que Boleslav Matuszewski avait ouverte en 1898. La Cinémathèque française pouvait voir le jour.

La Cinémathèque française

La Cinémathèque française a été créée par trois hommes assez différents : Henri Langlois, un intellectuel et un fils de famille, Georges Franju, le futur cinéaste du *Sang des bêtes*, et Jean Mitry, qui pensait toujours à l'expérience manquée avec Mauclaire. C'était le 9 septembre 1936. Dans le monde, elle venait après Stockholm (1933), Berlin (1934), Londres, New York et Milan (1935). Elle a eu et elle a encore la forme juridique d'une association de la loi de 1901. Elle était issue d'un ciné-club où Langlois avait banni les discussions, le Cercle du cinéma.

Le président était Paul-Auguste Harlé, un homme d'affaires qui administrait un corporatif, *la Cinématographie française*, et qui donna à l'archive sa première subvention.

Les copies furent d'abord achetées chez des revendeurs parisiens qui fournissaient les exploitants forains en films muets. La Cinémathèque bénéficia aussi du fonds Albatros, la société commerciale d'Alexandre Kamenka qui avait regroupé des Russes blancs émigrés à Paris.

Elle eut immédiatement un comité d'honneur où l'on retrouvait René Clair, Germaine Dulac, Jacques Feyder, Marcel L'Herbier ou Françoise Rosay. D'ailleurs, Langlois organisa chaque année, jusqu'à la guerre, des galas mondains qui l'intéressaient davantage que la conservation matérielle des films. C'était déjà la grande contradiction de la Cinémathèque française prise entre la collection et le spectacle.

D'autre part, l'archivage devenait une affaire privée ou plutôt subjective. Ni l'État, ni aucune autre autorité publique ne devaient intervenir dans une aventure personnelle. Aussi l'idée du dépôt légal de tous les films en exploitation qui aurait sauvé le cinéma vivant fut-elle éliminée avec mépris.

Le dépôt légal sera la bête noire de Langlois. Une loi du 24 juin 1943 en posa le principe, mais il fit tout pour que le décret d'application soit différé, et celui-ci ne sortira qu'en 1977.

La FIAF

Mais ce climat très affectif a favorisé la création de la Fédération internationale des archives du film (FIAF), qui groupe aujourd'hui 120 organisations dans le monde.

Cela débuta par un hommage au Museum of Modern Art de New York, dont le département du film était dirigé par John Abbott. La même année, Langlois demanda à miss Olwen Vaughan (National Film Library à Londres) et à Frank Hensel (Reichsfilmarchiv à Berlin) de se joindre à eux et ainsi fut fondée la FIAF.

Le siège de l'association fut fixé à Paris et Georges Franju en devint le secrétaire exécutif. À la veille de la guerre, son président était Frank Hensel et le secrétaire général Henri Langlois. La Cinémathèque française a donc eu un rôle essentiel dans une fédération, qui soixante ans plus tard, incarne toujours la sauvegarde des films sur le plan mondial.

En tous cas, la FIAF a contribué à une révolution affective. À l'origine, tous les conservateurs surveillaient avec un soin jaloux les films rares ou les copies uniques. Sujets à la névrose du collectionneur privé, ils refusaient qu'on les contretype dans une autre archive. C'est pourquoi Cocteau avait parlé de « dragons qui veillent sur leurs trésors ». Aujourd'hui, la FIAF a imposé une autre thématique. On a compris que la coexistence d'éléments de tirage et de copies d'exploitation dans un maximum de cinémathèques multipliait les chances de sauvegarde.

Au début de la Seconde Guerre mondiale, la Cinémathèque française possédait, selon Jean Mitry, « 100 à 150 films et uniquement des positifs ». La paix revenue, elle en aura plus de 3 000. Elle doit cet accroissement décisif à Frank Hensel, qui avait à Paris la charge de contrôler la récupération des copies aux fins d'exploitation pour l'industrie chimique.

En 1943, Jean Mitry dressa le premier catalogue et il estime le stock, à la Libération, « entre 3 400 et 3 500 copies ». C'est un résultat remarquable. Des chiffres aberrants ont circulé dans la presse de l'époque (20 000, 35 000) et Langlois lui-même ne les a pas démentis. Ils font partie de sa légende.

Le président Paul-Auguste Harlé céda la place, en 1943, à Marcel L'Herbier. Jean Grémillon lui succéda après la Libération.

1945-1968

La Cinémathèque joua peu à peu un rôle essentiel pour les cinéphiles. En 1945, elle présenta une exposition, « Images du cinéma français », avec un Praxinoscope, des affiches de Feuillade, un costume de Musidora, une vitrine consacrée à Méliès... La cinéaste Nicole Védrès en tira un album de photos. C'était peut-être un début modeste, mais la bonne direction était trouvée. D'autres expositions suivront : « Émile Reynaud », « le Dessin animé », « Naissance du cinéma » (Plateau, Reynaud, Marey, Lumière), « Georges Méliès », etc. Elles révélaient au public les origines du cinéma français.

En 1948, Langlois inaugura une salle de répertoire au Musée du cinéma, avenue de Messine, avec un cycle intitulé « Cent Chefs-d'œuvre ». Le muet n'était pas mort. Il bénéficia de ces séances et le cycle « Buster Keaton » fut un triomphe.

Les projections se poursuivirent dans une salle beaucoup plus vaste : celle de l'Institut pédagogique, rue d'Ulm. Grâce à la FIAF et aux contacts avec les archives étrangères, la Cinémathèque française put présenter des ensembles étonnants : « le Cinéma scandinave », « le Cinéma anglais », « le Cinéma allemand » notamment. Toute une génération, qui n'avait qu'un savoir livresque, découvrait la réalité des films anciens et faisait parfois des révisions déchirantes.

Dans le climat intellectuel de l'époque, l'avant-garde comptait beaucoup. Or Langlois avait réuni tous les courts métrages de « cinéma pur » des années 1920 et en avait tiré des programmes captivants. C'est dire à quel point la Cinémathèque faisait partie de la sensibilité collective. Malgré l'essor des ciné-clubs, elle a été irremplaçable.

Mais la conservation des films, qui est l'autre visage d'une archive, n'avait cessé de se dégrader. Les négatifs et les copies avaient d'abord été stockés dans le sous-sol du Trocadéro, avant de rejoindre les casemates d'un ancien fort, à Bois-d'Arcy, là où se trouve aujourd'hui le Service des archives du film. Ces casemates étaient humides et les films auraient exigé une surveillance technique et l'ouverture périodique des boîtes. Or il n'en fut rien.

En 1951, la pellicule nitrate, qui était d'usage universel dans la production et la distribution, fut remplacée par l'acétate, ininflammable. Massivement, les entreprises françaises avaient déjà déposé leurs stocks à la Cinémathèque. Des centaines de tonnes furent ajoutées aux stocks de Bois-d'Arcy, et laissées à l'abandon. Dans les boîtes gagnées par la rouille, la pellicule se dégradait lentement. Telle fut l'origine d'un conflit avec l'État.

L'affaire Langlois

L'affaire Langlois a préludé aux événements de mai 1968. Elle est intervenue après des années de pouvoir gaulliste. Elle a eu pour prétexte l'impuissance des autorités de tutelle à faire respecter leurs directives.

En effet, la Cinémathèque était subventionnée depuis plus de trente ans et elle occupait à l'époque une quarantaine d'employés. Mais les déposants se plaignaient de l'état de leurs films et le contenu de la collection était un secret. Il y avait une barrière entre l'archive, devenue une sorte de mythe, et la vie réelle de l'institution. Les déposants, les ayants droit, les historiens se plaignaient. Ils n'avaient pas accès aux informations. On leur opposait un écran de fumée.

André Holleaux, qui était alors directeur du Centre national de la cinématographie, eut une attitude exemplaire. Il proposa que Langlois soit chargé de l'action culturelle, des projections et des rapports avec la FIAF et que l'administration et la conservation soient confiées à deux hommes de métier, Pierre Barbin et Raymond Maillet. Il s'agissait de cinéphiles qui avaient fait leurs preuves en créant le festival de Tours, consacré aux courts métrages et de renommée internationale. Le ministre de la Culture, André Malraux, donna son accord. Le conseil d'administration se réunit le 9 février 1968. Un nouveau bureau fut élu et la présidence revint à Pierre Moinot, directeur général des Arts et Lettres. Après avoir recherché un accord avec Langlois, on se sépara avec la certitude d'avoir trouvé une solution. C'était un vendredi. Holleaux partit en week-end et, le lendemain, l'affaire éclata.

Elle débuta avec une déclaration signée de cinéastes de la Nouvelle Vague qui interdirent la projection de leurs films à la Cinémathèque. Pendant deux mois se succédèrent : violents articles dans la presse et notamment dans le quotidien *Combat*, qui eut un rôle de leader ; attroupements rue d'Ulm, devant la salle de projection de la Cinémathèque ; constitution d'un Comité de défense, avec Jean Renoir, Jean-Luc Godard, Jacques Rivette, François Truffaut notamment.

Henri Langlois

L'opinion publique, qui connaissait très mal la Cinémathèque, découvrait en même temps le nom de Langlois. Elle ignorait que la séparation entre le patrimoine et le spectacle était conforme à l'évolution des archives modernes. Elle acceptait de croire qu'un seul homme pouvait être à la fois le cœur d'une collection de films et son propriétaire moral.

Le 18 mars, une manifestation regroupa 300 personnes rue de Courcelles, devant le siège de la Cinémathèque. Elle marqua le point culminant de l'affaire Langlois. La police intervint. Dans la foule un inconnu : Daniel Cohn-Bendit.

Mais la campagne de presse, qui avait gagné les revues de cinéma, persista. Une seule exception, dans *Cinéma 68*, où Pierre Billard posait les vraies questions : qu'est-ce qu'une Cinémathèque ? que font les Cinémathèques étrangères ? et, en, regard, que fait Paris ? quel sera le bilan ? Fort de l'expérience des ciné-clubs, il définissait le rôle de l'État. Cette prise de position fut tenue pour une trahison politique.

Entre-temps, la presse avait été conviée à une visite des locaux à l'abandon de Bois-d'Arcy, où les boîtes de films et la pellicule étaient rongées par l'humidité. Des photos saisissantes parurent dans *le Figaro*, mais on dénonça aussitôt une mise en scène.

Finalement, le ministre de la Culture céda. André Malraux n'avait plus son punch légendaire. Il renonça à l'intervention de l'État et, le 21 avril, la liberté de gestion fut rendue à Langlois, rétabli dans tous ses droits subjectifs. La Cinémathèque restait un organisme privé. L'affaire était terminée.

Après l'affaire

En 1968 s'est achevée la construction, à Bois-d'Arcy, d'un bâtiment moderne de conservation. Il était destiné à la Cinémathèque. Il resta vide pendant quelques mois, jusqu'à ce qu'un nouveau venu, le Service des archives du film, le prenne en charge. On assista donc, sur le même site, à deux stockages de films, l'un dans des locaux climatisés, l'autre à l'abandon dans des casemates insalubres.

Henri Langlois mourut le 13 janvier 1977. Cependant, les méthodes ne changèrent pas. La Cinémathèque entreposait des films, nitrate et acétate mélangés, dans un hangar ouvert situé au Pontel. Le 3 août 1980, un incendie se déclara. Tout le stock fut détruit. L'année suivante, le ministre de la Culture, Jack Lang, nomma deux responsables : le cinéaste Costa-Gavras, qui avait tourné des chefs-d'œuvre, et un haut fonctionnaire des Finances, André-Marc Delocque-Fourcaud. La transition fut décisive. Delocque fit appel à un excellent spécialiste, Bernard Martinand, qui avait déjà travaillé à la Cinémathèque et savait pourquoi elle était déficiente. Il fit un inventaire, le premier depuis 1943 : 12 000 longs métrages, 16 000 courts métrages. L'état de la pellicule était désastreux pour 2 films sur 10, et ce chiffre marquait la fin d'une époque.

La nouvelle direction reprit contact avec la FIAF, que Langlois avait quittée en 1960. Les relations avec l'étranger se normalisèrent. Les conflits avec la Cinémathèque de Toulouse s'apaisèrent. Le Service des archives du film cessa d'être un ennemi. Peut-être le moment était-il venu de constituer un organisme fédéral groupant toutes les institutions. Des journalistes le souhaitaient, mais cette solution royale fut remise à plus tard.

En 1983, Bernard Latarget succéda à Delocque-Fourcaud, avant d'être remplacé par Pascal Leclerc. C'est en 1991, qu'un nouveau directeur, Dominique Païni, prit ses fonctions, sous la présidence de Jean Saint-Geours aujourd'hui remplacé par Jean Charles Tacchella.

L'archive que nous connaissons aujourd'hui a une très belle collection de films, qui comprend 28 000 titres. Chaque titre peut couvrir une ou plusieurs copies en 35 ou en 16 millimètres, un négatif ou un contretype. La pellicule nitrate a été déposée aux Archives de Bois-d'Arcy, qui sont seules habilitées à détenir un matériel inflammable. Les films acétate sont conservés dans l'ancien fort de Saint-Cyr.

La Cinémathèque donne ses séances au palais de Chaillot et dans une salle des Grands Boulevards. Les programmes sont de type exhaustif : l'intégrale d'un réalisateur (Leo McCarey, Alexandre Dovjenko ou Delmer Daves) ou l'essentiel d'un phénomène (par exemple « les Oubliés du cinéma français »). Notons aussi la publication d'une revue excellente, *Cinémathèque*.

Enfin, le département des ouvrages, des périodiques, des affiches et des photographies a pris une certaine autonomie. Il est devenu la BIFI, c'est-à-dire la Bibliothèque du film.

La cinémathèque de Toulouse

La Cinémathèque de Toulouse a été fondée en 1958 par Raymond Borde. Elle a vu le jour pour une seule raison : l'existence de films muets en 35 millimètres qui dormaient dans des entrepôts. Ces films appartenaient d'abord à des tourneurs, des exploitants forains qui sillonnaient les campagnes et qui étaient passés au 16 millimètres dès le début des années 1950.

Ils venaient ensuite des Offices du cinéma éducateur qui avaient fonctionné en muet jusqu'à la guerre, avant de se reconvertir au 16 millimètres, et qui gardaient encore les anciens stocks. En tête les Offices de Poitiers, de Lyon et d'Auch.

La première richesse de la Cinémathèque de Toulouse a donc consisté en une collection de longs métrages antérieurs à 1930, où *Gribiche* de Jacques Feyder voisinait avec *Rouletabille chez les bohémiens*. Mais, à l'époque, tout film romancé était accompagné d'un comique, et la Cinémathèque a hérité de très nombreux chefs-d'œuvre du *slapstick*, Stan Laurel, Harold Lloyd, Buster Keaton, Monty Banks et une dizaine d'autres. Henri Langlois a largement puisé dans cette archive pour ses propres programmes, mais, en 1965, l'adhésion de Toulouse à la FIAF a provoqué la rupture avec Paris.

La Cinémathèque a d'abord existé dans les faits avant de se donner une structure juridique. Elle est devenue une association loi de 1901 six ans après sa création. Dans cette période héroïque, elle n'avait que des bénévoles, car la première subvention de l'État n'a été mandatée que quinze ans après l'acquisition du premier film.

Dès l'origine, elle fut accueillie dans un bâtiment de l'Éducation nationale, le CRDP, ce qui lui assurait une couverture officielle vis-à-vis des ayants droit. Elle y a donné des séances pendant trente-huit ans.

Une autre aide fut chaleureuse et décisive, celle de la Cinémathèque royale de Belgique et de son conservateur, Jacques Ledoux. Grâce à eux, elle a enrichi la collection de quelques classiques : Griffith, Murnau, Lang notamment, qui ne pouvaient pas ne pas figurer dans une archive. Ils sont venus de Bruxelles.

Ledoux est à l'origine d'une autre collaboration fructueuse, avec le Gosfilmofond de Moscou et avec son animateur, Viktor Privato. Ainsi s'est constitué, de *la Grève* à *la Chute de Berlin*, un fonds de films russes qui est unique en France.

Enfin, il y avait un très gros problème de stockage des copies. Certains films avaient subi cinq ou six déménagements dans des locaux de fortune. Un ami, Francis Grosso, fit construire le premier blockhaus et l'offrit à l'institution.

Il fallait toutes ces précisions pour expliquer un paradoxe : la naissance en province et le développement d'une organisation qui a échappé au destin de Cinémathèque locale.

Les collections comprennent (en nombres arrondis) : 10 900 longs métrages à quoi s'ajoutent 12 700 courts métrages, les uns et les autres en 35 et 16 millimètres.

Toute la pellicule inflammable a été déposée aux Archives du film à Bois-d'Arcy, qui sont conditionnées pour la surveillance et le contretypage du matériel en nitrate. Ce transfert, qui était absolument indispensable, a porté sur environ 7 000 bobines.

Mais la Cinémathèque de Toulouse n'a pas seulement un patrimoine historique. Elle s'est enrichie de films très récents grâce aux distributeurs français (Gaumont, AMLF, Michel Gauchon, Unifrance notamment). Tous les titres sont catalogués sur informatique par un bénévole hautement spécialisé : Jean Hector.

La bibliothèque s'est constituée patiemment depuis la fin des années 1950 : achats et recherches auprès des bouquinistes, dépôts des directeurs de salles et des particuliers. Elle est la deuxième de France. Elle réunit 12 000 ouvrages, 3 600 périodiques, 60 000 dossiers de presse, des affiches (10 300 titres avec souvent plusieurs exemplaires par titre) et des photographies (18 000 titres soit 150 000 documents). Elle comporte une salle de consultation.

Ces statistiques témoignent de la vitalité et de la continuité de l'archive. Les subventions se sont fortement accrues : elles viennent de l'État, de la Ville, de la région Midi-Pyrénées et du département. Les dépôts de films sont situés au Vernet (Haute-Garonne), construits pour la conservation sur un terrain qui appartient à la Cinémathèque. Mais ils sont en voie de saturation et un autre projet est à l'étude.

Telles sont les grandes lignes de l'archivage. Néanmoins, un problème subsiste, celui du clivage entre les collections et le spectacle. Les projections se sont beaucoup développées depuis que la Ville a aménagé, pour la Cinémathèque, un bâtiment rénové qui comporte deux salles équipées pour le 35 millimètres, le 16 millimètres et la vidéo. Le responsable a prévu une quinzaine de séances par semaine, et a élargi l'action culturelle à de multiples collaborations, locales ou régionales. Peu à peu, il a fallu séparer les deux activités. Aujourd'hui les collections émergent, avec à leur tête un directeur, Pierre Cadars, et un conservateur, Jean-Paul Gorce. Il y avait un problème d'équilibre qui est en voie de solution et qui s'est posé de la même façon dans plusieurs archives européennes.

Le président de la Cinémathèque de Toulouse est une personnalité du cinéma français : Daniel Toscan du Plantier.

Les archives du film et du dépôt légal

Les Archives du film ont été constituées en 1968, quelques mois après l'affaire Langlois. L'État avait construit, dans l'enceinte du fort de Bois-d'Arcy, un bâtiment de quatre étages, isotherme, à double paroi, destiné à accueillir les longs et courts métrages, sur pellicule de sécurité, de la Cinémathèque française. Celle-ci a refusé de l'utiliser et, pendant quelques mois, il est resté à peu près vide.

Il avait été conçu par un spécialiste incontesté, Jean Vivié, mais les producteurs et les distributeurs se méfiaient. Bois-d'Arcy évoquait aussi les casemates insalubres où croupissaient les boîtes de la Cinémathèque, et, dans ces temps difficiles, on avait du mal à faire la part du vrai et du faux.

Un collaborateur de Vivié, Frantz Schmitt, fut nommé et, par sa rigueur, il sut remonter le courant. On lui a parfois reproché cette rigueur, car il refusait les sorties de copies et la dispersion des activités. Il restait conservateur dans l'âme et on doit lui reconnaître un rôle historique important.

Les constructions se sont poursuivies avec les éléments destinés d'abord au matériel inflammable. Chaque cellule fut isolée par des murs coupe-feu et sa capacité limitée à 1 000 boîtes. Les conditions de température et d'hygrométrie ne varient pas et le nombre de cellules atteint aujourd'hui plus de 300.

En 1989, Frantz Schmitt était remplacé par Michelle Aubert, formée au National Film Archive à Londres, où elle y avait travaillé aussi bien à la conservation qu'à la documentation. Elle donna à l'institution de Bois-d'Arcy une vie nouvelle.

D'ailleurs, ce service avait été chargé, aussi, de gérer le dépôt légal institué par une loi de 1943 et différé jusqu'au décret d'application de 1977. D'après ces textes, tout film en exploitation doit avoir été déposé dans un organisme d'État et c'est ainsi que Bois-d'Arcy est devenu une collection énorme, avec 80 000 titres en longs et courts métrages.

Le rapport d'activité de 1998, qui figure dans le volume annuel de la FIAF, montre l'ampleur de ces activités. En un an, 963 titres ont été contretypés et souvent restaurés, ce qui représente 159 longs métrages et 804 courts métrages, ou 1 600 000 mètres de pellicule, pour 540 000 mètres de négatifs originaux.

Ces travaux de laboratoire sont impressionnants et assez souvent ils associent d'autres archives. Ce fut le cas pour *la Grande Illusion* de Jean Renoir, dont on a enfin une version intégrale. En effet, pendant la guerre, le Reichsfilmarchiv avait saisi à Paris des négatifs et des copies neuves de plusieurs films français et américains. Après la guerre, ils se trouvaient dans la zone d'occupation soviétique et tout ce matériel fut transféré à Moscou. En 1970, le Gosfilmofond en fit cadeau à la Cinémathèque de Toulouse, qui le conserva dans ses collections. Mais il était sur pellicule nitrate et fut déposé à Bois-d'Arcy en 1996. Dans le lot figurait le négatif de *la Grande Illusion*. Les Archives du film l'analysèrent et s'aperçurent qu'il était plus long que les copies courantes. C'est ainsi que fut retrouvée la version intégrale de l'œuvre de Renoir.

Les cinémathèques ont cessé, depuis des décennies, de vivre en vase clos et cette règle morale s'applique aujourd'hui à un service public. D'ailleurs Michelle Aubert a été pendant deux ans présidente de la FIAF et c'est tout dire de la politique d'ouverture qu'elle mène à Bois-d'Arcy.

D'autres collections

La Cinémathèque universitaire a été fondée en 1973, par Claude Beylie. Elle répondait au besoin d'illustrer à Paris des cours de cinéma à Michelet, à Censier et à Tolbiac. En 1967, Beylie avait animé le ciné-club des « Invisibles » et il avait cherché « des films rares, peu connus, inédits, hors distribution, inachevés, voire interdits ». Avec la Cinémathèque universitaire, il officialisa ce fonds d'archives qui comprend aujourd'hui 3 500 copies en longs et courts métrages, en 35 comme en 16 millimètres, et qui est confiée à Michel Marie.

Le non-film est géré par Jean-Paul Török. Il s'agit d'une bibliothèque classique : ouvrages, périodiques, dossiers de presse, etc. Mais elle comprend aussi un fonds unique d'un millier de scénarios. Il s'agit des brochures qui décrivent le film avant le tournage : numérotation des plans, lieux, heures, éclairages, personnages, mouvements d'appareil et dialogues.

Enfin, cette institution, qui aide à l'enseignement du cinéma et qui joue un rôle de service public, ne comporte que des bénévoles. Elle n'est pas subventionnée.

Les cinémathèques régionales ont pour vocation de rechercher et de conserver les documents filmés qui rendent compte du passé et du présent de leur région : les gens, les paysages, les modes de vie et les économies locales. Elles sont au nombre de dix et fonctionnent à Brest (Cinémathèque de Bretagne), Porto-Vecchio (la Corse et le cinéma), Grenoble, Nancy (Cinémathèque de Lorraine), Marseille, Nice, Perpignan (Institut Jean Vigo), Saint-Étienne, Rouen (Institut régional de l'image et du son), La Roche-sur-Yon (Cinémathèque de Vendée).

Si elles conservent tous les films que le hasard leur a livrés, elles ont cependant pour mission prioritaire de sauvegarder les courts métrages documentaires à caractère régional, les films d'amateurs et les prises de vues familiales qui prennent avec le temps une valeur révélatrice, ainsi que les films de fiction tournés, au moins partiellement, dans leur zone géographique.

L'idéal serait de trouver dans chaque région l'équivalent de *Farrebique* (Rouquier, 1946). Mais, à l'autre extrémité, même un mélo d'Émile Couzinet comme *Andorra ou les Hommes d'airain* (1942), révèle quelque chose d'un pays sauvage et secret que le commerce et le tourisme ont banalisé.

L'Institut Lumière, qui occupe à Lyon le château Lumière, rue du Premier-Film, a été créé par Bernard Chardère. Présidé aujourd'hui par Bertrand Tavernier, il comporte une salle d'art et d'essai très importante. Mais il abrite aussi deux richesses : une collection d'appareils anciens qu'un passionné, Paul Génard, a entreprise en 1938 et qui a été acquise par la ville de Lyon, et l'ensemble des films de Louis Lumière tournés de 1895 à 1900, restaurés avec l'aide des Archives de Bois-d'Arcy.

L'Institut possède également une très riche bibliothèque de cinéma qui porte le nom de son fondateur, Raymond Chirat.

L'Établissement cinématographique et photographique des armées (ECPA), qui est installé au fort d'Ivry, a été créé, on l'a vu, pendant la guerre de 1914. Il a longtemps survécu comme entité administrative, mais il a repris vie en 1939. Il a produit alors le *Magazine de la France en guerre*, qui préfigurait la série américaine « *Pourquoi nous combattons* ». À la Libération, il a renoué avec ses activités. Les collections se sont étoffées avec les courts métrages militaires tournés en France et dans les anciennes colonies, ainsi qu'avec les documents venus de l'étranger.

Les collections actuelles, sur pellicule ou en vidéo, sont très imposantes et le vieux secret militaire qui entourait cette archive a été levé. En 1993, l'ECPA a adhéré à la FIAF et il est entré dans le circuit mondial des cinémathèques.

Les tirages et les restaurations

Les Archives de Bois-d'Arcy jouent un rôle déterminant dans les restaurations. Depuis 1981, elles bénéficient du plan de sauvegarde des films anciens, financé par le ministère de la Culture. Elles ont donc pour mission de transférer tout le matériel nitrate sur pellicule de sécurité et de reconstituer certains films qui ont souffert. En 2000, elles avaient traité 8 millions de mètres, ce qui leur donne une vocation capitale.

Le sauvetage est simple lorsqu'il subsiste un négatif en bon état. Mais, souvent, il faut repartir des copies d'époque et les comparer avant d'établir une matrice aussi proche que possible de l'original. Les problèmes techniques sont délicats. Pour le muet, la pellicule teintée doit être respectée. Les surimpressions de *la Charrette fantôme*, qui sont superbes,

deviennent banales en noir et blanc. Quant aux films en couleur, on sait aujourd'hui les restaurer à l'identique. À Bois-d'Arcy, le premier essai porta jadis sur *la Sultane de l'amour* de René Le Somptier et il fut concluant.

Le son était souvent médiocre dans les premières années du parlant, et il est nécessaire de le filtrer : c'est encore une dépense qui s'ajoute aux devis. Enfin, les films muets comportent parfois des intertitres abusifs, lorsqu'ils sont d'origine américaine. Les courts métrages comiques en ont été victimes, avec des textes qui coupaient les gags visuels. C'est imputable au système de location au mètre, qui était en vigueur autour des années 1910-1920. Les distributeurs augmentaient ainsi les recettes.

La Cinémathèque française a, elle aussi, une politique de sauvegarde et elle a obtenu des résultats impressionnants. Elle a publié un très bel album, *la Persistance des images*, qui donne tous les renseignements sur une centaine de films retrouvés, tirés ou restaurés. Dominique Païni et Bernard Martinand y disent les techniques utilisées et les joies de la découverte.

Les recherches des copies d'époque ont été parfois facilitées par les collectionneurs privés. Certains d'entre eux ne s'intéressaient qu'au 35 millimètres, car ils avaient monté chez eux de véritables cabines de projection. D'autres se limitaient au 16 millimètres. Mais la plupart se tournent aujourd'hui vers la vidéo et thésaurisent des cassettes.

Finalement, le dépôt légal a pris en France une telle ampleur que rares sont les films qui échappent aux Archives de Bois-d'Arcy. On estime la perte à 1 %, ce qui est négligeable, et désormais il n'y aura plus de titres perdus.

L'an 2000 marque donc une rupture avec le passé. Un grand service d'État coordonne le travail des cinémathèques et garantit la survie de la production contemporaine. Pourtant, ce passage à une nouvelle ère laisse la nostalgie de l'aventure que fut, pendant soixante ans, la chasse aux films.

Ph. Coll. Archives Larbor / DR

La vocation d'André Carel de Jean Choux, 1925, avec Michel Simon.

Ph. Coll. Archives Larbor / DR

Rapt de Dimitri Kirsanoff, 1934, avec Geymond Vital et Dita Parlo.

Ph. Coll. Kipa / DR

Pour la suite du monde de Pierre Perrault et Michel Brault, 1963.

Ph. Coll. Kipa / DR

Un soir, un train d'André Delvaux, 1968, avec Anouk Aimée et Yves Montand.

Ph Coll. Archives Larbor / DR

Charles mort ou vif d'Alain Tanner, 1969, avec François Simon.

Ph. Coll. Kipa

La Vraie Nature de Bernadette de Gilles Carle, 1972.

Ph. J. Jung / Coll. Archives Larbor / DR

L'invitation de Claude Goretta, 1973, avec Jean-Luc Bideau.

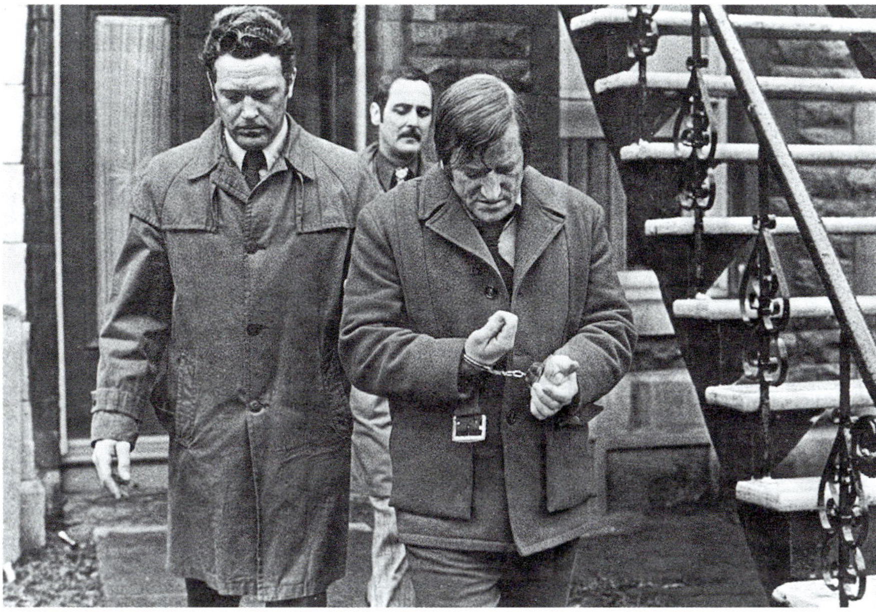

Ph. Coll. Archives Larbor / DR

Les Ordres de Michel Brault, 1974.

Coll. A.C.C.T. - Ph. Jeanbor / Coll. Archives Larbor

Ceddo d'Ousmane Sembène, 1977, affiche du film.

Les Rendez-vous d'Anna de Chantal Akerman, 1978, avec Aurore Clément.

Le cinéma francophone

Ph. Coll. Archives Larbor / DR

Le Déclin de l'empire américain de Denys Arcand, 1985.

Ph. Coll. Christophe L.

Halfaouine l'enfant des terrasses de Ferid Boughedir, 1990.

Ph. Coll. Cats / Kipa

Toto le héros de Jaco Van Dormael, 1992, avec Thomas Godet et Sandrine Blancke.

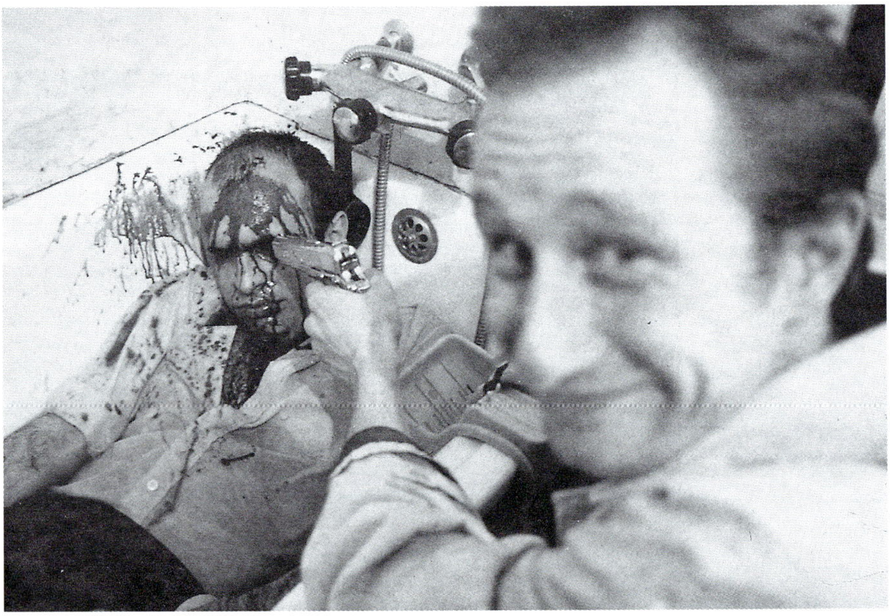
Ph. © Moschetti / Cats / Kipa

C'est arrivé près de chez vous de Rémy Belvaux, André Bonzel et Benoît Poelvoorde, 1992.

Dictionnaire des personnalités

*Le **dictionnaire des personnalités** regroupe quelque deux cent soixante personnalités du cinéma français et francophone — réalisateurs, producteurs, scénaristes et techniciens divers, à l'exclusion des acteurs, sauf si ces derniers cumulent la fonction de metteur en scène —, depuis la préhistoire du cinématographe jusqu'à nos jours. Il entend apporter un complément de renseignements factuels, d'ordre biographique et filmographique, de manière succincte et non exhaustive. Il n'exclut pas, pour autant, le regard critique.*
N'ont pas été retenus : les émigrés provisoires (par exemple Robert Siodmak) et les résidents non naturalisés (par exemple Carl Th. Dreyer ou Luis Buñuel, mais des œuvres de ces derniers font l'objet de notices dans le dictionnaire des films qui suit) ; de nombreux cinéastes, opérateurs et décorateurs de la période muette, sacrifiés à regret (certains sont évoqués dans le déroulant chronologique) ; à l'autre extrémité de la chaîne, des auteurs ou techniciens de la décennie 1990, le recul manquant pour en dresser une liste fiable.
Les postes essentiels occupés par les personnalités présentées sont indiqués en abrégé à la suite des noms et dates.

Marcel ACHARD (1899-1974) **Sc, R**
Auteur dramatique à succès, sa pièce *Jean de la Lune* est portée à l'écran en 1931 par l'obscur Jean Choux, sans qu'il s'intéresse beaucoup au résultat ; il en tourne en 1949 un remake (décevant) et, l'année suivante, réalise une désinvolte vie d'Offenbach, *la Valse de Paris.* Il avait déjà tâté, avant guerre, de la mise en scène avec *Folies-Bergère.* Tout cela ne pèserait pas très lourd, s'il n'y avait son travail, autrement conséquent, de scénariste et d'adaptateur auprès de tiers : Chenal, Marc Allégret, Grémillon et surtout Max Ophuls, pour lequel il a écrit un des plus beaux dialogues de cinéma qui soit, celui de *Madame de.*

Philippe AGOSTINI (né en 1910) **Op, R**
Il a fait ses classes avec Epstein et L'Herbier, deux rescapés du muet, qui lui ont enseigné le culte de la belle image. Attentif à l'expression des acteurs, à leur visage, à la « sensation de réalité » produite par un bon éclairage, il servira avec le même zèle Autant-Lara et Bresson, Carné et Grémillon, Pagnol et Max Ophuls. Homme de studio, il s'est mal adapté aux méthodes de tournage de la Nouvelle Vague. Passé sur le tard à la mise en scène, il se souviendra de son travail sur *les Anges du péché* en tournant *Dialogues des carmélites.*

Chantal AKERMAN (née en 1950) **R**
Réalisatrice belge, qui a foulé avec constance les allées du cinéma expérimental sans se soucier de sa réussite commerciale. Son film le plus caractéristique reste *Jeanne Dielman, 23 quai du Commerce, 1080 Bruxelles* (1975), dont le titre se lit comme une carte de visite : trois jours durant, on partage la vie sans joie d'une ménagère, prostituée d'occasion. Il y a plus d'attrait fictionnel, mais toujours la même volonté de platitude documentaire, dans *les Rendez-vous d'Anna* (1978), *Toute une nuit* (1982) et *Nuit et jour* (1991).

Henri ALEKAN (né en 1909) **Op**
Son maître Eugen Schüfftan lui a, dit-il, « ouvert les yeux sur le problème des rapports peinture-cinéma à travers la lumière ». Il a retenu la leçon, s'inspirant des maîtres hollandais (Rembrandt, Vermeer) pour « illuminer » *la Belle et la Bête,* en plein accord avec Cocteau, ou des gravures de Piranèse pour *Un homme à détruire,* sa première rencontre avec Joseph Losey. Il peut aussi bien adopter le parti pris de la grisaille réaliste (*Bataille du rail*), ou à l'opposé, de la féerie (*Juliette ou la clé des songes*). Il traduit à merveille les fantasmes d'un Gréville ou d'un Raul Ruiz. Dans tous les cas de figure, il s'agit de « casser la réalité » au profit de la poésie. Wim Wenders, un de ses derniers compagnons de route, a donné son nom à un cirque, dans *les Ailes du désir.* On attendait plutôt un musée à l'enseigne « Des lumières et des ombres » (du titre de son superbe album), où trônerait en bonne place le documentaire d'art qu'il a réalisé lui-même sur *l'Enfer de Rodin* (1958).

Marc ALLÉGRET (1900-1973) **R**
Un dilettante, qui a aligné nombre de comédies sans prétention, assez bien insérées dans l'air du temps, et qui s'est toujours complu dans la présentation de visages nouveaux, choisis d'ailleurs avec discernement : on lui doit ainsi la découverte de Simone Simon (*Lac aux Dames,* 1934), Michèle Morgan (*Gribouille,* 1937), Gérard Philipe (*les Petites du quai aux Fleurs,* 1944), et autres « futures vedettes ». Un titre résume bien cette spécialité de Marc Allégret, et il s'agit d'un de ses meilleurs films : *Entrée des artistes* (1938), bon document sur la faune du Conservatoire. Il sut aussi se mettre au service de Pagnol (*Fanny,* 1932) et de Conrad (*Sous les yeux d'Occident,* 1936). Protégé de Gide, dont il se prétendait le neveu, il l'accompagna dans son voyage au Congo et lui consacra un bel entretien filmé : *Avec André Gide* (1950).

Yves ALLÉGRET (1905-1987) **R**
Frère cadet du précédent, il se fit remarquer au lendemain de la Libération avec trois films d'une noirceur calculée, écrits par son ami Jacques Sigurd : *Dédée d'Anvers* (1948), *Une si jolie petite plage* (1949) et *Manèges* (1950), qui véhiculent des séquelles de « réalisme poétique », avec, pour le second, des bouffées d'existentialisme. On doit encore à Allégret cadet une œuvre à l'exotisme torride, lointainement inspirée de Sartre, *les Orgueilleux* (1953), et une chronique sociale où l'optimisme pour une fois l'emporte, *la Meilleure Part* (1954), les deux jouées, dans un registre opposé, par Gérard Philipe. Le reste est négligeable.

René ALLIO (1924-1995) **R**
Méridional d'abord tenté par le théâtre (à Villeurbanne), il assuma fièrement son identité occitane, comme le fera après lui Guédiguian. On trouve des traces de ce régionalisme pur et dur dans *la Vieille Dame indigne* (1964) et surtout *Retour à Marseille* (1980) et *Transit* (1990), œuvres un peu hermétiques, qui ont eu une audience restreinte, tout comme les allégories brechtiennes de *l'Une et l'autre* (1967) et *Rude Journée pour la reine* (1973). Son meilleur film, il l'a tourné pour la télévision : *le Médecin des lumières* (1988).

Nestor ALMENDROS (1930-1992) **Op, R**
Un homme à la caméra: c'est le titre du beau livre qu'il a publié sur son art, et qui le définit, à la manière d'un centaure (comprenons: homme-caméra). D'origine espagnole, réalisateur de courts métrages militants qui stigmatisent le régime castriste, il est devenu, en France à partir de 1965 puis aux États-Unis, un chef opérateur très recherché. Il a éclairé de nombreux films de Rohmer (de *la Collectionneuse* à *Perceval le Gallois*), de Truffaut (de *l'Enfant sauvage* à *Vivement dimanche !*), de Barbet Schroeder, qui lui commande des essais de lumière fluorescente pour *Maîtresse*, avant de s'envoler pour Hollywood, où un oscar lui sera décerné pour *les Moissons du ciel*.

André ANDREJEW (1887-1966) **Déc**
Il est l'aîné d'une cohorte de décorateurs venus de l'Est (Pimenoff, Meerson, Barsacq, Trauner, Wakhévitch), qui ont essaimé avant guerre dans les studios français. Andrejew draine avec lui la nostalgie du constructivisme et de l'expressionnisme, ce qui confère à son travail une *Stimmung* incomparable: voir entre autres *l'Opéra de quat' sous* (Pabst), *Dans les rues*, *le Golem* (Duvivier), *la Main du Diable*, *le Corbeau*...

Jean-Jacques ANNAUD (né en 1943) **R**
Sa carrière débute dans la publicité: entre 1968 et 1974, il abat quelque cinq cents « spots », qui lui valent l'estime de ses commanditaires. Il se lance dans la fiction en 1976 avec *la Victoire en chantant*, farce anticolonialiste qui connaîtra un succès imprévu aux États-Unis. C'est vers le paradis des superproductions internationales qu'il lorgne ensuite, en produisant de grosses machines parfois traversées d'un réel souffle épique, parfois noyées dans le chromo : *la Guerre du feu* (1982), *le Nom de la rose* (1986), *l'Ours* (1988), *l'Amant* (1992). On peut préférer le modeste *Coup de tête* (1979), satire nerveuse des milieux du football.

Georges ANNENKOV (1891-1974) **Cost**
Le meilleur habilleur de vedettes du cinéma français (avec Marcel Escoffier), qui préférait qu'on l'appelât « créateur de costumes », tant son art relevait d'un réel génie de l'ornementation, sinon de la mise en scène (il avait d'ailleurs pratiqué celle-ci à ses débuts, pour l'action collective, commandée par Lénine, reproduisant la prise du palais d'Hiver à Saint-Pétersbourg). Le cinéma fit appel à lui pour des films d'ambiance slave (*Mayerling*, *Nuits moscovites*, *le Père Serge*...), mais aussi pour *la Duchesse de Langeais* et *l'Éternel Retour*. Et il y eut surtout sa prestation glorieuse auprès de Max Ophuls (auquel il a consacré un précieux livre de souvenirs) : les fanfreluches de *la Ronde* (1950) et du *Plaisir* (1952), les atours raffinés de *Madame de* (1953), le moindre figurant harnaché pour la parade dans le cirque en folie de *Lola Montès*, tous portent sa griffe.

André ANTOINE (1858-1943) **R, Cr**
Ce maître de la scène, préoccupé de réalisme dans sa conception originale d'un « Théâtre-Libre », vint tard à l'écran et n'y fit qu'un bref passage, à une époque où l'art muet cherchait sa voie: six films en cinq ans (1916-1921), dont deux chefs-d'œuvre: *la Terre* d'après Zola, et *l'Hirondelle et la mésange*, ce dernier ayant trouvé son public seulement en 1984, grâce à un patient travail de restauration entrepris à l'initiative de la Cinémathèque française. Entre-temps, Antoine s'était sagement recyclé dans la critique cinématographique.
Son fils André-Paul Antoine (1892-1982) a fait une belle carrière de scénariste, auprès de Duvivier, Christian-Jaque, Renoir et surtout Max Ophuls, de *la Tendre ennemie* (1932) au *Plaisir* (1952).

Olivier ASSAYAS (né en 1955) **R**
Dernier-né de la famille des *Cahiers du Cinéma*, dans le cousinage d'un Kané et d'un Bonitzer, avec pour parrain Téchiné, Olivier Assayas (fils d'un scénariste de l'« ancienne vague », Jacques Rémy) dresse dans ses films un constat assez subtil de l'instabilité chronique et des déviances qui guettent sa génération. Ce ne sont plus « les enfants de Marx et de Coca-Cola », mais ceux de Sollers et du LSD qui batifolent dans *Désordre* (1986), *Paris s'éveille* (1991) et *Fin août, début septembre* (1999), « courant après le réel tout en restant indécrottablement romantiques », selon le mot du réalisateur. En 2000, il adapte *les Destinées sentimentales* de Chardonne.

Alexandre ASTRUC (né en 1923) **R, Cr**
Il est le prophète d'« une nouvelle avant-garde: la caméra-stylo », titre d'un article retentissant que ce cinéphile éclairé fit paraître en 1948 dans *l'Écran français*. L'influence de ce manifeste fut considérable sur l'avènement de la Nouvelle Vague, qui l'a toujours reconnu comme son maître à penser. Le passage de la théorie à la pratique fut plus malaisé: ni son premier long métrage, *les Mauvaises Rencontres* (1955), ni *Une vie* (1958), ambitieuse adaptation de Maupassant, ni *la Longue Marche* (1966), méditation sur la Résistance, ne tiennent vraiment la distance. Pour inverser une formule chère à Truffaut, on pourrait dire qu'Astruc manque du nécessaire, alors qu'il possède en abondance le superflu. Il n'est vraiment à son aise que dans le court métrage, où il sait conjuguer harmonieusement didactisme et lyrisme: témoins *le Rideau cramoisi* (1952) ou *Évariste Galois* (1967). C'est en outre un excellent écrivain.

Michel AUDIARD (1920-1985) **Dial, R**
Il s'est longtemps tenu au poste de scénariste-dialoguiste, où sa vulgarité roborative, qui doit plus à *Clochemerle* qu'à Céline, son idole, mettait en joie le public du samedi soir. Delannoy, Grangier, Lautner, La Patellière, Verneuil et d'autres ont puisé sans retenue dans le répertoire de celui qui se qualifiait lui-même d'« orfèvre en imbécillité », et Gabin s'en est fait le héraut goguenard. Avec le temps, cette verve s'est affinée: il n'y a plus de mots d'auteur, mais l'accent de la vérité dans son texte, écrit pour Miller, de *Garde à vue*. Ce qui est loin d'être le cas de la logorrhée qui s'étale dans ses propres films, réalisés entre 1968 et 1974, et connus surtout pour leurs titres à rallonge, du style *Faut pas prendre les enfants du Bon Dieu pour des canards sauvages*. Il est vrai qu'il attachait peu d'importance à ces turlupinades, jugeant qu'il s'était presque toujours « planté ». Une seule fois, il fit montre d'ambition, dans un film de montage anarchisant, *Vive la France* (1973). Ironie du sort, ce fut son seul échec commercial ! Ce masque de cynisme tombe dans des romans gorgés de tendresse, *le P'tit cheval de retour* et *la Nuit, le jour et toutes les autres nuits*.

Jacqueline AUDRY (1908-1977) **R**
La première réalisatrice française d'importance, après Alice Guy. Elle affectionnait les sujets grivois, ou mettant en cause certains tabous, touchant à l'homosexualité féminine en particulier; elle y déployait des trésors d'ingéniosité pour tromper la censure. Son mari, le dialoguiste Pierre Laroche, l'aida à ciseler ces miniatures d'époque que sont *Gigi* (1949), *Minne, l'ingénue libertine* (1950) et *Mitsou* (1956) d'après Colette. Son meilleur film adapte un roman anglais anonyme qui fit scandale à l'époque: *Olivia* (1951).

Jean AURENCHE (1903-1992) **Sc, Dial**
« Un boute-en-train », disait Jean Aurenche quand on lui demandait ce que devait être le scénariste à l'égard du metteur en scène. Il ajoutait perfidement que « ce sont souvent leurs scénaristes qui ont fait croire de certains réalisateurs qu'ils avaient du talent ». Son nom est inséparable de celui du romancier Pierre Bost (1901-1975) : ce tandem a « servi la soupe » à Delannoy, Clément et surtout Autant-Lara, de *Douce* au *Franciscain de Bourges*, avec un savoir-faire qui a suscité les foudres de François Truffaut dans un article fameux. Bertrand Tavernier leur a rendu justice avec *l'Horloger de Saint-Paul*. Aurenche a continué à travailler avec ce dernier à la mort de son coéquipier : *Que la fête commence !*, *le Juge et l'assassin*, *Coup de torchon* (1981) comptent parmi ses réussites. À ses débuts, il avait réalisé un joli film-enquête, *les Pirates du Rhône* (1933), en collaboration avec le peintre Pierre Charbonnier.

Georges AURIC (1899-1983) **Mus**
Élève de Vincent d'Indy, membre du groupe des Six, il conçoit une musique d'écran fortement dramatisée. C'est dans cet esprit qu'il compose, au tout début du parlant, pour son ami Jean Cocteau, celle du *Sang d'un poète*, et plus tard, de *la Belle et la Bête*, des *Parents terribles* et des deux *Orphée*. Il sait se faire plus léger avec Clair, Marc Allégret, Delannoy, John Huston... Si c'est avec ce dernier qu'il a connu son plus gros succès (les valses de *Moulin-Rouge*), on peut préférer la simplicité mélodique de sa partition pour *Lola Montès*.

Jean George AURIOL (1907-1950) **Cr, Sc**
Cinéphile passionné, de films américains surtout, il lance en 1928 une *Revue du cinéma* qui tranche, par son indépendance, son franc-parler et sa haute tenue littéraire, sur la routine des gazettes de l'époque. Au sommaire, on relève les noms de ses amis Louis Chavance, Jacques B. Brunius et Jean-Paul Dreyfus, mais aussi ceux de Paul Morand, André Gide, Robert Aron (chargé de la direction de l'entreprise), toute l'écurie Gallimard appelée en renfort. Il y eut 29 numéros, à diffusion limitée mais à forte influence. En 1946, paraît une seconde série, avec André Bazin, Lo Duca, Jacques Doniol-Valcroze, prélude aux *Cahiers du cinéma*. Cet intellectuel raffiné fut aussi, quelque temps, scénariste (*Divine*, *l'Honorable Catherine*).

Claude AUTANT-LARA (1901-2000) **R**
Il a toujours eu, comme l'atteste le premier tome de son autobiographie, « la rage dans le cœur ». Fils de l'architecte Édouard Autant et de l'actrice Louise Lara, il amorce une carrière de décorateur, chez L'Herbier et Renoir ; se lance dans le court métrage d'avant-garde (*Fait divers*, 1923 ; *Construire un feu*, 1927) ; adapte avec Jacques Prévert l'opérette de Reynaldo Hahn *Ciboulette* (1933) ; fait le « nègre » pour des réalisateurs de second plan. La chance lui vient sous l'Occupation, période qu'il regrettera toujours : c'est le beau doublé du *Mariage de Chiffon* (1942) et de *Douce* (1943), satires à fleuret moucheté de la société bourgeoise. À la Libération, *le Diable au corps* (1946) suscite l'ire des ligues bien-pensantes. Une série de bluettes d'intérêt inégal (*Occupe-toi d'Amélie*, 1949 ; *l'Auberge rouge*, 1951) et une pompeuse illustration de Stendhal, *le Rouge et le noir* (1954) précèdent une incontestable réussite, *la Traversée de Paris* (1956) d'après Marcel Aymé, où Autant-Lara fait éclater sa verve réactionnaire. Il encourra par la suite les sarcasmes de la Nouvelle Vague, qui ne lui pardonne pas les provocations gratuites de *la Jument verte* (1959) et des *Régates de San Francisco* (1960). À retenir tout de même, dans une fin de carrière sans éclat, *En cas de malheur* (1958), pour le tandem explosif Gabin-Bardot. En 1989, Autant-Lara fut élu député européen sur la liste du Front national.

Iradj AZIMI (né en 1942) **R**
L'un des rares poètes de l'écran français contemporain, œuvrant dans le silence, la solitude et le refus des compromissions, face à la mafia des diffuseurs hostiles à ce marginal irrécupérable. Quatre films seulement en trente ans (plus un court métrage au titre rimbaldien : *Illuminations*, 1968), mais qui témoignent tous d'une belle exigence éthique et esthétique : *les Jours gris* (1974), *Utopia* (1978), *les Îles* (1981) et un monumental *Radeau de la « Méduse »* (achevé en 1992, sorti seulement en 1998) qui lui a coûté des années d'efforts et a bien failli l'engloutir.

Jacques de BARONCELLI (1881-1951) **R**
D'une œuvre abondante (quatre-vingts films en trente ans de carrière, de 1916 à 1946), qui flatte sans trop de complaisance les goûts du public, pour la littérature romanesque, l'évasion, l'exotisme, et s'auréole d'une élégance de forme un peu surannée, on retiendra : *Pêcheurs d'Islande* (1924), *Nitchevo* (1925, remake parlant en 1935), *Michel Strogoff* (1935), *l'Homme du Niger* (1939), l'ambitieuse *Duchesse de Langeais* (1942, dialogues de Jean Giraudoux) et surtout *les Mystères de Paris* (1943), excellente condensation du roman d'Eugène Sue.

Léon BARSACQ (1906-1969) **Déc**
« Les décors d'un film doivent passer inaperçus », disait-il modestement. On remarque pourtant, et nul ne s'en plaint, ceux des *Visiteurs du soir* et des *Enfants du paradis* (1945), qu'il a édifiés sur les conseils de Trauner ou, seul à l'ouvrage, de *la Marseillaise*, de *Boule de Suif*, de *Pattes blanches* et des derniers Clair. Il a recueilli l'essentiel de ses idées sur la question dans un livre qui fait autorité, *le Décor de film*. Son frère cadet André Barsacq (1909-1973) avait marché sur ses traces (il travailla pour Grémillon), avant de se consacrer au théâtre (il prit la direction de l'Atelier à la mort de Dullin). On doit à ce dernier la réalisation d'un unique film, non dépourvu de qualités, *le Rideau rouge* (1952).

André BAZIN (1918-1958) **Cr, Th**
De formation universitaire, menant de pair des activités de journaliste, de professeur à l'IDHEC, de conférencier (malgré un bégaiement incoercible) et de rédacteur en chef d'une revue prestigieuse (les *Cahiers du Cinéma*, dès son deuxième numéro), André Bazin fut le meilleur critique et esthéticien du cinéma depuis Delluc, fauché comme lui en pleine jeunesse. Il a développé ses théories sur l'art du film dans quelques textes fondateurs, recueillis après sa mort sous le titre *Qu'est-ce que le cinéma ?*. Prenant le contre-pied de ceux qui estiment que le metteur en scène a tout pouvoir sur l'image, Bazin soutient que celle-ci exprime, par sa nature même, « la signification à la fois concrète et essentielle du monde », et qu'il est donc impie de la trafiquer par le montage ou toute autre technique réductrice. Le cinéaste doit s'astreindre à endosser « la robe sans couture de la réalité ». Ainsi, il pourra infiltrer le cœur même du réel, voire son âme (Bazin est de formation chrétienne). Cet idéal de pureté, éthique et esthétique, il le trouve exprimé à son plus haut degré dans le néoréalisme italien (De Sica, Rossellini), le documentaire, le film ethnographique, mais aussi, plus curieusement, chez des créateurs à fort tempérament, tels Chaplin, Bresson, Orson Welles, William Wyler et surtout Jean Renoir,

auquel il a consacré jusqu'à ses derniers jours une étude qui sera l'objet d'une publication posthume. Il défend aussi le « cinéma impur » d'un Cocteau ou d'un Pagnol. La Nouvelle Vague en a fait son père spirituel : Truffaut a dédié son premier film, *les Quatre Cents Coups*, à Bazin qui ne put le voir achevé.

Georges de BEAUREGARD (1920-1984) **Pr, Dis**
Avec Pierre Braunberger, c'est l'un deux parrains de la Nouvelle Vague. Ses filleuls se nomment Demy (*Lola*), Rozier (*Adieu Philippine*), Varda (*Cléo de 5 à 7*), Chabrol (*Landru*), Rohmer (*la Collectionneuse*), et le préféré, Godard (neuf films, dont *À bout de souffle*, son fleuron et *Pierrot le Fou*). Il patronna aussi, plus discrètement, Pierre Schoendoerffer et Françoise Sagan. L'emblème de sa maison de production, Rome-Paris-Films (coactionnaire : l'Italien Carlo Ponti) était un heaume d'armure avec marguerite à l'œillère, peut-être pour faire pièce à son grand rival Gaumont.

Jacques BECKER (1906-1960) **R**
Il a appris de Renoir, dont il fut pendant cinq ans l'assistant, de *la Nuit du carrefour* à *la Marseillaise*, les règles essentielles du bien filmer : un regard chaleureux sur les êtres, le sens de la collectivité, l'attention à des personnages soigneusement typés, un dialogue vif et spontané, la poétisation du paysage naturel. Ce qui lui appartient en propre est un acharnement perfectionniste (« Je ne suis pas méticuleux, disait-il, je suis maniaque ») et une fluidité de narration qui transparaît jusque dans ses films les plus légers d'apparence, tels *Édouard et Caroline* (1951) ou *Rue de l'Estrapade* (1953). Mais il sait aussi brosser de succulents portraits de groupe (les paysans de *Goupi-Mains rouges*, 1943 ; la jeunesse parisienne de *Rendez-vous de juillet*, 1949), et se hausser à des sommets tragiques, comme dans *Casque d'Or* (1952), son chef-d'œuvre, ou *le Trou* (1960), son dernier film, achevé au montage par son fils Jean (devenu lui-même cinéaste par la suite). Resnais estime que Becker excellait à « nous plonger dans un état de bonheur qui n'est pas si fréquent au cinéma » : il le compare à Valéry Larbaud, ce genre d'écrivains qui semblent traiter de sujets anodins, mais qui y mettent un tel raffinement qu'on a plus de plaisir à les lire que certains auteurs prétendument « profonds ». Par ailleurs, et sans l'avoir cherché, Becker a servi de trait d'union entre l'école du récit traditionnel et la Nouvelle Vague : il est, si l'on ose dire, le neveu de Jean Renoir et l'oncle de François Truffaut.

Jean-Jacques BEINEIX (né en 1946) **R**
Ce frénétique imagier, qui se pose en décodeur des mythologies à la mode, a été révélé par *Diva* (1981), patchwork aux couleurs crues passé inaperçu de la critique, mais qui enchanta le jeune public. Il creusa le sillon d'un style néobaroque avec l'improbable *Lune dans le caniveau* (1983) et *37 ° 2 le matin* (1986). Sa palette se diversifie dans *Roselyne et les lions* (1983), *IP 5* (1992) et *Mortel Transfert* (2000).

Yannick BELLON (née en 1924) **R**
À la pointe du documentaire militant au lendemain de la guerre (*Goémons*, *Varsovie quand même*), elle a produit et réalisé, sur le tard, une série de longs métrages dont la générosité d'inspiration fait oublier le manque de moyens : *Quelque part quelqu'un* (1972), *la Femme de Jean* (1974), *l'Amour violé* (1978), *les Enfants du désordre* (1989).

José BENAZERAF (né en 1922) **R**
Le précurseur, l'inlassable bricoleur et en fin de compte le fossoyeur d'un genre qui fit la fortune des salles spécialisées dans les années 1970 : le porno. Qui l'eût cru ? L'auteur de ces navets à la sauce piquante que sont *l'Enfer dans la peau* (1964), *la Soubrette perverse* (1974) et autres *Hurlements d'extase* (1979) avait fait l'ENA et Sciences po. « Malgré tout, je ne me considère pas comme un grand cinéaste », avoue-t-il dans un moment de lucidité. Ses épigones dans le genre (aujourd'hui pratiquement défunt en salle publique, mais toujours vivace en vidéo) se nomment Max Pecas, Serge Korber, Burd Tranbaree (alias Claude Bernard-Aubert), Francis Leroi et d'autres, sur lesquels mieux vaut jeter le voile pudique de l'oubli.

Jean BENOIT-LÉVY (1888-1959) **R**
Plus que le metteur en scène, c'est l'éducateur, préoccupé des « grandes missions du cinéma » (titre d'un ouvrage publié au Canada), et promu à ce titre à de hautes fonctions à l'UNESCO, qui a survécu. Mais il avait fait preuve auparavant d'un solide talent de documentariste, dans le domaine du film scientifique, et n'avait pas non plus démérité dans la fiction, compensant la naïveté des thèmes par une morale généreuse (*la Maternelle*, 1934).

Raymond BERNARD (1891-1977) **R**
« Au moment où Abel Gance introduisait en France la grande symphonie, Raymond Bernard créait la musique de chambre », écrit Henri Fescourt. C'est la veine intimiste de ce cinéaste discret qui irrigue notamment *le Petit Café* (1919) d'après la pièce de son père Tristan Bernard, ou *J'étais une aventurière* (1938). Le hasard des commandes lui a fait cultiver parallèlement une veine épique : *le Miracle des loups* (1924), broderie historique à succès, *le Joueur d'échecs* (1927), *les Misérables* (version 1934, avec Harry Baur). Les deux tendances coexistent dans ce qui reste sans doute le meilleur d'une production hétéroclite : *les Croix de bois* (1931) et *les Otages* (1948), deux visions complémentaires de l'absurdité de la guerre.

Claude BERRI (né en 1934) **Pr, R**
Né Claude Langman, il est avant tout un producteur heureux, aux coups bien ajustés et qui font mouche : cela va de *Tess* (1979) de Roman Polanski à *l'Ours* (1988) de Jean-Jacques Annaud, sans compter ses propres films. Il fait parfois l'acteur, comme dans *Stan le flasher* (1990) de Serge Gainsbourg ou dans son propre film *la Débandade* (1999). En tant que réalisateur, sa sincérité n'est pas niable lorsqu'il évoque son enfance juive dans *le Vieil Homme et l'enfant* (1967) ou son adolescence dans *le Cinéma de papa* (1970), qui pourraient être contresignés Truffaut. Plus contestables sont ses superproductions, où il piétine les plates-bandes de Pagnol (le diptyque *Jean de Florette-Manon des sources*, 1986-1987), de Marcel Aymé (*Uranus*, 1990) ou de Zola (*Germinal*, 1993). Il est plus à l'aise sur le bitume parisien de *Tchao Pantin* (1983, avec Coluche à contre-emploi).

André BERTHOMIEU (1903-1960) **R**
On a beaucoup médit de cet infatigable pourvoyeur du « cinéma du sam'di soir », et il est vrai qu'il y a dans son énorme production (plus de 70 films) un déchet non moins énorme, surtout en fin de carrière. Mais « Bertho », comme on l'appelait familièrement dans la profession (« Berthopire » pour ses ennemis), a aussi à son palmarès quelques comédies très enlevées que pourrait lui envier René Clair, lequel commit un remake sinistre d'un de ses films les plus réussis, *le Mort en fuite* (1936, avec le tandem Michel Simon-Jules Berry). Il signa aussi d'excellents mélodrames : *Promesse à l'inconnue* (1942), *le Secret de*

madame Clapain (1943). « Pas si bête », Berthomieu, serait-on tenté de dire en reprenant le titre d'un film qu'il tourna à deux reprises (1926 et 1947) : n'est-il pas, d'ailleurs, l'auteur d'un très sérieux *Essai de grammaire cinématographique*?

Luc BESSON (né en 1959) **R**
C'est la coqueluche de la génération 1980. Que trouve-t-elle dans ses flâneries suburbaines (*Subway*, 1985), sous-marines (*le Grand Bleu*, 1988), survoltées (*Nikita*, 1990) ou surdimensionnées (*le Cinquième Élément*, 1997)? Un motif d'évasion à bon compte, un exutoire face à un monde qui a perdu ses repères? La sociologie, plus que l'art, a la réponse. À l'ère des médias, Besson est sans doute un médium. En 1999, il a cuisiné une sorte de super-*Jeanne d'Arc* aux allures de western médiéval, où tout le monde parle anglais, ce qui est bien le comble de la provocation.

Pierre BILLON (1906-1981) **R**
Dans les années 1930, il fait dans l'espionnage et le film d'aventures (*Deuxième Bureau*, 1935; *la Piste du sud*, 1938) ; sous l'Occupation, dans l'ersatz à l'américaine (*l'Inévitable M. Dubois*, 1942); après la guerre, dans le romanesque de bon ton (*l'Homme au chapeau rond*, 1946, d'après Dostoïevski; *Chéri*, 1950, d'après Colette). Sous sa direction, Michel Simon, Raimu, Jean Marais et même Tino Rossi sont plutôt à leur avantage. Tout cela force l'estime.

Gérard BLAIN (né en 1930) **Ac, R**
Un des rares acteurs révélés par la Nouvelle Vague qui n'a pas trop mal réussi son examen de passage à la mise en scène: *les Amis* (1971), *le Pélican* (1974), *le Rebelle* (1980). Certains y voient même « un ton nouveau dans le cinéma français, peu coutumier d'une telle exigence esthétique et morale » (Michel Marmin).

Bertrand BLIER (né en 1939) **R**
Fils de l'acteur Bernard Blier, qu'il a dirigé à contre-emploi dans l'insolite *Buffet froid* (1979), ce cinéaste très « mode » a débuté sans éclat par le film-enquête (*Hitler, connais pas !*, 1963) et le policier psychologique (*Si j'étais un espion*, 1967) avant de trouver sa voie avec *les Valseuses* (1974), film provocant, iconoclaste, qui mettait au premier plan des marginaux. Ce sera ensuite le canular érotique de *Calmos* (1976), l'utopie de *Notre histoire* (1984) et les fables mi-figue, mi-raisin de *Tenue de soirée* (1986), *Trop belle pour toi* (1989) et, sur fond d'intimisme, *Merci la vie* (1991). Sa verve s'est exercée aussi au théâtre. Après un passage à vide, il se fait le chantre ironique du show-business dans *les Acteurs* (2000).

Yves BOISSET (né en 1939) **R**
Un sous-Costa-Gavras, qui ne s'embarrasse pas de nuances quand il fait le procès du racisme ordinaire (*Dupont Lajoie*, 1975), des règlements de compte politiques (*le Juge Fayard, dit le Shérif*, 1977) ou des jeux télévisés (*le Prix du danger*, 1982). S'il met en veilleuse son ardeur contestataire, cela donne le robinet d'eau tiède d'*Un taxi mauve* (1976). On pouvait espérer mieux d'un admirateur de Richard Brooks.

Jean BOYER (1901-1965) **R**
Le meilleur, sinon l'unique, représentant du *musical* français, genre qui, hélas ! ne décolla jamais, comme son illustre modèle de Hollywood. Mais c'était par manque de moyens, plutôt que d'invention, et pour cause d'incurable frilosité de la part des producteurs. On énumérera donc, au rayon nostalgie, ces titres qui auraient pu fonder un genre: *Prends la route* (1936), *Circonstances atténuantes* (1939), *Romance de Paris* (1941), *Mademoiselle s'amuse* (1947), etc.

Gérard BRACH (né en 1927) **Sc, R**
« Savoir surprendre » est, selon lui, la règle d'or du scénariste. Il ne s'en est pas privé avec son réalisateur favori, Roman Polanski, qui lui doit le meilleur de son œuvre française (*le Locataire*, 1976) et étrangère (*Cul-de-sac*, 1966). Il a œuvré aussi pour Annaud, Berri, Antonioni, etc. Obsédé par la thématique de l'enfermement, il est connu pour écrire cloîtré chez lui, loin des studios. Il en est tout de même sorti pour mener à bon port son *Bateau sur l'herbe* (1971).

Robert BRASILLACH (1909-1945) **Hist, Cr**
Avec son beau-frère Maurice Bardèche, ce romancier et journaliste égaré plus tard dans la collaboration publia en 1935 une *Histoire du cinéma* qui était non la première (Guillaume-Michel Coissac et Georges Charensol en avaient jeté les bases), mais la plus alertement sélective et, de loin, la mieux écrite. Des partis pris idéologiques gâchent la seconde édition (de 1942), qui seront gommés ensuite. D'autres textes de Brasillach seraient à exhumer, notamment ceux de *la Revue universelle*, où il rendit compte de l'actualité cinématographique, de 1933 à la déclaration de guerre, avec passion et pertinence.

Michel BRAULT (né en 1928) **Op, R**
C'est avant tout un chef opérateur très demandé, au Québec par Pierre Perrault (qui le crédite comme coréalisateur de *Pour la suite du monde*), en France par Jean Rouch, Mario Ruspoli et William Klein. Spécialiste des caméras légères et du son synchrone, il fut le chef de file de l'école du « cinéma direct ». Il a réalisé, pour son propre compte, quelques films qui mériteraient d'être mieux connus: *Entre la mer et l'eau douce* (1962), *les Ordres* (1974), *Mon amie Max* (1994).

Pierre BRAUNBERGER (1905-1990) **Pr, Dis**
Il se targue d'être à l'origine du « premier vrai film de la Nouvelle Vague », *le Coup du berger* (1956), un court métrage de Jacques Rivette. Il a produit aussi, ou coproduit, les premiers essais de coreligionnaires (Melville, Lelouch, Reichenbach), ainsi que ceux de Resnais, Rouch, Varda, Godard et les autres. Mais cela avait commencé bien avant: dès sa vingtième année, il est aux côtés de Renoir, au poste d'homme à tout faire. Cela donnera *Nana*, *Tire-au-flanc*, *la Chienne* et surtout *Partie de campagne*, dont il a été la cheville ouvrière. Sans parler de Marc Allégret, un autre de ses poulains, de Robert Florey, Paul Fejos et L'Herbier (pour le remake de *Forfaiture*). Sa maison de production et de distribution, dont il variait les noms pour tromper le fisc (Néo-Films, Films Armor, Braunberger-Richebé, Films du Panthéon), tout comme la salle de projection qu'il dirigea à partir de 1930, le Panthéon, furent les relais obligés de quasiment tous les auteurs en quête de subsides. Son palmarès, qu'il a dressé lui-même dans son autobiographie *Cinémamémoire*, est éloquent: 90 longs métrages et près de 300 courts ou moyens métrages. Croyons-le sur parole quand il affirme n'avoir jamais eu de « vrais problèmes » avec les gens qui ont travaillé grâce à lui. Comme dit Renoir, son complice de la première heure, « Pierre Braunberger a été l'instigateur des meilleurs mauvais coups du cinéma français. » Aficionado à ses heures, il réalisa même, avec le concours de la monteuse Myriam, un excellent documentaire sur la tauromachie: *la Course de taureaux* (1950).

Robert BRESSON (1901-1999) **R**
« Janséniste de la mise en scène », selon André Bazin, il n'a pas son pareil pour disséquer (mais non désincarner) l'univers romanesque de Bernanos ou de Dostoïevski, ses deux principales sources d'inspiration : voir *le Journal d'un curé de campagne* (1951) et *Mouchette* (1967) pour le premier, *Une femme douce* (1969) et *Quatre Nuits d'un rêveur* (1971) pour le second. Il retrouve même celui-ci dans l'hallucinant ballet de spectres de *Pickpocket* (1959). L'argument de son ultime film est emprunté à Tolstoï : c'est la froide mécanique de *l'Argent* (1983). Sa méthode se résume en quelques formules, qu'il a consignées dans ses *Notes sur le cinématographe*: « Vois ton film comme une combinaison de lignes et de volumes en mouvement, en dehors de ce qu'il figure ou signifie ». Ou bien : « Ce qu'il faut attraper, c'est l'intérieur, non l'extérieur. D'ailleurs, il n'y a pas d'extérieur. Ou plutôt, il y a autant d'extérieurs que de paires d'yeux dans le monde pour regarder. » Ce n'est pas un metteur en scène (il récuse du reste tout ce que le cinéma doit au théâtre, c'est-à-dire la quasi-totalité des films), mais un « metteur en ordre ». À la limite, il n'y a plus d'intrigue, ni de personnages : rien qu'une quête (spirituelle) qui prend parfois les détours d'un grappillage sournois. Il conçoit son art comme une ascèse. L'émotion, cependant, surgit, là où on l'attend le moins : aux derniers plans admirables des *Dames du bois de Boulogne* (1945), de *Pickpocket* (1959) ou d'*Au hasard Balthazar* (1966).

Jean-Claude BRISSEAU (né en 1944) **R**
Un des plus solides espoirs du nouveau cinéma français, d'une énergie créatrice à l'image de sa musculature. Ses films sont taillés dans un bois vif et tendre à la fois : *Un jeu brutal* (1983), *De bruit et de fureur* (1988), *Noce blanche* (1989), *Céline* (1992), *l'Ange noir* (1994), ce dernier renouant avec la grande tradition du mélodrame. *Les Savates du bon Dieu* (2000) prolonge sa lucide réflexion sur la violence endémique des banlieues.

Philippe de BROCA (né en 1933) **R**
À cet assistant de Truffaut, on doit d'abord des comédies parisiennes charmantes, peuplées de jolies filles et de « messieurs de compagnie » : aux *Jeux de l'amour* (1959) succèdent ainsi, sur le même rythme primesautier, *le Farceur* (1960) et *l'Amant de cinq jours* (1961). La rencontre avec Jean-Paul Belmondo fut profitable, commercialement, à l'un comme à l'autre, mais la fraîcheur d'inspiration s'en ressentit : de *l'Homme de Rio* (1963) à *l'Incorrigible* (1975), la chute de niveau est flagrante. Après l'échec du feuilletonesque *Louisiane* (1984), il s'est un peu retrouvé avec une énième version du *Bossu* (1997). Reste une œuvre personnelle et méconnue : *le Roi de cœur* (1966).

Léonce-Henri BUREL (1892-1977) **Op**
De tous les grands opérateurs du muet, Burel est celui dont la compétence technique n'a d'égale que l'exceptionnelle longévité : plus de cinquante ans, en effet, de bons et loyaux services auprès de patrons tels que Gance, Feyder, Ingram, Decoin, Dréville et surtout Bresson, du *Journal d'un curé de campagne* (prix de la meilleure photographie à la biennale de Venise 1951) à *Procès de Jeanne d'Arc*. Il a même tâté, pour s'amuser, de la mise en scène (*le Fada*, 1932).

Henri CALEF (1910-1994) **R**
Ancien journaliste, ce réalisateur d'origine bulgare a évoqué à chaud les heures tragiques de la Résistance dans *Jéricho* (1946). Sur cette lancée, il s'essaya à l'aventure historique avec *les Chouans* (1947). La suite fut une cascade de déceptions, mis à part un bon « suspense », *la Souricière* (1949).

Ricciotto CANUDO (1879-1923) **Th**
Le nom de ce critique et théoricien italien, fixé en France en 1902, est connu surtout pour avoir élevé le cinéma naissant au rang de « septième art », conciliant idéalement les valeurs plastiques et rythmiques, les arts de l'espace (peinture, architecture) et les arts du temps (musique, danse). Il ne s'en est pas tenu là, animant un des premiers ciné-clubs, programmant l'entrée du cinéma au salon d'Automne et publiant des textes fondateurs sur les « peintres de lumière » du muet, qu'il avait baptisés, moins heureusement, « écranistes ». Ses articles ont été recueillis après sa mort sous le titre *l'Usine aux images.*

Albert CAPELLANI (1870-1931) **R**
Directeur artistique de la SCAGL (Société cinématographique des auteurs et gens de lettres), rivale du Film d'art, à l'époque héroïque du muet, cet ancien acteur du Théâtre-Libre et régisseur à l'Alhambra s'attaque, à partir de 1909, aux grands classiques du répertoire (Zola, Hugo, Daudet, Balzac...), dans des films de conception naïve mais de facture soignée : *l'Assommoir* (1909), *les Misérables* (version 1912, d'un budget et d'une durée inusités pour l'époque), *Quatre-Vingt-Treize* (1914, inachevé et terminé par Antoine). Il s'expatrie aux États-Unis en 1914 et, de retour en France, finit ses jours misérablement.

Léos CARAX (né en 1960) **R**
Son premier film, *Boy Meets Girl*, tourné à vingt-quatre ans, dénotait un authentique lyrisme baroque. Cela se gâta ensuite, de *Mauvais sang* (1986) en *Amants du Pont-Neuf* (1991), où il faillit ruiner ses producteurs par des exigences décoratives insensées. *Pola X* (1999), lourde adaptation de Herman Melville, confirme de graves symptômes de schizophrénie galopante.

Gilles CARLE (né en 1929) **R**
Le seul réalisateur canadien de fiction qui se soit imposé dans un pays où la production est dominée par le documentaire et le film d'animation. Grâce au très actif Office national du film, il tourne son premier film en 1965, *la Vie heureuse de Leopold Z.* Suivront *les Mâles* et *la Vraie Nature de Bernadette*, deux fables libertaires « enracinées dans une société alors en pleine mutation, au temps de la montée du courant indépendantiste » (Jean-Pierre Jeancolas). En 1981, la saga familiale des *Plouffe*, d'après le best-seller de Roger Lemelin, connaît un grand succès populaire, que ne retrouvera pas sa version étriquée de *Maria Chapdelaine* (1983).

Marcel CARNÉ (1909-1996) **R**
Sa gloire fut longtemps indiscutée, en tant que chef de file de l'école française des années 1930, de ce « réalisme poétique » illustré pourtant avant lui, et mieux, par Vigo et Duvivier. André Bazin voyait dans *Le jour se lève* (1939) une des plus belles réussites tragiques de l'écran, et le public a fait un sort aux beaux yeux de Michèle Morgan dans *le Quai des brumes* (1938) et au quadrille des masques des *Enfants du paradis* (1945). Une révision s'impose, au risque de passer pour iconoclaste. La part de Carné metteur en scène dans ces monuments du cinéma se révèle faible, si on la confronte à l'excellence des dialogues de Prévert, des décors de Trauner, de la musique de Jaubert ou Kosma, et à un quarteron d'acteurs prodigieux (Gabin, Jules Berry, Brasseur, Arletty). Privé de ces équipes en or, Carné s'en ira à vau-l'eau, dans l'irréalisme fabriqué de *Juliette ou la Clé des songes* (1951) et la triste exhibition des *Tricheurs* (1958). C'est à peine si l'on peut sauver le remue-ménage de *Thérèse Raquin* (1953) et le laisser-aller faubourien de *l'Air*

de Paris (1954). Sans aller jusqu'à rejeter en bloc ce qu'Henri Agel considère comme de l'« académisme truqué », force est de reconnaître que le pseudo-réalisme de Carné, ou son populisme, nourri de l'expressionnisme allemand et du film policier américain (ses passions de jeunesse), reste très inférieur à sa légende. Il aura réussi, et ce n'est pas rien, à créer une « atmosphère », lourde, ténébreuse, proche des romans de Francis Carco ou d'Eugène Dabit. C'est d'ailleurs ce dernier qui lui a inspiré son film le plus caractéristique, avec l'appoint inestimable d'Henri Jeanson : *Hôtel du Nord* (1938).

Jean-Claude CARRIÈRE (né en 1931) **Sc**
C'est un forçat de l'écriture. Depuis qu'il s'est fait la main en « novelisant » les films de Tati, il n'a cessé de produire : des romans, des pièces de théâtre, des traductions, des « dramatiques » pour la télévision, des ouvrages d'érudition amusante (dont un *Dictionnaire de la bêtise*), un court métrage même (*la Pince à ongles*), trouvant encore le temps de faire l'acteur, de présider aux destinées de la FEMIS (ex-IDHEC) et de siéger au conseil d'administration de la Cinémathèque française. Son cursus de scénariste est impressionnant : il réunit les noms d'Étaix, Malle, Deray, Corneau, Rappeneau, Godard, Chéreau, Forman, Marco Ferreri, Fleischman, Wajda, Peter Brook, Nagisa Oshima... Avec Volker Schlöndorff, il s'attaque même à Proust, longtemps avant Ruiz (et ne s'en tire pas si mal). Mais on retiendra surtout son plus prestigieux compagnonnage, celui de Luis Buñuel, dont il sut devancer à demi-mot les plus obscurs désirs, jusqu'aux mémoires de celui-ci, *Mon dernier soupir*. Leur entente parfaite donna naissance à deux chefs-d'œuvre au moins : *Belle de jour* et *le Charme discret de la bourgeoisie*.

Alain CAVALIER (né en 1931) **R**
Il s'est toujours tenu, avec une farouche intégrité, dans les marges du film expérimental, n'en sortant, exceptionnellement, que pour des besognes peu gratifiantes (*la Chamade*, 1968) ou lorsque le sujet a fait vibrer, sans qu'il l'ait cherché, la corde du sentiment populaire (*Thérèse*, 1986). Il est à son aise dans la rêverie minimaliste (*Ce répondeur ne prend plus de message*, 1979), la quête initiatique (*Un étrange voyage*, 1981) ou le bloc d'art brut de *Libera me* (1993).

André CAYATTE (1909-1989) **R**
André Bazin a, une fois pour toutes, résumé le style ou plutôt la rhétorique de cet ancien avocat d'assises (qui fut aussi, cela se sait moins, auteur de romans policiers) en parlant de « cybernétique », soulignant par là tout ce qu'ont de mécanique ses thèmes et ses personnages. Ce qui se vérifie dans ces machines, au demeurant bien huilées, que sont *Justice est faite* (1950), *Nous sommes tous des assassins* (1952), *Avant le déluge* (1954) et *le Dossier noir* (1955), quatre volets de la saga judiciaire de Cayatte (on peut y ajouter *Verdict*, 1974). Autant de plaidoyers exagérément démonstratifs et qui enfoncent parfois des portes ouvertes, faisant oublier le Cayatte plus déluré des *Amants de Vérone* (1948) et de *Piège pour Cendrillon* (1965).

Claude CHABROL (né en 1930) **R**
Il dit lui-même que son ambition est de tourner le plus de films possible : ses admirations vont à John Ford et Alfred Hitchcock (il a consacré à ce dernier, en collaboration avec Éric Rohmer, une remarquable exégèse). La qualité importe peu dans cette boulimie de création, qui a son répondant dans un penchant immodéré pour la gastronomie (on sait qu'il choisit ses lieux de tournage en fonction de la proximité de grandes tables). Mais ce farceur peut avoir la dent aussi dure que généreux le coup de fourchette. Les fleurons de sa production, il faut donc les chercher dans ces soupes à la grimace que sont *les Bonnes Femmes* (1960), *Landru* (1963), *Que la bête meure* (1969), *le Boucher* (1970), *Violette Nozière* (1978). Il braconne aussi dans les vignobles de Simenon : *les Fantômes du chapelier* (1982), *Betty* (1992). Cela doit faire oublier le réchauffé de *Docteur Popaul* et autres *Poulet au vinaigre*. « Une comédie humaine de la Ve république », selon le mot de Jean-Pierre Jeancolas ? Disons plus modestement : un Guignol flaubertien.

Christian de CHALONGE (né en 1937) **R**
Quelques productions atypiques, allant de la chronique sociale sur les drames de l'immigration (*O salto*, 1967) à l'utopie post-nucléaire (*Malevil*, 1981), en passant par une satire des tripotages financiers (*l'Argent des autres*, 1978) : on cherche en vain une ligne directrice.

Étienne CHATILIEZ (né en 1952) **R**
Après des années d'apprentissage dans le film publicitaire, il tourne un long métrage à l'humour corrosif, qui lui vaudra une célébrité immédiate : *La vie est un long fleuve tranquille* (1987). C'était renouer avec les clichés éprouvés de *la Famille Duraton*, avec un zeste d'écologie. *Tatie Danielle* (1990) et *Le bonheur est dans le pré* (1995) ont confirmé ses dons de folkloriste.

Pierre CHENAL (1904-1991) **R**
Après Vigo et avant Duvivier ou Carné, Pierre Chenal peut être regardé comme le véritable initiateur du « réalisme poétique », cher au cinéma français des années 1930. Le cadre est en effet tracé dès *la Rue sans nom* (1934) d'après un roman canaille de Marcel Aymé. La même atmosphère délétère se retrouve dans *Crime et châtiment* (1935) d'après Dostoïevski, *l'Alibi* (1937), *la Maison du Maltais* (1938) et *le Dernier Tournant* (1939), ce dernier film transposant dans le contexte français le roman de James Cain *Le facteur sonne toujours deux fois*. La direction d'acteurs (Pierre Blanchar, Jouvet, Dalio, Le Vigan, Michel Simon) est exemplaire. Exilé en Amérique du Sud pour cause d'origine israélite, Chenal, de retour en France en 1946, ne retrouvera pas son punch d'avant guerre, malgré de beaux éclairs dans *la Foire aux chimères* (1946) et *Rafles sur la ville* (1958). Son seul succès, discutable, il le devra à la grosse farce de *Clochemerle* (1948).

Patrice CHÉREAU (né en 1944) **R**
Qu'il s'attaque à Labiche, Marivaux ou Shakespeare, l'homme de théâtre a du génie. L'auteur de films n'a que du talent, presque toujours fourvoyé (*la Reine Margot*, 1994), confondant audace technique et vision du monde (*Ceux qui m'aiment prendront le train*, 1998). En 2000, il a tourné *Intimité*. Ses collègues Roger Planchon et Jacques Weber encourent les mêmes reproches : n'est pas Laurence Olivier qui veut.

Henri CHRÉTIEN (1879-1956) **Inv**
Physicien spécialisé en optométrie, le professeur Chrétien mit au point en 1925 un anamorphoseur baptisé « Hypergonar » (l'anamorphose comprime les images dans le sens horizontal ; à la projection, l'image « décomprimée » double de volume). Deux films seulement furent tournés selon ce procédé, qui se révélèrent du reste à peu près inexploitables : un muet, *Construire un feu* (1927) de Claude Autant-Lara, et un parlant, *la Femme et le rossignol* (1932) d'André Hugon. Il fallut attendre 1953 pour que les Américains s'emparent du procédé : ils en feront le Cinémascope, d'application autrement durable.

CHRISTIAN-JAQUE (1904-1994) **R**
« Le plus éclectique des cinéastes français », selon Jacques Lourcelles, qui admire — jusque dans ses films tournés à la va-vite, et il n'en manque pas — une « mise en scène enjouée et virevoltante, donnant le sentiment d'une improvisation continuelle ». Certes, et cela se vérifie aussi bien dans *Un de la légion* (1936) que dans *les Dégourdis de la 11e* (1937), dans l'increvable *François Ier* (*idem*) comme dans le cocasse *Babette s'en va-t-en guerre* (1959), voire dans les exhibitions qu'il inflige à son épouse Martine Carol dans *Adorables Créatures* (1952) ou *Nana* (1954). On peut tout de même préférer le poète délicat des *Disparus de Saint-Agil* (1938), de *l'Enfer des anges* (1939) et de *l'Assassinat du père Noël* (1941), le satiriste malicieux d'*Un revenant* (1946), le prosélyte de *D'homme à hommes* (1948) ou l'imagier bon enfant de *Fanfan la Tulipe* (1951), qui doit beaucoup, il est vrai, à ses scénaristes Pierre Véry, Charles Spaak, Henri Jeanson. Alors : virtuose polyvalent ou réalisateur caméléon ?

Yves CIAMPI (1921-1982) **R**
Comme Cayatte fut d'abord avocat, Yves Ciampi reste, dans ses films, attaché à son premier métier, la médecine. Trois films en portent témoignage, avec une conviction sympathique mais limitée aux (bonnes) intentions : *Un grand patron* (1951), *l'Esclave* et *le Guérisseur* (1954). Il s'essaya aussi au romanesque avec *Typhon sur Nagasaki* (1957) et *Qui êtes-vous, M. Sorge ?* (1961).

René CLAIR (1898-1981) **R**
Il y a un « mystère René Clair », qu'a tenté d'élucider Pierre Billard dans un essai récent : tenons-nous là le « prince du cinéma français », digne des grands auteurs de la littérature, ou un académicien poussiéreux, à rejeter dans les poubelles de l'Histoire ? On n'a pas été impunément le deuxième réalisateur reçu parmi les Immortels, après son vieil ennemi Marcel Pagnol. « Le plus grand créateur comique après Charlie Chaplin », proclamait en son temps la critique unanime. Un « cocktail de mièvrerie sèche et laborieuse, de burlesque timide, de satire jamais aboutie », peut-on lire aujourd'hui, sous la plume de Jacques Lourcelles. Essayons d'y voir « clair ». Ses films muets n'ont pas une ride, ce sont des comédies très enlevées flirtant avec le dadaïsme, surtout *Entr'acte* (1924), creuset de l'avant-garde, mais aussi *Paris qui dort* (1923) et *les Deux Timides* (1928). Hostile au parlant mais non au sonore, Clair va aligner entre 1930 et 1934 des couplets de bal musette d'une légèreté frôlant l'insignifiance : *Sous les toits de Paris, le Million, À nous la liberté, Quatorze juillet.* Le folklore y trouve son compte, mais on cherche en vain un souffle d'émotion. Après une longue parenthèse britannique et américaine (1935-1945), qui est à réévaluer, Clair rentre en France, où il donne une bluette nostalgique, au titre symbolique, *Le silence est d'or* (1947). La suite (*la Beauté du Diable, Belles de nuit, Porte des Lilas*) sombre dans la facilité, malgré la présence de bons acteurs (Gérard Philipe, Michel Simon, Pierre Brasseur). La fin (*Tout l'or du monde*, 1961, avec Bourvil) est franchement désolante. De là, sans doute, date le purgatoire de René Clair, dont il n'est jamais sorti. On mettra à part le délicieux romancier de *la Princesse de Chine*, l'essayiste (*Réflexion faite*) et l'auteur dramatique (*la Catin aux lèvres douces*).

René CLÉMENT (1913-1996) **R**
Aucune trajectoire n'est plus indécise, aucune personnalité plus fuyante, aucune technique pourtant plus éprouvée que celles de René Clément, l'un des metteurs en scène les plus primés dans les festivals. Quel lien déceler entre la rigueur artisanale de *Bataille du rail* (1945), la rouerie du *Père tranquille* (1946), les méandres mélodramatiques du *Château de verre* (1949), le « vert paradis des amours enfantines » de *Jeux interdits* (1952), l'exercice de style (dialogué par Raymond Queneau) de *Monsieur Ripois* (1953), la surenchère naturaliste de *Gervaise* (1956) et le pompiérisme de *Paris brûle-t-il ?* (1967) ? La froideur du regard, peut-être. On isolera deux œuvres fortes, que le temps a fait se bonifier : *Au-delà des grilles* (1948), thriller néoréaliste tourné en Italie, et *Plein Soleil* (1960), rehaussé par l'aura trouble d'Alain Delon, alors débutant. Manque dans tout cela l'étincelle de la générosité.

Maurice CLOCHE (1907-1990) **R**
Il sera beaucoup pardonné à ce réalisateur au patronyme ingrat à cause de *Monsieur Vincent* (1947), qui aurait pu sombrer dans le prêche sulpicien et qui s'avère un bon tableau d'Histoire. On y adjoindra *Docteur Laennec* (1948), honnête biographie du pionnier de l'auscultation. Avant guerre, il ne s'était pas mal tiré non plus de l'adaptation du *Petit Chose* d'Alphonse Daudet. Le reste va du bon vieux mélo (*la Porteuse de pain*, qu'il a tourné à deux reprises, en 1949 et 1963) au « film de trottoir » à visée prophylactique.

René CLOÉREC (1911-1995) **Mus**
Parolier d'Édith Piaf, il fut le collaborateur attitré d'Autant-Lara, à partir de *Douce* (1943). Ses partitions désinvoltes ont aidé au succès d'*Occupe-toi d'Amélie* et de *l'Auberge rouge.* Son lyrisme discret accompagne aussi les images d'un Dréville (*la Cage aux rossignols*, 1945) et d'un Delannoy (*Dieu a besoin des hommes*, 1950).

Henri-Georges CLOUZOT (1907-1977) **R, Sc**
Une œuvre de réalisateur assez courte, handicapée par la maladie : douze films (dont un inachevé), plus un sketch et un court métrage, qu'il faut compléter par d'obscurs travaux de scénariste et de superviseur avant guerre, des activités mal connues de dramaturge et même, un temps, de chroniqueur judiciaire, pour le magazine *Jours de France.* Mais est-ce bien le même homme qui a signé la fable burlesque de *la Terreur des Batignolles* (1931), son premier opus, tombé dans l'oubli, *le Cheval des dieux* (1951), journal de voyage au Brésil devenu une sorte de roman initiatique et la minutieuse radiographie du *Mystère Picasso* (1956) ? La liaison se fait mieux entre l'adaptation, poussée au noir, des *Inconnus dans la maison* de Simenon, et les portraits au vitriol du *Corbeau* (1943), son chef-d'œuvre. De même, le réalisme glauque, pimenté d'humour macabre, de *L'assassin habite au 21* (1942) se retrouve dans *Quai des Orfèvres* (1947) et *les Espions* (1957). Et il n'y a pas loin de l'odyssée dérisoire du *Salaire de la peur* (1953) à la machination des *Diaboliques* (1955), avec ici et là une forte dose de roublardise commerciale, d'ailleurs payante. Y a-t-il une part de « vérité » derrière tous ces masques ? Ou bien ne s'agit-il que d'un cours magistral de tératologie ?

Jean COCTEAU (1889-1963) **R, Sc**
Il ne se voulait pas cinéaste, mais — avec une certaine ostentation — « poète de cinéma » : il en allait de même pour ses autres violons d'Ingres (théâtre, roman, peinture, ballet), frappés du seul seing de la poésie. Caprice sémantique qui n'a rien d'innocent : Cocteau sera toujours assimilé au « prince frivole », au « bel indifférent » brodant négligemment une « dentelle d'éternité », pour reprendre des formules de son œuvre écrite. Tout le reste n'est que branches collatérales d'un arbre unique, où a posé ses pattes Jean l'oiseleur. Ce qui suffit à le déconsidérer au-

près des friands de nomenclature. Il faut pourtant admettre que ce touche-à-tout a apporté au cinématographe (il tient au nom complet, comme son ami Bresson, pour lequel il a écrit le beau dialogue des *Dames du bois de Boulogne*) un supplément d'âme dont il avait grand besoin, et cela dès *le Sang d'un poète* (1930), son premier contact, pourtant malhabile, avec l'« encre lumineuse » de l'écran. Il laissa passer quinze ans (en dehors de travaux de circonstance, tel le scénario de *l'Éternel Retour*, 1943, maltraité par Delannoy) avant de remettre, comme il dit, « les deux mains » à la caméra : ce sera le blason somptueux de *la Belle et la Bête* (1946), le théâtre vu au microscope des *Parents terribles* (1948), l'autobiographie déguisée d'*Orphée* (1950) et sa suite à visage découvert, *le Testament d'Orphée* (1960). Des films qui, au-delà du fantasme, atteignent à ce « réalisme magique » qu'il a toujours cherché. Peut-être l'une des aventures plastiques les plus audacieuses tentées dans l'industrie du film, à coup de défis successifs portés à celle-ci. Le « plain-chant » d'un poète.

Émile COHL (1857-1938) **R**
Caricaturiste réputé, il ne vint au cinéma qu'à la cinquantaine, quand la firme Gaumont cherchait un expert en truquages, à la naissance du dessin animé. Il y créa, selon le principe de l'enregistrement image par image, un univers grouillant de petits bonshommes stylisés et de « joyeux microbes », soumettant son personnage fétiche, le Fantoche, à d'incroyables métamorphoses. En 1916, il anima la célèbre bande dessinée de Forton, *les Pieds Nickelés*. Ce « maître de la poésie cinématographique » (Lo Duca), très apprécié des *cartoonists* américains, mourut dans une semi-misère.

Henri COLPI (né en 1921) **Mont, Hist, R**
Il fut d'abord critique (à *Ciné-digest*, la revue éphémère créée par Jean Charles Tacchella) et publia en 1947 le premier essai de filmographie universelle en langue française, *le Cinéma et ses hommes*. Dans les années 1960, profitant de la percée de la Nouvelle Vague, il réalisa un film non dépourvu de charme, *Une aussi longue absence*, palme d'or du festival de Cannes. Mais son terrain d'élection est le montage, qu'il n'a jamais cessé de pratiquer, en orfèvre. Alain Resnais fit appel à lui pour la plupart de ses courts métrages et pour *Hiroshima mon amour*. Clouzot fit de même pour son *Mystère Picasso*, et même Chaplin pour *Un roi à New York*. Et en 1982, il « ressuscita » en salle de montage, à l'initiative de la Cinémathèque française, le film d'André Antoine en sommeil depuis cinquante ans, *l'Hirondelle et la mésange*. Sa modestie cache un perfectionnisme rare.

Jacques COMPANEEZ (1906-1956) **Sc**
Sa lointaine ascendance slave lui vaut de participer à l'adaptation, pour Jean Renoir, de la pièce de Gorki *les Bas-fonds*. Il enchaîne sur de solides scénarios pour Chenal (*l'Alibi, la Maison du Maltais, la Foire aux chimères*), tous empreints d'un noir pessimisme. Son apogée, il la connaîtra avec *Casque d'Or* de Becker. Moins brillant que Prévert, moins roublard qu'Aurenche et Bost, il n'en a pas moins sa place dans le peloton de tête des écrivains français de cinéma. Sa fille Nina (née en 1937) a pris le relais auprès de Michel Deville, dans un registre nettement plus souriant, avant de se lancer dans la réalisation (*Faustine ou le Bel Été*, 1972) et le feuilleton télévisé (*les Dames de la côte*).

Alain CORNEAU (né en 1943) **R**
La musique (classique et jazz) est sa passion, le cinéma, américain surtout, sa référence. Optant, au sortir de l'IDHEC, pour la caméra contre la batterie, il se fait la main avec des films policiers au ton original, *France société anonyme* (1973), *Police Python 357* (1976) et surtout *Série noire* (1979), tiré d'un roman de Jim Thompson (coadaptateur : Georges Perec). Plus ambitieux, *Nocturne indien* (1989) et *Tous les matins du monde* (1991) sont des hommages fervents à Schubert et à la viole de gambe. Mais il s'est enlisé dans l'épopée saharienne de *Fort-Saganne* (1984).

COSTA-GAVRAS (né en 1933) **R**
D'origine grecque, Constantin (dit Costa) Gavras a fait ses classes chez Becker et Clément. Il débuta par un bon « polar », *Compartiment tueurs* (1966), avant de se spécialiser dans la diatribe politique, enrobée de fiction : c'est le triplé à sensation de *Z* (1969), *l'Aveu* (1970) et *État de siège* (1973), où sont renvoyées dos à dos les dictatures de droite et de gauche. Qu'il s'y mêle un certain manichéisme est inévitable. Mais l'abcès est crevé, comme il le sera aussi dans *Section spéciale* (1975) et *Missing* (1982, tourné aux États-Unis).

Raoul COUTARD (né en 1924) **Op, R**
Reporter photographe à *Paris-Match*, il a été employé pour la première fois par Pierre Schoendoerffer, qu'il avait connu en Indochine, avant de passer un contrat d'alliance avec la Nouvelle Vague, Godard en tête, dont il devient le chef opérateur attitré à partir d'*À bout de souffle*, jusqu'à *Prénom Carmen*. Il s'est aussi beaucoup investi avec Truffaut, Demy, Kast, Costa-Gavras. D'où le mythe d'un « style Coutard », que lui-même récuse. Il n'a fait que recourir à une technique légère (caméra à l'épaule), en lumière naturelle, donnant une impression de « direct » qui tranchait sur le clinquant des prises de studio. Il réalisa à titre personnel deux films de guerre qui le ramenaient à ses premières armes, *Hoa-Binh* et *La légion saute sur Kolwezi*, mais son meilleur travail pour le cinéma reste la photo du *Crabe-tambour*, récompensée par un césar.

Jean-Loup DABADIE (né en 1938) **Sc, Dial**
Romancier, journaliste, auteur dramatique, parolier, il se veut moins scénariste, au sens qu'il juge restrictif du terme, qu'« écrivain de cinéma », comme l'avait qualifié Truffaut. Aussi choisit-il avec soin ses metteurs en scène, lesquels sont pour lui bien autre chose que de simples employeurs : il souhaite coopérer avec eux à l'œuvre commune. Il a noué ainsi des relations durables avec Yves Robert, Pinoteau, de Broca et surtout Sautet, pour lequel il a écrit sept films, des *Choses de la vie* à *Garçon !*. Il se considère comme « une sorte de reporter, d'enquêteur, qui travaille sur la vie ». Le langage des acteurs, la vérité des attitudes, le tempo de l'action lui importent au moins autant que les structures narratives. Contrairement au titre de son roman, Dabadie n'a pas « les yeux secs », mais, en amoureux de Stendhal, l'âme sensible.

Louis DAQUIN (1908-1980) **R**
Alors qu'il avait vivoté avant guerre comme assistant et directeur de production, l'Occupation lui permettra, comme à d'autres, de sortir de l'anonymat. Militant communiste, il n'en prône pas moins les idéaux de la Révolution nationale (culte de la jeunesse et des vertus sportives) dans *Nous les gosses* (1941) et *Premier de cordée* (1943), deux films à succès (il se dédouanera à la Libération en prétendant avoir fait en filigrane œuvre de résistance). Moins défendable, à tous égards, est le cocardier *Patrie* (1946), mais les tentatives de réalisme social ou socialiste des *Frères Bouquinquant* (1947) et du *Point du jour* (1949) sont estimables. Leur grisaille a, pour certains, valeur de témoignage.

Anatole DAUMAN (1925-1998) **Pr, Dis**
Troisième grand de la production française contemporaine vouée au cinéma d'auteur, ce Polonais émigré n'a pas un bilan aussi impressionnant que ses confrères Braunberger ou de Beauregard, mais il est plus rigoureux : du *Rideau cramoisi* (Astruc, 1952) aux *Ailes du désir* (Wenders, 1987), c'est un parcours presque sans faute accompli par un franc-tireur qui avait choisi le nom d'Argos, le prince « aux cent yeux » de la mythologie grecque, comme fier emblème de sa firme. Il a financé Resnais, Marker, Bresson, Oshima et même (on le lui pardonne) Robbe-Grillet. Son livre, *Souvenirs-Écran*, est un éloquent florilège de ses coups de cœur.

Henri DECAE (1915-1987) **Op**
Élève de l'école Louis-Lumière, il est reporter avant guerre au *Petit Parisien* et réalise sous l'Occupation des courts métrages de commande, avant d'être pris en main par Melville, qui utilise ses dons multiples (photographe, cadreur, monteur, mixeur) dans son *Silence de la mer*. Une collaboration active qui se poursuivra vingt ans durant, jusqu'au *Cercle rouge*. La Nouvelle Vague l'emploie beaucoup aussi : *Ascenseur pour l'échafaud* et *les Amants* (Malle), *le Beau Serge* (Chabrol), *les Quatre Cents Coups* (Truffaut), etc. Il passera ensuite chez Clément, Verneuil, Oury, Lautner. Les Américains ne pouvaient l'ignorer : il fera donc équipe avec Robert Wise, Sydney Pollack, George Stevens, appliquant aux uns et aux autres ce principe de base : « On doit toujours s'oublier et faire les lumières dans le sens du film. »

Henri DECOIN (1896-1969) **R, Sc**
Cet ex-champion de natation et de pilotage s'est souvenu de sa jeunesse aventureuse dans *les Bleus du ciel* (1933), *Toboggan* (1934) et *Au grand balcon* (1949). Sa rencontre avec Danielle Darrieux, qu'il épouse, va l'orienter vers le marivaudage sentimental : *Battement de cœur* (1939), *Premier Rendez-vous* (1941) et, quand le couple se sera séparé, le règlement de compte par roman de Simenon interposé (*la Vérité sur Bébé Donge*, 1951). Il fait aussi des incursions, réussies, dans l'étude de mœurs (*les Inconnus dans la maison*, 1941), la farce provinciale (*les Amants du pont Saint-Jean*, 1947) et le policier à énigme (*Entre onze heures et minuit*, 1948) ; il est moins à l'aise dans l'espionnage (le doublé de *la Chatte*, 1958-1959). Au total, une cinquantaine de films, sans compter ceux où il se tint au poste de scénariste (plus de vingt) ou de superviseur, comme l'excellent *Café du Cadran* (1946), signé Jean Gehret.

Jean DELANNOY (né en 1908) **R**
Il a incarné, par excellence, la « qualité française », en ce qu'elle avait de plus archaïque et, à ce titre, essuyé les tirs nourris de la Nouvelle Vague. Sa froideur, qu'il est convenu d'imputer à son éducation protestante, s'exprime, au premier degré, dans les paysages enneigés de *la Symphonie pastorale* (1946) et le glaçage artistique de *la Princesse de Clèves* (1961). Au second degré, elle aboutit à la pétrification de l'univers de Cocteau (*l'Éternel Retour*, 1943) ou de Hugo (*Notre-Dame de Paris*, 1956). Il y a pourtant chez Delannoy une « part de l'ombre » : les remugles de *Macao, l'enfer du jeu* (1939), le psychodrame du *Garçon sauvage* (1951) et la restitution plausible de l'atmosphère Simenon dans *Maigret tend un piège* (1958) et *Maigret et l'affaire Saint-Fiacre* (1959). Pour le reste, on doit bien admettre que « les jeux sont faits ».

Georges DELERUE (1925-1992) **Mus**
Le plus prolifique des musiciens d'écran : quelque cent vingt courts métrages et cent cinquante longs, sans compter des musiques de ballet et plus de cent téléfilms. Il orchestre brillamment les débuts de la Nouvelle Vague : Resnais, Kast, Godard, Doniol-Valcroze et surtout Truffaut, avec lequel il noue, à partir de *Jules et Jim*, des liens étroits de professionnalisme et d'amitié. Il sert aussi bien Molinaro, Oury, Duvivier, Verneuil, Grangier, etc. Bien que de sensibilité typiquement française, il choisit de s'installer aux États-Unis, composant pour Cukor, Beresford, Oliver Stone. Dernière partition, achevée juste avant sa mort : *Diên Biên Phu* de Pierre Schoendoerffer.

Louis DELLUC (1890-1924) **Cr, R**
Delluc est connu d'abord pour ses écrits, pour son action militante en faveur du septième art. C'est à ce titre qu'un prix décerné chaque année par un jury de critiques porte son nom. On lui doit le néologisme de « cinéaste », la conception et le développement des ciné-clubs, la juste estimation des grands réalisateurs de son temps, américains surtout (Griffith, Chaplin, Thomas Ince notamment), la publication de nombreux et pénétrants textes critiques (*Charlot, Photogénie, la Jungle du cinéma*), des romans et des « drames de cinéma » qui, pour la plupart, n'ont pas pris une ride. Cette fécondité est d'autant plus remarquable qu'elle était le fait d'un homme de santé fragile, auquel le temps fut compté. Il a tracé de lui-même ce portrait : « Aucune science. Quelque chose de passionné et de vif, bridé par une ironie qu'on baptise paradoxe. » Il n'a réalisé que sept films, dont deux comptent parmi les sommets de l'art muet : *Fièvre* (1921), sorte de complainte réaliste à la Mac Orlan, et *la Femme de nulle part* (1922), où le passé se mêle au présent avec un réel bonheur narratif, l'un et l'autre interprétés par son épouse et muse, Ève Francis.

André DELVAUX (né en 1926) **R, Mus**
Ce maître du cinéma belge, homonyme du peintre Paul Delvaux, a d'autres cordes à son arc : professeur de langues, musicien, enseignant de cinéma. Auteur de courts métrages pédagogiques, il n'a signé en trente ans que huit films, mais qui occupent une place de choix dans le paysage, peu défriché en Europe, du cinéma fantastique. Les plus fascinants sont *l'Homme au crâne rasé* (1966), *Un soir un train* (1968), *Rendez-vous à Bray* (1971) d'après Julien Gracq, *Belle* (1973) et *Benvenuta* (1983). Tous se situent aux confins du réel et de l'imaginaire, « sans que l'on sache jamais avec certitude si ce qui nous est donné sur l'écran participe de l'objectif ou du subjectif » (Jean-Pierre Berthomé). Delvaux, ou l'envoûtante magie du quotidien.

Jacques DEMY (1931-1990) **R**
Comme l'a bien vu son exégète Jean-Pierre Berthomé, l'art de Demy s'enracine dans le rêve : rêve d'une province idéale, qui a les couleurs du Nantes de son enfance (*Lola*, 1961), rêve d'une vie « en-chantée » (le diptyque musical des *Parapluies de Cherbourg*, 1964, et des *Demoiselles de Rochefort*, 1967), rêve d'un prince charmant de légende (*Peau d'Âne*, 1971). Le rêve, parfois, se cogne à la réalité (*Une chambre en ville*, 1982) et peut même virer au cauchemar (*Parking*, 1985). Sa compagne Agnès Varda a tressé une émouvante couronne (*Jacquot de Nantes*, 1991) à celui qui fut aussi un excellent documentariste (*le Sabotier du val de Loire*, 1956 ; *Ars*, 1959).

Raymond DEPARDON (né en 1942) **R**
Photographe dans la lignée d'un Doisneau et d'un Cartier-Bresson, il sillonne avec un matériel ultraléger les rues de Paris, les vastes étendues sahariennes ou les lieux de souffrance et de

mémoire (prison, asile psychiatrique), sans jamais se départir d'une austérité qu'on aurait tort de prendre pour de l'indifférence. Car l'émotion affleure ici, d'autant plus forte qu'elle est moins sollicitée : voir ces morceaux de réalité brute, dépourvus de toute emphase, que sont *San Clemente* (1981), *Faits divers* (1983), *Urgences* (1988) et *la Captive du désert* (1990).

Jacques DERAY (né en 1929) **R**
Il prétend que le film policier, son genre de prédilection, est porteur de message social. On n'en a pas vraiment la preuve dans *Symphonie pour un massacre* (1963), ni dans *Borsalino* (1970) et sa suite, ni dans *Flic Story* (1975). Bridé par les aléas du commerce, Deray est finalement plus à son aise dans le huis clos de *la Piscine* (1968) ou dans le jeu de piste kafkaïen d'*Un papillon sur l'épaule* (1978). Quant à *l'Ours en peluche* (1994), ce n'est qu'un Simenon de série, avec un Alain Delon vieillissant.

Arnaud DESPLECHIN (né en 1960) **R**
Un premier film de 54 minutes, *la Vie des morts* (1991), chronique familiale traitée sur le mode unanimiste, avait attiré l'attention sur ce cinéaste de la toute dernière vague. L'essai ne fut pas vraiment transformé dans l'imbroglio policier de *la Sentinelle* (1992), et la déception s'amplifia en 1996 avec *Comment je me suis disputé (ma vie sexuelle)*, psychodrame sans prolongement. Mais Desplechin est revenu en force avec l'admirable *Esther Kahn* (2000), tourné en Grande-Bretagne, une œuvre d'un lyrisme parfaitement abouti, qui mêle l'esprit de Dickens à celui du *Carrosse d'or*.

Jean DEVAIVRE (né en 1912) **R**
Une réhabilitation tardive a permis de situer à sa juste place — quelque part entre Maurice Tourneur et Richard Pottier, deux cinéastes dont il fut l'assistant — ce réalisateur inégal, capable de passer du *Roi des resquilleurs* (1945) à l'imbroglio désinvolte de *la Dame d'onze heures* (1947), et d'une passionnante biographie de Paul-Louis Courier, *la Ferme des sept péchés* (1949) à la descendance abâtardie de *Caroline chérie*. Ajoutons la direction technique de plus de soixante longs métrages.

Michel DEVILLE (né en 1931) **R, Pr**
Son nom est indissociable, à l'origine, de celui de Nina Companeez, la scénariste d'*Adorable menteuse* (1962), de *Benjamin* (1968) et de *Raphaël ou le Débauché* (1970). Deville orchestre avec alacrité ces concertos de chambre entre érotisme et sentiment. Puis, abandonnant sa coéquipière, il fait cavalier seul, dans une gamme plus sombre (*l'Apprenti salaud*, 1976), débouchant sur les traquenards de la technologie (*Dossier 51*, 1978) et la perversion sophistiquée (*Péril en la demeure*, 1985). Retour au marivaudage, en compagnie d'une nouvelle égérie, Rosalinde Damamme, avec *les Capricieux* (pour la télévision, 1984) et *la Lectrice* (1988). Le tout sur des airs de Mozart, Haydn, Bizet, Schubert, Dvorák, Granados, Rossini, etc. Il se lance aussi, à ses risques et périls, dans le thriller : *Eaux profondes* (1981), *Toutes Peines confondues* (1991). *La Maladie de Sachs* (1999), d'après le best-seller de Martin Winckler, révèle une autre facette de son talent de dilettante. Il est son propre producteur, ce qui lui donne une grande liberté de manœuvre, trop grande, peut-être.

Robert DHÉRY (né en 1921) **R, Ac**
Gros succès au music-hall, *les Branquignols* (1949) auraient pu jeter les bases d'un style burlesque inspiré du modèle hollywoodien. On le retrouve, déjà bien édulcoré, dans *Bertrand Cœur de Lion* (1951) et, franchement vulgarisé, malgré la gentillesse de Pierre Tchernia, dans *la Belle Américaine* (1961). Le « distrait » Pierre Richard (né en 1934) a pris mollement la relève.

Henri DIAMANT-BERGER (1895-1972) **R**
Il était une fois le cinéma : c'est le titre que ce probe artisan du cinéma français, qui fut, sous l'Occupation, ambassadeur de la France libre à l'étranger, a donné à son autobiographie. Il y narre par le menu les tribulations, épiques, comme il se doit, des tournages, au muet et au parlant, de son plus grand succès, *les Trois Mousquetaires* (1921 et 1932), interprété les deux fois, non sans panache, par Aimé Simon-Girard. Le reste de son œuvre offre assez peu d'intérêt, en dehors de l'amusant *Arsène Lupin détective* (1937), avec Jules Berry.

Jacques DOILLON (né en 1944) **R**
Déjà plus de vingt films, de *l'An 01* (1972) à *Petits Frères* (1999), à l'actif de cet auteur-acteur-réalisateur qui a un faible pour les êtres en état de déprime endémique, les « laissés-pour-compte » hésitant entre le trop et le trop peu d'amour : les titres renvoient à leur identité (*la Drôlesse*, *la Fille prodigue*, *le Petit Criminel*, *le Jeune Werther*), la plus jeune (moins de cinq ans) étant *Ponette*, prix d'interprétation pour l'actrice à Venise ! Un rien de complaisance masochiste dans l'étalage de leurs états d'âme rend suspecte la valeur du diagnostic.

Robert DORFMANN (1912-1999) **Pr**
Georges Cravenne le tient pour « le plus grand producteur français du siècle et un des plus grands à l'échelle mondiale », ce qui est sans doute exagéré. Mais tout de même, en trente ans de carrière, de 1945 à 1975, cet ancien exploitant itinérant a bien mérité d'une profession où le commerce et l'art font parfois bon ménage : il suffit de citer *Justice est faite*, *Jeux interdits*, *Touchez pas au grisbi*, *les Tricheurs*, *l'Année dernière à Marienbad*, *l'Armée des ombres*, *le Cercle rouge* et, pour faire bonne mesure, *le Corniaud* et *la Grande Vadrouille*. Cet homme élégant et courtois avait l'étoffe d'un Zanuck français. Son fils Jacques (né en 1945) a marché sur ses traces en produisant *Nous ne vieillirons pas ensemble*, *le Trio infernal*, etc.

Max DOUY (né en 1914) **Déc**
Il a été à bonne école : Perrier, Meerson, Trauner, Lourié. Il n'a pas son pareil pour ciseler des miniatures d'époque, comme *Occupe-toi d'Amélie*, prix du meilleur décor au festival de Cannes 1949. Autant-Lara, dont il fut le collaborateur privilégié, lui doit une fière chandelle. D'autres cinéastes, et non des moindres, lui sont redevables : Becker (*Falbalas*), Bresson (*les Dames du bois de Boulogne*), Clouzot (*Quai des Orfèvres*, *Manon*), Renoir (*French Cancan*), Buñuel (*Cela s'appelle l'aurore*). Il a également travaillé pour le théâtre. Son frère Jacques Douy (né en 1924) l'a assisté ou relayé sur quelques films (*Tamango*, *les Dragueurs*, etc.).

Jean DRÉVILLE (1906-1997) **R**
Ce bon artisan du cinéma français a débuté comme assistant de L'Herbier, sur *l'Argent*, en profitant pour enregistrer au passage un précieux reportage de tournage, *Autour de « l'Argent »* (1929). Sa meilleure période se situe entre 1942 et 1948, de la caustique satire sociale des *Affaires sont les affaires* au documentaire (réalisé en liaison avec une équipe norvégienne) de *la Bataille de l'eau lourde*. Elle englobe un âpre mélodrame paysan, *la Ferme du pendu*, avec Charles Vanel, et des véhicules, en bon état de marche, pour Noël-Noël (*la Cage aux rossignols*, *les Casse-pieds*), Louis Jouvet (*Copie conforme*) et Pierre Fresnay

(*le Visiteur*). La vingtaine de longs métrages qui précèdent ou qui suivent sont plus faibles, sauf peut-être *la Sentinelle endormie* (1966).

Antoine DUHAMEL (né en 1925) **Mus**
Fils de l'écrivain Georges Duhamel, il a démenti les propos désobligeants tenus par ce dernier à l'égard du cinéma, ce « divertissement d'ilotes ». Il s'est consacré d'abord à la musique pure (œuvres pour orchestre de chambre, comédies-ballets), puis, à partir de 1960, au septième art en priorité. On lui doit des partitions, d'un lyrisme soutenu, pour Godard (*Pierrot le fou, Week-end*), Truffaut (*Baisers volés, Domicile conjugal*), Pollet (*l'Acrobate*), Tavernier (*la Mort en direct, Daddy Nostalgie*). En 1985, en collaboration avec Pierre Jansen, il a composé un accompagnement original pour *Intolérance* de Griffith, bel hommage au cinéma muet décrié par son père.

Germaine DULAC (1882-1942) **R. Th**
Réalisatrice mais aussi théoricienne de l'art muet, soucieuse d'esthétique appliquée, elle est surtout connue pour *la Coquille et le clergyman* (1927), moyen métrage d'avant-garde écrit par le poète Antonin Artaud, qui s'estima trahi au point de faire conspuer sa partenaire, au cours d'une séance mémorable au studio des Ursulines. Cet incident a occulté les autres travaux, estimables, de Germaine Dulac : *la Souriante Madame Beudet* (1923), amusante satire de la bourgeoisie de province, *le Diable dans la ville* (1924), sur un conte fantastique de Jean-Louis Bouquet, ou *l'Invitation au voyage* (1927), essai de « cinéma intégral ».

Jean DURAND (1882-1946) **R**
Le Mack Sennett français, excellant dans le film animalier et la cavalcade burlesque. Sa troupe, formée d'acrobates de métier, s'appelait « les Pouittes ». Pour les besoins de scripts délirants, ils descendaient à cheval les escaliers de Montmartre ou plongeaient à bicyclette dans la Seine. On lui doit aussi les premiers « westerns », tournés en Camargue : la série « *Arizona Bill* » (1909), avec le cavalier émérite Joe Hamman, *le Railway de la mort* (1913), etc.

Marguerite DURAS (1914-1996) **R, Sc**
Romancière de renom, Marguerite Duras, insatisfaite du sort fait à ses écrits par des professionnels de l'écran (Clément, Brook, Dassin), décida, à partir de 1966, d'inventer un langage métaphorique spécifique accordé à ses états d'âme. Le transit littérature-cinéma s'effectua non sans heurt (*Détruire, dit-elle*, 1970 ; *le Camion*, 1977) et déboucha sur l'écran noir (mallarméen ?) de *l'Homme atlantique* (1981). Une seule fois, le résultat séduisit un peu plus qu'une poignée d'inconditionnels : *India Song* (1975), rumination lancinante d'un amour déçu, dans les comptoirs français du Bengale, soutenue par une musique incantatoire de Carlos d'Alessio. Un film à écouter plutôt qu'à voir, ainsi que son duplicata sonore, *Son nom de Venise dans Calcutta désert* (1976), qui pousse à l'extrême le mythe de l'« image pure ». Le reste relève d'une rêverie extatique, rébarbative aux non-initiés. C'est encore dans *Hiroshima mon amour* de Resnais, que la petite musique de Duras aura trouvé sa plus émouvante résonance.

Julien DUVIVIER (1896-1967) **R**
Un grand, un très grand technicien, auquel les Américains, toujours en quête de talents à importer, ont confié la responsabilité d'une superproduction, dont il s'est acquitté avec les honneurs : *Toute la ville danse* (1939). On serait en droit de le comparer, et pas seulement en raison de sa prolixité, à un Allan Dwan ou un John Ford. Ses méthodes de fabrication sont pourtant assez simples : rigueur artisanale, rapidité d'exécution (il n'a jamais dépassé d'un jour le plan de tournage), dédain des fioritures, direction d'acteurs sobre et efficace. « Le cinéma est un métier, un rude métier qu'on acquiert », disait-il. Il ne posait pas à l'artiste et n'avait d'autre bagage que son solide professionnalisme, rodé en un demi-siècle de travail opiniâtre. À ce régime, certes, on ne sort pas que des chefs-d'œuvre. Il se glisse même pas mal de scories, notamment dans le domaine du film religieux, où il s'est imprudemment aventuré, de *la Tragédie de Lourdes* (1923) à la saga des « *Don Camillo* » (1952-1953), encore qu'il y ait plus de bon que de mauvais dans *Golgotha* (1935). Mais à côté de cela, que de titres à retenir ! Au muet, au moins *Poil de Carotte* (1926), dont il fera un remake parlant (1933), d'égale qualité. Dans la décennie 1930-1940, la « trilogie de l'échec » formée par *la Bandera* (1935), *la Belle Équipe* (1936) et *Pépé le Moko* (1937), trois peintures à fort relief, où se lit en filigrane toute la mythologie d'une époque. Jean Gabin en est chaque fois l'interprète parfait. L'après-guerre mènera Duvivier, de façon plus inégale, de la banlieue glauque de *Panique* (1946, d'après Simenon) aux lacs embrumés de *Marianne de ma jeunesse* (1954), avec un détour par les écheveaux pirandelliens de *la Fête à Henriette* (1952), son seul et estimable échec. Mais il y a aussi *Au Bonheur des dames, la Tête d'un homme, Un carnet de bal, la Fin du jour, Au royaume des cieux, Sous le ciel de Paris, Voici le temps des assassins* et vingt autres (très bons) films.

Jean EAUBONNE (1903-1971) **Déc**
« Je n'ai jamais trouvé de metteur en scène qui m'ait permis de penser mes décors comme Max Ophuls », nous confiait Jean d'Eaubonne, qui a pourtant un cursus de haut niveau : Cocteau (*le Sang d'un poète*, son premier contact avec le cinéma), Feyder, Becker, Duvivier. Il bâtissait avec la même aisance des architectures réalistes (*Macadam*), fantastiques (*Orphée*) ou nostalgiques (*Casque d'Or*). Mais il est vrai que son art ne s'est vraiment épanoui que dans *la Ronde* (1950), *le Plaisir* et *Lola Montès*, somptueux retables baroques, « entre terre et ciel », propices aux envols de caméra.

Robert ENRICO (né en 1931) **R**
De *la Rivière du Hibou* (1961), court métrage tiré d'une nouvelle d'Ambrose Bierce ayant pour cadre la guerre de Sécession, aux *Années lumière* (1989), premier volet d'une fresque commémorant, de façon assez scolaire, la Révolution française, un parcours sans éclat où l'auteur s'efforce de renouer avec la tradition hollywoodienne de l'aventure au grand air, peuplée de « caïds » et de « grandes gueules » (du titre de deux autres de ses films). Plus une pièce à verser au dossier des années noires de l'Occupation : *le Vieux Fusil* (1975).

Jean EPSTEIN (1897-1953) **R, Th**
L'auteur du *Cinéma du Diable* et de *l'Intelligence d'une machine* a laissé quelques formules choc, noyées dans une phraséologie utopiste. Il eut du mal à appliquer ses théories de la suprématie de la forme filmique sur le matériau romanesque. Tantôt, en effet, il échafaude des puzzles visuels, bardés de psychologie, comme *Cœur fidèle* (1923), avec une séquence foraine de haut vol, ou *la Chute de la maison Usher* (1928) d'après Edgar Poe, d'une lenteur appliquée mais envoûtante. Tantôt il se tient à l'honnête adaptation de classiques : Balzac dans *l'Auberge rouge* (1923), George Sand dans *Mauprat* (1927). Tantôt, enfin, il se

lance dans le document social, avec un attachement particulier aux mœurs bretonnes : *Finis terrae* (1927), *l'Or des mers* (1932) et le point d'orgue final du *Tempestaire* (1947). Une manne pour cinémathèques.

Pierre ÉTAIX (né en 1928) **R, Ac**
Des croquis à la pointe sèche plutôt que des films, crayonnés d'un trait sûr, qui enrichissent le paysage comique français : *le Soupirant* (1963), *Yoyo* (1964) le clown mélancolique, les fantoches en vacances du *Pays de cocagne* (1971), envers narquois de Tati, son maître. Mais en dehors d'une pièce joliment filmée, *L'âge de Monsieur est avancé* (1987) et de savoureux « dactylographismes » issus de sa boîte à malices et disponibles seulement en librairie, où est passé Pierre Étaix ?

Jean EUSTACHE (1938-1981) **R**
Une existence marquée par l'introversion et l'inadaptation sociale, qui s'est conclue par un suicide, n'a pas permis à cet enfant perdu de la Nouvelle Vague de donner autre chose que des lambeaux de films, sous forme de documents bruts enregistrés par une caméra à la recherche d'un réalisme minimal. L'œuvre, pourtant, existe avec force, comme en littérature celle d'un Radiguet ou d'un Jacques Vaché. Elle ne se limite pas à la confession-fleuve de *la Maman et la putain* (1973), mais englobe des vrais-faux documentaires comme les deux *Rosière de Pessac* (1969 et 1979), l'élégie de *Mes petites amoureuses* (1974) et les jeux de miroir scabreux d'*Une sale histoire* (1977). Eustache tend à l'« anonymat esthétique » (Dominique Noguez), au « degré zéro de l'expression » (Barthélemy Amengual). Démarche hasardeuse, certes, mais qui, comme dit encore Noguez, implique une « nouvelle lecture du réel », sans équivalent dans le cinéma d'aujourd'hui.

René FÉRET (né en 1945) **R**
Une petite place doit être réservée à cet observateur attentif de la vie de province, qui s'est toujours refusé à tout débordement folklorique et, sans doute pour cette raison, ne touche qu'un public restreint, mais fidèle : *la Communion solennelle* (1977), *Baptême* (1987), *les Frères Gravet* (1994).

Henri FESCOURT (1880-1966) **R, Hist**
Disciple de Feuillade, qui l'avait fait entrer chez Gaumont, il s'est toujours tenu à une technique simple, fonctionnelle, qui risque de faire oublier son talent de conteur. Celui-ci éclate dans ses « cinéromans », *Rouletabille chez les bohémiens* (1922), *Mandrin* (1923), *Monte-Cristo* (1929) et surtout *les Misérables* (1925), seule adaptation à l'écran de l'œuvre de Hugo qui en restitue le foisonnement. Le parlant, lié à une santé fragile, verra la déroute de ce créateur consciencieux, qui terminera sa carrière en 1942 avec un tiède *Retour de flamme*. Ses dernières années, il les passera à édifier une histoire du cinéma vue « de l'intérieur », *la Foi et les montagnes*. Il avait auparavant exprimé des théories originales sur l'art du film, plaidant en pleine période d'euphorie avant-gardiste pour la primauté du récit, dans un dialogue à bâtons rompus avec son monteur et ami Jean-Louis Bouquet, *l'Idée et l'écran* (1925-1926).

Louis FEUILLADE (1873-1925) **R**
Il a su allier la composante « réaliste » du cinéma, héritage de Lumière et de Zecca, et sa composante « féerique », illustrée par Méliès. Ce en quoi on peut le tenir pour l'initiateur de l'école française du cinéma, toutes tendances confondues. À cela s'ajoute sa parfaite connaissance des lois du marché, qui lui valut de prendre la direction du service commercial de la Gaumont, alors en plein essor. Sur le plan esthétique, il n'avait pas son pareil pour faire surgir le merveilleux de la vie quotidienne, découvrant, comme le note Francis Lacassin, « le fantastique tapi derrière le naturel, l'irréalité des apparences » ; et sur le plan de l'industrie, il comprit, le premier, « la spécificité du cinéma, qui est d'être à la fois un art économique et une économie artistique », ce dont le loue son lointain successeur au sein de la firme, Daniel Toscan du Plantier, qui ajoute : « Il appelait de ses vœux un cinéma populaire au meilleur sens du terme. » C'est sans doute la raison pour laquelle il fut si durement attaqué par Louis Delluc, peu sensible à ses « abominations feuilletonesques », tout en lui concédant un brio de technicien supérieur à tous ses confrères. Il a tourné de tout : des séries comiques avec pour héros des enfants (« *Bébé* », « *Bout de Zan* ») ; des études de mœurs décrivant « la Vie telle qu'elle est » ; des mélodrames, des vaudevilles, des scènes patriotiques ; et surtout de grands ciné-feuilletons à épisodes : cinq films autour de Fantômas (1913-1914), la première et la meilleure illustration de la fameuse saga de Souvestre et Allain ; la fabuleuse fresque criminelle, en dix épisodes, des « *Vampires* » (1915-1916) ; « *Judex* » (1917-1918) et ses intrigues à tiroir ; *Tih-Minh* (1918), *Barrabas* (1919), etc. Feuillade se définissait lui-même, en toute humilité, comme un « ouvrier du mélodrame », au service du public. Son œuvre immense fait encore aujourd'hui la joie des cinéphiles.

Jacques FEYDER (1885-1948) **R**
Natif de Belgique, il n'y a situé qu'un de ses films, d'ailleurs mal reçu par ses compatriotes, la fameuse *Kermesse héroïque* (1935), hommage aux peintres flamands. Cinéaste itinérant (France, Allemagne, Grande-Bretagne, Suisse, États-Unis), il bénéficie auprès des historiens de l'écran d'un statut privilégié, et sans doute excessif. Au muet, il alterne la parodie de *serial* (*le Pied qui étreint*, 1916), l'exotisme (la première version de *l'Atlantide*, 1921, tournée en extérieurs naturels au Sahara), le film d'enfants (*Gribiche*, 1925) et la satire des mœurs parlementaires (*les Nouveaux Messieurs*, 1928), qui eut l'heur de déplaire au gouvernement en place. La période parlante, en dehors de la *Kermesse*, comprend surtout *le Grand Jeu* (1934), où la technique du dubbing est utilisée à des fins originales (Marie Bell dans un double rôle change de voix) et *les Gens du voyage* (1938), avec l'épouse du metteur en scène, Françoise Rosay, en dompteuse de cirque. Un classicisme hautain, un refus proclamé du lyrisme, une certaine nonchalance de ton, définissent le projet de Feyder et ses limites. Il a développé sa conception du cinéma dans un ouvrage cosigné par sa femme et publié à Genève : *le Cinéma, notre métier*.

Georges FRANJU (1912-1987) **R**
C'est le grand prêtre de l'imaginaire à l'écran, soit dit sans ironie à l'égard d'un anticlérical notoire, qui était aussi antimilitariste, antibourgeois, anti tout ce qui brime le jeu naturel des sentiments et des désirs. Sa passion du cinéma muet, plus précisément de l'image orthochromatique, dont il se fit le défenseur en un temps où celle-ci était totalement passée de mode, le conduisit, en 1936, aux côtés de Langlois et de Mitry, à la gestation de la Cinémathèque française. Dix années durant (1948-1958), il se consacra au documentaire, émaillant de banales commandes d'effets percutants, entre violence et tendresse : *le Sang des bêtes*, *Hôtel des Invalides*, *M. et Mme Curie*… Le passage à la fiction ne lui enleva rien de ses ardeurs libertaires, de *la Tête contre les murs* (1958) à *Thérèse Desqueyroux* (1962), où il

« diabolise » Mauriac, et à *Thomas l'imposteur* (1965). Son goût pour le réalisme fantastique, né de la fréquentation de Feuillade et de Fritz Lang, lui inspira deux œuvres superbement anachroniques : *les Yeux sans visage* (1959) et un remake de *Judex* (1963).

Abel GANCE (1889-1981) **R, Inv**
Pour les uns, c'est un génie planétaire, aux intuitions fulgurantes, survolant de très haut la production française et victime de la mesquinerie de ses commanditaires Pour les autres, un colosse aux pieds d'argile, un songe-creux qui n'a bâti que des monuments en stuc, dont les visites guidées suscitent l'hilarité. Il est vrai que Gance échappe à la norme commune : c'est le cinéaste des paroxysmes — paroxysme de l'inspiration, des thèmes abordés, du langage visuel. Il se meut dans un perpétuel chaos formel, une cacophonie débridée. Au bout du compte, le produit fini ne saurait constituer qu'une ébauche dérisoire du projet initial, un idéal sans cesse pourchassé et jamais atteint. Des exemples de ces dysfonctionnements incontrôlables : *Napoléon* évidemment, un navire aveugle maintes fois affrété et faisant eau de toutes parts, en dépit de multiples travaux de calfatage accomplis par des pieux épigones ; mais aussi *la Roue* (1923), aux effets de montage effrénés ; les deux versions de *J'accuse* (1918 et 1938), aussi délirantes l'une que l'autre dans leur pacifisme exacerbé ; l'apocalyptique et puérile *Fin du monde* (1930) ; et au parlant, des mélodrames où le grotesque côtoie le sublime, *Lucrèce Borgia* (1935), *Un grand amour de Beethoven* (1936), *Vénus aveugle* (1941)... Avec, çà et là, quelques plages de repos : *Paradis perdu* (1939), *Cyrano et d'Artagnan* (1963). N'ayons garde d'oublier un déploiement d'inventions tous azimuts : la polyvision, qui multiplie par trois les dimensions de l'image avec toutes sortes de combinaisons possibles, le pictographe, qui permet la mise au point égale des gros plans et des sujets lointains, la perspective sonore etc. Voilà qui pèse lourd dans la balance d'un art et d'une industrie frileusement repliés sur eux-mêmes. L'étendard gancien, usé par le vent des batailles, flotte encore assez haut.

Philippe GARREL (né en 1948) **R**
Depuis son premier essai, tourné à l'âge de seize ans, Philippe Garrel assume une marginalité qui le pousse à tourner des films à très petit budget et parfois sans dialogue, des errances sans fin où il est difficile de le suivre : *la Cicatrice intérieure* (1972), *les Hautes Solitudes* (1974), *Liberté la nuit* (1984). À partir de *la Naissance de l'amour* (1993), il tend à un style moins elliptique, mais tout aussi opaque. Ses héros portent sur leurs fragiles épaules toute la détresse du monde. « Regardez mes films, dit Garrel, on s'y promène les mains vides. »

Léon GAUMONT (1864-1946) **Pr, Dis**
Le fondateur d'un empire, qui domine aujourd'hui encore la production nationale. Il prit conscience, en même temps que Pathé, de la formidable puissance commerciale que représentait l'invention des frères Lumière, pour peu qu'on sût l'adapter aux lois de l'industrie. Il sut s'entourer de techniciens qualifiés, gérer ses affaires, imposer une image de marque (symbolisée par la célèbre marguerite), le tout avec un dosage raisonnable de conformisme et d'audace. Il pressentit même, avant tout le monde, le rôle que pourrait avoir le son comme adjuvant de l'image, et enregistra des « scènes parlantes », selon le procédé mis au point par Demenÿ ; il fit aussi, dès 1912, des essais de couleur, avec un système d'images superposées, très en avance sur ses rivaux. En 1905, il avait construit aux Buttes-Chaumont un studio parfaitement équipé, qui a fonctionné durant tout le siècle. Au département distribution, il se dota d'un parc de salles couvrant la France et l'étranger, son fleuron étant le Gaumont-Palace (ancien Hippodrome), véritable temple voué au culte de l'art nouveau, qui sera détruit en 1972. Côté production, il prit sous contrat des gens de talent : Alice Guy, Étienne Arnaud, Jean Durand, Feuillade (qui devint son directeur artistique), Fescourt, ainsi qu'une troupe d'acteurs venus du théâtre ou formés sur le tas. C'est grâce à lui que furent entrepris quelques-uns des films les plus marquants de l'art muet. Sa société fut longtemps, comme le dit Henri Langlois, « la citadelle, le refuge de l'esprit cinématographique. D'où son importance, d'où sa primauté ». Ses successeurs ont poursuivi son œuvre, avec des fortunes diverses.

Paul GEGAUFF (1922-1983) **Sc**
Le premier Chabrol, celui des *Cousins*, des *Bonnes femmes* et des *Godelureaux*, doit beaucoup à son anarchisme caustique, à sa misogynie et à un goût du psychodrame qui aura, dans le privé, des conséquences funestes (Gegauff mourra assassiné par sa compagne, de trois coups de couteau). Il eut aussi affaire à Rohmer (*le Signe du lion*), Clément (*Plein Soleil*) et Barbet Schroeder (*la Vallée*). Romancier et acteur à ses heures, il a même mis en scène un film, resté inédit en salle, *le Reflux* (1962) d'après un roman de Stevenson, qu'interprétait... Roger Vadim !

Francis GIROD (né en 1944) **R**
Il a du goût pour le macabre et le rétro : dans le genre, son premier film, *le Trio infernal* (1974), évocation d'un fait divers sordide qui défraya la chronique dans les années 1930, avait des relents fétides de Grand-Guignol. Autres plongées dans les annales de la criminalité, un peu plus policées : *la Banquière* (1980) et *Lacenaire* (1990). De bons acteurs (Romy Schneider, Daniel Auteuil) allongent la sauce.

Pierre-William GLENN (né en 1943) **Op, R**
Grand sportif et grand cinéphile, il a « l'œil américain » et ne tarit pas d'éloges sur Toland ou sur son maître Fisher, qu'il remplaça au pied levé sur *M. Klein* (1976). Il vise vite et juste. Pour *Coup de torchon* (1981), il enfourche le Steadicam avec l'enthousiasme d'un pro. Il s'entend à merveille avec Corneau, son condisciple de l'IDHEC, mais déteste Pialat, qui l'a pourtant employé deux fois (pour *Passe ton bac d'abord* et *Loulou*). Dans une filmographie bien remplie, on relève aussi les noms de Truffaut, Rivette et... Glenn, réalisateur malchanceux d'un long métrage sur les mordus de la moto, *le Cheval de fer*.

Jean-Luc GODARD (né en 1930) **R, Cr**
Enfant chéri de la Nouvelle Vague, et qui n'a jamais été récupéré par le « système », à la différence de ses collègues Truffaut ou Chabrol, Godard a gagné, depuis son premier, et unique, grand succès public, *À bout de souffle* (1960), la confiance aveugle des producteurs (« Pour Godard, je signe les yeux fermés », disait Pierre Braunberger), l'adulation quasi inconditionnelle de la critique (la plus absconse de ses formules est répercutée comme un oracle) et... collectionné un certain nombre de « bides » qui n'entament pas sa réputation d'empêcheur de tourner en rond du cinéma moderne. Critique plutôt sage aux *Cahiers du cinéma* (il y défend le découpage classique !), il a choisi la voie de la provocation tout terrain, du calembour visuel (incrusté directement sur la pellicule) et d'une remise en question radicale des conventions dramaturgiques, esthétiques, morales et structurelles. Vaste programme. Tout se passe comme s'il n'avait d'autre souci que de brûler l'un après

l'autre ses vaisseaux. Suicide pour les uns, ascèse pour les autres. Il est vain de prétendre séparer le bon grain de l'ivraie dans une production où alternent les œuvres de prestige, les courts métrages facétieux, les tracts de propagande et les clips télévisés. Risquons un bilan qui ne satisfera personne, et surtout pas lui : *Vivre sa vie* (1962), *le Mépris* (1963), *Pierrot le fou* (1965), puis *la Chinoise* et *Week-end* (1967), deux machines de guerre dirigées contre la maudite « société de consommation », *Sauve qui peut (la vie)* (1980) et la prétendue synthèse finale (nouveau pied de nez, en réalité) de *Nouvelle Vague* (1990). Théoricien à ses heures, il n'a laissé à aucun de ses nombreux exégètes le soin d'expliciter sa « philosophie » du septième art, en publiant deux volumes de réflexions (soliloques plutôt) sous le titre *Histoire(s) du cinéma* : un best-seller ?

Claude GORETTA (né en 1929) **R**
L'un des rares cinéastes suisses heureux. Après un premier court métrage tourné Londres avec son compatriote Alain Tanner, *Nice Time* (1957), il entre à la télévision suisse romande, pour laquelle il réalise de nombreux reportages et téléfilms. Cette formation le marquera dans ses longs métrages pour le grand écran, dont les protagonistes, nous dit-il, « ont rendez-vous avec l'Histoire » : *l'Invitation* (1974), *Pas si méchant que ça* (1975), *la Dentellière* (1977), *la Provinciale* (1981), ces trois derniers tournés en France.

Gilles GRANGIER (1911-1996) **R**
Il était partisan d'une « Cinémathèque sans faux col » qui rassemblerait, « hors des classiques reconnus, quantité de “petits films” sans autre prétention que celle de distraire ». Il y aurait évidemment sa place, entre Pierre-Jean Ducis et René Pujol, deux amuseurs dont il fut l'assistant, avec des produits effectivement sans prétention, et qui furent en tout cas de bonnes affaires commerciales : *Danger de mort* (1947), *Gas-oil* (1955), *Le cave se rebiffe* (1961), *Maigret voit rouge* (1963). Il s'honore d'avoir tourné deux films en même temps, sans que le résultat en pâtisse : *l'Homme de joie* et *l'Amant de paille* (1950).

Pierre GRANIER-DEFERRE (né en 1927) **R**
On lui doit quatre des meilleures adaptations de romans non policiers de Georges Simenon : *le Chat* (1971), *la Veuve Couderc* (1972), *le Train* (1973) et *l'Étoile du Nord* (1982). Outre une technique sans pathos, ces films se signalent par un travail sur l'acteur d'autant plus estimable qu'il s'agit de « monstres sacrés » : Jean Gabin, Simone Signoret, Alain Delon, Romy Schneider. Yves Montand n'est pas moins bien dirigé dans *le Fils* (1973), et *Une étrange affaire* (1981) laisse transparaître chez Granier-Deferre un penchant pour l'insolite qui s'est trop rarement exprimé depuis. Son fils Denys (né en 1949) a du mal à prendre la relève.

Jean GRÉMILLON (1901-1959) **R**
Quarante ans après sa mort, Grémillon fait toujours figure de cinéaste maudit, en dépit des efforts de réhabilitation d'une poignée de fidèles. Il a pourtant eu, sous l'Occupation, l'appui de la critique, de droite comme de gauche (alors même que ses convictions politiques étaient clairement affichées), et le soutien de producteurs courageux, mais l'adhésion du public lui a toujours fait défaut ; il n'a pu mener à bien le projet qui lui tenait le plus à cœur, *le Printemps de la liberté*, une fresque sur la Révolution de 1848, dont on peut seulement lire le découpage ; plusieurs de ses films d'avant-guerre sont invisibles, ou ont été montés contre son gré ; lui-même enfin semble être allé au-devant des revers, défiant un destin maléfique dont son œuvre porte prémonitoirement la trace. Sa formation première était la musique, et on peut regarder tous ses films comme autant de compositions musicales, qu'il en ait ou non signé les partitions : concerto de chambre de *Gardiens de phare* (1929), fanfare nostalgique de *Gueule d'amour* (1937), lamento de *Remorques* (1939-1941), quatuor à cordes de *Lumière d'été* (1942), épithalame du *Ciel est à vous* (1943), marche funèbre du *Six juin à l'aube* (1945), leçon de ténèbres de *Pattes blanches* (1948), chant du cygne d'*André Masson ou les Quatre Éléments* (1958). Partout éclatent un sens poignant du « tragique quotidien » (comme l'a montré son collaborateur Pierre Kast), « une frange d'irrationnel » (Henri Agel) mêlé au réalisme et un refus hautain de toute compromission, éthique ou esthétique. Il faudra bien qu'un jour la postérité lui rende justice.

Edmond T. GRÉVILLE (1906-1966) **R**
Des zones d'ombre entourent ce cinéaste indépendant et méconnu. Une carrière internationale en dents de scie (France, Grande-Bretagne, Pays-Bas), des projets inaboutis ou contrariés, les *private jokes* dont il parsème ses films ont détourné de lui la critique, et déconcerté le public. Il est aujourd'hui réévalué. On redécouvre *Remous* (1933), qui traite du drame de l'impuissance, *Menaces* (1939), un des rares films tourné pendant la « drôle de guerre » à contenu politique explicite, *Pour une nuit d'amour* (1946) d'après Zola, et *l'Île du bout du monde* (1958), à l'érotisme exacerbé. Nul doute que Gréville avait l'étoffe d'un grand créateur baroque. Comme Stroheim, son idole, il n'a pas eu de chance. La publication très attendue, par l'Institut Lumière de Lyon, de son autobiographie, *Trente-cinq Ans dans la jungle du cinéma*, est une mine pour la connaissance de la vie cinématographique des années 1930.

Paul GRIMAULT (1905-1994) **R, Pr**
Après avoir fait un peu l'acteur, dans le sillage de son ami Prévert, il fonde en 1936, avec André Sarrut, la société de production les Gémeaux, qui sera le creuset de l'animation française pendant plus de quinze ans. En sortiront ces petites merveilles d'horlogerie, réglées par ses soins, que sont *le Voleur de paratonnerres* (1944), *le Petit Soldat* (1947) et *la Bergère et le ramoneur* (1953), un unique long métrage qu'il remontera en peaufinant son décor et ses personnages et présentera en 1980, dans une version rajeunie, sous le titre *le Roi et l'oiseau*. On est tenté de le rapprocher, par calembour phonétique, des maîtres conteurs Grimm et Perrault.

Jean GRUAULT (né en 1924) **Sc**
Dans son autobiographie désinvolte, *Ce que dit l'autre*, il retrace son passé de cinéphile qui l'a conduit à travailler avec cinq metteurs en scène seulement, mais pas n'importe lesquels : Rivette, Rossellini (deux films chacun), Godard (un seul), Truffaut (quatre, dont *l'Enfant sauvage*, où il fait même un peu de figuration) et Resnais (trois : *Mon oncle d'Amérique*, *La vie est un roman* et *l'Amour à mort*). C'est tout pour le moment, et c'est déjà très bien.

Robert GUÉDIGUIAN (né en 1953) **R**
Ayant jeté l'ancre, avec son fidèle équipage, dans l'accueillant phalanstère du faubourg marseillais de L'Estaque, loin des turbulences parisiennes, il y cuisine, dans un régime de quasi-autarcie, des produits du terroir qui retrouvent la saveur de Pagnol : *À la vie à la mort* (1995), *Marius et Jeannette* (1997). Les mêmes ingrédients ont un goût de réchauffé dans *À l'attaque !* (2000).

Sacha GUITRY (1885-1957) **R, Ac**
Il détestait le cinéma muet, le jugeant « laid, bête, vulgaire », indigne d'être confondu avec l'art du théâtre, qui l'occupait à plein temps et pour lequel il écrivit, mit en scène et interpréta, à partir de 1901 (il avait alors seize ans !) plus de cent pièces qui firent courir tout Paris. Seul le documentaire l'intéressait, au point qu'en 1915 il se servit d'une caméra amateur pour filmer dans leur intimité les célébrités de son temps : Anatole France, Degas, Saint-Saëns, Auguste Renoir et, bien sûr, son père Lucien Guitry. Ce petit film, *Ceux de chez nous*, a d'ailleurs une valeur historique inestimable. Vint le parlant. Dès lors, changement complet d'attitude : sa gloire d'auteur dramatique étant acquise, il se lance, à cinquante ans, dans l'adaptation cinématographique de ses pièces, comprenant, comme Pagnol, que son public allait être multiplié par cent ou mille. Ses équipes étant toutes prêtes, il enregistre, en un temps record, *Pasteur* (1935), *le Nouveau Testament* (1936), *Mon père avait raison* (1937), *Quadrille* (1938). Mais il fait mieux : se prenant au jeu, il met son génie de l'improvisation et de la satire au service d'œuvres directement conçues pour l'écran, battant sur leur propre terrain de soi-disant spécialistes, lesquels n'ont que mépris pour cet intrus : c'est *Bonne Chance*, *le Roman d'un tricheur*, *Ils étaient neuf célibataires*. La guerre lui vaudra d'autres inimitiés, politiques celles-là. Inculpé d'intelligence avec l'ennemi, il prendra sa revanche quelques années plus tard en devenant le chantre quasi officiel de la IVe république grâce à des superproductions historiques à l'éclat un peu factice, mais où le talent du conteur est intact. Il donne aussi, après le feu d'artifice du *Diable boiteux* (1948) et le jubilé du *Trésor de Cantenac* (1950), quelques farces amères, où Michel Simon le « double » avec un brio stupéfiant : *la Poison* (1951), *la Vie d'un honnête homme* (1953) et, dirigé du fauteuil roulant où la maladie le confine, *Les trois font la paire* (1957).

Alice GUY (1873-1968) **R, Pr**
Première femme cinéaste et l'une des premières cinéastes tout court, à ranger dans le voisinage immédiat de Lumière et Méliès. Engagée comme scénariste par Léon Gaumont, « Mademoiselle Alice » se consacre, dès 1896, à la mise en scène, troussant avec la même agilité des sujets comiques, polissons ou édifiants : cela s'appelle *la Fée aux choux*, *les Fredaines de Pierrette* ou *Une noce au lac Saint-Fargeau*. On lui attribue quelque quatre cents titres ! Et cela va continuer en Amérique, où elle émigre en 1907 avec son mari le cameraman Herbert Blaché. Elle émerge de l'oubli dans les années 1960 et rédige l'*Autobiographie d'une pionnière*, document de premier ordre sur les débuts du cinématographe, publié en 1976.

HAKIM (frères) Pr, Dis
D'origine égyptienne, Robert (né en 1907) et Raymond (1909-1980) Hakim ont produit ou coproduit, à partir de 1934, quelques œuvres phares du cinéma français, qui font le lien entre la tradition et la Nouvelle Vague : *Pépé le Moko*, *la Bête humaine*, *Casque d'Or*, *les Bonnes Femmes*, *Belle de jour*. Et, hors les murs, un Renoir américain, *l'Homme du Sud*. Jamais l'ambition ne leur fit défaut, même si la priorité allait au tiroir-caisse.

Arthur HONEGGER (1892-1955) **Mus**
Le compositeur des oratorios *le Roi David* et *Jeanne au bûcher* s'est intéressé très tôt à la musique d'écran, *via* Abel Gance, dont *la Roue* lui inspira le fameux poème symphonique *Pacific 231*. Il sera à ses côtés pour *Napoléon* : quatre heures d'accompagnement orchestral, amalgame de chants populaires et patriotiques. Sa curiosité et sa faculté d'adaptation en ont fait une recrue de choix pour les réalisateurs du parlant. Trois en ont tiré un excellent parti : Dimitri Kirsanoff pour *Rapt*, exemple de contrepoint audiovisuel réussi (avec utilisation des ondes Martenot), Pagnol pour *Regain* et Raymond Bernard pour *les Misérables* et *Cavalcade d'amour*, avec pour le premier l'appoint de Darius Milhaud, et le second celui de Maurice Thiriet.

Roger HUBERT (1903-1964) **Op**
Un des plus féconds chefs opérateurs français, fidèle à Gance, avec lequel il avait débuté (*Napoléon*, *la Fin du monde*, *Lucrèce Borgia*.), mais qui sut servir aussi, avec maestria, Max Ophuls (*Divine*), Grémillon (*Remorques*), de Poligny (*le Baron fantôme*, *la Fiancée des ténèbres*) et Carné, de *Jenny* à *l'Air de Paris*.

André HUGON (1886-1960) **R, Pr**
Soixante-dix films, de long ou court métrage, comme réalisateur : qui dit mieux ? Il en est en outre souvent le producteur et le scénariste, ne reculant devant aucune basse besogne. Le déchet, certes, est considérable, et on l'a souvent rangé parmi les pire fabricants de « nanars », dans le voisinage du Bordelais Émile Couzinet. Ce qui est injuste, au moins pour la frange provençale de son œuvre, nullement déshonorante : voir au muet *le Roi de Camargue* (1921) et au parlant le cycle de *Maurin des Maures* (1931 et 1932), *Gaspard de Besse* (1935) et, franchissant la Méditerranée, *Sarati le terrible* (1938). N'oublions pas, d'autre part, qu'il commit, à ses risques et périls, le premier « parlant » français, *les Trois Masques* (1929).

André HUNEBELLE (1896-1985) **R, Pr**
D'abord producteur, il commence, à partir de 1948, à tourner des comédies bon enfant, dont la particularité est que chaque titre commence par la lettre « m » : *Métier de fous*, *Ma femme est formidable*, *Mon mari est merveilleux*, etc. Puis il se spécialise dans le film de cape et d'épée à la française : *les Trois Mousquetaires* (1953), *le Bossu* (1959) *le Capitan* (1960). C'est sans génie, mais assez enlevé. La série des « *Fantômas* », avec Jean Marais et Louis de Funès, est en revanche une bien méchante opération, qui s'attira les foudres de Marcel Allain. Homonyme de ce dernier, son fils Jean Halain lui concocte des scénarios au ras des pâquerettes.

Benoît JACQUOT (né en 1947) **R**
Assistant de Duras et grand admirateur de Bresson, il se situe dans la frange expérimentale du cinéma, sans récuser pour autant les codes traditionnels de production. Le résultat est parfois bâtard, toujours singulier. Puisant ses sujets chez Henry James ou Kafka, Jacquot brosse ainsi d'attachants portraits de femmes (*les Ailes de la colombe*, 1980 ; *la Désenchantée*, 1990) ou de vacillantes natures mortes (*Une villa aux environs de New York*, pour la télévision, 1982). Ses derniers films (*l'École de la chair*, 1998 ; *Pas de scandale*, 1999 ; *la Fausse Suivante*, 2000), malgré une certaine élégance de forme, donnent fâcheusement l'impression de tourner en rond. Il vient de terminer un *Sade* (2000), avec Daniel Auteuil, très controversé.

Agnès JAOUI (née en 1964) **R, Sc, Ac**
Peut-on parier sur l'avenir d'une cinéaste au vu d'un seul film ? Oui, quand il s'agit d'Agnès Jaoui et du *Goût des autres* (2000), une œuvre d'une fraîcheur et d'une générosité qui tranchent heureusement sur le nombrilisme en honneur dans le jeune cinéma français. À vrai dire, elle n'en est pas à son coup d'essai, ayant fait un bout de chemin comme scénariste avec Klapisch (*Un air de famille*) et surtout Resnais (pour *Smoking / No Smo-*

king et *On connaît la chanson*), en duo avec son compagnon, l'excellent Jean-Pierre Bacri (né en 1951). Les césars ont plu sur ce couple hors du commun, et aussi les molières, le théâtre étant leur première passion. Gageons qu'ils iront loin sur la voie du refus de la « dictature du goût ».

Maurice JARRE (né en 1924) **Mus**
D'abord spécialisé dans le domaine radiophonique et théâtral (pour le TNP de Jean Vilar), il débute à l'écran *via* le documentaire (*Hôtel des Invalides, Toute la mémoire du monde*), avant de se lancer dans le grand tourbillon orchestral, plébiscité par la ferveur populaire : chanson de Lara du *Docteur Jivago*, valse héroïque de *Paris brûle-t-il ?* Les Anglo-Saxons s'en emparent dans les années 1960 et ne le lâchent plus (*le Jour le plus long, la Fille de Ryan*, etc.). Le bilan final est loin d'être négligeable, où figurent Franju, qui voyait en Jarre « un nouveau Bartók » (*les Yeux sans visage*), Hitchcock (*l'Étau*) et John Huston (*l'Homme qui voulut être roi*).

Victorin JASSET (1862-1913) **R**
On a coutume d'attribuer à Feuillade la paternité du film à épisodes, alors que l'antériorité en revient à Jasset. Les trois quarts de la production de ce grand professionnel attaché à la firme Éclair, rivale de Gaumont, sont malheureusement perdus. Ce qui reste des séries qu'il a consacrées, à partir de 1908, à « *Nick Carter, le roi des détectives* », à « *Zigomar, le maître du crime* », à « *Protéa* » l'espionne, annonce de façon frappante *Fantômas* et *les Vampires*. Il n'y manque ni le génie du mal en lutte contre la société, ni les assauts de la police impuissante, ni même une troublante dame en collant noir (Paulette Andriot). Ni, surtout, une dimension romanesque et un sens plastique uniques à l'époque.

Maurice JAUBERT (1900-1940) **Mus**
Fauché à la fleur de l'âge, sur le front lorrain, Jaubert est le maître incontesté de la belle musique d'écran, digne des grandes œuvres de la polyphonie classique. Ennemi juré de la « musique de fosse », archaïque, redondante, qui ne sert qu'à boucher les trous de la narration, il plaide pour une architecture sonore spécifique, qui épouse le rythme des images. Son travail sur *l'Atalante* est exemplaire de ce point de vue : on ne saurait oublier les premières mesures du film, où les accords de batterie, alto et violoncelle couvrent peu à peu le bruit réel du moteur de la péniche : la musique semble sourdre naturellement de l'image, comme l'eau d'une nappe phréatique. De même, dans *Le jour se lève* (1939), la musique est construite sur « un battement rythmique binaire semblable à celui d'un cœur humain » (François Porcile). Non moins admirables sont les accords de *Carnet de bal* ou du *Quai des brumes*. La gloire de Jaubert lui a survécu, puisque Truffaut utilisera un mixage de ses enregistrements pour accompagner des films tournés longtemps après sa mort : *l'Histoire d'Adèle H., l'Argent de poche, l'Homme qui aimait les femmes* et *la Chambre verte*.

Henri JEANSON (1900-1970) **Sc, Dial**
« Les producteurs se l'arrachaient, la critique le détestait », ainsi peut-on résumer, avec Philippe d'Hugues, le statut contradictoire du journaliste-auteur dramatique-pamphlétaire-scénariste-dialoguiste-cinéaste que fut Jeanson. Ses saillies pouvaient blesser à mort ses victimes : ainsi du producteur Roger Richebé, qualifié par lui une fois pour toutes de « pauvre c... ». Son activité de dramaturge et de réalisateur (*Lady Paname*, 1950) n'est pas inoubliable, son expérience de directeur de revue (*Aujourd'hui*) et ses critiques de cinéma (au *Canard enchaîné*), non plus. Reste le dialoguiste, incomparable, même quand le goût de la formule et la facilité, frôlant la vulgarité, s'étalent. « Atmosphère... Est-ce que j'ai une gueule d'atmosphère ? », ou bien : « Il y a dans son regard une grande lueur d'inintelligence », on aura reconnu deux répliques de ses films, *Hôtel du Nord* et *Entrée des artistes*, car ils lui appartiennent à lui autant qu'à leurs réalisateurs en titre, Carné et Allégret. Au même grand cru se rattachent *Pépé le Moko, Un revenant, Les amoureux sont seuls au monde, Fanfan la Tulipe, la Fête à Henriette*. Il y a aussi pas mal de besognes alimentaires, à oublier. « Le destin du cinéma est au fond des encriers », écrivait-il en 1945. C'était souligner le rôle essentiel dévolu au scénario dans la création filmique, et c'était assez bien vu.

Alain JESSUA (né en 1932) **R**
On attendait beaucoup du cinéaste de *la Vie à l'envers* (1963), fable métaphysique aux étranges contours. Il y avait du Buñuel là-derrière, qui ne se retrouve que par intermittence dans *Jeu de massacre* (1967) et *les Chiens* (1979). Expérimental dans la forme, spectaculaire dans le fond, le résultat ne pouvait être que bancal.

Léo JOANNON (1904-1969) **R**
Le record de comique involontaire atteint dans *le Défroqué* (1953), que Joannon avait cherché en vain à battre avec Laurel et Hardy dans leur dernier film (français), *Atoll K* (1951), ne doit pas faire oublier que ce réalisateur trop décrié avait signé naguère une bluette fort enlevée, *Quelle drôle de gosse !* (1935), et un film d'action de bon niveau, *Alerte en Méditerranée* (1938) ; et sous l'Occupation, de petites choses nullement méprisables : une comédie, *Caprices* (1941), et un tract d'intervention sociale, *le Carrefour des enfants perdus* (1943). Jacques Lourcelles retient aussi de lui un mélodrame méconnu, *Quand minuit sonnera* (1936).

Nelly KAPLAN (née en 1934) **R**
D'origine argentine, elle fut à son arrivée en France dans les années 1950 le bâton de vieillesse d'Abel Gance, cosignant avec lui des essais en Magirama, puis réalise pour son compte des documentaires d'art sur Gustave Moreau et Rodolphe Bresdin. Son premier long métrage, *la Fiancée du pirate* (1969), révèle un tempérament espiègle, à l'aise dans les taillis du libertinage, défrichés parallèlement dans des récits érotiques publiés sous le pseudonyme de Belen. Cette humeur irrévérencieuse a nourri ses films ultérieurs, jusqu'à *Plaisir d'amour* (1991).

Mathieu KASSOVITZ (né en 1967) **R, Ac**
Il a fait une entrée en force dans le cinéma français des années 1990, avec *Métisse* (1993), histoire d'une jeune Antillaise qui se partage entre deux amants, l'un blanc, l'autre noir, et *la Haine* (1995), sur le problème de la violence dans les banlieues, qu'il traite dans une optique résolument partisane. Son dernier film, *Assassin(s)* (1997), a déçu par son parti pris systématique d'humour macabre. Kassovitz s'est lancé récemment dans l'adaptation à l'écran du best-seller de Jean-Christophe Grangé, *les Rivières pourpres*, tout en faisant l'acteur ici et là dans les films de ses potes.

Pierre KAST (1920-1984) **R, Cr**
Critique cinématographique, romancier, scénariste, bon connaisseur de l'architecture moderne comme des peintres pompiers de la IIIe république, amateur d'estampes comme de science-fiction, il prouva l'étendue de sa culture dans des courts métrages au ton

insolite: *les Charmes de l'existence* (avec Grémillon, 1949), *la Guerre en dentelles* (1952), *la Brûlure de mille soleils* (un dessin animé, 1965). Il échoua dans son passage à la fiction, se complaisant dans des vaticinations sans fin, avec des arrière-plans en trompe-l'œil: *la Morte-saison des amours* (1960), *Vacances portugaises* (1962), *les Soleils de l'Île de Pâques* (1972).

Dimitri KIRSANOFF (1899-1957) **R**
Une carrière avortée pour ce cinéaste d'origine russe qui réalisa en 1924 *Ménilmontant*, émouvante chronique prolétarienne qui anticipait sur le «réalisme poétique» d'un Vigo et d'un Carné. L'essai ne sera pas transformé, en dépit de quelques éclairs au parlant: *Rapt* (1934), tourné dans le Valais, *Fait divers à Paris* (1949) et de jolis courts métrages (*Deux Amis*, *Arrière-saison*).

Joseph KOSMA (1905-1969) **Mus**
Il se disait musicien «engagé», dans la voie tracée par Kurt Weill. Ce sont pourtant des airs frivoles («les Feuilles mortes» et «les Enfants qui s'aiment» des *Portes de la nuit*) qui ont valu une notoriété universelle à ce Hongrois établi en France en 1933 après avoir fait le croque-notes dans son pays natal. Très lié aux mouvements d'extrême gauche, il écrit la «complainte du chômeur» de *la Marche de la faim* (1935), un court métrage militant interprété par Jean Lurçat. Puis c'est la rencontre avec Prévert, pour lequel il compose plus de quatre-vingts chansons, d'écran ou hors écran. Renoir survient à point pour lui confier la mosaïque patriotique de *la Marseillaise* et la symphonie du rail de *la Bête humaine*; il le retrouvera après guerre pour la flûte de Pan du *Déjeuner sur l'herbe*. Bien d'autres films à citer, des *Visiteurs du soir* (dont il ne sera pas crédité, pour cause de clandestinité) à *Un drôle de paroissien*. L'apparente facilité de son lyrisme tzigane cachait un métier sûr.

Diane KURYS (née en 1948) **R**
Son premier film, *Diabolo menthe* (1977), augurait bien d'une carrière placée sous le signe d'une féminité sans complexe et sans excès féministe. Son dernier, *les Enfants du siècle* (1999), évocation des amours tumultueuses d'Alfred de Musset et de George Sand, la clôt médiocrement. L'amour, toujours l'amour, est le ressort dominant de films un peu légers, mais qui ont du moins permis l'émergence d'une nouvelle génération de réalisatrices: Christine Pascal (trop tôt disparue), Brigitte Rouän, Pascale Ferran, Catherine Corsini, Sandrine Veysset, Noémie Lvovski, Catherine Breillat (auteur d'une sulfureuse *Romance*, 1999), cette dernière allant jusqu'à affirmer: «De là à considérer que la mise en scène est un métier de femmes, il n'y a qu'un pas!»

Georges LACOMBE (1902-1990) **R**
Il commença par promener sa caméra chez les chiffonniers de *la Zone* (1928) et, au début du parlant, chez les amoureux du dimanche (*Jeunesse*, 1934). Ce populisme gentillet tourna court. À la veille de la guerre, Lacombe n'est plus que l'honnête porte-parole de Mirande et René Lefèvre, avant d'illustrer, sous l'Occupation, des intrigues policières toutes prêtes, signées Stanislas-André Steeman (*le Dernier des six*, 1941) ou Simenon (*Monsieur la Souris*, 1942), puis un conte fantastique (*le Pays sans étoiles*, 1945) et un conflit psychologique (*Martin Roumagnac*, 1946) d'après Pierre Véry. La suite est négligeable, hormis un mélodrame sensible, *La nuit est mon royaume* (1951).

Georges-André LACROIX (mort en 1920) **R**
Il fait partie, avec Leprince, Denola, de Morlhon, Hervil et bien d'autres, de la cohorte de pionniers du muet oubliés après avoir connu leur demi-heure de gloire. Son cas est d'autant plus exemplaire que la totalité de sa production est perdue, sauf exhumation problématique. Il faut donc s'en remettre à Delluc qui tenait en haute estime ce «rude manipulateur de photogénie», expatrié et décédé en Italie après avoir tourné en France trois films au moins, qu'on se désolera de ne jamais voir: *la Flétrissure* (1912), *Les écrits restent* (1916), composé en huit jours, et *Haine* (1918) où débutait Suzy Prim.

Henri LANGLOIS (1914-1977) **Hist**
Né en Turquie de parents français, attiré par le cinéma dès son plus jeune âge, il fonde en 1935 avec Franju un ciné-club, le Cercle du cinéma et, l'année suivante, avec le même et Mitry, la Cinémathèque française, projet depuis longtemps dans l'air mais qui ne s'était jamais concrétisé. Son flair pour retrouver et stocker de «vieux» films, considérés par les diffuseurs comme sans valeur commerciale, son entregent, sa connaissance approfondie de l'histoire du septième art, le portent bientôt à la tête d'une des plus importantes archives européennes (mais non toutefois la première: Stockholm, Berlin, Londres avaient donné le coup d'envoi). En 1968, la gestion désordonnée de ce «dragon veillant sur nos trésors», selon le mot de Cocteau, provoque une crise grave qui met en péril le ministère de la Culture et, de proche en proche, l'autorité même de l'État. Langlois laisse passer l'orage et poursuit son labeur de «montreur d'ombres» en solitaire. Il laisse un important recueil de textes rassemblés après sa mort sous le titre *Trois Cents Ans de cinéma*.

Georges LAUTNER (né en 1926) **R**
À son actif, quelques best-sellers des années 1960 et 1970: la série des «*Monocle*», avec un Paul Meurisse flegmatique; *les Tontons flingueurs* et *les Barbouzes*, où Blier et Ventura font assaut de cabotinage; *Galia*, qui révélait, paraît-il, «une nouvelle Bardot» (Mireille Darc) ; *Mort d'un pourri* et *le Professionnel*, où Delon et Belmondo brassent, à leur tour, beaucoup de vent. Des films d'acteurs, donc, et qui lâchent à ceux-ci la bride. Que dire, sinon que le public en redemande?

Jean-Paul LE CHANOIS (1909-1985) **R, Sc**
Né Jean-Paul Dreyfus, il traversa l'Occupation sans encombre, en faisant valoir son ascendance maternelle irlandaise! Son nom figure ainsi, en tant que scénariste, aux génériques de Maurice Tourneur, Pottier et d'autres. Auparavant, il avait été le monteur ou l'assistant de Duvivier, Litvak, Max Ophuls, etc. Il avait fait aussi un peu de critique, à la *Revue du cinéma*. Communiste bon teint, il fut la cheville ouvrière de *La vie est à nous* et réalisa même en 1937 un petit film de propagande, *le Temps des cerises*. Au lendemain de la guerre, il alterna un reportage sur le maquis du Vercors, *Au cœur de l'orage* (1948), un hommage à la pédagogie active, *l'École buissonnière* (1949) et des velléités de néoréalisme à la française (*Sans laisser d'adresse*, 1951; *Agence matrimoniale*, 1952).

Patrice LECONTE (né en 1947) **R**
Venu de la bande dessinée et du café-théâtre, il a lancé une nouvelle forme de comique, qui fit long feu, avec *les Bronzés* (1978) et leur suite hivernale en 1979. On n'imaginait pas, alors, qu'il deviendrait un jour le spirituel conteur de *Tandem* (1987), du *Mari de la coiffeuse* (1996), de *Ridicule* (1996) et autres fabliaux à l'ironie raffinée. Quelques impasses cependant, dont le pesant *Monsieur Hire* (1989) et l'attelage bancal Delon-Belmondo d'*Une chance sur deux* (1998). En 2000, *La Veuve de Saint-Pierre* et *Félix et Lola* révèlent une autre facette de son talent.

Roger LEENHARDT (1903-1985) **R, Pr, Cr**
Roger Leenhardt a toujours traité le produit filmique avec des soins vigilants, tel un viticulteur sa récolte ou un pédagogue son enseignement, deux professions qu'il faillit embrasser. Issu d'une famille protestante du Midi, c'est le hasard plutôt que la nécessité qui le conduisit à fonder, en 1934, une société de production de courts métrages, récemment encore en activité, les Films du Compas. Sa vaste culture lui permit, à ce poste, d'aborder aussi bien *la Course au pétrole* que *la Conquête de l'Angleterre*, la *Naissance du cinéma* que celle de la photographie, de tracer des portraits (hauts en couleur) de Victor Hugo, François Mauriac, Valéry ou Pissarro. Il fut aussi critique de cinéma, à *Esprit*, aux *Temps modernes*, à *l'Écran français* et, à ce titre, exerça une influence profonde sur le jeune André Bazin. Godard lui a demandé, dans *Une femme mariée*, de personnifier « l'intelligence ». Il n'a trouvé le temps de réaliser que deux longs métrages de fiction, l'un, *les Dernières Vacances* (1948), avec la liberté d'un écrivain face à son premier roman, l'autre, *les Rendez-vous de minuit* (1962), en forme de méditation sur les rapports du réel et de l'imaginaire. Il aurait eu sa place à la NRF, entre Jean Paulhan et Roger Martin du Gard.

Michel LEGRAND (né en 1932) **Mus**
Fils du chef d'orchestre Raymond Legrand (1908-1974), qui composa lui-même des musiques de films (*Mademoiselle Swing, le Chanteur inconnu, Manon des sources*), sœur de la soprano Christiane Legrand, il ne pouvait faire moins que d'embrasser à son tour la carrière musicale, d'abord par le disque, puis la direction d'orchestre (classique et jazz), le cinéma enfin. Pianiste virtuose, il se trouva un complice idéal en la personne de Demy, intégrant la musique au dialogue parlé comme nul n'avait osé le faire auparavant (sauf, incidemment, l'obscur René Sylviano dans un film trop oublié, *Bonsoir Mesdames, Bonsoir Messieurs*), et comme on ne le refera plus. Il sera le maestro inspiré des *Parapluies de Cherbourg* et des *Demoiselles de Rochefort*, et celui, moins heureux, d'*Une chambre en ville* et de *Trois Places pour le 26*. Il garde un pied aux États-Unis où on apprécie fort son « *new French sound* » (*Un été 42, Lady Sing the Blues*), et a même fait un peu de réalisation (*Cinq Jours en juin*, 1989).

Claude LELOUCH (né en 1937) **R**
Son habileté à faire valser sa caméra ne saurait masquer la niaiserie confondante de ses scénarios, qu'il tient à écrire lui-même : il bâtit ainsi sur du sable avec une belle obstination (mais c'est un faux naïf, qui ne perd pas de vue ses intérêts). « Le premier degré, dit-il, c'est encore trop pour moi. » Force est de reconnaître que cela plaît (*Un homme et une femme*, 1966 ; *les Uns et les autres*, 1981). Pas toujours cependant : *Toute une vie* (1974), *Il y a des jours et des lunes* (1990) furent de piteux échecs. Quelques oasis pour égayer ce désert : *Viva la vie* (1984) et *Itinéraire d'un enfant gâté* (1988), historiettes vaguement autobiographiques. *Une pour toutes* (1999), qui se voudrait une « mise en abyme » de son travail créatif, est plutôt un abîme… de clichés.

René LE SOMPTIER (1884-1950) **R**
Louis Delluc admirait « l'harmonie chaude et chaleureuse » de *la Sultane de l'amour* (1919), la « pâte sculpturale » de *la Croisade* (*idem*) et « les idées et les flammes » de *la Montée vers l'Acropole* (1920), trois films bien oubliés (sauf le premier, qu'on a montré à la télévision, dans une copie restaurée à grands frais) d'un militant socialiste et poète de jeux Floraux, auquel on doit également un drame du terroir d'esprit pré-buñuélien, *la Bête traquée* (1922) et un cinéroman sportif écrit par le jeune Decoin, *le P'tit Parigot* (1926).

Marcel L'HERBIER (1888-1979) **R**
À l'aube des années 1920, Delluc écrivait : « Poète distant, Marcel L'Herbier aime le cinéma par un instinct secret dont seuls disposent les poètes ». Le cinéma, on peut dire qu'il l'a aimé toute sa vie, non pas d'un amour fou comme Gance, ou avec des arrière-pensées doctrinaires comme Epstein, ses contemporains, mais avec un dosage instinctif de passion et de raison. Il l'a aimé assez pour qu'on lui doive la défense du droit d'auteur, le projet de conservation du patrimoine audiovisuel, la création de la première école de cinéma, la promotion des films à la télévision ; et surtout pour avoir osé affirmer son indépendance de créateur contre vents et marées, à une époque où cela coûtait cher. Se proclamant non cinéaste mais « cinégraphiste » (façon d'affirmer le rôle primordial de l'écriture dans l'élaboration de l'œuvre filmée), il est resté fidèle, en quarante ans de carrière, à une « certaine idée » du cinématographe (il tient au nom complet). Pour commencer, ce fut l'âpre conflit familial de *l'Homme du large* (1920), d'après Balzac, le mélodrame distancié d'*El Dorado* (1921), la féerie de *l'Inhumaine* (1924), où il réunit l'élite de sa génération, pour un résultat forcément hybride, et enfin *l'Argent* (1928), festival d'audaces stylistiques, bastion de l'art muet. Au parlant, qu'il adopta d'emblée, au risque de se retrouver prisonnier d'une technique encore défectueuse : *le Parfum de la dame en noir* (1931), second volet d'une fantaisie policière ; *le Bonheur* (1934), pièce filmée aux accents pirandelliens ; une série de « chroniques historiques » où la fibre nationaliste est un peu trop exaltée (la meilleure, que n'aurait pas désavouée Guitry, est *Entente cordiale*, 1939) et *la Nuit fantastique* (1942), « féerie réaliste », hommage couplé à Lumière et Méliès. Que cet amoureux d'Oscar Wilde ait péché çà et là par esthétisme, ce n'est pas douteux ; il a gagné en tout cas son pari, formulé lors d'une conférence donnée en 1922 au Collège de France : raccorder par un fil rouge l'art et le cinématographe. Ce n'était pas une mince affaire.

Max LINDER (1883-1925) **Ac, R**
Il fut la première star du cinéma français, au rayonnement international. Chaplin a reconnu sa dette à son égard : il lui a même volé quelques gags, ceux par exemple de *Max ne se mariera pas* (1910) ou de *Max et l'inauguration de la statue* (1911), repris tels quels dans *le Pèlerin* et dans *les Lumières de la ville*. L'art de l'acteur ne doit pas faire oublier celui du metteur en scène, qui s'observe dans ses trop rares longs métrages. Comme beaucoup d'amuseurs, c'était un perfectionniste et un anxieux, qui mit fin à ses jours en pleine gloire. Ses films valent moins par leur potentiel comique, plutôt faible, que par la finesse de leurs notations : ce sont autant de croquis pris sur le vif.

Louis LUMIÈRE (1864-1948) **Inv**
L'inventeur, au nom prédestiné, de la vue photographique animée, était d'abord, comme son inséparable frère Auguste (1862-1954), un homme de science, préoccupé dans un premier temps de mettre en valeur les travaux de ses prédécesseurs dans le domaine alors très prospecté de la chronophotographie. Il laissa à leur père Antoine, industriel franc-comtois spécialisé en matériel d'optique, le soin de commercialiser sa découverte. Pour cet infatigable chercheur, le Cinématographe n'était guère plus qu'un jouet perfectionné, auquel il n'était pas loin de préférer le repérage acoustique ou la mise au point de lunettes de

protection pour la soudure à l'arc ! Son art, puisque art il y a, dès lors qu'il s'est agi d'enregistrer, en un moment et un lieu donnés, le mouvement de la vie, a quelque chose d'instinctif et de très concerté à la fois. Après s'être amusé à filmer ses proches ou ses employés (*le Déjeuner de bébé, la Sortie des usines Lumière*), il se prend au jeu et manifeste un réel sens esthétique dans l'organisation générale de ses « tableaux ». Son style procède, plus ou moins consciemment, de la tradition impressionniste. Comme Cézanne peignant des joueurs de cartes, ou Monet la gare Saint-Lazare, Louis Lumière travaille sur le motif, choisit l'angle idéal d'où l'on embrasse la totalité d'une action (*l'Arrivée d'un train*). Il esquisse même les structures de l'histoire à thème et de la mise en scène avec le fameux *Jardinier*, qui enchantera les foules sous le titre *l'Arroseur arrosé*. Dès cet instant, et comme à l'insu de son concepteur, la chrysalide cinématographe se change en papillon cinéma. Le succès prodigieux et inattendu de son invention le pousse à se transformer en « producteur » et à envoyer aux quatre coins du monde une équipe d'opérateurs : Doublier, Promio, Mesguich. Ils en ramèneront des séquences spectaculaires (réceptions, courses de taureaux, fêtes populaires, inaugurations diverses) qui prendront le pas sur la simple présentation du réel, où avec son frère il était passé maître et dont on s'efforce aujourd'hui encore de retrouver l'émouvante innocence.

Alfred MACHIN (1877-1929) **R**
On le connaît (mal) comme chasseur de fauves et fondateur du cinéma belge d'expression française. Les mieux renseignés savent qu'il fut en outre à l'origine du Service cinématographique des armées. Cela suffit-il à lui valoir une place ici ? Oui, si l'on regarde sa production, ou ce qu'il en reste : des documentaires ramenés d'Afrique centrale en 1910, des « scènes tirées des chansons de geste du Moyen Âge », des séries comiques autour des personnages de Babylas et de Little Moritz, et deux ou trois œuvres majeures : *Maudite soit la guerre* (terminé en juin 1914 !), *la Fille de Delft* et un film entièrement interprété par des animaux, *Bêtes comme les hommes* (1923). On a exhumé récemment son unique film sonorisé (posthumément, en 1931), *Robinson junior*, et ce fut une agréable surprise.

Norman MacLAREN (1914-1987) **R**
Face aux champions de la méthode figurative (Disney, Grimault, Tex Avery), MacLaren a cultivé un art de l'animation sur pellicule proche de l'abstraction, quel que soit le matériau de base utilisé : dessin, gouache, papier découpé, manipulation d'objets, voire d'êtres vivants, dotés par lui d'une existence seconde, immatérielle. D'origine écossaise, engagé en 1937 au Service cinématographique des postes britanniques (GPO) de Grierson, il se livre dès l'année suivante à des essais de son synthétique et de dessin sur pellicule cadrée. À partir de 1941, il s'installe au Canada, qu'il ne quittera plus jusqu'à sa mort. L'Office national du film éditera toute son œuvre : des chansons filmées, des rébus, des chorégraphies de chiffres, de lettres, de lignes horizontales et verticales, subdivisées à l'infini, des « petits pets synthétiques », comme disait Simone Dubreuilh, dont l'humour n'est jamais absent, qui en font un des plus importants cinéastes expérimentaux de l'après-guerre. Tout cela ne fait guère plus d'une heure de projection et se résume en quelques titres qui crépitent comme des feux de joie : *Hen Hop, Hoppity Pop, Fiddle De Dee, Blinkity Blank, Rythmetic* et une manière de chef-d'œuvre, *Pas de deux* (1968), qui nous ramène aux origines de la chronophotographie.

Louis MALLE (1932-1995) **R**
Un parfum de scandale entoure la plupart des films de Malle, ce qui n'était pas pour déplaire à ce fils de famille en état de rébellion permanente (« J'ai une conviction intime, disait-il, je ne serai jamais pour l'ordre établi »). Il a ainsi choqué les bien-pensants en suggérant un orgasme amoureux dans *les Amants* (1958), en traitant du problème de l'inceste dans *le Souffle au cœur* (1971), de la pédophilie dans *la Petite* (1978) et en renvoyant dos à dos résistants et collaborateurs dans *Lacombe Lucien* (1974). Parti vivre aux États-Unis, il y tourne un vigoureux plaidoyer antiraciste, *Alamo Bay* (1985) et, de retour en France, évoque dans *Au revoir les enfants* (1987) les heures sombres de la déportation. Cinéaste éclectique, il sait décrire aussi, avec une précision d'entomologiste, le mal de vivre d'un intellectuel (*le Feu follet*, 1963) ou la carrière d'un dandy libertaire (*le Voleur*, 1966), quand il ne joue pas au boutefeu avec *Zazie dans le métro* (1960). Ses pas l'ont porté aussi, en 1968, vers les bidonvilles indiens (*Calcutta*).

Robert MALLET-STEVENS (1886-1945) **Déc**
Que serait *l'Inhumaine*, cette « grande mosaïque de l'art moderne », comme le voulait son auteur, L'Herbier, sans la performance du chef décorateur Mallet-Stevens, secondé par des élèves doués (Léger, Cavalcanti, Autant-Lara) ? Il est à peine exagéré de dire qu'il en reste aujourd'hui un immense décor vide (mais quel décor !). Son concepteur érigea aussi ceux, plus raisonnables, des *Trois Mousquetaires* (1921), du *Miracle des loups* et du *Tournoi dans la cité*. Il cessera toute activité à ce poste à l'arrivée du parlant pour se consacrer à son art d'élection : l'architecture.

Jean MARBŒUF (né en 1942) **R**
Auteur malchanceux (mais auteur complet), il cherche encore son public, alors même qu'il joue loyalement la carte du cinéma populaire, avec des titres qui ne trompent pas : *Vaudeville* (1986), *Grand-Guignol* (1987), *Temps de chien* (1997). Même son ambitieux document romancé sur *Pétain* (1992) fit un flop prévisible. Il a rendu un bel hommage au spectacle itinérant dans *T'es heureuse ? Moi toujours* (1982).

Étienne Jules MAREY (1830-1904) **Inv**
Médecin et physiologiste, il s'intéressa à l'enregistrement graphique des mouvements du cœur, de la contraction musculaire et du vol des oiseaux, anticipant de façon frappante sur les travaux des frères Lumière, qui ont toujours reconnu en lui un précurseur. Sa spectrographie de *la Marche de l'homme* (1890) a la beauté d'une frise assyrienne.

Chris. MARKER (né en 1921) **R, Cr**
De son vrai nom Christian François Bouche-Villeneuve, il brouille les pistes sur ses origines, fait croire qu'il est né à Oulan-Bator (en réalité Neuilly-sur-Seine !) tourne des films incognito, les diffuse à l'improviste, vit dans un état de mystère permanent, et pourtant tout ce qu'il montre est d'une clarté et d'une intelligence lumineuses. Tout à tour photographe, critique, romancier, essayiste, directeur d'une collection qu'il baptisa joliment « Petite Planète », Chris. Marker ne semble considérer le cinéma que comme un moyen parmi d'autres de mettre en scène, ou mettre en page, son enthousiasme, ses rêveries, ses révoltes. En saupoudrant le tout d'un humour au second degré, n'excluant pas, loin de là, une connaissance aiguë des réalités sociales et idéologiques. Tous ses films, de court ou long métrage, seraient à citer, de *Dimanche à Pékin* (1957) à

Lettre de Sibérie (1958), de *Cuba si* (1961) au *Joli Mai* (1962), de *la Jetée* (1963), extraordinaire photo-roman, à sa réplique réaliste *Si j'avais quatre dromadaires* (1964), de *la Bataille de dix millions*, tourné par le groupe Slon dans la foulée de mai 1968, au *Fond de l'air est rouge* (1977), qui brasse un quart de siècle d'histoire politique, du conflit vietnamien à la dictature de Pinochet. Chris. Marker, c'est Fontenelle plus Philéas Fogg.

Christian MATRAS (1903-1977) **Op**
À son copieux palmarès, plus de quatre-vingts films des plus grands noms du cinéma français, de Renoir (*la Grande Illusion*) à Franju (*Thérèse Desqueyroux*), en passant par Duvivier, Chenal, Gance, Cocteau, Becker, Clouzot et surtout Max Ophuls, dont il fut l'un des collaborateurs privilégiés, de *la Ronde* (1950) à *Lola Montès* (1955). Parlant de ce dernier, Matras déclarait ceci, qui peut s'appliquer aussi bien à lui-même : « Ce qui comptait pour lui, c'était la qualité d'émotion qu'il souhaitait dégager[...] Il pensait pouvoir dévoiler le mystérieux envers des choses, aller au-delà des apparences[...]. » Chercheur infatigable, Matras, après avoir tiré le maximum du noir et blanc, s'adonna avec passion à la couleur : *Barbe-Bleue*, *Violettes impériales*, *Madame Du Barry*, *la Voie lactée*, etc.

Lazare MEERSON (1900-1938) **Déc**
Sous les toits de Paris et *la Kermesse héroïque*, pour ne citer que deux des plus célèbres films qu'il a décorés, sont à quatre-vingt pour cent imputables à l'immense talent de cet artiste russe de l'école de Paris, mort à Londres en pleine jeunesse. Il s'est toujours effacé pourtant derrière ses metteurs en scène, soutenant que le décor doit s'harmoniser avec le film et ne jamais empiéter sur lui. « Un art de l'abnégation », disait-il. Partisan de la « ligne claire », à l'opposé des ornementations compactes de certains confrères, il a composé de superbes symphonies en blanc, à mi-chemin du réalisme et de l'abstraction. Les faubourgs parisiens de *Quatorze juillet* comme les bistrots de *Justin de Marseille* sont plus vrais que les vrais. Jean d'Eaubonne, qui fut son élève, a hérité de son sens prodigieux de la stylisation.

Georges MÉLIÈS (1861-1938) **R**
C'était un homme de théâtre avant tout — expert en illusion, prestidigitation, pyrotechnie — qui découvrit presque par hasard le Cinématographe et entrevit aussitôt le parti fantastique, au sens propre du terme, qu'on pouvait en tirer. Il n'eut de cesse, dès cet instant, de l'intégrer au spectacle scénique, à la magie des planches. Il construisit de ses mains une caméra, modifia toute sa machinerie, aménagea un studio (le premier du monde) pour y concevoir à loisir ses truquages, fonda une maison de production, la Star Film, écrivit des scénarios, assura sa publicité et, bien entendu, se lança dans la réalisation. Ses films, d'abord copiés sur ceux des frères Lumière, devinrent de plus en plus personnels. Entre 1896 et 1912, il en tourna plus de cinq cents. D'un simple miroir de la réalité, il fit un fabuleux tremplin de l'imaginaire. Ce qui ne l'empêchait pas d'être attentif au monde extérieur et de traiter à chaud les événements de son temps, *l'Affaire Dreyfus* (1899), par exemple, ou de composer des « actualités reconstituées ». Mais il n'ignorait pas que son public, composé essentiellement d'enfants, raffolait de sujets féeriques. Il s'en fit donc une spécialité, abattant à une cadence proprement infernale des *Illusions fantastiques*, des *Apparitions fugitives*, des *Cartes vivantes* et autres *Quatre Cents Farces du Diable*. Son chef-d'œuvre dans le genre est *le Voyage dans la Lune* (1902), où il se pose en héritier de Jules Verne et de Robida. Il fait aussi dans le ballet filmé, l'adaptation littéraire, voire le « grand drame réaliste » (*les Incendiaires*, 1906). Mais cet homme-orchestre, ce grand ordonnateur du spectacle moderne fut bientôt rattrapé par une industrie impitoyable. Ruiné par la guerre, il voit les deux tiers de sa production détruits ou mis à l'encan. En 1925, on le retrouva vendeur de jouets à la gare Montparnasse, trouvant encore le moyen d'amuser les badauds par ses facéties.

Jean-Pierre MELVILLE (1917-1973) **R**
Il a renouvelé de fond en comble le film policier français, limité avant lui à un banal étalage de stéréotypes, ou à la copie servile du schéma hollywoodien. De ces stéréotypes, Melville fera des archétypes, le plus fameux étant le samouraï, son personnage fétiche, incarné de manière saisissante par Alain Delon ; quant aux modèles américains, il ne se privera pas d'y piller, en cinéphile passionné qui se flattait de connaître par cœur *Quand la ville dort* ou *le Coup de l'escalier*, mais ce sera pour les décanter et les intégrer à son propre univers. Car Melville avait son univers : des rues vides, des lumières crues, des êtres au visage fermé, des professionnels au masque interchangeable (policiers, truands ou héros authentiques), une véritable « armée des ombres », du titre du beau film qu'il réalisa en 1969 en hommage à la Résistance, dont il avait été un membre actif en ralliant dès 1940 les Forces françaises libres. Son œuvre a, de ce fait, une unité singulière, du *Silence de la mer* (1949) d'après Vercors, à *Un flic* (1972), dernière prestation, sous son règne, d'Alain Delon. Le plus attachant ici n'est pas nécessairement le plus abouti : c'est *Bob le flambeur* (1956), « polar » nostalgique qui exerça une influence considérable sur la Nouvelle Vague (au point que Godard prit Melville comme *guest star* dans *À bout de souffle*), ou *Deux Hommes dans Manhattan* (1959), road movie nocturne qu'il interprète lui-même. Mais on peut apprécier tout autant les engrenages bien huilés du *Doulos* (1963), du *Deuxième Souffle* (1966), du *Samouraï* (1967) et de ce *Cercle rouge* (1970) dont il a dessiné minutieusement le contour.

Claude MILLER (né en 1942) **R**
Formé à l'école de Truffaut, il s'égale presque à son maître, dès son premier film, *la Meilleure façon de marcher* (1975), par une description juste d'émois adolescents qui sonne comme une suite libre aux *Quatre Cents Coups*. Ses dons se confirment dans le face-à-face de *Garde à vue* (1981), enrichi d'un dialogue cinglant d'Audiard, et dans un « polar métaphysique », *Mortelle Randonnée* (1983). *L'Effrontée* (1985) et *Classe de neige* (1998) n'arrivent pas à ces hauteurs.

Yves MIRANDE (1875-1957) **Sc, Dial, R**
Vieux routier du Boulevard, dans le sillage de Feydeau (il est l'auteur du fameux *Chasseur de chez Maxim's*, avec Quinson), il connut une notoriété qui éclipsa presque celle de Guitry entre les deux guerres. Il se répandit, à l'arrivée du parlant, dans les studios français et alla même tenter sa chance à Hollywood. Scénariste et dialoguiste à tout faire, passant sans transition du comique troupier au mélodrame, semant dans ses adaptations un grain de folie spécifique (voir *Messieurs les ronds-de-cuir*, 1936, d'après Courteline), s'impliquant dans de trop rares réalisations (*Baccara*, 1935), il se consacra finalement aux films à sketches, équivalents des « revues » théâtrales. Deux d'entre eux, *Café de Paris* (1938) et *Derrière la façade* (1939), ont valeur de témoignage sur la société française d'avant guerre. Il faudrait y ajouter sans doute un badinage sur l'exode, *l'An 40*, interdit au lendemain de sa sortie et jamais revu depuis lors.

Paul MISRAKI (1908-1998) **Mus**
Le bagage esthétique de ce pianiste de Ray Ventura est un peu léger, mais combien entraînant : cela part de *lyrics* pour *l'Amour à l'américaine* (1931) et durera jusqu'à 1991, avec les haltes obligées de « Tout va très bien, madame la Marquise » (pour le film homonyme), « Qu'est-ce qu'on attend pour être heureux » (pour *Feux de joie*, 1938), « Sur deux notes » (pour *Tourbillon de Paris*, 1939), etc. De la musique de « collégiens », qu'il fignolera avec Orson Welles (*Mr. Arkadin*) et Godard (*Alphaville*).

Jean MITRY (1903-1988) **Hist, Th, R**
Mitry est notre Tacite et notre Michelet. Sa colossale *Histoire du cinéma* en cinq volumes, sa *Filmographie universelle* (inachevée) qui en compte trente-cinq, ses monographies de Clair, Eisenstein, Ford, Delluc, Griffith, Ince, son *Esthétique et psychologie du cinéma*, ses articles, ses conférences font partie du patrimoine critique universel. Il a aussi réalisé des documentaires sur l'art (*Pacific 231*, *Images pour Debussy*, *Symphonie mécanique*), des traités pédagogiques (*Écrire en images*) et même un long métrage de fiction, celui-ci à oublier. Tout cela assorti d'une mémoire prodigieuse : « Sans m'avancer beaucoup, disait-il, je dois être de ceux qui ont vu le plus de films dans le monde : pas loin de vingt mille. Et j'ai assez de mémoire pour me souvenir de ceux que j'ai vus enfant. Je me souviens des *Mystères de New York* comme si c'était hier. J'ai raconté plan à plan, dans mon livre sur Chaplin, des films que je n'avais pas revus depuis plus de vingt ans. » Tels les « hommes-livres » de *Fahrenheit 451*, Mitry était vraiment un « homme-film », l'homme qui avait appris par cœur tous les films. Avec cela, à cent lieues de l'historiographie officielle, et capable d'audacieuses réévaluations. Conscient en outre, plus que quiconque, de la fragilité du patrimoine filmique et des menaces pesant sur sa survie, il avait participé, aux côtés de Langlois et Franju, à la création de la Cinémathèque française, dont il resta longtemps le vigilant archiviste.

Ariane MNOUCHKINE (née en 1939) **R**
Deux films seulement, *1789* (1974) et *Molière* (1978), mais plus de sept heures d'imagerie foisonnante, prolongeant sur l'écran son remarquable travail d'animatrice du Théâtre du Soleil. Le second surtout peut être regardé comme l'une des rares restitutions réussies de la scène classique, beaucoup plus turbulente que ne le veut la tradition. Elle porte le prénom (Ariane) de la firme fondée par son père, l'avisé producteur Alexandre Mnouchkine (1908-1993), en poste dès l'avant-guerre (*Alerte en Méditerranée* de Joannon) et qui a beaucoup mérité du cinéma français (*les Parents terribles*, *Fanfan la Tulipe*, *Garde à vue*, etc.).

Jean-Pierre MOCKY (né en 1929) **R, Pr, Ac**
Réalisation bâclée, dialogues vulgaires, direction d'acteurs indigente, telle est la marque de fabrique revendiquée de ce « roi des bricoleurs » qui écrit, produit, met en scène, joue parfois, distribue et même exploite ses films en salle, avec une obstination qu'aucune censure, aucune faillite n'ont réussi jusqu'ici à décourager. De ce petit commerce de farces et attrapes, on peut extraire *Un drôle de paroissien* (1963), pour Bourvil, *les Compagnons de la Marguerite* (1967) pour Claude Rich et Michel Serrault, *l'Ibis rouge* (1975) pour Michel Simon, ou encore *Solo* (1969) pour… lui-même, car Mocky a des dons d'acteur évidents (il était remarquable dans *la Tête contre les murs*, dont il avait écrit l'adaptation pour Franju).

Léonide MOGUY (1899-1976) **R**
D'origine russe, il avait fait ses premiers pas dans les studios de Yalta, peu après la révolution d'Octobre. À Moscou, il aurait vaguement assisté Eisenstein. Fixé en France à partir de 1929, il se fait d'abord connaître comme monteur. Au poste de réalisateur, sa spécialité sera le grand sujet édifiant, et passablement racoleur : *Prison sans barreaux* (1938), *l'Empreinte du dieu* (1940), *le Long des trottoirs* (1956). Un titre surnage dans ce pot-au-noir : *le Déserteur* (1939), prudemment rebaptisé *Je t'attendrai* pour cause de drôle de guerre, qui offre la particularité, comme plus tard *la Corde* de Hitchcock, d'être construit en temps réel (la durée de l'action coïncide exactement avec celle du film).

Édouard MOLINARO (né en 1928) **R**
À l'en croire, le triomphe au box-office des deux *Cage aux folles* (1978 et 1980) ne doit rien à son réalisateur, et tout à ses interprètes : on lui en donne volontiers acte. Du reste d'une production vouée au commerce en gros se détachent *la Mort de Belle* (1960), adaptation correcte de Simenon ; *Mon oncle Benjamin* (1969) et *l'Emmerdeur* (1973) avec Jacques Brel ; *Beaumarchais l'insolent* (1988) avec Fabrice Lucchini. Il faudrait peut-être revoir *Une fille pour l'été* (1960), qui l'avait fait ranger un temps parmi les espoirs du jeune cinéma.

Luc MOULLET (né en 1937) **R, Cr**
Le benjamin de la Nouvelle Vague, cultivant sans broncher un style, ou plutôt une absence de style, à base de sociologie farceuse et de technique minimaliste, imposée de toute façon par la modicité de ses budgets. Cela va de l'amateurisme bon enfant (*Brigitte et Brigitte*, 1965) au reportage pataphysique (*Genèse d'un repas*, 1980). Il est parfois son propre interprète, excellent dans l'humour à froid.

Gaspar NOE (né en 1963) **R**
Deux films seulement, *Carne* (1991), un court métrage, et *Seul contre tous* (1998), mais qui révèlent un tempérament d'une belle pugnacité, et où ce jeune auteur ne craint pas d'agresser le spectateur par des images d'une crudité désolante. La « pulpe amère » du monde y est pressée « sans colère et sans haine ».

Bruno NUYTTEN (né en 1945) **Op, R**
Son parcours de chef opérateur l'a conduit de Bertrand Blier (*les Valseuses*) à Duras (*India Song* notamment), et de Berri (*Tchao Pantin*, qui lui valut un oscar) à Godard (*Détective*), tous servis très proprement. Passé à la mise en scène avec *Camille Claudel* (1988), il ne parvint pas à se dégager d'une certaine pesanteur formelle, étouffant le couple vedette Adjani-Depardieu. Il aggrave son cas avec *Passionnément* (2000).

Marcel OPHULS (né en 1927) **R**
Les Français s'obstinent à lui rappeler son ascendance germanique, les Allemands pense qu'il défend les couleurs de la Grande-Bretagne, et les Anglo-Saxons ne lui pardonnent pas d'avoir opté pour la nationalité française. Et il n'a trouvé qu'un producteur suisse pour monter *le Chagrin et la pitié* (1971) ! Ce film étape de la conscience européenne a fait grincer des dents à droite comme à gauche. C'est assez dire que, comme le fut en d'autres temps son père, Marcel Ophuls est voué à un exil permanent, ballotté d'une frontière à l'autre. Sa triple culture serait donc un handicap. À moins qu'elle ne le mette en position charnière pour crever méthodiquement les abcès qui gangrènent le monde d'hier et d'aujourd'hui, de Vichy à Sarajevo, de Nuremberg à *l'Hôtel Terminus*. Marcel Ophuls sait, en tout cas, que le pouvoir de dire non est au bout de la caméra.

Max OPHULS (1902-1957) **R**
« Je prendrai ma revanche dans vingt ans, dans les ciné-clubs », déclarait Max Ophuls au lendemain de l'échec commercial de son dernier film, scandaleusement tripatouillé par ses producteurs, *Lola Montès* (1955), où il résumait en une fabuleuse allégorie son existence fiévreuse et tourmentée. Cette revanche aujourd'hui est totale : non seulement *Lola Montès* a pris place au panthéon du cinéma, mais l'œuvre entière, longtemps méconnue, de ce créateur raffiné a connu une juste et nécessaire réévaluation. Sarrois d'origine, Allemand de culture et de tempérament, Français de cœur et de nationalité (depuis 1938), Maximilian Oppenheimer, en dépit d'exils successifs et de nombreux projets inaboutis (dont une *École des femmes*, avec la troupe de Louis Jouvet), a semé sur sa route quelques joyaux de la production mondiale : en Allemagne (*Liebelei*, 1932), en Italie, en France avant la guerre (*la Tendre Ennemie*, 1936 ; *Werther*, 1938), aux États-Unis (*Lettre d'une inconnue*, 1948) et, de retour à son pays d'adoption, la triade parfaite de *la Ronde* (1950), *le Plaisir* (1952) et *Madame de* (1953). En s'inspirant respectivement d'Arthur Schnitzler, de Maupassant et de Louise de Vilmorin, il se retrouve, en sublimant les données initiales, du côté de Stendhal, Mozart et Racine. Sa technique, d'une virtuosité confondante, n'a rien de gratuit : elle devient, comme il le souhaitait, « l'instrument de la pensée, du jeu, de l'enchantement, du rêve ». Des valses enchanteresses de *Liebelei* à celles, qui n'en finissent pas, de *Madame de*, du manège de *la Ronde* au tourniquet féerique au centre duquel est exhibée la courtisane *Lola Montès*, en passant par les délicates arabesques de *Lettre d'une inconnue*, Max Ophuls a dessiné comme à main levée une épure en perpétuelle mouvance, proche du cercle parfait.

Adolphe OSSO (1884-1961) **Pr, Dis**
Né en Galilée, Adolphe Ossovetsky fait partie, avec Jacques Haik et les frères Natan, de la communauté israélite émigrée qui se fit une place enviable dans la production française du parlant, et que François Vinneuil (Lucien Rebatet) flétrit dans un livre odieux, *les Tribus du cinéma et du théâtre*. L'homme ne manquait pas d'ambition. De 1929 à 1939, les films Osso produisirent une cinquantaine de bandes en tous genres (policier, comédie, mélodrame, espionnage), parmi lesquelles le diptyque de L'Herbier *le Mystère de la chambre jaune-le Parfum de la dame en noir*, la version française de *Marie, légende hongroise*, de Paul Fejos, des films de Clouzot, Baroncelli, Carmine Gallone, etc. Après la guerre, ils devinrent les films Vendôme, dont le chant du cygne sera *la Reine Margot* de Dréville. Il ne faut pas mépriser trop vite l'activité de ce Zukor européen.

Gérard OURY *(né en 1919)* **R**
Le Corniaud (1964), *la Grande Vadrouille* (1966) et *les Aventures de Rabbi Jacob* (1973) font partie des plus gros scores du cinéma français, le deuxième détenant même un record absolu : leur auteur n'a donc nul besoin des suffrages de la critique. Notons seulement que les interprètes (Bourvil, de Funès) sont ici tenus en laisse plutôt mieux que d'ordinaire. Curieusement, les derniers films d'Oury, pourtant cuisinés selon les mêmes recettes, ont été de rudes échecs financiers. Il a publié en 1988 d'amusants *Mémoires d'éléphant*.

Louis PAGE (1905-1990) **Op**
Jeune photographe ayant débuté sous l'égide de Cocteau, pour *le Sang d'un poète*, Louis Page avait, raconte Denis Marion, « la réputation de se débrouiller dans des conditions de travail impossibles » : elles le furent, au-delà de toute prévision, dans ce qui reste son plus beau travail de chef opérateur : *Espoir* de Malraux. La force lyrique de ses images évoque ici l'art d'un Édouard Tissé. Il travailla aussi pour Grémillon (*Lumière d'été, Le ciel est à vous*) et Christian-Jaque (*Sortilèges*).

Marcel PAGNOL (1895-1974) **R, Sc, Dial, Pr, Dis, Th**
« L'importun du Midi », comme l'appelle Gérard Guéguan, venu semer le trouble dans une profession désorientée par l'avènement du texte parlé, qu'il pratiquait en virtuose au théâtre. Ses pièces ne demandaient qu'à être portées telles quelles à l'écran : des artisans sans génie particulier (Korda, Marc Allégret, Gasnier) se chargèrent donc de « mettre en conserve » *Marius, Fanny* et *Topaze*. Pagnol comprit vite qu'il n'avait pas besoin de ces intermédiaires. Il ressentit même la nécessité de se doter d'un outil autonome qu'il pourrait maîtriser à sa guise, comportant des départements réalisation, production, distribution, laboratoire de tirage, programmation et jusqu'à une cellule de réflexion théorique, sous forme d'une revue à l'enseigne des *Cahiers du film*, afin de développer à loisir ses conceptions personnelles sur le cinéma parlant, cette « nouvelle forme de l'art dramatique ». Vilipendé par la critique, qui s'obstinait à ne voir en lui qu'un vulgaire adepte du « théâtre filmé », alors même qu'il préconisait le tournage en extérieurs, loin de l'emprise de la scène et des studios, il imposa peu à peu une « cinématurgie » (le néologisme est de lui) incomparable, avec ses lois propres, ses personnages, son style, son « accent ». Récusant une photogénie désuète, il donna au cinéma français des œuvres fleurant bon le terroir méridional, la vie simple de ses habitants, leurs coutumes ancestrales, leurs petites misères et leur cœur innombrable : *Jofroi* (1933), *Angèle* (1934), *Merlusse* (1935), *Regain* (1937). Il mit un point final à sa trilogie marseillaise en écrivant directement *César* (1936) pour le cinéma. Rompu aux ficelles du métier, il les dévida avec brio dans *le Schpountz* (1937), avant de se livrer à une somptueuse récapitulation de ses thèmes favoris dans *la Femme du boulanger* (1938) et *la Fille du puisatier* (1940), deux fabliaux tragi-comiques avec Raimu, Fernandel et Charpin au sommet de leur art. L'après-guerre verra son débit se ralentir, avec cependant encore deux œuvres majeures : *Naïs* (1945) et la fresque paysanne de *Manon des sources* (1952). Après sa mort, des épigones plus ou moins scrupuleux (Berri, Yves Robert, Oury) puiseront sans vergogne dans ce prodigieux vivier.

Jean PAINLEVÉ (1902-1989) **R**
Son terrain d'élection, le film scientifique, lui a été préparé par le docteur Comandon (1877-1970), auteur d'une *Radioscopie du cœur humain* (1924). Il s'y adonne dès la fin des années 1920 (*la Pieuvre, le Bernard-l'hermite*, etc.). Le parlant lui permettra d'ajouter un piment d'étrangeté, *via* la musique de jazz, à ces sortes de microdissections que sont *l'Hippocampe* (1934), *le Vampire* (1945) et *Assassins d'eau douce* (1947). Il fit aussi un peu d'animation (*Barbe-Bleue*, 1936), avec la collaboration du sculpteur René Bertrand.

Charles PATHÉ (1863-1957) **Pr, Dis**
Comparé à son challenger Léon Gaumont, grand bourgeois soucieux de bon goût et de bon ton, Charles Pathé fait figure de besogneux, de gagne-petit du spectacle, ne lésinant pas sur les moyens pour toucher le public. Habitué des champs de foire, il conçoit le cinéma comme un divertissement populaire, débitant et à peu de frais des grosses farces d'un potentiel comique garanti, des féeries à la technique sommaire, copiées sur Méliès, des mélodrames bien charpentés, des Passions édifiantes. Avec

ses frères aînés Émile, Jacques et Théophile, il fonde dès 1896 une société qui va bientôt truster un marché en plein essor, depuis la fabrication de la pellicule vierge jusqu'à l'exploitation en salle. En 1907, il a l'idée de substituer à la vente des films, qui prévalait jusqu'alors, leur location : ses bénéfices vont décupler, et l'année suivante son chiffre d'affaires s'élèvera à trente-cinq millions de francs-or. Ses poulains se nomment Zecca, Nonguet, Linder, bientôt Gance. Il a des filiales implantées dans le monde entier, un secteur actualités, des circuits ruraux alimentés en format réduit. Son emblème est un coq gaulois fièrement dressé sur ses ergots, qui semble défier la marguerite de Gaumont. Comme ce dernier, il a son studio de prises de vues, et un laboratoire de tirage. Son empire, plus fragile que celui de son rival, plus menacé par la surenchère des « margoulins », connaîtra, au fil des ans, quelques revers.

André PAULVÉ (1898-1982) **Pr, Dis**
Fondateur de la firme Discina, liée à la Scalera italienne, gérant des studios de la Victorine, il a maintenu haut le flambeau de la production française durant l'Occupation, réussissant la gageure de n'être inquiété ni par les autorités de Vichy ni par les tribunaux de l'épuration. On hésite à s'attaquer au label France, quand celui-ci estampille des produits tels que *les Visiteurs du soir, Lumière d'été, Sylvie et le fantôme, la Belle et la Bête, la Chartreuse de Parme* ou *Casque d'Or.* On serait en droit d'être plus sévère à l'égard des *Mémoires de la vache Yolande* et de *Plaisirs de Paris*...

Georges PÉRINAL (1897-1965) **Op**
À trente et un ans, il assiste Clair pour son court métrage sur la tour Eiffel. Il sera de tous ses premiers films parlants, inondant de sa lumière claire les merveilleux décors de Meerson et contribuant largement à la poésie diaphane qu'ils dégagent. Apprécié des Britanniques, il se fixera à Londres en 1933 et n'en partira plus, en dehors de séjours à Hollywood, à l'invitation de Preminger. Il a obtenu un oscar en 1940 pour son luxueux Technicolor du *Voleur de Bagdad.*

Pierre PERRAULT (1927-1999) **R**
« Ethnologue, linguiste, ancien avocat, homme de radio, artisan inspiré, qu'inspirent autant ces deux outils que sont la caméra et le magnétophone, Pierre Perrault utilise les moyens du cinéma direct, auxquels seul le cinéma canadien semble capable de donner ses lettres de noblesse, pour livrer un admirable poème historico-sociologique sur le thème de la recherche des origines » (Jacques Lourcelles). Ce poème se décompose en trois chants, d'une harmonie et d'une chaleur humaine bouleversantes : *Pour la suite du monde* (1963, coréalisé par Michel Brault), *le Règne du jour* (1965) et *les Voitures d'eau* (1969), tous tournés en étroite collaboration avec les pêcheurs d'une petite communauté du Saint-Laurent, l'Île-aux-Coudres, dont l'auteur filme avec humilité et passion « les saisons et les jours ». Ce qui suivra (*Un pays sans bon sens, Gens d'Abitibi*), bien que conçu sur le même projet généreux, a moins grande allure.

Jean PERRIER (1884-1942) **Déc**
Avec Hugues Laurent (1885-1987), il fut, en poste chez Gaumont, un des pionniers du grand décor de film au temps du muet. Il travailla surtout avec Raymond Bernard, du *Miracle des loups* aux *Otages*, et avec Guitry, Maurice Tourneur, etc.

Maurice PIALAT (né en 1925) **R**
La vocation première de Pialat a été la peinture, et il est tentant de regarder ses films comme autant de tableaux animés de l'intérieur : sanguine (*l'Enfance nue*, 1967), pastel (*la Maison des bois*, pour la télévision, 1971), nature morte (*la Gueule ouverte*, 1973), eau-forte (*Loulou*, 1980), enluminure (*Sous le soleil de Satan*, 1987), autoportrait (*le Garçu*, 1995), avec la synthèse en forme de polyptyque de *Van Gogh* (1990), où sa main et sa trajectoire épousent celles de l'artiste déchu. Ce concept austère de l'objet film peut dérouter, comme a pu être laborieuse sa gestation (ses comédiens en savent quelque chose, auxquels il impose un tournage d'enfer), et Pialat, à ce régime, ne s'est pas fait que des amis. Mais le résultat est là : une composition sans bavure, dont chaque touche concourt à la plénitude.

Raoul PLOQUIN (1900-1992) **Pr, Dis**
« Le film qui a failli me ruiner ? *Le ciel est à vous.* Le film dont je suis le plus fier ? *Le ciel est à vous* », avait coutume de dire Raoul Ploquin, homme de goût et de culture, qui avait été avant guerre le patron de la filiale française de la UFA à Berlin et dirigé au début de l'Occupation le COIC (ancêtre du CNC). Il peut aussi s'enorgueillir des *Dames du bois de Boulogne* de Bresson, et de *la Vie en rose* (1947), beau film méconnu de Jean Faurez. La suite, avec Le Chanois, Verneuil et Borderie, aura nettement moins d'éclat.

Alain POIRÉ (1917-2000) **Pr, Dis**
L'un des magnats de la Gaumont, en poste depuis 1939, après des débuts chez Havas sous les auspices de son grand-père Léon Renier. Cet homme de l'ombre, à l'urbanité légendaire, ne sortait de sa réserve que pour s'insurger contre les critiques de mauvaise foi (tel Truffaut qui avait éreinté avant de l'avoir vu *Marguerite de la nuit*). Son palmarès est pour le moins contrasté : on trouve d'un côté *Un condamné à mort s'est échappé, les Mariés de l'an II*, les derniers Guitry, de l'autre *les Affreux, la Jument verte* et *l'As des as.* Plus de cent cinquante longs métrages au total. Devant cette avalanche, on serait tenté d'invoquer un titre d'Yves Robert, l'un des réalisateurs favoris du producteur : *Courage, fuyons !* Mais (c'est Lautner, cette fois, qui nous met en garde) : « Attention, un film peut en cacher un autre ! »

Jean-Marie POIRÉ (né en 1945) **R**
Fils du producteur Alain Poiré, chanteur de rock à ses heures, il talonne Oury et Zidi au box-office, avec *les Visiteurs I* et *II*, qui ont fait crouler de rire le monde entier, on n'a jamais très bien compris pourquoi. Sans doute a-t-il su assaisonner le vaudeville à la sauce du café-théâtre, donnant une dimension ubuesque au *Père Noël est une ordure* (1982) comme à *Papy fait de la résistance* (1983). Le public, pour le moment, est à l'unisson : pourvu que ça dure !

Léon POIRIER (1884-1968) **R**
Parent du peintre Berthe Morisot, il a sacrifié à l'orientalisme littéraire en vogue dans les années 1920 : *Narayana, le Coffret de jade*, etc. Il n'hésita pas à emprunter à Rodin le sujet d'un mélo intitulé, évidemment, *le Penseur.* Puis il se lança dans des adaptations douceâtres de Lamartine (*Jocelyn, Geneviève*) et montra des dons de paysagiste dans *la Brière* (1924). Il entendit l'appel des sirènes lointaines (*Caïn*) et des clairons d'anciens combattants (*Verdun, visions d'histoire*), avant de se faire, au parlant, le chantre de l'empire colonial (*Brazza ou l'Épopée du Congo*) et de ses pieux missionnaires (*l'Appel du silence*, biographie du père de Foucauld). Fescourt l'estimait fort.

Roman POLANSKI (né en 1933) **R, Ac**
Du ghetto de Cracovie au triomphe mondial de *Tess* (1979), en passant par le rude apprentissage de l'école de Lódz et les

« radieuses soirées californiennes » endeuillées par un fait divers sanglant (l'assassinat de son épouse Sharon Tate), Polanski a narré lui-même par le menu, dans son *Roman* autobiographique, son itinéraire chaotique. Cet Ariel kafkaïen a musardé sur toutes les scènes et les plateaux du monde : Pologne, Grande-Bretagne, États-Unis. La France, où il est né, ne reste pas moins son point d'ancrage : il y a réalisé et interprété peut-être son meilleur film, *le Locataire* (1976), bâti sur mesure par son fidèle scénariste Gérard Brach d'après une idée du dessinateur Roland Topor.

Serge de POLIGNY (1903-1983) **R**
Cinéaste peu productif, plutôt porté sur la peinture, il n'a donné que trois films dignes d'intérêt : *Claudine a l'école* (1937), fidèle à l'univers sensuel de Colette ; *le Baron fantôme* (1942) où l'apport de Cocteau est certes déterminant, mais qui se signale par un expressionnisme très personnel ; et *la Fiancée des ténèbres* (1944), film fantastique assez maîtrisé, qui plonge dans les dédales albigeois.

Jean-Daniel POLLET (né en 1936) **R**
« Sorte de Janus *bifrons* du cinéma français », comme le décrit Jean Tulard, Pollet suit une ligne (de mire) pour le moins fluctuante, qui l'a mené de la bluette folklorique (*Pourvu qu'on ait l'ivresse*, 1957) à la spéculation morose (*Méditerranée*, 1963) et de la comédie populiste (*L'amour c'est gai, l'amour c'est triste*, 1968) au conte philosophique (*Contretemps*, 1988). Son meilleur film, *l'Acrobate* (1975), était interprété par son acteur fétiche, le regretté Claude Melki (1940-1994).

Richard POTTIER (1906-1994) **R**
Il y a à boire et à manger dans la besace de cet habile manufacturier d'origine hongroise (né Ernest Deutsch). Le plus appétissant se trouve dans les comédies de ses débuts, *Si j'étais le patron* (1934), *Fanfare d'amour* et *Un oiseau rare* (1935) ; dans un drame d'anticipation, *Le monde tremblera* (1939) et un policier brutal, *la Ferme aux loups* (1943) ; voire dans les froufrous de *Caroline chérie* (1950). Pottier a eu le flair de faire appel dans ces cas-là à de bons scénaristes : Prévert, Clouzot, Carlo Rim, Jean Anouilh. Mais à côté de cela, que de *Sérénade au Texas* et de *Violettes impériales* !

Henri POUCTAL (1856-1922) **R**
Vieux briscard du Film d'art (*Madame Sans-Gêne, la Dame aux camélias*...) et du couplet patriotique (*la Fille du Boche, Chantecoq*...) dans les années 1910, il a donné en 1917 un premier *Monte-Cristo*, dont Louis Delluc dit grand bien, et surtout, l'année suivante, une vaste fresque en sept parties d'après *Travail* de Zola, qui fut tournée dans les ateliers du Creusot. Du réalisme social comme il en existait peu alors. Le film est encore visible aujourd'hui : il supporterait une large rediffusion.

Jacques PRÉVERT (1900-1977) **Sc, Dial**
Son œuvre poétique court les rues. Ses dialogues courent les écrans, depuis ceux de *L'affaire est dans le sac* (1932), écrits au fil de la plume pour son frère Pierre, qui lui commandera plus tard ceux d'*Adieu Léonard* et de *Voyage surprise*. Un flirt avec le groupe surréaliste, et même un petit rôle (de cancre !) dans *les Grands* (1923) avaient précédé une fabrication intensive de scénarios cocasses et de répliques incisives qui ne seront pas du goût de tout le monde : le public mit du temps à s'y habituer et hua même lors des premières projections le « Bizarre, bizarre... » de *Drôle de drame*. Renoir sut canaliser sa verve iconoclaste, et *le Crime de monsieur Lange* est, de ce point de vue, un pur bonheur. Avec Carné, cela donna aussi quelques bons résultats, de *Jenny* aux *Enfants du paradis*, en passant par le célèbre « T'as d'beaux yeux, tu sais » de *Quai des brumes*. Moins faciles, mais aux mérites plus secrets et plus profonds peut-être, apparaissent les travaux de Jacques Prévert pour Grémillon (*Remorques*), Christian-Jaque (*Sortilèges*), voire Cayatte (*les Amants de Vérone*). Des trouvailles qui respirent en tout cas l'anticonformisme, la désinvolture, la liberté. On ne lui connaît, dans le genre, aucun successeur.

Pierre PRÉVERT (1906-1988) **R**
Son « frère Jacques » a fait de l'ombre à ce lunaire qui avait pourtant plus d'un tour dans son sac, entre le canular surréaliste (*L'affaire est dans le sac*, 1932), la balade champêtre (*Adieu Léonard*, 1943) et le vagabondage sans queue ni tête (*Voyage surprise*, 1946), autant d'échecs commerciaux qui l'ont conduit à se recycler sur le tard à la télévision, où il a donné, avec le concours de Jacques Champreux, petit-fils de Feuillade, un pittoresque *serial*, *les Compagnons de Baal* (1968).

Jean-Paul RAPPENEAU (né en 1932) **R, Sc**
D'abord scénariste (de Clair, Malle, de Broca), il vole de ses propres ailes et d'emblée à une belle hauteur, avec *la Vie de château* (1966), une œuvre au rythme enjoué, sur un sujet qui ne s'y prêtait guère (les derniers jours de l'Occupation), suivie du caracolant *les Mariés de l'an II* (1971). Mûrissant lentement ses scripts et son casting, Rappeneau tourne peu, mais jamais rien de négligeable : *le Sauvage* (1975), *Cyrano de Bergerac* (1990), *le Hussard sur le toit* (1995).

François REICHENBACH (1922-1993) **R**
Vendeur de tableaux aux États-Unis dans les années 1950, il en a rapporté des *Impressions de New York* (1955) et de *Houston, Texas* (1956, développées en 1980), qui hésitent entre le document d'amateur et le spot publicitaire. Ses longs métrages de fiction sont d'une insigne frivolité (*Un cœur gros comme ça*, 1961 ; *la Raison du plus fou*, 1972), malgré, dans ce dernier, la participation de Raymond Devos. Il peut en outre se flatter d'avoir assisté Orson Welles pour *Vérités et mensonges* (1974).

Claude RENOIR (1914-1993) **Op**
C'est son oncle Jean qui lui mit l'œil au viseur avec *Toni* et *Partie de campagne*, le propulsant du même coup au premier rang des chefs opérateurs de sa génération. Et c'est sous son égide que seront conçues les tonalités chatoyantes du *Fleuve* et du *Carrosse d'or*, qui sont mieux que des films en couleur : des films « de couleur », pourrait-on dire, tant le chromatisme est consubstantiel à l'œuvre. Mais Claude Renoir Jr. (qu'il ne faut pas confondre avec son autre oncle, Claude Renoir aîné, peu engagé dans le cinéma : il n'a fait qu'assister René Lefèvre pour un anodin *Opéra Musette*, 1942) a d'autres titres à son actif : *Rendez-vous de juillet* pour Becker, *le Mystère Picasso* pour Clouzot et, moins glorieux, les chamarrures des *Amants de Teruel* et le bariolage de *Barbarella*.

Jean RENOIR (1894-1979) **R**
Le grand patron du cinéma français, qui domine de très haut la production nationale, toutes époques et sensibilités incluses, et s'étend même au-delà, vers les États-Unis et l'Inde. Non seulement son œuvre ne vieillit pas, mais elle mûrit avec le temps ; elle fait l'objet de rééditions, rétrospectives, thèses d'université et hommages divers ; son film le plus contesté à sa sortie, *la Règle du jeu* (1939), est aujourd'hui unanimement regardé comme un chef-d'œuvre et mis au

programme du baccalauréat ; pas un cinéaste par le monde qui ne médite sans fin son exemple. Fils du peintre Auguste Renoir (auquel il a consacré un magnifique ouvrage) il avait reçu une solide éducation artistique avant de se lancer, sans la moindre formation préalable, dans la mise en scène (*la Fille de l'eau*, 1924) : un talent de conteur « impressionniste » s'y révèle, qui se confirmera dans ses adaptations de Zola (*Nana*, 1926) et d'Andersen (*la Petite Marchande d'allumettes*, 1928), deux sources d'inspiration étonnamment complémentaires. Le parlant, qu'il aborde sans complexe, va lui permettre de peaufiner sa vision du monde, mélange détonant de bouffonnerie, de cruauté et de réflexion sur le mensonge social (ce qu'il appelle un « drame gai ») : c'est *la Chienne* (1931) et *Boudu sauvé des eaux* (1932), deux films avec un Michel Simon en roue libre ; *Toni* (1934), où il rencontre Pagnol ; une savoureuse anticipation du Front populaire, *le Crime de monsieur Lange* (1935) ; l'inachevée *Partie de campagne* (1936), d'un lyrisme bouleversant ; *la Marseillaise* (1937), ou la Révolution française au jour le jour ; *la Bête humaine* (1938), où il retrouve, et modernise admirablement, Zola. Deux œuvres phares se détachent de cette période : *la Grande Illusion* et *la Règle du jeu*, radiographies subtiles d'une société qui n'a pas su retenir les leçons de la guerre d'hier et s'apprête, en toute inconscience, à replonger dans une autre. Partout éclate une virtuosité formelle d'autant plus remarquable qu'elle se dissimule sous le masque de la familiarité. Après une parenthèse américaine qui l'éloigne de ses préoccupations sociales pour le ramener aux prestiges du divertissement (*le Journal d'une femme de chambre*, 1946), il rentre en Europe, avec un détour par le Bengale, où ses dons de coloriste vont s'épanouir (*le Fleuve*, 1950). Moins engagé que naguère, plus proche d'une philosophie hédoniste qui fait de la légèreté « une forme élevée de civilisation » et prône comme condition du bonheur la « soumission à l'ordre naturel », il tourne en Italie *le Carrosse d'or* (1952) et en France *French Cancan* (1954), hommages à la commedia dell'arte et au caf' conc', puis *Éléna et les hommes* (1956), *le Déjeuner sur l'herbe* (1959) dans la propriété familiale des Collettes et l'étrange *Testament du docteur Cordelier* (*idem*), où il expérimente les techniques alors nouvelles de la télévision. Son dernier film, une suite de sketches conçus en toute liberté, s'intitule sobrement *le Petit Théâtre de Jean Renoir* (1969). Il s'est exprimé en outre dans de nombreux entretiens, romans (*les Cahiers du Capitaine Georges*), pièces de théâtre (*Orvet*, *Carola*), autobiographie (*Ma vie et mes films*), résumant ainsi son parcours : « J'ai toujours été incapable de suivre une ligne... J'ai l'impression d'être un oiseau. Un gros oiseau qui a picoré au hasard les vergers les plus disparates... Heureusement pour moi, il s'est trouvé des gens pour aimer ce chaos. »

Marguerite RENOIR (1906-1987) **Mont**
De son vrai nom Marguerite Mathieu, elle prit le pseudonyme de Marguerite Renoir par dévotion à l'égard de celui dont elle fut la collaboratrice assidue (et même un peu plus) de 1931 à 1939. Elle effectua pour lui le montage de tous ses films de la période, de *la Chienne* à *la Règle du jeu* (parfois assistée de Suzanne de Troye). L'argument volontiers avancé par son patron lorsqu'il souhaitait recommencer une prise défectueuse était qu'il fallait penser aux « ciseaux de Marguerite ». Séparée de lui en 1940, elle continua à travailler pour Becker (dix films, dont *Casque d'Or*). Buñuel, Mocky... On l'aperçoit fugitivement dans *Partie de campagne*, film dont elle assura le montage final, dix ans après le tournage, avec sa consœur Marinette Cadix. C'était une éminence grise du cinéma français de la grande époque, dont le rôle, pour effacé qu'il fut, ne s'avère pas moins déterminant.

Alain RESNAIS (né en 1922) **R**
Son premier long métrage, *Hiroshima mon amour* (1959), sur un canevas de Duras, a fait exploser les structures de la narration filmique, en intégrant avec un art raffiné du montage le drame collectif à l'émotion individuelle. Auparavant, il y avait eu des documentaires sur l'art, traités avec une grande élégance, de fond et de forme : *Van Gogh* (1948), *Guernica* (1950), *Les statues meurent aussi* (1953, coréalisé par Chris. Marker), et un pèlerinage aux camps de la mort, *Nuit et brouillard* (1955). Plus inattendue, la pochade humoristique du *Chant du styrène* (1958), avec un commentaire (en alexandrins !) de Raymond Queneau. Le surréalisme pointe ici le nez : on verra que les passions de Resnais vont à la bande dessinée, à la science-fiction et au théâtre de Boulevard, plutôt qu'au nouveau roman. Celui que l'on présente parfois comme un cérébral est en fait un instinctif, un « arpenteur de l'imaginaire », comme l'a défini Robert Benayoun, qui n'a pas fini d'étonner son monde. Pour preuves ces ovni de la production cinématographique moderne que sont *l'Année dernière à Marienbad* (1961), *Muriel* (1963), *Je t'aime je t'aime* (1968), *Providence* (1974), *Mon oncle d'Amérique* (1980), *La vie est un roman* (1983). Des « guides », littéraires ou scientifiques (Alain Robbe-Grillet, Jean Cayrol, Jacques Sternberg, le professeur Laborit), stimulent ces voyages intérieurs. Après quoi Resnais semble privilégier les scintillements du théâtre et de la musique, deux arts dont il est féru, sans pour autant quitter les chemins de la rêverie : *Mélo* (1986), le téléfilm *Gershwin* (1991), la fable gigogne *Smoking / No Smoking* (1993), *On connaît la chanson* (1997). « Mes films, dit-il, sont une tentative, encore très imparfaite, d'approcher de la complexité de la pensée, de son mécanisme. » Tous procurent, quelle que soit la filière adoptée, une rare qualité de dépaysement.

Émile REYNAUD (1844-1918) **Inv**
Génial précurseur de l'image animée, il inventa, quinze ans avant les Lumière, en s'inspirant des travaux du Belge Joseph Plateau, un jouet perfectionné, sorte de cinéma de poche : le Praxinoscope. Il exploita son invention en projetant, à partir de 1892, devant les foules du musée Grévin, ses « pantomimes lumineuses », courtes bandes faites d'une myriade de vignettes dessinées et coloriées par ses soins. Le succès fut considérable mais de courte durée. Victime de la vogue du film photographique, ce solitaire mourut dans la misère après avoir détruit la quasi-totalité de sa production. Ce qu'il en reste (*Pauvre Pierrot*, *Autour d'une cabine*) a la beauté de miniatures médiévales.

Carlo RIM (1902-1989) **Sc, R**
Romancier, caricaturiste, directeur de revue, parolier, scénariste, metteur en scène, Jean-Marius Richard, alias Carlo Rim, fut vraiment, selon le mot du poète Max Jacob, « l'Arlequin de sa génération ». Des films comme *Justin de Marseille* ou *Hercule*, signés Maurice Tourneur ou Alexandre Esway, doivent beaucoup à sa faconde méridionale. En tant qu'auteur complet, on lui doit principalement *l'Armoire volante* (1948), farce macabre où Fernandel ne desserre pas les dents, et *la Maison Bonnadieu* (1952), aimable mise en boîte de la petite bourgeoisie. Il adapta aussi, très correctement, Maupassant pour la télévision.

Jacques RIVETTE (né en 1928) **R, Cr**
Faut-il suivre Jacques Lourcelles lorsqu'il écrit que « le cinéma français a perdu en Rivette un excellent critique sans gagner un grand cinéaste » ? Le jugement est sévère, mais peut s'appliquer à des ratages tels que *la Religieuse* (1966), simple succès de scandale, ou *Hurlevent* (1985), indigne d'un admirateur de Fritz Lang. Il est injuste, les durées excessives mises à part, pour le happening de *l'Amour fou* (1968), le jeu des rôles de *Céline et Julie vont en bateau* (1974) et surtout l'incandescent athanor de *la Belle Noiseuse* (1991), son film le plus abouti à ce jour.

Alain ROBBE-GRILLET (né en 1922) **Sc, R**
Comment le prendre au sérieux ? Un temps, il posa pourtant au pape du nouveau roman, littérature rien moins que désopilante. Pour Alain Resnais, il écrivit le scénario de *l'Année dernière à Marienbad* (1961), qui reste, de loin, son meilleur apport au « jeu » cinématographique. À partir de là, il construisit des labyrinthes truffés de fausses pistes, dont lui-même ne semble pas avoir le sésame (exemple : *l'Homme qui ment*, 1967). Des pincées d'érotisme morose saupoudrent ces cocktails de vanités.

Yves ROBERT (né en 1920) **R**
Il fait un cinéma de « copains », et pas seulement lorsqu'il porte à l'écran, en 1964, le roman de Jules Romains : voir *la Guerre des boutons* (1961), *Alexandre le bienheureux* (1967), le cycle du « *Grand blond* ». Cela ne plane jamais très haut, mais du moins ne vise pas bas. On souhaiterait plus de vigueur dans le trait quand il illustre un grand texte de Marcel Aymé (*Clérambard*, 1969) ou de Marcel Pagnol (le diptyque *la Gloire de mon père / le Château de ma mère*, 1990).

Éric ROHMER (né en 1920) **R, Cr**
De son vrai nom Maurice Scherer, il a longtemps mené de front des activités de professeur, de journaliste et de cinéaste (et même, à ses débuts, de romancier, sous un autre pseudonyme : Gilbert Cordier). En tant que critique, il tint pendant des années les rênes des *Cahiers du cinéma*. Ses études sur Murnau, Hitchcock, Rossellini ont fait date. Ses films se divisent en cycles, strictement codifiés : « *Six Contes moraux* » (1962-1972), « *Comédies et proverbes* » (1981-1987), « *Contes des quatre saisons* » (1990-1998). Tous sont produits, à l'économie, par la petite société des Films du Losange. Les titres en sont connus : *Ma nuit chez Maud, le Genou de Claire, la Femme de l'aviateur, le Beau Mariage, les Nuits de la pleine lune*, etc. L'auteur y enregistre, en analyste imperturbable, rencontres, ruptures, désirs, inhibitions et joutes amoureuses qui jalonnent le parcours de garçons bien élevés et de jeunes filles en fleur. De temps à autre, il fait des incursions dans le romantisme allemand (*la Marquise d'O*, 1976), la chanson de geste (*Perceval le Gallois*, 1978), voire la politique-fiction (*l'Arbre, le maire et la médiathèque*, 1993). Il a également écrit pour le théâtre (*Trio en mi bémol*) et filmé pour la télévision (*Nadja à Paris, Jeux de société*, etc.). Est-ce là l'œuvre d'un grand moraliste, ou d'un petit maître en marivaudage ? Pourquoi pas les deux à la fois ? Il est capable de jouer aussi au cinéaste expérimental, comme en témoigne son dernier film, *l'Anglaise et le duc* (2000), tourné en vidéo numérique.

Frédéric ROSSIF (1922-1990) **Mont, R**
Une productrice courageuse, Nicole Stéphane, elle-même réalisatrice de courts métrages (et actrice à ses débuts, chez Melville), permit à ce pâle auteur de série B télévisées (« *la Vie des animaux* ») de tourner un honnête film historique, à base de montage de documents : *Mourir à Madrid* (1963), sur la guerre d'Espagne. Mais la tentation du didactisme (*Pourquoi l'Amérique*, 1969) ou de l'anthropomorphisme à la Disney (*la Fête sauvage*, 1976) reprit vite le dessus.

Jean ROUCH (né en 1917) **R**
C'est un *film-maker*, comme ses amis d'outre-Atlantique Leacock et Pennebaker, qui a récusé une fois pour toutes les prestiges frelatés du film de divertissement pour s'en tenir aux exigences du cinéma-document, conformes à sa vocation première, l'ethnographie. Directeur de recherches au CNRS, il a réalisé à partir de 1947 un nombre impressionnant de documentaires (dont une trentaine encore en chantier !), tous situés sur cette terre africaine qu'il connaît par cœur. Les plus connus, pour avoir bénéficié d'un semblant de diffusion publique, sont *la Circoncision* (1949), tourné avec un groupe d'enfants du Mali, *les Maîtres Fous* (1954), sur les rituels d'exorcisme des sectes haoukas, et *Monsieur Albert, prophète* (1962), sur un gourou de Côte-d'Ivoire. Sa méthode de tournage au jour le jour, avec une équipe réduite, reste la même dans ses longs métrages, teintés d'un humour qu'on n'ose dire noir : *Moi un Noir* (1958), *la Chasse au lion à l'arc* (1965), *Jaguar* (1967), *Petit à petit* (1970), *Cocorico M. Poulet* (1974). Il échoue lorsqu'il s'écarte de son aire de prédilection : voir la languissante *Chronique d'un été*, enquête sociologique sur le Paris de 1960.

Georges ROUQUIER (1909-1989) **R**
La sincérité même. Voué au genre ingrat du documentaire, il n'a jamais triché avec ses matériaux de base, si arides qu'ils fussent : le travail du tonnelier, du charron ou du maréchal-ferrant, l'économie des métaux, les marais de Camargue, les foules de Lourdes en prière. S'il y a en France un cinéaste qu'on peut comparer à Flaherty, c'est bien lui. Son maître partageait la vie quotidienne des Esquimaux ou des insulaires d'Aran, lui a vécu dix-huit mois, entre 1944 et 1946, au sein d'une famille de paysans du Rouergue pour en rapporter ce témoignage unique sur le monde agricole d'avant les grandes mutations industrielles qu'est *Farrebique*. Quarante ans plus tard, il est retourné sur ces lieux gagnés par les progrès de la technique pour une sorte de remake inversé, plaisamment intitulé *Biquefarre*. Tentative rare d'ethnographie comparée. À la question posée en 1987 (deux ans avant sa mort) par le quotidien *Libération* : « Pourquoi filmez-vous ? », Rouquier répondait noblement : « Pour restituer la vérité des gestes, la vérité des êtres, la vérité d'un métier, la vérité de la vie. »

Jacques ROZIER (né en 1926) **R**
Une œuvre courte (quatre longs métrages en trente-cinq ans) et à audience restreinte, mais qui vaut le détour : *Adieu Philippine* (1962), *Du côté d'Orouet* (1970), *les Naufragés de l'île de la Tortue* (1976) et *Maine-Océan* (1986), relevant d'un genre délicat, le comique contemplatif, mélange de décontraction et de charme documentaire, riche en temps morts et dérives ludiques, voué à l'inachèvement. Il s'est trouvé un successeur en la personne de Manuel Poirier (*Western*, 1998).

Georges SADOUL (1904-1967) **Hist, Cr**
Surréaliste de la première heure, passé en même temps qu'Aragon au parti communiste, il s'attelle à la veille de la guerre à l'érection d'une monumentale *Histoire générale du cinéma*, qui sera l'objet, à partir de 1946, de plusieurs volumes, parallèlement à la rédaction d'ouvrages de vulgarisation, de monographies (*Lumière, Méliès*, une *Vie de Charlot*), et à une chronique régulière à l'hebdomadaire *les Lettres françaises*. Nul doute que,

sur le plan de la sociologie et de l'économie, il n'innove considérablement par rapport à ses devanciers; mais des partis pris politiques réducteurs l'entraînent à de regrettables erreurs de jugement, parfois corrigées d'une édition à l'autre. Reste que, sur le cinéma primitif et la période du « muet », sa contribution est irremplaçable.

Alain SARDE (né en 1952) **Pr**
En jargon de la profession, on dit qu'il a un portefeuille de films bien garni. Il est en effet l'heureux producteur *d'Une histoire simple, Buffet froid, Hôtel des Amériques, Passion, Un dimanche a la campagne, Notre histoire, Capitaine Conan*: d'honnêtes opérations commerciales, couronnant des films d'auteur. Il a l'audace de jouer chaque fois à quitte ou double, et cela paie.

Philippe SARDE (né en 1945) **Mus**
Frère aîné du producteur Alain Sarde, sa petite musique a bien servi Sautet (*les Choses de la vie*), Granier-Deferre (*le Chat*) et Bertrand Tavernier, de *l'Horloger de Saint-Paul* à *L 627*. Il compose aussi bien pour Bresson que pour Boisset, pour Doillon que pour Lautner; plus qu'un simple accompagnateur d'images, il se veut « scénariste musical », se pliant sans rechigner au style de chaque metteur en scène. À la longue, une telle perméabilité finira par passer pour de l'opportunisme.

Claude SAUTET (1924-2000) **R**
Après des années de scénariste à tout faire, il tourne un policier psychologique, *Classe tous risques* (1959), où perce déjà une attention à la vulnérabilité des êtres, qui transcende les conventions du genre. Mais sa véritable personnalité s'affirme à partir des *Choses de la vie* (1969), où, sous couvert d'une banale affaire d'accident d'automobile il filme, comme disait Cocteau, « la mort au travail ». Des personnages mal dans leur peau, le destin qui les happe de plein fouet, les vicissitudes de la vie en couple, la recherche fébrile d'une paix intérieure, le tout servi par une science consommée du montage et une équipe d'acteurs à sa dévotion (Michel Piccoli, Romy Schneider, Yves Montand et les autres), sont les traits communs aux films qui vont suivre, de plus en plus épurés, jusqu'à ne laisser subsister que le tracé de la ligne mélodique qui les sous-tend: *Max et les ferrailleurs* (1971), *César et Rosalie* (1972), *Une histoire simple* (1979), *Un mauvais fils* (1980), *Un cœur en hiver* (1992) *Nelly et M. Arnaud* (1995). Certains ne voient là qu'une radioscopie complaisante de petits-bourgeois en crise. C'est bien autre chose : l'œuvre d'un poète qui su extraire du tuf des « choses de la vie » le lait de la tendresse humaine.

André SAUVAGE (1891-1975) **R**
Un globe-trotter, qui ramena des Indes et du Tibet les superbes images de *la Croisière jaune* (1933) commanditée par André Citroën: il n'en fut même pas crédité, le montage ayant été fait derrière son dos. Son œuvre, trop courte, englobe aussi des *Études parisiennes* (1929), d'une grande fraîcheur de ton.

Pierre SCHOENDOERFFER (né en 1928) **R**
Un authentique aventurier, venu à la mise en scène par le canal du Service cinématographique de l'armée, tout en menant de front une carrière de romancier. Engagé volontaire en Indochine, fait prisonnier par le viêt-minh, envoyé de *Paris-Match* en Algérie, il se fait connaître par un témoignage implacable sur le bourbier vietnamien, *la 317e Section* (1964). Puis ce fut *le Crabe-tambour* (1977), belle allégorie inspirée par le mythique commandant Guillaume, qui tourne autour des notions (anachroniques?) d'honneur, de courage et de sacrifice. « Ce n'est pas la condition militaire en soi qui m'intéresse, mais la condition humaine », dit cet émule de Malraux. Son fils Frédéric a pris non sans panache la relève (*Scènes de crime*, 2000).

Barbet SCHROEDER (né en 1941) **R, Pr**
D'origine iranienne, il vient en France au début des années 1960 et se lie avec l'équipe des *Cahiers du cinéma*, où il donne quelques articles, avant de fonder les Films du Losange, produisant les premiers « *Contes moraux* » d'Éric Rohmer, le film collectif *Paris vu par*... et, un peu plus tard, *Céline et Julie vont en bateau* de Rivette, où il est également acteur. Tenté par la réalisation, il s'orientera vers des sujets aussi périlleux que la drogue (*More*, 1969), les perversions sexuelles (*Maîtresse*, 1976) ou le langage des sourds-muets (*Koko le gorille qui parle*, 1977). Depuis 1987, il s'est fixé aux États-Unis.

Eugen SCHÜFFTAN (1893-1977) **Op**
Né à Breslau, il a eu une carrière internationale qui l'a mené d'Allemagne aux États-Unis, *via* la France où il séjourna par intermittences. Partout, son ingéniosité artisanale a fait des miracles: un procédé porte son nom, qui donne l'illusion de la grandeur à des maquettes miniatures (Fritz Lang l'utilisa pour son *Métropolis*). Ne considérons ici que sa participation française: elle est essentielle dans l'élaboration du fameux « réalisme poétique », d'un Carné (*le Quai des brumes*), mais aussi d'émigrés comme Siodmak (*Mollenard*) ou Max Ophuls (*Sans lendemain*). Son goût, typiquement expressionniste, pour la « lumière noire », se retrouve, dans les années 1950-1960, chez Astruc (*le Rideau cramoisi*) et surtout Franju (*la Tête contre les murs, les Yeux sans visage*). Hollywood lui décerna un oscar pour *l'Arnaqueur*.

Vincent SCOTTO (1876-1952) **Mus**
Grand pourvoyeur d'opérettes marseillaises, à la scène et à l'écran (*Au pays du soleil, Un de la Canebière*), auteur d'innombrables mélodies (quatre mille aux dires de certains, qui exagèrent sans doute un peu), les plus fameuses étant « le Plus Beau de tous les tangos du monde », « Sous les ponts de Paris » et « la Java bleue », il a contribué par ses harmonies plaisantes à « ensoleiller » les films de son ami Pagnol, d'*Angèle* à *la Fille du puisatier*, faisant même l'acteur à l'occasion (dans *Jofroi*) avec l'aisance d'un professionnel. Ce « Schubert du coin des rues », comme l'appelait Carlo Rim, composa aussi pour Duvivier, Grémillon et, pourquoi pas?, pour Émile Couzinet.

Ousmane SEMBÈNE (né en 1923) **R**
Il a beaucoup bourlingué, comme pêcheur, mécanicien, docker, avant de se lancer dans l'écriture (*Docker noir*, 1957; *les Bouts de bois de Dieu*, 1960) et la réalisation, dans un pays — le Sénégal — où la production nationale était inexistante, et l'accueil du public pour le moins incertain. Il finit tout de même par s'y imposer, contre vents et marées, comme un maître du cinéma africain endogène, sans jamais transiger sur la hardiesse des thèmes*: la Noire de...* (1962), *le Mandat* (1968), *Emitaï* (1971, reconstitution accusatrice d'une sanglante répression coloniale), *Guelwaar* (1993).

Coline SERREAU (née en 1947) **R**
Fille du metteur en scène de théâtre Jean-Marie Serreau, elle a suivi ses traces en jouant au Café de la Gare, puis du Brecht pour Benno Besson. Après deux ou trois essais sympathiques sur la condition féminine, passés inaperçus (*Mais qu'est-ce qu'elles veulent?, Pourquoi pas!*), elle a tiré le gros lot avec *Trois Hommes et un couffin* (1985), dont l'énorme succès a surpris tout le monde, elle la première. Mais depuis, elle piétine.

Charles SPAAK (1903-1975) **Sc, Dial**
Grémillon le traitait, familièrement, de « rempailleur de chaises », et lui-même se peignait sans indulgence en « scénariste caméléon prenant le ton de tous les metteurs en scène auxquels il s'était associé », et Dieu sait qu'il y en eut : pas loin d'une cinquantaine. À la différence de beaucoup de confrères, Spaak était un homme modeste, trop modeste sans doute. Quand on a à son crédit *la Petite Lise* et *Gueule d'amour*, *la Bandera* et *la Belle Équipe*, *les Bas-fonds* et *la Grande Illusion*, on serait en droit de pavoiser, même s'il faut en passer par *Aloha le chant des îles* et autres *Route sans issue*. Marcel Carné, qui l'employa à deux reprises après le départ de Prévert (pour *Thérèse Raquin* et *les Tricheurs*), raconte que Spaak avait la réputation d'écrire trois scénarios à la fois, en un temps record, ce qui lui valait la confiance aveugle des producteurs. Il réalisa même un film (manqué), *le Mystère Barton* (1949). Cette fécondité ne l'a pas empêché de maintenir au long d'une œuvre fortement pensée un ton fait de sobriété, de rigueur et d'humanisme, qui sont finalement la marque du génie français.

Ladislas STAREVITCH (1882-1965) **R**
D'origine polonaise, établi en France à partir de 1919, ce maître imagier s'est consacré exclusivement à l'art de la marionnette. Comme Méliès, il créa son propre studio, et comme Cohl, son prédécesseur en animation, des personnages fétiches, l'un s'appelant Fétiche justement, les autres Zanzabelle ou Gazouilly. Il illustra en artiste méticuleux les fables de La Fontaine et composa une immense fresque de long métrage, *le Roman de Renart* (1939), qui stupéfie encore aujourd'hui par l'ingéniosité de ses truquages. Pour Raphaël Bassan, son bestiaire est proche de celui du dessinateur et caricaturiste Grandville.

Jean-François STÉVENIN (né en 1944) **R, Ac**
Truffaut dans *la Nuit américaine* et *l'Argent de poche* et Luc Béraud dans *la Tortue sur le dos* (1978) ont su l'utiliser comme acteur de composition, dans la tradition des grands seconds rôles d'avant-guerre. Dilettante dans l'âme, Stévenin n'a cessé de papillonner dans les petits métiers du cinéma et de la télévision, ce qui ne lui a laissé le temps de réaliser que deux longs métrages, mais qui sont comme un bol d'air frais dans la production anémiée des années 1980 : *le Passe-montagne* (1978) et *Double messieurs* (1986), étapes picaresques de ce qu'il appelle « un voyage joyeusement concret vers [son] imaginaire ».

Jean Charles TACCHELLA (né en 1925) **R, Cr**
Il fut longtemps journaliste à *l'Écran français*, participant activement avec ses amis André Bazin et Roger Leenhardt aux joutes cinéphiliques des lendemains de la Libération. C'était le temps des « années éblouissantes », auxquelles il a consacré un livre mémorable, en collaboration avec Roger Thérond. La route fut longue qui le mena à son désir de la première heure : réaliser des films. Il se tint dans les années 1950 et 1960 au rôle de faire-valoir de cinéastes en exercice (Ciampi, Dewever), avant de trouver ses marques avec une série de croquis à main levée, pleins de fantaisie et de tendresse : *Cousin cousine* (1975), un triomphe aux États-Unis, *le Pays bleu* (1977), *Escalier C* (1985) et le nostalgique *Travelling avant* (1987).

Alain TANNER (né en 1929) **R**
Alain Tanner se bat depuis quarante ans pour sonner le réveil d'une production helvétique en léthargie chronique. Il y parvient assez souvent, sans transiger sur une affirmation d'identité éthique et esthétique qu'un destin ancestral semble perpétuellement décourager. Ainsi verront le jour ces fables douces-amères que sont *Charles mort ou vif* (1969), *la Salamandre* (1971), *le Retour d'Afrique* (1973), *le Milieu du monde* (1974), *Messidor* (1978), *les Années lumière* (1981), la plupart en partenariat avec la France. *No man's land* (1985) traduit bien l'espace mental d'un cinéaste exigeant, obstinément en quête d'un havre utopique.

Jacques TATI (1907-1982) **R, Ac**
Jour de fête (1949) faillit être le premier film français en couleur, si les conditions techniques de l'époque l'avaient permis (il faudra attendre 1995 pour le voir sous sa forme originelle). Ce fut aussi l'un des rares films comiques sans mots d'auteur, et presque sans mots du tout, renouant avec la grande époque du burlesque muet, et qui devait connaître un succès imprévu. Son auteur avait rodé au music-hall un personnage de sportif dégingandé et gaffeur qui aboutira à la création de François le facteur de *Jour de fête* et, en 1952, de Monsieur Hulot. Cultivant une forme d'amateurisme, combinée avec un paradoxal souci de perfection, notamment au plan des effets sonores, Tati s'achemina vers la construction d'un univers ultrasophistiqué, aux rouages impeccables, où les gags, innombrables, sont distillés au compte-gouttes. Les étapes de cette recherche hors norme sont *Mon oncle* (1958) et surtout *Playtime* (1968), qui se solda par une faillite retentissante. Tati tombera de haut et, en clown imperturbable, fera encore une ultime pirouette (*Parade*, 1974), sans parvenir toutefois à mener à bien son dernier projet : *Confusion*.

Bertrand TAVERNIER (né en 1941) **R, Cr, Hist, Pr**
Fier de ses origines lyonnaises, cet « enfant gâté », fils de l'écrivain René Tavernier, a mûri sa passion dévorante pour le cinéma au fil de « semaines de vacances » passées dans les salles obscures. Il tourne des films puissants, charpentés, ne craignant pas la verdeur démonstrative, et relevés d'un zeste de lyrisme, avec pour ingrédients de base des produits de pays : nobles débauchés de *Que la fête commence* (1975), égorgeur de bergères (*le Juge et l'assassin*, 1976), colonie farfelue de *Coup de torchon* (1981), flics contre dealers de *L 627* (1992), baroudeurs de *Capitaine Conan* (1996). Il trouve les mots et les images qu'il faut pour dénoncer le matraquage médiatique dans *la Mort en direct* (1980), les horreurs de la guerre dans *la Vie et rien d'autre* (1989) ou les conditions déplorables du métier d'« instit » dans *Ça commence aujourd'hui* (1999). Présent sur tous les fronts, il fut aussi attaché de presse, critique, historien du cinéma (son dictionnaire, *Cinquante Ans de cinéma américain*, est un monument d'exégèse filmographique), et aujourd'hui encore éditeur, président de commissions, syndicaliste, etc.

André TÉCHINÉ (né en 1943) **R**
À ses débuts, il hésite entre la saga familiale (*Souvenirs d'en France*, 1974), la biographie historique (*les Sœurs Brontë*, 1979) et l'errance sentimentale (*Hôtel des Amériques*, 1981). Trop d'intellectualisme dans le fond et de virtuosité dans la forme semblent alors le desservir. Il y a moins d'ambition mais plus de sensibilité dans *la Matiouette* (1983), film à petit budget tourné en 16 millimètres. C'est du côté de ses racines régionales que cet enfant du Sud-Ouest tirera par la suite le meilleur de son inspiration : dans la « recherche du temps perdu » des *Roseaux sauvages* (1994) et la fragile odyssée *d'Alice et Martin* (1998), qu'on peut préférer aux dérapages contrôlés du *Lieu du crime* (1986) et de *Ma saison préférée* (1993), malgré les émouvantes prestations de Catherine Deneuve, son égérie.

Alain TERZIAN (né en 1949) **Pr**
Ce jeune producteur d'origine arménienne a tiré le gros lot avec *les Visiteurs*, record d'entrée du cinéma français des années 1990. Son premier « coup », il l'a monté à trente ans, c'était *le Toubib* de et avec Alain Delon. Entre les deux, une soixantaine de films « grand public », avec quelques pointes dans le cinéma d'auteur. Boudé par l'intelligentsia, il n'en continue pas moins sa route, porté par le succès. Aux États-Unis, il serait un *tycoon.*

Armand THIRARD (1899-1973) **Op**
Ce cameraman et chef opérateur consciencieux fut lancé au muet par Julien Duvivier (*l'Homme à l'Hispano, Au Bonheur des dames*), qui l'emploiera ensuite au parlant (*les Cinq Gentlemen maudits, Poil de Carotte, la Tête d'un homme...*). Spécialiste de la belle photo en noir et blanc, il manifeste son goût classique de la composition et des volumes chez Carné, Grémillon, Clouzot, Clair et, à la couleur, chez Vadim, Autant-Lara, Oury et d'autres.

Maurice THIRIET (1906-1972) **Mus**
Serviteur zélé de la « tradition de la qualité », ce compositeur sans génie particulier, mais sans anicroche majeure, a importé un style de musique illustrative dans le film noir à la française (*le Loup des Malveneur, l'Homme au chapeau rond*) et la fantaisie historique (*Fanfan la Tulipe, Cartouche*), avec parfois un réel bonheur orchestral, pour Carné notamment*: les Visiteurs du soir, les Enfants du paradis* (avec des plages réservées à Joseph Kosma), *Thérèse Raquin.*

Pascal THOMAS (né en 1945) **R**
On voulut en faire le champion du « nouveau naturel », formule lancée par le magazine *Télérama*, qui entendait par là une forme de cinéma éloignée des vanités parisiennes, attaché aux valeurs de la « France profonde », écologique en somme. Cet enfant du Gâtinais, en compagnie de son copain Roland Duval, faisait surtout l'école buissonnière avec *les Zozos* (1972) et *Pleure pas la bouche pleine* (1973). Il batifola ensuite du côté de Guitry, avec un autre complice de talent, Jacques Lourcelles, dans *Confidences pour confidences* (1978) et *la Dilettante* (1999). Il a encore du chemin à faire.

Maurice TOURNEUR (1873-1961) **R**
Ce grand nom de l'art muet a connu la gloire aux États-Unis, où il était considéré en 1920 à l'égal d'un Griffith et d'un De Mille. Il avait débuté en France, tournant à la veille de la Première Guerre mondiale de petits films pour la société Éclair, dont une première adaptation du *Mystère de la chambre jaune* (1913) ; il y revint à l'avènement du cinéma parlant, *via* l'Allemagne. Il fit alors un peu de tout : du policier, du mélodrame, de la comédie de mœurs, du théâtre filmé, se tirant avec les honneurs de sujets souvent imposés. On citera *les Gaietés de l'escadron* (1932), *les Deux Orphelines* (1933), *Justin de Marseille* (1935), *Avec le sourire* (1936), *Volpone* (1939) et, sous l'Occupation, *la Main du Diable* (1942), « œuvre fantastique autrement troublante que la légende moyenâgeuse des *Visiteurs du soir* », selon Jacques Siclier. Victime d'un grave accident, il finira ses jours comme traducteur à la « Série noire ». Son fils Jacques (1904-1977), après de timides débuts dans les studios français (*Tout ça ne vaut pas l'amour*, 1931), a fait une brillante carrière à Hollywood.

Alexandre TRAUNER (1906-1993) **Déc**
Avec Lazare Meerson, qui l'a formé, c'est sans conteste le plus grand (non par la taille, qui était des plus courtes) décorateur français, le seul à avoir décroché un oscar et trois césars, et reçu la consécration d'une exposition de ses maquettes à l'École nationale des beaux-arts. Mieux qu'un créateur de décors : un bâtisseur de rêves. « Des rêves de plâtras, de lumière et de vent », comme le chantait Jacques Prévert. Né à Budapest, établi en France à partir de 1929, il fut l'un des artisans du « réalisme poétique », de *Drôle de drame* aux *Portes de la nuit* (où il se paya le luxe de reconstruire en studio la station de métro Barbès-Rochechouart), en passant par les fabuleux échafaudages du *Jour se lève* (1939) et des *Enfants du paradis* (1945), ces derniers au nez et à la barbe de l'occupant. Orson Welles le réclama pour son *Othello*, et Hollywood se l'annexa : ce fut la longue et fructueuse collaboration avec Billy Wilder, sans parler de Hawks, Huston et bien d'autres. Retour en France à l'invitation de Bertrand Tavernier, pour *Coup de torchon* (1981) et *Autour de minuit.* « Trau », comme on l'appelait affectueusement dans la profession, avait, disait Wilder, « la capacité étrange de visualiser à travers l'objectif de la caméra ». Son crayon magique transformait l'infiniment petit en infiniment grand. Son livre d'entretiens, *Décors de cinéma*, perpétue la mémoire de ce roi du trompe-l'œil.

François TRUFFAUT (1932-1984) **R, Cr, Pr**
Il se tailla une réputation de critique à la plume acérée, pourfendant dans les colonnes d'*Arts* et des *Cahiers du cinéma* la tradition française de la « qualité », clouant au pilori Autant-Lara, Delannoy, Clément et leurs acolytes Aurenche et Bost, et leur opposant les vrais « auteurs » : Renoir, Bresson, Max Ophuls, Welles, Rossellini. La Nouvelle Vague s'engouffra dans la brèche ainsi créée, et lui-même prit les devants avec *les Quatre Cents Coups* (1959), premier volet d'un cycle mettant en scène un gamin fugueur qui lui ressemble comme un frère, et que l'on retrouvera plus tard adulte (*Baisers volés*, 1968), marié (*Domicile conjugal*, 1970) et toujours aussi instable (*l'Amour en fuite*, 1979). À côté de cette saga aux couleurs finalement assez roses, il y a, un peu comme chez Anouilh, un versant noir à cette œuvre, où Truffaut se découvre de manière plus profonde et plus sincère peut-être : *la Peau douce* (1964), *l'Histoire d'Adèle H.* (1976) et cette étrange *Chambre verte* (1978) où il joue le rôle principal, avec une touchante maladresse. Le thème récurrent de l'enfance menacée s'épanouit parallèlement dans *l'Enfant sauvage* (1970) et *l'Argent de poche* (1976). Troisième voie, plus inégale, l'adaptation — on devrait plutôt parler d'adoption — d'écrivains chers à son cœur : Henri-Pierre Roché (*Jules et Jim*, 1962), Ray Bradbury, William Irish, Charles Williams. Deux « pièces brillantes » enfin, où éclate son amour du cinéma (*la Nuit américaine*, 1973) et du théâtre (*le Dernier Métro*, 1980). Truffaut considérait chaque film comme « une étape dans la vie du metteur en scène, et un reflet de ses préoccupations du moment ». Ces préoccupations, on les trouve aussi, consignées au jour le jour avec une généreuse prolixité, dans une *Correspondance* posthume, signe d'un tempérament ardent, exigeant, passionné.

Roger VADIM (1928-2000) **R**
Il faut oser l'écrire : ce séduisant personnage était une fausse valeur. Ses premiers films firent illusion, par leur vernis de modernité : il « découvrit » ainsi, au sens propre du terme, sa première muse, Brigitte Bardot, dans *Et Dieu créa la femme* (1956) et promena une caméra nonchalante dans la Venise des touristes (*Sait-on jamais*, 1957). Le vernis craque dès *les Bijoutiers du clair de lune* (1958, avec Bardot encore) et *les Liaisons dangereuses* (1960, malgré un bon casting) ; il laisse carrément la place au toc à par-

tir du *Repos du guerrier* (1962). La suite, y compris le surfait *Barbarella* (1968), est digne tout au plus d'une couverture de *Paris-Match* (où Vadim débuta comme photographe).

Albert VALENTIN (1908-1968) **R, Sc**
Il œuvra dans l'ombre de créateurs aussi divers que René Clair, Maurice Tourneur, Grémillon, Christian-Jaque : on ne saura jamais quelle fut sa part exacte dans les scénarios d'*À nous la liberté* et du *Ciel est à vous*. Issu de la fraction belge du surréalisme, il n'eut que trop rarement l'occasion de s'exprimer à titre personnel : dans le mélodrame raffiné de *l'Entraîneuse* (1938), le puzzle de *Marie-Martine* (1942), et l'insolite *Secret de Monte-Cristo* (1948).

Georges VAN PARYS (1902-1971) **Mus**
De la chanson populaire, mais jamais vulgaire, que le cinéma parlant exploitera jusqu'à saturation : on entendra ainsi « Si l'on ne s'était pas connu » dans *Un soir de rafle*, « Un mauvais garçon » dans le film homonyme, « Comme de bien entendu » chantée en duo par Michel Simon et Arletty dans *Circonstances atténuantes* et, la plus belle de toutes, « la Complainte de la Butte » (sur des paroles de Jean Renoir), interprétée en playback par Cora Vaucaire dans *French Cancan*. Mais Van Parys a composé aussi de la « musique pure » pour Clair, Christian-Jaque, Carlo Rim et surtout Becker (*Casque d'Or*, où il brode sur le thème du « Temps des cerises »).

Agnès VARDA (née en 1928) **R**
Photographe au TNP de Jean Vilar, elle s'est fait la main avec des courts métrages d'humeur et d'humour au charme entêtant (*Ô saisons, ô châteaux*, *l'Opéra Mouffe*, *Du côté de la Côte*). Elle avait déjà tâté de la fiction avec *la Pointe courte* (1954), un essai tourné à l'amateur dans un quartier de Sète où elle a grandi, et qui anticipe sur les méthodes de tournage de la Nouvelle Vague. *Cléo de 5 à 7* (1961), flânerie initiatique à travers Paris, a séduit par un rythme scintillant, un mélange détonant de frivolité et d'émotion. Agnès Varda traverse ensuite un long tunnel de militantisme féministe, avant de revenir aux joies simples du documentaire (*Daguerréotypes*, 1975 ; *les Glaneurs et la glaneuse*, 2000) ; retour aussi à la fiction sans temps mort avec le déchirant « fait d'hiver » de *Sans toit ni loi* (1984).

Paul VECCHIALI (né en 1930) **R, Pr**
Dans une économie gagnée par l'inflation galopante des budgets, Vecchiali défend et illustre un mode de production quasi autarcique. Il comprime ses coûts de manière drastique, limite les temps de tournage, le record étant atteint par *Trous de mémoire* (1985), achevé en six heures (et il s'agit bien d'un long métrage !), va au plus pressé sans qu'on puisse pour autant l'accuser de bâclage. Il trouve même le moyen de financer les films de ses amis Jean-Claude Biette, Noël Simsolo ou Jean-Claude Guiguet. Et le produit final est souvent d'excellent niveau : ainsi *Corps à cœur* (1979), *En haut des marches* (1983) ou *Rosa la Rose, fille publique* (1986).

Robert VERNAY (1907-1981) **R**
Une carrière décevante pour cet ancien critique, qui s'ouvre pourtant par une excellente adaptation du *Comte de Monte-Cristo* (1942, avec Pierre Richard-Willm), dont il fera onze ans plus tard un remake, en couleur, nettement plus académique. *Le Père Goriot* (1946) est encore estimable, mais il s'égare ensuite dans le mélodrame colonial (*le Fort de la solitude*, 1947), le policier à la mode rétro (*Fantômas contre Fantômas*, 1948) et le « nanar » radiophonique (*Quitte ou double*, 1952).

Henri VERNEUIL (né en 1920) **R**
Il pose volontiers au plus américain des metteurs en scène français. Pour preuves *Mélodie en sous-sol* (1963), un « à la manière de » John Huston ; *le Casse* (1971), remake inavoué d'un thriller de Paul Wendkos ; ou *le Serpent* (1973), où il fait directement appel à une star de Hollywood, Henry Fonda. Il s'en faut pourtant que ces copies vaillent l'original. Verneuil est au fond plus à l'aise quand il filme, à la française, *Des gens sans importance* (1955), un des meilleurs Gabin de l'après-guerre, ou un *Week-end à Zuydcoote* (1964), sur la débâcle de juin 1940. Et il lui arrive de trouver des accents émouvants pour raconter son enfance arménienne (*Mayrig*), sur le papier tout au moins.

Pierre VÉRY (1900-1960) **Sc, Dial**
Connu surtout pour ses romans policiers, qu'il préférait qu'on appelât « romans de mystère », où sa fantaisie se donne libre cours, il a adopté pour l'écran le plus fameux, *Goupi-Mains Rouges*, fournissant à Becker la matière d'un chef-d'œuvre. Il a été aussi le mentor de Christian-Jaque pour l'émouvant *Enfer des anges* et la très controversée *Chartreuse de Parme*, ainsi que de Lacombe (*le Pays sans étoiles*, *Martin Roumagnac*), Lampin, Ciampi et d'autres. Il a renié (pourquoi ?) la délirante *Pension Jonas*, mais non, hélas ! la série des *Papa, maman, la bonne et moi*.

Sacha VIERNY (né en 1919) **Op**
Son nom, et son talent de visionnaire de la caméra, sont inséparables de ceux de Resnais, son camarade de promotion de l'IDHEC, qui lui confia le Scope couleur de son court métrage *le Chant du styrène*, et sur cette brillante lancée, les éclairages savants de ses longs métrages, d'*Hiroshima mon amour* à *Mon oncle d'Amérique*. Il ne pose pas à l'artiste : « J'essaie seulement d'assurer la meilleure qualité d'image possible », dit-il modestement, en soulignant le rôle complémentaire décisif dévolu dans cette alchimie au cadreur Philippe Brun. De la Bretagne de Resnais à la Grande-Bretagne de Peter Greenaway, il n'y avait qu'un pas à franchir pour Sacha Vierny, que l'on retrouvera donc du *Ventre de l'architecte* à *Prospero's Book*. Il fit aussi un bout de chemin avec Buñuel (*Belle de jour*) et Raoul Ruiz (*l'Hypothèse du tableau volé*).

Jean VIGO (1905-1934) **R**
Le Rimbaud de l'écran. Quatre films seulement, dont un seul long métrage, mais qui changèrent la face du cinéma, en un temps où celui-ci cherchait péniblement ses marques. Fils de l'anarchiste Miguel Almereyda, qui fut « suicidé » à la prison de Fresnes en 1917, le jeune Vigo fut élevé à la diable, et handicapé par une santé fragile. Le cinéma, qui le motive très tôt (il a fondé un ciné-club à Nice, sa ville d'adoption, où il montre des films d'avant-garde), va lui permettre de jeter sa gourme avec éclat. Il réussit à tourner un court métrage (muet), *À propos de Nice* (1929), « point de vue documenté » d'une ironie salubre sur la ville du casino et du carnaval, aux mains des riches et exploiteuse de pauvres. À ce brûlot marqué par l'influence du « ciné-œil » de Dziga Vertov, succèdent *Taris* (1931), un reportage sur un champion de natation, puis *Zéro de conduite* (1933), pamphlet virulent contre les lycées-casernes, où de jeunes cancres brandissent l'étendard de la révolte : la censure l'interdira aussitôt et ne lèvera son veto qu'en 1945. Un producteur indépendant, Jacques-Louis Nounez, lui fait confiance pour la réalisation d'un premier et unique long métrage, *l'Atalante* (1934), tourné dans les pires conditions, physiques et climatiques, mais avec une équipe toute dévouée au jeune prodige : l'opérateur Boris Kaufman, le musicien Maurice Jaubert,

l'acteur Jean Dasté (tous trois déjà à l'œuvre dans *Zéro de conduite*), auxquels est venu s'adjoindre Michel Simon, impayable en vieux loup de mer radoteur. Vigo mourra quelques jours après la sortie du film mutilé par le distributeur et rebaptisé du titre d'une rengaine à la mode, *le Chaland qui passe.* Cette émouvante balade au fil de l'eau entraînera dans son sillage tout ce que le cinéma français compte de poètes.

Georges WAKHÉVITCH (1907-1984) **Déc**
De 1930 à 1980, cet artisan acharné a décoré, seul ou en collaboration, en France ou à l'étranger, plus de cinquante pièces de théâtre ou d'opéra, dont il dessinait en outre les costumes, et une bonne centaine de films. Ceux-ci vont de *la Tête d'un homme* à *la Folie des grandeurs*, et englobent *Madame Bovary* et *la Grande Illusion* (Renoir), *l'Éternel Retour* et *l'Aigle à deux têtes* (Cocteau), *le Journal d'une femme de chambre* (Buñuel), etc. Ne pas y chercher d'unité de style, mais une vitalité cosmopolite accordée au tempérament d'un Russe émigré capable de s'acclimater à n'importe quel espace culturel.

Régis WARGNIER (né en 1948) **R**
Il a reçu la consécration de Hollywood pour *Indochine* (1991), vaste fresque retraçant l'odyssée d'une jeune Annamite prise dans l'enfer du Viêt Nam, avec en corollaire la figure de proue d'une coloniale idéaliste (Catherine Deneuve). Le manichéisme et le recours au romanesque facile n'en sont pas absents, pas plus que dans *Une femme française* (1995) et *Est-Ouest* (1999), autres portraits de femmes sous influence. Mais la France n'est pas si riche en faiseurs d'épopée qu'on ne puisse accepter celui-ci.

René WHEELER (né en 1912) **Sc, R**
Son rôle de scénariste est essentiel, auprès de Tati (*Jour de fête*), Grémillon (*l'Amour d'une femme*) et surtout Faurez, pour le délicat fabliau de *la Vie en rose.* Le réalisateur est plus inégal, si l'on excepte *Premières Armes* (1950), riche de promesses humanistes qui n'ont pas été tenues.

Jean WIENER (1896-1982) **Mus**
Le couple Wiener et Doucet fit les beaux soirs du Bœuf sur le toit. Cocteau s'enthousiasma pour le « clavier en folie » de ces pianistes virtuoses qui mélangeaient allègrement Bach, Schoenberg, le jazz et Lénine ! Le cinéma embauche Wiener à partir de 1933 : il le servira dès lors sans relâche, y compris aux heures sombres de Vichy. « Écrire pour le cinéma, disait-il, c'est être au milieu des autres. » Il s'y trouvait bien, à l'inverse de certains confrères. Et le résultat fut heureux : avec Renoir cela donna *le Crime de monsieur Lange* et *les Bas-fonds*, avec Becker *Rendez-vous de juillet* et *Touchez pas au grisbi* (quelques petites notes d'harmonica qui firent le tour du monde), avec Duvivier *Sous le ciel de Paris*, avec Bresson *Une femme douce* (sans oublier leur première rencontre, en 1934 : *Affaires publiques*), avec Grimault *le Roi et l'oiseau*, plus quelques arpèges pour accompagner de vieux films de Max Linder.

Ferdinand ZECCA (1864-1947) **R, Pr**
Après Lumière l'inventeur et Méliès le poète du spectacle, Zecca est le troisième homme du cinéma naissant, le moins « artiste » mais le plus franchement à l'écoute du public, ayant un sens aigu de l'efficacité comique et dramatique, hérité d'un long apprentissage au café-concert. Pilleur sans vergogne des succès de ses confrères (son *Affaire Dreyfus*, si elle ne vaut pas celle Méliès, n'est pas sans qualités), il innova surtout dans le genre réaliste avec *l'Histoire d'un crime* (1901), qui fit frissonner les spectateurs naïfs de la Belle Époque. Son goût prononcé pour le macabre donne du piment à *Tempête dans une chambre à coucher*, au *Repas infernal* et autres *Exécutions capitales.* On lui doit aussi, en collaboration avec l'astucieux Gaston Velle, le fameux *Amant de la lune* (1905), non moins riche en truquages que *le Voyage dans la Lune* de Méliès, dont il s'inspirait ouvertement. Pour Franju, qui a toujours préféré cette poésie brute à celle, plus concertée, de son illustre modèle, c'est là du « tragicomique à la fois naïf, débridé, primitif et nouveau, d'un genre alors inidentifié ». Zecca se tint par la suite au rôle de producteur, sous la houlette de son employeur Pathé.

Claude ZIDI (né en 1934) **R**
L'ordre alphabétique de ce dictionnaire le relègue à la dernière place. Est-ce aussi celle qu'il mérite au critérium de la qualité ? Il faut dire que de *Charlots* en *Sous-doués* et de *Grand Bazar* en *Zizanie*, Zidi n'a jamais fait dans la dentelle. Pourtant, quand il veut s'en donner la peine, il surprend son monde : voir *les Ripoux* (1985), alerte satire de la corruption policière. Il lui est même arrivé d'avoir de l'ambition, avec *Deux* (1989), mais pour le coup il ne convainquit personne, ni les critiques ni le public. Dure loi du petit commerce ! Mieux vaut passer l'éponge sur le match nul d'*Astérix et Obélix contre César* (1999) : 275 millions de budget, et pas un sou de créativité.

Ph. Coll. Archives Larbor

Un chien andalou de Luis Buñuel, 1928, avec Pierre Batcheff et Simone Mareuil.

Côté « court »

Ph. Coll. Archives Larbor / DR

L'affaire est dans le sac de Pierre Prévert, 1932, avec Lou Bonin et Julien Carette.

Ph. © GAUMONT 1951

Hôtel des Invalides
de Georges Franju, 1951.

Ph. Ccll. Kipa

Le Rideau cramoisi d'Alexandre Astruc, 1952, avec Jean-Claude Pascal et Anouk Aimée.

Ph. Coll. Musée de L'Homme

Les Maîtres fous de Jean Rouch, 1955.

Ph. © Ciné-Tamaris

Ô saisons, ô châteaux
d'Agnès Varda, 1957,
avec Clotilde Joano et Nina Peinado.

L'Opéra-Mouffe d'Agnès Varda, 1958.

Ph. © Ciné-Tamaris

Ph. Coll. Archives Larbor / DR

La Jetée de Chris. Marker, 1962, avec Hélène Chatelain.

Côté « court »

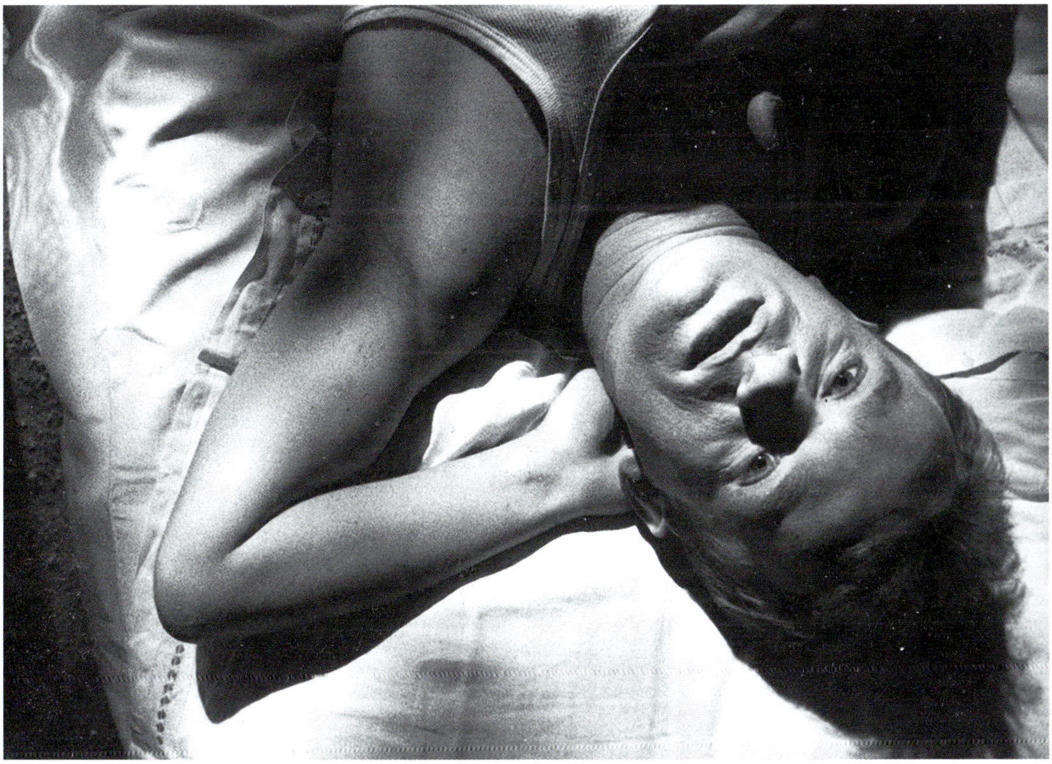
Ph. © J. P. Jeunet

Foutaises de Jean-Pierre Jeunet, 1989, avec Dominique Pinon.

Ph. © François Ozon

Action vérité de François Ozon, 1994.

Ph. © Marc Schwartz

Le Baiser
de Pascale Ferran, 1994.

Dictionnaire chronologique des films

Le ***dictionnaire des films*** *regroupe, dans l'ordre chronologique, cinquante films comptant parmi les plus représentatifs de la production française depuis ses origines. Il ne se limite pas aux chefs-d'œuvre, mais englobe certains produits de série dont l'impact commercial justifie à tout le moins l'intérêt du sociologue, au-delà de tout critère esthétique. Chaque film est l'objet d'un bref résumé du scénario et d'une analyse succincte. Sauf exception, un seul titre a été retenu par réalisateur.*
Quelques films tournés en France par des cinéastes étrangers (Dreyer, Buñuel, Pabst) ont été inclus en raison de leur influence déterminante sur l'évolution de l'école française.
Certains de ces films font l'objet d'analyses développées, plus ou moins convergentes, dans le corps du volume.

1895
L'ARROSEUR ARROSÉ de Louis LUMIÈRE
Un jardinier est dérangé dans son travail par un gamin farceur qui bloque à la dérobée l'arrivée d'eau dans son tuyau d'arrosage. Le brave homme surpris examine l'orifice asséché. La circulation rétablie au pied levé, il se fait proprement éclabousser. ◆ Cette saynète comique de moins d'une minute a une triple originalité : elle est une des toutes premières vues enregistrées du cinématographe Lumière (le tournage s'est fait au printemps 1895), le premier gag connu et le premier film comportant une histoire structurée, si sommaire soit-elle. Rien de très original au demeurant : le schéma avait déjà servi pour les lanternes magiques et les histoires pour enfants (le dessinateur Christophe y a consacré une de ses bandes). Mais l'irruption sur l'écran de cette douche potagère mit en joie les premiers spectateurs, petits et grands, et fut maintes fois imitée ou plagiée. Les frères Lumière eux-mêmes en tournèrent une deuxième version à l'été 1896. Les premiers titres retenus étaient *le Jardinier et le petit espiègle* et *Arroseur et arrosé*. Rappelons que René Auzolle y a trouvé l'idée de sa célèbre affiche conviant les badauds aux premières représentations publiques du Cinématographe.

1901
L'HISTOIRE D'UN CRIME de Ferdinand ZECCA
Une succession de « tableaux vivants » retraçant le destin tragique d'un condamné à mort que de mauvaises fréquentations ont conduit à la déchéance alcoolique et au meurtre crapuleux. L'échafaud l'attend. ◆ Le premier flash-back de l'histoire du cinéma, selon une technique encore rudimentaire (c'est par une lucarne pratiquée dans le mur de sa cellule que le coupable revoit en rêve les épisodes de sa vie), mais qui fit grand bruit, en un temps où le film muet de fiction en était à ses balbutiements. Réalisée par l'homme à tout faire de Charles Pathé, l'industrieux Zecca, cette pièce cinématographique d'une centaine de mètres, inspirée d'une mise en scène macabre du musée Grévin, inaugura une série de « tranches de vie » (*les Victimes de l'alcoolisme, les Apaches de Paris*, etc.) qui prennent en compte, tant bien que mal, la dure condition de la classe ouvrière, proie toute désignée des « assommoirs ». Zola est évidemment passé par là, et aussi les couvertures de magazines à sensation, dont le public était friand.

1902
LE VOYAGE DANS LA LUNE de et avec Georges MÉLIÈS
Une expédition interplanétaire est organisée par le professeur Barbenfouillis, sous l'égide du club des Astronomes. Une fusée-obus lancée en direction de la Lune se plante en plein dans l'œil de l'astre des nuits. Mais l'endroit se révélant par trop inhospitalier, les courageux cosmonautes se hâtent de redescendre sur Terre. ◆ Les frères Lumière avaient inventé un jouet perfectionné qui captait les menus faits de la vie quotidienne. Méliès, de formation théâtrale, choisit de lancer le cinématographe dans une autre voie, celle du grand spectacle et de la féerie tous azimuts. Empruntant ses sources à un roman de Jules Verne, *De la Terre à la Lune*, il crée, à coups de truquages et de pyrotechnie amusante, avec le concours du corps de ballet du Châtelet et d'acrobates des Folies-Bergère, le premier film d'anticipation, d'un coût de production (10 000 francs) et d'une longueur (260 mètres) inaccoutumés pour l'époque. Le succès fut considérable et suscita d'innombrables contrefaçons, dont Méliès, mauvais gestionnaire, ne recueillit pas les dividendes. Deux ans plus tard, cet infatigable pionnier fit encore plus fort avec un *Voyage à travers l'impossible* (374 mètres) également tiré de Jules Verne.

1908
L'ASSASSINAT DU DUC DE GUISE de Charles LE BARGY et André CALMETTES, avec Albert Lambert, Gabrielle Robinne
Henri Ier de Lorraine, duc de Guise, rival de Henri III de Navarre, est poignardé par les gardes du roi dans son château de Blois, au désespoir de sa maîtresse, la marquise de Noirmoutiers, qui avait eu vent du complot ourdi contre la Ligue. ◆ Cet épisode fameux de la guerre des Guise, a l'époque des Barricades (1588), est devenu le film manifeste de l'évolution de l'« art muet ». Il bénéficia d'un générique prestigieux : un scénariste académicien, Henri Lavedan, des comédiens du Français, dont la belle Gabrielle Robinne, une musique d'accompagnement de Camille Saint-Saëns, un coloriage au pochoir. Il s'agissait, pour ses producteurs, les frères Lafitte, de « relever le niveau du cinématographe », jusqu'alors occupé par les farces grossières de l'équipe Pathé et les féeries naïves de Méliès. La clientèle bourgeoise, fermée au cinéma, était visée : elle accueillit favorablement ce « film d'art », de facture assez théâtrale, mais qui fit de nombreux émules, tant en France qu'à l'étranger. Pour Henri Langlois, *l'Assassinat du duc de Guise* « marque la fin de la période foraine du cinéma et consomme le divorce entre les pionniers et les maîtres de l'industrie ».

1915-16
LES VAMPIRES de Louis FEUILLADE, avec Musidora, Édouard Mathé, Marcel Levesque
Une secte criminelle terrorise la société parisienne : on ne compte plus les disparitions mystérieuses, les rapts, les vols à

grande échelle, les destructions massives qu'elle a à son actif. Défiant la police impuissante, et malgré l'action courageuse du journaliste Guérande, elle multiplie ses forfaits. Cette pègre nocturne a pour égérie une troublante dame en collant noir, Irma Vep (anagramme de Vampire)... ◆ « Des nuits sans lune ils sont les rois, les ténèbres sont leur empire » : ainsi fut annoncée la sortie d'un « grand film de mystère et d'aventures » destiné à concurrencer *les Mystères de New York*, que les Américains s'apprêtaient à lancer sur le marché français. Son auteur, Louis Feuillade, s'était déjà illustré dans le genre policier, truffé de péripéties sanglantes et de réalisme insolite, avec cinq films tirés du célèbre roman populaire, *Fantômas*. Il multiplie ici par dix les extravagances du récit, le délire narratif, la noria des épisodes, le mélange d'angoisse et de fantaisie. La magie du décor naturel (les toits de Paris, les villas de banlieue) ajoute un quotient d'étrangeté à ce feuilleton improvisé quasiment au jour le jour, qui fit oublier à un public fasciné les horreurs de la guerre qui ravageait alors le pays. La police s'émut de cet éloge du crime organisé, au point que Feuillade dut, l'année suivante, redresser la barre avec un *Judex* beaucoup plus convenable. « C'est dans *les Vampires*, déclarèrent Aragon et André Breton, qu'il faudra chercher la grande réalité de ce siècle. Au-delà de la mode, au-delà du goût. »

1922

LA FEMME DE NULLE PART de Louis DELLUC, avec Ève Francis

Une femme marquée par l'âge et les désillusions de la vie retourne sur les lieux où elle connut un bonheur fugace, vingt ans auparavant. La fille des nouveaux propriétaires est sur le point de rompre, comme elle autrefois, avec son foyer. Elle l'en dissuade et repart, comme elle était venue. ◆ « Dans ce film du souvenir, c'est le futur qui commande le présent », écrit Marcel Tariol, exégète de Delluc. Ce dernier, plus connu comme critique et esthéticien du cinéma, n'a que peu tourné, mais en manifestant chaque fois une exigence rare au plan de la forme. Venant après *Fièvre* (1921), *la Femme de nulle part* atteste un souci évident d'ancrer le « septième art » au plus haut de sa courbe de niveau littéraire, du côté de Proust et de Meredith. La réflexion sur le « temps perdu », le parallélisme du passé et du présent, le symbolisme du décor (la route poudreuse qui emporte l'héroïne), font de cette œuvre une des plus fascinantes du muet. Alain Resnais la tient pour un modèle.

1924

ENTR'ACTE de René CLAIR et Francis PICABIA

Un jeu de cache-cache sur les toits de Paris, un stand de tir, une ballerine barbue, un œuf sur un jet d'eau ajusté par un chasseur en costume tyrolien, un enterrement pour rire dont le cortège s'ébranle au ralenti, puis à l'accéléré, semant les invités dans la nature et, surgissant du cercueil, un magicien qui fait disparaître tout le monde... ◆ « *Entr'acte* ne croit pas à grand-chose, au plaisir de la vie peut-être ; il ne respecte rien, si ce n'est le désir d'éclater de rire », disait Francis Picabia, le scénariste très influent de ce canular dadaïste prévu à l'origine pour être projeté à l'entracte d'un spectacle « instantanéiste » de sa façon, représenté en novembre 1924 sur la scène du théâtre des Champs-Élysées par la troupe des Ballets suédois de Rolf de Maré, avec Jean Borlin (qui tient ici un double rôle). C'est une sorte de « cinéma automatique », cumulé avec un hommage aux films-poursuites de l'école Pathé, thème récurrent par la suite chez René Clair (voir *le Million* et *À nous la liberté*). Ce fut aussi la première salve, tirée un peu au hasard, de ce que sera l'avant-garde de la fin du muet, beaucoup moins meurtrière, cependant, que la poudre à canon d'*Un chien andalou*, mise à feu quatre ans plus tard par un jeune émigré espagnol pressé d'en découdre avec l'idéologie dominante : Luis Buñuel.

1925

LES MISÉRABLES d'Henri FESCOURT, avec Gabriel Gabrio, Sandra Milovanoff, Jean Toulout

La traque incessante par le policier Javert du forçat Jean Valjean, devenu le respectable M. Madeleine ; son renvoi au bagne d'où il s'évade ; les soins généreux qu'il prodigue à Fantine, à sa fille Cosette brutalisée par les Thénardier, au jeune Marius lors des émeutes de 1832 ; la mort d'un juste. ◆ La seconde et la meilleure adaptation du chef-d'œuvre de Hugo, la seule à en conserver la densité romanesque, la structure épique, la noblesse des caractères. Quatre époques : « l'Évasion de Jean Valjean », « Fantine et Cosette », « Marius », « l'Épopée de la rue Saint-Denis ». Un budget conséquent, des images superbes, un interprète (Gabriel Gabrio) choisi en raison de « cet on ne sait quoi de lourd et de bon émanant de son écorce », une mise en scène « de condensation harmonieuse, claire, de sobriété intelligente, d'équilibre », conformément aux vœux exprimés par le réalisateur Henri Fescourt, élève de Feuillade qui s'égale ici au maître et dut se battre contre des producteurs timorés pour faire aboutir ses conceptions. Ni la version précédente d'Albert Capellani (1913, avec Henri Krauss), ni les nombreuses moutures parlantes, les plus estimables étant celles de Raymond Bernard (1933, avec Harry Baur) et, à l'étranger, de Riccardo Freda (1947, avec Gino Cervi), n'atteignent de tels sommets.

1927

NAPOLÉON d'Abel GANCE, avec Albert Dieudonné, Gina Manès, Antonin Artaud, Edmond Van Daële, Abel Gance, etc.

La jeunesse de Bonaparte, la prise des Tuileries, le retour de Corse contre vents et marées, les débats houleux de la Convention, le siège de Toulon, la Terreur, l'assassinat de Marat, Thermidor, Vendémiaire, le mariage de Napoléon avec Joséphine de Beauharnais, le départ pour la campagne d'Italie : tels sont quelques-uns des pans d'une fresque grandiose conçue à l'origine pour couvrir la vie entière de l'Empereur, de Brienne à Sainte-Hélène. ◆ Un tournage commencé dans l'enthousiasme, conforme au projet délirant de l'auteur : caméra placée sur des chevaux au galop ou attachée à des balançoires, débauche de surimpressions, image multipliée par trois selon le principe de la « polyvision » (trois caméras enregistrent des vues distinctes ou combinées, qui devront être ensuite projetées sur trois écrans assemblés), acteurs choisis pour leur ressemblance, parfois hallucinante, avec leurs modèles, Albert Dieudonné campant ainsi un Napoléon plus vrai que nature (au point d'avoir souffert par la suite d'un inquiétant syndrome d'identification !), Antonin Artaud un Marat hystérique en diable, et Gance lui-même s'adjugeant le rôle du féroce Saint-Just. Avec l'appoint d'un millier de figurants, recrutés et harangués comme s'il s'agissait de la véritable Grande Armée. 450 000 mètres de pellicule furent enregistrés, pour un budget de près de 20 millions de francs. Aucune cohérence interne dans tout cela, mais un tohu-bohu visuel non dépourvu de fougue. Gance remit plusieurs fois en chantier son grand œuvre, sous forme de versions sonores abrégées (la dernière en 1971, avec l'aide financière de Claude Lelouch, sous le titre *Bonaparte et la Révolution*). Le montage le plus fidèle (5 heures de projection) est dû à un historien du cinéma, Kevin Bronlow. Il fut l'objet d'une diffusion internationale en 1981, par les soins de Francis Ford Coppola, avec une musique d'accompagnement originale de Carmine Coppola. Une deuxième projection intégrale, sur triple écran, est prévue en 2000.

1928

LA PASSION DE JEANNE D'ARC de Carl Th. DREYER, avec Falconetti, Maurice Schutz, Silvain, Antonin Artaud

Condensé en une seule journée, le procès en sorcellerie intenté à Jeanne la Lorraine par un tribunal ecclésiastique présidé par l'évêque Cauchon, procès qui aboutir à sa condamnation à mort pour hérésie, malgré des réponses désarmantes de simplicité et de noblesse d'âme. Elle sera humiliée, torturée, déclarée relapse et finalement brûlée vive, en présence d'une foule violemment hostile à ses bourreaux. ◆ Dans une note rédigée en 1939, le Danois Carl Theodor Dreyer a défini clairement l'esprit de son film, l'un des deux seuls qu'il ait tournés en France (avec *Vampyr*, 1932) : « Mon intention en tournant *Jeanne d'Arc* était, à travers les dorures de la légende, de découvrir la tragédie humaine, et derrière l'auréole postiche de retrouver cette fille visionnaire qui s'appelait Jeanne. » Aux antipodes, donc, de l'hagiographie convenue, de la pompe historique et des stéréotypes habituels attachés à la personne de la Pucelle, que l'on peut trouver dans nombre de films, antérieurs ou postérieurs (à l'exception de *Procès de Jeanne d'Arc* de Bresson, 1962), Dreyer s'en tient à un style d'un dépouillement total, fait d'une alternance de très gros plans, sans le moindre maquillage, un décor presque nu, un rythme oppressant, héritage de l'école allemande du Kammerspiel. L'interprète, Falconetti, endura pour les besoins de la cause un vrai martyre (cheveux entièrement rasés, chevilles comprimées dans un étau). Le résultat est d'une force plastique incomparable ; les intertitres eux-mêmes, peu nombreux et judicieusement intercalés, participent à l'envoûtement. On n'en finira pas d'explorer ce que Jacques Kermabon appelle « la Joconde du cinéma ». Plusieurs versions incomplètes ou affligées d'une musique d'accompagnement incongrue ont longtemps circulé. Un montage d'époque, découvert en 1984 au Filmmuseum de Copenhague, a été l'objet d'une restauration minutieuse ; c'est désormais le matériel de référence.

1928

LA CHUTE DE LA MAISON USHER de Jean EPSTEIN, avec Jean Debucourt, Marguerite Gance

Les derniers jours d'un lord anglais et de son épouse neurasthénique, dans leur vaste domaine perdu au milieu des étangs. Une malédiction ancestrale les engloutira tous les deux. ◆ « Le plus parfait exemple de l'école symboliste au cinéma », selon Henri Langlois. École jamais affirmée comme telle, et qu'on peut aussi bien baptiser « impressionniste », « irréaliste » ou « avant-gardiste », ce film en constituant en tout cas le pôle magnétique, en même temps que le chant du cygne. Il couronne les efforts de son réalisateur, entrepris au début des années 1920 pour libérer le cinéma de la tutelle d'un réalisme grossièrement figuratif, au bénéfice d'un art autonome « où le sens est attaché à la forme ». Il y parvient ici, à l'aide d'un procédé simple, à l'efficacité envoûtante : le ralenti. La caméra semble en état d'apesanteur, le temps est comme suspendu, décor et personnages sont emportés dans une sorte de maelström hypnotique parfaitement adapté au style d'Edgar Poe, dont deux nouvelles, celle qui donne son titre au film et *le Portrait ovale*, sont sollicitées ici. Aucune des adaptations ultérieures ne retrouvera le rythme secret de celle-ci.

1928

L'ARGENT de Marcel L'HERBIER, avec Alcover, Alfred Abel, Brigitte Helm, Yvette Guilbert.

Deux magnats de la haute finance se livrent à une concurrence acharnée : Saccard, un spéculateur sans scrupule, et Gunderman, plus pondéré et plus honnête. Acculé à la faillite, le premier joue son va-tout sur un homme de paille qui possède des terrains pétrolifères en Guyane. Sa cupidité le perdra. Convaincu de tripotages, il sera emprisonné ; mais il espère bien remonter la pente... ◆ Adaptation modernisée du roman de Zola, qui décrivait la guerre financière sous le second Empire, cette œuvre ambitieuse connut à sa sortie un échec retentissant, lié pour une part à la venue du parlant ; elle resta longtemps méconnue des historiens du cinéma. Avec le temps, elle s'impose par la modernité de son écriture, proche de la « caméra déchaînée » d'un Murnau, le luxe de sa reconstitution (plus de deux mille figurants recrutés pour les séquences de la Bourse) et l'élégance de son interprétation, mêlant acteurs français (Alcover, Yvette Guilbert, Marie Glory) et allemands (Brigitte Helm, Alfred Abel). Jamais l'art de L'Herbier, trop souvent noyé dans des recherches formelles envahissantes (*l'Inhumaine*, 1924), n'avait atteint ni ne retrouvera une telle plénitude.

1930

L'ÂGE D'OR de Luis BUÑUEL, avec Gaston Modot, Lya Lys

Une île occupée par des scorpions, des squelettes d'évêques, des hors-la-loi grabataires et des cérémonies inaugurales. Non loin de là, des amoureux s'étreignent fougueusement. Lui est un haut dignitaire qui a perdu tout sens moral, elle une fille d'aristocrate, dont la famille donne des réceptions qui tournent à la débandade. Une bacchanale dans un vieux château couronne le tout... ◆ Après *Un chien andalou* (1929), court métrage à la provocation insidieuse, Luis Buñuel et son scénariste Salvador Dalí vont enfoncer le clou, si l'on ose dire, avec *l'Âge d'or*, vraie machine de guerre dirigée contre la société bourgeoise, ses tabous et sa morale étriquée. On y voit un couple faisant l'amour dans la boue, un représentant de l'ordre qui se conduit comme un portefaix, une vache dans un lit, des ouvriers saucissonnant dans une réunion mondaine, et pour finir un Christ complice d'une orgie. C'en était trop. À l'issue de premières projections, extrêmement houleuses, et sous la pression des ligues d'extrême droite, la préfecture de police exigea des coupures puis prononça une interdiction totale, qui ne sera levée qu'en 1980. Porté aux nues par les surréalistes, pour son impact érotique et sa portée révolutionnaire, le film avait d'abord été titré, en référence à Karl Marx, *les Eaux glacées du calcul égoïste.* Pour la petite histoire, il convient de rappeler que le producteur était un riche mécène, le vicomte de Noailles, auquel ce scandale valut son exclusion du Jockey-Club !

1931

L'OPÉRA DE QUAT' SOUS, de Georg Wilhelm PABST, avec Albert Préjean, Gaston Modot, Florelle, Margo Lion

Mackie le galant surineur hante les quartiers mal famés de Soho. Il tombe amoureux de Polly Peachum, la fille du roi des mendiants, et l'épouse dans un dock désaffecté de la Tamise. Ce qui provoque des réactions en chaîne, où se trouve compromis le chef de la police. Mais copains, coquins et catins finiront par s'entendre. ◆ Il existe trois versions de ce film mythique, sans compter le livret d'origine, *The Beggar's Opera* (1728) de l'Anglais John Gay, les diverses transformations (pièce, roman) que lui fit subir le dramaturge allemand Bertolt Brecht, les remakes et les adaptations libres, dont une comédie musicale brésilienne, *Opera do Malandro.* L'archétype reste cependant le film français de 1931, réalisé (selon le principe des versions multiples en faveur à l'époque) parallèlement aux moutures allemande (*Die Dreigroschenoper*) et britannique (*The Three Pennies' Opera*), par le même metteur en scène, l'Autrichien

G. W. Pabst, qui poursuivra ensuite sa carrière à Paris. Le brassage complexe de nationalités (coscénariste hongrois, décorateur d'origine russe, chef opérateur et musicien allemands, *lyrics* et interprètes français) rend d'ailleurs impossible une affectation précise : on baigne dans un climat intemporel, un capharnaüm où se croisent les ombres de Hoffmann et d'Eugène Sue, de Hogarth et de Jacques Callot ; comme l'écrivait à la sortie du film Marcel Carné (qui s'en inspira pour ses *Enfants du paradis*), un « mélange déroutant de tous les genres, du vaudeville au drame policier, de l'étude réaliste à la féerie ». Une fête noire à la poésie lancinante, résumée par les fameux airs de Kurt Weill : « la Complainte de Mackie », « la Fiancée du pirate », etc.

1934
L'ATALANTE de Jean VIGO, avec Jean Dasté, Dita Parlo, Michel Simon
Jean, un marinier, a épousé Juliette, fille de paysans de l'Oise. Le couple embarque, en compagnie d'un mousse et d'un vieux loup de mer excentrique, le père Jules, à bord de *l'Atalante*, un chaland à moteur dont l'itinéraire est fixé par la Compagnie de navigation. La promiscuité de la vie fluviale donne à Juliette des envies d'évasion. Elle fait une fugue, laissant Jean désemparé. Le père Jules part à la recherche de la « patronne » et la ramène de force au bercail. ◆ Sur le mince fil d'une intrigue à l'eau de rose, Jean Vigo a bâti une œuvre gorgée de lyrisme et de sensibilité, au confluent du réalisme social et de la fièvre romantique. Il fixe du même coup les grandes lignes de l'esthétique du film parlant français, quoique son audience, victime des chicanes du distributeur, qui craignait l'insuccès public, ait été très limitée. Mais les ciné-clubs prendront la relève et feront peu à peu de *l'Atalante* un film culte. Même si Vigo, malade, ne put assurer le montage final, et si les copies en circulation restent incomplètes, en dépit du soin apporté à leur restauration, l'évidence du chef-d'œuvre s'impose. Commencé en farce paysanne à la Dubout, le film s'achève en merveilleux poème d'amour, après un détour par la chanson populaire à la Bruant (la séquence de la guinguette), la féerie surréaliste et le document d'époque (les chômeurs piétinant devant l'usine). Michel Simon, maquillé de façon incroyable, semble sorti d'un roman de Céline ; le couple vedette a une présence charnelle rare ; la musique de Maurice Jaubert colle idéalement aux images. L'historien d'art Élie Faure, le premier, dans un texte de 1934, sut déceler dans cette œuvre unique (à tous les sens du terme, Vigo étant mort d'une septicémie quelques jours après la sortie) un « équilibre rare de tous les éléments du drame visuel dans l'accueil tendre d'une acceptation totale ».

1935
LA KERMESSE HÉROÏQUE de Jacques FEYDER, avec Françoise Rosay, Jean Murat, Alerme, Louis Jouvet
Une bourgade flamande au temps de la colonisation espagnole est mise en émoi par l'arrivée inopinée de la suite armée de l'ambassadeur d'Espagne, en route vers les Pays-Bas. La panique s'empare des notables et des boutiquiers, tandis que les femmes font assaut de prévenance envers l'envahisseur. ◆ Un film « fastueux et plantureux » mais qui « reste, par malheur, assez froid » : ce jugement réservé, porté lors de sa sortie par les historiens du cinéma Bardèche et Brasillach, reste valable. Une succession d'images purement décoratives, inspirées de tableaux de Franz Hals et Jordaens, un décor écrasant de vérité stylisée, dû aux maîtres architectes Meerson et Trauner, un humour un peu lourd, souligné par le personnage du chapelain paillard incarné par Louis Jouvet, c'est à peu près tout ce qui reste d'une œuvre surestimée. Rappelons qu'elle déclencha en son temps la fureur des Belges, offensés par cette peinture d'une communauté de pleutres et d'épouses complaisantes.

1936
LE ROMAN D'UN TRICHEUR de Sacha GUITRY, avec l'auteur, Marguerite Moreno, Pauline Carton, Rosine Deréan
« Quarante ans de la vie d'un homme auquel ses mauvaises actions portent bonheur et que la chance abandonne aussitôt qu'il veut s'amender » (Sacha Guitry). ◆ Deuxième film écrit directement pour l'écran par Sacha Guitry, après le brillant coup d'essai de *Bonne Chance* (1935), c'est quasiment le seul qui lui valut les suffrages de la critique, très sévère à son endroit, du moins de son vivant. On ne put faire moins que saluer ici le talent du conteur, du satiriste et même du metteur en scène, ce dernier jonglant avec les artifices du montage et de la voix off avec l'aisance d'un vieux routier de la pellicule, capable d'en remontrer aux techniciens les plus chevronnés. Lui seul pouvait s'offrir le luxe de réaliser un film dépourvu à 90 % de dialogues, le narrateur trustant toutes les voix (sauf celle, *in extremis*, de Marguerite Moreno). Triomphe du « cinéma parlé » (mais non bavard), dont seuls Pagnol et Renoir pouvaient à l'époque lui disputer l'apanage, c'est aussi, comme le remarquait François Truffaut, ardent défenseur du maître, « un éloge de l'individualisme et de la débrouillardise, comme bien des films de Chaplin ».

1937
PÉPÉ LE MOKO de Julien DUVIVIER, avec Jean Gabin, Mireille Balin, Line Noro, Lucas Gridoux, Charpin, Dalio, Fréhel
Pépé dit « le Moko », chef d'une bande de malfrats, est réfugié dans la casbah d'Alger, d'où il nargue la police locale, impuissante à l'en faire sortir. C'est une touriste parisienne dont il tombera amoureux, la belle Gaby, qui causera sa perte. Il court la retrouver, mais elle s'est déjà embarquée vers le continent. Pépé, se voyant perdu, se suicide devant les grilles du port. ◆ Habile à créer des ambiances interlopes, à tisser des trames fortement mélodramatiques, à diriger des comédiens solides, Duvivier a su tirer ici le meilleur parti d'une intrigue policière assez sordide, vaguement inspirée du film américain de Howard Hawks, *Scarface*. La casbah, entièrement reconstruite en studio, devient un huis clos lourd de mélancolie poisseuse, les protagonistes sont croqués de main de maître (le caïd, la fripouille, la femme fatale…), le dialogue d'Henri Jeanson vise juste (il faut entendre Pépé lancer à la tête du policier Slimane : « Avoir la tête d'un faux-jeton à ce point-là, j'te jure que c'est vraiment de la franchise »), quelques séquences, comme l'exécution du mouchard devant le piano mécanique ou la descente de Pépé vers la mer, sont des morceaux d'anthologie. Jean Gabin cristallise le mythe du mauvais garçon au grand cœur marqué par la fatalité, esquissé dans *la Bandera* (1935) et qui se confirmera dans *le Quai des brumes* (1938) et *Le jour se lève* (1939) de Marcel Carné. Il incarne par excellence cette « poésie populiste à fleur de peau » (Jacques Siclier) typique d'une époque. En coulisses, la voix déchirante de Fréhel se doublant elle-même sur un air de « java au son de l'accordéon »…

1937
LA GRANDE ILLUSION de Jean RENOIR, avec Jean Gabin, Pierre Fresnay, Eric von Stroheim, Dalio, Carette, Dita Parlo
La vie quotidienne de prisonniers de guerre français dans un oflag, puis une forteresse allemande, en 1916. La tolérance règne, sauf en cas de tentative d'évasion que réussiront pourtant un jeune capitaine et un soldat juif plus hardis que les autres, mais ce sera grâce au sacrifice d'un de leurs compa-

gnons de captivité, officier d'active et homme de vieille noblesse. ◆ « Mon désir en faisant ce film était de montrer que même en temps de guerre des combattants peuvent rester des hommes », dit Renoir, qui se souvient ici de sa propre expérience de la guerre de 1914-1918 et des confidences de son ami l'adjudant Pinsard, un récidiviste de l'évasion. Il en profite pour brosser un tableau de la fraternité des camps de prisonniers qui, par un brassage de classes sociales et de sensibilités, démontre l'absurdité du nationalisme, cette « grande illusion ». Les sympathies, ignorant les frontières, s'établissent d'homme à homme. Le message pacifiste est clair et venait particulièrement à son heure en 1937. « Tous les démocrates du monde devraient voir ce film », déclara le président Roosevelt, tandis que la censure fasciste l'interdit (bien qu'il eût obtenu le prix du meilleur ensemble artistique à la biennale de Venise 1937) et que Goebbels le désigna comme « l'ennemi cinématographique numéro un ». On est loin pourtant de la propagande idéologique. Le ton est plutôt à la comédie, avec même des épisodes franchement cocasses (la fête costumée au cantonnement), alternant avec des moments dramatiques (la mort de Boeldieu, abattu à contre-cœur par son homologue allemand), dans le droit fil de ce « drame gai » que Renoir a toujours cherché à mettre en œuvre. Son avant-dernier film, *le Caporal épinglé* (1962), sur un sujet proche, en sera l'ultime illustration. (Une reprise de *la Grande Illusion* en 1946 provoqua une polémique, le critique Georges Altman ayant cru déceler des traces d'antisémitisme dans le traitement du personnage de Dalio / Rosenthal. À l'inverse, Louis-Ferdinand Céline avait jugé le film sournoisement prosémite, lors de sa sortie !)

1938

LA FEMME DU BOULANGER de Marcel PAGNOL, avec Raimu, Ginette Leclerc

Un village de Haute-Provence est mis en révolution par la fugue d'une boulangère volage, qui a réduit au désespoir et à l'inaction son brave homme de mari. Toute la communauté, curé en tête, se ligue pour ramener dans le droit chemin l'inconstante, qui sera pardonnée et, peut-être, restera fidèle. ◆ Librement adapté d'une histoire de cocu magnifique rapportée par Jean Giono dans son roman *Jean le Bleu*, c'est le film le plus célèbre de Marcel Pagnol, couronnant une série de chroniques fleurant bon le Midi, d'abord conçues pour la scène, puis directement pour l'écran. Au boulanger « pétri » d'humanité, tiraillé entre la balourdise et l'abnégation, Raimu confère la dimension d'un mythe. La scène, tournée presque en continuité, où il s'effondre dans le cercle de ses amis consternés, touche par un dosage unique de drôlerie et d'émotion. L'œuvre fut l'objet d'adaptations théâtrales (dont une par Giono lui-même) et de remakes télévisés : aucun n'a retrouvé la saveur de l'original.

1939

LA RÈGLE DU JEU de Jean RENOIR, avec Dalio, Nora Grégor, Roland Toutain, Carette, Gaston Modot, Paulette Dubost, Mila Parély, Jean Renoir

Chassés-croisés amoureux au cours d'une partie de chasse organisée par le marquis de La Chesnaye dans sa résidence d'été de La Colinière. Maîtres, domestiques et invités se livrent au même petit jeu dangereux ; l'un des rares êtres sincères qui en ignore les règles y trouvera la mort. ◆ Venant après le succès mondial de *la Grande Illusion* et l'accueil plus réservé fait à *la Marseillaise* (1938), *la Règle du jeu* fut l'un des plus rudes échecs de la carrière de Renoir, considéré alors comme un auteur subversif, même s'il faut relativiser l'effervescence qu'il provoqua, notamment du côté de l'extrême droite (on est loin du scandale de *l'Âge d'or*), et si quelques voix s'élevèrent très tôt pour sa défense. Mais de coupes sombres, pratiquées par lui-même en vue de calmer le « jeu », en interdictions et mutilations diverses, pendant et après l'Occupation, cette œuvre sifflée en son temps fit bientôt figure de film « maudit ». Comme l'écrivait en 1950 Paul Gilson, il y avait là « des images d'une vérité tellement exceptionnelle que personne ne voulut s'y reconnaître ». Sans doute, ce qu'avait voulu faire Renoir — un tableau des mœurs dissolues de la grande bourgeoisie française, contrastant avec la solidarité ouvrière exaltée dans *le Crime de monsieur Lange* (1936) — ne pouvait être perçu « à chaud ». La charge satirique n'épargnait personne ; le regard du moraliste avait beau s'enrober de poésie impressionniste (magnifique terre de Sologne), son acuité était trop vive ; une mise en scène en rupture totale avec les conventions du temps, jouant sur la dynamique de l'espace, la théâtralité des situations, la franchise du dialogue, une distribution des rôles atypique (Dalio quittant son emploi de « métèque » pour endosser la livrée d'un aristocrate, Renoir s'octroyant à la dernière minute la fonction, écrasante, de « meneur de jeu »), tout cela ajouta à l'incompréhension. Il fallut des années de purgatoire et un patient travail de restauration pour que l'on reconnaisse enfin, avec André Bazin, qu'il s'agissait non seulement de « l'expression la plus achevée de l'école réaliste française d'avant-guerre », mais en même temps de « la préfiguration des éléments les plus originaux de l'évolution cinématographique des quinze années suivantes ». Ce que Renoir avait modestement sous-titré « fantaisie dramatique », en invoquant le patronage de Beaumarchais, accédait enfin au statut de chef-d'œuvre absolu, statut qui n'est plus aujourd'hui contesté par personne. La *Règle du jeu* demeure, à jamais, la bible des cinéphiles.

1939-1945

ESPOIR (SIERRA DE TERUEL) d'André MALRAUX

Quelques épisodes de la lutte opposant résistants et franquistes dans l'Espagne en guerre de 1938. Des pilotes blessés sont évacués vers la vallée par des paysans de la région de Teruel, qui leur rendent un ultime hommage. ◆ Unique réalisation de l'écrivain André Malraux, entreprise à l'initiative du gouvernement espagnol, en pleine guerre civile, sans rapport direct avec son roman *l'Espoir*, publié l'année précédente, c'est une sorte de « chant funèbre pour les morts de la guerre d'Espagne » (premier titre prévu), mi-documentaire, mi-fiction. La procession finale des morts et des rescapés à flanc de montagne, soutenue par la musique de Darius Milhaud, atteint à un lyrisme rare, digne d'Eisenstein. « Un des films plus émouvants, les plus désespérés et les plus originaux qui aient jamais été faits », écrit le magazine américain *Time* en 1947. Inachevé, échappé miraculeusement à la destruction et monté vaille que vaille, *Espoir* ne fut distribué qu'en 1945, avec un commentaire introductif, très politisé, de Maurice Schumann.

1943

LE CORBEAU d'Henri-Georges CLOUZOT, avec Pierre Fresnay, Ginette Leclerc, Larquey, Micheline Francey

Une petite ville de province est le théâtre d'un déferlement de lettres anonymes. Nul n'est épargné par le prolixe dénonciateur qui signe « le Corbeau ». Une psychose de délation s'abat sur la cité. Le coupable, un vieux psychiatre radoteur et frustré, sera châtié, mais il a fait des émules… ◆ Le diamant noir du cinéma français de l'Occupation, taillé par un orfèvre en matière de dissection du corps social, avec les instruments complémentaires de la dérision et du sarcasme. Il s'inspire ici, avec son scénariste Louis Chavance, d'une affaire sordide qui mit en émoi la ville de Tulle dans les années 1920 : l'anonymographe était alors une vieille fille hystérique, qui fut démasquée par le criminologue Edmond Locard. Clouzot, qui n'a jamais caché son penchant pour les atmosphères faisandées, en tire un portrait au vitriol de la France de Vichy, en proie à l'hypocrisie et au mouchardage, ce qui lui attira les foudres de la Résistance, sous prétexte de « propagande antifrançaise » sur « un sujet volontairement malsain » (Georges Sadoul). Le temps a fait litière de ce procès d'intention. *Le Corbeau* est une des œuvres les plus fortes — au goût amer, certes — de notre cinéma, la seule qui puisse être comparée aux *Rapaces* de Stroheim ou au *Maudit* de Fritz Lang. À noter: une direction d'acteurs exceptionnelle, surtout au niveau des seconds rôles (Pierre Larquey, à contre-emploi, a trouvé là le rôle de sa vie).

1944
LE CIEL EST À VOUS de Jean GRÉMILLON, avec Charles Vanel, Madeleine Renaud
Un couple de garagistes de province se prend de passion pour l'aviation civile. Ils sacrifient leur routine quotidienne, leur confort et jusqu'à l'avenir de leurs enfants au goût des records aéronautiques. Face à un entourage hostile, ils parviennent à concrétiser leur idéal. ◆ Réalisé et diffusé aux heures les plus sombres de l'Occupation, ce film austère rallia les suffrages de la critique unanime, les uns y voyant une exaltation des vertus françaises, conforme au credo de Vichy, les autres un appel déguisé à la Résistance. Le plus enragé des polémistes d'extrême droite, François Vinneuil, alias Lucien Rebatet, lui consacra même, dans *Je suis partout*, à une semaine d'intervalle, deux articles enthousiastes, louant cette « observation à la fois aiguë et fraternelle de la vie telle qu'elle est ». Aujourd'hui encore, le statut de cette œuvre, sommet de l'art sans concession de son auteur, demeure ambigu. Ce qui est sûr, c'est qu'elle procède, bien au-delà de son prétexte initial, des valeurs humaines les plus rares, tant au plan de l'éthique que de l'esthétique. Comme le remarque Henri Agel, « le fait divers se hausse au niveau de l'odyssée tragique ». Curieusement, le public populaire n'y a jamais vraiment adhéré.

1945
LES DAMES DU BOIS DE BOULOGNE de Robert BRESSON, avec Maria Casarès, Paul Bernard, Élina Labourdette
La vengeance d'une femme du monde, abandonnée par son amant: elle manœuvre pour le faire tomber amoureux d'une jeune fille de condition modeste, qu'il épousera. Elle lui révèle alors son passé de galanterie. Mais l'amour sera le plus fort. ◆ L'argument, ténu, est emprunté à une chronique libertine du XVIIIe siècle, rapportée par Diderot dans *Jacques le fataliste*. Bresson, sans craindre l'écueil de la modernisation, en a tiré une œuvre hautaine, intemporelle, rehaussée par une forme filmique d'un dépouillement extrême, que ses films ultérieurs confirmeront, jusqu'à l'assèchement. André Bazin a résumé le travail d'épure du cinéaste en une formule fameuse: « Il n'a fallu que le bruit d'un essuie-glace sur un texte de Diderot pour en faire un dialogue racinien. » Dialogue qui doit beaucoup, au demeurant, à Jean Cocteau, et à la diction de Maria Casarès, mélange de feu et de glace. Une équation à trois inconnues, dont les courbes savantes ouvrent la voie au cinéma moderne, après avoir déconcerté les tenants de la dramaturgie classique.

1945
LES ENFANTS DU PARADIS de Marcel CARNÉ et Jacques PRÉVERT, avec Arletty, Pierre Brasseur, Jean-Louis Barrault, Marcel Herrand, Pierre Renoir, Louis Salou
À Paris vers 1830, sur le Boulevard du Crime, se presse une foule bigarrée venue applaudir les baladins du théâtre des Funambules et les ténors du mélodrame. Garance la ribaude, Lacenaire l'anarchiste, Jéricho le « 'chand d'habits » croisent le gentil mime Deburau et le truculent Frédérick Lemaître. La frénésie du carnaval les emporte tous dans un tourbillon sans fin… ◆ L'apothéose du tandem Carné-Prévert, sorti des brumes factices du réalisme poétique et des rêvasseries des *Visiteurs du soir*, pour un juste équilibre de grand spectacle et de gueuserie populaire, dans l'esprit des *Mystères de Paris*. La splendeur des décors de Trauner, un parfum d'époque habilement distillé, un dialogue très (trop?) littéraire (Frédérick à Garance: « Paris est trop petit pour ceux qui s'aiment comme nous d'un aussi grand amour »), et surtout un éventail de « monstres sacrés », dominé par le couple Brasseur-Arletty, écrasant Jean-Louis Barrault et Maria Casarès, diaphanes, ont assuré l'énorme retentissement, qui ne s'est pas démenti au fil des ans, de cette superproduction de prestige, qui a failli ne jamais voir le jour en raison de multiples incidents de tournage. On a tendance toutefois à exagérer les vertus esthétiques de ce que Jean Mitry considère, avec raison, comme « une œuvre froide et compassée, un film que l'on regarde ou écoute avec un intérêt constant, mais sans y adhérer jamais ». Carné et Prévert vont d'ailleurs tomber de haut, l'année suivante, avec le pot-au-noir des *Portes de la nuit*.

1946
LA BELLE ET LA BÊTE de Jean COCTEAU, avec Jean Marais, Josette Day, Michel Auclair
Un monstre à corps d'homme et à tête de lion vit en reclus dans un château perdu au cœur de la forêt, attendant que l'amour d'une femme vienne le délivrer du sortilège qui a provoqué sa métamorphose. C'est la fille cadette d'un modeste armateur, Belle, qui accomplira le miracle: la Bête se changera en prince charmant. ◆ Adaptant un célèbre conte pour enfants, écrit par Mme Leprince de Beaumont, et puisant plus généralement dans le stock en magasin du merveilleux classique (miroir magique, cariatides animées, trésor enfoui, etc.), Jean Cocteau est parvenu, sans rien renier de sa mythologie personnelle, à créer un univers de pure féerie, à une époque où le réalisme triomphait sur les écrans. Il y a été aidé par une équipe en or: le maître décorateur et costumier Christian Bérard, le chef opérateur Henri Alekan, qui joue sur toute la gamme « des lumières et des ombres », Jean Marais maquillé en chimère de légende… Dans cette somptueuse imagerie en noir et blanc, le blason du poète a trouvé un écrin à sa mesure. C'est une illustration exemplaire de la définition que Cocteau donnait du cinéma: « Un rêve dormi debout. »

1948
LES DERNIÈRES VACANCES de Roger LEENHARDT, avec Odile Versois, Pierre Dux, Jean d'Yd
Une propriété familiale dans le Gard doit bientôt être vendue pour éponger les dettes qui s'accumulent. Les aînés — le couple Simonet, l'oncle Walter, la vieille tante Délie — se retrouvent une dernière fois, à l'occasion des vacances d'été, tandis que les enfants, fuyant les réalités matérielles, connaissent leurs premiers émois amoureux. ◆ Deux longs métrages seulement, celui-ci et *le Rendez-vous de minuit* (1962), ont suffi à mettre au premier rang Roger Leenhardt, critique de cinéma, professeur et producteur de documentaires. Peu au fait des contingences commerciales, mais guidé par une connaissance intuitive des lois du récit filmique, il a travaillé là avec la liberté d'un écrivain face à son premier roman, à la manière d'un Alain-Fournier ou d'un Jacques de Lacretelle. Il en découle une sensation de sincérité et de fluidité narrative peu communes dans le cinéma français d'avant la Nouvelle Vague.

1949
LE SANG DES BÊTES de Georges FRANJU
Aux portes de Paris, des terrains vagues, la brocante de Saint-Ouen, un couple d'amoureux... et les abattoirs de Vaugirard, où l'on tue les chevaux à la lancette. Plus haut, près du canal de l'Ourcq, le marché aux bestiaux de la Villette, où les moutons sont dépecés, égorgés, décapités par des tueurs de métier qui sifflotent « la Mer » de Charles Trenet au milieu des rigoles de sang. ◆ De même que le *Van Gogh* d'Alain Resnais révolutionna le film sur l'art, de même *le Sang des bêtes* élevait le documentaire de commande au rang d'un genre majeur. Fuyant les clichés et le commentaire lénifiant, Franju pose un regard de poète sur les sujets les plus ingrats : ici l'enfer climatisé des abattoirs, ailleurs les hauts fourneaux de Lorraine, l'Hôtel des Invalides et ses « gueules cassées », la naissance du radium, la navigation marchande. Le court métrage n'est plus le parent pauvre du cinéma : il réveille la conscience assoupie du spectateur, crépite d'humour et de saine violence. On ne trouve à lui comparer, dans le genre, que *Terre sans pain* de Buñuel, dont Franju a toujours admiré « le goût convulsif du spectacle ».

1952
CASQUE D'OR de Jacques BECKER, avec Simone Signoret, Serge Reggiani, Claude Dauphin, Raymond Bussières, Gaston Modot
La grande passion de Marie, la reine de la Butte, pour l'honnête charpentier Manda que la traîtrise de l'infâme Leca conduira au crime de sang. Son ami Raymond est abattu au cours d'une tentative d'évasion, et Manda finira sur l'échafaud. ◆ Amélie Hély, surnommée Casque d'Or en raison de sa chevelure d'un roux flamboyant, fut l'authentique égérie d'une bande d'apaches autour de 1900 : deux truands, Manda et Leca, se disputaient ses faveurs. Becker a pris le parti d'idéaliser fortement le personnage, donnant à son idylle avec Manda une dimension très pure, en même temps qu'il détourne la chronique crapuleuse vers la tragédie. Ouvert sur le chaud soleil des guinguettes, l'œuvre se clôt sur le petit matin blême de la guillotine. La dernière séquence, d'une progression magistrale (Marie, effondrée, guettant du haut d'une fenêtre le couperet fatal), et plus encore l'ultime plan de la valse des jours heureux, sur l'air du « Temps des cerises », atteignent au sublime. Les interprètes, du couple mythique Reggiani-Signoret jusqu'au plus petit rôle, autant que le croquis d'époque, les lieux, les costumes, tout est d'une justesse stupéfiante.

1952
LE PLAISIR de Max OPHULS, avec Gaby Morlay, Claude Dauphin, Madeleine Renaud, Danielle Darrieux, Jean Gabin, Pierre Brasseur, Daniel Gélin, Simone Simon
Un vieillard court les lieux de plaisir, son visage dissimulé sous un masque, pour retrouver sa jeunesse ; les pensionnaires d'une maison close s'accordent une chaste partie de plaisir à la campagne ; un peintre et son amie modèle apprennent à leurs dépens que plaisir d'amour ne dure qu'un instant... Tous sont en quête du bonheur, mais « le bonheur n'est pas gai ». ◆ Sur trois contes de Guy de Maupassant, choisis en référence au fil conducteur du plaisir, associé successivement et amèrement à la promiscuité conjugale, à l'élévation spirituelle et à la tristesse de la chair, Max Ophuls a ciselé un joyau impressionniste d'un exquis raffinement, qui se présente à la fois comme un hymne à la beauté féminine, une dénonciation de la muflerie des hommes et une réflexion sur le temps perdu (du côté de Béranger plutôt que de Proust). Le volet central de ce triptyque (« la Maison Tellier ») est à lui seul un film dans le film qui a donné lieu à l'édification d'un fabuleux complexe décoratif et à des mouvements de caméra d'une virtuosité confondante. Pour meubler l'habitacle, un bouquet de comédiennes et de comédiens parmi les plus talentueux des années 1950, la palme revenant à Danielle Darrieux, qu'Ophuls hissera au pinacle l'année suivante, dans *Madame de.*

1953
LES VACANCES DE MONSIEUR HULOT de et avec Jacques TATI
Dans une paisible station balnéaire de Loire-Atlantique, un sympathique hurluberlu, bien décidé à profiter au maximum de ses vacances, va perturber la routine des aoûtiens par ses facéties : au restaurant de l'hôtel, sur la plage, au court de tennis, dans la réserve du feu d'artifice, il sème une joyeuse pagaille. Il se fera tout de même quelques amis. ◆ Succédant à *Jour de fête* (1948), ce film au rythme nonchalant et à peu près sans dialogues imposa le nom de Jacques Tati, acteur et auteur venu du music-hall, initiateur d'un comique d'observation en demi-teinte, sans équivalent dans le cinéma français depuis Max Linder, et qui n'aura guère comme continuateurs que Pierre Étaix ou, à l'étranger, Peter Sellers. Une accumulation invraisemblable de petits gags fait moins rire que sourire, le burlesque se pare de mélancolie, la caricature de poésie. Le personnage de M. Hulot, qui a élevé la maladresse au rang d'un art, se retrouvera dans les films ultérieurs de Tati, toujours aussi gaffeur, toujours aussi irrécupérable par la société de consommation.

1956
LA TRAVERSÉE DE PARIS de Claude AUTANT-LARA, avec Jean Gabin, Bourvil, Louis de Funès
La France en 1943 vit à l'heure du marché noir. Un chauffeur de taxi parisien au chômage, pour se faire de l'argent de poche, et un artiste peintre, par goût du risque, trimballent, malgré le couvre-feu, des quartiers de viande de porc à travers la capitale endormie. Leur équipée nocturne, ponctuée de violents coups de gueule, les conduira à la Kommandantur... ◆ Anarchiste de droite, qui n'a jamais caché sa haine du bourgeois et sa nostalgie des régimes autoritaires, Claude Autant-Lara, aidé de ses coéquipiers favoris, Aurenche et Bost, a adapté une nouvelle de Marcel Aymé qui brossait un tableau ironique des petites combines auxquelles se livraient les Parisiens sous l'Occupation. Ils en rajoutent dans la démagogie et le cynisme, faisant prononcer à Gabin sa fameuse tirade contre les « salauds de pauvres ». La virulence du propos, assortie de certaines audaces stylistiques (nudité du décor, « vert-de-gris » de l'image obtenu par un truquage de laboratoire), et surtout un trio d'acteurs d'une verve ébouriffante, ont transformé une anecdote bouffonne en pamphlet aux accents céliniens. En 1969, le cinéaste en donnera avec *les Patates* une sorte de suite paysanne, qui se révèle, par contre, d'une vulgarité affligeante.

1959
HIROSHIMA MON AMOUR d'Alain RESNAIS, avec Emmanuelle Riva
Elle est actrice française, venue jouer dans un film international sur la paix, à Hiroshima ; lui, marié, est architecte japonais. Le souvenir de la bombe atomique qui réduisit la ville en cendres en 1945, et dont les traces sont encore visibles, les hante alors qu'ils font l'amour dans une chambre d'hôtel. D'autres souvenirs resurgissent : un amour allemand, à Nevers, à la veille de la Libération... ◆ Présenté (hors compétition) au festival de Cannes en 1959, le premier long métrage d'Alain

Resnais — cinéaste connu jusque-là pour ses pénétrants documentaires, dont *Nuit et brouillard* (1955), sur les camps d'extermination nazis — fit l'effet, sans mauvais jeu de mots, d'une bombe: certains, visant surtout le commentaire psalmodié de Marguerite Duras, y virent le comble de la sophistication intellectuelle, d'autres, dont l'aile marchante de la Nouvelle Vague, un des plus beaux poèmes du cinéma, d'une liberté d'écriture qui rompait avec les structures traditionnelles de la narration filmique. Le temps a donné raison à ces derniers, même si Resnais, après ce fascinant télescopage de document social et de psychanalyse, est revenu à des formules de récit plus classiques, tandis que sa scénariste poursuivait, à partir de *Détruire, dit-elle* (1970), son travail de sape systématique de la dramaturgie.

1959
LES QUATRE CENTS COUPS de François TRUFFAUT, avec Jean-Pierre Léaud

Les années d'apprentissage d'Antoine Doinel, jeune écolier parisien en manque d'affection familiale et adepte de l'école buissonnière. Des délits mineurs le conduiront en maison de redressement, d'où il s'échappera en rêvant de l'air du large… ◆ Le film manifeste d'un jeune cinéaste bien décidé à en découdre avec l'*establishment* et qui exorcise par la même occasion ses aspirations d'« enfant sauvage » et ses blocages affectifs, sans pour autant aller jusqu'au nettoyage par le vide auquel se livrera parallèlement son copain de la Nouvelle Vague Jean-Luc Godard. Ce premier long métrage venant après le joli coup d'essai des *Mistons* (1958), peut se regarder comme une réponse, par un inconditionnel de Jean Vigo, à la démagogie pleurnicharde de *Chiens perdus sans collier* de Jean Delannoy, film qu'il avait violemment attaqué lorsqu'il était critique. Le choix de l'interprète, Jean-Pierre Léaud, relève d'une profonde connivence, de nature presque physique, qui se confirmera dans les épisodes suivants de la « saga Doinel ». Détail piquant: le festival de Cannes, que Truffaut avait violemment pris à partie un an auparavant, décernera aux *Quatre Cents Coups* le prix de la meilleure mise en scène en 1959.

1959
PICKPOCKET de Robert BRESSON, avec Martin Lasalle, Marika Green

Un être muré dans sa solitude choisit le vol à la tire comme preuve d'affirmation de soi et de domination sur le monde. Cela devient une obsession, à la limite de la paranoïa. Ce que la police est impuissante à guérir, l'amour d'une femme y parviendra. ◆ « Le cinéma n'est pas un spectacle, c'est une écriture »: aucun film de Bresson n'illustre mieux que celui-ci son postulat de créateur. Le cadre de vie se réduit à des lieux quelconques (champ de courses, couloirs de métro, salle des pas-perdus d'une gare), des escaliers, des portes entrebâillées, les personnages marchent comme des automates, le regard fixe, seules les mains semblent animées d'une vie propre. Le paradoxe est que, de ce vide extérieur, surgit lentement une déchirante plénitude intérieure, à tout le moins une nostalgie de plénitude. Une âme affleure au terme d'une longue et douloureuse errance. Certains plans furent recommencés plus de cinquante fois, soumettant l'interprète (qu'on ne reverra plus guère à l'écran) à un régime harassant. L'échec commercial ne détourna pas le réalisateur d'une démarche qu'on peut assimiler à une recherche obstinée d'abstraction, d'ordre littéraire ou pictural plus que cinématographique. Il y a du Beckett et du Giacometti dans cet étrange *Pickpocket.*

1960
À BOUT DE SOUFFLE de Jean-Luc GODARD, avec Jean-Paul Belmondo, Jean Seberg

Un truand en cavale, poursuivi pour le meurtre d'un motard, vit d'expédients à Paris en compagnie d'une journaliste américaine qui, sur un coup de tête, le dénonce à la police ; il sera abattu en pleine rue. ◆ Le film emblématique de la Nouvelle Vague, donné par le plus turbulent, sinon le plus inspiré, des « jeunes Turcs » de la critique qui se faisaient alors les dents dans *Arts* et dans les *Cahiers du cinéma*, tous en rébellion ouverte contre une production guettée par l'académisme et le vieillissement des cadres. Dépourvu par coquetterie de générique, le film est dédié aux « Monogram Pictures » (séries B américaines), dont l'auteur était féru. Jean-Paul Belmondo, alors presque inconnu, se livre à une imitation caractérisée de Humphrey Bogart. Plus que le thème, ultraclassique, c'est le rythme, volontairement syncopé, l'allure décontractée des personnages et de la narration, la crudité du dialogue, la légèreté de la mise en scène, palliant la modicité du budget (45 millions d'anciens francs), qui firent le succès d'une œuvre née sous le signe « d'une impatience qui devient harmonie, d'une folie qui devient poème », à en croire l'un de ses thuriféraires, Jean Collet, à moins qu'il ne s'agisse, pour ses détracteurs, de « cinéma-brouillon, dans toute l'acception du terme » (Robert Benayoun). Les Américains en ont fait un remake (médiocre), en forme d'hommage tardif: *Breathless* de Jim McBride (1982).

1963
LE FEU FOLLET de Louis MALLE, avec Maurice Ronet, Jeanne Moreau

Les dernières quarante-huit heures d'un intellectuel dépressif auquel une cure de désintoxication a laissé un profond dégoût de la vie. Malgré le soutien de ses amis, il se tire une balle dans la tête. ◆ Le roman homonyme de Pierre Drieu La Rochelle évoquait le sort tragique du poète Jacques Rigaud, suicidé à trente et un ans ; l'écrivain fit de même, à cinquante-deux ans, pour cause de fourvoiement politique. Quant à l'interprète du film, Maurice Ronet, auquel on confiait volontiers des rôles de velléitaires, mal dans leur peau, il mourra d'un cancer, à cinquante-cinq ans. Seul, le metteur en scène échappe à ces noirs destins, encore que son tempérament témoigne d'un certain dandysme, proche de celui de ses inspirateurs ou de son héros, par-delà d'évidentes divergences de génération ou d'idéologie. Cette conjonction de talents a produit en tout cas une sorte de « miroir noir où apparaissent les traits de l'homme de notre époque, acculé au désespoir » (*Télérama*), et qui pourtant ne laisse pas le spectateur désespéré, mais au contraire « étreint par cette mélancolie radieuse que donnent les images de la beauté et de la vérité » (Antoine Blondin).

1963
LA JETÉE de Chris. MARKER, avec Davos Hanich

La troisième guerre mondiale a détruit Paris. Une équipe de savants terrés dans les souterrains du palais de Chaillot se livre à une étrange expérience de régression mentale sur un cobaye choisi pour son souvenir obsédant d'une image du temps passé. ◆ Un fascinant « photoroman » d'anticipation, entièrement traité en images fixes, ou plutôt en photogrammes pris dans le mouvement, à l'exception d'un bref clignement de paupières d'une femme qui s'éveille. Une plongée dans les abysses de l'espace-temps, accomplie par un virtuose du montage et du voyage imaginaire, dont ce sera l'unique et magistrale incursion dans le registre de la fiction pure. L'Américain Terry

Gilliam en a tiré, en 1995, un remake à grand renfort d'effets spéciaux, *l'Armée des douze singes*, qui est loin de retrouver la pureté cristalline de l'original.

1966
LA GRANDE VADROUILLE de Gérard OURY, avec Bourvil, Louis de Funès
Pendant l'Occupation, un chef d'orchestre et un peintre en bâtiment parisiens, en charge malgré eux de soldats britanniques parachutés, franchissent non sans mal la ligne de démarcation, avec l'armée allemande à leurs trousses. ◆ Lors de la sortie du film, les *Cahiers du cinéma* rapprochèrent cette histoire concoctée par Danielle Thompson et Marcel Jullian de la bande dessinée de Marijac, *les Trois Mousquetaires du maquis*. C'était assez bien vu. Ils en déduisaient, méchamment, que cela n'aboutissait qu'à une « consternante farce rétrograde ». Le public fut d'un autre avis : la diffusion atteignit le chiffre record de 17 millions d'entrées, battant le précédent succès de la même équipe, *le Corniaud* (1965). La verve gesticulante de Louis de Funès, alliée à la candeur matoise de Bourvil, dans un contexte de débrouillardise franchouillarde, furent les atouts maîtres de cette cure de comique troupier.

1969
LES CHOSES DE LA VIE de Claude SAUTET, avec Michel Piccoli, Romy Schneider, Lea Massari
Terrible carambolage sur une route départementale : lancée à vive allure, la voiture d'un architecte parisien percute une camionnette de livraison qui a calé en plein croisement, éjectant de son véhicule le conducteur qui, à demi agonisant, revit des bribes de sa vie, professionnelle et sentimentale, avant de sombrer dans le néant. ◆ « Jamais un cinéaste n'avait osé aborder le thème de la mort avec une aussi tranquille franchise : non la mort véhémente des tragédies, mais l'humble mort sans phrase des faits divers, celle qui attend chacun de nous au détour du chemin » (Michel Aubriant). Avec en prime une chatoyante mosaïque des incidents qui émaillent une existence de quadragénaire tiraillé entre une femme que l'on quitte, la maîtresse qu'on espère récupérer, le fils pressé de vivre sa vie… Beau dialogue de Jean-Loup Dabadie, belle photographie de Jean Boffety, belle interprétation du couple Michel Piccoli-Romy Schneider, que l'on retrouvera dans *Max et les ferrailleurs* (1971) et *Mado* (1976), du même réalisateur. La séquence de l'accident, mise au point par le cascadeur Gérard Streiff, relève de la virtuosité pure.

1969
MA NUIT CHEZ MAUD d'Éric ROHMER, avec Jean-Louis Trintignant, Françoise Fabian, Marie-Christine Barrault
Le coup de foudre d'un ingénieur clermontois pour une jeune femme entrevue à la messe, qui se solde par une amitié chaste et sans lendemain. ◆ Le prototype des « *Contes moraux* » narrés avec une belle énergie répétitive par Éric Rohmer, qui se tenait alors, et se tient toujours, à contre-courant du cinéma traditionnel. Il n'y a pratiquement pas d'action, ni effet spectaculaire (le film est en noir et blanc), tout se passe en rencontres furtives, joutes oratoires et flirt à peine ébauché. Le débat tourne ici, incidemment, autour de Pascal et de l'« espérance mathématique ». Le tout composant un mélange inattendu, et plutôt savoureux, d'amateurisme et de préciosité formelle, qui ira s'élargissant, avec des variantes sans fin, dans la série des « *Comédies et proverbes* » et des « *Contes des quatre saisons* ». Si l'on en croit Jean-Louis Bory, ces joutes verbales procurent « un rare bonheur : on se croirait revenu au XVIIIe siècle ».

1970
LE BOUCHER de Claude CHABROL, avec Jean Yanne, Stéphane Audran
Dans les bois proches d'un petit village de Dordogne, des jeunes femmes sont retrouvées sauvagement assassinées. Le meurtrier est un boucher jovial, ancien d'Indochine, que rien ne permet de suspecter. Sa maîtresse, une institutrice, tente en vain de canaliser ses penchants criminels. ◆ Ce fabliau macabre emprunte à la fois à Courteline, à Simenon et à Hitchcock, trois auteurs dont Claude Chabrol a toujours fait ses choux gras. Il a l'art de faire coexister la truculence et la satire sociale, la bouffonnerie et le tragique, en jouant insidieusement sur l'ambivalence des sentiments. Le hors-d'œuvre est un pique-nique, le plat de résistance un conflit psychologique, le dessert un mélodrame bien saignant. L'ensemble frôle le scabreux : il reste singulier, attachant, humain. Jean Yanne, déjà remarquable dans *Que la bête meure* (1969), autre réussite de Chabrol, assaisonne à point cette succulente *murder-party* de campagne.

1970
LE CERCLE ROUGE de Jean-Pierre MELVILLE, avec Bourvil, Alain Delon, Yves Montand, Gian Maria Volonte
Quatre hommes, qui ne se connaissaient pas, vont se trouver enfermés dans le cercle sanglant de la criminalité : ils seront abattus l'un après l'autre à l'issue du cambriolage d'une bijouterie parisienne, accompli dans les règles de l'art. ◆ Un « policier » réglé comme un mouvement d'horlogerie perfectionné, ou un exercice de haute voltige, par le spécialiste du genre en France, qui n'a eu nul besoin ici de support littéraire, comme dans la plupart de ses films antérieurs (*le Doulos, le Deuxième Souffle*). L'engrenage de la violence et de la fatalité pèse sur cette sorte de western nocturne, où la parole est rare, le geste précis, le sentiment absent. Melville rend hommage au John Huston de *Quand la ville dort*, son film de chevet. Juste retour des choses : la jeune génération du cinéma américain, Tarantino en tête, puise dans cette geste sanguinaire sa meilleure source d'inspiration.

1969-1971
LE CHAGRIN ET LA PITIÉ de Marcel OPHULS
1. « L'Effondrement ». La « drôle de guerre », l'exode, la prise du pouvoir par Pétain ont laissé la France exsangue. Le marché noir, l'allégeance à un gouvernement de fantoches, la collaboration, active ou passive, font oublier le chagrin de la défaite. Des hommes politiques, des survivants lucides ou blasés témoignent. 2. « Le Choix ». À Clermont-Ferrand, à partir de 1942, la Résistance s'organise, tandis que la population vaque, indifférente, à ses affaires. C'est à peine si la déportation des juifs suscite quelque pitié. À la Libération, la même foule qui, la veille, acclamait Pétain ovationne de Gaulle. ◆ Chronique de la France occupée, à base de témoignages et de bandes d'actualités, rythmée par la gouaille bon enfant de Maurice Chevalier, cette entreprise exemplaire de « débourrage de crâne », conçue à l'origine dans le cadre d'une série d'émissions historiques de l'ORTF, réveilla inévitablement de vieilles rancœurs, au point d'être longtemps interdite à la télévision. Mais l'abcès était crevé, ouvrant la voie à des « révisions déchirantes », dépassant largement le cadre du cinéma. Fils d'un grand cinéaste, Marcel Ophuls y affirmait en tout cas un tempérament de contestataire-né, appuyé sur un art consommé du montage.

1973

LA MAMAN ET LA PUTAIN de Jean EUSTACHE, avec Jean-Pierre Léaud, Bernadette Lafont, Françoise Lebrun, Isabelle Weingarten

Un jeune homme oisif, Alexandre, passe ses journées à traîner dans les cafés de Saint-Germain-des-Prés. Il se partage entre deux femmes, l'une plus âgée que lui, qui le materne, l'autre qu'il aime, mais qui refuse de l'épouser. Une nouvelle venue, de mœurs légères, va compliquer la situation : Alexandre ne sait plus, ne saura sans doute jamais, à quel sein se vouer… ◆ Sur une trame assez lâche (que Jean-Louis Bory sous-titre plaisamment « le roman d'un jeune homme pauvre 1973 »), teintée d'autobiographie, Jean Eustache, dernier-né de la Nouvelle Vague, et le plus tôt disparu, ayant mis fin à ses jours à quarante-trois ans, a développé là une sorte de journal intime, d'une longueur inusitée (près de quatre heures), qui tient la gageure, au travers d'une logorrhée qui pourrait être fastidieuse, de tracer le portrait en pied d'une génération que mai 1968 a laissée sans repères. Entre Godard et Rivette, entre Lacan et Foucault, un psychodrame d'une provocation bien tempérée, qui fait de l'amour libre un absolu, une manière de pornographie intellectuelle qui finit par émouvoir par sa sincérité d'écorché vif et son écriture d'un seul jet.

1979

SÉRIE NOIRE d'Alain CORNEAU, avec Patrick Dewaere, Marie Trintignant

Un minable vendeur au porte-à-porte opérant dans la banlieue parisienne se trouve embringué dans une sale histoire : poursuivi par son employeur pour détournement de fonds, traînant à ses basques une fille paumée, il vole le magot d'une vieille dame, commet deux meurtres et se retrouve gros-Jean comme devant… ◆ « Chienne de vie… Quel merdier ! J'en ai plein le dos et mes bottes… » : ce sont les leitmotive, truffés de calembours argotiques et de chansonnettes débiles, d'une œuvre noire, très noire, tirée par Alain Corneau et Georges Perec d'un roman « déjanté » de l'Américain Jim Thompson (titre français : *Des cliques et des cloaques*), publié dans la fameuse collection policière de Marcel Duhamel, prise pour une fois au pied de la lettre. Dans un décor miteux, au milieu de pavillons décrépits, sur un air canaille de Duke Ellington (*Moonlight Fiesta*), Patrick Dewaere, stupéfiant « Hamlet des terrains vagues », promène avec nonchalance sa difficulté d'être.

1981

COUP DE TORCHON de Bertrand TAVERNIER, avec Philippe Noiret, Isabelle Huppert, Stéphane Audran, Jean-Pierre Marielle, Eddy Mitchell

À Bourkassa, en Oubangui, à la veille de la déclaration de guerre (1939), un sac d'embrouilles réunit un shériff faussement débonnaire, son épouse volage, des collègues véreux et quelques comparses dépourvus de sens moral. Un coup de balai s'impose. ◆ Le thème, comme celui de *Série noire* d'Alain Corneau, est emprunté à Jim Thompson, mais c'est plutôt son aspect satirique, jubilatoire, que Tavernier a retenu. Il a transposé le cadre du roman *1 275 Âmes* du Sud des États-Unis dans l'Afrique coloniale, comme il avait déjà « francisé » Simenon dans son premier film, *l'Horloger de Saint-Paul* (1973). Loin de desservir l'espèce de folie douce qui traverse le livre, le film lui ajoute un piment de lyrisme baroque. Bons et méchants, notables et administrés, Blancs et Noirs sont passés à la moulinette avec une allégresse féroce qui est le propre d'un cinéaste qui a toujours aimé tirer (à blanc) sur tout ce qui bouge. Il sait en outre mettre en valeur le jeu de comédiens haut de gamme : Philippe Noiret, sa mascotte, rejoint ici les grands « excentriques » d'avant-guerre (comme les appelle Raymond Chirat), les Jules Berry et les Saturnin Fabre. Et son entourage n'est pas en reste. Ce que Tavernier traite avec un brin de prétention de « comédie métaphysique » n'est pas indigne, tout compte fait, des « drames gais » de Jean Renoir.

1985

TROIS HOMMES ET UN COUFFIN de Coline SERREAU, avec Michel Boujenah, André Dussolier, Roland Giraud

Un trio de célibataires endurcis adopte un bébé que sa mère a abandonné. Celle-ci espère bien le récupérer, mais nos trois « papas-poules » ont pris goût aux couches-culottes et ne songent désormais qu'à pouponner… ◆ Ce film, qui reprend le schéma classique de l'orphelin pris en charge par une famille adoptive, développé notamment, sur le mode mi-burlesque, mi-émouvant, par Chaplin (*le Kid*) et Harry Langdon (*Papa d'un jour*), pulvérisa, à la surprise générale, les records de recettes (dix millions d'entrées), alors que son ambition initiale, son coût de réalisation, autant que son casting, étaient des plus modestes. La réalisatrice, Coline Serreau, avait habilement intégré les leçons du féminisme et du changement de statut de la cellule familiale. Elle retrouvera un peu de cette veine dans *la Crise* (1992), qui traite avec humour des problèmes du chômage et égratigne le tissu social dans son ensemble.

1988

LE GRAND BLEU de Luc BESSON, avec Jean-Marc Barr, Jean Réno

Deux passionnés de plongée sous-marine font assaut de prouesses aquatiques à l'occasion du championnat du monde de descente en apnée à Taormina. L'un d'eux y laissera la vie, l'autre ne tardera pas à le rejoindre dans les abysses de l'« immobilité bleue ». ◆ « C'est un film à voir avec les yeux d'un dauphin », dit Jacques Mayol, plongeur professionnel dont les exploits ont inspiré le personnage de Jacques, interprété par Jean-Marc Barr. La jeune génération semble avoir suivi ce conseil. Elle a barboté à l'envi dans ce « monde de rêve et de bonheur duquel on ne voudrait jamais sortir », selon le magazine *Première*. Du coup, *le Grand Bleu*, méprisé de la critique, est devenu ce qu'il est convenu d'appeler un film culte. Miracle de l'*aqua simplex*.

1991

VAN GOGH de Maurice PIALAT, avec Jacques Dutronc, Gérard Séty, Bernard Le Coq, Elsa Zylberstein

Les dernières semaines de la vie de Van Gogh à Auvers-sur-Oise, où l'a accueilli le docteur Gachet, un amateur d'art ami de son frère Théo. Le jeune peintre est au bout du rouleau : il boit, fréquente les prostituées, entraîne la fille de son hôte dans la débauche, puis se tire une balle dans le ventre. ◆ Aussi loin de l'hagiographie du « peintre maudit » que du tableau d'époque (genre *Moulin Rouge* de John Huston), Maurice Pialat décrit, dans un style tout en arêtes vives qui lui est propre, l'existence tourmentée d'un homme à la dérive, d'une tête brûlée atteinte de rage suicidaire qui se dresse contre ses proches et ne trouve d'apaisement provisoire qu'en compagnie d'infortunés comme lui : un simple d'esprit, des paysans obtus, des filles de beuglant. Une tristesse infinie, égayée par quelques plages heureuses (une imitation hilarante de Lautrec par Van Gogh, une partie de campagne sur les bords de l'Oise), pèse sur cette tragédie d'un cœur solitaire, dans laquelle, comme disait Truffaut d'un film de Renoir, « le soleil tient lieu de fatalité ».

Annexes

Nombre de longs métrages produits en France depuis 1919

Ce graphique se réfère, pour la période postérieure à 1945, aux statistiques établies par le Centre national de la cinématographie. Pour les années précédentes, la source la plus fiable provient des Catalogues de Raymond Chirat, dont on a toutefois décompté les coproductions à minorité française. Pour la période antérieure à 1919, il est impossible de donner des chiffres, courts et longs métrages étant alors indissociables. Pour 1929 : 76 films dont 8 parlants.
Sur quatre-vingts ans, la moyenne de films produits par an est donc de 112,6.

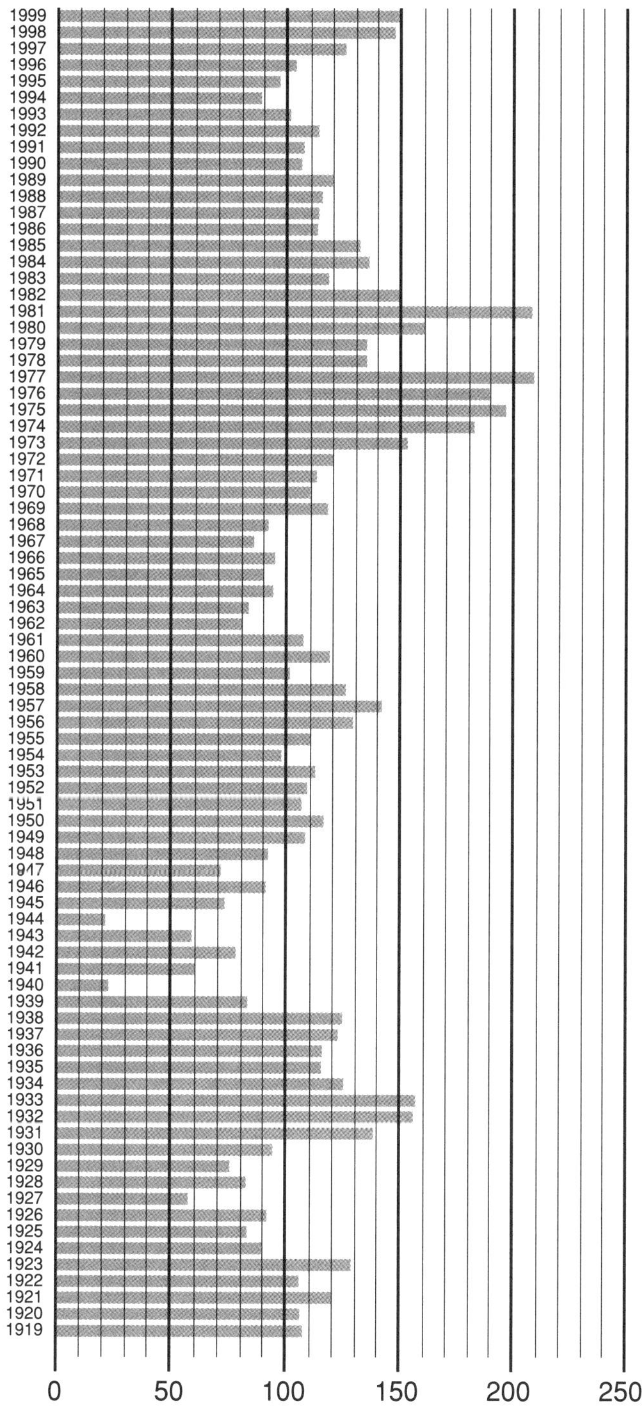

Films français primés dans les principaux festivals internationaux

(non compris les prix d'interprétation et distinctions annexes)

Festival de Venise

1937 *Un carnet de bal* (meilleur film)
1949 *Manon* (meilleur film)
1950 *Justice est faite* (meilleur film)
1951 *Le Journal d'un curé de campagne* (prix international)
1953 *Thérèse Raquin* (lion d'argent)
1959 *Les Amants* (prix spécial du jury)
1960 *Le Passage du Rhin* (lion d'or)
1961 *L'Année dernière à Marienbad* (lion d'or)
1962 *Vivre sa vie* (prix spécial du jury)
1963 *Le Feu follet* (prix spécial du jury)
Le Joli Mai (prix de la première œuvre)
1964 *La Vie à l'envers* (prix de la première œuvre)
1967 *Belle de jour* (lion d'or)
La Chinoise (prix spécial du jury)
1968 *Le Socrate* (prix spécial du jury)
1983 *Prénom Carmen* (lion d'or)
Biquefarre (prix spécial du jury)
1985 *Sans toit ni loi* (lion d'or)
1986 *Le Rayon vert* (lion d'or)
1987 *Au revoir les enfants* (lion d'or)
1991 *J'entends plus la guitare* (lion d'argent)
1992 *Un cœur en hiver* (lion d'argent)
1993 *Trois Couleurs Bleu* (lion d'or)
1996 *Brigands chapitre VII* (prix spécial du jury)

Festival de Cannes

1946 *Bataille du rail* (prix spécial du jury et prix de la mise en scène)
1949 *Au-delà des grilles* (prix de la mise en scène)
1952 *Nous sommes tous des assassins* (prix spécial du jury)
Fanfan la Tulipe (prix de la mise en scène)
1953 *Le Salaire de la peur* (Grand prix)
1954 *Monsieur Ripois* (prix spécial du jury)
1955 *Du rififi chez les hommes* (prix de la mise en scène)
1956 *Le Monde du silence* (palme d'or)
Le Mystère Picasso (prix spécial du jury)
1957 *Un condamné à mort s'est échappé* (prix de la mise en scène)
1958 *Mon oncle* (prix spécial du jury)
1959 *Orfeu Negro* (palme d'or)
Les Quatre Cents Coups (prix de la mise en scène)
1961 *Une aussi longue absence* (palme d'or)
1962 *Procès de Jeanne d'Arc* (prix spécial du jury)
1964 *Les Parapluies de Cherbourg* (palme d'or)
1966 *Un homme et une femme* (palme d'or)
1973 *La Maman et la putain* (prix spécial du jury)
1975 *Section spéciale* (prix de la mise en scène)
1980 *Mon oncle d'Amérique* (prix spécial du jury)
Histoire d'Adrien (caméra d'or)
1982 *Mourir à trente ans* (caméra d'or)
1984 *Un dimanche à la campagne* (prix de la mise en scène)
1985 *Rendez-vous* (prix de la mise en scène)
1986 *Noir et blanc* (caméra d'or)
1987 *Sous le soleil de Satan* (palme d'or)
1991 *La Belle Noiseuse* (grand prix du jury)
Hors la vie (prix du jury)
1993 *L'Odeur de la papaye verte* (caméra d'or)
1994 *Petits Arrangements avec les morts* (caméra d'or)
1995 *La Haine* (prix de la mise en scène)
1998 *La Classe de neige* (prix du jury)
1999 *L'humanité* (grand prix du jury)

Festival de Berlin

1951 *Sans laisser d'adresse* (ours d'or)
Justice est faite (ours d'or)
1952 *Fanfan la Tulipe* (ours d'argent)
1953 *Le Salaire de la peur* (ours d'or)
1954 *Le Défroqué* (ours de bronze)
1959 *Les Cousins* (ours d'or)
1960 *Les Jeux de l'amour* (prix spécial)
1961 *Une femme est une femme* (prix spécial)
1965 *Alphaville* (ours d'or)
Le Bonheur (prix spécial)
1967 *La Collectionneuse* (prix spécial)
1973 *Le Grand Blond avec une chaussure noire* (ours d'argent)
Il n'y a pas de fumée sans feu (prix spécial)
1974 *L'Horloger de Saint-Paul* (prix spécial)
1975 *Dupont-Lajoie* (prix spécial)
1977 *Le Diable probablement* (prix spécial)
1984 *Le Bal* (ours d'argent)
1995 *L'Appât* (ours d'or)
1997 *Généalogie d'un crime* (ours d'argent)
Port Djemma (ours d'argent)

Films français primés aux Oscars de Hollywood

Les Oscars de Hollywood ont été créés en 1927. C'est seulement depuis 1947 qu'un prix distingue le « meilleur film étranger » de l'année.

1948 *Monsieur Vincent*
1950 *Au-delà des grilles*
1952 *Jeux interdits*
1958 *Mon oncle*
1959 *Orfeu Negro*
1962 *Les Dimanches de Ville-d'Avray*
1966 *Un homme et une femme*
1969 *Z*
1972 *Le Charme discret de la bourgeoisie*
1973 *La Nuit américaine*
1976 *La Victoire en chantant*
1977 *La Vie devant soi*
1978 *Préparez vos mouchoirs*
1992 *Indochine*

Les meilleurs films primés aux Césars du cinéma français

La date indiquée correspond à la remise du prix, qui a lieu traditionnellement au début de l'année suivant la diffusion des films primés. Il n'est pas tenu compte des prix des meilleures réalisations ou interprétations.

1976 *Le Vieux Fusil*
1977 *Monsieur Klein*
1978 *Providence*
1979 *L'Argent des autres*
1980 *Tess*
1981 *Le Dernier Métro*
1982 *La Guerre du feu*
1983 *La Balance*
1984 *À nos amours*
Le Bal
1985 *Les Ripoux*

1986 *Trois Hommes et un couffin*
1987 *Thérèse*
1988 *Au revoir les enfants*
1989 *Camille Claudel*
1990 *Trop belle pour toi*
1991 *Cyrano de Bergerac*
1992 *Tous les matins du monde*
1993 *Les Nuits fauves*
1994 *Smoking / No Smoking*
1995 *Les Roseaux sauvages*
1996 *La Haine*
1997 *Ridicule*
1998 *On connaît la chanson*
1999 *La Vie rêvée des anges*
2000 *Vénus beauté (Institut)*

En 1978, un référendum spécial fut consacré par les Césars aux meilleurs films français, toutes époques confondues. Voici les dix premiers films arrivés en tête :
Les Enfants du paradis
La Grande Illusion
Casque d'Or
La Règle du jeu
La Kermesse héroïque
Pierrot le Fou
Hiroshima mon amour
Jeux interdits
Le Quai des brumes
Le Salaire de la peur

Prix Louis Delluc

Le prix Louis Delluc couronne chaque année un film français jugé (par un jury de critiques) le meilleur de la production nationale. Il fut créé en 1937, à l'initiative de Maurice Bessy et Marcel Idzkowski, par un groupe de journalistes réunis sous le label « Jeune Critique indépendante ». Il est aujourd'hui composé de quatorze membres, sous la présidence de Gilles Jacob.

Le prix n'a pas été attribué sous l'Occupation ni, aucun film n'ayant été retenu cette année-là, en 1951.

Liste des films primés

1937 *Les Bas-fonds*
1938 *Le Puritain*
1939 *Le Quai des brumes*
1945 *Espoir*
1946 *La Belle et la Bête*
1947 *Paris 1900*
1948 *Les Casse-pieds*
1949 *Rendez-vous de juillet*
1950 *Le Journal d'un curé de campagne*
1952 *Le Rideau cramoisi*
1953 *Les Vacances de M. Hulot*
1954 *Les Diaboliques*
1955 *Les Grandes Manœuvres*
1956 *Le Ballon rouge*
1957 *Ascenseur pour l'échafaud*
1958 *Moi, un Noir*
1959 *On n'enterre pas le dimanche*
1960 *Une aussi longue absence*
1961 *Un cœur gros comme ça*
1962 *L'Immortelle*
Le Soupirant
1963 *Les Parapluies de Cherbourg*
1964 *Le Bonheur*
1965 *La Vie de château*
1966 *La guerre est finie*
1967 *Benjamin*
1968 *Baisers volés*
1969 *Les Choses de la vie*
1970 *Le Genou de Claire*
1971 *Rendez-vous à Bray*
1972 *État de siège*
1973 *L'Horloger de Saint-Paul*
1974 *La Gifle*
1975 *Cousin, cousine*
1976 *Le Juge Fayard,dit le Shérif*
1977 *Diabolo menthe*
1978 *L'Argent des autres*
1979 *Le Roi et l'oiseau*
1980 *Un étrange voyage*
1981 *Une étrange affaire*
1982 *Danton*
1983 *À nos amours*
1984 *La Diagonale du fou*
1985 *L'Effrontée*
1986 *Mauvais Sang*
1987 *Soigne ta droite*
Au revoir les enfants
1988 *La Lectrice*
1989 *Un monde sans pitié*
1990 *Le Petit Criminel*
Le Mari de la coiffeuse
1991 *Tous les matins du monde*
1992 *Le petit prince a dit*
1993 *Smoking / No Smoking*
1994 *Les Roseaux sauvages*
1995 *Nelly et M. Arnaud*
1996 *Y aura-t-il de la neige à Noël ?*
1997 *On connaît la chanson*
Marius et Jeannette
1998 *L'Ennui*
1999 *Adieu, plancher des vaches*
Voyages (prix Delluc du premier film)

Prix Méliès

Le prix Méliès, décerné par le Syndicat français de la critique de cinéma, couronne chaque année un film français (il est complété depuis 1967 par le prix Léon Moussinac, couronnant un film étranger).

1946 *Bataille du rail*
1947 *Le silence est d'or*
1948 *Paris 1900*
1949 *Manon*
1950 *Rendez-vous de juillet*
1951 *Le Journal d'un curé de campagne*
1952 *Les Belles de nuit*
1953 *Le Salaire de la peur*
1954 *Le Rouge et le noir*
1955 *Du rififi chez les hommes*
1956 *Le Monde du silence*
Les Grandes Manœuvres
1957 *La Traversée de Paris*
Un condamné à mort s'est échappé
1958 *Mon oncle*
1959 *Hiroshima mon amour*
Les Quatre Cents Coups
1960 *Le Trou*
À bout de souffle
1961 *L'Année dernière à Marienbad*
1962 *Le Procès*
1964 *Les Parapluies de Cherbourg*

1965	*La Vieille Dame indigne*
1966	*La guerre est finie*
	Au hasard Balthazar
1967	*Belle de jour*
	Mouchette
1968	*Baisers volés*
1969	*Ma nuit chez Maud*
1970	*L'Enfant sauvage*
1971	*Le Genou de Claire*
1972	*Le Charme discret de la bourgeoisie*
1973	*La Nuit américaine*
1974	*Lacombe Lucien*
1975	*Que la fête commence*
1976	*L'Histoire d'Adèle H.*
1977	*Providence*
1978	*Le Dossier 51*
1979	*Perceval le Gallois*
1980	*Mon oncle d'Amérique*
1981	*Coup de torchon*
	Garde à vue
1982	*Une chambre en ville*
1983	*Pauline à la plage*
1984	*Les Nuits de la pleine lune*
1985	*Péril en la demeure*
	Sans toit ni loi
1986	*Thérèse*
1987	*Au revoir les enfants*
1988	*La Petite Voleuse*
1989	*Monsieur Hire*
1990	*La Discrète*
1991	*La Belle Noiseuse*
1992	*Un cœur en hiver*
1993	*Smoking / No Smoking*
1994	*Trois Couleurs : Rouge*
1995	*Nelly et M. Arnaud*
1996	*Capitaine Conan*
1997	*On connaît la chanson*
1998	*La Vie rêvée des anges*
1999	*La Maladie de Sachs*

Les plus gros succès du cinéma français

(en nombre d'entrées / salles)

La Grande Vadrouille (1966)
17 228 000
Les Visiteurs (1993)
13 693 000
Le Corniaud (1964)
11 700 000
Taxi 2 (2000)
10 500 000 env. (exclusivité non terminée)
Trois Hommes et un couffin (1985)
10 250 000
Les Misérables (1957)
9 939 000
La Guerre des boutons (1961)
9 866 000
L'Ours (1988)
9 136 000
Le Grand Bleu (1988)
9 071 000
Astérix et Obélix contre César (1999)
8 898 000
Emmanuelle (1973)
8 892 000
Le Dîner de cons (1998)
8 850 000

Le record absolu est détenu à ce jour par le film américain *Titanic* (1997), avec plus de 20 millions d'entrées.

Bibliographie

Cette bibliographie rassemble les principaux ouvrages de langue française consacrés à l'histoire, aux techniques et à l'économie du cinéma français depuis ses origines, et disponibles en librairie ou accessibles dans les bibliothèques spécialisées. Elle ne prend pas en compte les Histoires générales du cinéma (Sadoul, Mitry, etc.), qui comportent de précieux chapitres sur la production nationale, ni les dictionnaires, almanachs, encyclopédies et autres synthèses de type universaliste, ni enfin les livres ou articles de revues fournissant une approche parcellaire de la question. Un tel inventaire aurait alourdi inutilement ce volume.
Pour de plus amples renseignements, on se référera au Catalogue général de l'édition cinématographique, le Cinéma en 100 000 pages, *publié en supplément au n° 16 de la revue* Cinéma d'aujourd'hui, *1980 (complété par l'ouvrage* Cinéma pleine page, *Lherminier / Flammarion / BPI, 1985) ; à la « Bibliothèque idéale historique du cinéma » établie par René Prédal dans* Cinéma 85, *avril et mai 1985 ; et, pour un choix commenté, à l'article de Philippe de Comes « Pour une bibliothèque idéale du cinéma », vol. 6 de la* Grande Histoire illustrée du cinéma, *Atlas, Paris, 1983.*
Les listes sont établies par ordre alphabétique d'auteurs, sauf en ce qui concerne la section Monographies. Seule est retenue la première édition, sauf en cas de compléments substantiels.

I. Catalogues, dictionnaires et ouvrages généraux

Anonyme, *Images et magie du cinéma français*, *CNAM*, Paris, 1980.
BEYLIE Claude et PINTURAULT Jacques, *les Maîtres du cinéma français*, Bordas, Paris, 1990.
BRUNIUS Jacques Bernard, *En marge du cinéma français*, coll. Histoire et Théorie du cinéma, l'Âge d'homme, Lausanne, 1987.
CHAUVILLE Christophe, *Dictionnaire du jeune cinéma français*, Scope, Paris, 1998.
CHIRAT Raymond, *Catalogues des films français de long métrage de fiction : 1929-1939*, Cinémathèque royale de Belgique, Bruxelles, 1975 (édition illustrée et complétée, *id.*, 1981) ; *1940-1949*, Cinémathèque municipale, Luxembourg, 1981 ; *1919-1929* (en coll. avec Roger Icart), Cinémathèque de Toulouse, Toulouse, 1984, *Catalogue des films de fiction de première partie 1929-1939* (en coll. avec Jean-Claude Romer), Service des archives du film, Bois-d'Arcy, 1984 (réédition augmentée jusqu'à 1950, CNC / 1er siècle du cinéma, 1996) ; *Histoire du cinéma français* (en coll. avec André Bernard et Maurice Bessy), 4 vol. : *1950-1955*, *1956-1960*, *1961-1965*, *1966-1970*, Pygmalion / Gérard Watelet, Paris, 1989-1992 ; *Catalogue des films de fiction 1908-1918* (en coll. avec Éric Le Roy), Cinémathèque française, Paris, 1995.
Collectif, *le Cinéma français vu par...* (répertoire des documents audiovisuels sur le cinéma français), ministère des Affaires étrangères / INA / CNC / BIFI, Paris, 1994 ; *l'ABCédaire du cinéma français*, Flammarion, Paris, 1995.
COMES Philippe de et MARMIN Michel (sous la dir. de), *le Cinéma français*, 3 vol., Atlas, Paris, 1985-1986.
COURTADE Francis, *les Malédictions du cinéma français*, Alain Moreau, Grand Angle, Paris, 1978.
FOUCART Yvan, *Dictionnaire des comédiens français disparus*, Mariembourg, 2000Ì256.
JEANCOLAS Jean-Pierre, *Histoire du cinéma français*, Groupement national des cinémas de recherche, s.d. ; *Histoire du cinéma français*, Nathan / Université, Paris, 1995.
LEPROHON Pierre, *Présences contemporaines : Cinéma*, Nouvelles Éditions Debresse, Paris, 1957.
PASSEK Jean-Loup (sous la dir. de), *Dictionnaire du cinéma français*, Larousse, Paris, 1987.
PINEL Vincent, *Filmographie des longs métrages sonores du cinéma français*, Cinémathèque française, Paris, 1985.
PRÉDAL René (sous la dir. de), *900 cinéastes français d'aujourd'hui*, Cerf / Télérama, Paris, 1988.
RIM Carlo (sous la dir. de), *Vérités sur le cinéma français*, les Documents illustrés contemporains, Paris, 1946.
SABRIA Jean-Charles, *Cinéma français : les années 50*, Economica / Centre Georges-Pompidou, Paris, 1987.
SADOUL Georges, *le Cinéma français* (1890-1962), Flammarion, Paris, 1962 ; *Chroniques du cinéma français*, UGE / 10-18, Paris, 1979.
THÉVENET René (sous la dir. de), *Annuaire biographique du cinéma et de la télévision en France*, Contact Organisation, 1953 (éditions complémentaires en 1957 et 1962).
VÉDRÈS Nicole, *Images du cinéma français*, le Chêne, Paris, 1945.

II. Quelques périodes-clés

ARNOUX Alexandre, *Du muet au parlant*, la Nouvelle Édition, Paris, 1946.
BAECQUE Antoine De, *les Cahiers du cinéma, histoire d'une revue*, Cahiers du cinéma, Paris, 1991 ; *la Nouvelle Vague, portrait d'une jeunesse*, Flammarion, Paris, 1998.
BARROT Olivier, *l'Écran français, histoire d'un journal et d'une époque* (1943-1953), Éditeurs français réunis, Paris, 1979.
BAZIN André, *le Cinéma de l'Occupation et de la Résistance*, UGE / 10-18, Paris, 1975 ; *le Cinéma français de la Libération à la Nouvelle Vague (1945-1958)*, Cahiers du cinéma / Éditions de l'Étoile, Paris, 1983.
BERTIN-MAGHIT Jean-Pierre, *le Cinéma français sous Vichy*, Albatros, Paris, 1980 ; *le Cinéma sous l'Occupation*, Olivier Orban, Paris, 1989.
BILLARD Pierre, *l'Âge classique du cinéma français (du cinéma parlant à la Nouvelle Vague)*, Flammarion, Paris, 1995.
BRISSET Stéphane, *le Cinéma des années 80*, MA Éditions, Paris, 1990.
BUACHE Freddy, *le Cinéma français des années 60*, Cinq Continents / Hatier, Renens, 1987 ; *le Cinéma français des années 70*, *id.*, 1990.
CHATEAU René, *le Cinéma français sous l'Occupation (1940-1944)*, Mémoire du cinéma, Paris, 1996.

CHARENSOL Georges, *Renaissance du cinéma français*, Sagittaire, Paris, 1946.
CHIRAT Raymond, *le Cinéma français des années 30*, Cinq Continents / Hatier, Renens, 1983 ; *le Cinéma français des années de guerre*, *id.*, 1983 ; *la IVe république et ses films*, *id.*, 1985 ; *Atmosphères* (sourires, soupirs et délires du cinéma français des années 30), Cinq continents / Hatier, Renens, 1987.
CLOUZOT Claire, *le Cinéma français depuis la Nouvelle Vague*, Nathan, Paris, 1972.
Collectif, *Sept Ans de cinéma français (1945-1952)*, Cerf, Paris, 1954 ; *Situation du cinéma français 1968-1978*, Albatros, Paris, 1978 ; *les Premiers Ans du cinéma français*, Institut Jean Vigo, Perpignan, 1985 ; *les Éternels du cinéma français (1930-1960)*, Fondation GAN / CNC, Paris, 1988 ; *le Cinéma français muet dans le monde*, Institut Jean Vigo, Perpignan, 1989 ; *les Vingt Premières années du cinéma français*, Sorbonne nouvelle / AFRHC, 1995 ; *la Nouvelle Vague*, Petite Bibliothèque des Cahiers du cinéma, Paris, 1999.
COSTON Henry, *l'Âge d'or des années noires*, H. C., Paris, 1996.
DESLANDES Jacques, *le Boulevard du cinéma à l'époque de Georges Méliès*, Cerf, Paris, 1963.
DOUCHET Jean, *la Nouvelle Vague*, Cinémathèque française / Hazan, Paris, 1998.
DOUIN Jean-Luc, *la Nouvelle Vague, vingt ans après*, Cerf, Paris, 1983.
FAROULT David et LEBLANC Gérard, *Mai 68 ou le Cinéma en suspens*, Syllepse, 1998.
FORD Charles, *le Cinéma français contemporain*, France-Empire, Paris, 1977.
FRANCIS Ève, *les Temps héroïques*, Denoël, Paris, 1949.
FRODON Jean-Michel, *l'Âge moderne du cinéma français*, Flammarion, Paris, 1995.
GALEY Louis-Émile, *le Peu qui en reste*, à compte d'auteur, Paris, 1991.
GARCON François, *De Blum à Pétain (Cinéma et société française 1936-1944)*, Cerf, Paris, 1984.
GUILLAUME-GRIMAUD Geneviève, *le Cinéma du Front populaire*, Lherminier, Paris, 1986.
ICART Roger, *la Révolution du parlant vue par la presse française*, Institut Jean Vigo, Perpignan, 1988.
JEANCOLAS Jean-Pierre, *Cinéma d'un monde en guerre (1939-1945)*, la Documentation française, Paris, 1976 ; *Cinéma d'un monde en crise (les années 30)*, *id.*, 1977 ; *le Cinéma des Français : la Ve république*, Stock, Paris, 1979 ; *Quinze Ans d'années 30*, *id.*, 1983.
LABARTHE André S., *Essai sur le jeune cinéma français*, le Terrain Vague, Paris, 1960.
LEPROHON Pierre, *Cinquante Ans de cinéma français (1895-1945)*, Cerf, Paris, 1954.
MacBRIDE Nicole, *le Cinéma français aujourd'hui*, Hachette, Paris, 1978.
MAILLOT Pierre, *le Cinéma français de Renoir à Godard*, MA Éditions, Paris, 1988.
MARIE Michel, *la Nouvelle Vague, une école artistique*, Nathan / Université, Paris, 1997 ; (sous la dir. de), *le Jeune Cinéma français*, *id.*, 1998.
MARTIN Marcel, *le Cinéma français depuis la guerre*, Edilig, Paris, 1984.
MARTIN Yves, *le Cinéma français (1946-1966)*, Méréal, Paris, 1998.
PASSEK Jean-Loup (sous la dir. de), *D'un cinéma l'autre, notes sur le cinéma français des années 50*, Centre Georges-Pompidou, Paris, 1988.
PRÉDAL René, *la Société française à travers le cinéma (1914-1945)*, Armand Colin, Paris, 1972 ; *le Cinéma français contemporain*, Cerf, Paris, 1984 ; *le Cinéma français depuis 1945*, Nathan, Paris, 1991 (réédition augmentée : *50 ans de cinéma français*, Nathan, Paris, 1996).
RÉGENT Roger, *Cinéma de France*, Bellefaye, Paris, 1948.
RITTAUD-HUTINET Jacques, *le Cinéma des origines*, Champ Vallon, Seyssel, 1985.
SCHMITT Nicole (sous la dir. de), *Catalogues de la production cinématographique française 1975-1978*, 6 vol., Service des archives du Film, Bois-d'Arcy, 1983-1985.
SICLIER Jacques, *Nouvelle Vague ?*, Cerf, Paris, 1961 ; *la France de Pétain et son cinéma*, Henri Veyrier, Paris, 1981 ; *le Cinéma français*, 2 vol. : 1945-1968, 1968-1980, Ramsay, Paris, 1991.
TRÉMOIS Claude-Marie, *les Enfants de la liberté*, le Seuil, Paris, 1997.

III. Thèmes et genres

AGEL Henri, *Miroirs de l'insolite dans le cinéma français*, Cerf, Paris, 1958.
AJAME Pierre, *les Critiques de cinéma*, Flammarion, Paris, 1967.
AUDÉ Françoise, *Ciné modèles, Cinéma d'elles*, l'Âge d'homme, Lausanne, 1981.
BARSACQ Léon, *le Décor de film*, Seghers, Paris, 1970.
BASTIDE Bernard et Jacques DURAND Olivier, *Dictionnaire du cinéma dans le Gard*, Presses du Languedoc, Montpellier, 1999.
BERTHOMÉ Jean-Pierre et NAZET Gaël, *Bretagne et Cinéma*, Apogée / Cinémathèque de Bretagne, 1995.
BEYLIE Claude et HUGUES Philippe d', *les Oubliés du cinéma français*, Cerf, Paris, 1999.
BORGA Jean-Marie et TAVERNIER Bertrand, *Affiches du cinéma français*, Delville, Paris, 1977.
BOULANGER Pierre, *le Cinéma colonial*, Seghers, Paris, 1975.
BOUQUET Jean-Louis et FESCOURT Henri, *l'Idée et l'écran*, 3 vol., Haberschill et Sargent, Paris, 1925-1926.
BURCH Noël et SELLIER Geneviève, *la Drôle de guerre des sexes du cinéma français (1930-1965)*, Nathan, Paris, 1996.
CADÉ Michel, *l'Écran bleu : la représentation des ouvriers dans le cinéma français*, Presses universitaires de Perpignan, 2000.
CAPITAINE Jean-Louis, *les Affiches du cinéma français*, Seghers / Archimbaud, Paris, 1988 ; *l'Invitation au cinématographe (les affiches des origines, 1895-1914)*, Fondation Maeght, Paris, 1993.
CHAMPION Virginie, LEMOINE Bertrand et TERREAUX Claude, *les Cinémas de Paris*, Délégation à l'action artistique de la ville de Paris, 1995.
CHARDÈRE Bernard, *les Dialogues culte du cinéma français*, Larousse, Paris, 1999.
CHERRIÈRE Éric, LEDU Claude et SILVA Mathieu, *la Série B française*, ESAV, Toulouse, 1999.
CIMENT Michel et ZIMMER Jacques (sous la dir. de), *la Critique de cinéma en France*, Ramsay / Cinéma, Paris, 1996.
Collectif, *les Français et leur cinéma*, Maison de la culture de Créteil / Éric Losfeld, Créteil, 1973 ; *le Dessin animé français*, Institut Lumière, Lyon, 1983 ; *Affiches françaises du cinéma muet*, *id.*, s.d. ; *Un siècle en courts*, t. I (1895-1915), Sauve qui peut le court métrage, Clermont-Ferrand, 1996.
EVRARD Jacky et VASSE Claire (sous la dir. de), *Cent pour cent court*, Côté court, Pantin, 1995.
FORD Charles, *le Cinéma et la presse* (1895-1960), Armand Colin, Paris, 1964.
GAUTHIER Christophe, *la Passion du cinéma (Cinéphiles, ciné-clubs et salles spécialisées à Paris de 1920 à 1929)*, École des Chartes / AFRHC, Paris, 1999.
GHALI Noureddine, *l'Avant-garde cinématographique en France dans les années 20*, Paris expérimental, Paris, 1995.
GOZILLON-FRONSACQ Odile, *Alsace Cinéma*, Nuée bleue, Strasbourg, 1999.
GUÉRIF François, *le Cinéma policier français*, Henri Veyrier, Paris, 1981.
HURET Marcel, *Ciné-Actualités, histoire de la presse filmée (1895-1980)*, Henri Veyrier, Paris, 1985.
ICART Roger et MISCHLER Gérard (sous la dir. de), *Pour Vous, Ciné-Miroir, Cinémonde (Index des critiques de films français de long métrage de fiction 1929-1940)*, Documents de la Cinémathèque de Toulouse, s.d.
LACLOCHE Francis, *les Architectures de cinéma*, Éditions du Moniteur, Paris, 1980.
LIDEPERG Sylvie, *les Écrans de l'ombre : la Seconde Guerre mondiale dans le cinéma français (1945-1969)*, Éd. du CNRS, Paris, 1997.
MATTEI Jean-Pierre, *la Corse et le cinéma* (le muet), Alain Piazzola, Ajaccio, 1996.

MEUSY Jean-Jacques, *Paris-Palaces ou le Temps des cinémas* (1894-1918), CNRS, Paris, 1975.
MORENAS François, *le Cinéma ambulant en Provence*, Presses universitaires de Lyon, Lyon, 1981.
MURCIA Claude, *Nouveau Roman, nouveau cinéma*, Nathan / Université, Paris, 1998.
NOGUEZ Dominique, *Trente Ans de cinéma expérimental en France (1950-1980)*, ARCEF, Paris, 1979.
ODIN Roger (sous la dir. de), *l'Âge du documentaire, années 50*, t. I, France, L'Harmattan, Paris, 1993.
PEYRUSSE Claudette, *le Cinéma méridional (1929-1944)*, Eché / Cinémathèque de Toulouse, 1981.
PHILIPPE Olivier, *le Policier dans le cinéma français contemporain*, Cerf, Paris, 1996.
PHILIPPE Pierre, *Essai de chronologie du court métrage français*, Journées du Cinéma, 1960.
PORCILE François, *Défense du court métrage français*, Cerf, Paris, 1965.
PORNON Charles, *le Rêve et le fantastique dans le cinéma français*, la Nef de Paris, Paris, 1959.
PRÉDAL René, *Nice et le 7e art*, Serre, Nice, 1980 ; *le Cinéma en Normandie*, Charles Corlet, Paris, 1998.
SICLIER Jacques, *la Femme dans le cinéma français*, Cerf, Paris, 1957.
TCHERNIA Pierre (sous la dir. de), *80 succès de cinéma comique français*, Casterman, Tournai, 1988 ; *80 succès du cinéma policier français*, Casterman, Tournai, 1989.
THÉVENARD Pierre et TASSEL G., *le Cinéma scientifique français*, La Jeune Parque, 1948.
VIDAL Marion et GLASSER Jean-Claude, *Histoire des plus célèbres répliques du cinéma*, MA Éditions, Paris, 1988.
VIRMAUX Odette et Alain, *les Surréalistes et le cinéma*, Seghers, Paris, 1974 ; *le Ciné-roman, un genre nouveau*, Edilig, Paris, s.d.

IV. Industrie, techniques et métiers de l'audiovisuel

ALBÉRA François, *Albatros (Des Russes à Paris, 1919-1929)*, Cinémathèque française, Paris, 1995.
ASTOUX André, *Ce maudit cinéma*, Jean-Claude Lattès, Paris, 1974.
BENGHOZI Pierre-Jean, *le Cinéma entre l'art et l'argent*, l'Harmattan, Paris, 1989.
BONNELL René, *le Cinéma exploité*, le Seuil, Paris, 1978 ; *la Vingt-cinquième Image*, FEMIS / Gallimard, Paris, 1989.
BOUSQUET Henri, *Catalogues de la production Pathé (1896-1914)*, 2 vol., chez l'auteur, 1993-1994 ; *De Pathé frères à Pathé Cinéma (1915-1918)*, *id.*, 1999.
BRIEU Christian, IKOR Laurent et VIGUIER Jean-Michel, *Joinville, le temps des studios*, Ramsay, Paris, 1985.
CHEVASSU François et LIMOUSIN Odile, *les Métiers de l'audiovisuel*, Hachette, Paris, 1979.
CHION Michel, *le Cinéma et ses métiers*, Bordas, Paris, 1990.
Collectif, *la Règle du jeu : situation du cinéma français*, Albatros, Paris, 1978 ; *l'Audiovisuel et son avenir*, la Documentation française, Paris, 1979 ; *Pathé et le cinéma français*, Institut français de Florence, s.d. ; *Joinville, le cinéma*, Ramsay, Paris, 1985 ; *Quel cinéma pour demain ?*, Dixit, Paris, 1996.
COLLOMB Jean et PATRY Lucien, *Du cinématographe au cinéma (100 ans de technologies cinématographies françaises)*, Dixit, Paris, 1995.
COURT Jean-François, *le Cinéma français face à son avenir*, la Documentation française, Paris, 1988.
CRETON Laurent, *le Cinéma et l'argent*, Nathan, Paris, 1999.
DARCAN Simon, *Ciné Audience*, l'Agence, Paris, 1982.
DURAND Jacques, *le Cinéma et son public*, Buchet-Chastel, Paris, 1967.
FARCHY Joëlle, *le Cinéma déchaîné*, Presses du CNRS, Paris, 1992.
FLOT Yonnick, *les Producteurs, les risques d'un métier*, Cinq Continents / Hatier, Renens, 1983.
GASTON-MATHÉ Catherine, *la Société française au miroir de son cinéma*, Arléa / Corlet, Paris, 1996.
HUGUES Philippe d' et MULLER Dominique (sous la dir. de), *Gaumont, 90 ans de cinéma*, Ramsay / Cinémathèque française, Paris, 1988.
KERMABON Jacques (sous la dir. de), *Pathé, premier empire du cinéma*, Centre Georges-Pompidou, Paris, 1994 ; *Du côté de chez Pathé (1895-1935)* (co. LEFEBVRE Thierry), AFRHC, Paris, 1996.
LÉGLISE Paul, *Histoire de la politique du cinéma français*, 2 vol., Lherminier, Paris, 1977 ; *le Cinéma d'art et d'essai*, la Documentation française, Paris, 1980.
LE ROY Éric et BILLIA Laurent (sous la dir. de), *Éclair, un demi-siècle de cinéma à Épinay-sur-Seine*, Calmann-Lévy, Paris, 1995.
MAAREK Philippe J., *De mai 1968 aux films X, Cinéma politique et société*, Dujarric, Paris, 1979 ; *la Censure cinématographique*, Litic, Paris, 1982.
MALTHÈTE Jacques, *Essai de reconstitution du catalogue français de la Star-Film*, Service des Archives du Film, Bois-d'Arcy, 1981.
MARION Denis, *le Cinéma par ceux qui le font*, Arthème Fayard, Paris, 1949.
PINEL Vincent, *Techniques du cinéma*, PUF, « Que sais-je ? », Paris, 1981.
PIVASSET Jean, *Essai sur la signification politique du cinéma, l'exemple français, de la Libération aux événements de mai 1968*, Cujas, Joly et fils, Paris, 1971.
REBATET Lucien, *les Tribus du cinéma et du théâtre*, Nouvelles Éditions françaises, Paris, 1941.
RENAITOUR Jean-Michel (sous la dir. de), *Où va le cinéma français?*, Baudinière, s.d.
ROUX Jean et THÉVENET René, *Industrie et commerce du film en France*, Éditions scientifiques et juridiques, Paris, 1979.
VIGUIER Jean-Michel, *Joinville, cité du cinéma*, Kintamani Prod., 1984.
VIRENQUE Antoine, *l'Industrie cinématographique française*, PUF, « Que sais je ? », Paris, 1990.
WEIL-LORAC Roger, *les Fruits d'une tentative* (histoire de la Confédération Nationale du Cinéma français), Service des Archives du Film.
WYN Michel, *le Cinéma et ses techniques*, Éditions techniques européennes, Paris, 1985.
ZIMMER Christian, *Cinéma et politique*, Seghers, Paris, 1974.
Certains des ouvrages cités dans cette rubrique débordent le cadre strict du cinéma français. Ils ont été retenus dans la mesure où ils comportent des éléments essentiel sur la production nationale.

V. Mémoires et entretiens

A. Réalisateurs

ALLIO René, *Carnets*, Lieu commun, Paris, 1991.
ASTRUC Alexandre, *la Tête la première* (avec la coll. d'Alain Manevy), Olivier Orban, Paris, 1975 ; *Du stylo à la caméra, Écrits (1942-1984)*, l'Archipel, Paris, 1992 ; *le Montreur d'ombres*, Pastillat, Paris, 1996.
AUDIARD Michel, *Mon petit livre rouge*, Presses de la Cité, Paris, 1959 ; *Audiard par Audiard*, Mémoires du cinéma français, Paris, 1995.
AUTANT-LARA Claude, *la Rage dans le cœur*, Henri Veyrier, Paris, 1984 ; *Hollywood Cake-Walk*, *id.*, 1985 ; *les Fourgons du malheur*, Carrière, Paris, 1987 ; *Le bateau coule*, Libertés, Paris, 1989 ; *le Coq et le rat*, le Flambeau, Paris, 1990 ; *Europaramount*, *id.*, Paris, 1992.
BARONCELLI Jacques de, *Écrits sur le cinéma, suivi de Mémoires* (textes réunis par Bernard Bastide), Institut Jean Vigo, Perpignan, 1996.
BRESSON Robert, *Notes sur le cinématographe*, Gallimard, Paris, 1975.
CARNÉ Marcel, *la Vie à belles dents*, Jean-Pierre Olivier, Paris, 1975 (réédition augmentée, Belfond, Paris, 1989).
CHABROL Claude, *Et pourtant je tourne*, Robert Laffont, Paris, 1976.
CHENAL Pierre, *Souvenirs*, recueillis par Pierrette Matalon et Claude Guiguet, Dujarric, Paris, 1987.

CLAIR René, *Réflexion faite*, Gallimard, Paris, 1951 ; *Cinéma d'hier et d'aujourd'hui*, *id.*, 1970.
COCTEAU Jean, *Entretiens autour du cinématographe* (propos recueillis par André Fraigneau), André Bonne, Paris, 1950 ; *Du cinématographe* (textes réunis par André Bernard et Claude Gauteur), Belfond, Paris, 1973.
DAQUIN Louis, *le Cinéma, notre métier*, Éditeurs français réunis, Paris, 1960 ; *On ne tait pas ses silences*, Temps actuels, Paris, 1980.
DELANNOY Jean, *Souvenirs*, présentés par Claude Guiguet, Emmanuel Papillon et Jacques Pinturault, Maison de la culture de Saint-Denis, Aulnay-sous-Bois, 1985 ; *Aux yeux du souvenir, bloc-notes 1946-1996*, les Belles Lettres, Paris, 1998 ; *Mon cinéma dans un fauteuil*, Monaco, 2000.
DELLUC Louis, *Écrits cinématographiques* (édition définitive), 4 vol., Cinémathèque française, Paris, 1985-1990.
DEPARDON Raymond, *Depardon / Cinéma* (entretien avec Philippe Sabouraud), Cahiers du cinéma / Ministère des Affaires étrangères, Paris, 1992.
DIAMANT-BERGER Henri, *Il était une fois le cinéma...*, Jean-Claude Simoën, Paris, 1977.
DRÉVILLE Jean, *40 Ans de cinéma* (propos recueillis par Emmanuel Papillon et Claude Guiguet), Amis de Ciné-sous-Bois, Aulnay-sous-Bois, 1984 (éd. augmentée, avec la coll. de Jacques Pinturault, Dujarric, Paris, 1987).
DURAS Marguerite, *les Yeux verts*, Cahiers du cinéma, Paris, 1987.
EPSTEIN Jean, *Écrits sur le cinéma* (éd. définitive), 2 vol., Paris, 1974-1975.
FEYDER Jacques et ROSAY Françoise, *le Cinéma, notre métier*, Skira, Genève, 1944.
FRANJU Georges, *Impressions et aveux* (propos recueillis par Marie-Madeleine Brumagne), l'Âge d'homme, Lausanne, 1977.
GANCE Abel, *Prisme*, Gallimard, Paris, 1930.
GODARD Jean-Luc, *Introduction à une véritable histoire du cinéma*, Albatros, Paris, 1983 ; *Jean-Luc Godard par Jean-Luc Godard*, Cahiers du cinéma, Paris, 1989 ; *Histoire(s) du cinéma*, 4 vol., Gallimard, Paris, 1979.
GRANGIER Gilles, *Flash-back*, Presses de la Cité, Paris, 1979 ; *Passé la Loire, c'est l'aventure, 50 ans de cinéma* (entretiens avec François Guérif), Terrain vague, Paris, 1989.
GUITRY Sacha, *le Cinéma et moi* (textes réunis par André Bernard et Claude Gauteur), Ramsay, Paris, 1977.
GUY Alice, *Autobiographie d'une pionnière*, Denoël / Gonthier, Paris, 1976.
LE CHANOIS Jean-Paul, *le Temps des cerises* (entretiens avec Philippe Esnault), Institut Lumière / Actes Sud, 1996.
LECONTE Patrice, *Je suis un imposteur*, Flammarion, 2000.
LEENHARDT Roger, *les Yeux ouverts* (entretiens avec Jean Lacouture), Seuil, Paris, 1979 ; *Chroniques de cinéma*, Éditions de l'Étoile / Cahiers du cinéma, Paris, 1986.
LELOUCH Claude, *Ma vie pour un film* (entretien avec Yonnick Flot), Lherminier, Paris, 1986.
L'HERBIER Marcel, *la Tête qui tourne*, Belfond, Paris, 1979.
MALLE Louis, *Louis Malle par Louis Malle* (propos recueillis par Jacques Mallecot), l'Athanor, Paris, 1979 ; *Conversations avec Louis Malle* (enregistrée par Philip French), Denoël, Paris, 1983.
MELVILLE Jean-Pierre, *le Cinéma selon Melville* (entretiens avec Rui Nogueira), Seghers, Paris, 1973.
MIRANDE Yves, *Souvenirs*, Arthème Fayard, Paris, 1952.
OPHULS Max, *Max Ophuls par Max Ophuls* (traduit de l'allemand par Max Roth), Robert Laffont, Paris, 1963.
OURY Gérard, *Mémoires d'éléphant*, Olivier Orban, Paris, 1988.
PAGNOL Marcel, *Cinématurgie de Paris* (t. III des *Œuvres complètes*), Éditions de Provence, 1967 ; *Rencontres avec Marcel Pagnol* (par Norbert Calmels), Pastorelly, Paris, 1978 ; *Confidences*, Julliard, Paris, 1981.
POIRIER Léon, *Vingt-quatre Images à la seconde, du studio au désert*, Mame, Paris, 1953 ; *À la recherche d'autre chose*, Desclée De Brouwer, Bruxelles, 1968.
POLLET Jean-Daniel, *l'Entrevues* (conversations avec Gérard Leblanc), l'Œil, Paris, 1998.
RÉGNIER Georges, *la Tête pleine d'images, autobiographie d'un cinéaste professionnel*, Éditions de Haute-Provence, Gap, 1993.
RENOIR Jean, *Ma vie et mes films*, Flammarion, Paris, 1974 ; *Écrits 1926-1971* (textes réunis par Claude Gauteur), Belfond, Paris, 1964 ; *Entretiens et propos*, Éditions de l'Étoile, Paris, 1979 ; *le Passé vivant* (textes réunis par Claude Gauteur), Cahiers du cinéma, Paris, 1989.
RESNAIS Alain, *Repérages* (photographies), le Chêne, Paris, 1974 ; *Qui êtes-vous, Alain Resnais ?* (entretien avec Jean-Daniel Roob), la Manufacture, Lyon, 1986.
RICHEBÉ Roger, *Au-delà de l'écran*, Pastorelly, Paris, 1977.
RIM Carlo, *Mémoires d'une vieille vague*, Gallimard, Paris, 1961 ; *le Grenier d'Arlequin*, Denoël, Paris, 1981.
RIVERS Fernand, *Au milieu des étoiles*, les Films Fernand Rivers, Paris, 1957.
RIVETTE Jacques, *la Règle du jeu* (entretiens divers), Centre culturel français de Turin, s.d.
ROHMER Éric, *le Goût de la beauté*, Cahiers du cinéma, Paris, 1984.
SAUTET Claude, *Conversations avec Michel Boujut*, Actes Sud / Institut Lumière, 1994.
TACCHELLA Jean Charles et THÉROND Roger, *les Années éblouissantes*, Filipacchi, Paris, 1988.
TATI Jacques, *la Voix de Jacques Tati* (propos recueillis par Jean-André Fieschi), Limelight / Ciné-fils, Mulhouse, 1996.
TAVERNIER Bertrand, *Qu'est-ce qu'on attend ?*, le Seuil, Paris, 1993.
TCHERNIA Pierre, *Mon petit bonhomme de chemin*, Stock, Paris, 1975.
TRUFFAUT François, *les Films de ma vie*, Flammarion, Paris, 1975 ; *le Plaisir des yeux*, Cahiers du cinéma, Paris, 1987 ; *le Cinéma selon François Truffaut* (textes réunis par Anne Gillain), Flammarion, Paris, 1988 ; *Correspondance*, Cinq Continents / Hatier, Paris, 1988.
VADIM Roger, *Mémoires du Diable*, Stock, Paris, 1975 ; *le Goût du bonheur*, Fixot, Paris, 1993.
VARDA Agnès, *Varda par Agnès*, Cahiers du cinéma, Paris, 1994.
VAUTIER René, *Caméra citoyenne*, Apogée, Paris, 1998.
VIGO Jean, *Œuvre de cinéma*, Cinémathèque française / Lherminier, Paris, 1985.
YANNE Jean, *Pensées, répliques, textes et références*, le Cherche-Midi, Paris, 1999.

B. Collaborateurs de création

ALEKAN Henri, *Des lumières et des ombres*, le Sycomore, Paris, 1984 ; *le Vécu et l'imaginaire, chronique d'un homme d'images*, la Sirène, Paris, 1999.
ALMENDROS Nestor, *Un homme à la caméra*, 5 continents / Hatier, Renens, 1980.
ANNENKOV Georges, *En habillant les vedettes*, Robert Marin, Paris, 1951.
AURENCHE Jean, *la Suite à l'écran*, Actes Sud / Institut Lumière, 1993.
AURIC Georges, *Quand j'étais là*, Grasset, Paris, 1979.
BRAUNBERGER Pierre, *Cinémamémoire* (entretiens avec Jacques Gerber), Centre Georges-Pompidou / CNC, Paris, 1987.
BURON Nicole de, *Arrête ton cinéma !*, Flammarion, Paris, 1975.
CORBEAU Roger, *Portraits de cinéma*, Ed. du Regard, Paris, 1982.
DAUMAN Anatole, *Souvenirs-Écran* (propos recueillis par Jacques Gerber), Centre Georges-Pompidou, Paris, 1989.
DOUY Max et Jacques, *Décors de cinéma, les studios français de Méliès à nos jours*, Éditions du Collectionneur, Paris, 1993.
GRUAULT Jean, *Ce que dit l'autre*, Julliard, Paris, 1992.
JEANSON Henri, *Soixante-dix Ans d'adolescence*, Stock, Paris, 1971 ; *Mots, propos, aphorismes*, Pierre Horay, Paris, 1971.
JULIENNE Rémy, *Silence, on casse !*, Flammarion, Paris, 1979.
LÉVIN Sam, *49 photographies*, Ed. spéciale 50 000 000e Fiche Mr Cinéma.
MARELLO Henriette et RENOIR Sylvie, *la Cantinière du cinéma*, Ramsay, Paris, 1994.
MESGUICH Félix, *Tours de manivelle, souvenirs d'un chasseur d'images*, Grasset, Paris, 1933.

MINEUR Jean, *Balzac 00 01*, Plon, Paris, 1981.
PATHÉ Charles, *Souvenirs et conseils d'un parvenu*, à compte d'auteur, Paris, 1926; *De Pathé Frères à Pathé-Cinéma*, *id.*, Nice, 1940.
POIRÉ Alain, *Deux Cents Films au soleil*, Ramsay, Paris, 1988.
ROUSSET-ROUARD Yves, *Profession producteur*, Calmann-Lévy, Paris, 1979.
SPAAK Janine, *Charles Spaak, mon mari*, France-Empire, Paris, 1977.
TOSCAN DU PLANTIER Daniel, *les Enfants d'Al Capone et de Rossellini*, Mazarine, Paris, 1981.
TRAUNER Alexandre, *Décors de cinéma* (entretiens avec Jean-Pierre Berthomé), Jade / Flammarion, Paris, 1989.
TRIMBACH Pierre, *Quand on tournait la manivelle*, Cefag, Paris, 1970.
TUAL Denise, *le Temps dévoré*, Arthème Fayard, Paris, 1980.
WAKHÉVITCH Georges, *l'Envers des décors*, Robert Laffont, Paris, 1997.
WIENER Jean, *Allegro appassionato*, Belfond, Paris, 1978.
WITTA-MONTROBERT Jeanne, *Mémoires d'une script*, Calmann-Lévy, Paris, 1980.

L'Atelier d'Alain Resnais (enquête de François Thomas auprès de divers collaborateurs du cinéaste), Flammarion, Paris, 1989.
Jeux d'auteurs, mots d'acteurs (propos de quelques scénaristes et dialoguistes du cinéma français 1930-1945), Actes Sud / Institut Lumière, Lyon, 1994.
Les Scénaristes au travail (propos de scénaristes français recueillis par Christian Salé), Cinq Continents / Hatier, Renens, 1981.

C. Acteurs

Les mémoires d'acteurs ont de tout temps proliféré. N'ont été retenus ici que les ouvrages dotés d'une certaine valeur littéraire, ou qui éclairent certains aspects ou périodes de l'histoire du cinéma français.

ARLETTY, *la Défense*, la Table Ronde, Paris, 1970.
ARNOUL Françoise, *Animal doué de bonheur* (avec Jean-Louis Mingalon), Belfond, Paris, 1995.
AUMONT Jean-Pierre, *le Soleil et les ombres*, Robert Laffont, Paris, 1976 ; *Dis-moi d'abord que tu m'aimes*, Jade / Flammarion, Paris, 1986.
BARDOT Brigitte, *Initiales B.B.*, Grasset, Paris, 1996; *le Carré de Pluton*, *id.*, 1999.
BARRAULT Jean-Louis, *Souvenirs pour demain*, Seuil, Paris, 1972.
BARRAULT Marie-Christine, *le Cheval dans la pierre*, Robert Laffont, Paris, 1999.
BRASSEUR Pierre, *Ma vie en vrac*, Calmann-Lévy, Paris, 1972.
BRIALY Jean-Claude, *le Ruisseau des singes*, Robert Laffont, Paris, 2000.
CARMET Jean, *Je suis le badaud de moi-même*, Plon, Paris, 1999.
CARTON Pauline, *Histoires de cinéma*, Éditions du Scorpion, Paris, 1968.
CASARÈS Maria, *Résidence privilégiée*, Arthème Fayard, Paris, 1980.
CUNY Alain, *le Désir de parole* (conversations avec Alfred Simon), la Manufacture, Lyon, 1989.
DALIO Marcel, *Mes années folles*, Jean-Claude Lattès, Paris, 1976.
DARRIEUX Danielle, *Filmographie commentée par elle-même* (avec le concours de Jean-Pierre Ferrière), Ramsay, Paris, 1995.
DORZIAT Gabrielle, *Entre cour et jardin*, la Palatine, Genève, 1968.
DUBOST Paulette, *C'est court la vie*, Flammarion, Paris, 1992.
DUDAN Pierre, *Trous de mémoire*, France-Empire, Paris, 1977.
DUFLOS Huguette, *Heures d'actrice*, la Nouvelle Revue critique, Paris, 1929.
FABRE Saturnin, *Douche écossaise*, Fournier-Valdès, Paris, 1948.
FEUILLÈRE Edwige, *les Feux de la mémoire*, Albin Michel, Paris, 1977.
GABRIELLO, *Souvenirs d'un homme de poids*, Rabelais, Paris, 1950.
GÉLIN Daniel, *Deux ou Trois Vies qui sont les miennes*, Julliard, Paris, 1977.
GÉRALD Jim, *Du Far-West au cinéma*, Jacques Melot, Paris, 1945.
GÉRARD Charles, *La vie... c'est pas toujours du cinéma*, Ramsay, Paris, 1994.
GIRARDOT Annie, *Ma vie contre la tienne*, Robert Laffont, Paris, 1993.
HAMMAN Joe, *Du Far-West à Montmartre*, Éditeurs français réunis, Paris, 1952.
JOYEUX Odette, *le Beau Monde*, Albin Michel, Paris, 1978; *Entrée d'une artiste*, Payot, Paris, 1994
KARL Roger [sous le pseudonyme de Michel Balfort], *Souvenirs d'un homme de nulle part*, Galilée, Paris, 1977.
LAFONT Bernadette, *la Fiancée du cinéma*, Olivier Orban, Paris, 1978.
LECLERC Ginette, *Ma vie privée*, la Table ronde, Paris, 1963.
LUCHAIRE Corinne, *Ma drôle de vie*, Sun, Paris, 1949.
MARAIS Jean, *Mes quatre vérités*, Éditions de Paris, Paris, 1957; *Histoires de ma vie*, Albin Michel, 1975.
MEURISSE Paul, *les Éperons de la liberté*, Robert Laffont, Paris, 1979.
MORENO Marguerite, *Souvenirs de ma vie*, Éditions de Flore, Paris, 1948.
MONTAND Yves, *Du soleil plein la tête* (souvenirs recueillis par Jean Denis), Éditeurs français réunis, Paris, 1955.
MORGAN Michèle, *Avec ces yeux-là*, Robert Laffont, Paris, 1977.
PÉRIER François, *Profession: menteur*, le Pré aux Clercs, Paris, 1990.
PIÉPLU Claude, *Qu'en est-il du comique?* (entretien avec Gérard Lemarié), Mallard, 1999.
PICCOLI Michel, *Dialogues égoïstes*, Olivier Orban, Paris, 1976.
PRESLE Micheline, *l'Arrière-mémoire* (conversation avec Serge Toubiana), Flammarion, Paris, 1994.
RICHARD-WILLM Pierre, *Loin des étoiles*, Belfond, Paris, 1975.
RONET Maurice, *le Métier de comédien*, France-Empire, Paris, 1977.
ROSAY Françoise, *la Traversée d'une vie*, Robert Laffont, Paris, 1974.
SAINT-CYR Renée, *En toute mauvaise foi*, Éditions du Rocher, Paris, 1990.
SERRAULT Michel, *le Cri de la carotte* (conversations avec Jean-Louis Remilleux), Michel Lafon, Paris, 1994 (réédition augmentée d'une *Réponse aux lecteurs*, Ramsay, Paris, 1997).
SIGNORET Simone, *La nostalgie n'est plus ce qu'elle était*, le Seuil, Paris, 1976; *Le lendemain elle était souriante...*, *id.*, 1979.
TISSIER Jean, *Sans maquillage*, Flammarion, Paris, 1945.
VATTIER Robert, *les Souvenirs de monsieur Brun*, Robert Laffont, Paris, 1961.

VI. Monographies

Plus encore que les sections précédentes, celle-ci sera sélective. Le nombre d'ouvrages ou de plaquettes consacrés à des réalisateurs ou acteurs, sans parler des textes en langue étrangère ou numéros spéciaux de revues, est tel qu'il rend presque impossible un inventaire complet: à titre d'exemple, François Truffaut a inspiré à lui seul plus de vingt-cinq exégèses! On se bornera donc à répertorier, sans entrer dans le détail, les grandes collections de monographies, en nombre croissant depuis les années 1960: les plus importantes font l'objet d'un bref commentaire. Pour le reste, on isolera quelques études de fond, tous postes de création confondus.

A. Grandes collections

« Visages et contes du cinéma », sans nom d'éditeur, 1936-1939. Utile documentation sur les grands acteurs, principalement français, d'avant guerre, dans le style fleuri de l'époque; 36 brochures publiées.
« Masques et visages », Calmann-Lévy, Paris, 1950-1954. Surtout consacrée aux gens de théâtre.
« Classiques du cinéma » (sous la dir. de Jean Mitry), Éditions Universitaires, Paris, 1954-1966; 26 volumes parus.
« Les Grands Créateurs du cinéma » (sous la dir. de Christian Gabriel), Club du livre de cinéma, Bruxelles, 1957-1960.
« Premier Plan », SERDOC, Lyon, 1959-1970. 50 fascicules parus.
« Études cinématographiques » (sous la dir. de Michel Estève), Minard, depuis 1960. D'abord revue trimestrielle, fondée par Henri Agel et Georges-Albert Astre, a évolué vers le travail monographique de rédaction collective; 225 numérotations.

« Cinéma d'aujourd'hui » (sous la dir. de Pierre Lherminier), Seghers, Paris, 1961-1974. La plus fameuse et la plus riche des collections spécialisées ; 80 volumes publiés, de Méliès à Pagnol.
« Anthologie du cinéma » (sous la dir. de Claude Beylie), l'Avant-Scène / CIB, Paris, 1966-1983 ; 110 fascicules publiés, reliés à l'année en 11 volumes.
« Étoiles », Denoël, Paris, 1971-1975. Consacrée surtout aux acteurs.
« Têtes d'affiche », PAC, Paris, 1975-1979.
« Flash-back », Henri Veyrier, Paris, 1977-1978.
« Films / Portraits », Cinémania 1978-1979. Petites livraisons consacrées aux acteurs.
« Pygmalion », Gérard Watelet, Paris, 1979-1996. Luxueux ouvrages, peu nombreux.
« Cinégraphiques », Edilig, Paris, 1981-1985.
« Filmo », Edilig, Paris, 1983-1989 ; 21 titres publiés.
« Rivages Cinéma », Rivages, Paris, 1985-1991 ; 26 volumes publiés.
« Auteurs », Cahiers du cinéma / Éditions de l'Étoile, Paris, 1986-1992.
« Spectacle / Poche », Éditions des Quatre-Vents, Paris, 1988-1989.
À l'interruption de *Cinéma d'aujourd'hui*, Pierre Lherminier a lancé, pour le compte de sa propre maison d'édition, plusieurs rééditions ou nouveautés, sans suite.

B. Études diverses

Marc ALLÉGRET découvreur de stars, par Bernard T. Houssian, Cabédita, La Léchière, 1994.
ARLETTY, par Denis Demonpion, Flammarion, Paris, 1996.
Claude AUTANT-LARA, par Freddy Buache, l'Âge d'homme, Lausanne, 1982.
André BAZIN, par Dudley Andrew, Cahiers du cinéma / Cinémathèque française, Paris, 1982.
Jacques BECKER, sous la dir. de Claude Beylie et Freddy Buache, festival du Film de Locarno, 1991.
Robert BRESSON, la Passion du cinématographe, par Michel Estève, Albatros, Paris, 1983.
Philippe de BROCA, collectif, Henri Veyrier, Paris, 1990.
Albert CAPELLANI, précurseur méconnu, par Charles Ford, Service des Archives du Film, 1984.
Marcel CARNÉ, les films, par Michel Pérez, Ramsay, Paris, 1986.
CHRISTIAN-JAQUE, sous la dir. de Jean A. Gili et Jacques Lourcelles, AFRHC, Paris, 1999
René CLAIR, le mystère, par Pierre Billard, Plon, Paris, 1998.
Henri-Georges CLOUZOT cinéaste, par José Louis Bocquet, la Sirène, Paris, 1993.
Georges DELERUE, une vie, par Frédéric Gimello-Mesplomb, Jean Curutchet, Hélette, 1998.
Georges DEMENӮ pionnier du cinéma, par Laurent Mannoni, Pagine, Douai, 1997.
Jacques DEMY, les racines du rêve, par Jean-Pierre Berthomé, l'Atalante, Nantes, 1982.
Jean EPSTEIN cinéaste, poète et philosophe, sous la dir. de Jacques Aumont, Cinémathèque française, Paris, 1998.
Louis FEUILLADE maître des lions et des vampires, par Francis Lacassin, Pierre Bordas et fils, Paris, 1995.
Jacques FEYDER artisan du cinéma, par Victor Bachy, Librairie universitaire, Louvain, 1968.
Jean GABIN, par André Brunelin, Robert Laffont, Paris, 1987.
Abel GANCE le Prométhée foudroyé, par Roger Icart, l'Âge d'homme, Lausanne, 1988.
Jean-Luc GODARD : *l'Effet Godard*, par Carole Desbarats et Jean-Paul Gorce, Milan, Toulouse, 1989.
Jean GIONO et le cinéma, par Jacques Mény, Jean-Claude Simoën, Paris, 1978.
Jean GRÉMILLON, le Cinéma est à vous, par Geneviève Sellier, Méridiens-Klincksieck,1989.
Sacha GUITRY, par Raymond Castans, Bernard de Fallois, Paris, 1993 ; collectif, festival du Film de Locarno / Yellow Now, 1993.
Maurice JAUBERT, musicien populaire ou maudit?, par François Porcile, Éditeurs français réunis, Paris, 1971.
Henri JEANSON : *Films, textes, références*, sous la dir. de Christophe Moussé, Presses universitaires de Nancy, 1993.
Louis JOUVET notre patron, par Wanda Kerien, Éditeurs français réunis, Paris, 1964.
William KLEIN, par Claire Clouzot, Marval, 1998.
Henri LANGLOIS l'homme de la Cinémathèque, par Richard Roud (traduction française d'Hélène Amalric), Belfond, Paris, 1985.
Raoul LÉVY un aventurier du cinéma, par Jean-Dominique Bauby, Jean-Claude Lattès, Paris, 1995.
Marcel L'HERBIER et son temps (collectif), Cinédiff, La Chaux-de-Fonds, 1980.
Max LINDER était mon père, par Maud Linder, Flammarion, Paris, 1992.
Louis LUMIÈRE inventeur, par Maurice Bessy et Lo Duca, Prisma, Paris, 1948 ; *les Lumière*, par Bernard Chardère et Marjorie Borjé, Payot, Lausanne / Bibliothèque des Arts, 1985.
Jean MARAIS, par Jean Cocteau, Calmann-Lévy, Paris, 1951.
Étienne-Jules MAREY, par Laurent Mannoni, Cinémathèque française / Mazotta, Paris, 1999.
Georges MÉLIÈS mage, par Maurice Bessy et Lo Duca, Prisma, Paris, 1945 ; *l'Enchanteur*, par Madeleine Malthête-Méliès, Hachette, Paris, 1973 ; *Méliès et la naissance du spectacle cinématographique*, Klincksieck, Paris, 1984.
Jean-Pierre MELVILLE, de l'œuvre à l'homme, par Denitza Bantcheva, Librairie Bleue, Paris, 1996.
MUSIDORA, par Patrick Cazals, Henri Veyrier, Paris, 1978.
Max OPHULS, par Georges Annenkov, le Terrain Vague, Paris, 1962.
Marcel PAGNOL ou le Cinéma en liberté, par Claude Beylie, Bernard de Fallois, Paris, 1995 ; *les Films de Marcel Pagnol* par Raymond Castans et André Bernard, Julliard, La Chaux-de-Fonds, 1982.
Jacques PRÉVERT, inventaire d'une vie, par Bernard Chardère, Gallimard, Paris, 1997.
RAIMU ou la vie de César, par Paul Olivier, Fournier-Valdès, Paris, 1947 ; *l'Impossible Monsieur Raimu*, par Raymond Castans, Bernard de Fallois, Paris, 1999.
Jean RENOIR, par André Bazin, Champ Libre, Paris, 1971 ; *la Double Méprise*, par Claude Gauteur, Éditeurs français réunis, Paris, 1980 ; *Jean Renoir*, par Celia Bertin, Librairie académique Perrin, Paris, 1986 ; *le Jeu et la règle*, par Roger Viry-Babel, Denoël, Paris, 1986 ; *Jean Renoir*, par Claude Beylie et Maurice Bessy, Pygmalion / Gérard Watelet, Paris, 1989.
Alain RESNAIS arpenteur de l'imaginaire, par Robert Benayoun, Stock / Cinéma, Paris, 1980.
Émile REYNAUD : *Et l'image s'anima*, par Dominique Auzel, Éditions du May, Paris, 1993.
Éric ROHMER : *les Contes moraux*, par Marion Vidal, Lherminier / Filméditions, Paris, 1977.
Georges ROUQUIER cinéaste, poète et paysan, par Dominique Auzel, Éditions du Rouergue, Rodez, 1993.
Claude SAUTET : *le Cinéma de Claude Sautet*, par Joseph Korkmaz, Lherminier, Paris, 1985 ; *la Beauté du geste* (collectif), Cinémathèque de Nice, Nice, 1999.
Simone SIGNORET : *Deux ou Trois Choses que je sais d'elle*, par Jean-François Josselin, Grasset, Paris, 1995.
Bertrand TAVERNIER cinéaste de l'émotion, par Danièle Bion, 5 continents / Hatier, Renens, 1984.
François TRUFFAUT : *le Cinéma de François Truffaut*, par Jean Collet, Lherminier, Paris, 1977 ; *la Figure inachevée*, par Elisabeth Bonnafons, L'Âge d'homme, Lausanne, 1982 ; *François Truffaut*, par Antoine De Baecque et Serge Toubiana, Gallimard, Paris, 1996.
Jean VIGO, par Paul Emilio Sales Gomes, Seuil, Paris, 1957.

Ce monde fou, fou, fou du cinéma français, par Jo Van Cottom, J.-M. Collet, Bruxelles, 1983.
Le Ciné-monde, par Suzanne Chantal, Grasset, Paris, 1977.
Des étoiles sont nées (les nouveaux acteurs du cinéma français), par Isabelle Danel, Lherminier, 1986.
Les Excentriques du cinéma français, par Raymond Chirat et Olivier Barrot, Henri Veyrier, Paris, 1983. Des mêmes auteurs : *Inoubliables !*, Calmann-Lévy, Paris, 1986. Réédition des deux volumes, avec

compléments sous le titre *Noir et blanc, 250 acteurs du cinéma français 1930-1960*, Flammarion, Paris, 2000.
Histoires de stars, par Jean-Claude Brialy et Jean-Pierre Cuisinier, 2 vol., Éditions n° 1, Paris, 1993.
Les Grands Acteurs français contemporains, par Jacques Mazeau, PUF, coll. « Que sais-je ? », Paris, 1982. Du même auteur, en coll. avec Didier Thouart : *Les Grands seconds rôles du cinéma français*, Pac, 1984.
Inoubliables ! : visages du cinéma français 1930-1950, par Raymond Chirat et Olivier Barrot, Calmann-Lévy, Paris, 1986.
Portraits de cinéastes, par André Portejoie et Vincent Vidal, Favre, Lausanne, 1998.

VII. Francophonie

AGEL Henri et MARTY Joseph, *André Delvaux, de l'inquiétante étrangeté à l'itinéraire initiatique*, l'Âge d'homme, Lausanne, 1996.
AUBENAS Jacqueline (sous la dir. de), *Chantal Akerman*, Atelier des beaux-arts, Bruxelles, 1982.
BASTIANICH Alfio, *MacLaren précurseur des images nouvelles*, Dreamland, Paris, 1997.
BOLEN Francis, *Histoire authentique, anecdotique et critique du cinéma belge depuis ses origines*, Memo et Codex, Bruxelles, 1978.
BONNEVILLE Léo, *le Cinéma québecois par ceux qui le font*, Paulines IADE, Montréal, 1979.
BOUJUT Michel, *« l'Escapade » ou le Cinéma selon Soutter*, l'Âge d'homme, Lausanne, 1974 ; *« le Milieu du monde » ou le cinéma selon Tanner*, *id.*, 1974.
BRAHIMI Denise, *Cinéma d'Afrique francophone et du Maghreb*, Nathan, Paris, 1997.
BRULÉ Michel, *Pierre Perrault ou un cinéma national*, Presses de l'université de Montréal, Montréal, 1974.
BUACHE Freddy, *le Cinéma suisse*, l'Âge d'homme, Lausanne, 1978.
Collectif, *Charles Dekeukeleire*, Revue belge du cinéma, Bruxelles, 1983. *Daniel Schmid*, L'Âge d'homme, Lausanne, 1982.
CUNÉO Anne, *la Machine fantaisie, enquête sur le cinéma suisse*, Bertil Galland, Vevey, 1977.
DAVAY Paul, *Cinéma de Belgique*, Duculot / Gembloux, Bruxelles, 1973.
DUMONT Hervé, *Histoire du cinéma suisse (Films de fiction 1896-1965)*, Cinémathèque suisse, Lausanne, 1987.
HELIOT Louis, *Luc et Jean-Pierre Dardenne*, Scope, Paris, 1999.
HOULÉ Michel et JULIEN Alain, *Dictionnaire du cinéma québécois*, Fides, Montréal, 1978, édition revue et augmentée sous la direction de Michel Coulombe et Marcel Jean, Montréal, 1999.
LEBOUTTE Patrick (sous la dir. de), *Cinémas du Québec, au fil du direct*, Yellow Now, Paris, 1986 ; en coll. avec PAINI Dominique et JUNGBLUT Guy, *Une encyclopédie des cinémas de Belgique*, *id.*, 1990.
LEVER Yves, *Histoire générale du cinéma au Québec*, Boréal, Québec, 1988.
MARSOLAIS Gilles, *l'Aventure du cinéma direct*, Seghers, Paris, 1974.
SOJCHER Frédéric, *la Kermesse héroïque du cinéma belge (1896-1996)*, 3 vol., l'Harmattan, Paris, 1999.
SOUMANOU-VIEYRA Paulin, *Ousmane Sembène, cinéaste*, Présence africaine, Paris, 1972 ; *le Cinéma africain, des origines à 1973*, *id.*, 1975.
THYS Marianne, *le Cinéma belge (1896-1996)*, Cinémathèque royale de Belgique, Bruxelles, 1999.
VERONNEAU Paul (sous la dir. de), *les Cinémas canadiens*, Lherminier / Filméditions 1978.

VIII. Quelques numéros spéciaux de revues

Tous les périodiques, d'hier ou d'aujourd'hui (magazines, hebdomadaires, mensuels ou corporatifs) ont consacré, au fil des ans, d'innombrables articles à divers aspects du cinéma français ou francophone, qu'il n'est pas possible de répertorier ici. Des organes de presse, disparus ou toujours en activité, et destinés en priorité aux professionnels ou à la clientèle étrangère, se sont limités à la production nationale, entre autres *Cinéma de France* (dir. Jean-Claude Chambon), *Cinéma français* (émanation d'Unifrance Film, longtemps dirigé par Jean de Baroncelli) et *Présence du cinéma français* (sous la dir. de Pierre Lherminier), ce dernier très actif de 1986 à 1993.
Ont été retenues ici quelques revues, spécialisées ou non, qui ont publié sur la question un numéro spécial ou un dossier complet, revêtant une certaine importance historique.
L'Audiovisuel, juin 1999 : « Regards sur l'évolution du cinéma français, de 1895 à 1945 ».
Avant-Scène Cinéma n° 334 : « les Pionniers du cinéma français » (1895-1910).
Les Cahiers de la Cinémathèque (Perpignan) n° 8 : « le Cinéma de Vichy » ; n° 23-24 : « le Cinéma du sam'di soir » ; n° 33-34 : « le Cinéma des Années folles » ; n° 70 : « les Intellectuels français et le cinéma ».
Cahiers du cinéma n° 71 : « Situation du cinéma français » ; n° 138 : « Nouvelle Vague » n° 323-324 et n° 325 : « Situation du cinéma français » I et II ; n° 544 : « Où va le cinéma français ? ».
Les Cahiers du 7e Art n° 8 : « Cinéma et Réalismes » (France 1985-1960).
Cinéma n° 88 : « Dix Ans de cinéma français » ; n° 212-213 : « Spécial cinéma français » ; n° 262 : « Dictionnaire du cinéma français des années 70 ».
CinémAction n° 40 : « Aujourd'hui le cinéma québécois » ; n° 41 : « le Documentaire français » ; n° 66 : « Atouts et faiblesses du cinéma français » ; n° 88 : « les Producteurs français » ; n° 92 : « Stars et acteurs du cinéma français » ; n° 95 : « le Cinéma du sam'di soir » ; hors série, octobre 1991, « les Scénaristes français ».
Cinéma d'aujourd'hui n° 12-13 : « le Cinéma français au présent ».
Cinématographe n° 37 et n° 38 : « la Qualité française » ; n° 85 : « le Cinéma français ».
Écran 72 N° 8 : « le Cinéma de Vichy ».
Entrevue, hors série : « le Zapping des 100 scènes culte du cinéma français ».
Le Film français n° 2478 : « 20 Ans de cinéma en France ».
Films et documents n° 268 : « Histoire du cinéma français ».
Le Point (Souillac), 1962 : « Constantes du cinéma français ».
Positif n° 46 : « Dictionnaire partiel et partial du nouveau cinéma français ; n° 383 et n° 384 : « Mémoire du cinéma français » ; n° 417, n° 418, n° 419 : « le Film criminel français » ; n° 432 : « le Court métrage en France ».
Présence du cinéma n° 1 : « le Nouveau Cinéma français ».
Tendances n° 25 : « le Court Métrage ».

IX. Scénarios, découpages et analyses de films

La collection la plus importante de scénarios de films (après montage) est celle de *l'Avant-Scène Cinéma*, en activité depuis 1961 : cinq cents numéros publiés, comportant quelque sept cents découpages de longs ou courts métrages, français et étrangers, assortis de filmographies, de dossiers thématiques et de chroniques diverses. La rédaction générale en a été assurée successivement par Jacques G. Perret, Claude Beylie, Jacques Leclère et Bernard Levergeois. Certaines de ces livraisons ont fait l'objet de rééditions dans la série « Points / Films » des éditions du Seuil, 1971-1972. Le n° 400 (mars 1991) est spécialement consacré à des scénarios ou synopsis français inédits, signés Michel Audiard, Riccardo Freda, Jean Gruault et Pierre Véry.
Une formule approchante avait été tentée, et abandonnée, en 1946-1950 par la Nouvelle Édition (coll. « Classiques du cinéma ») et par les revues *Paris-Théâtre* et *le Monde illustré théâtral et littéraire*, sans parler d'innombrables collections de « Films racontés », en fascicule ou en volume, et de « novelisations » diverses.
Divers éditeurs ont publié, sous une forme plus ou moins romancée, des œuvres d'auteurs réalisateurs, entre autres René Clair, Jean Cocteau, Marguerite Duras, Sacha Guitry et Marcel Pagnol (ce dernier ayant pris les devants, dès 1935, avec la collection, éditée par ses soins, « les Films qu'on peut lire ») ; les *Commentaires* de Chris. Marker ; des projets non réalisés de Jean Renoir ; des scénarios pour

l'écran de Jacques Audiberti, Jean Cayrol, Jean Delannoy, Jean Giraudoux, Jean-Paul Sartre, etc. Leur recension exhaustive déborderait le cadre de cette rubrique.

Des ouvrages ou plaquettes ont été consacrés à des films, en particulier dans la série « Synopsis » des éditions Nathan (sous la dir. de Francis Vanoye) et « Long Métrage » des éditions Yellow Now (sous la dir. de Patrick Leboutte), ainsi que chez Hatier et Belin. Un travail exemplaire d'analyse filmique a été effectué par Olivier Curchod et Christopher Faulkner autour des étapes successives du scénario de *la Règle du jeu* (Nathan, coll. « Fac Cinéma »). Paul Guth a consacré naguère un reportage de tournage *Autour des « Dames du bois de Boulogne »* (Julliard), et Michel Cournot à celui des *Espions* (sous le titre *le Premier Spectateur*, Gallimard). *Hiroshima mon amour* a fait l'objet d'un volume d'exégèse (Université libre, Bruxelles, 1962), et *Muriel* d'une étude collective aux éditions Galilée. Signalons enfin que l'IDHEC, *Télé-Ciné*, *la Revue du Cinéma / Image et son* et l'hebdomadaire *Radio-Cinéma-Télévision / Télérama* ont publié en leur temps de nombreuses « fiches filmographiques », formule reprise sous forme de dossiers par les éditions Casterman, 1971-1974 (6 recueils parus, sous la dir. de Jean-Louis Bory et Claude-Michel Cluny) et, depuis 1976, avec un minimum d'appareillage critique, par la série illustrée des « Fiches de monsieur Cinéma » (sous la dir. de Pierre Tchernia et Jean-Claude Romer, publication bimensuelle), tous ces travaux monographiques débordant largement le domaine français.

VIDÉOGRAPHIE

La plus importante collection de cassettes et de DVD consacrée au cinéma français est une initiative des Éditions René Chateau Vidéo sous le titre générique de « Mémoire du cinéma français » : plus de six cents titres figurent au catalogue. D'autres films français peuvent être trouvés aux éditions Montparnasse (« l'Âge d'or du cinéma »), Atlas (« les Génies du cinéma »), Film à Film, Ciné-Vidéo Films, K Films, etc. L'œuvre cinématographique complète de Marcel Pagnol a fait l'objet d'une édition en cassette par les soins de la Compagnie méditerranéenne de films. Rappelons enfin la série (interrompue) d'Armand Panigel, « la Mémoire du cinéma », Éditions RCV, Paris, 1982-1984.

Index

Cet index répertorie les noms de tous les professionnels du cinéma français cités dans l'ouvrage. Un chiffre en italique renvoie à une illustration (in-texte ou hors texte), un chiffre en gras à une notice développée.

Crédits iconographiques

p. 2 Ph. Coll. Vincent Pinel
p. 3 Ph. © Musée Marey, Beaune
p. 4 Ph. Coll. Vincent Pinel
p. 6 Ph. Coll. Vincent Pinel
p. 7 Ph. © Musée Marey, Beaune
p. 9 Ph. Coll. Vincent Pinel
p. 12 Ph. Coll. Archives Larbor / DR
p. 14 Ph. © Coll. Viollet
p. 18 Ph. © Coll. Viollet
p. 20 Ph. © Coll. Gaumont
p. 22 Ph. Coll. Archives Larbor
p. 23 Ph. Coll. Archives Larbor / DR
p. 25 Ph. Coll. Archives Larbor / DR
p. 28 Ph. Coll. Archives Larbor
p. 34 Musidora dans *les Vampires* de Louis Feuillade (1915) – Ph. © Gaumont 1915
p. 44 Ph. R. Corbeau © Ministère de la Culture, France
p. 45 Ph. R. Kahan / Coll. Archives Larbor / DR
p. 51 Ph. Coll. Archives Larbor
p. 57 Ph. © Gaumont 1934
p. 61 Ph. Coll. Claude Beylie
p. 67 Ph. S. Levin © Ministère de la Culture, France
p. 74 Ph. Coll. Archives Larbor
p. 76 Ph. R. Forster / Coll. Archives Larbor / DR
p. 77 Ph. A. G. Rossano / Coll. Archives Larbor / DR
p. 80 Ph. © DR
p. 83 Ph. A. G. Rossano / Coll. Archives Larbor / DR
p. 90 Ph. R. Corbeau © Ministère de la Culture, France
p. 95 Ph. Raymond Voinquel © Ministère de la Culture, France
p. 97 Ph. © DR
p. 100 Ph. Raymond Cauchetier
p. 101 Ph. Coll. Archives Larbor / DR
p. 103 Ph. Raymond Cauchetier / Coll. Archives Larbor
p. 107 Ph. Coll. Archives Larbor
p. 110 Ph. © Coll. Kipa
p. 112 Ph. Raymond Voinquel © Ministère de la Culture, France
p. 117 Ph. © Dussart / Rapho
p. 124 Ph. B. Prim / Coll. Archives Larbor / DR
p. 128 Ph. © B. Prim / Kipa
p. 131 *Cyrano de Bergerac* de Jean-Paul Rappeneau, 1990, avec Gérard Depardieu – Ph. © Melloul / Sygma
p. 144 Ph. Coll. Cat's Kipa
p. 148 Ph. © Le Straat / Kipa
p. 155 Ph. Coll. Kipa
p. 156 Ph. Coll. Archives Larbor / DR
p. 157 *Yeelen* de Souleymane Cissé, 1987 – Ph. Coll. Archives Larbor / DR
p. 168 Ph. © Les Films d'Ici
p. 169 *Le Baiser* de Pascale Ferran © Marc Schwartz
p. 176 Ph. Coll. Archives Larbor
p. 177 Croquis pour un dessin animé d'Émile Cohl – Ph. Coll. Archives Larbor © ADAGP 2000
p. 186 Ph. Coll. Francis Courtade / DR
p. 204 Ph. CNC / Coll. Raymond Borde
p. 209 Ph. Coll. Archives Larbor / DR

Achevé d'imprimer en septembre 2000 sur les presses de Grafica Editoriale Printing à Bologne
N° de projet : 100 74 131 - OSB 100 - CB 115 - 7000